SIGM. FREUD

(1891)

SIGM. FREUD

GESAMMELTE WERKE

CHRONOLOGISCH GEORDNET

ERSTER BAND

WERKE AUS DEN
JAHREN 1892–1899

FISCHER TASCHENBUCH VERLAG

Unter Mitwirkung von Marie Bonaparte,
Prinzessin Georg von Griechenland
herausgegeben von
Anna Freud

E. Bibring   W. Hoffer   E. Kris   O. Isakower

Veröffentlicht im Fischer Taschenbuch Verlag GmbH
Frankfurt am Main 1999, November 1999

© 1952 Imago Publishing Co., Ltd., London
Alle Rechte, insbesondere die der Übersetzung, vorbehalten
durch S. Fischer Verlag, Frankfurt am Main
Druck und Bindung: Clausen & Bosse, Leck
Printed in Germany
ISBN 3-596-50300-0 (Kassette)

VORWORT DER HERAUSGEBER

Die ersten „Gesammelten Schriften von Sigm. Freud" erschienen im Internationalen Psychoanalytischen Verlag, Wien, in den Jahren 1924–1934, geplant, zusammengestellt und herausgegeben von A. J. Storfer, dem damaligen Leiter des Verlags. Die Ausgabe war äußerlich ausgezeichnet ausgestattet, 12bändig, in Quartformat und mit wenigen Ausnahmen nach Themen geordnet, um den Verkauf von Einzelbänden sowie die photostatische Reproduktion einzelner Bände in Taschenformat zu ermöglichen. Bei der zwangsweisen Liquidierung des Verlags unter den Nationalsozialisten im März 1938 wurden mit den anderen Verlagsbeständen auch mehrere tausend Exemplare der „Gesammelten Schriften" eingestampft.

Zum Ersatz für diese vernichtete Ausgabe begannen im Herbst 1938 im Rahmen der neugegründeten Imago Publishing Co., London, mit Hilfe einer großzügigen Spende von Prinzessin Marie Bonaparte, die Pläne für die hier vorliegenden „Gesammelten Werke von Sigm. Freud". Ein Komitee von Herausgebern, bestehend aus Dr. Edward Bibring, Dr. Ernst Kris und der Unterzeichneten, besorgte die Aufteilung des Materials auf 17 Bände und nahm die kritische Durcharbeitung des Textes und die Zusammenstellung der Bibliographie in Angriff. Nach längerer Überlegung entschied das Komitee sich dafür, die thematische Einteilung der „Gesammelten Schriften" durch eine chronologische Einteilung zu ersetzen, eine

Anordnung, die den Bedürfnissen des wissenschaftlichen Arbeiters und des an der Entstehung der psychoanalytischen Wissenschaft interessierten Lesers besser zu entsprechen schien. Die Absicht der Herausgeber, einige der voranalytischen Arbeiten Freuds in die „Gesammelten Werke" aufzunehmen, wurde nach Besprechung mit dem Autor auf seinen ausdrücklichen Wunsch hin wieder fallengelassen.

Die Umstände, unter denen die Vorarbeiten für die neue Ausgabe im Jahre 1938/39 begonnen hatten und die Bände VI, IX, XI und XIV veröffentlicht wurden, veränderten sich infolge des Kriegsausbruchs im September 1939 in verschiedenen Beziehungen. Dr. Edward Bibring und Dr. Ernst Kris wanderten im Jahre 1940/41 nach Amerika aus und mußten ihre Mitarbeit einschränken; Dr. Willi Hoffer (London) und Dr. Otto Isakower (New York) wurden in das Herausgeberkomitee kooptiert. Der Kriegsbetrieb im Druckerei- und Buchbindergewerbe führte zu endlosen Verzögerungen. Druck und Papierpreise stiegen auf ein Vielfaches der veranschlagten Kosten. Daß trotz dieser fast unüberwindlichen Hindernisse die Publikation der „Gesammelten Werke" fortgesetzt werden konnte und die Ausgabe heute fertig vorliegt, verdankt sie einer kleinen Anzahl gelegentlicher privater Spender, der nicht erschütterten Geduld und Zuversicht des Leiters der Imago Publishing Co., Mr. John Rodker, und vor allem der unermüdlichen und uneigennützigen Herausgeberarbeit von Dr. Willi Hoffer.

Der Ungunst der äußeren Verhältnisse sind, neben der Verlangsamung des Erscheinens, auch verschiedene Unvollkommenheiten der Ausgabe zuzuschreiben. Gewisse bibliographische Anmerkungen mußten zu Zeiten fertiggestellt werden, in denen notwendiges Material, wie die neuesten Übersetzungen in fremde Sprachen, nicht zugänglich war. Daraus entstandene Irrtümer und Auslassungen sollen in späteren Auflagen richtiggestellt und ergänzt werden. Der durch die unruhigen Zeiten unvermeidliche Wechsel von Mitarbeitern macht sich vor allem in mangelnder Einheitlichkeit in der Ausführung des Sach- und Personenindex fühlbar. Die Herausgeber hoffen, die entstandenen Ungleichheiten im Gesamtindex (18. Bánd) wiedergutzumachen.

Zur Durchführung der chronologischen Anordnung des Materials sind folgende Bemerkungen zu machen:

Das chronologische Prinzip wurde nur an einer einzigen Stelle absichtlich durchbrochen, und zwar zugunsten der Einheitlichkeit in der Wiedergabe der „Traumdeutung". Während in den „Gesammelten Schriften" Band II die erste Auflage der „Traumdeutung", Band III alle späteren Zusätze enthält, reproduzieren die „Gesammelten Werke" in Band II/III die achte Auflage der „Traumdeutung", in deren Text die Zusätze aus späteren Jahren in die erste Auflage eingeschaltet sind. Band II/III der „Gesammelten Werke" enthält daher, ohne Rücksicht auf Chronologie, Beiträge aus den Jahren 1900-1929.

Zwei weitere Verstöße gegen die chronologische Ordnung beruhen auf Versehen. Das „Vorwort zur Sammlung kleiner Schriften zur Neurosenlehre", 1906 (in den VII. Band gehörig) und „Einige Nachträge zum Ganzen der Traumdeutung", 1924 (in den XIV. Band gehörig) wurden beim Druck dieser Bände ausgelassen. Sie finden sich unter separatem Titel (Zusatz zum VII., resp. XIV. Band) am Ende des zuletzt gedruckten I. Bandes.

Die Herausgeber benützen die Gelegenheit, um Mr. James Strachey für wertvolle Hinweise und Frau Lily Neurath, B.A., für ihre uneigennützige und tatkräftige Mithilfe beim Auffinden von sinnstörenden Irrtümern und Druckfehlern zu danken.

Für die Herausgeber:
ANNA FREUD

London, Juli 1951.

EIN FALL VON
HYPNOTISCHER HEILUNG

EIN FALL VON HYPNOTISCHER HEILUNG
NEBST BEMERKUNGEN ÜBER DIE ENTSTEHUNG HYSTERISCHER SYMPTOME DURCH DEN „GEGENWILLEN"

Ich entschließe mich hier, einen einzelnen Fall von Heilung durch hypnotische Suggestion zu veröffentlichen, weil derselbe durch eine Reihe von Nebenumständen beweiskräftiger und durchsichtiger geworden ist, als die Mehrzahl unserer Heilerfolge zu sein pflegt.

Die Frau, welcher ich in einem für sie bedeutsamen Moment ihrer Existenz Hilfe leisten konnte, war mir seit Jahren bekannt und blieb mehrere Jahre später unter meiner Beobachtung; die Störung, von welcher sie die hypnotische Suggestion befreite, war einige Zeit vorher zum erstenmal aufgetreten, erfolglos bekämpft worden und hatte der Kranken einen Verzicht abgenötigt, dessen sie das zweitemal durch meine Hilfe enthoben war, während ein Jahr später dieselbe Störung sich neuerdings einstellte, und auf dieselbe Weise neuerdings überwunden wurde. Der Erfolg der Therapie war ein für die Kranke wertvoller, der auch so lange anhielt, als die Kranke die der Störung unterworfene Funktion ausüben wollte; und endlich dürfte es für diesen Fall gelungen sein, den einfachen psychischen Mechanismus der Störung nachzuweisen und ihn mit ähnlichen Vorgängen auf dem Gebiete der Nervenpathologie in Beziehung zu setzen.

Es handelt sich, um nicht länger in Rätseln sprechen zu müssen, um einen Fall, in dem eine Mutter ihr Neugeborenes nicht zu nähren vermochte, ehe sich die hypnotische Suggestion eingemengt hatte, und in dem die Vorgänge bei einem früheren und einem späteren Kinde eine nur selten mögliche Kontrolle des therapeutischen Erfolges gestatteten.

Das Objekt der nachstehenden Krankengeschichte ist eine junge Frau zwischen zwanzig und dreißig Jahren, mit der ich zufällig seit den Kinderjahren in Verkehr gestanden hatte, und die infolge ihrer Tüchtigkeit, ruhigen Besonnenheit und Natürlichkeit bei niemandem, auch nicht bei ihrem Hausarzte, im Rufe einer Nervösen stand. Mit Rücksicht auf die hier erzählten Begebenheiten muß ich sie als eine *hystérique d'occasion* nach Charcots glücklichem Ausdruck bezeichnen. Man weiß, daß diese Kategorie der vortrefflichsten Mischung von Eigenschaften und einer sonst ungestörten nervösen Gesundheit nicht widerspricht. Von ihrer Familie kenne ich die in keiner Weise nervöse Mutter und eine ähnlich geartete, gesunde, jüngere Schwester. Ein Bruder hat eine typische Jugendneurasthenie durchgemacht, die ihn auch zum Scheitern in seinen Lebensplänen gebracht hat. Ich kenne die Ätiologie und den Verlauf dieser Erkrankung, die sich in meiner ärztlichen Erfahrung alljährlich mehrmals in der nämlichen Weise wiederholt. Bei ursprünglich guter Anlage die gewöhnliche sexuelle Verirrung der Pubertätszeit, dann die Überarbeitung der Studentenjahre, das Prüfungsstudium, eine Gonorrhoe und im Anschluß an diese der plötzliche Ausbruch einer Dyspepsie in Begleitung jener hartnäckigen, fast unbegreiflichen Stuhlverstopfung. Nach Monaten Ablösung dieser Verstopfung durch Kopfdruck, Verstimmung, Arbeitsunfähigkeit, und von da an entwickelt sich jene Charaktereinschränkung und egoistische Verkümmerung, welche den Kranken zur Geißel seiner Familie machen. Es ist mir nicht sicher, ob diese Form von Neurasthenie nicht in allen Stücken erworben werden kann, und ich lasse daher, zumal da ich die anderen Verwandten meiner Patientin nicht kenne, die Frage offen, ob in ihrer Familie eine hereditäre Disposition für Neurosen anzunehmen ist.

Die Patientin hatte, als die Geburt des ersten Kindes aus ihrer glücklichen Ehe herannahte, die Absicht, dasselbe selbst zu nähren. Der Geburtsakt verlief nicht schwieriger, als es bei älteren Erstgebärenden zu sein pflegt, wurde durch Forceps beendigt. Der Wöchnerin gelang es aber nicht, trotz ihres günstigen Körperbaues, dem Kinde eine gute Nährmutter zu sein. Die Milch kam nicht reichlich, das Anlegen verursachte Schmerzen, der Appetit mangelte, ein bedenklicher Widerwille gegen die Nahrungsaufnahme stellte sich ein, die Nächte waren erregt und schlaflos, und um Mutter und Kind nicht weiter zu gefährden, wurde der Versuch nach vierzehn Tagen als mißglückt abgebrochen und das Kind einer Amme übergeben, wonach alle Beschwerden der Mutter rasch verschwanden. Ich bemerke, daß ich von diesem ersten Laktationsversuch nicht als Arzt und Augenzeuge berichten kann.

Drei Jahre später erfolgte die Geburt eines zweiten Kindes und diesmal ließen auch äußere Umstände es wünschenswert erscheinen, eine Amme zu umgehen. Die Bemühungen der Mutter, selbst zu nähren, schienen aber weniger Erfolg zu haben und peinlichere Erscheinungen hervorzurufen als das erstemal. Die junge Mutter erbrach alle Nahrung, geriet in Aufregung, wenn sie dieselbe an ihr Bett bringen sah, war absolut schlaflos und so verstimmt über ihre Unfähigkeit, daß die beiden Ärzte der Familie, die in dieser Stadt so allgemein bekannten Ärzte Dr. Breuer und Dr. Lott, diesmal von einer längeren Fortsetzung des Versuches nichts wissen wollten. Sie rieten nur noch zu einem Versuch mit hypnotischer Suggestion und setzten durch, daß ich am Abend des vierten Tages als Arzt zu der mir befreundeten Frau geholt wurde.

Ich fand sie mit hochgeröteten Wangen zu Bette liegend, wütend über ihre Unfähigkeit, das Kind zu nähren, die sich bei jedem Versuch steigerte und der sie doch mit allen Kräften widerstrebte. Um das Erbrechen zu vermeiden, hatte sie diesen Tag über nichts zu sich genommen. Das Epigastrium war vorgewölbt, auf Druck empfindlich, die aufgelegte Hand fühlte den Magen unruhig, von Zeit zu Zeit erfolgte geruchloses Aufstoßen, die Kranke klagte über beständigen üblen Geschmack im Munde. Die Ära des hochtympanitischen Magenschalles war erheblich vergrößert. Ich wurde nicht als willkommener Retter aus der Not begrüßt, sondern offenbar nur widerwillig angenommen und durfte auf nicht viel Zutrauen rechnen.

Ich versuchte sofort, die Hypnose durch Fixierenlassen bei beständigem Einreden der Symptome des Schlafes herbeizuführen. Nach drei Minuten lag die Kranke mit dem ruhigen Gesichtsausdruck einer tief Schlafenden da. Ich weiß mich nicht zu erinnern, ob ich auf Katalepsie und andere Erscheinungen von Folgsamkeit geprüft habe. Ich bediente mich der Suggestion, um allen ihren Befürchtungen und den Empfindungen, auf welche sich die Befürchtungen stützten, zu widersprechen. „Haben Sie keine Angst, Sie werden eine ausgezeichnete Amme sein, bei der das Kind prächtig gedeihen wird. Ihr Magen ist ganz ruhig, Ihr Appetit ausgezeichnet, Sie sehnen sich nach einer Mahlzeit u. dgl." Die Kranke schlief weiter, als ich sie für einige Minuten verließ, und zeigte sich amnestisch, nachdem ich sie erweckt hatte. Ehe ich fortging, mußte ich noch einer besorgten Bemerkung des Mannes widersprechen, daß die Hypnose wohl die Nerven einer Frau gründlich ruinieren könne.

Am nächsten Abend erfuhr ich, was mir als ein Unterpfand des Erfolges galt, den Angehörigen und der Kranken aber merkwürdigerweise keinen Eindruck gemacht hatte. Die Wöchnerin hatte ohne Beschwerde zu Abend gegessen, ruhig geschlafen und auch am Vormittag sich wie das Kind tadellos ernährt. Die etwas reichliche Mittagsmahlzeit war aber zuviel für sie gewesen. Kaum daß dieselbe aufgetragen war, erwachte in ihr der frühere Widerwille, es trat Erbrechen ein, noch ehe sie etwas berührt hatte, das Kind anzulegen war unmöglich geworden, und alle objektiven Zeichen waren bei meinem Erscheinen wieder wie am Vorabend. Mein Argument, daß jetzt alles gewonnen sei, nachdem sie sich überzeugt hätte, daß die Störung weichen könne und auch für einen halben Tag gewichen sei, blieb wirkungslos. Ich war nun bei der zweiten Hypnose, die ebenso rasch zum Somnambulismus führte, energischer und zuversichtlicher. Die Kranke werde fünf Minuten nach meinem Fortgehen die Ihrigen etwas unwillig anfahren: wo denn das Essen bleibe, ob man denn die Absicht habe, sie auszuhungern, woher sie denn das Kind nähren solle, wenn sie nichts bekäme u. dgl. Als ich am dritten Abend wiederkehrte, ließ die Wöchnerin keine weitere Behandlung zu. Es fehle ihr nichts mehr, sie habe ausgezeichneten Appetit und reichlich Milch für das Kind, das Anlegen des Kindes mache ihr nicht die geringsten Schwierigkeiten u. dgl. Dem Manne war es etwas unheimlich erschienen, daß sie gestern Abend bald nach meinem Fortgehen so ungestüm nach Nahrung verlangt und der Mutter Vorwürfe gemacht habe, wie es niemals ihre Art gewesen. Seither gehe aber alles gut.

Ich hatte nichts mehr dabei zu tun. Die Frau nährte das Kind acht Monate lang, und ich hatte häufig Gelegenheit, mich freundschaftlich von dem Wohlbefinden beider Personen zu überzeugen. Nur fand ich es unverständlich und verdrießlich, daß von jener merkwürdigen Leistung niemals zwischen uns die Rede war.

Indessen kam meine Zeit ein Jahr später, als ein drittes Kind dieselben Ansprüche an die Mutter stellte, welche sie ebenso wenig wie die vorigen Male zu befriedigen vermochte. Ich traf die Frau in demselben Zustande wie voriges Jahr, und geradezu erbittert gegen sich, daß sie gegen die Eßabneigung und die anderen Symptome mit ihrem Willen nichts vermochte. Die

Hypnose des ersten Abends hatte auch nur den Erfolg, die
Kranke noch hoffnungsloser zu machen. Nach der zweiten Hypnose war der Symptomkomplex wiederum so vollständig abgeschnitten, daß es einer dritten nicht bedurfte. Die Frau hat auch
dieses Kind, das heute eineinhalb Jahre alt ist, ohne alle Beschwerde genährt und sich des ungestörtesten Wohlbefindens
erfreut.

Angesichts dieser Wiederholung des Erfolges tauten nun auch
die beiden Eheleute auf und bekannten das Motiv, welches ihr
Benehmen gegen mich geleitet hatte. Ich habe mich geschämt,
sagte mir die Frau, daß so etwas wie die Hypnose nützen soll,
da, wo ich mit all meiner Willenskraft machtlos war. Ich glaube
indes nicht, daß sie oder ihr Mann ihre Abneigung gegen die
Hypnose überwunden haben.

*

Ich gehe nun zu der Erörterung über, welches wohl der psychische Mechanismus jener durch Suggestion behobenen Störung
bei meiner Patientin war. Ich habe nicht wie in anderen Fällen,
von denen ein andermal die Rede sein soll, direkte Auskunft
darüber, sondern bin darauf angewiesen, ihn zu erraten.

Es gibt Vorstellungen, mit denen ein Erwartungsaffekt verbunden ist, und zwar sind dieselben von zweierlei Art, Vorstellungen, daß ich dies oder jenes tun werde, sogenannte Vorsätze und Vorstellungen, daß dies oder jenes mit mir geschehen
wird, eigentlich E r w a r t u n g e n. Der daran geknüpfte Affekt
hängt von zwei Faktoren ab, erstens von der Bedeutung, den
der Ausfall für mich hat, zweitens von dem Grade von Unsicherheit, mit welchem die Erwartung desselben behaftet ist.
Die subjektive Unsicherheit, die Gegenerwartung, wird selbst
durch eine Summe von Vorstellungen dargestellt, welche wir als
„peinliche Kontrastvorstellungen" bezeichnen wollen. Für
den Fall des Vorsatzes lauten diese Kontrastvorstellungen so: Es

wird mir nicht gelingen, meinen Vorsatz auszuführen, weil dies
oder jenes für mich zu schwer ist, ich dafür ungeeignet bin;
auch weiß ich, daß es bestimmten anderen Personen in ähnlicher
Lage gleichfalls mißlungen ist. Der andere Fall, der der Erwartung, ist ohneweiters klar; die Gegenerwartung beruht auf
der Erwägung aller anderen Möglichkeiten, die mir zustoßen
können, bis auf die eine, die ich wünsche. Die weitere Erörterung
dieses Falles führt zu den Phobien, die in der Symptomatologie
der Neurosen eine so große Rolle spielen. Wir verbleiben bei
der ersten Kategorie, bei den Vorsätzen. Was tut nun ein gesundes
Vorstellungsleben mit den Kontrastvorstellungen gegen den Vorsatz? Es unterdrückt und hemmt dieselben nach Möglichkeit, wie
es dem kräftigen Selbstbewußtsein der Gesundheit entspricht,
schließt sie von der Assoziation aus, und dies gelingt häufig in
so hohem Grade, daß die Existenz der Kontrastvorstellung gegen
den Vorsatz meist nicht evident ist, sondern erst durch die Betrachtung der Neurosen wahrscheinlich gemacht wird. Bei den
Neurosen hingegen, — und ich beziehe mich durchaus nicht
allein auf die Hysterie, sondern auf den Status nervosus im allgemeinen, — ist als primär vorhanden eine Tendenz zur Verstimmung, zur Herabsetzung des Selbstbewußtseins anzunehmen,
wie wir sie als höchstentwickeltes und vereinzeltes Symptom bei
der Melancholie kennen. Bei den Neurosen fällt nun auch den
Kontrastvorstellungen gegen den Vorsatz eine große Beachtung
zu, vielleicht weil deren Inhalt zu der Stimmungsfärbung der
Neurose paßt, oder vielleicht in der Weise, daß auf dem Boden
der Neurose Kontrastvorstellungen entstehen, die sonst unterblieben
wären.

Diese Kräftigung der Kontrastvorstellungen zeigt sich nun beim
einfachen Status nervosus auf die Erwartung bezogen als allgemein pessimistische Neigung, bei der Neurasthenie gibt sie durch
Assoziation mit den zufälligsten Empfindungen Anlaß zu den
mannigfachen Phobien der Neurastheniker. Auf die Vorsätze über-

tragen, erzeugt dieser Faktor jene Störungen, die als *folie de doute* zusammengefaßt werden, und die das Mißtrauen des Individuums in die eigene Leistung zum Inhalt haben. Gerade hier verhalten sich die beiden großen Neurosen, Neurasthenie und Hysterie, in einer für jede charakteristischen Weise verschieden. Bei der Neurasthenie wird die krankhaft gesteigerte Kontrastvorstellung mit der Willensvorstellung zu einem Bewußtseinsakt verknüpft, sie zieht sich von letzterer ab und erzeugt die auffällige Willensschwäche der Neurastheniker, die ihnen selbst bewußt ist. Der Vorgang bei der Hysterie hingegen weicht in zwei Punkten ab, oder vielleicht nur in einem einzigen. Wie es der Neigung der Hysterie zur Dissoziation des Bewußtseins entspricht, wird die peinliche Kontrastvorstellung, die anscheinend gehemmt ist, außer Assoziation mit dem Vorsatz gebracht und besteht, oft dem Kranken selbst unbewußt, als abgesonderte Vorstellung weiter. Exquisit hysterisch ist es nun, daß sich diese gehemmte Kontrastvorstellung, wenn es zur Ausführung des Vorsatzes kommen soll, mit derselben Leichtigkeit durch Innervation des Körpers objektiviert wie im normalen Zustande die Willensvorstellung. Die Kontrastvorstellung etabliert sich sozusagen als „Gegenwille", während sich der Kranke mit Erstaunen eines entschiedenen aber machtlosen Willens bewußt ist. Vielleicht sind, wie gesagt, die beiden Momente im Grunde nur eines, etwa so, daß die Kontrastvorstellung nur darum den Weg zur Objektivierung findet, weil sie nicht durch die Verknüpfung mit dem Vorsatz selbst gehemmt ist, wie sie diesen hemmt.[1]

In unserem Falle einer Mutter, die durch nervöse Schwierigkeit am Säuggeschäft verhindert wird, hätte sich eine Neurasthenica etwa so benommen: Sie hätte sich mit Bewußtsein vor der ihr gestellten Aufgabe gefürchtet, sich viel mit den möglichen

---

[1] Zwischen Abfassung und Korrektur dieser Zeilen ist mir eine Schrift von H. Kaan zugekommen (Der neurasthenische Angstaffekt bei Zwangsvorstellungen etc., Wien 1893), welche analoge Ausführungen enthält.

Zwischenfällen und Gefahren beschäftigt und nach vielem Zaudern unter Bangen und Zweifeln doch das Säugen ohne Schwierigkeit durchgeführt, oder wenn die Kontrastvorstellung die Oberhand behalten hätte, es unterlassen, weil sie sich dessen nicht getraut. Die Hysterica benimmt sich dabei anders, sie ist sich ihrer Furcht vielleicht nicht bewußt, hat den festen Vorsatz es durchzuführen und geht ohne Zögern daran. Dann aber benimmt sie sich so, als ob sie den Willen hätte, das Kind auf keinen Fall zu säugen, und dieser Wille ruft bei ihr alle jene subjektiven Symptome hervor, welche eine Simulantin angeben würde, um sich dem Säuggeschäft zu entziehen: Die Appetitlosigkeit, den Abscheu vor der Speise, die Schmerzen beim Anlegen des Kindes und außerdem, da der Gegenwille der bewußten Simulation in der Beherrschung des Körpers überlegen ist, eine Reihe von objektiven Zeichen am Verdauungstrakt, welche die Simulation nicht herzustellen vermag. Im Gegensatz zur **Willensschwäche** der Neurasthenie besteht hier **Willensperversion**, und im Gegensatz zur resignierten Unentschlossenheit dort, hier Staunen und Erbitterung über den der Kranken unverständlichen Zwiespalt.

Ich halte mich also für berechtigt, meine Kranke als eine *hystérique d'occasion* zu bezeichnen, da sie unter dem Einfluß einer Gelegenheitsursache einen Symptomkomplex von so exquisit hysterischem Mechanismus zu produzieren imstande war. Als Gelegenheitsursache mag hier die Erregung vor der ersten Entbindung oder die Erschöpfung nach derselben angenommen werden, wie denn die erste Entbindung der größten Erschütterung entspricht, welcher der weibliche Organismus ausgesetzt ist, in deren Gefolge auch die Frau alle neurotischen Symptome zu produzieren pflegt, zu denen die Anlage in ihr schlummert.

Wahrscheinlich ist der Fall meiner Patientin vorbildlich und aufklärend für eine große Reihe anderer Fälle, in denen das Säuggeschäft oder ähnliche Verrichtungen durch nervöse Einflüsse verhindert werden. Da ich aber den psychischen Mechanismus des von mir beschriebenen Falles bloß erschlossen habe, beeile ich mich mit der Versicherung fortzusetzen, daß es mir durch Ausforschung der Kranken in der Hypnose wiederholt gelungen ist, einen derartigen psychischen Mechanismus für hysterische Symptome direkt nachzuweisen.[1]

Ich führe nur eines der auffälligsten Beispiele hier an: Vor Jahren behandelte ich eine hysterische Dame, die ebenso willensstark in all den Stücken war, in welche sich ihre Krankheit nicht eingemengt hatte, wie anderseits schwer belastet mit mannigfaltigen und drückenden hysterischen Verhinderungen und Unfähigkeiten. Unter anderem fiel sie durch ein eigentümliches Geräusch auf, welches sie ticartig in ihre Konversation einschob, und das ich als ein besonderes Zungenschnalzen mit plötzlichem Durchbruch des krampfhaften Lippenverschlusses beschreiben möchte. Nachdem ich es wochenlang mitangehört hatte, erkundigte ich mich einmal, wann und bei welcher Gelegenheit es entstanden sei. Die Antwort war: „Ich weiß nicht wann, o schon seit langer Zeit." Ich hielt es darum auch für einen echten Tic, bis es mir einmal einfiel, der Kranken in tiefer Hypnose dieselbe Frage zu stellen. In der Hypnose verfügte diese Kranke — ohne daß man sie dazu suggerieren mußte — sofort über ihr ganzes Erinnerungsvermögen; ich möchte sagen über den ganzen, im Wachen eingeengten Umfang ihres Bewußtseins. Sie antwortete prompt: „Wie mein kleineres Kind so krank war, den ganzen Tag Krämpfe gehabt hatte und endlich am Abend eingeschlafen war, und wie ich dann am Bette saß und mir dachte: Jetzt mußt du aber recht ruhig sein, um sie nicht aufzuwecken, da... bekam ich das Schnalzen zum erstenmal. Es verging dann wieder; wie wir aber viele Jahre später einmal nachts durch den Wald bei ** fuhren, und ein großes Gewitter losbrach und der

---

[1] Vgl. die gleichzeitig erscheinende vorläufige Mitteilung von J. Breuer und S. Freud über den psychischen Mechanismus hysterischer Phänomene in Mendels Zentralblatt Nr. 1 und 2, 1893. [Als einleitender Teil der „Studien über Hysterie" enthalten in diesem Bande der Ges. Werke.]

Blitz gerade in einen Baumstamm vor uns am Wege einschlug, so daß der Kutscher die Pferde zurückreißen mußte, und ich mir dachte: Jetzt darfst du nur ja nicht schreien, sonst werden die Pferde scheu, da — kam es wieder und ist seitdem geblieben." Ich konnte mich überzeugen, daß jenes Schnalzen kein echter Tic war, denn es war von dieser Zurückführung auf seinen Grund an beseitigt und blieb so durch Jahre, so lange ich die Kranke verfolgen konnte. Ich hatte aber damals zum erstenmal Gelegenheit, die Entstehung hysterischer Symptome durch die Objektivierung der peinlichen Kontrastvorstellung, durch den Gegenwillen zu erfassen. Die durch Angst und Krankenpflege erschöpfte Mutter nimmt sich vor, ja keinen Laut über ihre Lippen zu bringen, um das Kind nicht in dem so spät eingetretenen Schlaf zu stören. In ihrer Erschöpfung erweist sich die begleitende Kontrastvorstellung, sie werde es doch tun, als die stärkere, gelangt zur Innervation der Zunge, welche zu hemmen der Vorsatz lautlos zu bleiben, vielleicht vergessen hatte, durchbricht den Verschluß der Lippen und erzeugt ein Geräusch, welches sich von nun an, zumal seit einer Wiederholung desselben Vorganges, für viele Jahre fixiert.

Das Verständnis dieses Vorganges ist kein vollkommenes, so lange nicht ein bestimmter Einwand erledigt worden ist. Man wird fragen dürfen, wie es komme, daß bei einer allgemeinen Erschöpfung — die doch die Disposition für jenen Vorgang darstellt — gerade die Kontrastvorstellung die Oberhand gewinnt? Ich möchte darauf mit der Annahme erwidern, daß diese Erschöpfung eine bloß partielle ist. Erschöpft sind diejenigen Elemente des Nervensystems, welche die materiellen Grundlagen der zum primären Bewußtsein assoziierten Vorstellungen sind; die von dieser Assoziationskette — des normalen Ichs — ausgeschlossenen, die gehemmten und unterdrückten Vorstellungen sind nicht erschöpft und überwiegen daher im Momente der hysterischen Disposition.

Jeder Kenner der Hysterie wird aber bemerken, daß der hier geschilderte psychische Mechanismus nicht bloß vereinzelte hysterische Zufälle, sondern große Stücke des Symptombildes der Hysterie sowie einen geradezu auffälligen Charakterzug derselben aufzuklären vermag. Halten wir fest, daß es die peinlichen Kontrastvorstellungen, welche das normale Bewußtsein hemmt und zurückweist, waren, die im Momente der hysterischen Disposition hervortraten und den Weg zur Körperinnervation fanden, so haben wir den Schlüssel auch zum Verständnis der Eigentümlichkeit hysterischer Anfallsdelirien in der Hand. Es ist nicht zufällig, daß die hysterischen Delirien der Nonnen in den Epidemien des Mittelalters aus schweren Gotteslästerungen und ungezügelter Erotik bestanden, oder daß gerade bei wohlerzogenen und artigen Knaben, wie Charcot (Leçons du Mardi, vol. I.) hervorhebt, hysterische Anfälle vorkommen, in denen jeder Gassenbüberei, jeder Bubentollheit und Unart freier Lauf gelassen wird. Die unterdrückten und mühsam unterdrückten Vorstellungsreihen sind es, die hier infolge einer Art von Gegenwillen in Aktion umgesetzt werden, wenn die Person der hysterischen Erschöpfung verfallen ist. Ja der Zusammenhang ist vielleicht mitunter ein intimerer, indem gerade durch die mühevolle Unterdrückung jener hysterische Zustand erzeugt wird, — auf dessen psychologische Kennzeichnung ich hier übrigens nicht eingegangen bin. Ich habe es hier nur mit der Erklärung zu tun, warum — jenen Zustand hysterischer Disposition vorausgesetzt — die Symptome so ausfallen, wie wir sie tatsächlich beobachten.

Im ganzen verdankt die Hysterie diesem Hervortreten des Gegenwillens jenen dämonischen Zug, der ihr so häufig zukommt, der sich darin äußert, daß die Kranken gerade dann und dort etwas nicht können, wo sie es am sehnlichsten wollen, daß sie das genaue Gegenteil von dem tun, um was man sie gebeten hat, und daß sie, was ihnen am teuersten ist, beschimpfen und verdächtigen müssen. Die Charakterperversion der Hysterie, der Kitzel, das Schlechte zu tun, sich krank stellen zu müssen, wo sie sehnlichst die Gesundheit wünschen, — wer hysterische Kranke kennt, weiß, daß dieser Zwang oft genug die tadellosesten Charaktere betrifft, die ihren Kontrastvorstellungen für eine Zeit hilflos preisgegeben sind.

Die Frage: Was wird aus den gehemmten Vorsätzen? scheint für das normale Vorstellungsleben sinnlos zu sein. Man möchte darauf antworten, sie kommen eben nicht zustande. Das Studium der Hysterie zeigt, daß sie dennoch zustandekommen, d. h. daß die ihnen entsprechende materielle Veränderung erhalten bleibt, und daß sie aufbewahrt werden, in einer Art von Schattenreich eine ungeahnte Existenz fristen, bis sie als Spuk hervortreten und sich des Körpers bemächtigen, der sonst dem herrschenden Ichbewußtsein gedient hat.

Ich habe vorhin gesagt, daß dieser Mechanismus ein exquisit hysterischer ist; ich muß hinzufügen, daß er nicht ausschließlich der Hysterie zukommt. Er findet sich in auffälliger Weise beim *tic convulsif* wieder, einer Neurose, die so viel symptomatische Ähnlichkeit mit der Hysterie hat, daß ihr ganzes Bild als Teilerscheinung der Hysterie auftreten kann, so daß Charcot, wenn ich seine Lehren darüber nicht von Grund aus mißverstanden habe, nach längerer Sonderung kein anderes Unterscheidungsmerkmal gelten lassen kann, als daß der hysterische Tic sich wieder einmal löst, der echte fortbestehen bleibt. Das Bild eines schweren *tic convulsif* setzt sich bekanntlich zusammen aus unwillkürlichen Bewegungen, häufig (nach Charcot und Guinon immer) vom Charakter der Grimassen oder einmal zweckmäßig gewesener Verrichtungen, aus Koprolalie, Echolalie und Zwangsvorstellungen aus der Reihe der *folie de doute*. Es ist nun überraschend zu hören, daß Guinon, dem das Eingehen in den psychischen Mechanismus dieser Symptome ferne liegt, von einigen seiner Kranken berichtet, sie seien zu ihren Zuckungen und Grimassen auf dem Wege der Objektivierung der Kontrastvorstellung gelangt. Diese Kranken geben an, sie hätten bei einer bestimmten Gelegenheit einen ähnlichen Tic oder einen Komiker, der seine Mienen absichtlich so verzerrte, gesehen und dabei die Furcht empfunden, diese häßlichen Bewegungen nachahmen zu müssen. Von da an hätten sie auch wirklich mit der Nachahmung begonnen. Gewiß entsteht nur ein kleiner Teil der unwillkürlichen Bewegungen bei den *tiqueurs* auf diese Weise. Dagegen könnte man versucht sein, diesen Mechanismus der Entstehung der Koprolalie unterzulegen, mit welchem Terminus bekanntlich das unwillkürliche, besser widerwillige Hervorstoßen der unflätigsten Worte bei den *tiqueurs* bezeichnet wird. Die Wurzel der Koprolalie wäre die Wahrnehmung des Kranken, daß er es nicht unterlassen kann, gewisse Laute, meist ein hm, hm, hervorzustoßen. Daran würde sich die Furcht schließen, auch die Herrschaft über andere Laute, besonders über jene Worte zu verlieren, die der wohlerzogene Mensch auszusprechen sich hütet, und diese Furcht würde zur Verwirklichung des Gefürchteten führen. Ich finde bei Guinon keine Anamnese, welche diese Vermutung bestätigt und habe selbst nie Gelegenheit gehabt, einen Kranken mit Koprolalie auszufragen. Dagegen finde ich bei demselben Autor den Bericht über einen anderen Fall von Tic, bei dem das unwillkürlich ausgesprochene Wort ausnahmsweise nicht dem Sprachschatz der Koprolalie angehörte. Dieser Fall betrifft einen erwachsenen Mann, der mit dem Ausruf „Maria" behaftet war. Er hatte als Schüler eine Schwärmerei für ein Mädchen dieses Namens gehabt, die ihn damals ganz in Anspruch nahm, wie wir annehmen wollen, zur Neurose disponierte. Damals begann er den Namen seiner Angebeteten mitten in den Schulstunden laut zu rufen, und dieser Name verblieb ihm als Tic, nachdem seine Liebschaft seit einem halben Menschenleben überwunden war. Ich denke, es kann kaum anders zugegangen sein, als daß das ernsthafteste Bemühen, den Namen geheim zu halten, in einem Moment besonderer Erregung in den Gegenwillen umschlug, und daß von da ab der Tic verblieb, ähnlich wie im Falle meiner zweiten Kranken.

Ist die Erklärung dieses Beispiels richtig, so liegt die Versuchung nahe, den eigentlich koprolalischen Tic auf denselben Mechanismus zurückzuführen, denn die unflätigen Worte sind Geheimnisse, die wir alle kennen, und deren Kenntnis wir stets voreinander zu verbergen streben.[1]

---

[1] Ich deute hier nur an, daß es lohnend sein dürfte, der Objektivierung des Gegenwillens auch außerhalb der Hysterie und des Tic nachzuspüren, wo sie im Rahmen der Norm so häufig vorkommt.

CHARCOT

CHARCOT

Mit J. M. Charcot, den nach einem glücklichen und ruhmvollen Leben am 16. August d. J. ein rascher Tod ohne Leiden und Krankheit ereilte, hat die junge Wissenschaft der Neurologie ihren größten Förderer, haben die Neurologen aller Länder ihren Lehrmeister, hat Frankreich einen seiner ersten Männer allzufrüh verloren. Er war erst 68 Jahre alt, seine körperliche Kraft wie seine geistige Frische schienen ihn im Einklange mit seinen unverhohlenen Wünschen für jene Langlebigkeit zu bestimmen, die nicht wenigen Geistesarbeitern dieses Jahrhunderts zuteil geworden ist. Die stattlichen neun Bände seiner Oeuvres complètes, in denen seine Schüler seine Beiträge zur Medizin und Neuropathologie gesammelt hatten, dazu die Leçons du Mardi, die Jahresberichte seiner Klinik in der Salpêtrière u. a. m., alle diese Publikationen die der Wissenschaft und seinen Schülern teuer bleiben werden, können uns den Mann nicht ersetzen, der noch viel mehr zu geben und zu lehren hatte, dessen Person oder dessen Werken noch niemand genaht war, ohne von ihnen zu lernen.

Er hatte eine rechtschaffene menschliche Freude an seinem großen Erfolge und pflegte sich gern über seine Anfänge und den Weg, den er gegangen, zu äußern. Seine wissenschaftliche Neugierde war frühzeitig durch das reiche und damals völlig unverstandene Material neuropathologischer Tatsachen erregt worden, wie er erzählte, schon als er junger Interne (Sekundararzt) war. Wenn er damals mit seinem Primararzt die Visite auf einer der Abteilungen der Salpêtrière (Versorgungshaus für Frauen) machte, durch all die Wildnis von Lähmungen, Zuckungen und Krämpfen, für die es vor vierzig Jahren keine Namen und kein Verständnis gab, pflegte er zu sagen: *„faudrait y retourner et y rester"* und er hielt Wort. Als er *médecin des hôpitaux* (Primararzt) geworden war, trachtete er alsbald in die Salpêtrière zu kommen, auf eine jener Abteilungen, die die Nervenkranken beherbergten, und einmal dort angelangt, verblieb er auch dort, anstatt, wie es den französischen Primarärzten freisteht, im regelmäßigen Turnus Spital und Abteilung und damit auch die Spezialität zu wechseln.

So war sein erster Eindruck und der Vorsatz, zu dem er geführt hatte, bestimmend für seine gesamte weitere Entwicklung geworden. Die Verfügung über ein großes Material an chronisch Nervenkranken gestattete ihm nun, seine eigentümliche Begabung zu verwerten. Er war kein Grübler, kein Denker, sondern eine künstlerisch begabte Natur, wie er es selbst nannte, ein *visuel*, ein Seher. Von seiner Arbeitsweise erzählte er uns selbst folgendes: Er pflegte sich die Dinge, die er nicht kannte, immer von neuem anzusehen, Tag für Tag den Eindruck zu verstärken, bis ihm dann plötzlich das Verständnis derselben aufging. Vor seinem geistigen Auge ordnete sich dann das Chaos, welches durch die Wiederkehr immer derselben Symptome vorgetäuscht wurde; es ergaben sich die neuen Krankheitsbilder, gekennzeichnet durch die konstante Verknüpfung gewisser Symptomgruppen; die vollständigen und extremen Fälle, die „Typen", ließen sich mit Hilfe einer gewissen Art von Schematisierung hervorheben, und von den Typen aus blickte das Auge auf die lange Reihe der abgeschwächten Fälle, der *formes frustes*, die von dem oder jenem charakteristischen Merkmal des Typus her ins Unbestimmte ausliefen. Er nannte diese Art der Geistesarbeit, in der er keinen Gleichen hatte, „Nosographie treiben" und war stolz auf sie. Man konnte ihn sagen hören, die größte Befriedigung, die ein Mensch erleben könne, sei, etwas Neues zu sehen, d. h. es als neu zu erkennen, und in immer wiederholten Bemerkungen kam er auf die Schwierigkeit und Verdienstlichkeit dieses „Sehens" zurück. Woher es denn komme, daß die Menschen in der Medizin immer nur sehen, was sie zu sehen bereits gelernt haben, wie wunderbar es sei, daß man plötzlich neue Dinge — neue Krankheitszustände — sehen könne, die doch wahrscheinlich so alt seien wie das Menschengeschlecht, und wie er sich selbst sagen müsse, er sehe jetzt manches, was er durch 30 Jahre auf seinen Krankenzimmern übersehen habe. Welchen Reichtum an Formen die Neuropathologie durch ihn gewann, welche Verschärfung und Sicherheit der Diagnose durch seine Beobachtungen ermöglicht wurde, braucht man dem Arzte nur anzudeuten. Der Schüler aber, der mit ihm einen stundenlangen Gang durch die Krankenzimmer der Salpêtrière, dieses Museums von klinischen Fakten, gemacht hatte, deren Namen und Besonderheit größtenteils von ihm selbst herrührten, wurde an Cuvier erinnert, dessen Statue vor dem Jardin des plantes den großen Kenner und Beschreiber der Tierwelt, umgeben von der Fülle tierischer Gestalten, zeigt, oder er mußte an den Mythus von Adam denken, der jenen von Charcot gepriesenen intellektuellen Genuß im höchsten Ausmaß erlebt haben mochte, als ihm Gott die Lebewesen des Paradieses zur Sonderung und Benennung vorführte.

Charcot wurde auch niemals müde, die Rechte der rein klinischen Arbeit, die im Sehen und Ordnen besteht, gegen die Übergriffe der theoretischen Medizin zu verteidigen. Wir waren einmal eine kleine Schar von Fremden beisammen, die, in der deutschen Schulphysiologie aufgezogen, ihm durch die Beanständung seiner klinischen Neuheiten lästig fielen: „Das kann doch nicht sein," wendete ihm einmal einer von uns ein, „das widerspricht ja der Theorie von Young-Helmholtz". Er erwiderte nicht: „Um so ärger für die Theorie, die Tatsachen der Klinik haben den Vorrang" u. dgl., aber er sagte uns doch, was uns einen großen Eindruck machte: *„La théorie, c'est bon, mais ça n'empêche pas d'exister*."

Durch eine ganze Reihe von Jahren hatte Charcot die Professur für pathologische Anatomie in Paris inne, und seine neuropathologischen Arbeiten und Vorlesungen, die ihn rasch auch im Auslande berühmt machten, betrieb er ohne Auftrag als Nebenbeschäftigung; für die Neuropathologie war es aber ein Glück, daß derselbe Mann die Leistung zweier Instanzen auf sich nehmen konnte, einerseits durch klinische Beobachtung die Krankheitsbilder schuf und anderseits beim Typus wie bei der *forme fruste* die gleiche anatomische Veränderung als Grundlage des Leidens nachwies. Es ist allgemein bekannt, welche Erfolge diese anatomisch-klinische Methode Charcots auf dem Gebiete der organischen Nervenkrankheiten, der Tabes, multiplen Sklerose, der amyotrophischen Lateralsklerose usw. erzielte. Oft bedurfte es jahrelangen geduldigen Harrens, ehe bei diesen chronischen, nicht direkt zum Tode führenden Affektionen der Nachweis der organischen Veränderung gelang, und nur ein Siechenhaus, wie die Salpêtrière, konnte gestatten, die Kranken durch so lange Zeiträume zu verfolgen und zu erhalten. Die erste Feststellung dieser Art machte Charcot übrigens, ehe er über eine Abteilung verfügen konnte. Der Zufall führte ihm während seiner Studienzeit eine Bedienerin zu, die an einem eigentümlichen Zittern litt und wegen ihrer Ungeschicklichkeit keine Stelle bekommen konnte. Charcot erkannte ihren Zustand als die von Duchenne bereits beschriebene *paralysie choréiforme*, von der aber nicht bekannt war, worauf sie beruhe. Er behielt die interessante Bedienerin, obwohl sie im Laufe der Jahre ein kleines Vermögen an Schüsseln und Tellern kostete, und als sie endlich starb, konnte er an ihr nachweisen, daß die *paralysie choréiforme* der klinische Ausdruck der multiplen cerebrospinalen Sklerose sei.

Die pathologische Anatomie hat für die Neuropathologie zweierlei zu leisten: neben dem Nachweis der krankhaften Veränderung die Feststellung von deren Lokalisation, und wir alle wissen, daß in den letzten beiden Dezennien der zweite Teil der Aufgabe das größere Interesse gefunden und die größere Förderung erfahren hat. Charcot hat auch an diesem Werke in hervorragendster Weise mitgearbeitet, wenngleich die bahnbrechenden Funde nicht von ihm herrühren. Er folgte zunächst den Spuren unseres Landsmannes Türck, der, wie es heißt, ziemlich einsam in unserer Mitte gelebt und geforscht hat, und als dann die beiden großen Neuerungen kamen, die eine neue Epoche für unsere Kenntnis der „Lokalisation der Nervenkrankheiten" einleiteten, die Reizungsversuche von Hitzig-Fritsch und die Markentwicklungsbefunde von Flechsig, hat er in seinen Vorlesungen über die Lokalisation das Meiste und das Beste dazu getan, die neuen Lehren mit der Klinik zu vereinigen und für sie fruchtbar zu machen. Was speziell die Beziehung der Körpermuskulatur zur motorischen Zone des menschlichen Großhirns betrifft, so erinnere ich daran, wie lange die genauere Art und Topik dieser Beziehung in Frage stand (gemeinsame Vertretung beider Extremitäten an denselben Stellen — Vertretung der oberen Extremität in der vorderen, der unteren in der hinteren Zentralwindung, also vertikale Gliederung), bis endlich fortgesetzte klinische Beobachtungen und Reiz- wie Exstirpationsversuche am lebenden Menschen bei Gelegenheit chirurgischer Eingriffe zugunsten der Ansicht von Charcot und Pitres entschieden, daß das mittlere Drittel der Zentralwindungen vorwiegend der Armvertretung, das obere Drittel und der mediale Anteil der Beinvertretung diene, daß also eine horizontale Gliederung in der motorischen Region durchgeführt sei.

Es würde nicht gelingen, die Bedeutung Charcots für die
Neuropathologie durch die Aufzählung einzelner Leistungen zu
erweisen, denn es hat in den letzten zwei Dezennien überhaupt
nicht viele Themata von einigem Belang gegeben, an deren Aufstellung und Diskussion die Schule der Salpêtrière nicht einen
hervorragenden Anteil genommen hätte. „Die Schule der Salpêtrière", das war natürlich Charcot selbst, der mit dem Reichtume seiner Erfahrung, der durchsichtigen Klarheit seiner Diktion
und der Plastik seiner Schilderungen unschwer in jeder Schülerarbeit zu erkennen war. Aus dem Kreise von jungen Männern,
die er so an sich heranzog und zu Teilnehmern seiner Forschungen machte, erhoben sich dann einzelne zum Bewußtsein
ihrer Individualität, gewannen für sich selbst einen glänzenden
Namen, und hie und da kam es auch vor, daß einer mit einer
Behauptung hervortrat, die dem Meister mehr geistreich als richtig
erschien und die er in Gesprächen und Vorlesungen sarkastisch
genug bekämpfte, ohne daß das Verhältnis zu dem geliebten
Schüler darunter litt. Tatsächlich hinterläßt Charcot eine Schar
von Schülern, deren geistige Qualität und bisherige Leistungen
eine Bürgschaft bieten, daß die Pflege der Neuropathologie in
Paris nicht so bald von der Höhe heruntergleiten wird, zu der
Charcot sie geführt hat.

Wir haben in Wien wiederholt die Erfahrung machen können,
daß die geistige Bedeutung eines akademischen Lehrers nicht ohneweiters mit jener direkten persönlichen Beeinflussung der Jugend
vereinigt sein muß, die sich in der Schöpfung einer zahlreichen
und bedeutsamen Schule äußert. Wenn Charcot in diesem
Punkte so viel glücklicher war, so mußte man dies den persönlichen Eigenschaften des Mannes zuschreiben, dem Zauber,
der von seiner Erscheinung und Stimme ausging, der liebenswürdigen Offenheit, die sein Benehmen auszeichnete, sobald
einmal die gegenseitigen Beziehungen das Stadium der ersten
Fremdheit überwunden hatten, der Bereitwilligkeit, mit der er

seinen Schülern alles zur Verfügung stellte, und der Treue, die er ihnen durch das Leben hielt. Die Stunden, die er auf seinen Krankenzimmern verbrachte, waren Stunden des Beisammenseins und des Gedankenaustausches mit seinem gesamten ärztlichen Stab; er schloß sich da niemals ein; der jüngste Externe hatte Gelegenheit, ihn bei der Arbeit zu sehen und durfte ihn in dieser Arbeit stören, und dieselbe Freiheit genossen die Fremden, die in späteren Jahren niemals bei seiner Visite fehlten. Endlich, wenn am Abend Madame Charcot ihr gastliches Haus einer auserlesenen Gesellschaft öffnete, unterstützt von einer hochbegabten, in der Ähnlichkeit des Vaters aufblühenden Tochter, so standen die nie fehlenden Schüler und ärztlichen Gehilfen ihres Mannes als ein Teil der Familie den Gästen gegenüber.

Das Jahr 1882 oder 83 brachte die endgültige Gestaltung in Charcots Lebens- und Arbeitsbedingungen. Man war zur Einsicht gekommen, daß das Wirken dieses Mannes einen Teil des Besitzstandes der nationalen Glorie bilde, der nach dem unglücklichen Kriege von 1870/71 um so eifersüchtiger behütet wurde. Die Regierung, an deren Spitze Charcots alter Freund Gambetta stand, schuf für ihn einen Lehrstuhl für Neuropathologie an der Fakultät, für welchen er der pathologischen Anatomie entsagen konnte, und eine Klinik samt wissenschaftlichen Nebeninstituten in der Salpêtrière. „Le service de M. Charcot" umfaßte jetzt nebst den früheren mit chronisch Kranken belegten Räumen mehrere klinische Zimmer, in welche auch Männer Aufnahme fanden, eine riesige Ambulanz, die Consultation externe, ein histologisches Laboratorium, ein Museum, eine elektrotherapeutische, eine Augen- und Ohrenabteilung und ein eigenes photographisches Atelier, als ebensoviel Anlässe, um ehemalige Assistenten und Schüler in festen Stellungen dauernd an die Klinik zu binden. Die zwei Stock hohen, verwittert aussehenden Gebäude mit den Höfen, die sie umschlossen, erinnerten den Fremden auffällig an unser Allgemeines Krankenhaus, aber die

Ähnlichkeit ging wohl nicht weit genug. „Es ist vielleicht nicht schön hier," sagte Charcot, wenn er dem Besucher seinen Besitz zeigte, „aber man findet Platz für alles, was man machen will."

Charcot stand auf der Höhe des Lebens, als ihm diese Fülle von Lehr- und Forschungsmitteln zur Verfügung gestellt wurde. Er war ein unermüdlicher Arbeiter, ich glaube, immer noch der fleißigste der ganzen Schule. Eine Privatordination, zu der sich die Kranken „aus Samarkand und von den Antillen" drängten, vermochte es nicht, ihn seiner Lehrtätigkeit oder seinen Forschungen zu entfremden. Sicherlich wandte sich dieser Zulauf von Menschen nicht allein an den berühmten Forscher, sondern ebensosehr an den großen Arzt und Menschenfreund, der immer einen Bescheid zu finden wußte und dort erriet, wo der gegenwärtige Zustand der Wissenschaft ihm nicht gestattete zu wissen. Man hat ihm vielfach seine Therapie zum Vorwurf gemacht, die durch ihren Reichtum an Verschreibungen ein rationalistisches Gewissen beleidigen mußte. Allein er setzte einfach die örtlich und zeitlich gebräuchlichen Methoden fort, ohne sich über deren Wirksamkeit viel zu täuschen. In der therapeutischen Erwartung war er übrigens nicht pessimistisch und hat früher und später die Hand dazu geboten, neue Behandlungsmethoden an seiner Klinik zu versuchen, deren kurzlebiger Erfolg von anderer Seite her seine Aufklärung fand. Als Lehrer war Charcot geradezu fesselnd, jeder seiner Vorträge ein kleines Kunstwerk an Aufbau und Gliederung, formvollendet und in einer Weise eindringlich, daß man den ganzen Tag über das gehörte Wort nicht aus seinem Ohr und das demonstrierte Objekt nicht aus dem Sinne bringen konnte. Er demonstrierte selten einen einzigen Kranken, meist eine Reihe oder Gegenstücke, die er miteinander verglich. Der Saal, in welchem er seine Vorlesungen hielt, war mit einem Bilde geschmückt, welches den „Bürger" Pinel darstellt, wie er den armen Irrsinnigen der Salpêtrière die Fesseln abnehmen läßt;

die Salpêtrière, die während der Revolution so viel Schrecken gesehen, war doch auch die Stätte dieser humansten aller Umwälzungen gewesen. Meister Charcot selbst machte bei einer solchen Vorlesung einen eigentümlichen Eindruck; er, der sonst vor Lebhaftigkeit und Heiterkeit übersprudelte, auf dessen Lippen der Witz nicht erstarb, sah dann unter seinem Samtkäppchen ernst und feierlich, ja eigentlich gealtert aus, seine Stimme klang uns wie gedämpft, und wir konnten etwa verstehen, wieso übelwollende Fremde dazu kamen, der ganzen Vorlesung den Vorwurf des Theatralischen zu machen. Die so sprachen, waren wohl die Formlosigkeit des deutschen klinischen Vortrags gewöhnt oder vergaßen, daß Charcot nur eine Vorlesung in der Woche hielt, die er also sorgfältig vorbereiten konnte.

Folgte Charcot mit dieser feierlichen Vorlesung, in der alles vorbereitet war und alles eintreffen mußte, wahrscheinlich einer eingewurzelten Tradition, so empfand er doch auch das Bedürfnis, seinen Hörern ein minder verkünsteltes Bild seiner Tätigkeit zu geben. Dazu diente ihm die Ambulanz der Klinik, die er in den sogenannten *Leçons du Mardi* persönlich erledigte. Da nahm er ihm völlig unbekannte Fälle vor, setzte sich allen Wechselfällen des Examens, allen Irrwegen einer ersten Untersuchung aus, warf seine Autorität von sich, um gelegentlich einzugestehen, daß dieser Fall keine Diagnose zulasse, daß in jenem ihn der Anschein getäuscht habe, und niemals erschien er seinen Hörern größer, als nachdem er sich so bemüht hatte, durch die eingehendste Rechenschaft über seine Gedankengänge, durch die größte Offenheit in seinen Zweifeln und Bedenken die Kluft zwischen Lehrer und Schülern zu verringern. Die Veröffentlichung dieser improvisierten Vorträge aus den Jahren 1887 und 1888, zunächst in französischer, gegenwärtig auch in deutscher Sprache, hat auch den Kreis seiner Bewunderer ins Ungemessene erweitert, und niemals hat ein neuropathologisches Werk einen ähnlichen Erfolg im ärztlichen Publikum erzielt wie dieses.

Ungefähr gleichzeitig mit der Errichtung der Klinik und dem Zurücktreten der pathologischen Anatomie vollzog sich eine Wandlung in Charcots wissenschaftlichen Neigungen, der wir die schönsten seiner Arbeiten danken. Er erklärte nun, die Lehre von den organischen Nervenkrankheiten sei vorderhand ziemlich abgeschlossen, und begann sein Interesse fast ausschließlich der Hysterie zuzuwenden, die so mit einem Schlage in den Brennpunkt der allgemeinen Aufmerksamkeit gelangte. Diese rätselhafteste aller Nervenkrankheiten, für deren Beurteilung die Ärzte noch keinen tauglichen Gesichtspunkt gefunden hatten, war gerade damals recht in Mißkredit geraten, der sich sowohl auf die Kranken als auf die Ärzte erstreckte, die sich mit der Neurose beschäftigten. Es hieß, bei der Hysterie ist alles möglich, und den Hysterischen wollte man nichts glauben. Die Arbeit Charcots gab dem Thema zunächst seine Würde wieder; man gewöhnte sich allmählich das höhnische Lächeln ab, auf das die Kranke damals sicher rechnen konnte; sie mußte nicht mehr eine Simulantin sein, da Charcot mit seiner vollen Autorität für die Echtheit und Objektivität der hysterischen Phänomene eintrat. Charcot hatte im kleinen die Tat der Befreiung wiederholt, wegen welcher das Bild Pinels den Hörsaal der Salpêtrière zierte. Nachdem man nun der blinden Furcht entsagt hatte, von den armen Kranken genarrt zu werden, welche einer ernsthaften Beschäftigung mit der Neurose bisher im Wege gestanden war, konnte es sich fragen, welche Art der Bearbeitung auf dem kürzesten Wege zur Lösung des Problems führen würde. Für einen ganz unbefangenen Beobachter hätte sich folgende Anknüpfung dargeboten: Wenn ich einen Menschen in einem Zustande finde, der alle Zeichen eines schmerzhaften Affekts an sich trägt, im Weinen, Schreien, Toben, so liegt mir der Schluß nahe, einen seelischen Vorgang in diesem Menschen zu vermuten, dessen berechtigte Äußerung jene körperlichen Phänomene sind. Der Gesunde wäre dann imstande mitzuteilen, welcher Eindruck ihn

peinigt, der Hysterische würde antworten, er wisse es nicht, und
das Problem wäre sofort gegeben, woher es komme, daß der
Hysterische einem Affekt unterliegt, von dessen Veranlassung er
nichts zu wissen behauptet. Hält man nun an seinem Schlusse
fest, daß ein entsprechender psychischer Vorgang vorhanden sein
müsse, und schenkt dabei doch der Behauptung des Kranken
Glauben, der denselben verleugnet, sammelt man die vielfachen
Anzeichen, aus denen hervorgeht, daß der Kranke sich so benimmt,
als wüßte er doch darum, forscht man in der Lebensgeschichte
des Kranken nach und findet in derselben einen Anlaß, ein
Trauma, welches geeignet ist, gerade solche Affektäußerungen zu
erzeugen, so drängt dies alles zur Lösung, daß der Kranke sich
in einem besonderen Seelenzustande befinde, in dem das Band
des Zusammenhanges nicht mehr alle Eindrücke oder Erinnerungen
an solche umschlinge, in dem es einer Erinnerung möglich sei,
ihren Affekt durch körperliche Phänomene zu äußern, ohne daß
die Gruppe der anderen seelischen Vorgänge, das Ich, darum
wisse oder hindernd eingreifen könne, und die Erinnerung an
die allbekannte psychologische Verschiedenheit von Schlaf und
Wachen hätte das Fremdartige dieser Annahme verringern können.
Man wende nicht ein, daß die Theorie einer Spaltung des Bewußtseins als Lösung des Rätsels der Hysterie viel zu ferne liegt,
als daß sie sich dem unbefangenen und ungeschulten Beobachter
aufdrängen könnte. Tatsächlich hatte das Mittelalter doch diese
Lösung gewählt, indem es die Besessenheit durch einen Dämon
für die Ursache der hysterischen Phänomene erklärte; es hätte
sich nur darum gehandelt, für die religiöse Terminologie jener
dunkeln und abergläubischen Zeit die wissenschaftliche der Gegenwart einzusetzen.

    Charcot betrat nicht diesen Weg zur Aufklärung der Hysterie,
obwohl er aus den erhaltenen Berichten der Hexenprozesse und
der Besessenheit reichlich schöpfte, um zu erweisen, daß die Erscheinungen der Neurose damals dieselben gewesen seien wie

heute. Er behandelte die Hysterie wie ein anderes Thema der Neuropathologie, gab die vollständige Beschreibung ihrer Erscheinungen, wies Gesetz und Regel in denselben nach, lehrte die Symptome kennen, welche eine Diagnose der Hysterie ermöglichen. Die sorgfältigsten Untersuchungen, die von ihm und seinen Schülern ausgingen, verbreiteten sich über die Sensibilitätsstörungen der Hysterie an der Haut und den tiefen Teilen, das Verhalten der Sinnesorgane, die Eigentümlichkeiten der hysterischen Kontrakturen und Lähmungen, der trophischen Störungen und der Veränderungen des Stoffwechsels. Die mannigfachen Formen des hysterischen Anfalls wurden beschrieben, ein Schema aufgestellt, welches die typische Gestaltung des großen hysterischen Anfalls in vier Stadien schilderte und die Zurückführung der gemeinhin beobachteten „kleinen" Anfälle auf den Typus gestattete, ebenso die Lage und Häufigkeit der sogenannten hysterogenen Zonen, deren Beziehung zu den Anfällen studiert usw. Mit all diesen Kenntnissen über die Erscheinung der Hysterie ausgestattet, machte man nun eine Reihe überraschender Entdeckungen; man fand die Hysterie beim männlichen Geschlechte und besonders bei den Männern der Arbeiterklasse mit einer Häufigkeit, die man nicht vermutet hatte, man überzeugte sich, daß gewisse Zufälle, die man der Alkohol-, der Blei-Intoxikation zugeschrieben hatte, der Hysterie angehörten, man war imstande, eine ganze Anzahl von bisher unverstanden und isoliert dastehenden Affektionen unter die Hysterie zu subsumieren und den Anteil der Hysterie auszuscheiden, wo sich die Neurose mit anderen Affektionen zu komplexen Bildern vereinigt hatte. Am weittragendsten waren wohl die Forschungen über die Nervenerkrankungen nach schweren Traumen, die „traumatischen Neurosen", deren Auffassung jetzt noch in Diskussion steht, und bei welchen Charcot das Recht der Hysterie erfolgreich vertreten hat.

Nachdem die letzten Ausdehnungen des Begriffes der Hysterie so häufig zur Verwerfung ätiologischer Diagnosen geführt hatten, ergab sich die Notwendigkeit, auf die Ätiologie der Hysterie einzugehen. Charcot stellte eine einfache Formel für diese auf: als einzige Ursache hat die Heredität zu gelten, die Hysterie ist demnach eine Form der Entartung, ein Mitglied der *famille névropathique;* alle anderen ätiologischen Momente spielen die Rolle von Gelegenheitsursachen, von *agents provocateurs.*

Der Aufbau dieses großen Gebäudes fand natürlich nicht ohne heftigen Widerspruch statt, allein es war der unfruchtbare Widerspruch einer alten Generation, die ihre Anschauungen nicht verändert wissen wollte; die Jüngeren unter den Neuropathologen, auch Deutschlands, nahmen Charcots Lehren in größerem oder geringerem Ausmaße an. Charcot selbst war des Sieges seiner Lehren von der Hysterie vollkommen sicher; wollte man ihm einwenden, daß die vier Stadien des Anfalls, die Hysterie bei Männern usw., anderswo als in Frankreich nicht zu beobachten seien, so wies er darauf hin, wie lange er diese Dinge selbst übersehen habe, und wiederholte, die Hysterie sei allerorten und zu allen Zeiten die nämliche. Gegen den Vorwurf, daß die Franzosen eine weit nervösere Nation seien als andere, die Hysterie gleichsam eine nationale Unart, war er sehr empfindlich und konnte sich sehr freuen, wenn eine Publikation „über einen Fall von Reflexepilepsie" bei einem preußischen Grenadier ihm auf Distanz die Diagnose der Hysterie ermöglichte.

An einer Stelle seiner Arbeit ging Charcot noch über das Niveau seiner sonstigen Behandlung der Hysterie hinaus und tat einen Schritt, der ihm für alle Zeiten auch den Ruhm des ersten Erklärers der Hysterie sichert. Mit dem Studium der hysterischen Lähmungen beschäftigt, die nach Traumen entstehen, kam er auf den Einfall, diese Lähmungen, die er vorher sorgfältig von den organischen differenziert hatte, künstlich zu reproduzieren, und bediente sich hiezu hysterischer Patienten, die er durch Hypnotisieren in den Zustand des Somnambulismus versetzte. Es gelang ihm durch lückenlose Schlußfolge nachzuweisen, daß diese Lähmungen Erfolge von Vorstellungen seien, die in Momenten besonderer Disposition das Gehirn des Kranken beherrscht hatten. Damit war zum ersten Male der Mechanismus eines hysterischen Phänomens aufgeklärt, und an dieses unvergleichlich schöne Stück klinischer Forschung knüpfte dann sein eigener Schüler P. Janet, knüpften Breuer u. a. an, um eine Theorie der Neurose zu entwerfen, welche sich mit der Auffassung des Mittelalters deckt, nachdem sie den „Dämon" der priesterlichen Phantasie durch eine psychologische Formel ersetzt hat.

Charcots Beschäftigung mit den hypnotischen Phänomenen bei Hysterischen gereichte diesem bedeutungsvollen Gebiet von bisher vernachlässigten und verachteten Tatsachen zur größten Förderung, indem das Gewicht seines Namens dem Zweifel an der Realität der hypnotischen Erscheinungen ein für allemal ein Ende machte. Allein der rein psychologische Gegenstand vertrug die ausschließlich nosographische Behandlung nicht, die er bei der Schule der Salpêtrière fand. Die Beschränkung des Studiums der Hypnose auf die Hysterischen, die Unterscheidung von großem und kleinem Hypnotismus, die Aufstellung dreier Stadien der „großen Hypnose" und deren Kennzeichnung durch somatische Phänomene, dies alles unterlag in der Schätzung der Zeitgenossen, als Liébaults Schüler Bernheim es unternahm, die Lehre vom Hypnotismus auf einer umfassenderen psychologischen Grundlage aufzubauen und die Suggestion zum Kernpunkt der Hypnose zu machen. Nur die Gegner des Hypnotismus, die sich damit zufrieden geben, ihren Mangel an eigener Erfahrung durch Berufung auf eine Autorität zu verdecken, halten noch an den Aufstellungen Charcots fest und lieben es, eine aus seinen letzten Jahren stammende Äußerung zu verwerten, die der Hypnose eine jede Bedeutung als Heilmittel abspricht.

Auch an den ätiologischen Theorien, die Charcot in seiner Lehre von der *famille névropathique* vertrat, und die er zur Grundlage seiner gesamten Auffassung der Nervenkrankheiten gemacht hatte, wird wohl bald zu rütteln und zu korrigieren sein. Charcot überschätzte die Heredität als Ursache so sehr, daß kein Raum für die Erwerbung von Neuropathien übrig blieb, er wies der Syphilis nur einen bescheidenen Platz unter den *agents provocateurs* an, und er trennte weder für die Ätiologie, noch sonst hinreichend scharf die organischen Nervenaffektionen von den Neurosen. Es ist unausbleiblich, daß der Fortschritt unserer Wissenschaft, indem er unsere Kenntnisse vermehrt, auch manches von dem entwertet, was uns Charcot gelehrt hat, aber kein Wechsel der Zeiten oder der Meinungen wird den Nachruhm des Mannes zu schmälern vermögen, um den wir jetzt — in Frankreich und anderwärts — alle trauern.

Wien, im August 1893.

QUELQUES CONSIDÉRATIONS POUR UNE ÉTUDE COMPARATIVE DES PARALYSIES MOTRICES ORGANIQUES ET HYSTÉRIQUES

QUELQUES CONSIDÉRATIONS POUR UNE ÉTUDE COMPARATIVE DES PARALYSIES MOTRICES ORGANIQUES ET HYSTÉRIQUES[1]

M. Charcot, dont j'ai été l'élève en 1885 et 1886, a bien voulu, à cette époque, me confier le soin de faire une étude comparative des paralysies motrices organiques et hystériques, basée sur les observations de la Salpêtrière, qui pourrait servir à saisir quelques caractères généraux de la névrose et conduire à une conception sur la nature de cette dernière. Des causes accidentelles et personnelles m'ont empêché pendant longtemps d'obéir à son inspiration; aussi je ne veux apporter maintenant que quelques résultats de mes recherches, laissant de côté les détails nécessaires pour une démonstration complète de mes opinions.

I

Il faudra commencer par quelques remarques sur les paralysies motrices organiques, d'ailleurs généralement admises. La clinique nerveuse reconnaît deux sortes de paralysies motrices, la paralysie *périphéro-spinale* (ou bulbaire) et la paralysie *cérébrale*. Cette distinction est parfaitement en accord avec les données de l'anatomie du système nerveux qui nous montrent qu'il n'y a que

---

[1] Les trois articles en français ont été revus et corrigés sur le texte original quant aux fautes de typographie et de français, tout en respectant strictement le sens.

deux segments sur le parcours des fibres motrices conductrices, le premier qui va de la périphérie jusqu'aux cellules des cornes antérieures dans la moelle, et le second qui va de là jusqu'à l'écorce cérébrale. La nouvelle histologie du système nerveux, fondée sur les travaux de Golgi, Ramón y Cajal, Kölliker etc., traduit ce fait par les mots: „le trajet des fibres de conduction motrices est constitué par deux *neurones* (unités nerveuses cellulo-fibrillaires), qui se rencontrent pour entrer en relation au niveau des cellules dites motrices des cornes antérieures." La différence essentielle de ces deux sortes de paralysies, en clinique, est la suivante: *La paralysie périphéro-spinale est une paralysie détaillée, la paralysie cérébrale est une paralysie en masse.* Le type de la première est la paralysie faciale dans la maladie de Bell, la paralysie dans la poliomyélite aiguë de l'enfance, etc. Or, dans ces affections, chaque muscle, on pourrait dire chaque fibre musculaire, peut être paralysée individuellement et isolément. Cela ne dépend que du siège et de l'étendue de la lésion nerveuse, et il n'y a pas de règle fixe pour que l'un des éléments périphériques échappe à la paralysie, tandis que l'autre en souffre d'une manière constante.

La paralysie cérébrale, au contraire, est toujours une affection qui attaque une grande partie de la périphérie, une extrémité, un segment de celle-ci, un appareil moteur compliqué. Jamais elle n'affecte un muscle individuellement, par exemple le biceps du bras, le tibial isolément, etc., et s'il y a des exceptions apparentes à cette règle (le ptosis cortical, par exemple), on voit bien qu'il s'agit de muscles qui, à eux seuls, remplissent une fonction de laquelle ils sont l'instrument unique.

Dans les paralysies cérébrales des extrémités, on peut remarquer que les segments périphériques souffrent toujours plus que les segments rapprochés du centre; la main, par exemple, est plus paralysée que l'épaule. Il n'y a pas, que je sache, une paralysie cérébrale isolée de l'épaule, la main conservant sa motilité, tandis que le contraire est la règle dans les paralysies qui ne sont pas complètes.

Dans une étude critique sur l'aphasie, publiée en 1891, *Zur Auffassung der Aphasien*, Wien, 1891, j'ai tâché de montrer que la cause de cette différence importante entre la paralysie périphéro-spinale et la paralysie cérébrale doit être cherchée dans la structure du système nerveux. Chaque élément de la périphérie correspond à un élément dans l'axe gris, qui est, comme le dit M. Charcot, son aboutissant nerveux; la périphérie est pour ainsi dire projetée sur la substance grise de la moelle, point pour point, élément pour élément. J'ai proposé de dénommer la paralysie détaillée périphéro-spinale, *paralysie de projection*. Mais il n'en est pas de même pour les relations entre les éléments de la moelle et ceux de l'écorce. Le nombre des fibres conductrices ne suffirait plus pour donner une seconde projection de la périphérie sur l'écorce. Il faut supposer que les fibres qui vont de la moelle à l'écorce ne représentent plus chacune un seul élément périphérique, mais plutôt un groupe de ceux-ci et que même, d'autre part, un élément périphérique peut correspondre à plusieurs fibres conductrices spino-corticales. C'est qu'il y a un changement d'arrangement qui a eu lieu au point de connexion entre les deux segments du système moteur.

Alors, je dis que la reproduction de la périphérie dans l'écorce n'est plus une reproduction fidèle point par point, n'est plus une projection véritable; c'est une relation par des fibres, pour ainsi dire représentatives et je propose, pour la paralysie cérébrale, le nom de *paralysie de représentation*.

Naturellement, quand la paralysie de projection est totale et d'une grande étendue, elle est aussi une paralysie en masse, et son grand caractère distinctif est effacé. D'autre part, la paralysie corticale, qui se distingue parmi les paralysies cérébrales par sa plus grande aptitude à la dissociation, présente cependant toujours le caractère d'une paralysie par représentation.

Les autres différences entre les paralysies de projection et de représentation sont bien connues; je cite parmi elles l'intégrité de la nutrition et de la réaction électrique qui se rattache à la dernière. Bien que très importants dans la clinique, ces signes n'ont pas la portée théorique qu'il faut attribuer au premier caractère différentiel que nous avons relevé, à savoir: paralysie *détaillée* ou en *masse*.

On a assez souvent attribué à l'hystérie la faculté de *simuler* les affections nerveuses organiques les plus diverses. Il s'agit de savoir si d'une façon plus précise elle simule les caractères des deux sortes de paralysies organiques, s'il y a des paralysies hystériques de projection et des paralysies hystériques de représentation, comme dans la symptomatologie organique. Ici, un premier fait important se détache: l'hystérie ne simule jamais les paralysies périphéro-spinales ou de projection; les paralysies hystériques partagent seulement les caractères des paralysies organiques de représentation. C'est là un fait bien intéressant, puisque la paralysie de Bell, la paralysie radiale, etc., sont parmi les affections les plus communes du système nerveux.

Il est bon de faire observer ici, de manière à éviter toute confusion, que je ne traite que de la paralysie hystérique flasque et non de la contracture hystérique. Il me paraît impossible de soumettre la paralysie et la contracture hystériques aux mêmes règles. Ce n'est que des paralysies hystériques flasques qu'on peut soutenir qu'elles n'affectent jamais un seul muscle, excepté le cas où ce muscle est l'instrument unique d'une fonction, qu'elles sont toujours des paralysies en masse, et qu'elles correspondent sous ce rapport à la paralysie de représentation, ou cérébrale organique. En outre, en ce qui concerne la nutrition des parties paralysées et leurs réactions électriques, la paralysie hystérique présente les mêmes caractères que la paralysie cérébrale organique.

Si la paralysie hystérique se rattache ainsi à la paralysie cérébrale et particulièrement à la paralysie corticale, qui présente une plus grande facilité de dissociation, elle ne manque pas de s'en distinguer par des caractères importants. D'abord elle n'est pas soumise à cette règle, constante dans les paralysies cérébrales organiques, à savoir que le segment périphérique est toujours plus affecté que le segment central. Dans l'hystérie, l'épaule ou la cuisse peuvent être plus paralysées que la main ou le pied. Les mouvements peuvent venir dans les doigts tandis que le segment central est encore absolument inerte. On n'a pas la moindre difficulté de produire artificiellement une paralysie isolée de la cuisse, de la jambe etc., et on peut assez souvent retrouver, en clinique, ces paralysies isolées, en contradiction avec les règles de la paralysie organique cérébrale.

Sous ce rapport important, la paralysie hystérique est pour ainsi dire intermédiaire entre la paralysie de projection et la paralysie de représentation organique. Si elle ne possède pas tous les caractères de dissociation et d'isolement propres à la première, elle n'est pas, tant s'en faut, sujette aux strictes lois qui régissent la dernière, la paralysie cérébrale. Ces restrictions faites, on peut soutenir que la paralysie hystérique est aussi une paralysie de représentation, mais d'une représentation spéciale dont la caractéristique reste à trouver.[1]

II

Pour avancer dans cette direction je me propose d'étudier les autres traits distinctifs entre la paralysie hystérique et la paralysie corticale, type le plus parfait de la paralysie cérébrale organique.

---

[1] Chemin faisant, je ferai remarquer que ce caractère important de la paralysie hystérique de la jambe que M. Charcot a relevé d'après Todd, à savoir que l'hystérique traîne la jambe comme une masse morte au lieu d'exécuter la circumduction avec la hanche que fait l'hémiplégique ordinaire, s'explique facilement par la propriété de la névrose que j'ai mentionnée. Pour l'hémiplégie organique, le partie centrale de l'extrémité est toujours un peu indemne, le malade peut remuer la hanche et il en fait usage pour ce mouvement de circumduction, qui fait avancer la jambe. Dans l'hystérie, la partie centrale (la hanche) ne jouit pas de ce privilège, la paralysie y est aussi complète que dans la partie périphérique et, en conséquence, la jambe doit être traînée en masse.

Le premier de ces caractères distinctifs, nous l'avons déjà mentionné, c'est que la paralysie hystérique peut être beaucoup plus dissociée, systématisée que la paralysie cérébrale. Les symptômes de la paralysie organique se retrouvent comme morcelés dans l'hystérie. De l'hémiplégie commune organique (paralysie des membres supérieur et inférieur et du facial inférieur) l'hystérie ne reproduit que la paralysie des membres et dissocie même assez souvent, et avec la plus grande facilité, la paralysie du bras de celle de la jambe sous forme de monoplégies. Du syndrome de l'aphasie organique, elle reproduit l'aphasie motrice à l'état d'isolement, et ce qui est chose inouïe dans l'aphasie organique, elle peut créer une aphasie totale (motrice et sensitive) pour telle langue, sans attaquer le moins du monde la faculté de comprendre et d'articuler telle autre, comme je l'ai observé dans quelques cas inédits. Ce même pouvoir de dissociation se manifeste dans les paralysies isolées d'un segment de membre avec intégrité complète des autres parties du même membre, ou encore dans l'abolition complète d'une fonction (abasie, astasie) avec intégrité d'une autre fonction exécutée par les mêmes organes. Cette dissociation est d'autant plus frappante, quand la fonction respectée est la plus complexe. Dans la symptomatologie organique, quand il y a affaiblissement inégal de plusieurs fonctions, c'est toujours la fonction la plus complexe, celle d'une acquisition postérieure, qui est la plus atteinte en conséquence de la paralysie.

La paralysie hystérique présente de plus un autre caractère qui est comme la signature de la névrose et qui vient s'ajouter au premier. En effet, comme je l'ai entendu dire à M. Charcot, l'hystérie est une maladie à manifestations excessives, ayant une tendance à produire ses symptômes avec la plus grande intensité possible. C'est un caractère qui ne se montre pas seulement dans les paralysies, mais aussi dans les contractures et les anesthésies. On sait jusqu'à quel degré de distorsion peuvent aller les contractures hystériques, qui sont presque sans égales dans la symptomatologie organique. On sait aussi combien sont fréquentes dans l'hystérie les anesthésies absolues, profondes, dont les lésions organiques ne peuvent reproduire qu'une faible esquisse. Il en est de même pour les paralysies. Elles sont souvent on ne peut plus absolues; l'aphasique ne profère pas un mot, tandis que l'aphasique organique garde presque toujours quelques syllabes, le „oui et non", un juron, etc.; le bras paralysé est absolument inerte, etc. Ce caractère est trop bien connu pour y persister longuement. Au contraire, on sait que, dans la paralysie organique, la parésie est toujours plus fréquente que la paralysie absolue.

La paralysie hystérique est donc d'une *limitation exacte* et d'une *intensité excessive*; elle possède ces deux qualités à la fois et c'est en cela qu'elle contraste le plus avec la paralysie cérébrale organique, dans laquelle, d'une manière constante, *ces deux caractères ne s'associent pas*. Il existe aussi des monoplégies dans la symptomatologie organique, mais celles-ci sont presque toujours des monoplégies *a potiori* et non exactement délimitées. Si le bras se trouve paralysé en conséquence d'une lésion corticale organique, il y a presque toujours aussi atteinte concomitante moindre du facial et de la jambe, et si cette complication ne se voit plus à un moment donné, elle a cependant bien existé au commencement de l'affection. La monoplégie corticale est, à vrai dire, toujours une hémiplégie dont telle ou telle partie est plus ou moins effacée, mais toujours reconnaissable. Pour aller plus loin, supposons que la paralysie n'ait affecté aucune autre partie que le bras, que ce soit une monoplégie corticale pure; alors on voit que la paralysie est d'une intensité modérée. Aussitôt que cette monoplégie augmentera en intensité, qu'elle deviendra une paralysie absolue, elle perdra son caractère de monoplégie pure et s'accompagnera de troubles moteurs dans la jambe ou la face. *Elle ne peut pas devenir absolue et rester délimitée à la fois.*

C'est ce que la paralysie hystérique peut, au contraire, fort bien réaliser, comme la clinique le montre chaque jour. Elle affecte par exemple le bras d'une façon exclusive, on n'en trouve pas trace dans la jambe ou la face. De plus, au niveau du bras, elle est aussi forte qu'une paralysie peut l'être, et c'est là une différence frappante avec la paralysie organique, différence qui prête grandement à penser.

Naturellement, il y a des cas de paralysie hystérique dans lesquels l'intensité n'est pas excessive et où la dissociation n'offre rien de remarquable. Ceux-ci, on les reconnaît au moyen d'autres caractères; mais ce sont des cas qui ne portent pas l'empreinte typique de la névrose et qui, ne pouvant en rien nous renseigner sur sa nature, ne présentent point d'intérêt au point de vue qui nous occupe ici.

Ajoutons quelques remarques d'une importance secondaire, qui même dépassent un peu les limites de notre sujet.

Je constaterai d'abord que les paralysies hystériques s'accompagnent beaucoup plus souvent de troubles de la sensibilité que les paralysies organiques. En général, ceux-ci sont plus profonds et plus fréquents dans la névrose que dans la symptomatologie organique. Rien de plus commun que l'anesthésie ou l'analgésie hystérique. Qu'on se rappelle par contre avec quelle ténacité la sensibilité persiste en cas de lésion nerveuse. Si l'on sectionne un nerf périphérique, l'anesthésie sera moindre en étendue et intensité qu'on ne s'y attend. Si une lésion inflammatoire attaque les nerfs spinaux ou les centres de la moelle, on trouvera toujours que la motilité souffre en premier lieu et que la sensibilité est épargnée ou seulement affaiblie, car il persiste toujours quelque part des éléments nerveux qui ne sont pas complètement détruits. En cas de lésion cérébrale, on connaît la fréquence et la durée de l'hémiplégie motrice, tandis que l'hémianesthésie concomitante est indistincte, fugace et ne se trouve pas dans tous les cas. Il n'y a que quelques localisations tout à fait spéciales qui puissent produire une affection de la sensibilité intense et durable (carrefour sensitif), et même ce fait n'est pas exempt de doutes.

Cette manière d'être de la sensibilité, différente dans les lésions organiques et dans l'hystérie, n'est guère explicable aujourd'hui. Il semble qu'il y ait là un problème dont la solution nous renseignerait peut-être sur la nature intime des choses.

Un autre point qui me paraît digne d'être relevé, c'est qu'il y a quelques formes de paralysie cérébrale qui ne se trouvent pas réalisées dans l'hystérie, pas plus que les paralysies périphérospinales de projection. Il faut citer en premier lieu la paralysie du facial inférieur, la manifestation la plus fréquente d'une affection organique du cerveau et, si je me permets de passer dans les paralysies sensorielles pour un moment, l'hémianopsie latérale homonyme. Je sais que c'est presque une gageure que de vouloir affirmer que tel ou tel symptôme ne se trouve pas dans l'hystérie, quand les recherches de M. Charcot et de ses élèves y découvrent, on pourrait dire journellement, des symptômes nouveaux qu'on n'avait point soupçonnés jusque-là. Mais il me faut prendre les choses comme elles sont actuellement. La paralysie faciale hystérique est fortement contestée par M. Charcot et même, si on croit ceux qui en sont partisans, c'est un phénomène d'une grande rareté. L'hémianopsie n'a pas encore été vue dans l'hystérie et, je pense, elle ne le sera jamais.

Maintenant, d'où vient-il que les paralysies hystériques, tout en simulant de près les paralysies corticales, s'en écartent par les traits distinctifs que j'ai tâché d'énumérer, et quel est le caractère général de la représentation spéciale auquel il faut les rattacher? La réponse à cette question contiendrait une bonne et importante partie de la théorie de la névrose.

III

Il n'y a pas le moindre doute sur les conditions qui dominent la symptomatologie de la paralysie cérébrale. Ce sont les faits de l'anatomie, la construction du système nerveux, la distribution de ses vaisseaux et la relation entre ces deux séries de faits et les circonstances de la lésion. Nous avons dit que le nombre moindre des fibres qui vont de la moelle au cortex en comparaison avec le nombre des fibres qui vont de la périphérie à la moelle, est la base de la différence entre la paralysie de projection et celle de représentation. De même, chaque détail clinique de la paralysie de représentation peut trouver son explication dans un détail de la structure cérébrale et *vice versa* nous pouvons déduire la construction du cerveau des caractères cliniques des paralysies. Nous croyons à un parallélisme parfait entre ces deux séries.

Ainsi s'il n'y a pas une grande facilité de dissociation pour la paralysie cérébrale commune, c'est parce que les fibres de conduction motrices sont trop rapprochées sur une longue partie de leur trajet intracérébral pour être lésées isolément. Si la paralysie corticale montre plus de tendance aux monoplégies, c'est parce que le diamètre du faisceau conducteur brachial, crural, etc., va en croissant jusqu'à l'écorce. Si de toutes les paralysies corticales celle de la main est la plus complète, cela vient, croyons-nous, du fait, que la relation croisée entre l'hémisphère et la périphérie est plus exclusive pour la main que pour toute autre partie du corps. Si le segment périphérique d'une extrémité souffre plus de la paralysie que le segment central, nous supposons que les fibres représentatives du segment périphérique sont beaucoup plus nombreuses que celles du segment central, de sorte que l'influence corticale devient plus importante pour le premier qu'elle n'est pour le dernier. Si les lésions un peu étendues de l'écorce ne réussissent pas à produire des monoplégies pures, nous en concluons que les centres moteurs sur l'écorce ne sont pas nettement séparés les uns des autres par des territoires neutres, ou qu'il y a des actions à distance (*Fernwirkungen*) qui annuleraient l'effet d'une séparation exacte des centres.

De même s'il y a, dans l'aphasie organique, toujours un mélange de troubles de diverses fonctions, ça s'explique par le fait que des branches de la même artère nourrissent tous les centres du langage, ou si l'on accepte l'opinion énoncée dans mon étude critique sur l'aphasie, parce qu'il ne s'agit pas de centres séparés, mais d'un territoire continu d'association. En tout cas, il existe toujours une raison tirée de l'anatomie.

Les associations remarquables qu'on observe si souvent dans la clinique des paralysies corticales: aphasie motrice et hémiplégie droite, alexie et hémianopsie droite, s'expliquent par le voisinage des centres lésés. L'hémianopsie même, symptôme bien curieux et étranger à l'esprit non scientifique, ne se comprend que par l'entre-croisement des fibres du nerf optique dans le chiasma; elle en est l'expression clinique, comme tous les détails des paralysies cérébrales sont l'expression clinique d'un fait anatomique.

Comme il ne peut y avoir qu'une seule anatomie cérébrale qui soit la vraie et comme elle trouve son expression dans les caractères cliniques des paralysies cérébrales, il est évidemment impossible que cette anatomie puisse expliquer les traits distinctifs de la paralysie hystérique. Pour cette raison, il n'est pas permis de tirer au sujet de l'anatomie cérébrale des conclusions basées sur la symptomatologie de ces paralysies.

Assurément il faut s'adresser à la nature de la lésion pour obtenir cette explication difficile. Dans les paralysies organiques, la nature de la lésion joue un rôle secondaire, ce sont plutôt l'étendue et la localisation de la lésion qui, dans les conditions données de structure du système nerveux, produisent les caractères de la paralysie organique que nous avons relevés. Quelle pourrait être la nature de la lésion dans la paralysie hystérique, qui à elle seule domine la situation, indépendamment de la localisation, de l'étendue de la lésion et de l'anatomie du système nerveux?

M. Charcot nous a enseigné assez souvent que c'est une lésion corticale mais purement dynamique ou fonctionnelle.

C'est une thèse dont on comprend bien le côté négatif. Cela équivaut à affirmer qu'on ne trouvera pas de changements de tissus appréciables à l'autopsie; mais à un point de vue plus positif, son interprétation est loin d'être à l'abri de l'équivoque. Qu'est-ce donc qu'une lésion dynamique? Je suis bien sûr que beaucoup de ceux qui lisent les oeuvres de M. Charcot croient que la lésion dynamique est bien une lésion, mais une lésion dont on ne retrouve pas la trace dans le cadavre, comme un oedème, une anémie, une hypérémie active. Mais ce sont là, bien qu'elles ne persistent pas nécessairement après la mort, qu'elles soient légères et fugaces, des lésions organiques vraies. Il est nécessaire que les paralysies produites par les lésions de cet ordre partagent en tout les caractères de la paralysie organique. L'oedème, l'anémie ne pourraient, plutôt que l'hémorragie et le ramollissement, produire la dissociation et l'intensité des paralysies hystériques. La seule différence serait que la paralysie par l'oedème, par la constriction vasculaire etc., doit être moins durable que la paralysie par destruction du tissu nerveux. Toutes les autres conditions leur sont communes et l'anatomie du système nerveux déterminera les propriétés de la paralysie aussi bien dans le cas d'anémie fugace que dans le cas d'anémie permanente et définitive.

Je ne crois pas que ces remarques soient tout à fait gratuites. Si on lit „qu'il doit y avoir une lésion hystérique" dans tel ou tel centre, le même dont la lésion organique produirait le syndrome organique correspondant, si l'on se souvient qu'on s'est habitué à localiser la lésion hystérique dynamique de même manière que la lésion organique, on est porté à croire que sous l'expression „lésion dynamique" se cache l'idée d'une lésion comme l'oedème, l'anémie, qui, en vérité, sont des affections organiques passagères. J'affirme par contre que la lésion des paralysies hystériques doit être tout à fait indépendante de l'anatomie du système nerveux, puisque *l'hystérie se comporte dans ses paralysies et autres* manifestations comme si l'anatomie n'existait pas, ou comme si elle n'en avait nulle connaissance.

Un bon nombre des caractères des paralysies hystériques justifient en vérité cette affirmation. L'hystérie est ignorante de la distribution des nerfs et c'est pour cette raison qu'elle ne simule pas les paralysies périphéro-spinales ou de projection; elle ne connaît pas le chiasma des nerfs optiques et conséquemment elle ne produit pas l'hémianopsie. Elle prend les organes dans le sens vulgaire, populaire du nom qu'ils portent: la jambe est la jambe jusqu'à l'insertion de la hanche, le bras est l'extrémité supérieure comme elle se dessine sous les vêtements. Il n'y a pas de raison pour joindre à la paralysie du bras la paralysie de la face. L'hystérique qui ne sait pas parler n'a pas de motif pour oublier l'intelligence du langage, puisque aphasie motrice et surdité verbale n'ont aucune parenté dans la notion populaire, etc. Je ne peux que m'associer pleinement sur ce point aux vues que M. Janet a avancées dans les derniers numéros des *Archives de Neurologie*; les paralysies hystériques en donnent la preuve aussi bien que les anesthésies et les symptômes psychiques.

IV

Je tâcherai enfin de développer *comment pourrait être* la lésion qui est la cause des paralysies hystériques. Je ne dis pas que je montrerai comment elle est en fait; il s'agit seulement d'indiquer la ligne de pensée qui peut conduire à une conception qui ne contredit pas aux propriétés de la paralysie hystérique, en tant qu'elle diffère de la paralysie organique cérébrale.

Je prendrai le mot „lésion fonctionnelle ou dynamique" dans son sens propre: „altération de fonction ou de dynamisme", altération d'une propriété fonctionnelle. Une telle altération serait par exemple une diminution de l'excitabilité ou d'une qualité physiologique qui dans l'état normal reste constante ou varie dans des limites déterminés.

Mais dira-t-on, l'altération fonctionnelle n'est pas autre chose, elle n'est qu'un autre côté de l'altération organique. Supposons que le tissu nerveux soit dans un état d'anémie passagère, son excitabilité sera diminuée par cette circonstance, il n'est pas possible d'éviter d'envisager les lésions organiques par ce moyen.

J'essaierai de montrer qu'il peut y avoir altération fonctionnelle sans lésion organique concomitante, sans lésion grossière palpable du moins, même au moyen de l'analyse la plus délicate. En d'autres termes, je donnerai un exemple approprié d'une altération de fonction primitive; je ne demande pour cela que la permission de passer sur le terrain de la psychologie, qu'on ne saurait éviter quand on traite de l'hystérie.

Je dis, avec M. Janet, que c'est la conception banale, populaire des organes et du corps en général, qui est en jeu dans les paralysies hystériques comme dans les anesthésies, etc. Cette conception n'est pas fondée sur une connaissance approfondie de l'anatomie nerveuse mais sur nos perceptions tactiles et surtout visuelles. Si elle détermine les caractères de la paralysie hystérique, celle-là doit bien se montrer ignorante et indépendante de toute notion de l'anatomie du système nerveux. La lésion de la paralysie hystérique sera donc une altération de la conception, de l'idée de bras, par exemple. Mais de quelle sorte est cette altération pour produire la paralysie?

Considérée psychologiquement, la paralysie du bras consiste dans le fait que la conception du bras ne peut pas entrer en association avec les autres idées qui constituent le moi dont le corps de l'individu forme une partie importante. La lésion serait donc *l'abolition de l'accessibilité associative de la conception du bras*. Le bras se comporte comme s'il n'existait pas pour le jeu des associations. Assurément si les conditions matérielles, qui correspondent à la conception du bras, se trouvent profondément altérées, cette conception sera perdue aussi, mais j'ai à montrer qu'elle peut être inaccessible sans qu'elle soit détruite et sans que son substratum matériel (le tissu nerveux de la région correspondante de l'écorce) soit endommagé.

Je commencerai par des exemples tirés de la vie sociale. On raconte l'histoire comique d'un sujet loyal qui ne voulut plus laver sa main, parce que son souverain l'avait touchée. La relation de cette main avec l'idée du roi semble si importante à la vie psychique de l'individu qu'il se refuse à faire entrer cette main en d'autres relations. Nous obéissons à la même impulsion si nous cassons le verre dans lequel nous avons bu à la santé de jeunes mariés; les anciennes tribus sauvages brûlant le cheval, les armes et même les femmes du chef mort, avec son cadavre, obéissaient à cette idée que nul ne devait plus les toucher après lui. Le motif de toutes ces actions est bien clair. La valeur affective que nous attribuons à la première association d'un objet répugne à le faire entrer en association nouvelle avec un autre objet et par suite rend l'idée de cet objet inaccessible à l'association.

Ce n'est pas une simple comparaison, c'est presque la chose identique, si nous passons dans le domaine de la psychologie des conceptions. Si la conception du bras se trouve engagée dans une association d'une grande valeur affective, elle sera inaccessible au jeu libre des autres associations. *Le bras sera paralysé en proportion de la persistance de cette valeur affective ou de sa diminution par des moyens psychiques appropriés.* C'est la solution du problème que nous avons posé, car, dans tous les cas de paralysie hystérique, on trouve *que l'organe paralysé ou la fonction abolie est engagé dans une association subconsciente qui est munie d'une grande valeur affective, et l'on peut montrer que le bras devient libre aussitôt que cette valeur affective est effacée.* Alors la conception du bras existe dans le substratum matériel, mais elle n'est pas accessible aux associations et impulsions conscientes parce que toute son affinité associative, pour ainsi dire, est saturée dans une association subconsciente avec le souvenir de l'événement, du trauma, qui a produit cette paralysie.

C'est M. Charcot qui nous a enseigné le premier qu'il faut s'adresser à la psychologie pour l'explication de la névrose hystérique. Nous avons suivi son exemple, Breuer et moi, dans un mémoire préliminaire *(Über den psychischen Mechanismus hysterischer Phänomene, Neurolog. Zentralblatt,* No. 1 und 2, 1893). Nous démontrons dans ce mémoire que les symptômes permanents de l'hystérie dite non traumatique s'expliquent (à part les stigmates) par le même mécanisme que Charcot a reconnu dans les paralysies traumatiques. Mais nous donnons aussi la raison pour laquelle ces symptômes persistent et peuvent être guéris par un procédé spécial de psychothérapie hypnotique. Chaque événement, chaque impression psychique est munie d'une certaine valeur affective *(Affektbetrag),* dont le moi se délivre ou par la voie de réaction motrice ou par un travail psychique associatif. Si l'individu ne peut ou ne veut s'acquitter du surcroît, le souvenir de cette impression acquiert l'importance d'un trauma et devient la cause de symptômes permanents d'hystérie. L'impossibilité de l'élimination s'impose quand l'impression reste dans le subconscient. Nous avons appelé cette théorie: *Das Abreagieren der Reizzuwächse.*

En résumé, je pense qu'il est bien en accord avec notre vue générale sur l'hystérie, telle que nous l'avons pu former d'après l'enseignement de M. Charcot, que la lésion dans les paralysies hystériques ne consiste pas en autre chose que dans l'inaccessibilité de la conception de l'organe ou de la fonction pour les associations du moi conscient, que cette altération purement fonctionnelle (avec intégrité de la conception même) est causée par la fixation de cette conception dans une association subconsciente avec le souvenir du trauma et que cette conception ne devient pas libre et accessible tant que la valeur affective du trauma psychique n'a pas été éliminée par la réaction motrice adéquate ou par le travail psychique conscient. Mais même si ce mécanisme n'a pas lieu, s'il faut pour la paralysie hystérique toujours une idée autosuggestive directe comme dans les cas traumatiques de M. Charcot, nous avons réussi à montrer de quelle nature la lésion ou plutôt l'altération dans la paralysie hystérique *devrait* être, pour expliquer ses différences avec la paralysie organique cérébrale.

DIE
ABWEHR-NEUROPSYCHOSEN

DIE ABWEHR-NEUROPSYCHOSEN

*Versuch einer psychologischen Theorie
der akquirierten Hysterie, vieler Phobien und Zwangsvorstellungen
und gewisser halluzinatorischer Psychosen*

Bei eingehendem Studium mehrerer mit Phobien und Zwangsvorstellungen behafteter Nervöser hat sich mir ein Erklärungversuch dieser Symptome aufgedrängt, der mir dann gestattete, die Herkunft solcher krankhafter Vorstellungen in neuen, anderen Fällen glücklich zu erraten, und den ich darum der Mitteilung und weiteren Prüfung würdig erachte. Gleichzeitig mit dieser „psychologischen Theorie der Phobien und Zwangsvorstellungen" ergab sich aus der Beobachtung der Kranken ein Beitrag zur Theorie der Hysterie oder vielmehr eine Abänderung derselben, welche einem wichtigen, der Hysterie wie den genannten Neurosen gemeinsamen Charakter Rechnung zu tragen scheint. Ferner hatte ich Gelegenheit, in den psychologischen Mechanismus einer Form von unzweifelhaft psychischer Erkrankung Einsicht zu nehmen, und fand dabei, daß die von mir versuchte Betrachtungsweise eine einsichtliche Verknüpfung zwischen diesen Psychosen und den beiden angeführten Neurosen herstellt. Eine Hilfshypothese, deren ich mich in allen drei Fällen bedient habe, werde ich zum Schlusse dieses Aufsatzes hervorheben.

I

Ich beginne mit jener Abänderung, die mir an der Theorie der hysterischen Neurose erforderlich scheint:

Daß der Symptomkomplex der Hysterie, soweit er bis jetzt ein Verständnis zuläßt, die Annahme einer Spaltung des Bewußtseins mit Bildung separater psychischer Gruppen rechtfertigt, dürfte seit den schönen Arbeiten von P. Janet, J. Breuer u. a. bereits zur allgemeinen Anerkennung gelangt sein. Weniger geklärt sind die Meinungen über die Herkunft dieser Bewußtseinsspaltung und über die Rolle, welche dieser Charakter im Gefüge der hysterischen Neurose spielt.

Nach der Lehre von Janet[1] ist die Bewußtseinsspaltung ein primärer Zug der hysterischen Veränderung. Sie beruht auf einer angeborenen Schwäche der Fähigkeit zur psychischen Synthese, auf der Enge des „Bewußtseinsfeldes" *(champ de conscience)*, welche als psychisches Stigma die Degeneration der hysterischen Individuen bezeugt.

Im Gegensatz zur Anschauung Janets, welche mir die mannigfaltigsten Einwände zuzulassen scheint, steht jene, die J. Breuer in unserer gemeinsamen Mitteilung[2] vertreten hat. Nach Breuer ist „Grundlage und Bedingung" der Hysterie das Vorkommen von eigentümlichen traumartigen Bewußtseinszuständen mit eingeschränkter Assoziationsfähigkeit, für welche er den Namen „hypnoide Zustände" vorschlägt. Die Bewußtseinsspaltung ist dann eine sekundäre, erworbene; sie kommt dadurch zustande, daß die in hypnoiden Zuständen aufgetauchten Vorstellungen vom assoziativen Verkehr mit dem übrigen Bewußtseinsinhalte abgeschnitten sind.

---

1) État mental des hystériques. Paris 1893 und 1894. — Quelques définitions récentes de l'hystérie. Arch. de Neurol. 1893. XXXV—VI.
2) Über den psychischen Mechanismus hysterischer Phänomene. Neurologisches Zentralblatt, 1893, Nr. 1 und 2. [Als einleitender Teil der „Studien über Hysterie" enthalten in diesem Bande der Gesamtausgabe.]

Ich kann nun den Nachweis zweier weiterer extremer Formen von Hysterie erbringen, bei welchen die Bewußtseinsspaltung unmöglich als eine primäre im Sinne von Janet gedeutet werden kann. Bei der ersteren dieser Formen gelang es mir wiederholt, zu zeigen, daß die Spaltung des Bewußtseinsinhaltes die Folge eines Willensaktes des Kranken ist, d. h. durch eine Willensanstrengung eingeleitet wird, deren Motiv man angeben kann. Ich behaupte damit natürlich nicht, daß der Kranke eine Spaltung seines Bewußtseins herbeizuführen beabsichtigt; die Absicht des Kranken ist eine andere, sie erreicht aber nicht ihr Ziel, sondern ruft eine Spaltung des Bewußtseins hervor.

Bei der dritten Form der Hysterie, die wir durch psychische Analyse von intelligenten Kranken erwiesen haben, spielt die Bewußtseinsspaltung eine geringfügige, vielleicht überhaupt keine Rolle. Es sind dies jene Fälle, in denen bloß die Reaktion auf traumatische Reize unterblieben ist, die dann auch durch „Abreagieren"[1] erledigt und geheilt werden, die reinen Retentionshysterien.

Für die Anknüpfung an die Phobien und Zwangsvorstellungen habe ich es hier nur mit der zweiten Form der Hysterie zu tun, die ich aus bald ersichtlichen Gründen als Abwehrhysterie bezeichnen und durch diesen Namen von den Hypnoid- und Retentionshysterien sondern will. Ich kann meine Fälle von Abwehrhysterie auch vorläufig als „akquirierte" Hysterie aufführen, weil bei ihnen weder von schwerer hereditärer Belastung, noch von eigener degenerativer Verkümmerung die Rede war.

Bei den von mir analysierten Patienten hatte nämlich psychische Gesundheit bis zu dem Moment bestanden, in dem ein Fall von Unverträglichkeit in ihrem Vorstellungsleben vorfiel, d. h. bis ein Erlebnis, eine Vorstellung, Empfindung an ihr Ich heran trat, welches einen so peinlichen Affekt erweckte, daß die Person be-

---

[1] Vgl. unsere gemeinsame Mitteilung.

schloß, daran zu vergessen, weil sie sich nicht die Kraft zutraute, den Widerspruch dieser unverträglichen Vorstellung mit ihrem Ich durch Denkarbeit zu lösen.

Solche unverträgliche Vorstellungen erwachsen bei weiblichen Personen zumeist auf dem Boden des sexualen Erlebens und Empfindens, und die Erkrankten erinnern sich auch mit aller wünschenswerten Bestimmtheit ihrer Bemühungen zur Abwehr, ihrer Absicht, das Ding „fortzuschieben", nicht daran zu denken, es zu unterdrücken. Hieher gehörige Beispiele aus meiner Erfahrung, deren Anzahl ich mühelos vermehren könnte, sind etwa: Der Fall eines jungen Mädchens, welches es sich verübelt, während der Pflege ihres kranken Vaters an den jungen Mann zu denken, der ihr einen leisen erotischen Eindruck gemacht hat; der Fall einer Erzieherin, die sich in ihren Herrn verliebt hatte, und die beschloß, sich diese Neigung aus dem Sinne zu schlagen, weil sie ihr mit ihrem Stolze unverträglich schien u. dgl m.[1]

Ich kann nun nicht behaupten, daß die Willensanstrengung, etwas Derartiges aus seinen Gedanken zu drängen, ein pathologischer Akt ist, auch weiß ich nicht zu sagen, ob und auf welche Weise das beabsichtigte Vergessen jenen Personen gelingt, welche unter denselben psychischen Einwirkungen gesund bleiben. Ich weiß nur, daß ein solches „Vergessen" den von mir analysierten Patienten nicht gelungen ist, sondern zu verschiedenen pathologischen Reaktionen geführt hat, die entweder eine Hysterie oder eine Zwangsvorstellung, oder eine halluzinatorische Psychose erzeugten. In der Fähigkeit, durch jene Willensanstrengung einen dieser Zustände hervorzurufen, die sämtlich mit Bewußtseinsspaltung verbunden sind, ist der Ausdruck einer pathologischen Disposition zu sehen, die aber nicht notwendig mit

---

[1] Diese Beispiele sind der noch nicht veröffentlichten ausführlichen Arbeit von Breuer und mir über den psychischen Mechanismus der Hysterie entnommen. [„Studien über Hysterie".]

persönlicher oder hereditärer „Degeneration" identisch zu sein braucht.

Über den Weg, der von der Willensanstrengung des Patienten bis zur Entstehung des neurotischen Symptoms führt, habe ich mir eine Meinung gebildet, die sich in den gebräuchlichen psychologischen Abstraktionen etwa so ausdrücken läßt: Die Aufgabe, welche sich das abwehrende Ich stellt, die unverträgliche Vorstellung als „*non arrivée*" zu behandeln, ist für dasselbe direkt unlösbar; sowohl die Gedächtnisspur als auch der der Vorstellung anhaftende Affekt sind einmal da und nicht mehr auszutilgen. Es kommt aber einer ungefähren Lösung dieser Aufgabe gleich, wenn es gelingt, aus dieser starken Vorstellung eine schwache zu machen, ihr den Affekt, die Erregungssumme, mit der sie behaftet ist, zu entreißen. Die schwache Vorstellung wird dann so gut wie keine Ansprüche an die Assoziationsarbeit zu stellen haben; die von ihr abgetrennte Erregungssumme muß aber einer andern Verwendung zugeführt werden.

Soweit sind die Vorgänge bei der Hysterie und bei den Phobien und Zwangsvorstellungen die gleichen; von nun an scheiden sich die Wege. Bei der Hysterie erfolgt die Unschädlichmachung der unverträglichen Vorstellung dadurch, daß deren Erregungssumme ins Körperliche umgesetzt wird, wofür ich den Namen der Konversion vorschlagen möchte.

Die Konversion kann eine totale oder partielle sein und erfolgt auf jene motorische oder sensorische Intervention hin, die in einem innigen oder mehr lockeren Zusammenhang mit dem traumatischen Erlebnis steht. Das Ich hat damit erreicht, daß es widerspruchsfrei geworden ist, es hat sich aber dafür mit einem Erinnerungssymbol belastet, welches als unlösbare motorische Innervation oder als stets wiederkehrende halluzinatorische Sensation nach Art eines Parasiten im Bewußtsein haust, und welches bestehen bleibt, bis eine Konversion in umgekehrter Richtung stattfindet. Die Gedächtnisspur der verdrängten Vorstellung ist darum doch nicht untergegangen, sondern bildet von nun an den Kern einer zweiten psychischen Gruppe.

Ich will diese Anschauung von den psycho-physischen Vorgängen bei der Hysterie nur noch mit wenigen Worten ausführen: Wenn einmal ein solcher Kern für eine hysterische Abspaltung in einem „traumatischen Moment" gebildet worden ist, so erfolgt dessen Vergrößerung in anderen Momenten, die man „auxiliär traumatische" nennen könnte, sobald es einem neu anlangenden Eindruck gleicher Art gelingt, die vom Willen hergestellte Schranke zu durchbrechen, der geschwächten Vorstellung neuen Affekt zuzuführen und für eine Weile die assoziative Verknüpfung beider psychischer Gruppen zu erzwingen, bis eine neuerliche Konversion Abwehr schafft. — Der so bei der Hysterie erzielte Zustand in der Verteilung der Erregung stellt sich dann zumeist als ein labiler heraus; die auf einen falschen Weg (in die Körperinnervation) gedrängte Erregung gelangt mitunter zur Vorstellung zurück, von der sie abgelöst wurde, und nötigt dann die Person zur assoziativen Verarbeitung oder zur Erledigung in hysterischen Anfällen, wie der bekannte Gegensatz der Anfälle und der Dauersymptome beweist. Die Wirkung der kathartischen Methode Breuers besteht darin, daß sie eine solche Zurückleitung der Erregung aus dem Körperlichen ins Psychische zielbewußt erzeugt, um dann den Ausgleich des Widerspruches durch Denkarbeit und die Abfuhr der Erregung durch Sprechen zu erzwingen.

Wenn die Bewußtseinsspaltung der akquirierten Hysterie auf einem Willensakt beruht, so erklärt sich überraschend leicht die merkwürdige Tatsache, daß die Hypnose regelmäßig das eingeengte Bewußtsein der Hysterischen erweitert und die abgespaltene psychische Gruppe zugänglich macht. Wir kennen es ja als Eigentümlichkeit aller schlafähnlichen Zustände, daß sie jene Verteilung der Erregung aufheben, auf welcher der „Wille" der bewußten Persönlichkeit beruht.

Wir erkennen demnach das für die Hysterie charakteristische Moment nicht in der Bewußtseinsspaltung, sondern in der Fähigkeit zur Konversion und dürfen als ein wichtiges Stück der sonst noch unbekannten Disposition zur Hysterie die psychophysische Eignung zur Verlegung so großer Erregungssummen in die Körperinnervation anführen.

Diese Eignung schließt an und für sich psychische Gesundheit nicht aus und führt zur Hysterie nur im Falle einer psychischen Unverträglichkeit oder einer Aufspeicherung der Erregung. Mit dieser Wendung nähern wir, Breuer und ich, uns den bekannten Definitionen der Hysterie von Oppenheim[1] und Strümpell[2] und sind von Janet abgewichen, welcher der Bewußtseinsspaltung eine übergroße Rolle in der Charakteristik der Hysterie zuweist.[3] Die hier gegebene Darstellung darf den Anspruch erheben, daß sie den Zusammenhang der Konversion mit der hysterischen Bewußtseinsspaltung verstehen läßt.

II

Wenn bei einer disponierten Person die Eignung zur Konversion nicht vorhanden ist und doch zur Abwehr einer unerträglichen Vorstellung die Trennung derselben von ihrem Affekt vorgenommen wird, dann muß dieser Affekt auf psychischem Gebiet verbleiben. Die nun geschwächte Vorstellung bleibt abseits von aller Assoziation im Bewußtsein übrig, ihr frei

---

1) Oppenheim: Die Hysterie ist ein gesteigerter Ausdruck der Gemütsbewegung. Der „Ausdruck der Gemütsbewegung" stellt aber jenen Betrag psychischer Erregung dar, der normalerweise eine Konversion erfährt.

2) Strümpell: Die Störung der Hysterie liegt im Psychophysischen, dort, wo Körperliches und Seelisches miteinander zusammenhängen.

3) Janet hat im zweiten Abschnitt seines geistvollen Aufsatzes „Quelques définitions etc." den Einwand, daß die Bewußtseinsspaltung auch den Psychosen und der sogenannten Psychasthenie zukommt, selbst behandelt, aber nach meinem Ermessen nicht befriedigend gelöst. Dieser Einwand ist es wesentlich, der ihn dazu drängt, die Hysterie für eine Degenerationsform zu erklären. Er kann aber die hysterische Bewußtseinsspaltung durch keine Charakteristik genügend von der psychotischen u. dgl. sondern.

gewordener Affekt aber hängt sich an andere, an sich nicht unverträgliche Vorstellungen an, die durch diese „falsche Verknüpfung" zu Zwangsvorstellungen werden. Dies ist in wenig Worten die psychologische Theorie der Zwangsvorstellungen und Phobien, von der ich eingangs gesprochen habe.

Ich werde nun angeben, welche von den Stücken, die in dieser Theorie gefordert sind, sich direkt nachweisen lassen, welche andere ich ergänzt habe. Direkt nachweisbar ist außer dem Endpunkt des Vorganges, eben der Zwangsvorstellung, zunächst die Quelle, aus welcher der in falscher Verknüpfung befindliche Affekt stammt. In allen von mir analysierten Fällen war es das Sexualleben, welches einen peinlichen Affekt von genau der nämlichen Beschaffenheit geliefert hatte, wie er der Zwangsvorstellung anhing. Es ist theoretisch nicht ausgeschlossen, daß dieser Affekt nicht gelegentlich auf anderem Gebiete entstehen könnte; ich habe bloß mitzuteilen, daß eine andere Herkunft sich mir bisher nicht ergeben hat. Übrigens versteht man es leicht, daß gerade das Sexualleben die reichlichsten Anlässe zum Auftauchen unverträglicher Vorstellungen mit sich bringt.

Nachweisbar ist ferner durch die unzweideutigsten Äußerungen der Kranken die Willensanstrengung, der Versuch zur Abwehr, auf den die Theorie Gewicht legt, und wenigstens in einer Reihe von Fällen geben die Kranken selbst darüber Aufschluß, daß die Phobie oder Zwangsvorstellung erst dann auftrat, nachdem die Willensanstrengung scheinbar ihre Absicht erreicht hatte. „Mir ist einmal etwas sehr Unangenehmes passiert, ich habe mich mit Macht bemüht, es fortzuschieben, nicht mehr daran zu denken. Endlich ist es mir gelungen, da bekam ich das andere, das ich seither nicht losgeworden bin." Mit diesen Worten bestätigte mir eine Patientin die Hauptpunkte der hier entwickelten Theorie.

Nicht alle, die an Zwangsvorstellungen leiden, machen sich die Herkunft derselben so klar. In der Regel bekommt man, wenn man den Kranken auf die ursprüngliche Vorstellung sexueller Natur aufmerksam macht, die Antwort: „Davon kann es ja doch nicht kommen. Ich habe ja gar nicht viel daran gedacht. Einen Moment war ich erschrocken, dann habe ich mich abgelenkt und seither Ruhe davor gehabt." In dieser so häufigen Einwendung liegt ein Beweis, daß die Zwangsvorstellung einen Ersatz oder ein Surrogat der unverträglichen sexuellen Vorstellung darstellt und sie im Bewußtsein abgelöst hat.

Zwischen der Willensanstrengung des Patienten, der es gelingt, die unannehmbare sexuelle Vorstellung zu verdrängen, und dem Auftauchen der Zwangsvorstellung, die, an sich wenig intensiv, hier mit unbegreiflich starkem Affekt ausgestattet ist, klafft die Lücke, welche die hier entwickelte Theorie ausfüllen will. Die Trennung der sexuellen Vorstellung von ihrem Affekt und die Verknüpfung des letzteren mit einer anderen, passenden, aber nicht unverträglichen Vorstellung — dies sind Vorgänge, die ohne Bewußtsein geschehen, die man nur supponieren, aber durch keine klinisch-psychologische Analyse erweisen kann. Vielleicht wäre es richtiger zu sagen: Dies sind überhaupt nicht Vorgänge psychischer Natur, sondern physische Vorgänge, deren psychische Folge sich so darstellt, als wäre das durch die Redensarten: „Trennung der Vorstellung von ihrem Affekt und falsche Verknüpfung des letzteren", Ausgedrückte wirklich geschehen.

Neben den Fällen, die ein Nacheinander der sexuellen unverträglichen Vorstellung und der Zwangsvorstellung beweisen, findet man eine Reihe anderer, in denen gleichzeitig Zwangsvorstellungen und peinlich betonte sexuelle Vorstellungen vorhanden sind. Letztere „sexuelle Zwangsvorstellungen" zu heißen, geht nicht gut an; es mangelt ihnen ein wesentlicher Charakter der Zwangsvorstellungen; sie erweisen sich als vollberechtigt, während die Peinlichkeit der gemeinen Zwangsvorstellungen ein Problem für den Arzt und den Kranken bildet. Soweit ich mir in Fälle dieser

Art Einsicht verschaffen konnte, handelt es sich hier um eine fortgesetzte Abwehr gegen beständig neu anlangende sexuelle Vorstellungen, eine Arbeit also, die noch nicht zum Abschluß gekommen war.

Die Kranken verheimlichen häufig ihre Zwangsvorstellungen, solange sie sich der sexuellen Abkunft derselben bewußt sind. Wenn sie darüber klagen, so geben sie zumeist ihrer Verwunderung darüber Ausdruck, daß sie dem betreffenden Affekt unterliegen, daß sie sich ängstigen, bestimmte Impulse haben u. dgl. Dem kundigen Arzt dagegen erscheint dieser Affekt berechtigt und verständlich; er findet das Auffällige nur in der Verknüpfung eines solchen Affekts mit einer hiefür nicht würdigen Vorstellung. Der Affekt der Zwangsvorstellung erscheint ihm — mit anderen Worten — als ein dislozierter oder transponierter, und wenn er die hier niedergelegten Bemerkungen angenommen hat, kann er für eine Reihe von Fällen von Zwangsvorstellung die Rückübersetzung ins Sexuelle versuchen.

Zur sekundären Verknüpfung des frei gewordenen Affekts kann jede Vorstellung benützt werden, die entweder ihrer Natur nach mit einem Affekt von solcher Qualität vereinbar ist, oder die gewisse Beziehungen zur unverträglichen hat, denen zufolge sie als Surrogat derselben brauchbar erscheint. So z. B. wirft sich frei gewordene Angst, deren sexuelle Herkunft nicht erinnert werden soll, auf die gemeinen primären Phobien des Menschen vor Tieren, Gewitter, Dunkelheit u. dgl., oder auf Dinge, die unverkennbar mit dem Sexuellen in irgend einer Art assoziiert sind, auf das Urinieren, die Defäkation, auf Beschmutzung und Ansteckung überhaupt.

Der Vorteil, den das Ich erreicht, indem es zur Abwehr den Weg der Transposition des Affekts einschlägt, ist ein weit geringerer als bei der hysterischen Konversion psychischer Erregung in somatische Innervation. Der Affekt, unter dem das Ich gelitten hat, bleibt unverändert und unverringert nach wie vor, nur daß die unverträgliche Vorstellung niedergehalten, vom Erinnern ausgeschlossen ist. Die verdrängten Vorstellungen bilden wiederum den Kern einer zweiten psychischen Gruppe, die, wie mir scheint, auch ohne Zuhilfenahme der Hypnose zugänglich ist. Wenn bei den Phobien und Zwangsvorstellungen die auffälligen Symptome ausbleiben, welche bei der Hysterie die Bildung einer unabhängigen psychischen Gruppe begleiten, so rührt dies wohl daher, daß im ersteren Falle die gesamte Veränderung auf psychischem Gebiete geblieben ist, die Beziehung zwischen psychischer Erregung und somatischer Innervation keine Änderung erfahren hat.

Ich will das hier über die Zwangsvorstellungen Gesagte durch einige Beispiele erläutern, die wahrscheinlich typischer Natur sind:

1) Ein junges Mädchen leidet an Zwangsvorwürfen. Las sie in der Zeitung von Falschmünzern, so kam ihr der Gedanke, sie habe auch falsches Geld gemacht; war irgendwo von einem unbekannten Täter eine Mordtat geschehen, so fragte sie sich ängstlich, ob sie nicht diesen Mord begangen habe. Dabei war sie sich der Ungereimtheit dieser Zwangsvorwürfe klar bewußt. Eine Zeitlang gewann das Schuldbewußtsein solche Macht über sie, daß ihre Kritik erstickt wurde und sie sich vor ihren Verwandten und vor dem Arzt anklagte, sie habe alle diese Untaten wirklich begangen (Psychose durch einfache Steigerung — Überwältigungspsychose). Ein scharfes Verhör deckte jetzt die Quelle auf, aus der ihr Schuldbewußtsein stammte: Durch eine zufällige wollüstige Empfindung angeregt, hatte sie sich von einer Freundin zur Masturbation verleiten lassen und betrieb diese seit Jahren mit dem vollen Bewußtsein ihres Unrechts und unter den heftigsten, aber wie gewöhnlich nutzlosen Selbstvorwürfen. Ein Exzeß nach dem Besuche eines Balles hatte die Steigerung zur Psychose hervorgerufen. — Das Mädchen heilte nach einigen Monaten Behandlung und strengster Überwachung.

2) Ein anderes Mädchen litt unter der Furcht, von Harndrang überfallen zu werden und sich nässen zu müssen, seitdem ein solcher Drang sie wirklich einmal genötigt hatte, einen Konzertsaal während der Aufführung zu verlassen. Diese Phobie hatte sie allmählich völlig genuß- und verkehrsunfähig gemacht. Sie fühlte sich nur wohl, wenn sie ein Klosett in der Nähe wußte, zu dem sie unauffällig gelangen konnte. Ein organisches Leiden, welches dieses Mißtrauen in die Beherrschung der Blase gerechtfertigt hätte, war ausgeschlossen. Der Harndrang war zu Hause unter ruhigen Verhältnissen und zur Nachtzeit nicht vorhanden. Eingehendes Examen wies nach, daß der Harndrang zum ersten Male unter folgenden Verhältnissen aufgetreten war: In dem Konzertsaale hatte ein Herr nicht weit von ihr Platz genommen, der ihrem Empfinden nicht gleichgültig war. Sie begann an ihn zu denken und sich auszumalen, wie sie als seine Frau neben ihm sitzen würde. In dieser erotischen Träumerei bekam sie jene körperliche Empfindung, die man mit der Erektion des Mannes vergleichen muß, und die bei ihr — ich weiß nicht, ob allgemein — mit einem leichten Harndrang abschloß. Sie erschrak jetzt heftig über die ihr sonst gewohnte sexuelle Empfindung, weil sie bei sich beschlossen hatte, diese wie jede andere Neigung zu bekämpfen, und im nächsten Moment hatte sich der Affekt auf den begleitenden Harndrang übertragen und nötigte sie, nach qualvollem Kampf den Saal zu verlassen. Sie war im Leben so prüde, daß sie sich vor allem Sexuellen intensiv grauste, und den Gedanken, je zu heiraten, nicht fassen konnte; anderseits war sie sexuell so hyperästhetisch, daß bei jeder erotischen Träumerei, die sie sich gerne gestattete, jene wollüstige Empfindung auftrat. Der Harndrang hatte die Erektion jedesmal begleitet, ohne ihr bis zu der Szene im Konzertsaal einen Eindruck zu machen. Die Behandlung führte zu einer fast vollkommenen Beherrschung der Phobie.

3) Eine junge Frau, die aus fünfjähriger Ehe nur ein Kind hatte, klagte mir über den Zwangsimpuls, sich vom Fenster oder Balkon zu stürzen, und über die Furcht, die sie beim Anblick eines scharfen Messers ergreife, ihr Kind damit zu erstechen. Der eheliche Verkehr, gestand sie zu, werde selten und nur mit Vorsicht gegen die Konzeption ausgeübt; allein das fehle ihr nicht, sie sei keine sinnliche Natur. Ich getraute mich darauf, ihr zu sagen, daß sie beim Anblicke eines Mannes erotische Vorstellungen bekomme, daß sie darum das Vertrauen zu sich verloren habe und sich als eine verworfene Person vorkomme, die zu allem fähig sei. Die Rückübersetzung der Zwangsvorstellung ins Sexuelle war gelungen; sie gestand sofort weinend ihr lange verborgenes eheliches Elend ein und teilte später auch peinliche Vorstellungen von unverändert sexuellem Charakter mit, so die häufig wiederkehrende Empfindung, als ob sich etwas unter ihre Röcke dränge.

Ich habe mir derartige Erfahrungen für die Therapie zunutze gemacht, um bei Phobien und Zwangsvorstellungen trotz alles Sträubens der Kranken die Aufmerksamkeit auf die verdrängten sexuellen Vorstellungen zurückzulenken und, wo es anging, die Quellen, aus denen dieselben stammten, zu verstopfen. Ich kann natürlich nicht behaupten, daß alle Phobien und Zwangsvorstellungen auf die hier aufgedeckte Weise entstehen; erstens umfaßt meine Erfahrung eine im Verhältnis zur Reichhaltigkeit dieser Neurosen nur beschränkte Anzahl, und zweitens weiß ich selbst, daß diese „psychasthenischen" Symptome (nach Janets Bezeichnung) nicht alle gleichwertig sind.[1] Es gibt z. B. rein hysterische Phobien. Ich meine aber, daß der Mechanismus der Transposition des Affekts bei der großen Mehrzahl der Phobien und Zwangsvorstellungen nachzuweisen sein wird, und möchte dafür eintreten, diese Neurosen, die sich ebenso oft isoliert als mit Hysterie

---

1) Die Gruppe von typischen Phobien, für welche die Agoraphobie Vorbild ist, läßt sich nicht auf den oben entwickelten psychischen Mechanismus zurückführen, vielmehr weicht der Mechanismus der Agoraphobie von dem der echten Zwangsvorstellungen und der auf solche reduzierbaren Phobien in einem entscheidenden Punkte ab. Es findet sich hier keine verdrängte Vorstellung, von welcher der Angstaffekt abgetrennt wäre. Die Angst dieser Phobien hat einen anderen Ursprung.

oder Neurasthenie kombiniert finden, nicht mit der gemeinen Neurasthenie zusammenzuwerfen, für deren Grundsymptome ein psychischer Mechanismus gar nicht anzunehmen ist.

III

In beiden bisher betrachteten Fällen war die Abwehr der unverträglichen Vorstellung durch Trennung derselben von ihrem Affekt geschehen; die Vorstellung war, wenngleich geschwächt und isoliert, dem Bewußtsein verblieben. Es gibt nun eine weit energischere und erfolgreichere Art der Abwehr, die darin besteht, daß das Ich die unerträgliche Vorstellung mitsamt ihrem Affekt verwirft und sich so benimmt, als ob die Vorstellung nie an das Ich herangetreten wäre. Allein in dem Moment, in dem dies gelungen ist, befindet sich die Person in einer Psychose, die man wohl nur als „halluzinatorische Verworrenheit" klassifizieren kann. Ein einziges Beispiel soll diese Behauptung erläutern:

Ein junges Mädchen hat einem Mann eine erste impulsive Neigung geschenkt und glaubt fest an seine Gegenliebe. Tatsächlich befindet sie sich im Irrtum; der junge Mann hat ein anderes Motiv, ihr Haus aufzusuchen. Die Enttäuschungen bleiben auch nicht aus; sie erwehrt sich ihrer zunächst, indem sie die entsprechenden Erfahrungen hysterisch konvertiert, erhält so ihren Glauben, daß er eines Tages kommen und um sie anhalten werde, fühlt sich aber dabei infolge unvollständiger Konversion und beständigen Andranges neuer schmerzlicher Eindrücke unglücklich und krank. Sie erwartet ihn endlich in höchster Spannung für einen bestimmten Tag, den Tag einer Familienfeier. Der Tag verrinnt, ohne daß er gekommen wäre. Nachdem alle Züge, mit denen er ankommen könnte, vorüber sind, schlägt sie in halluzinatorische Verworrenheit um. Er ist angekommen, sie hört seine Stimme im Garten, eilt in Nachtkleidung herunter, ihn zu empfangen. Von da an lebt sie durch zwei Monate in einem glücklichen Traum, dessen Inhalt ist: er sei da, sei immer um sie, es sei alles so wie vorhin (vor der Zeit der mühsam abgewehrten Enttäuschungen). Hysterie und Verstimmung sind überwunden; von der ganzen letzten Zeit des Zweifels und der Leiden wird während der Krankheit nicht gesprochen; sie ist glücklich, solange man sie ungestört läßt, und tobt nur dann, wenn eine Maßregel ihrer Umgebung sie an etwas hindert, was sie ganz konsequent aus ihrem seligen Traum folgern will. Diese seinerzeit unverständliche Psychose wurde zehn Jahre später durch eine hypnotische Analyse aufgedeckt.

Die Tatsache, auf die ich aufmerksam mache, ist die, daß der Inhalt einer solchen halluzinatorischen Psychose ge rade in der Hervorhebung jener Vorstellung besteht, die durch den Anlaß der Erkrankung bedroht war. Man ist also berechtigt zu sagen, daß das Ich durch die Flucht in die Psychose die unerträgliche Vorstellung abgewehrt hat; der Vorgang, durch den dies erreicht worden ist, entzieht sich wiederum der Selbstwahrnehmung wie der psychologisch-klinischen Analyse. Er ist als der Ausdruck einer pathologischen Disposition höheren Grades anzusehen und läßt sich etwa wie folgt umschreiben: Das Ich reißt sich von der unerträglichen Vorstellung los, diese hängt aber untrennbar mit einem Stück der Realität zusammen, und indem das Ich diese Leistung vollbringt, hat es sich auch von der Realität ganz oder teilweise losgelöst. Letzteres ist nach meiner Meinung die Bedingung, unter der eigenen Vorstellungen halluzinatorische Lebhaftigkeit zuerkannt wird, und somit befindet sich die Person nach glücklich gelungener Abwehr in halluzinatorischer Verworrenheit.

Ich verfüge nur über sehr wenige Analysen von derartigen Psychosen; ich meine aber, es muß sich um einen sehr häufig benützten Typus psychischer Erkrankung handeln, denn die als analog aufzufassenden Beispiele der Mutter, die, über den Verlust ihres Kindes erkrankt, jetzt unablässig ein Stück Holz im Arme wiegt, oder der verschmähten Braut, die seit Jahren im Putz ihren Bräutigam erwartet, fehlen in keinem Irrenhause.

Es ist vielleicht nicht überflüssig hervorzuheben, daß die drei hier geschilderten Arten der Abwehr und somit die drei Formen von Erkrankung, zu denen diese Abwehr führt, an derselben Person vereinigt sein können. Das gleichzeitige Vorkommen von Phobien und hysterischen Symptomen, das *in praxi* so häufig beobachtet wird, gehört ja mit zu den Momenten, die eine reinliche Trennung der Hysterie von anderen Neurosen erschweren und zur Aufstellung der „gemischten Neurosen" nötigen. Die halluzinatorische Verworrenheit zwar verträgt sich häufig nicht mit dem Fortbestand der Hysterie, in der Regel nicht mit dem der Zwangsvorstellungen. Dafür ist es nichts Seltenes, daß eine Abwehrpsychose den Verlauf einer hysterischen oder gemischten Neurose episodisch durchbricht.

Ich will endlich mit wenigen Worten der Hilfsvorstellung gedenken, deren ich mich in dieser Darstellung der Abwehrneurosen bedient habe. Es ist dies die Vorstellung, daß an den psychischen Funktionen etwas zu unterscheiden ist (Affektbetrag, Erregungssumme), das alle Eigenschaften einer Quantität hat — wenngleich wir kein Mittel besitzen, dieselbe zu messen — etwas, das der Vergrößerung, Verminderung, der Verschiebung und der Abfuhr fähig ist und sich über die Gedächtnisspuren der Vorstellungen verbreitet, etwa wie eine elektrische Ladung über die Oberflächen der Körper.

Man kann diese Hypothese, die übrigens bereits unserer Theorie des „Abreagierens" (Vorläufige Mitteilung, 1893) zugrunde liegt, in demselben Sinne verwenden, wie es die Physiker mit der Annahme des strömenden elektrischen Fluidums tun. Gerechtfertigt ist sie vorläufig durch ihre Brauchbarkeit zur Zusammenfassung und Erklärung mannigfaltiger psychischer Zustände.

Wien, Ende Jänner 1894

STUDIEN ÜBER HYSTERIE

Auch in dieser Gesamtausgabe sind die nur von Breuer herrührenden Arbeiten (d.h. die Krankengeschichte Frl. Anna O . . . und die Arbeit „Theoretisches") weggelassen worden; für die Aufnahme des von beiden Verfassern gemeinsam geschriebenen, einleitenden Teils wurde seinerzeit die Genehmigung des Herrn Dr. Josef Breuer eingeholt.

VORWORT ZUR ERSTEN AUFLAGE

Wir haben unsere Erfahrungen über eine neue Methode der Erforschung und Behandlung hysterischer Phänomene 1893 in einer „Vorläufigen Mitteilung"[1] veröffentlicht und daran in möglichster Knappheit die theoretischen Anschauungen geknüpft, zu denen wir gekommen waren. Diese „Vorläufige Mitteilung" wird hier, als die zu illustrierende und zu erweisende These, nochmals abgedruckt.

Wir schließen nun hieran eine Reihe von Krankenbeobachtungen, bei deren Auswahl wir uns leider nicht bloß von wissenschaftlichen Rücksichten bestimmen lassen durften. Unsere Erfahrungen entstammen der Privatpraxis in einer gebildeten und lesenden Gesellschaftsklasse und ihr Inhalt berührt vielfach das intimste Leben und Geschick unserer Kranken. Es wäre ein schwerer Vertrauensmißbrauch, solche Mitteilungen zu veröffentlichen, auf die Gefahr hin, daß die Kranken erkannt und Tatsachen in ihrem Kreise verbreitet werden, welche nur dem Arzte anvertraut wurden. Wir haben darum auf instruktivste und beweiskräftigste Beobachtungen verzichten müssen. Dieses betrifft naturgemäß vor allem jene Fälle, in denen die sexualen und ehelichen Verhältnisse ätiologische Bedeutung haben. Daher kommt es, daß wir nur sehr unvollständig den Beweis für unsere Anschauung erbringen können: die Sexualität spiele als Quelle psychischer Traumen und als Motiv der „Abwehr", der Verdrängung von Vorstellungen aus dem Bewußtsein, eine Hauptrolle in der Pathogenese der Hysterie. Wir mußten eben die stark sexualen Beobachtungen von der Veröffentlichung ausschließen.

Den Krankengeschichten folgt eine Reihe theoretischer Erörterungen und in einem therapeutischen Schlußkapitel wird die Technik der „kathar-

---

[1] Über den psychischen Mechanismus hysterischer Phänomene. Neurologisches Zentralblatt 1893, Nr. 1 und 2.

tischen Methode" dargelegt, so wie sie sich in der Hand des Neurologen entwickelt hat.

Wenn an manchen Stellen verschiedene, ja sich widersprechende Meinungen vertreten werden, so möge das nicht als ein Schwanken der Auffassung betrachtet werden. Es entspringt den natürlichen und berechtigten Meinungsverschiedenheiten zweier Beobachter, die bezüglich der Tatsachen und der Grundanschauungen übereinstimmen, deren Deutungen und Vermutungen aber nicht immer zusammenfallen.

April 1895.

J. Breuer, S. Freud.

VORWORT ZUR ZWEITEN AUFLAGE

Die unveränderte Wiedergabe des Textes der ersten Auflage war auch für meinen Anteil[1] an diesem Buche das einzig Mögliche. Die Entwicklung und Veränderungen, welche meine Anschauungen im Laufe von 13 Arbeitsjahren erfahren haben, sind doch zu weitgehend, als daß es gelingen könnte, sie an meiner Darstellung von damals zur Geltung zu bringen, ohne deren Charakter völlig zu zerstören. Es fehlt mir aber auch das Motiv, das mich veranlassen könnte, dieses Zeugnis meiner anfänglichen Meinungen zu beseitigen. Ich betrachte dieselben auch heute nicht als Irrtümer, sondern als schätzenswerte erste Annäherungen an Einsichten, die sich erst nach länger fortgesetzter Bemühung vollständiger gewinnen ließen. Ein aufmerksamer Leser wird von allen späteren Zutaten zur Lehre von der Katharsis (wie: die Rolle der psychosexuellen Momente, des Infantilismus, die Bedeutung der Träume und der Symbolik des Unbewußten) die Keime schon in dem vorliegenden Buche auffinden

---

[1] Dr. Breuers Vorwort zur zweiten Auflage lautete: „Das Interesse, welches in steigendem Maße der Psychoanalyse entgegengebracht wird, scheint sich jetzt auch den Studien über Hysterie' zuzuwenden. Der Verleger wünscht eine Neuauflage des vergriffenen Buches. Es erscheint nun hier in unverändertem Neudrucke, obwohl die Anschauungen und Methoden, welche in der ersten Auflage dargestellt wurden, seitdem eine weit- und tiefgehende Entwicklung erfahren haben. Was mich selbst betrifft, so habe ich mich seit damals mit dem Gegenstande nicht aktiv beschäftigt, habe keinen Anteil an seiner bedeutsamen Entwicklung und wüßte dem 1895 Gegebenen nichts Neues hinzuzufügen. So konnte ich nur wünschen, daß meine beiden in dem Buche enthaltenen Abhandlungen bei der Neuauflage desselben in unverändertem Abdrucke wieder erscheinen mögen."

können. Auch weiß ich für jeden, der sich für die Entwicklung der Katharsis zur Psychoanalyse interessiert, keinen besseren Rat als den, mit den „Studien über Hysterie" zu beginnen und so den Weg zu gehen, den ich selbst zurückgelegt habe.

Wien, im Juli 1908.

Freud.

ÜBER DEN PSYCHISCHEN MECHANISMUS
HYSTERISCHER PHÄNOMENE

Vorläufige Mitteilung[1]

I

Angeregt durch eine zufällige Beobachtung forschen wir seit einer Reihe von Jahren bei den verschiedensten Formen und Symptomen der Hysterie nach der Veranlassung, dem Vorgange, welcher das betreffende Phänomen zum ersten Male, oft vor vielen Jahren, hervorgerufen hat. In der großen Mehrzahl der Fälle gelingt es nicht, durch das einfache, wenn auch noch so eingehende Krankenexamen, diesen Ausgangspunkt klarzustellen, teilweise, weil es sich oft um Erlebnisse handelt, deren Besprechung den Kranken unangenehm ist, hauptsächlich aber, weil sie sich wirklich nicht daran erinnern, oft den ursächlichen Zusammenhang des veranlassenden Vorganges und des pathologischen Phänomens nicht ahnen. Meistens ist es nötig, die Kranken zu hypnotisieren und in der Hypnose die Erinnerungen jener Zeit, wo das Symptom zum ersten Male auftrat, wachzurufen; dann gelingt es, jenen Zusammenhang aufs deutlichste und überzeugendste darzulegen.

---
[1]) Diese aus dem „Neurologischen Zentralblatt", 1893, wieder abgedruckte Arbeit ist — vgl. oben S. 76 — von Breuer und Freud.

Diese Methode der Untersuchung hat uns in einer großen Zahl von Fällen Resultate ergeben, die in theoretischer wie in praktischer Hinsicht wertvoll erscheinen.

In theoretischer Hinsicht, weil sie uns bewiesen haben, daß das akzidentelle Moment weit über das bekannte und anerkannte Maß hinaus bestimmend ist für die Pathologie der Hysterie. Daß es bei „traumatischer" Hysterie der Unfall ist, welcher das Syndrom hervorgerufen hat, ist ja selbstverständlich, und wenn bei hysterischen Anfällen aus den Äußerungen der Kranken zu entnehmen ist, daß sie in jedem Anfall immer wieder denselben Vorgang halluzinieren, der die erste Attacke hervorgerufen hat, so liegt auch hier der ursächliche Zusammenhang klar zutage. Dunkler ist der Sachverhalt bei den anderen Phänomenen.

Unsere Erfahrungen haben uns aber gezeigt, daß die verschiedensten Symptome, welche für spontane, sozusagen idiopathische Leistungen der Hysterie gelten, in ebenso stringentem Zusammenhange mit dem veranlassenden Trauma stehen, wie die oben genannten, in dieser Beziehung durchsichtigen Phänomene. Wir haben Neuralgien wie Anästhesien der verschiedensten Art und von oft jahrelanger Dauer, Kontrakturen und Lähmungen, hysterische Anfälle und epileptoide Konvulsionen, die alle Beobachter für echte Epilepsie gehalten hatten, *petit mal* und ticartige Affektionen, dauerndes Erbrechen und Anorexie bis zur Nahrungsverweigerung, die verschiedensten Sehstörungen, immer wiederkehrende Gesichtshalluzinationen u. dgl. m. auf solche veranlassende Momente zurückführen können. Das Mißverhältnis zwischen dem jahrelang dauernden hysterischen Symptom und der einmaligen Veranlassung ist dasselbe, wie wir es bei der traumatischen Neurose regelmäßig zu sehen gewohnt sind; ganz häufig sind es Ereignisse aus der Kinderzeit, die für alle folgenden Jahre ein mehr minder schweres Krankheitsphänomen hergestellt haben.

Oft ist der Zusammenhang so klar, daß es vollständig ersichtlich ist, wieso der veranlassende Vorfall eben dieses und kein anderes Phänomen erzeugt hat. Dieses ist dann durch die Veranlassung in völlig klarer Weise determiniert. So, um das banalste Beispiel zu nehmen, wenn ein schmerzlicher Affekt, der während des Essens entsteht, aber unterdrückt wird, dann Übelkeit und Erbrechen erzeugt und dieses als hysterisches Erbrechen monatelang andauert. Ein Mädchen, das in qualvoller Angst an einem Krankenbette wacht, verfällt in einen Dämmerzustand und hat eine schreckhafte Halluzination, während ihr der rechte Arm, über der Sessellehne hängend, einschläft: es entwickelt sich daraus eine Parese dieses Armes mit Kontraktur und Anästhesie. Sie will beten und findet keine Worte; endlich gelingt es ihr, ein englisches Kindergebet zu sprechen. Als sich später eine schwere höchst komplizierte Hysterie entwickelt, spricht, schreibt und versteht sie nur Englisch, während ihr die Muttersprache durch $1^1/_2$ Jahre unverständlich ist. — Ein schwerkrankes Kind ist endlich eingeschlafen, die Mutter spannt alle Willenskraft an, um sich ruhig zu verhalten und es nicht zu wecken; gerade infolge dieses Vorsatzes macht sie („hysterischer Gegenwille"!) ein schnalzendes Geräusch mit der Zunge. Dieses wiederholt sich später bei einer anderen Gelegenheit, wobei sie sich gleichfalls absolut ruhig verhalten will, und es entwickelt sich daraus ein Tic, der als Zungenschnalzen durch viele Jahre jede Aufregung begleitet. — Ein hochintelligenter Mann assistiert, während seinem Bruder das ankylosierte Hüftgelenk in der Narkose gestreckt wird. Im Augenblicke, wo das Gelenk krachend nachgibt, empfindet er heftigen Schmerz im eigenen Hüftgelenke, der fast ein Jahr andauert u. dgl. m.

In anderen Fällen ist der Zusammenhang nicht so einfach; es besteht nur eine sozusagen symbolische Beziehung zwischen der Veranlassung und dem pathologischen Phänomen, wie der Gesunde sie wohl auch im Traume bildet, wenn etwa zu seelischem

Schmerze sich eine Neuralgie gesellt oder Erbrechen zu dem Affekte moralischen Ekels. Wir haben Kranke studiert, welche von einer solchen Symbolisierung den ausgiebigsten Gebrauch zu machen pflegten. — In noch anderen Fällen ist eine derartige Determination zunächst nicht dem Verständnis offen; hieher gehören gerade die typischen hysterischen Symptome, wie Hemianästhesie und Gesichtsfeldeinengung, epileptiforme Konvulsionen u. dgl. m. Die Darlegung unserer Anschauungen über diese Gruppe müssen wir der ausführlicheren Besprechung des Gegenstandes vorbehalten.

Solche Beobachtungen scheinen uns die pathogene Analogie der gewöhnlichen Hysterie mit der traumatischen Neurose nachzuweisen und eine Ausdehnung des Begriffes der „traumatischen Hysterie" zu rechtfertigen. Bei der traumatischen Neurose ist ja nicht die geringfügige körperliche Verletzung die wirksame Krankheitsursache, sondern der Schreckaffekt, das psychische Trauma. In analoger Weise ergeben sich aus unseren Nachforschungen für viele, wenn nicht für die meisten hysterischen Symptome Anlässe, die man als psychische Traumen bezeichnen muß. Als solches kann jedes Erlebnis wirken, welches die peinlichen Affekte des Schreckens, der Angst, der Scham, des psychischen Schmerzes hervorruft, und es hängt begreiflicherweise von der Empfindlichkeit des betroffenen Menschen (sowie von einer später zu erwähnenden Bedingung) ab, ob das Erlebnis als Trauma zur Geltung kommt. Nicht selten finden sich anstatt des einen großen Traumas bei der gewöhnlichen Hysterie mehrere Partialtraumen, gruppierte Anlässe, die erst in ihrer Summierung traumatische Wirkung äußern konnten und die insofern zusammengehören, als sie zum Teil Stücke einer Leidensgeschichte bilden. In noch anderen Fällen sind es an sich scheinbar gleichgültige Umstände, die durch ihr Zusammentreffen mit dem eigentlich wirksamen Ereignis oder mit einem Zeitpunkt besonderer Reizbarkeit eine Dignität als Traumen gewonnen haben, die ihnen sonst nicht zuzumuten wäre, die sie aber von da an behalten.

Aber der kausale Zusammenhang des veranlassenden psychischen Traumas mit dem hysterischen Phänomen ist nicht etwa von der Art, daß das Trauma als *agent provocateur* das Symptom auslösen würde, welches dann, selbständig geworden, weiter bestände. Wir müssen vielmehr behaupten, daß das psychische Trauma, respektive die Erinnerung an dasselbe, nach Art eines Fremdkörpers wirkt, welcher noch lange Zeit nach seinem Eindringen als gegenwärtig wirkendes Agens gelten muß, und wir sehen den Beweis hiefür in einem höchst merkwürdigen Phänomen, welches zugleich unseren Befunden ein bedeutendes praktisches Interesse verschafft.

Wir fanden nämlich, anfangs zu unserer größten Überraschung, daß die einzelnen hysterischen Symptome sogleich und ohne Wiederkehr verschwanden, wenn es gelungen war, die Erinnerung an den veranlassenden Vorgang zu voller Helligkeit zu erwecken, damit auch den begleitenden Affekt wachzurufen, und wenn dann der Kranke den Vorgang in möglichst ausführlicher Weise schilderte und dem Affekt Worte gab. Affektloses Erinnern ist fast immer völlig wirkungslos; der psychische Prozeß, der ursprünglich abgelaufen war, muß so lebhaft als möglich wiederholt, in *statum nascendi* gebracht und dann „ausgesprochen" werden. Dabei treten, wenn es sich um Reizerscheinungen handelt, diese: Krämpfe, Neuralgien, Halluzinationen — noch einmal in voller Intensität auf und schwinden dann für immer. Funktionsausfälle, Lähmungen und Anästhesien schwinden ebenso, natürlich ohne daß ihre momentane Steigerung deutlich wäre.[1]

---

[1] Die Möglichkeit einer solchen Therapie haben Delboeuf und Binet klar erkannt, wie die beifolgenden Zitate zeigen: Delboeuf, Le magnétisme animal. Paris 1889: „*On s'expliquerait dès-lors comment le magnétiseur aide à la guérison. Il remet le sujet dans l'état où le mal s'est manifesté et combat par la parole le même mal, mais renaissant.*" — Binet, Les altérations de la personnalité. 1892, p. 243: „ . . *peut-être*

Der Verdacht liegt nahe, es handle sich dabei um eine unbeabsichtigte Suggestion; der Kranke erwarte, durch die Prozedur von seinem Leiden befreit zu werden, und diese Erwartung, nicht das Aussprechen selbst, sei der wirkende Faktor. Allein dem ist nicht so: die erste Beobachtung dieser Art, bei welcher ein höchst verwickelter Fall von Hysterie auf solche Weise analysiert und die gesondert verursachten Symptome auch gesondert behoben wurden, stammt aus dem Jahre 1881, also aus „vorsuggestiver" Zeit, wurde durch spontane Autohypnosen der Kranken ermöglicht und bereitete dem Beobachter die größte Überraschung.

In Umkehrung des Satzes: *cessante causa cessat effectus* dürfen wir wohl aus diesen Beobachtungen schließen, der veranlassende Vorgang wirke in irgend einer Weise noch nach Jahren fort, nicht indirekt durch Vermittlung einer Kette von kausalen Zwischengliedern, sondern unmittelbar als auslösende Ursache, wie etwa ein im wachen Bewußtsein erinnerter psychischer Schmerz noch in später Zeit die Tränensekretion hervorruft: **der Hysterische leide größtenteils an Reminiszenzen.**[1]

2

Es erscheint zunächst wunderlich, daß längst vergangene Erlebnisse so intensiv wirken sollen; daß die Erinnerungen an sie nicht der Usur unterliegen sollen, der wir doch alle unsere Erinnerungen verfallen sehen. Vielleicht gewinnen wir durch folgende Erwägungen einiges Verständnis für diese Tatsachen.

---

verra-t-on qu'en reportant le malade par un artifice mental, au moment même où le symptôme a apparu pour la première fois, on rend ce malade plus docile à une suggestion curative." — In dem interessanten Buche von P. Janet: L'automatisme psychologique, Paris 1889, findet sich die Beschreibung einer Heilung, welche bei einem hysterischen Mädchen durch Anwendung eines dem unsrigen analogen Verfahrens erzielt wurde.

1) Wir können im Texte dieser vorläufigen Mitteilung nicht sondern, was am Inhalte derselben neu ist und was sich bei anderen Autoren wie Möbius und Strümpell findet, die ähnliche Anschauungen für die Hysterie vertreten haben. Die größte Annäherung an unsere theoretischen und therapeutischen Ausführungen fanden wir in einigen gelegentlich publizierten Bemerkungen Benedikts, mit denen wir uns an anderer Stelle beschäftigen werden.

Das Verblassen oder Affektloswerden einer Erinnerung hängt von mehreren Faktoren ab. Vor allem ist dafür von Wichtigkeit, ob auf das affizierende Ereignis energisch reagiert wurde oder nicht. Wir verstehen hier unter Reaktion die ganze Reihe willkürlicher und unwillkürlicher Reflexe, in denen sich erfahrungsgemäß die Affekte entladen: vom Weinen bis zum Racheakt. Erfolgt diese Reaktion in genügendem Ausmaße, so schwindet dadurch ein großer Teil des Affektes; unsere Sprache bezeugt diese Tatsache der täglichen Beobachtung durch die Ausdrücke „sich austoben, ausweinen" u. dgl. Wird die Reaktion unterdrückt, so bleibt der Affekt mit der Erinnerung verbunden. Eine Beleidigung, die vergolten ist, wenn auch nur durch Worte, wird anders erinnert, als eine, die hingenommen werden mußte. Die Sprache anerkennt auch diesen Unterschied in den psychischen und körperlichen Folgen und bezeichnet höchst charakteristischerweise eben das schweigend erduldete Leiden als „Kränkung". — Die Reaktion des Geschädigten auf das Trauma hat eigentlich nur dann eine völlig „kathartische" Wirkung, wenn sie eine adäquate Reaktion ist, wie die Rache. Aber in der Sprache findet der Mensch ein Surrogat für die Tat, mit dessen Hilfe der Affekt nahezu ebenso „abreagiert" werden kann. In anderen Fällen ist das Reden eben selbst der adäquate Reflex, als Klage und als Aussprache für die Pein eines Geheimnisses (Beichte!). Wenn solche Reaktion durch Tat, Worte, in leichtesten Fällen durch Weinen nicht erfolgt, so behält die Erinnerung an den Vorfall zunächst die affektive Betonung.

Das „Abreagieren" ist indes nicht die einzige Art der Erledigung, welche dem normalen psychischen Mechanismus des Gesunden zur Verfügung steht, wenn er ein psychisches Trauma erfahren hat. Die Erinnerung daran tritt, auch wenn sie nicht abreagiert wurde, in den großen Komplex der Assoziation ein, sie rangiert dann neben anderen, vielleicht ihr widersprechenden Erlebnissen, erleidet eine Korrektur durch andere Vorstellungen. Nach einem Unfalle z. B. gesellt sich zu der Erinnerung an die

Gefahr und zu der (abgeschwächten) Wiederholung des Schreckens die Erinnerung des weiteren Verlaufes, der Rettung, das Bewußtsein der jetzigen Sicherheit. Die Erinnerung an eine Kränkung wird korrigiert durch Richtigstellung der Tatsachen, durch Erwägungen der eigenen Würde u. dgl., und so gelingt es dem normalen Menschen, durch Leistungen der Assoziation den begleitenden Affekt zum Verschwinden zu bringen.

Dazu tritt dann jenes allgemeine Verwischen der Eindrücke, jenes Abblassen der Erinnerungen, welches wir „vergessen" nennen, und das vor allem die affektiv nicht mehr wirksamen Vorstellungen usuriert.

Aus unseren Beobachtungen geht nun hervor, daß jene Erinnerungen, welche zu Veranlassungen hysterischer Phänomene geworden sind, sich in wunderbarer Frische und mit ihrer vollen Affektbetonung durch lange Zeit erhalten haben. Wir müssen aber als eine weitere auffällige und späterhin verwertbare Tatsache erwähnen, daß die Kranken nicht etwa über diese Erinnerungen wie über andere ihres Lebens verfügen. Im Gegenteil, diese Erlebnisse fehlen dem Gedächtnisse der Kranken in ihrem gewöhnlichen psychischen Zustande völlig oder sind nur höchst summarisch darin vorhanden. Erst wenn man die Kranken in der Hypnose befragt, stellen sich diese Erinnerungen mit der unverminderten Lebhaftigkeit frischer Geschehnisse ein.

So reproduzierte eine unserer Kranken in der Hypnose ein halbes Jahr hindurch mit halluzinatorischer Lebhaftigkeit alles, was sie an denselben Tagen des vorhergegangenen Jahres (während einer akuten Hysterie) erregt hatte; ein ihr unbekanntes Tagebuch der Mutter bezeugte die tadellose Richtigkeit der Reproduktion. Eine andere Kranke durchlebte teils in der Hypnose, teils in spontanen Anfällen mit halluzinatorischer Deutlichkeit alle Ereignisse einer vor zehn Jahren durchgemachten hysterischen Psychose, für welche sie bis zum Momente des Wiederauftauchens größtenteils amnestisch gewesen war. Auch einzelne ätiologisch wichtige Erinnerungen von fünfzehn- bis fünfundzwanzigjährigem Bestand erwiesen sich bei ihr von erstaunlicher Intaktheit und sinnlicher Stärke und wirkten bei ihrer Wiederkehr mit der vollen Affektkraft neuer Erlebnisse.

Den Grund hiefür können wir nur darin suchen, daß diese Erinnerungen in allen oben erörterten Beziehungen zur Usur eine Ausnahmsstellung einnehmen. Es zeigt sich nämlich, daß diese Erinnerungen Traumen entsprechen, welche nicht genügend „abreagiert" worden sind, und bei näherem Eingehen auf die Gründe, welche dieses verhindert haben, können wir mindestens zwei Reihen von Bedingungen auffinden, unter denen die Reaktion auf das Trauma unterblieben ist.

Zur ersten Gruppe rechnen wir jene Fälle, in denen die Kranken auf psychische Traumen nicht reagiert haben, weil die Natur des Traumas eine Reaktion ausschloß, wie beim unersetzlich erscheinenden Verlust einer geliebten Person, oder weil die sozialen Verhältnisse eine Reaktion unmöglich machten, oder weil es sich um Dinge handelte, die der Kranke vergessen wollte, die er darum absichtlich aus seinem bewußten Denken verdrängte, hemmte und unterdrückte. Gerade solche peinliche Dinge findet man dann in der Hypnose als Grundlage hysterischer Phänomene (hysterische Delirien der Heiligen und Nonnen, der enthaltsamen Frauen, der wohlerzogenen Kinder).

Die zweite Reihe von Bedingungen wird nicht durch den Inhalt der Erinnerungen, sondern durch die psychischen Zustände bestimmt, mit welchen die entsprechenden Erlebnisse beim Kranken zusammengetroffen haben. Als Veranlassung hysterischer Symptome findet man nämlich in der Hypnose auch Vorstellungen, welche, an sich nicht bedeutungsvoll, ihre Erhaltung dem Umstande danken, daß sie in schweren lähmenden Affekten, wie z. B. Schreck, entstanden sind, oder direkt in abnormen psychischen Zuständen, wie im halbhypnotischen Dämmerzustande des Wachträumens, in Autohypnosen u. dgl. Hier ist es die Natur dieser Zustände, welche eine Reaktion auf das Geschehnis unmöglich machte.

Beiderlei Bedingungen können natürlich auch zusammentreffen und treffen in der Tat oftmals zusammen. Dies ist der Fall, wenn ein an sich wirksames Trauma in einen Zustand von schwerem, lähmendem Affekt oder von verändertem Bewußtsein fällt; es scheint aber auch so zuzugehen, daß durch das psychische Trauma bei vielen Personen einer jener abnormen Zustände hervorgerufen wird, welcher dann seinerseits die Reaktion unmöglich macht.

Beiden Gruppen von Bedingungen ist aber gemeinsam, daß die nicht durch Reaktion erledigten psychischen Traumen auch der Erledigung durch assoziative Verarbeitung entbehren müssen. In der ersten Gruppe ist es der Vorsatz des Kranken, welcher die peinlichen Erlebnisse vergessen will und dieselben somit möglichst von der Assoziation ausschließt, in der zweiten Gruppe gelingt diese assoziative Verarbeitung darum nicht, weil zwischen dem normalen Bewußtseinszustand und den pathologischen, in denen diese Vorstellungen entstanden sind, eine ausgiebige assoziative Verknüpfung nicht besteht. Wir werden sofort Anlaß haben, auf diese Verhältnisse weiter einzugehen.

Man darf also sagen, daß die pathogen gewordenen Vorstellungen sich darum so frisch und affektkräftig erhalten, weil ihnen die normale Usur durch Abreagieren und durch Reproduktion in Zuständen ungehemmter Assoziation versagt ist.

3

Als wir die Bedingungen mitteilten, welche nach unseren Erfahrungen dafür maßgebend sind, daß sich aus psychischen Traumen hysterische Phänomene entwickeln, mußten wir bereits von abnormen Zuständen des Bewußtseins sprechen, in denen solche pathogene

Vorstellungen entstehen, und mußten die Tatsache hervorheben, daß die Erinnerung an das wirksame psychische Trauma nicht im normalen Gedächtnisse des Kranken, sondern im Gedächtnisse des Hypnotisierten zu finden ist. Je mehr wir uns nun mit diesen Phänomenen beschäftigten, desto sicherer wurde unsere Überzeugung, jene Spaltung des Bewußtseins, die bei den bekannten klassischen Fällen als *double conscience* so auffällig ist, bestehe in rudimentärer Weise bei jeder Hysterie, die Neigung zu dieser Dissoziation und damit zum Auftreten abnormer Bewußtseinszustände, die wir als „hypnoide" zusammenfassen wollen, sei das Grundphänomen dieser Neurose. Wir treffen in dieser Anschauung mit Binet und den beiden Janet zusammen, über deren höchst merkwürdige Befunde bei Anästhetischen uns übrigens die Erfahrung mangelt.

Wir möchten also dem oft ausgesprochenen Satze: „Die Hypnose ist artefizielle Hysterie" einen andern an die Seite stellen: Grundlage und Bedingung der Hysterie ist die Existenz von hypnoiden Zuständen. Diese hypnoiden Zustände stimmen, bei aller Verschiedenheit, untereinander und mit der Hypnose in dem einen Punkte überein, daß die in ihnen auftauchenden Vorstellungen sehr intensiv, aber von dem Assoziativverkehr mit dem übrigen Bewußtseinsinhalt abgesperrt sind. Untereinander sind diese hypnoiden Zustände assoziierbar, und deren Vorstellungsinhalt mag auf diesem Wege verschieden hohe Grade von psychischer Organisation erreichen. Im übrigen dürfte ja die Natur dieser Zustände und der Grad ihrer Abschließung von den übrigen Bewußtseinsvorgängen in ähnlicher Weise variieren, wie wir es bei der Hypnose sehen, die sich von leichter Somnolenz bis zum Somnambulismus, von der vollen Erinnerung bis zur absoluten Amnesie erstreckt.

Bestehen solche hypnoide Zustände schon vor der manifesten Erkrankung, so geben sie den Boden ab, auf welchem der Affekt die pathogene Erinnerung mit ihren somatischen Folgeerscheinungen ansiedelt. Dies Verhalten entspricht der disponierten Hysterie. Es ergibt sich aber aus unseren Beobachtungen, daß ein schweres Trauma (wie das der traumatischen Neurose), eine mühevolle Unterdrückung (etwa des Sexualaffektes) auch bei dem sonst freien Menschen eine Abspaltung von Vorstellungsgruppen bewerkstelligen kann, und dies wäre der Mechanismus der psychisch akquirierten Hysterie. Zwischen den Extremen dieser beiden Formen muß man eine Reihe gelten lassen, innerhalb welcher die Leichtigkeit der Dissoziation bei dem betreffenden Individuum und die Affektgröße des Traumas in entgegengesetztem Sinne variieren.

Wir wissen nichts Neues darüber zu sagen, worin die disponierenden hypnoiden Zustände begründet sind. Sie entwickeln sich oft, sollten wir meinen, aus dem auch bei Gesunden so häufigen „Tagträumen", zu dem z. B. die weiblichen Handarbeiten so viel Anlaß bieten. Die Frage, weshalb die „pathologischen Assoziationen", die sich in solchen Zuständen bilden, so feste sind und die somatischen Vorgänge so viel stärker beeinflussen, als wir es sonst von Vorstellungen gewohnt sind, fällt zusammen mit dem Probleme der Wirksamkeit hypnotischer Suggestionen überhaupt. Unsere Erfahrungen bringen hierüber nichts Neues; sie beleuchten dagegen den Widerspruch zwischen dem Satze: „Hysterie ist eine Psychose", und der Tatsache, daß man unter den Hysterischen die geistig klarsten, willensstärksten, charaktervollsten und kritischsten Menschen finden kann. In diesen Fällen ist solche Charakteristik richtig für das wache Denken des Menschen; in seinen hypnoiden Zuständen ist er alieniert, wie wir es alle im Traume sind. Aber während unsere Traumpsychosen unseren Wachzustand nicht beeinflussen, ragen die Produkte der hypnoiden Zustände als hysterische Phänomene ins wache Leben hinein.

4

Fast die nämlichen Behauptungen, die wir für die hysterischen Dauersymptome aufgestellt haben, können wir auch für die hysterischen Anfälle wiederholen. Wir besitzen, wie bekannt, eine von Charcot gegebene schematische Beschreibung des „großen" hysterischen Anfalles, welcher zufolge ein vollständiger Anfall vier Phasen erkennen läßt: 1) die epileptoide, 2) die der großen Bewegungen, 3) die der *attitudes passionnelles* (die halluzinatorische Phase), 4) die des abschließenden Deliriums. Aus der Verkürzung und Verlängerung, dem Ausfall und der Isolierung der einzelnen Phasen läßt Charcot alle jene Formen des hysterischen Anfalles hervorgehen, die man tatsächlich häufiger als die vollständige *grande attaque* beobachtet.

Unser Erklärungsversuch knüpft an die dritte Phase, die der *attitudes passionnelles* an. Wo dieselbe ausgeprägt ist, liegt in ihr die halluzinatorische Reproduktion einer Erinnerung bloß, welche für den Ausbruch der Hysterie bedeutsam war, die Erinnerung an das eine große Trauma der κατ' ἐξοχὴν sogenannten traumatischen Hysterie oder an eine Reihe von zusammengehörigen Partialtraumen, wie sie der gemeinen Hysterie zugrunde liegen. Oder endlich der Anfall bringt jene Geschehnisse wieder, welche durch ihr Zusammentreffen mit einem Momente besonderer Disposition zu Traumen erhoben worden sind.

Es gibt aber auch Anfälle, die anscheinend nur aus motorischen Phänomenen bestehen, denen eine *phase passionnelle*, fehlt. Gelingt es bei einem solchen Anfalle von allgemeinen Zuckungen, kataleptischer Starre oder bei einer *attaque de sommeil*, sich während desselben in Rapport mit dem Kranken zu setzen, oder noch besser, gelingt es, den Anfall in der Hypnose hervorzurufen, so findet man, daß auch hier die Erinnerung an das psychische Trauma oder an eine Reihe von Traumen zugrunde liegt, die sich sonst in einer halluzinatorischen Phase auffällig macht. Ein kleines Mädchen leidet seit Jahren an Anfällen von allgemeinen Krämpfen, die man für epileptische halten könnte und auch gehalten hat. Sie wird zum Zwecke der Differentialdiagnose hypnotisiert und verfällt sofort in ihren Anfall. Befragt: Was siehst du denn jetzt? antwortet sie aber: Der Hund, der Hund kommt, und wirklich ergibt sich, daß der erste Anfall dieser Art nach einer Verfolgung durch einen wilden Hund aufgetreten war. Der Erfolg der Therapie vervollständigt dann die diagnostische Entscheidung.

Ein Angestellter, der infolge einer Mißhandlung von seiten seines Chefs hysterisch geworden ist, leidet an Anfällen, in denen er zusammenstürzt, tobt und wütet, ohne ein Wort zu sprechen oder eine Halluzination zu verraten. Der Anfall läßt sich in der Hypnose provozieren und der Kranke gibt nun an, daß er die Szene wieder durchlebt, wie der Herr ihn auf der Straße beschimpft und mit einem Stocke schlägt. Wenige Tage später kommt er mit der Klage wieder, er habe denselben Anfall von neuem gehabt, und diesmal ergibt sich in der Hypnose, daß er die Szene durchlebt hat, an die sich eigentlich der Ausbruch der Krankheit knüpfte; die Szene im Gerichtssaale, als es ihm nicht gelang, Satisfaktion für die Mißhandlung zu erreichen usw.

Die Erinnerungen, welche in den hysterischen Anfällen hervortreten oder in ihnen geweckt werden können, entsprechen auch in allen anderen Stücken den Anlässen, welche sich uns als Gründe hysterischer Dauersymptome ergeben haben. Wie diese, betreffen sie psychische Traumen, die sich der Erledigung durch Abreagieren oder durch assoziative Denkarbeit entzogen haben; wie diese, fehlen sie gänzlich oder mit ihren wesentlichen Bestandteilen dem Erinnerungsvermögen des normalen Bewußtseins und zeigen sich als zugehörig zu dem Vorstellungsinhalte hypnoider Bewußtseinszustände mit eingeschränkter Assoziation. Endlich gestatten sie auch die therapeutische Probe. Unsere Beobachtungen haben uns oftmals gelehrt, daß eine solche Erinnerung, die bis dahin Anfälle provoziert hatte, dazu unfähig wird, wenn man sie in der Hypnose zur Reaktion und assoziativen Korrektur bringt.

Die motorischen Phänomene des hysterischen Anfalles lassen sich zum Teil als allgemeine Reaktionsformen des die Erinnerung begleitenden Affektes (wie das Zappeln mit allen Gliedern, dessen sich bereits der Säugling bedient), zum Teil als direkte Ausdrucksbewegungen dieser Erinnerung deuten, zum andern Teil entziehen sie sich ebenso wie die hysterischen Stigmata bei den Dauersymptomen dieser Erklärung.

Eine besondere Würdigung des hysterischen Anfalles ergibt sich noch, wenn man auf die vorhin angedeutete Theorie Rücksicht nimmt, daß bei der Hysterie in hypnoiden Zuständen entstandene Vorstellungsgruppen vorhanden sind, die vom assoziativen Verkehre mit den übrigen ausgeschlossen, aber untereinander assoziierbar, ein mehr oder minder hoch organisiertes Rudiment eines zweiten Bewußtseins, einer *condition seconde* darstellen. Dann entspricht ein hysterisches Dauersymptom einem Hineinragen dieses zweiten Zustandes in die sonst vom normalen Bewußtsein beherrschte Körperinnervation, ein hysterischer Anfall zeugt aber von einer höheren Organisation dieses zweiten Zustandes und bedeutet, wenn er frisch entstanden ist, einen Moment, in dem sich dieses Hypnoidbewußtsein der gesamten Existenz bemächtigt hat, also einer akuten Hysterie; wenn es aber ein wiederkehrender Anfall ist, der eine Erinnerung enthält, einer Wiederkehr eines solchen. Charcot hat bereits den Gedanken ausgesprochen, daß der hysterische Anfall das Rudiment einer *condition seconde* sein dürfte. Während des Anfalles ist die Herrschaft über die gesamte Körperinnervation auf das hypnoide Bewußtsein übergegangen. Das normale Bewußtsein ist, wie bekannte Erfahrungen zeigen, dabei nicht immer völlig verdrängt; es kann selbst die motorischen Phänomene des Anfalles wahrnehmen, während die psychischen Vorgänge desselben seiner Kenntnisnahme entgehen.

Der typische Verlauf einer schweren Hysterie ist bekanntlich der, daß zunächst in hypnoiden Zuständen ein Vorstellungsinhalt gebildet wird, der dann, genügend angewachsen, sich während einer Zeit von „akuter Hysterie" der Körperinnervation und der Existenz des Kranken bemächtigt, Dauersymptome und Anfälle schafft und dann bis auf Reste abheilt. Kann die normale Person die Herrschaft wieder übernehmen, so kehrt das, was von jenem hypnoiden Vorstellungsinhalt überlebt hat, in hysterischen Anfällen wieder und bringt die Person zeitweise wieder in ähnliche Zustände, die selbst wieder beeinflußbar und für Traumen aufnahmsfähig sind. Es stellt sich dann häufig eine Art von Gleichgewicht zwischen den psychischen Gruppen her, die in derselben Person vereinigt sind; Anfall und normales Leben gehen nebeneinander her, ohne einander zu beeinflussen. Der Anfall kommt dann spontan, wie auch bei uns die Erinnerungen zu kommen pflegen, er kann aber auch provoziert werden, wie jede Erinnerung nach den Gesetzen der Assoziation zu erwecken ist. Die Provokation des Anfalles erfolgt entweder durch die Reizung einer hysterogenen Zone oder durch ein neues Erlebnis, welches durch Ähnlichkeit an das pathogene Erlebnis anklingt. Wir hoffen, zeigen zu können, daß zwischen beiden anscheinend so verschiedenen Bedingungen ein wesentlicher Unterschied nicht besteht, daß in beiden Fällen an eine hyperästhetische Erinnerung gerührt wird. In anderen Fällen ist dieses Gleichgewicht ein sehr labiles, der Anfall erscheint als Äußerung des hypnoiden Bewußtseinsrestes, so oft die normale Person erschöpft und leistungsunfähig wird. Es ist nicht von der Hand zu weisen, daß in solchen Fällen auch der Anfall, seiner ursprünglichen Bedeutung entkleidet, als inhaltslose motorische Reaktion wiederkehren mag.

Es bleibt eine Aufgabe weiterer Untersuchung, welche Bedingungen dafür maßgebend sind, ob eine hysterische Individualität sich in Anfällen, in Dauersymptomen oder in einem Gemenge von beiden äußert.

5

Es ist nun verständlich, wieso die hier von uns dargelegte Methode der Psychotherapie heilend wirkt. Sie hebt die Wirksamkeit der ursprünglich nicht abreagierten Vorstellung dadurch auf, daß sie dem eingeklemmten Affekte derselben den Ablauf durch die Rede gestattet, und bringt sie zur assoziativen Korrektur, indem sie dieselbe ins normale Bewußtsein zieht (in leichterer Hypnose) oder durch ärztliche Suggestion aufhebt, wie es im Somnambulismus mit Amnesie geschieht.

Wir halten den therapeutischen Gewinn bei Anwendung dieses Verfahrens für einen bedeutenden. Natürlich heilen wir nicht die Hysterie, soweit sie Disposition ist, wir leisten ja nichts gegen die Wiederkehr hypnoider Zustände. Auch während des produktiven Stadiums einer akuten Hysterie kann unser Verfahren nicht verhüten, daß die mühsam beseitigten Phänomene alsbald durch neue ersetzt werden. Ist aber dieses akute Stadium abgelaufen und erübrigen noch die Reste desselben als hysterische Dauersymptome und Anfälle, so beseitigt unsere Methode dieselben häufig und für immer, weil radikal, und scheint uns hierin die Wirksamkeit der direkten suggestiven Aufhebung, wie sie jetzt von den Psychotherapeuten geübt wird, weit zu übertreffen.

Wenn wir in der Aufdeckung des psychischen Mechanismus hysterischer Phänomene einen Schritt weiter auf der Bahn gemacht haben, die zuerst Charcot so erfolgreich mit der Erklärung und experimentellen Nachahmung hysterotraumatischer Lähmungen betreten hat, so verhehlen wir uns doch nicht, daß damit eben nur der Mechanismus hysterischer Symptome und nicht die inneren Ursachen der Hysterie unserer Kenntnis näher gerückt worden sind. Wir haben die Ätiologie der Hysterie nur gestreift und eigentlich nur die Ursachen der akquirierten Formen, die Bedeutung des akzidentellen Momentes für die Neurose beleuchten können.

Wien, Dezember 1892.

KRANKENGESCHICHTEN

A

Frau Emmy v. N . . ., vierzig Jahre, aus Livland

Am 1. Mai 1889 wurde ich der Arzt einer etwa vierzigjährigen Dame, deren Leiden wie deren Persönlichkeit mir so viel Interesse einflößten, daß ich ihr einen großen Teil meiner Zeit widmete und mir ihre Herstellung zur Aufgabe machte. Sie war Hysterika, mit größter Leichtigkeit in Somnambulismus zu versetzen, und als ich dies merkte, entschloß ich mich, das Breuersche Verfahren der Ausforschung in der Hypnose bei ihr anzuwenden, das ich aus den Mitteilungen Breuers über die Heilungsgeschichte seiner ersten Patientin kannte. Es war mein erster Versuch in der Handhabung dieser therapeutischen Methode, ich war noch weit davon entfernt, dieselbe zu beherrschen, und habe in der Tat die Analyse der Krankheitssymptome weder weit genug getrieben noch sie genügend planmäßig verfolgt. Vielleicht wird es mir am besten gelingen, den Zustand der Kranken und mein ärztliches Vorgehen anschaulich zu machen, wenn ich die Aufzeichnungen wiedergebe, die ich mir in den ersten drei Wochen der Behandlung allabendlich gemacht habe. Wo mir nachherige Erfahrung ein besseres Verständnis ermöglicht hat, werde ich es in Noten und Zwischenbemerkungen zum Ausdrucke bringen:

1. Mai 1889. Ich finde eine noch jugendlich aussehende Frau mit feinen, charakteristisch geschnittenen Gesichtszügen auf dem Diwan liegend, eine Lederrolle unter dem Nacken. Ihr Gesicht hat einen gespannten, schmerzhaften Ausdruck, die Augen sind zusammengekniffen, der Blick gesenkt, die Stirne stark gerunzelt, die Nasolabialfalten vertieft. Sie spricht wie mühselig, mit leiser Stimme, gelegentlich durch spastische Sprachstockung bis zum Stottern unterbrochen. Dabei hält sie die Finger ineinander verschränkt, die eine unaufhörliche athetoseartige Unruhe zeigen. Häufige ticartige Zuckungen im Gesichte und an den Halsmuskeln, wobei einzelne, besonders der rechte Sternokleidomastoideus plastisch vorspringen. Ferner unterbricht sie sich häufig in der Rede, um ein eigentümliches Schnalzen hervorzubringen, das ich nicht nachahmen kann.[1]

Was sie spricht, ist durchaus zusammenhängend und bezeugt offenbar eine nicht gewöhnliche Bildung und Intelligenz. Um so befremdender ist es, daß sie alle paar Minuten plötzlich abbricht, das Gesicht zum Ausdrucke des Grausens und Ekels verzieht, die Hand mit gespreizten und gekrümmten Fingern gegen mich ausstreckt und dabei mit veränderter angsterfüllter Stimme die Worte ruft: „Seien Sie still — reden Sie nichts — rühren Sie mich nicht an!" Sie steht wahrscheinlich unter dem Eindrucke einer wiederkehrenden grauenvollen Halluzination und wehrt die Einmengung des Fremden mit dieser Formel ab.[2] Diese Einschaltung schließt dann ebenso plötzlich ab, und die Kranke setzt ihre Rede fort, ohne die eben vorhandene Erregung weiterzuspinnen, ohne ihr Benehmen zu erklären oder zu entschul-

---

1) Dieses Schnalzen bestand aus mehreren Tempi; jagdkundige Kollegen, die es hörten, verglichen dessen Endlaute mit dem Balzen des Auerhahnes.

2) Die Worte entsprachen in der Tat einer Schutzformel, die auch im weiteren ihre Erklärung findet. Ich habe solche Schutzformeln seither bei einer Melancholika beobachtet, die ihre peinigenden Gedanken (Wünsche, daß ihrem Manne, ihrer Mutter etwas Arges zustoßen möge, Gotteslästerungen u. dgl.) auf diese Art zu beherrschen versuchte.

digen, also wahrscheinlich ohne die Unterbrechung selbst bemerkt zu haben.[1]

Von ihren Verhältnissen erfahre ich folgendes: Ihre Familie stammt aus Mitteldeutschland, ist seit zwei Generationen in den russischen Ostseeprovinzen ansässig und dort reich begütert. Sie waren vierzehn Kinder, sie selbst das dreizehnte davon, es sind nur noch vier am Leben. Sie wurde von einer übertatkräftigen, strengen Mutter sorgfältig, aber mit viel Zwang erzogen. Mit dreiundzwanzig Jahren heiratete sie einen hochbegabten und tüchtigen Mann, der sich als Großindustrieller eine hervorragende Stellung erworben hatte, aber viel älter war als sie. Er starb nach kurzer Ehe plötzlich am Herzschlage. Dieses Ereignis sowie die Erziehung ihrer beiden jetzt sechzehn und vierzehn Jahre alten Mädchen, die vielfach kränklich waren und an nervösen Störungen litten, bezeichnet sie als die Ursachen ihrer Krankheit. Seit dem Tode ihres Mannes vor vierzehn Jahren ist sie in schwankender Intensität immer krank gewesen. Vor vier Jahren hat eine Massagekur in Verbindung mit elektrischen Bädern ihr vorübergehend Erleichterung gebracht, sonst blieben alle ihre Bemühungen, ihre Gesundheit wieder zu gewinnen, erfolglos. Sie ist viel gereist und hat zahlreiche und lebhafte Interessen. Gegenwärtig bewohnt sie einen Herrensitz an der Ostsee in der Nähe einer großen Stadt. Seit Monaten wieder schwer leidend, verstimmt und schlaflos, von Schmerzen gequält, hat sie in Abbazia vergebens Besserung gesucht, ist seit sechs Wochen in Wien, bisher in Behandlung eines hervorragenden Arztes.

Meinen Vorschlag, sich von den beiden Mädchen, die ihre Gouvernante haben, zu trennen und in ein Sanatorium einzutreten, in dem ich sie täglich sehen kann, nimmt sie ohne ein Wort der Einwendung an.

---

[1] Es handelte sich um ein hysterisches Delirium, welches mit dem normalen Bewußtseinszustande alterniert, ähnlich wie ein echter Tic sich in eine Willkürbewegung einschiebt, ohne dieselbe zu stören und ohne sich mit ihr zu vermengen.

Am 2. Mai abends besuche ich sie im Sanatorium. Es fällt mir auf, daß sie jedesmal so heftig zusammenschrickt, sobald die Türe unerwartet aufgeht. Ich veranlasse daher, daß die besuchenden Hausärzte und das Wartepersonal kräftig anklopfen und nicht eher eintreten, als bis sie „Herein" gerufen hat. Trotzdem grinst und zuckt sie noch jedesmal, wenn jemand eintritt.

Ihre Hauptklage bezieht sich heute auf Kälteempfindung und Schmerzen im rechten Beine, die vom Rücken oberhalb des Darmbeinkammes ausgehen. Ich ordne warme Bäder an und werde sie zweimal täglich am ganzen Körper massieren.

Sie ist ausgezeichnet zur Hypnose geeignet. Ich halte ihr einen Finger vor, rufe ihr zu: Schlafen Sie! und sie sinkt mit dem Ausdrucke von Betäubung und Verworrenheit zurück. Ich suggeriere Schlaf, Besserung aller Symptome u. dgl., was sie mit geschlossenen Augen, aber unverkennbar gespannter Aufmerksamkeit anhört, und wobei ihre Miene sich allmählich glättet und einen friedlichen Ausdruck annimmt. Nach dieser ersten Hypnose bleibt eine dunkle Erinnerung an meine Worte; schon nach der zweiten tritt vollkommener Somnambulismus (Amnesie) ein. Ich hatte ihr angekündigt, daß ich sie hypnotisieren würde, worauf sie ohne Widerstand einging. Sie ist noch nie hypnotisiert worden, ich darf aber annehmen, daß sie über Hypnose gelesen hat, wiewohl ich nicht weiß, welche Vorstellung über den hypnotischen Zustand sie mitbrachte.[1]

Die Behandlung mit warmen Bädern, zweimaliger Massage und hypnotischer Suggestion wurde in den nächsten Tagen fortgesetzt. Sie schlief gut, erholte sich zusehends, brachte den größeren Teil

---

1) Beim Erwachen aus der Hypnose blickte sie jedesmal wie verworren einen Augenblick herum, ließ dann ihre Augen auf mir ruhen, schien sich besonnen zu haben, zog die Brille an, die sie vor dem Einschlafen abgelegt hatte, und war dann heiter und ganz bei sich. Obwohl wir im Verlaufe der Behandlung, die in diesem Jahre sieben, im nächsten acht Wochen einnahm, über alles Mögliche miteinander sprachen und sie fast täglich zweimal von mir eingeschläfert wurde, richtete sie doch nie eine Frage oder Bemerkung über die Hypnose an mich und schien in ihrem Wachzustande die Tatsache, daß sie hypnotisiert werde, möglichst zu ignorieren.

des Tages in ruhiger Krankenlage zu. Es war ihr nicht unter sagt, ihre Kinder zu sehen, zu lesen und ihre Korrespondenz zu besorgen.

Am 8. Mai morgens unterhält sie mich, anscheinend ganz normal, von gräulichen Tiergeschichten. Sie hat in der Frankfurter Zeitung, die vor ihr auf dem Tische liegt, gelesen, daß ein Lehrling einen Knaben gebunden und ihm eine weiße Maus in den Mund gesteckt; der sei vor Schreck darüber gestorben. Dr. K... habe ihr erzählt, daß er eine ganze Kiste voll weißer Ratten nach Tiflis geschickt. Dabei treten alle Zeichen des Grausens höchst plastisch hervor. Sie krampft mehrmals nacheinander mit der Hand. — „Seien Sie still, reden Sie nichts, rühren Sie mich nicht an! — Wenn so ein Tier im Bette wäre! (Grausen.) Denken Sie sich, wenn das ausgepackt wird! Es ist eine tote Ratte darunter, eine an-ge-nagte!"

In der Hypnose bemühe ich mich, diese Tierhalluzinationen zu verscheuchen. Während sie schläft, nehme ich die Frankfurter Zeitung zur Hand; ich finde in der Tat die Geschichte der Mißhandlung eines Lehrbuben, aber ohne Beimengung von Mäusen oder Ratten. Das hat sie also während des Lesens hinzudeliriert.

Am Abend erzählte ich ihr von unserer Unterhaltung über die weißen Mäuse. Sie weiß nichts davon, ist sehr erstaunt und lacht herzlich.[1]

Am Nachmittage war ein sogenannter „Genickkrampf"[2] gewesen, aber „nur kurz, von zweistündiger Dauer".

---

1) Eine solche plötzliche Einschiebung eines Deliriums in den wachen Zustand war bei ihr nichts Seltenes und wiederholte sich noch oft unter meiner Beobachtung. Sie pflegte zu klagen, daß sie oft im Gespräche die verdrehtesten Antworten gebe, so daß ihre Leute sie nicht verstünden. Bei unserem ersten Besuche antwortete sie mir auf die Frage, wie alt sie sei, ganz ernsthaft: Ich bin eine Frau aus dem vorigen Jahrhundert. Wochen später klärte sie mich auf, sie hätte damals im Delirium an einen schönen alten Schrank gedacht, den sie auf der Reise als Liebhaberin antiker Möbel erworben. Auf diesen Schrank bezog sich die Zeitbestimmung, als meine Frage nach ihrem Alter zu einer Aussage über Zeiten Anlaß gab.
2) Eine Art von Migräne.

Am 8. Mai abends fordere ich sie in der Hypnose zum Reden auf, was ihr nach einiger Anstrengung gelingt. Sie spricht leise, besinnt sich jedesmal einen Moment, ehe sie Antwort gibt. Ihre Miene verändert sich entsprechend dem Inhalte ihrer Erzählung und wird ruhig, sobald meine Suggestion dem Eindrucke der Erzählung ein Ende gemacht hat. Ich stelle die Frage, warum sie so leicht erschrickt. Sie antwortet: Das sind Erinnerungen aus frühester Jugend. — Wann? Zuerst mit fünf Jahren, als meine Geschwister so oft tote Tiere nach mir warfen, da bekam ich den ersten Ohnmachtsanfall mit Zuckungen, aber meine Tante sagte, das sei abscheulich, solche Anfälle darf man nicht haben, und da haben sie aufgehört. Dann mit sieben Jahren, als ich unvermutet meine Schwester im Sarge gesehen, dann mit acht Jahren, als mich mein Bruder so häufig durch weiße Tücher als Gespenst erschreckte, dann mit neun Jahren, als ich die Tante im Sarge sah und ihr — plötzlich — der Unterkiefer herunterfiel.

Die Reihe von traumatischen Anlässen, die mir als Antwort auf meine Frage mitgeteilt wird, warum sie so schreckhaft sei, liegt offenbar in ihrem Gedächtnisse bereit; sie hätte in dem kurzen Momente von meiner Frage bis zu ihrer Beantwortung derselben die Anlässe aus zeitlich verschiedenen Perioden ihrer Jugend nicht so schnell zusammensuchen können. Am Schlusse einer jeden Teilerzählung bekommt sie allgemeine Zuckungen und zeigt ihre Miene Schreck und Grausen, nach der letzten reißt sie den Mund weit auf und schnappt nach Atem. Die Worte, welche den schreckhaften Inhalt des Erlebnisses mitteilen, werden mühselig, keuchend hervorgestoßen; nachher beruhigen sich ihre Züge.

Auf meine Frage bestätigt sie, daß sie während der Erzählung die betreffenden Szenen plastisch und in natürlichen Farben vor sich sehe. Sie denke an diese Erlebnisse überhaupt sehr häufig und habe auch in den letzten Tagen wieder daran gedacht. Sowie sie daran denke, sehe sie die Szene jedesmal vor sich mit aller Lebhaftigkeit der Realität.[1] Ich verstehe jetzt, warum sie mich so häufig von Tierszenen und Leichenbildern unterhält. Meine Therapie besteht darin, diese Bilder wegzuwischen, so daß sie dieselben nicht wieder vor Augen bekommen kann. Zur Unterstützung der Suggestion streiche ich ihr mehrmals über die Augen.

9. Mai abends. Sie hat ohne erneuerte Suggestion gut geschlafen, aber morgens Magenschmerzen gehabt. Sie bekam dieselben schon gestern im Garten, wo sie zu lange mit ihren Kindern verweilte. Sie gestattet, daß ich den Besuch der Kinder auf zweieinhalb Stunden einschränke; vor wenigen Tagen hatte sie sich Vorwürfe gemacht, daß sie die Kinder allein lasse. Ich finde sie heute etwas erregt, mit krauser Stirne, Schnalzen und Sprachstocken. Während der Massage erzählt sie uns, daß ihr die Gouvernante der Kinder einen kulturhistorischen Atlas gebracht und daß sie über Bilder darin, welche als Tiere verkleidete Indianer darstellen, so heftig erschrocken sei. „Denken Sie, wenn die lebendig würden!" (Grausen.)

In der Hypnose frage ich, warum sie sich vor diesen Bildern so geschreckt, da sie sich doch vor Tieren nicht mehr fürchte? Sie hätten sie an Visionen erinnert, die sie beim Tode ihres Bruders gehabt. (Mit neunzehn Jahren.) Ich spare diese Erinnerung für später auf. Ferner frage ich, ob sie immer mit diesem Stottern gesprochen und seit wann sie den Tic (das eigentümliche Schnalzen) habe.[2] Das Stottern sei eine Krankheitserscheinung, und den Tic habe sie seit fünf Jahren, seitdem sie einmal beim Bette der sehr kranken jüngeren Tochter saß und sich ganz ruhig verhalten wollte. — Ich versuche die Bedeutung dieser Erinnerung abzuschwächen, der Tochter sei ja nichts geschehen usw. Sie:

---

1) Dies Erinnern in lebhaften visuellen Bildern gaben uns viele andere Hysterische an und betonten es ganz besonders für die pathogenen Erinnerungen.

2) Im Wachen hatte ich auf die Frage nach der Herkunft des Tic die Antwort erhalten: Ich weiß nicht; oh, schon sehr lange.

Es komme jedesmal wieder, wenn sie sich ängstige oder erschrecke. — Ich trage ihr auf, sich vor den Indianerbildern nicht zu fürchten, vielmehr herzlich darüber zu lachen und mich selbst darauf aufmerksam zu machen. So geschieht es auch nach dem Erwachen; sie sucht das Buch, fragt, ob ich es eigentlich schon gesehen habe, schlägt mir das Blatt auf und lacht aus vollem Halse über die grotesken Figuren, ohne jede Angst, mit ganz glatten Zügen. Dr. Breuer kommt plötzlich zu Besuch in Begleitung des Hausarztes. Sie erschrickt und schnalzt, so daß die beiden uns sehr bald verlassen. Sie erklärt ihre Erregung dadurch, daß sie das jedesmalige Miterscheinen des Hausarztes unangenehm berühre.

Ich hatte in der Hypnose ferner den Magenschmerz durch Streichen weggenommen und gesagt, sie werde nach dem Essen die Wiederkehr des Schmerzes zwar erwarten, er werde aber doch ausbleiben.

Abends. Sie ist zum ersten Male heiter und gesprächig, entwickelt einen Humor, den ich bei dieser ernsten Frau nicht gesucht hätte, und macht sich unter anderem im Vollgefühl ihrer Besserung über die Behandlung meines ärztlichen Vorgängers lustig. Sie hätte schon lange die Absicht gehabt, sich dieser Behandlung zu entziehen, konnte aber die Form nicht finden, bis eine zufällige Bemerkung von Dr. Breuer, der sie einmal besuchte, sie auf einen Ausweg brachte. Da ich über diese Mitteilung erstaunt scheine, erschrickt sie, macht sich die heftigsten Vorwürfe, eine Indiskretion begangen zu haben, läßt sich aber von mir anscheinend beschwichtigen. — Keine Magenschmerzen, trotzdem sie dieselben erwartet hat.

In der Hypnose frage ich nach weiteren Erlebnissen, bei denen sie nachhaltig erschrocken sei. Sie bringt eine zweite solche Reihe aus ihrer späteren Jugend ebenso prompt wie die erstere und versichert wiederum, daß sie alle diese Szenen häufig, lebhaft und in Farben vor sich sehe. Wie sie ihre Cousine ins Irrenhaus führen sah (mit fünfzehn Jahren); sie wollte um Hilfe rufen, konnte aber nicht und verlor die Sprache bis zum Abend dieses Tages. Da sie in ihrer wachen Unterhaltung so häufig von Irrenhäusern spricht, unterbreche ich sie und frage nach den anderen Gelegenheiten, bei denen es sich um Irre gehandelt hat. Sie erzählt, ihre Mutter war selbst einige Zeit im Irrenhause. Sie hätten einmal eine Magd gehabt, deren Frau lange im Irrenhause war, und die ihr Schauergeschichten zu erzählen pflegte, wie dort die Kranken an Stühle angebunden seien, gezüchtigt werden u. dgl. Dabei krampfen sich ihre Hände vor Grausen, sie sieht dies alles vor Augen. Ich bemühe mich, ihre Vorstellungen von einem Irrenhause zu korrigieren, versichere ihr, sie werde von einer solchen Anstalt hören können, ohne eine Beziehung auf sich zu verspüren, und dabei glättet sich ihr Gesicht.

Sie fährt in der Aufzählung ihrer Schreckerinnerungen fort: Wie sie ihre Mutter, vom Schlage gerührt, auf dem Boden liegend fand (mit fünfzehn Jahren), die dann noch vier Jahre lebte, und wie sie mit neunzehn Jahren einmal nach Hause kam und die Mutter tot fand, mit verzerrtem Gesichte. Diese Erinnerungen abzuschwächen, bereitet mir natürlich größere Schwierigkeiten, ich versichere nach längerer Auseinandersetzung, daß sie auch dieses Bild nur verschwommen und kraftlos wiedersehen wird. — Ferner wie sie mit neunzehn Jahren unter einem Steine, den sie aufgehoben, eine Kröte gefunden und darüber die Sprache für Stunden verloren.[1]

Ich überzeuge mich in dieser Hypnose, daß sie alles weiß, was in der vorigen Hypnose vorgekommen, während sie im Wachen nichts davon weiß.

Am 10. Mai morgens: Sie hat heute zum ersten Male anstatt eines warmen Bades ein Kleienbad genommen. Ich finde sie mit

---

1) An die Kröte muß sich wohl eine besondere Symbolik geknüpft haben, die ich zu ergründen leider nicht versucht habe.

verdrießlichem, krausem Gesichte, die Hände in einen Schal eingehüllt, über Kälte und Schmerzen klagend. Befragt, was ihr sei, erzählt sie, sie habe in der kurzen Wanne unbequem gesessen und davon Schmerzen bekommen. Während der Massage beginnt sie, daß sie sich doch wegen des gestrigen Verrates an Dr. Breuer kränke; ich beschwichtige sie durch die fromme Lüge, daß ich von Anfang an darum wußte, und damit ist ihre Aufregung (Schnalzen, Gesichtskontraktur) behoben. So macht sich jedesmal schon während der Massage mein Einfluß geltend, sie wird ruhiger und klarer und findet auch ohne hypnotisches Befragen die Gründe ihrer jedesmaligen Verstimmung. Auch das Gespräch, das sie während des Massierens mit mir führt, ist nicht so absichtslos, wie es den Anschein hat; es enthält vielmehr die ziemlich vollständige Reproduktion der Erinnerungen und neuen Eindrücke, die sie seit unserem letzten Gespräche beeinflußt haben, und läuft oft ganz unerwartet auf pathogene Reminiszenzen aus, die sie sich unaufgefordert abspricht. Es ist, als hätte sie sich mein Verfahren zu eigen gemacht und benützte die anscheinend ungezwungene und vom Zufalle geleitete Konversation zur Ergänzung der Hypnose. So kommt sie z. B. heute auf ihre Familie zu reden und gelangt auf allerlei Umwegen zur Geschichte eines Cousins, der ein beschränkter Sonderling war und dem seine Eltern sämtliche Zähne auf einem Sitze ziehen ließen. Diese Erzählung begleitet sie mit den Gebärden des Grausens und mit mehrfacher Wiederholung ihrer Schutzformel (Seien Sie still! — Reden Sie nichts! — Rühren Sie mich nicht an!). Darauf wird ihre Miene glatt, und sie ist heiter. So wird ihr Benehmen während des Wachens doch durch die Erfahrungen geleitet, die sie im Somnambulismus gemacht hat, von denen sie im Wachen nichts zu wissen glaubt.

In der Hypnose wiederhole ich die Frage, was sie verstimmt hat und erhalte dieselben Antworten, aber in umgekehrter Reihenfolge: 1) Ihre Schwatzhaftigkeit von gestern, 2) die Schmerzen vom unbequemen Sitzen im Bade. — Ich frage heute, was die Redensart: Seien Sie still. usw. bedeutet. Sie erklärt, wenn sie ängstliche Gedanken habe, fürchte sie, in ihrem Gedankengange unterbrochen zu werden, weil sich dann alles verwirre und noch ärger sei. Das „Seien Sie still" beziehe sich darauf, daß die Tiergestalten, die ihr in schlechten Zuständen erscheinen, in Bewegung geraten und auf sie losgehen, wenn jemand vor ihr eine Bewegung mache; endlich die Mahnung: „Rühren Sie mich nicht an" komme von folgenden Erlebnissen: Wie ihr Bruder vom vielen Morphin so krank war und so gräßliche Anfälle hatte (mit neunzehn Jahren), habe er sie so oft plötzlich angepackt; dann sei einmal ein Bekannter in ihrem Hause plötzlich wahnsinnig geworden und habe sie am Arme gefaßt; (ein dritter ähnlicher Fall, an den sie sich nicht genauer besinnt) und endlich, wie ihre Kleine so krank gewesen (mit achtundzwanzig Jahren), habe sie sie im Delirium so heftig gepackt, daß sie fast erstickt wäre. Diese vier Fälle hat sie — trotz der großen Zeitdifferenzen — in einem Satze und so rasch hintereinander erzählt, als ob sie ein einzelnes Ereignis in vier Akten bilden würden. Alle ihre Mitteilungen solcher gruppierter Traumen beginnen übrigens mit „Wie" und die einzelnen Partialtraumen sind durch „und" aneinander gereiht. Da ich merke, daß die Schutzformel dazu bestimmt ist, sie vor der Wiederkehr ähnlicher Erlebnisse zu bewahren, benehme ich ihr diese Furcht durch Suggestion und habe wirklich die Formel nicht wieder von ihr gehört.

Abends finde ich sie sehr heiter. Sie erzählt lachend, daß sie im Garten über einen kleinen Hund, der sie angebellt, erschrocken ist. Doch ist das Gesicht ein wenig verzogen und eine innere Erregung vorhanden, die erst schwindet, nachdem sie mich befragt, ob ich eine Bemerkung von ihr übel genommen, die sie während der Frühmassage gemacht hatte, und ich dies verneint. Die Periode ist heute nach kaum vierzehntägiger Pause eingetreten. Ich verspreche ihr Regelung durch hypnotische Suggestion und bestimme in der Hypnose ein Intervall von achtundzwanzig Tagen.¹ In der Hypnose frage ich ferner, ob sie sich erinnere, was sie mir zuletzt erzählt hat, und habe dabei eine Aufgabe im Sinne, die uns von gestern abends übrig geblieben ist. Sie beginnt aber korrekterweise mit dem „Rühren Sie mich nicht an" der Vormittagshypnose. Ich führe sie also auf das gestrige Thema zurück. Ich hatte gefragt, woher das Stottern gekommen sei und die Antwort bekommen: Ich weiß es nicht.² Darum hatte ich ihr aufgetragen, sich bis zur heutigen Hypnose daran zu erinnern. Heute antwortet sie also ohne weiteres Nachdenken, aber in großer Erregung und mit spastisch erschwerter Sprache: Wie einmal die Pferde mit dem Wagen, in dem die Kinder saßen, durchgegangen sind und wie ein andermal ich mit den Kindern während eines Gewitters durch den Wald fuhr und der Blitz gerade in einen Baum vor den Pferden einschlug und die Pferde scheuten und ich mir dachte: Jetzt mußt du ganz stille bleiben, sonst erschreckst du die Pferde noch mehr durch dein Schreien und der Kutscher kann sie gar nicht zurückhalten: von da an ist es aufgetreten. Diese Erzählung hat sie ungemein erregt; ich erfahre noch von ihr, daß das Stottern gleich nach dem ersten der beiden Anlässe aufgetreten, aber nach kurzer Zeit verschwunden sei, um vom zweiten ähnlichen Anlaß an stetig zu bleiben. Ich lösche die plastische Erinnerung an diese Szenen aus, fordere sie aber auf, sich dieselben nochmals vorzustellen. Sie scheint es zu versuchen und bleibt dabei ruhig, auch spricht sie von da an in der Hypnose ohne jedes spastische Stocken.³

---

1) Welches auch zutraf.

2) Die Antwort; „Ich weiß es nicht", mochte richtig sein, konnte aber ebensowohl die Unlust bedeuten, von den Gründen zu reden. Ich habe später bei anderen Kranken die Erfahrung gemacht, daß sie sich auch in der Hypnose um so schwerer an etwas besannen, je mehr Anstrengung sie dazu verwendet hatten, das betreffende Ereignis aus ihrem Bewußtsein zu drängen.

3) Wie man hier erfährt, sind das ticähnliche Schnalzen und das spastische Stottern der Patientin zwei Symptome, die auf ähnliche Veranlassungen und einen

Da ich sie disponiert finde, mir Aufschlüsse zu geben, stelle ich die weitere Frage, welche Ereignisse ihres Lebens sie noch ferner derart erschreckt haben, daß sie die plastische Erinnerung an sie bewahrt hat. Sie antwortet mit einer Sammlung solcher Erlebnisse: Wie sie ein Jahr nach dem Tode ihrer Mutter bei einer ihr befreundeten Französin war und dort mit einem andern Mädchen ins nächste Zimmer geschickt wurde, um ein Lexikon zu holen und dann aus dem Bette eine Person sich erheben sah, die genau so aussah wie jene, die sie eben verlassen hatte. Sie blieb steif wie angewurzelt stehen. Später hörte sie, es sei eine hergerichtete Puppe gewesen. Ich erkläre diese Erscheinung für eine Halluzination, appelliere an ihre Aufklärung und ihr Gesicht glättet sich.

Wie sie ihren kranken Bruder gepflegt und er infolge des Morphins so gräßliche Anfälle bekam, in denen er sie erschreckte und anpackte. Ich merke, daß sie von diesem Erlebnisse schon heute früh gesprochen und frage sie darum zur Probe, wann dieses „Anpacken" noch vorgekommen. Zu meiner freudigen Überraschung besinnt sie sich diesmal lange mit der Antwort und fragt endlich unsicher: Die Kleine? An die beiden anderen Anlässe (s. o.) kann sie sich gar nicht besinnen. Mein Verbot, das Auslöschen der Erinnerung, hat also gewirkt. Weiter: Wie sie ihren Bruder gepflegt und die Tante plötzlich den bleichen Kopf über den Paravent gestreckt, die gekommen war, um ihn zum katholischen Glauben zu bekehren. — Ich merke, daß ich hiemit an die Wurzel ihrer beständigen Furcht vor Überraschungen gekommen bin, und frage, wann sich solche noch zugetragen haben. — Wie sie zu Hause einen Freund hatten, der es liebte, sich ganz leise ins Zimmer zu schleichen, und dann plötzlich da stand;

---

analogen Mechanismus zurückgehen. Ich habe diesem Mechanismus in einem kleinen Aufsatze: „Ein Fall von hypnotischer Heilung nebst Bemerkungen über den hysterischen Gegenwillen" (Zeitschrift für Hypnotismus, Bd. I; enthalten in diesem Bande der Ges. Werke) Aufmerksamkeit geschenkt, werde übrigens auch hier darauf zurückkommen.

wie sie nach dem Tode der Mutter so krank wurde, in einen Badeort kam, und dort eine Geisteskranke durch Irrtum mehrmals bei Nacht in ihr Zimmer und bis an ihr Bett kam; und endlich wie auf ihrer Reise von Abbazia hieher ein fremder Mann viermal plötzlich ihre Coupétür aufmachte und sie jedesmal starr ansah. Sie erschrak darüber so sehr, daß sie den Schaffner rief.

Ich verwische alle diese Erinnerungen, wecke sie auf und versichere ihr, daß sie diese Nacht gut schlafen werde, nachdem ich es unterlassen, ihr die entsprechende Suggestion in der Hypnose zu geben. Für die Besserung ihres Allgemeinzustandes zeugt ihre Bemerkung, sie habe heute nichts gelesen, sie lebe so in einem glücklichen Traum, sie, die sonst vor innerer Unruhe beständig etwas tun mußte.

11. Mai früh. Auf heute ist das Zusammentreffen mit dem Gynäkologen Dr. N.. angesagt, der ihre älteste Tochter wegen ihrer menstrualen Beschwerden untersuchen soll. Ich finde Frau Emmy in ziemlicher Unruhe, die sich aber jetzt durch geringfügigere körperliche Zeichen äußert als früher; auch ruft sie von Zeit zu Zeit: Ich habe Angst, solche Angst, ich glaube, ich muß sterben. Wovor sie denn Angst habe, ob vor Dr. N..? Sie wisse es nicht, sie habe nur Angst. In der Hypnose, die ich noch vor dem Eintreffen des Kollegen vornehme, gesteht sie, sie fürchte, mich durch eine Äußerung gestern während der Massage, die ihr unhöflich erschien, beleidigt zu haben. Auch fürchte sie sich vor allem Neuen, also auch vor dem neuen Doktor. Sie läßt sich beschwichtigen, fährt vor Dr. N.. zwar manchmal zusammen, benimmt sich aber sonst gut und zeigt weder Schnalzen noch Sprechhemmung. Nach seinem Fortgehen versetze ich sie neuerdings in Hypnose, um die etwaigen Reste der Erregung von seinem Besuche her wegzunehmen. Sie ist mit ihrem Benehmen selbst sehr zufrieden, setzt auf seine Behandlung große Hoffnungen, und ich suche ihr an diesem Beispiele zu zeigen, daß man sich

vor dem Neuen nicht zu fürchten brauche, da es auch das Gute in sich schließe.¹

Abends ist sie sehr heiter und entledigt sich vieler Bedenklichkeiten in dem Gespräche vor der Hypnose. In der Hypnose frage ich, welches Ereignis ihres Lebens die nachhaltigste Wirkung geübt habe und am öftesten als Erinnerung bei ihr auftauche. — Der Tod ihres Mannes. — Ich lasse mir dieses Erlebnis mit allen Einzelheiten von ihr erzählen, was sie mit den Zeichen tiefster Ergriffenheit tut, aber ohne alles Schnalzen und Stottern.

Wie sie in einem Orte an der Riviera, den sie beide sehr liebten, einst über eine Brücke gegangen und er von einem Herzkrampf ergriffen, plötzlich umsank, einige Minuten wie leblos dalág, dann aber wohlbehalten aufstand. Wie dann kurze Zeit darauf, als sie im Wochenbette mit der Kleinen lag, der Mann, der an einem kleinen Tische vor ihrem Bette frühstückte und die Zeitung las, plötzlich aufstand, sie so eigentümlich ansah, einige Schritte machte und dann tot zu Boden fiel. Sie sei aus dem Bette; die herbeigeholten Ärzte hätten Belebungsversuche gemacht, die sie aus dem andern Zimmer mit angehört; aber es sei vergebens gewesen. Sie fährt dann fort: Und wie das Kind, das damals einige Wochen alt war, so krank geworden und durch sechs Monate krank geblieben sei, während welcher Zeit sie selbst mit heftigem Fieber bettlägerig war; — und nun folgen chronologisch geordnet ihre Beschwerden gegen dieses Kind, die mit ärgerlichem Gesichtsausdrucke rasch hervorgestoßen werden, wie wenn man von jemandem spricht, dessen man überdrüssig geworden ist. Es sei lange Zeit sehr eigentümlich gewesen, hätte immer geschrien und nicht geschlafen, eine Lähmung des linken Beines bekommen, an deren Heilung man fast verzweifelte; mit vier Jahren habe es Visionen gehabt, sei erst spät gegangen und

---

1) Alle solchen lehrhaften Suggestionen schlugen bei Frau Emmy fehl, wie die Folge gezeigt hat.

habe spät gesprochen, so daß man es lange für idiotisch hielt; es habe nach der Aussage der Ärzte Gehirn- und Rückenmarksentzündung gehabt, und was nicht alles sonst. Ich unterbreche sie hier, weise darauf hin, daß dieses selbe Kind heute normal und blühend sei, und nehme ihr die Möglichkeit, alle diese traurigen Dinge wieder zu sehen, indem ich nicht nur die plastische Erinnerung verlösche, sondern die ganze Reminiszenz aus ihrem Gedächtnisse löse, als ob sie nie darin gewesen wäre. Ich verspreche ihr davon das Aufhören der Unglückserwartung, die sie beständig quält, und der Schmerzen im ganzen Körper, über die sie gerade während der Erzählung geklagt hatte, nachdem mehrere Tage von ihnen nicht die Rede gewesen war.[1]

Zu meiner Überraschung beginnt sie unmittelbar nach dieser meiner Suggestion von dem Fürsten L ... zu reden, dessen Entweichung aus einem Irrenhause damals von sich reden machte, kramt neue Angstvorstellungen über Irrenhäuser aus, daß dort die Leute mit eiskalten Duschen auf den Kopf behandelt, in einen Apparat gesetzt und so lange gedreht würden, bis sie ruhig sind. Ich hatte sie vor drei Tagen, als sie über die Irrenhausfurcht zuerst klagte, nach der ersten Erzählung, daß die Kranken dort auf Sessel gebunden würden, unterbrochen. Ich merke, daß ich dadurch nichts erreiche, daß ich mir's doch nicht ersparen kann, sie in jedem Punkte bis zu Ende anzuhören. Nachdem dies nachgeholt ist, nehme ich ihr auch die neuen Schreckbilder weg, appelliere an ihre Aufklärung, und daß sie mir doch mehr glauben darf als dem dummen Mädchen, von dem sie die Schauergeschichten

---

[1] Ich bin diesmal in meiner Energie wohl zu weit gegangen. Noch eineinhalb Jahre später, als ich Frau Emmy in relativ hohem Wohlbefinden wiedersah, klagte sie mir, es sei merkwürdig, daß sie sich an gewisse, sehr wichtige Momente ihres Lebens nur höchst ungenau erinnern könne. Sie sah darin einen Beweis für die Abnahme ihres Gedächtnisses, während ich mich hüten mußte, ihr die Erklärung für diese spezielle Amnesie zu geben. Der durchschlagende Erfolg der Therapie in diesem Punkte rührte wohl auch daher, daß ich mir diese Erinnerung so ausführlich erzählen ließ (weit ausführlicher, als es die Notizen bewahrt haben), während ich mich sonst zu oft mit bloßen Erwähnungen begnügte.

über die Einrichtung der Irrenhäuser hat. Da ich bei diesen Nachträgen doch gelegentlich etwas Stottern bemerke, frage ich sie von neuem, woher das Stottern rührt. — Keine Antwort. — Wissen Sie es nicht? — Nein. — Ja, warum nicht? — Warum? Weil ich nicht darf (was heftig und ärgerlich hervorgestoßen wird). Ich glaube in dieser Äußerung einen Erfolg meiner Suggestion zu sehen, sie äußert aber das Verlangen, aus der Hypnose geweckt zu werden, dem ich willfahre.[1]

12. Mai. Sie hat wider mein Erwarten kurz und schlecht geschlafen. Ich finde sie in großer Angst, übrigens ohne die gewohnten körperlichen Zeichen derselben. Sie will nicht sagen, was ihr ist; nur daß sie schlecht geträumt hat und noch immer dieselben Dinge sieht. „Wie gräßlich, wenn die lebendig werden sollten." Während der Massage macht sie einiges durch Fragen ab, wird dann heiter, erzählt von ihrem Verkehre auf ihrem Witwensitze an der Ostsee, von den bedeutenden Männern, die sie aus der benachbarten Stadt als Gäste zu laden pflegt u. dgl.

Hypnose. Sie hat schrecklich geträumt, die Stuhlbeine und Sessellehnen waren alle Schlangen, ein Ungeheuer mit einem Geierschnabel hat auf sie losgehackt und sie am ganzen Körper angefressen, andere wilde Tiere sind auf sie losgesprungen u. dgl. Dann übergeht sie sofort auf andere Tierdelirien, die sie aber durch den Zusatz auszeichnet: Das war wirklich (kein Traum). Wie sie (früher einmal) nach einem Knäuel Wolle greifen wollte, und der war eine Maus und lief weg, wie auf einem Spaziergange

---

[1] Ich verstand diese kleine Szene erst am nächsten Tag. Ihre ungebärdige Natur, die sich im Wachen wie im künstlichen Schlaf gegen jeden Zwang aufbäumte, hatte sie darüber zornig werden lassen, daß ich ihre Erzählung für vollendet nahm und sie durch meine abschließende Suggestion unterbrach. Ich habe viele andere Beweise dafür, daß sie meine Arbeit in ihrem hypnotischen Bewußtsein kritisch überwachte. Wahrscheinlich wollte sie mir den Vorwurf machen, daß ich sie heute in der Erzählung störe, wie ich sie vorhin bei den Irrenhausgreueln gestört hatte, getraute sich dessen aber nicht, sondern brachte diese Nachträge anscheinend unvermittelt vor, ohne den verbindenden Gedankengang zu verraten. Am nächsten Tag klärte mich dann eine verweisende Bemerkung über meinen Fehlgriff auf.

eine große Kröte plötzlich auf sie losgesprungen usw. Ich merke, daß mein generelles Verbot nichts gefruchtet hat, und daß ich ihr solche Angsteindrücke einzeln abnehmen muß.[1] Auf irgend einem Wege kam ich dann dazu, sie zu fragen, warum sie auch Magenschmerzen bekommen habe und woher diese stammen. Ich glaube, Magenschmerzen begleiteten bei ihr jeden Anfall von Zoopsie. Ihre ziemlich unwillige Antwort war, das wisse sie nicht. Ich gab ihr auf, sich bis morgen daran zu erinnern. Nun sagte sie recht mürrisch, ich solle nicht immer fragen, woher das und jenes komme, sondern sie erzählen lassen, was sie mir zu sagen habe. Ich gehe darauf ein, und sie setzt ohne Einleitung fort: Wie sie ihn herausgetragen haben, habe ich nicht glauben können, daß er tot ist. (Sie spricht also wieder von ihrem Manne, und ich erkenne jetzt als Grund ihrer Verstimmung, daß sie unter dem zurückgehaltenen Reste dieser Geschichte gelitten hat.) Und dann habe sie durch drei Jahre das Kind gehaßt, weil sie sich immer gesagt, sie hätte den Mann gesund pflegen können, wenn sie nicht des Kindes wegen zu Bette gelegen wäre. Und dann habe sie nach dem Tode ihres Mannes nur Kränkungen und Aufregungen gehabt. Seine Verwandten, die stets gegen die Heirat waren und sich dann darüber ärgerten, daß sie so glücklich lebten, hätten ausgesprengt, daß sie selbst ihn vergiftet, so daß sie eine Untersuchung verlangen wollte. Durch einen abscheulichen Winkelschreiber hätten die Verwandten ihr alle möglichen Prozesse angehängt. Der Schurke schickte Agenten herum, die gegen sie hetzten, ließ schmähende Artikel gegen sie in die Lokalzeitungen aufnehmen und schickte ihr dann die Ausschnitte zu. Von daher stamme ihre Leutescheu und ihr Haß gegen alle fremden Menschen. Nach den beschwichtigenden Worten, die ich an ihre Erzählung knüpfe, erklärt sie sich für erleichtert.

---

[1] Ich habe leider in diesem Falle versäumt, nach der Bedeutung der Zoopsie zu forschen, etwa sondern zu wollen, was an der Tierfurcht primäres Grausen war, wie es vielen Neuropathen von Jugend auf eigen ist, und was Symbolik.

13. Mai. Sie hat wieder wenig geschlafen vor Magenschmerzen, gestern kein Nachtmahl genommen, klagt auch über Schmerzen im rechten Arme. Ihre Stimmung ist aber gut, sie ist heiter und behandelt mich seit gestern mit besonderer Auszeichnung. Sie fragt mich nach meinem Urteile über die verschiedensten Dinge, die ihr wichtig erscheinen, und gerät in eine ganz unverhältnismäßige Erregung, wenn ich z. B. nach den Tüchern, die bei der Massage benötigt werden, suchen muß u. dgl. Schnalzen und Gesichtstic treten häufig auf.

Hypnose: Gestern abends ist ihr plötzlich der Grund eingefallen, weshalb kleine Tiere, die sie sehe, so ins Riesige wachsen Das sei ihr das erstemal in einer Theatervorstellung in D... geschehen, wo eine riesig große Eidechse auf der Bühne war. Diese Erinnerung habe sie gestern auch so sehr gepeinigt.[1]

Daß das Schnalzen wiedergekehrt, rühre daher, daß sie gestern Unterleibsschmerzen gehabt und sich bemüht, dieselben nicht durch Seufzer zu verraten. Von dem eigentlichen Anlasse des Schnalzens (vgl. S. 110) weiß sie nichts. Sie erinnert sich auch, daß ich ihr die Aufgabe gestellt, herauszufinden, woher die Magenschmerzen stammen. Sie wisse es aber nicht, bittet mich, ihr zu helfen. Ich meine, ob sie sich nicht einmal nach großen Aufregungen zum Essen genötigt. Das trifft zu. Nach dem Tode ihres Mannes entbehrte sie eine lange Zeit hindurch jeder Eßlust, aß nur aus Pflichtgefühl, und damals begannen wirklich die Magenschmerzen. — Ich nehme jetzt die Magenschmerzen durch einige Striche über das Epigastrium weg. Sie beginnt dann spontan von dem zu sprechen, was sie am meisten affiziert hat: „Ich habe

---

1) Das visuelle Erinnerungszeichen der großen Eidechse war zu dieser Bedeutung gewiß nur durch das zeitliche Zusammentreffen mit einem großen Affekt gelangt, dem sie während jener Theatervorstellung unterlegen sein muß. Ich habe mich aber in der Therapie dieser Kranken, wie schon eingestanden, häufig mit den oberflächlichsten Ermittlungen begnügt und auch in diesem Falle nicht weiter nachgeforscht. — Man wird übrigens an die hysterische Makropsie erinnert. Frau Emmy war hochgradig kurzsichtig und astigmatisch und ihre Halluzinationen mochten oft durch die Undeutlichkeit ihrer Gesichtswahrnehmungen provoziert worden sein.

gesagt, daß ich die Kleine nicht geliebt habe. Ich muß aber hinzufügen, daß man es an meinem Benehmen nicht merken konnte. Ich habe alles getan, was notwendig war. Ich mache mir jetzt noch Vorwürfe, daß ich die Ältere lieber habe."

14. Mai. Sie ist wohl und heiter, hat bis halb acht Uhr früh geschlafen, klagt nur über etwas Schmerzen im Radialisgebiete der Hand, Kopf- und Gesichtsschmerzen. Das Aussprechen vor der Hypnose gewinnt immer mehr an Bedeutung. Sie hat heute fast nichts Gräßliches vorzubringen. Sie beklagt sich über Schmerz und Gefühllosigkeit im rechten Beine, erzählt, daß sie 1871 eine Unterleibsentzündung durchgemacht, dann, kaum erholt, ihren kranken Bruder gepflegt und dabei die Schmerzen bekommen, die selbst zeitweise eine Lähmung des rechten Fußes herbeiführten.

In der Hypnose frage ich, ob es ihr jetzt schon möglich sein werde, sich unter Menschen zu bewegen, oder ob die Furcht noch überwiege. Sie meint, es sei ihr noch unangenehm, wenn jemand hinter ihr oder knapp neben ihr steht, erzählt in diesem Zusammenhange noch Fälle von unangenehmen Überraschungen durch plötzlich auftauchende Personen. So seien einmal, als sie auf Rügen einen Spaziergang mit ihren Töchtern gemacht, zwei verdächtig aussehende Individuen hinter einem Gebüsche hervorgekommen und hätten sie insultiert. In Abbazia sei auf einem abendlichen Spaziergange plötzlich ein Bettler hinter einem Steine hervorgetreten, der dann vor ihr niedergekniet. Es soll ein harmloser Wahnsinniger gewesen sein; ferner erzählt sie von einem nächtlichen Einbruche in ihrem isoliert stehenden Schlosse, der sie sehr erschreckt hat.

Es ist aber leicht zu merken, daß diese Furcht vor Menschen wesentlich auf die Verfolgungen zurückgeht, denen sie nach dem Tode ihres Mannes ausgesetzt war.[1]

---

1) Ich war damals geneigt, für alle Symptome bei einer Hysterie eine psychische Herkunft anzunehmen. Heute würde ich die Angstneigung bei dieser abstinent lebenden Frau neurotisch erklären. (Angstneurose.)

Abends. Anscheinend sehr heiter, empfängt sie mich doch mit dem Ausrufe: „Ich sterbe vor Angst, oh, ich kann es Ihnen fast nicht sagen, ich hasse mich." Ich erfahre endlich, daß Dr. Breuer sie besucht hat, und daß sie bei seinem Erscheinen zusammengefahren ist. Als er es bemerkte, versicherte sie ihm: Nur dieses Mal, und es tat ihr in meinem Interesse so sehr leid, daß sie diesen Rest von früherer Schreckhaftigkeit noch verraten mußte! Ich hatte überhaupt in diesen Tagen Gelegenheit gehabt, zu bemerken, wie herbe sie gegen sich ist, wie leicht bereit, sich aus den kleinsten Nachlässigkeiten — wenn die Tücher für die Massage nicht am selben Platze liegen, wenn die Zeitung nicht in die Augen springend vorbereitet ist, die ich lesen soll, während sie schläft — einen schweren Vorwurf zu machen. Nachdem die erste, oberflächlichste Schichte von quälenden Reminiszenzen abgetragen ist, kommt ihre sittlich überempfindliche, mit der Neigung zur Selbstverkleinerung behaftete Persönlichkeit zum Vorschein, der ich im Wachen wie in der Hypnose vorsage, was eine Umschreibung des alten Satzes *„minima non curat praetor"* ist, daß es zwischen dem Guten und dem Schlechten eine ganze große Gruppe von indifferenten, kleinen Dingen gibt, aus denen sich niemand einen Vorwurf machen soll. Ich glaube, sie nimmt diese Lehren nicht viel besser auf als irgend ein asketischer Mönch des Mittelalters, der den Finger Gottes und die Versuchung des Teufels in jedem kleinsten Erlebnisse sieht, das ihn betrifft, und der nicht imstande ist, sich die Welt nur für eine kleine Weile und in irgend einer kleinen Ecke ohne Beziehung auf seine Person vorzustellen.

In der Hypnose bringt sie einzelne Nachträge an schreckhaften Bildern (so in Abbazia blutige Köpfe auf jeder Woge). Ich lasse mir von ihr die Lehren wiederholen, die ich ihr im Wachen erteilt habe.

15. Mai. Sie hat bis halb neun Uhr geschlafen, ist aber gegen Morgen unruhig geworden und empfängt mich mit leichtem Tic, Schnalzen und etwas Sprachhemmung. „Ich sterbe vor Angst."

Erzählt auf Befragen, daß die Pension, in der die Kinder hier untergebracht sind, sich im vierten Stocke befinde und mittels eines Lifts zu erreichen sei. Sie habe gestern verlangt, daß die Kinder diesen Lift auch zum Herunterkommen benutzen, und mache sich jetzt Vorwürfe darüber, da der Lift nicht ganz verläßlich sei. Der Pensionsbesitzer habe es selbst gesagt. Ob ich die Geschichte der Gräfin Sch... kenne, die in Rom bei einem derartigen Unfalle tot geblieben sei? Ich kenne nun die Pension und weiß, daß der Aufzug Privateigentum des Pensionsbesitzers ist; es scheint mir nicht leicht möglich, daß der Mann, der sich dieses Aufzuges in einer Annonce rühmt, selbst vor dessen Benutzung gewarnt haben sollte. Ich meine, da liegt eine von der Angst eingegebene Erinnerungstäuschung vor, teile ihr meine Ansicht mit und bringe sie ohne Mühe dazu, daß sie selbst über die Unwahrscheinlichkeit ihrer Befürchtung lacht. Eben darum kann ich nicht glauben, daß dies die Ursache ihrer Angst war, und nehme mir vor, die Frage an ihr hypnotisches Bewußtsein zu richten. Während der Massage, die ich nach mehrtägiger Unterbrechung heute wieder vornehme, erzählt sie einzelne, lose aneinander gereihte Geschichten, die aber wahr sein mögen, so von einer Kröte, die in einem Keller gefunden wurde, von einer exzentrischen Mutter, die ihr idiotisches Kind auf eigentümliche Weise pflegte, von einer Frau, die wegen Melancholie in ein Irrenhaus gesperrt wurde, und läßt so erkennen, was für Reminiszenzen durch ihren Kopf ziehen, wenn sich ihrer eine unbehagliche Stimmung bemächtigt hat. Nachdem sie sich dieser Erzählungen entledigt hat, wird sie sehr heiter, berichtet vom Leben auf ihrem Gute, von den Beziehungen, die sie zu hervorragenden Männern Deutschrußlands und Norddeutschlands unterhält, und es fällt mir wahrlich schwer, diese Fülle von Betätigung mit der Vorstellung einer so arg nervösen Frau zu vereinen.

In der Hypnose frage ich also: warum sie heute morgen so unruhig war, und erhalte anstatt des Bedenkens über den Lift die Auskunft, sie habe gefürchtet, die Periode werde wiederkehren und sie wiederum an der Massage stören.¹

¹) Der Hergang war also folgender gewesen: Als sie am Morgen aufwachte, fand sie sich in ängstlicher Stimmung und griff, um diese Stimmung aufzuklären, zur nächsten ängstlichen Vorstellung, die sich finden wollte. Ein Gespräch über den Lift im Hause der Kinder war am Nachmittage vorher vorgefallen. Die immer besorgte Mutter hatte die Gouvernante gefragt, ob die ältere Tochter, die wegen rechtsseitiger Ovarie und Schmerzen im rechten Beine nicht viel gehen konnte, den Lift auch zum Herunterkommen benutze. Eine Erinnerungstäuschung gestattete ihr dann, die Angst, deren sie sich bewußt war, an die Vorstellung dieses Aufzuges zu knüpfen. Den wirklichen Grund ihrer Angst fand sie in ihrem Bewußtsein nicht; der ergab sich erst, aber ohne jedes Zögern, als ich sie in der Hypnose darum befragte. Es war derselbe Vorgang, den Bernheim und andere nach ihm bei den Personen studiert haben, die posthypnotisch einen in der Hypnose erteilten Auftrag ausführen. Zum Beispiel Bernheim (Die Suggestion, S. 51 der deutschen Übersetzung) hat einem Kranken suggeriert, daß er nach dem Erwachen beide Daumen in den Mund stecken werde. Er tut es auch und entschuldigt sich damit, daß er seit einem Biß, den er sich tags vorher im epileptiformen Anfall zugefügt, einen Schmerz in der Zunge empfinde. Ein Mädchen versucht, der Suggestion gehorsam, einen Mordanschlag auf einen ihr völlig fremden Gerichtsbeamten; erfaßt und nach den Gründen ihrer Tat befragt, erfindet sie eine Geschichte von einer ihr zugefügten Kränkung, die eine Rache erfordere. Es scheint ein Bedürfnis vorzuliegen, psychische Phänomene, deren man sich bewußt wird, in kausale Verknüpfung mit anderem Bewußten zu bringen. Wo sich die wirkliche Verursachung der Wahrnehmung des Bewußtseins entzieht, versucht man unbedenklich eine andere Verknüpfung, an die man selbst glaubt, obwohl sie falsch ist. Es ist klar, daß eine vorhandene Spaltung des Bewußtseinsinhaltes solchen „falschen Verknüpfungen" den größten Vorschub leisten muß.

Ich will bei dem oben erwähnten Beispiel einer falschen Verknüpfung etwas länger verweilen, weil es in mehr als einer Hinsicht als vorbildlich bezeichnet werden darf. Vorbildlich zunächst für das Verhalten dieser Patientin, die mir im Verlaufe der Behandlung noch wiederholt Gelegenheit gab, mittels der hypnotischen Aufklärung solche falsche Verknüpfungen zu lösen und die von ihnen ausgehenden Wirkungen aufzuheben. Einen Fall dieser Art will ich ausführlich erzählen, weil er die in Rede stehende psychologische Tatsache grell genug beleuchtet. Ich hatte Frau Emmy vorgeschlagen, anstatt der gewohnten lauen Bäder ein kühles Halbbad zu versuchen, von dem ich ihr mehr Erfrischung versprach. Sie leistete ärztlichen Anordnungen unbedingten Gehorsam, verfolgte dieselben aber jedesmal mit dem ärgsten Mißtrauen. Ich habe schon berichtet, daß ihr ärztliche Behandlung fast niemals eine Erleichterung gebracht hatte. Mein Vorschlag, kühle Bäder zu nehmen, geschah nicht so autoritativ, daß sie nicht den Mut gefunden hätte, mir ihre Bedenken auszusprechen: „Jedesmal, so oft ich kühle Bäder genommen habe, bin ich den ganzen Tag über melancholisch gewesen. Aber ich versuche es wieder, wenn Sie wollen; glauben Sie nicht, daß ich etwas nicht tue, was Sie sagen." Ich verzichtete zum Schein auf meinen Vorschlag, gab ihr aber in der nächsten Hypnose ein, sie möge nur die kühlen Bäder jetzt selbst vorschlagen, sie habe es sich überlegt, wolle doch noch den Versuch wagen usw. So geschah es nun, sie nahm die Idee, kühle Halbbäder zu gebrauchen, selbst am nächsten Tage auf, suchte mich mit all den Argumenten dafür zu gewinnen, die ich ihr vorgetragen hatte, und ich gab ohne viel Eifer nach. Am Tage nach dem Halbbad fand ich sie aber wirklich in

Ich lasse mir ferner die Geschichte ihrer Beinschmerzen erzählen. Der Beginn ist derselbe wie gestern, dann folgt eine lange tiefe Verstimmung. „Warum sind Sie heute so?" — Ich habe es ja vorher gewußt. Von dem kalten Bade, das ist immer so. — Sie haben es selbst verlangt. Jetzt wissen wir, daß Sie es nicht vertragen. Wir kehren zu den lauen Bädern zurück." — In der Hypnose fragte ich dann: „War es wirklich das kühle Bad, das Sie so verstimmt hat?" — „Ach, das kühle Bad hat nichts damit zu tun," war die Antwort, „sondern ich habe heute früh in der Zeitung gelesen, daß eine Revolution in S. Domingo ausgebrochen ist. Wenn es dort Unruhen gibt, geht es immer über die Weißen her, und ich habe einen Bruder in S. Domingo, der uns schon so viel Sorge gemacht hat, und ich bin jetzt besorgt, daß ihm nicht etwas geschieht." Damit war die Angelegenheit zwischen uns erledigt, sie nahm am nächsten Morgen ihr kühles Halbbad, als ob es sich von selbst verstünde, und nahm es noch durch mehrere Wochen, ohne je eine Verstimmung auf dasselbe zurückzuführen.

Man wird mir gerne zugeben, daß dieses Beispiel auch typisch ist für das Verhalten so vieler anderer Neuropathen gegen die vom Arzt empfohlene Therapie. Ob es nun Unruhen in S. Domingo oder anderwärts sind, die an einem bestimmten Tage ein gewisses Symptom hervorrufen; der Kranke ist stets geneigt, dies Symptom von der letzten ärztlichen Beeinflussung herzuleiten. Von den beiden Bedingungen, welche fürs Zustandekommen einer solchen falschen Verknüpfung erfordert werden, scheint die eine, das Mißtrauen, jederzeit vorhanden zu sein; die andere, die Bewußtseinsspaltung, wird dadurch ersetzt, daß die meisten Neuropathen von den wirklichen Ursachen (oder wenigstens Gelegenheitsursachen) ihres Leidens teils keine Kenntnis haben, teils absichtlich keine Kenntnis nehmen wollen, weil sie ungerne an den Anteil erinnert sind, den eigenes Verschulden daran trägt.

Man könnte meinen, daß die bei den Neuropathen außerhalb der Hysterie hervorgehobenen psychischen Bedingungen der Unwissenheit oder absichtlichen Vernachlässigung günstiger für die Entstehung einer falschen Verknüpfung sein müssen, als das Vorhandensein einer Bewußtseinsspaltung, die doch dem Bewußtsein Material für kausale Beziehung entzieht. Allein diese Spaltung ist selten eine reinliche, meist ragen Stücke des unterbewußten Vorstellungskomplexes ins gewöhnliche Bewußtsein hinein, und gerade diese geben den Anlaß zu solchen Störungen. Gewöhnlich ist es die mit dem Komplex verbundene Allgemeinempfindung, die Stimmung der Angst, der Trauer, die, wie im obigen Beispiele, bewußt empfunden wird und für die durch eine Art von „Zwang zur Assoziation" eine Verknüpfung mit einem im Bewußtsein vorhandenen Vorstellungskomplex hergestellt werden muß. (Vgl. übrigens den Mechanismus der Zwangsvorstellung, den ich in einer Mitteilung im Neurolog. Zentralblatt, Nr. 10 und 11, 1894, angegeben habe. Auch: Obsessions et phobies, Revue neurologique, Nr. 2, 1895.) [Beide Arbeiten enthalten in diesem Band der Ges. Werke].

Von der Macht eines solchen Zwanges zur Assoziation habe ich mich unlängst durch Beobachtungen auf anderem Gebiete überzeugen können. Ich mußte durch mehrere Wochen mein gewohntes Bett mit einem härteren Lager vertauschen, auf dem ich wahrscheinlich mehr oder lebhafter träumte, vielleicht nur die normale Schlaftiefe nicht erreichen konnte. Ich wußte in der ersten Viertelstunde nach dem Erwachen alle Träume der Nacht und gab mir die Mühe, sie niederzuschreiben und mich an ihrer Lösung zu versuchen. Es gelang mir, diese Träume sämtlich auf zwei Momente zurückzuführen: 1. auf die Nötigung zur Ausarbeitung solcher Vorstellungen, bei denen ich tagsüber nur flüchtig verweilt hatte, die nur gestreift und nicht erledigt worden waren, und 2. auf den Zwang, die im selben Bewußtseinszustande

Reihe von Wechselfällen peinlicher und aufreibender Erlebnisse,
zu deren Zeit sie diese Beinschmerzen hatte, und durch deren
Einwirkung dieselben sich jedesmal verstärkten, selbst bis zu einer

vorhandenen Dinge miteinander zu verknüpfen. Auf das freie Walten des letzteren
Momentes war das Sinnlose und Widerspruchsvolle der Träume zurückzuführen.

Daß die zu einem Erlebnisse gehörige Stimmung und der Inhalt desselben ganz
regelmäßig in abweichende Beziehung zum primären Bewußtsein treten können, habe
ich an einer anderen Patientin, Frau Cäcilie M . . ., gesehen, die ich weitaus gründlicher
als jede andere hier erwähnte Kranke kennen lernte. Ich habe bei dieser Dame
die zahlreichsten und überzeugendsten Beweise für einen solchen psychischen Mechanismus
hysterischer Phänomene gesammelt, wie wir ihn in dieser Arbeit vertreten,
bin aber leider durch persönliche Umstände verhindert, diese Krankengeschichte, auf
die ich mich gelegentlich zu beziehen gedenke, ausführlich mitzuteilen. Frau Cäcilie
M . . . war zuletzt in einem eigentümlichen hysterischen Zustande, der gewiß nicht
vereinzelt dasteht, wenngleich ich nicht weiß, ob er je erkannt worden ist. Man
könnte ihn als „hysterische Tilgungspsychose" bezeichnen. — Die Patientin hatte
zahlreiche psychische Traumen erlebt und lange Jahre in einer chronischen Hysterie
mit sehr mannigfaltigen Erscheinungen zugebracht. Die Gründe aller dieser Zustände
waren ihr und anderen unbekannt, ihr glänzend ausgestattetes Gedächtnis wies die auffälligsten
Lücken auf; ihr Leben sei ihr wie zerstückelt, klagte sie selbst. Eines Tages
brach plötzlich eine alte Reminiszenz in plastischer Anschaulichkeit mit aller Frische
der neuen Empfindung über sie herein, und von da an lebte sie durch fast drei
Jahre alle Traumen ihres Lebens — längst vergessen geglaubte und manche eigentlich
nie erinnerte — von neuem durch mit dem entsetzlichsten Aufwande von Leiden und
der Wiederkehr aller Symptome, die sie je gehabt. Diese „Tilgung alter Schulden"
umfaßte einen Zeitraum von dreiunddreißig Jahren und gestattete, von jedem ihrer
Zustände die oft sehr komplizierte Determinierung zu erkennen. Man konnte ihr
Erleichterung nur dadurch bringen, daß man ihr Gelegenheit gab, sich die Reminiszenz,
die sie gerade quälte, mit allem dazugehörigen Aufwande an Stimmung und
deren körperlichen Äußerungen in der Hypnose abzusprechen, und wenn ich verhindert
war, dabei zu sein, so daß sie vor einer Person sprechen mußte, gegen welche
sie sich geniert fühlte, so geschah es einige Male, daß sie dieser ganz ruhig die
Geschichte erzählte und mir nachträglich in der Hypnose all das Weinen, all die
Äußerungen der Verzweiflung brachte, mit welchen sie die Erzählung eigentlich hätte
begleiten wollen. Nach einer solchen Reinigung in der Hypnose war sie einige
Stunden ganz wohl und gegenwärtig. Nach kurzer Zeit brach die der Reihe nach
nächste Reminiszenz herein. Diese schickte aber die dazu gehörige Stimmung um
Stunden voraus. Sie wurde reizbar oder ängstlich oder verzweifelt, ohne je zu ahnen,
daß diese Stimmung nicht der Gegenwart, sondern dem Zustande angehöre, der sie
zunächst befallen werde. In dieser Zeit des Überganges machte sie dann regelmäßig
eine falsche Verknüpfung, an der sie bis zur Hypnose hartnäckig festhielt. So z. B.
empfing sie mich einmal mit der Frage: „Bin ich nicht eine verworfene Person, ist
das nicht ein Zeichen der Verworfenheit, daß ich Ihnen gestern dies gesagt habe?"
Was sie tags vorher gesagt hatte, war mir wirklich nicht geeignet, diese Verdammung
irgendwie zu rechtfertigen; sie sah es nach kurzer Erörterung auch sehr wohl
ein, aber die nächste Hypnose brachte eine Reminiszenz zum Vorschein, bei deren
Anlaß sie sich vor zwölf Jahren einen schweren Vorwurf gemacht hatte, an dem sie
in der Gegenwart übrigens gar nicht mehr festhielt.

doppelseitigen Beinlähmung mit Gefühlsverlust. Ähnlich ist es mit den Armschmerzen, die gleichfalls während einer Krankenpflege gleichzeitig mit den Genickkrämpfen begannen. Über die „Genickkrämpfe" erfahre ich nur folgendes: Sie haben eigentümliche Zustände von Unruhe mit Verstimmung abgelöst, die früher da waren, und bestehen in einem „eisigen Packen" im Genicke, mit Steifwerden und schmerzhafter Kälte aller Extremitäten, Unfähigkeit zu sprechen und voller Prostration. Sie dauern sechs bis zwölf Stunden. Meine Versuche, diesen Symptomkomplex als Reminiszenz zu entlarven, schlagen fehl. Die dahin zielenden Fragen, ob sie der Bruder, den sie im Delirium pflegte, einmal am Genicke gepackt, werden verneint; sie weiß nicht, woher diese Anfälle rühren.[1]

---

1) Bei nachheriger Überlegung muß ich mir sagen, daß diese „Genickkrämpfe" organisch bedingte, der Migräne analoge Zustände gewesen sein mögen. Man sieht *in praxi* mehr derartige Zustände, die nicht beschrieben sind und die eine so auffällige Übereinstimmung mit dem klassischen Anfalle von Hemikranie zeigen, daß man gerne die Begriffsbestimmung der letzteren erweitern und die Lokalisation des Schmerzes an die zweite Stelle drängen wollte. Wie bekannt, pflegen viele neuropathische Frauen mit dem Migräneanfalle hysterische Anfälle (Zuckungen und Delirien) zu verbinden. So oft ich den Genickkrampf bei Frau Emmy sah, war auch jedesmal ein Anfall von Delirium dabei.

Was die Arm- und Beinschmerzen angeht, so denke ich, daß hier ein Fall der nicht sehr interessanten, aber um so häufigeren Art der Determinierung durch zufällige Koinzidenz vorlag. Sie hatte solche Schmerzen während jener Zeit der Aufregung und Krankenpflege gehabt, infolge der Erschöpfung stärker als sonst empfunden, und diese, ursprünglich mit jenen Erlebnissen nur zufällig assoziierten Schmerzen wurden dann in ihrer Erinnerung als das körperliche Symbol des Assoziationskomplexes wiederholt. Ich werde von beweisenden Beispielen für diesen Vorgang in der Folge noch mehrere anführen können. Wahrscheinlich waren die Schmerzen ursprünglich rheumatische, d. h., um dem viel mißbrauchten Worte einen bestimmten Sinn zu geben, solche Schmerzen, die hauptsächlich in den Muskeln sitzen, bei denen bedeutende Druckempfindlichkeit und Konsistenzveränderung der Muskeln nachzuweisen ist, die sich am heftigsten nach längerer Ruhe oder Fixierung der Extremität äußern, also am Morgen, die auf Einübung der schmerzhaften Bewegung sich bessern und durch Massage zum Verschwinden zu bringen sind. Diese myogenen Schmerzen, bei allen Menschen sehr häufig, gelangen bei den Neuropathen zu großer Bedeutung; sie werden von ihnen mit Unterstützung der Ärzte, die nicht die Gewohnheit haben, die Muskeln mit dem Fingerdrucke zu prüfen, für nervöse gehalten und geben das Material für unbestimmt viele hysterische Neuralgien, sogenannte Ischias u. dgl. ab. Auf die Beziehungen dieses Leidens zur gichtischen Disposition will ich hier nur kurz hinweisen. Mutter und zwei Schwestern meiner Patientin hatten an Gicht

Abends. Sie ist sehr heiter, entwickelt überhaupt prächtigen Humor. Mit dem Lift sei es allerdings nicht so gewesen, wie sie mir gesagt hatte. Er sollte nur unter einem Vorwande nicht für die Fahrt abwärts benutzt werden. Eine Menge Fragen, an denen nichts Krankhaftes ist. Sie hat peinlich starke Schmerzen im Gesichte, in der Hand längs der Daumenseite und im Beine gehabt. Sie fühle Steifigkeit und Gesichtsschmerzen, wenn sie längere Zeit ruhig gesessen sei oder auf einen Punkt gestarrt habe. Das Heben eines schweren Gegenstandes verursache ihr Armschmerzen. Die Untersuchung des rechten Beines ergibt ziemlich gute Sensibilität am Oberschenkel, hochgradige Anästhesie am Unterschenkel und Fuße, mindere in der Becken- und Lendengegend.

In der Hypnose gibt sie an, sie habe noch gelegentliche Angstvorstellungen, wie, es könnte ihren Kindern etwas geschehen, sie könnten krank werden oder nicht am Leben bleiben, ihr Bruder, der jetzt auf der Hochzeitsreise sei, könnte einen Unfall erleiden, seine Frau sterben, weil alle Geschwister so kurz verheiratet waren. Andere Befürchtungen sind ihr nicht zu entlocken. Ich verweise ihr das Bedürfnis, sich zu ängstigen, wo kein Grund vorliegt. Sie verspricht es zu unterlassen, „weil Sie es verlangen". Weitere Suggestionen für die Schmerzen, das Bein usw.

16. Mai. Sie hat gut geschlafen, klagt noch über Schmerzen im Gesichte, Arme, Beinen, ist sehr heiter. Die Hypnose fällt ganz unergiebig aus. Faradische Pinselung des anästhetischen Beines.

Abends. Sie erschrickt gleich bei meinem Eintreten. — „Gut, daß Sie kommen. Ich bin so erschrocken." — Dabei alle Zeichen des Grausens, Stottern, Tic. Ich lasse mir zuerst im Wachen erzählen, was es gegeben hat, wobei sie das Entsetzen mit ge-

---

(oder chronischem Rheumatismus) in hohem Grade gelitten. Ein Teil der Schmerzen, über welche sie damals klagte, mochte auch gegenwärtiger Natur sein. Ich weiß es nicht; ich hatte damals noch keine Übung in der Beurteilung dieses Zustandes der Muskeln.

krümmten Fingern und vorgestreckten Händen vortrefflich darstellt. — Im Garten ist eine ungeheure Maus plötzlich über ihre Hand gehuscht und dann plötzlich verschwunden, es huschte überhaupt beständig hin und her. (Illusion spielender Schatten?) Auf den Bäumen saßen lauter Mäuse. — Hören Sie nicht die Pferde im Zirkus stampfen? — Daneben stöhnt ein Herr, ich glaube, er hat Schmerzen nach der Operation. — Bin ich denn auf Rügen, habe ich dort so einen Ofen gehabt? — Sie ist auch verworren unter der Fülle von Gedanken, die sich in ihr kreuzen, und in dem Bemühen, die Gegenwart herauszufinden. Auf Fragen nach gegenwärtigen Dingen, z. B. ob die Töchter da waren, weiß sie nicht zu antworten.

Ich versuche die Entwirrung dieses Zustandes in der Hypnose. Hypnose. Wovor haben Sie sich denn geängstigt? — Sie wiederholt die Mäusegeschichte mit allen Zeichen des Entsetzens; auch sei, als sie über die Treppe ging, ein scheußliches Tier da gelegen und gleich verschwunden. Ich erkläre das für Halluzinationen, verweise ihr die Furcht vor Mäusen, die kommen nur bei Trinkern vor (die sie sehr verabscheut). Ich erzähle ihr die Geschichte vom Bischof Hatto, die sie auch kennt und mit ärgstem Grausen anhört. — „Wie kommen Sie auf den Zirkus?" — Sie hört deutlich aus der Nähe, wie die Pferde in den Ställen stampfen und sich dabei im Halfter verwickeln, wodurch sie sich beschädigen können. Der Johann pflege dann immer hinaus zu gehen und sie loszubinden. — Ich bestreite ihr die Nähe des Stalles und das Stöhnen des Nachbars. Ob sie wisse, wo sie ist? — Sie weiß es, aber sie glaubte früher, auf Rügen zu sein. — Wie sie zu dieser Erinnerung kommt? — Sie sprachen im Garten davon, daß es an einer Stelle so heiß sei, und da sei ihr die schattenlose Terrasse auf Rügen eingefallen. — Was für traurige Erinnerungen sie denn an den Aufenthalt in Rügen habe? — Sie bringt die Reihe derselben vor. Sie habe dort die furchtbarsten Arm- und Beinschmerzen bekommen, sei mehrmals bei

Ausflügen in den Nebel geraten, so daß sie den Weg verfehlt, zweimal auf Spaziergängen von einem Stiere verfolgt worden usw. — Wieso sie heute zu diesem Anfalle gekommen? — Ja, wieso? Sie habe sehr viele Briefe geschrieben, drei Stunden lang und dabei einen eingenommenen Kopf bekommen. — Ich kann also annehmen, daß die Ermüdung diesen Anfall von Delirium herbeigeführt hat, dessen Inhalt durch solche Anklänge wie die schattenlose Stelle im Garten usw. bestimmt wurde. — Ich wiederhole alle die Lehren, die ich ihr zu geben pflege, und verlasse sie eingeschläfert.

17. Mai. Sie hat sehr gut geschlafen. Im Kleienbade, das sie heute nahm, hat sie mehrmals aufgeschrien, weil sie die Kleie für kleine Würmer hielt. Ich weiß dies von der Wärterin; sie mag es nicht gerne erzählen, ist fast ausgelassen heiter, unterbricht sich aber häufig mit Schreien „Huh", Grimassen, die das Entsetzen ausdrücken, zeigt auch mehr Stottern als je in den letzten Tagen. Sie erzählt, daß sie in der Nacht geträumt, sie gehe auf lauter Blutegeln. In der Nacht vorher hatte sie gräßliche Träume, mußte so viele Tote schmücken und in den Sarg legen, wollte aber nie den Deckel darauf geben. (Offenbar eine Reminiszenz an ihren Mann, s. o.) Erzählt ferner, daß ihr im Leben eine Menge von Abenteuern mit Tieren passiert seien, das gräßlichste mit einer Fledermaus, die sich in ihrem Toiletteschrank eingefangen, wobei sie damals unangekleidet aus dem Zimmer lief. Ihr Bruder schenkte ihr darauf, um sie von dieser Angst zu kurieren, eine schöne Brosche in Gestalt einer Fledermaus; sie konnte dieselbe aber nie tragen.

In der Hypnose: Ihre Angst vor Würmern rühre daher, daß sie einmal ein schönes Nadelkissen geschenkt bekommen, aus welchem am nächsten Morgen, als sie es gebrauchen wollte, lauter kleine Würmer hervorkrochen, weil die zur Füllung verwendete Kleie nicht ganz trocken war. (Halluzination? Vielleicht tatsächlich.) Ich frage nach weiteren Tiergeschichten. Als sie einmal mit ihrem Manne in einem Petersburger Parke spazieren ging, sei der ganze Weg bis zum Teiche mit Kröten besetzt gewesen, so daß sie umkehren mußten. Sie habe Zeiten gehabt, in denen sie niemand die Hand reichen konnte aus Furcht, diese verwandle sich in ein scheußliches Tier, wie es so oft der Fall gewesen war. Ich versuche sie von der Tierangst zu befreien, indem ich die Tiere einzeln durchgehe und frage, ob sie sich vor ihnen fürchte. Sie antwortet bei dem einen: „Nein", bei den anderen: „Ich. darf mich nicht fürchten."[1] Ich frage, warum sie heute und gestern so gezuckt und gestottert. Das tue sie immer, wenn sie so schreckhaft sei.[2] — Warum sie aber gestern so schreckhaft gewesen? — Im Garten sei ihr allerlei eingefallen, was sie drückte. Vor allem, wie sie verhindern könne, daß sich wieder etwas bei ihr anhäufe, nachdem sie aus der Behandlung entlassen sei. — Ich wiederhole ihr die drei Trostgründe, die ich ihr schon im Wachen gegeben: 1. Sie sei überhaupt gesünder und widerstandsfähiger geworden. 2. Sie werde sich gewöhnen, sich gegen irgend eine ihr nahestehende Person auszusprechen. 3. Sie werde eine ganze Menge von Dingen, die sie bisher gedrückt, fortan zu den indifferenten zählen. — Es habe sie ferner gedrückt, daß sie mir nicht für mein spätes Kommen gedankt, daß sie gefürchtet, ich werde wegen ihres letzten Rückfalles die Geduld mit ihr verlieren. Es habe sie sehr ergriffen und geängstigt, daß der Hausarzt im Garten einen Herrn gefragt habe, ob er schon Mut zur Operation habe. Die Frau saß dabei, sie selbst mußte denken,

---

1) Es war kaum eine gute Methode, die ich da verfolgte. Dies alles war nicht erschöpfend genug gemacht.

2) Mit der Zurückführung auf die beiden initialen Traumen sind Stottern und Schnalzen nicht völlig beseitigt worden, obwohl von da' ab eine auffällige Verminderung der beiden Symptome eintrat. Die Erklärung für diese Unvollständigkeit des Erfolges gab die Kranke selbst (vgl. p.105). Sie hatte sich angewöhnt, jedesmal zu schnalzen und zu stottern, so oft sie erschrak, und so hingen diese Symptome schließlich nicht an den initialen Traumen allein, sondern an einer langen Kette von ihnen assoziierten Erinnerungen, die wegzuwischen ich unterlassen hatte. Es ist dies ein Fall, der häufig genug vorkommt und jedesmal die Eleganz und Vollständigkeit der therapeutischen Leistung durch die kathartische Methode beeinträchtigt.

wenn dies nun der letzte Abend des armen Mannes wäre. Mit
dieser letzten Mitteilung scheint die Verstimmung gelöst zu sein![1]
Abends ist sie sehr heiter und zufrieden. Die Hypnose liefert
gar kein Ergebnis. Ich beschäftige mich mit der Behandlung der
Muskelschmerzen und mit der Herstellung der Sensibilität am
rechten Beine, was in der Hypnose sehr leicht gelingt, die hergestellte Empfindlichkeit ist nach dem Erwachen aber zum Teil
wieder verloren gegangen. Ehe ich sie verlasse, äußert sie ihre
Verwunderung darüber, daß sie so lange keinen Genickkrampf
gehabt, der sonst vor jedem Gewitter aufzutreten pflegte.

18. Mai. Sie hat heute Nacht geschlafen, wie es seit Jahren
nicht mehr vorgekommen, klagt aber seit dem Bade über Kälte
im Genicke, Zusammenziehen und Schmerzen im Gesichte, in den
Händen und Füßen, ihre Züge sind gespannt, ihre Hände in
Krampfstellungen. Die Hypnose weist keinerlei psychischen Inhalt
dieses Zustandes von „Genickkrampf" nach, den ich dann durch
Massage im Wachen bessere.[2]

* * *

---

1) Ich erfuhr hier zum ersten Male, wovon ich mich später unzählige Male überzeugen konnte, daß bei der hypnotischen Lösung eines frischen hysterischen Deliriums
die Mitteilung des Kranken die chronologische Reihenfolge umkehrt, zuerst die letzt-
erfolgten und minderwichtigen Eindrücke und Gedankenverbindungen mitteilt und
erst am Schlusse auf den primären, wahrscheinlich kausal wichtigsten Eindruck
kommt.

2) Ihre Verwunderung am Abend vorher, daß sie so lange keinen Genickkrampf
gehabt, war also eine Ahnung des nahenden Zustandes, der sich damals schon vor-
bereitete und im Unbewußten bemerkt wurde. Diese merkwürdige Form der Ahnung
war bei der vorhin erwähnten Frau Cäcilie M. etwas ganz Gewöhnliches. Jedesmal,
wenn sie mir im besten Wohlbefinden etwa sagte: „Jetzt habe ich mich schon lange
nicht bei Nacht vor Hexen gefürchtet", oder: „Wie froh bin ich, daß mein Augen-
schmerz so lange ausgeblieben ist," konnte ich sicher sein, daß die nächste Nacht
der Wärterin den Dienst durch die ärgste Hexenfurcht erschweren oder daß der
nächste Zustand mit dem gefürchteten Schmerz im Auge beginnen werde. Es war
jedesmal ein Durchschimmern dessen, was im Unbewußten bereits fertig vorgebildet
lag, und das ahnungslose „offizielle" Bewußtsein (nach Charcots Bezeichnung) ver-
arbeitete die als plötzlicher Einfall auftauchende Vorstellung zu einer Äußerung der
Befriedigung, die immer rasch und sicher genug Lügen gestraft wurde. Frau Cäcilie,
eine hochintelligente Dame, der ich auch viel Förderung im Verständnisse hysteri-

Ich hoffe, der vorstehende Auszug aus der Chronik der ersten drei Wochen wird hinreichen, ein anschauliches Bild von dem Zustande der Kranken, von der Art meiner therapeutischen Bemühung und von deren Erfolg zu geben. Ich gehe daran, die Krankengeschichte zu vervollständigen.

Das zuletzt beschriebene hysterische Delirium war auch die letzte erhebliche Störung im Befinden der Frau Emmy. Da ich nicht selbständig nach Krankheitssymptomen und deren Begründung forschte, sondern zuwartete, bis sich etwas zeigte oder sie mir einen beängstigenden Gedanken eingestand, wurden die Hypnosen bald unergiebig und wurden von mir meistens dazu verwendet, ihr Lehren zu erteilen, die in ihren Gedanken stets gegenwärtig bleiben und sie davor schützen sollten, zu Hause neuerdings in ähnliche Zustände zu verfallen. Ich stand damals völlig unter dem Banne des Bernheimschen Buches über die Suggestion und erwartete mehr von solcher lehrhafter Beeinflussung, als ich heute erwarten würde. Das Befinden meiner Patientin hob sich in kurzer Zeit so sehr, daß sie versicherte, sich seit dem Tode ihres Mannes nicht ähnlich wohl gefühlt zu haben. Ich entließ sie nach im ganzen siebenwöchentlicher Behandlung in ihre Heimat an der Ostsee.

Nicht ich, sondern Dr. Breuer erhielt nach etwa sieben Monaten Nachricht von ihr. Ihr Wohlbefinden hatte mehrere Monate angehalten und war dann einer neuerlichen psychischen Erschütterung erlegen. Ihre älteste Tochter, die bereits während des ersten Aufenthaltes in Wien es der Mutter an Genickkrämpfen und leichten hysterischen Zuständen gleichgetan hatte, die vor allem an Schmerzen

---

scher Symptome verdanke, machte mich selbst darauf aufmerksam, daß solche Vorkommnisse Anlaß zum bekannten Aberglauben des Beschreiens und Berufens gegeben haben mögen. Man soll sich keines Glückes rühmen, anderseits auch den Teufel nicht an die Wand malen, sonst kommt er. Eigentlich rühmt man sich des Glückes erst dann, wenn das Unglück schon lauert, und man faßt die Ahnung in die Form des Rühmens, weil hier der Inhalt der Reminiszenz früher auftaucht als die dazu gehörige Empfindung, weil im Bewußtsein also ein erfreulicher Kontrast vorhanden ist.

beim Gehen infolge einer Retroflexio uteri litt, war auf meinen
Rat von Dr. N..., einem unserer angesehensten Gynäkologen,
behandelt worden, der ihr den Uterus durch Massage aufrichtete,
so daß sie mehrere Monate frei von Beschwerden blieb. Als
sich diese zu Hause wieder einstellten, wandte sich die Mutter
an den Gynäkologen der nächsten Universitätsstadt, welcher dem
Mädchen eine kombinierte lokale und allgemeine Therapie angedeihen
ließ, die aber zu einer schweren nervösen Erkrankung
des Kindes führte. Wahrscheinlich zeigte sich hierin bereits die
pathologische Veranlagung des damals siebzehnjährigen Mädchens,
die ein Jahr später in einer Charakterveränderung manifest wurde.
Die Mutter, die das Kind mit ihrem gewohnten Gemische von
Ergebung und Mißtrauen den Ärzten überlassen hatte, machte
sich nach dem unglücklichen Ausgange dieser Kur die allerheftigsten
Vorwürfe, gelangte auf einem Gedankenwege, dem ich
nicht nachgespürt habe, zum Schlusse, daß wir beide, Dr. N...
und ich, Schuld an der Erkrankung des Kindes trügen, weil wir
ihr das schwere Leiden der Kleinen als leicht dargestellt, hob
gewissermaßen durch einen Willensakt die Wirkung meiner Behandlung
auf und verfiel alsbald wieder in dieselben Zustände,
von denen ich sie befreit hatte. Ein hervorragender Arzt in ihrer
Nähe, an den sie sich wandte, und Dr. Breuer, der brieflich mit
ihr verkehrte, vermochten es zwar, sie zur Einsicht von der Unschuld
der beiden Angeklagten zu bringen, allein die zu dieser
Zeit gefaßte Abneigung gegen mich blieb ihr als hysterischer Rest
auch nach dieser Aufklärung übrig und sie erklärte, es sei ihr
unmöglich, sich wieder in meine Behandlung zu begeben. Nach
dem Rate jener ärztlichen Autorität suchte sie Hilfe in einem
Sanatorium Norddeutschlands, und ich teilte auf Breuers Wunsch
dem leitenden Arzte der Anstalt mit, welche Modifikation der
hypnotischen Therapie sich bei ihr wirksam erwiesen hatte.

Dieser Versuch einer Übertragung mißlang ganz gründlich. Sie
scheint sich von Anfang an mit dem Arzte nicht verstanden zu

haben, erschöpfte sich im Widerstande gegen alles, was man mit ihr vornahm, kam herunter, verlor Schlaf und Eßlust und erholte sich erst, nachdem eine Freundin, die sie in der Anstalt besuchte, sie eigentlich heimlich entführt und in ihrem Hause gepflegt hatte. Kurze Zeit darauf, genau ein Jahr nach ihrem ersten Zusammentreffen mit mir, war sie wieder in Wien und gab sich wieder in meine Hände.

Ich fand sie weit besser, als ich sie mir nach den brieflichen Berichten vorgestellt hatte. Sie war beweglich, angstfrei, es hatte doch vieles gehalten, was ich im Vorjahre aufgerichtet hatte. Ihre Hauptklage war die über häufige Verworrenheit, „Sturm im Kopfe", wie sie es nannte, außerdem war sie schlaflos, mußte oft durch Stunden weinen und wurde zu einer bestimmten Zeit des Tages (5 Uhr) traurig. Es war dies die Zeit, um welche sie im Winter die im Sanatorium befindliche Tochter besuchen durfte. Sie stotterte und schnalzte sehr viel, rieb häufig wie wütend die Hände aneinander, und als ich sie fragte, ob sie viele Tiere sehe, antwortete sie nur: „O, seien Sie still!"

Beim ersten Versuche, sie in Hypnose zu versetzen, ballte sie die Fäuste, schrie: „Ich will keine Antipyrininjektion, ich will lieber meine Schmerzen behalten. Ich mag den Dr. R . . . nicht, er ist mir antipathisch." Ich erkannte, daß sie in der Reminiszenz einer Hypnose in der Anstalt befangen sei, und sie beruhigte sich, als ich sie in die gegenwärtige Situation zurückbrachte.

Gleich zu Beginn der Behandlung machte ich eine lehrreiche Erfahrung. Ich hatte gefragt, seit wann das Stottern wiedergekommen sei, und sie hatte (in der Hypnose) zögernd geantwortet: seit dem Schreck, den sie im Winter in D . . . gehabt. Ein Kellner des Gasthofes, in dem sie wohnte, hatte sich in ihrem Zimmer versteckt; sie habe das Ding in der Dunkelheit für einen Paletot gehalten, hingegriffen und da sei der Mann plötzlich „in die Höhe geschossen". Ich nehme ihr dieses Erinnerungsbild ab, und wirklich stottert sie von da an in der Hypnose wie im Wachen kaum merklich. Ich weiß nicht mehr, was mich bewog, hier die Probe auf den Erfolg zu versuchen. Als ich am Abend wiederkam, fragte ich sie anscheinend ganz harmlos, wie ich es denn machen solle, um bei meinem Weggehen, wenn sie im Schlafe liege, die Türe so zu verschließen, daß sich niemand hereinschleichen könne. Zu meinem Erstaunen erschrak sie heftig, begann mit Zähneknirschen und Händereiben, deutete an, sie habe einen heftigen Schreck in dieser Art in D... gehabt, war aber nicht zu bewegen, die Geschichte zu erzählen. Ich merkte, daß sie dieselbe Geschichte meine, die sie vormittags in der Hypnose erzählt, und die ich doch verwischt zu haben meinte. In der nächsten Hypnose erzählte sie nun ausführlicher und wahrheitsgetreuer. Sie war in ihrer Erregung am Abend auf dem Gange hin und her gegangen, fand die Türe zum Zimmer ihrer Kammerfrau offen und wollte eintreten, um sich dort niederzusetzen. Die Kammerfrau vertrat ihr den Weg, sie ließ sich aber nicht abhalten, trat dennoch ein und bemerkte dann jenes dunkle Ding an der Wand, das sich als ein Mann erwies. Offenbar war es das erotische Moment dieses kleinen Abenteuers gewesen, was sie zu einer ungetreuen Darstellung veranlaßt hatte. Ich hatte aber erfahren, daß eine unvollständige Erzählung in der Hypnose keinen Heileffekt hat, gewöhnte mich, eine Erzählung für unvollständig zu halten, wenn sie keinen Nutzen brachte, und lernte es allmählich den Kranken an der Miene abzusehen, ob sie mir nicht ein wesentliches Stück der Beichte verschwiegen hätten.

Die Arbeit, die ich diesmal mit ihr vorzunehmen hatte, bestand in der hypnotischen Erledigung der unangenehmen Eindrücke, die sie während der Kur ihrer Tochter und während des eigenen Aufenthaltes in jener Anstalt in sich aufgenommen hatte. Sie war voll unterdrückter Wut gegen den Arzt, der sie genötigt hatte, in der Hypnose *K..r..ö..t..e* zu buchstabieren, und nahm mir das Versprechen ab, ihr dieses Wort niemals zuzumuten. Ich erlaubte mir hier einen suggestiven Scherz, den einzigen, übrigens ziemlich harmlosen Mißbrauch der Hypnose, dessen ich mich bei dieser Patientin anzuklagen habe. Ich versicherte ihr, der Aufenthalt in ***tal würde ihr so sehr in die Ferne entrückt sein, daß sie sich nicht einmal auf den Namen besinnen und jedesmal, wenn sie ihn aussprechen wollte, sich zwischen ... berg, ... tal, ... wald u. dgl. irren werde. Es traf so zu, und bald war die Unsicherheit bei diesem Namen die einzige Sprachhemmung, die an ihr zu beobachten war, bis ich sie auf eine Bemerkung von Dr. Breuer von diesem Zwange zur Paramnesie befreite.

Länger als mit den Resten dieser Erlebnisse hatte ich mit den Zuständen zu kämpfen, die sie „Sturm im Kopfe" benannte. Als ich sie zum ersten Male in solch einem Zustande sah, lag sie mit verzerrten Zügen auf dem Diwan in unaufhörlicher Unruhe des ganzen Körpers, die Hände immer wieder gegen die Stirne gepreßt, und rief dabei wie sehnsüchtig und ratlos den Namen „Emmy", der ihr eigener wie der ihrer älteren Tochter war. In der Hypnose gab sie die Auskünfte, der Zustand sei die Wiederholung so vieler Anfälle von Verzweiflung, die sie während der Kur ihrer Tochter zu ergreifen pflegten, nachdem sie stundenlang darüber nachgedacht, wie man den schlechten Erfolg der Behandlung korrigieren könne, ohne einen Ausweg zu finden. Als sie dann fühlte, daß sich ihre Gedanken verwirrten, gewöhnte sie sich daran, den Namen der Tochter laut zu rufen, um sich an ihm wieder zur Klarheit herauszuarbeiten. Denn zu jener Zeit, als der Zustand der Tochter ihr neue Pflichten auferlegte und sie fühlte, daß die Nervosität wieder Macht über sie gewinne, habe sie bei sich festgesetzt, daß alles, was dieses Kind beträfe, der Verwirrung entzogen bleiben müsse, sollte auch alles andere in ihrem Kopfe drunter und drüber gehen.

Nach einigen Wochen waren auch diese Reminiszenzen überwunden und Frau Emmy verblieb in vollkommenem Wohlbefinden noch einige Zeit in meiner Beobachtung. Gerade gegen Ende ihres

Aufenthaltes fiel etwas vor, was ich ausführlich erzählen will, weil diese Episode das hellste Licht auf den Charakter der Kranken und auf die Entstehungsweise ihrer Zustände wirft. Ich besuchte sie einmal zur Zeit ihres Mittagessens und überraschte sie dabei, wie sie etwas in Papier gehüllt in den Garten warf, wo es die Kinder des Hausdieners auffingen. Auf mein Befragen bekannte sie, es sei ihre (trockene) Mehlspeise, die alle Tage denselben Weg zu gehen pflege. Dies gab mir Anlaß, mich nach den Resten der anderen Gänge umzusehen, und ich fand auf den Tellern mehr übrig gelassen, als sie verzehrt haben konnte. Zur Rede gestellt, warum sie so wenig esse, antwortete sie, sie sei nicht gewöhnt, mehr zu essen, auch würde es ihr schaden; sie habe dieselbe Natur wie ihr seliger Vater, der gleichfalls ein schwacher Esser gewesen sei. Als ich mich erkundigte, was sie trinke, kam die Antwort, sie vertrage überhaupt nur dicke Flüssigkeiten, Milch, Kaffee, Kakao u. dgl.; so oft sie Quellwasser oder Mineralwasser trinke, verderbe sie sich den Magen. Dies trug nun unverkennbar den Stempel einer nervösen Elektion. Ich nahm eine Harnprobe mit und fand den Harn sehr konzentriert und mit harnsauren Salzen überladen.

Ich erachtete es demnach für zweckmäßig, ihr reichlicheres Trinken anzuraten, und nahm mir vor, auch ihre Nahrungsaufnahme zu steigern. Sie war zwar keineswegs auffällig mager, aber etwas Überernährung schien mir immerhin anstrebenswert. Als ich ihr bei meinem nächsten Besuche ein alkalisches Wasser empfahl und die gewohnte Verwendung der Mehlspeise untersagte, geriet sie in nicht geringe Aufregung. „Ich werde es tun, weil Sie es verlangen, aber ich sage Ihnen vorher, es wird schlecht ausgehen, weil es meiner Natur widerstrebt, und mein Vater war ebenso." Auf die in der Hypnose gestellte Frage, warum sie nicht mehr essen und kein Wasser trinken könne, kam ziemlich mürrisch die Antwort: „Ich weiß nicht." Am nächsten Tage bestätigte mir die Wärterin, daß Frau Emmy ihre ganze Portion bewältigt und ein

Glas des alkalischen Wassers getrunken habe. Sie selbst fand ich aber liegend, tief verstimmt und in sehr ungnädiger Laune. Sie klagte über sehr heftige Magenschmerzen: „Ich habe es Ihnen ja gesagt. Jetzt ist der ganze Erfolg wieder weg, um den wir uns so lange gequält haben. Ich habe mir den Magen verdorben wie immer, wenn ich mehr esse oder Wasser trinke, und muß mich wieder fünf bis acht Tage ganz aushungern, bis ich etwas vertrage." Ich versicherte ihr, sie werde sich nicht aushungern müssen, es sei ganz unmöglich, daß man sich auf diese Weise den Magen verderbe, ihre Schmerzen rührten nur von der Angst her, mit der sie gegessen und getrunken. Offenbar hatte ich ihr mit dieser Aufklärung nicht den geringsten Eindruck gemacht, denn als ich sie bald darauf einschläfern wollte, mißlang die Hypnose zum ersten Male, und an dem wütenden Blicke, den sie mir zuschleuderte, erkannte ich, daß sie in voller Auflehnung begriffen und daß die Situation sehr ernst sei. Ich verzichtete auf die Hypnose, kündigte ihr an, daß ich ihr eine vierundzwanzigstündige Bedenkzeit lasse, um sich der Ansicht zu fügen, daß ihre Magenschmerzen nur von ihrer Furcht kämen; nach dieser Zeit werde ich sie fragen, ob sie noch meine, man könne sich den Magen auf acht Tage hinaus durch ein Glas Mineralwasser und eine bescheidene Mahlzeit verderben, und wenn sie bejahe, werde ich sie bitten abzureisen. Die kleine Szene stand in recht scharfem Kontrast zu unseren, sonst sehr freundschaftlichen Beziehungen.

Ich traf sie vierundzwanzig Stunden später demütig und mürbe. Auf die Frage, wie sie über die Herkunft ihrer Magenschmerzen denke, antwortete sie, einer Verstellung unfähig: „Ich glaube, daß sie von meiner Angst kommen, aber nur, weil Sie es sagen." Jetzt versetzte ich sie in Hypnose und fragte neuerdings: „Warum können Sie nicht mehr essen?"

Die Antwort erfolgte prompt und bestand wieder in der Angabe einer chronologisch geordneten Reihe von Motiven aus der

Erinnerung: „Wie ich ein Kind war, kam es oft vor, daß ich aus Unart bei Tisch mein Fleisch nicht essen wollte. Die Mutter war dann immer sehr streng und ich mußte bei schwerer Strafe zwei Stunden später das stehengelassene Fleisch auf demselben Teller nachessen. Das Fleisch war ganz kalt geworden und das Fett so starr (Ekel), ... und ich sehe die Gabel noch vor mir, ... die eine Zinke war etwas verbogen. Wenn ich mich jetzt zu Tische setze, sehe ich immer die Teller vor mir mit dem kalten Fleisch und dem Fette; und wie ich viele Jahre später mit meinem Bruder zusammenlebte, der Offizier war und der die garstige Krankheit hatte; — ich wußte, daß es ansteckend ist, und hatte so eine gräßliche Angst, mich in dem Bestecke zu irren und seine Gabel und sein Messer zu nehmen (Grausen), und ich habe doch mit ihm zusammen gespeist, damit niemand merkt, daß er krank ist; und wie ich bald darauf meinen andern Bruder gepflegt habe, der so lungenkrank war, da haben wir vor seinem Bette gesessen, und die Spuckschale stand immer auf dem Tische und war offen (Grausen) ... und er hatte die Gewohnheit, über die Teller weg in die Schale zu spucken, da habe ich mich immer so geekelt, und ich konnte es doch nicht zeigen, um ihn nicht zu beleidigen. Und diese Spuckschalen stehen immer noch auf dem Tische, wenn ich esse, und da ekelt es mich noch immer." Ich räumte mit diesem Instrumentarium des Ekels natürlich gründlich auf und fragte dann, warum sie kein Wasser trinken könne. Als sie siebzehn Jahre alt war, verbrachte die Familie einige Monate in München, und fast alle Mitglieder zogen sich durch den Genuß des schlechten Trinkwassers Magenkatarrhe zu. Bei den anderen wurde das Leiden durch ärztliche Anordnungen bald behoben, bei ihr hielt es an; auch das Mineralwasser, das ihr als Getränk empfohlen wurde, besserte nichts. Sie dachte sich gleich, wie der Arzt ihr diese Verordnung gab: das wird gewiß auch nichts nützen. Seither hatte sich diese Intoleranz gegen Quell- und Mineralwässer ungezählte Male wiederholt.

Die therapeutische Wirkung dieser hypnotischen Erforschung war eine sofortige und nachhaltige. Sie hungerte sich nicht acht Tage lang aus, sondern aß und trank schon am nächsten Tage ohne alle Beschwerden. Zwei Monate später schrieb sie in einem Briefe: „Ich esse sehr gut und habe um vieles zugenommen. Von dem Wasser habe ich schon vierzig Flaschen getrunken. Glauben Sie, soll ich damit fortfahren?"

Ich sah Frau v. N . . . im Frühjahre des nächsten Jahres auf ihrem Gute bei D . . . wieder. Ihre ältere Tochter, deren Namen sie während der „Stürme im Kopfe" zu rufen pflegte, trat um diese Zeit in eine Phase abnormer Entwicklung ein, zeigte einen ungemessenen Ehrgeiz, der im Mißverhältnisse zu ihrer kärglichen Begabung stand, wurde unbotmäßig und selbst gewalttätig gegen die Mutter. Ich besaß noch das Vertrauen der letzteren und wurde hinbeschieden, um mein Urteil über den Zustand des jungen Mädchens abzugeben. Ich gewann einen ungünstigen Eindruck von der psychischen Veränderung, die mit dem Kinde vorgegangen war, und hatte bei der Stellung der Prognose noch die Tatsache in Anschlag zu bringen, daß sämtliche Halbgeschwister der Kranken (Kinder des Herrn v. N . . . aus erster Ehe) an Paranoia zugrunde gegangen waren. In der Familie der Mutter fehlte es ja auch nicht an einem ausgiebigen Maße von neuropathischer Belastung, wenngleich von ihrem nächsten Verwandtenkreise kein Mitglied in endgültige Psychose verfallen war. Frau v. N . . ., der ich die Auskunft, die sie verlangt hatte, ohne Rückhalt erteilte, benahm sich dabei ruhig und verständnisvoll. Sie war stark geworden, sah blühend aus, die dreiviertel Jahre seit Beendigung der letzten Behandlung waren in relativ hohem Wohlbefinden verflossen, das nur durch Genickkrämpfe und andere kleine Leiden gestört worden war. Den ganzen Umfang ihrer Pflichten, Leistungen und geistigen Interessen lernte ich erst während dieses mehrtägigen Aufenthaltes in ihrem Hause kennen. Ich traf auch einen Hausarzt an, der nicht allzuviel über die

Dame zu klagen hatte; sie war also mit der *profession* einigermaßen ausgesöhnt.

Die Frau war um so vieles gesünder und leistungsfähiger geworden, aber an den Grundzügen ihres Charakters hatte sich trotz aller lehrhaften Suggestionen wenig verändert. Die Kategorie der „indifferenten Dinge" schien sie mir nicht anerkannt zu haben, ihre Neigung zur Selbstquälerei war kaum geringer als zur Zeit der Behandlung. Die hysterische Disposition hatte auch während dieser guten Zeit nicht geruht, sie klagte z. B. über eine Unfähigkeit, längere Eisenbahnreisen zu machen, die sie sich in den letzten Monaten zugezogen hatte, und ein notgedrungen eiliger Versuch, ihr dieses Hindernis aufzulösen, ergab nur verschiedene kleine unangenehme Eindrücke, die sie sich auf den letzten Fahrten nach D... und in die Umgebung geholt hatte. Sie schien sich in der Hypnose aber nicht gerne mitzuteilen, und ich kam schon damals auf die Vermutung, daß sie im Begriffe sei, sich meinem Einflusse wiederum zu entziehen, und daß die geheime Absicht der Eisenbahnhemmung darin liege, eine neuerliche Reise nach Wien zu verhindern.

Während dieser Tage äußerte sie auch jene Klage über Lücken in ihrer Erinnerung „gerade in den wichtigsten Begebenheiten", aus der ich schloß, daß meine Arbeit vor zwei Jahren eingreifend genug und dauernd gewirkt hatte. — Als sie mich eines Tages durch eine Allee führte, die vom Hause bis zu einer Bucht der See reichte, wagte ich die Frage, ob diese Allee oft mit Kröten besetzt sei. Zur Antwort traf mich ein strafender Blick, doch nicht begleitet von den Zeichen des Grausens, und dann erfolgte ergänzend die Äußerung: „Aber wirkliche gibt es hier." — Während der Hypnose, die ich zur Erledigung der Eisenbahnhemmung unternahm, schien sie selbst von den Antworten, die sie gab, unbefriedigt, und sie drückte die Furcht aus, sie würde jetzt wohl der Hypnose nicht mehr so gehorchen wie früher. Ich beschloß, sie vom Gegenteil zu überzeugen. Ich schrieb einige Worte auf einen Zettel nieder, den ich ihr übergab, und sagte: „Sie werden mir heute Mittag wieder ein Glas Rotwein einschenken wie gestern. Sowie ich das Glas zum Munde führe, werden Sie sagen: Ach bitte, schenken Sie mir auch ein Glas voll, und wenn ich dann nach der Flasche greife, werden Sie rufen: Nein, ich danke, ich will doch lieber nicht. Darauf werden Sie in Ihre Tasche greifen und den Zettel hervorziehen, auf dem dieselben Worte stehen." Das war vormittags; wenige Stunden später vollzog sich die kleine Szene genau so, wie ich sie angeordnet hatte, und in so natürlichem Hergange, daß sie keinem der zahlreichen Anwesenden auffiel. Sie schien sichtlich mit sich zu kämpfen, als sie von mir den Wein verlangte, — sie trank nämlich niemals Wein, — und nachdem sie mit offenbarer Erleichterung das Getränk abbestellt hatte, griff sie in die Tasche, zog den Zettel hervor, auf dem ihre letztgesprochenen Worte zu lesen waren, schüttelte den Kopf und sah mich erstaunt an.

Seit diesem Besuche im Mai 1890 wurden meine Nachrichten über Frau v. N... allmählich spärlicher. Ich erfuhr auf Umwegen, daß der unerquickliche Zustand ihrer Tochter, der die mannigfaltigsten peinlichen Erregungen für sie mit sich brachte, ihr Wohlbefinden endlich doch untergraben habe. Zuletzt erhielt ich von ihr (Sommer 1893) ein kurzes Schreiben, in dem sie mich bat zu gestatten, daß sie ein anderer Arzt hypnotisiere, da sie wieder leidend sei und nicht nach Wien kommen könne. Ich verstand anfangs nicht, weshalb es dazu meiner Erlaubnis bedürfe, bis mir die Erinnerung auftauchte, daß ich sie im Jahre 1890 auf ihren eigenen Wunsch vor fremder Hypnose geschützt hatte, damit sie nicht wieder in Gefahr komme, wie damals in ***berg (...tal, ...wald) unter dem peinlichen Zwange eines ihr unsympathischen Arztes zu leiden. Ich verzichtete jetzt also schriftlich auf mein ausschließliches Vorrecht.

Epikrise

Es ist ja ohne vorherige eingehende Verständigung über den Wert und die Bedeutung der Namen nicht leicht zu entscheiden, ob ein Krankheitsfall zur Hysterie oder zu den anderen (nicht rein neurasthenischen) Neurosen gezählt werden soll, und auf dem Gebiete der gemeinhin vorkommenden gemischten Neurosen wartet man noch auf die ordnende Hand, welche die Grenzsteine setzen und die für die Charakteristik wesentlichen Merkmale hervorheben soll. Wenn man bis jetzt also Hysterie im engeren Sinne nach der Ähnlichkeit mit den bekannten typischen Fällen zu diagnostizieren gewohnt ist, so wird man dem Falle der Frau Emmy v. N... die Bezeichnung einer Hysterie kaum streitig machen können. Die Leichtigkeit der Delirien und Halluzinationen bei im übrigen intakter geistiger Tätigkeit, die Veränderung der Persönlichkeit und des Gedächtnisses im künstlichen Somnambulismus, die Anästhesie an der schmerzhaften Extremität, gewisse Daten der Anamnese, die Ovarie u. dgl. lassen keinen Zweifel über die hysterische Natur der Erkrankung oder wenigstens der Kranken zu. Daß die Frage überhaupt aufgeworfen werden kann, rührt von einem bestimmten Charakter dieses Falles her, welcher auch Anlaß zu einer allgemein gültigen Bemerkung bieten darf. Wie aus unserer eingangs abgedruckten „Vorläufigen Mitteilung" ersichtlich, betrachten wir die hysterischen Symptome als Affekte und Reste von Erregungen, welche das Nervensystem als Traumen beeinflußt haben. Solche Reste bleiben nicht übrig, wenn die ursprüngliche Erregung durch Abreagieren oder Denkarbeit abgeführt worden ist. Man kann es hier nicht länger abweisen, Quantitäten (wenn auch nicht meßbare) in Betracht zu ziehen, den Vorgang so aufzufassen, als ob eine an das Nervensystem herantretende Summe von Erregung in Dauersymptome umgesetzt würde, insoweit sie nicht ihrem Betrage entsprechend zur Aktion nach außen verwendet worden ist. Wir sind nun gewohnt, bei der Hysterie zu finden, daß ein erheblicher Teil der „Erregungssumme" des Traumas sich in rein körperliche Symptome umwandelt. Es ist dies jener Zug der Hysterie, der durch so lange Zeit ihrer Auffassung als psychischer Affektion im Wege gestanden ist.

Wenn wir der Kürze halber die Bezeichnung „Konversion" für die Umsetzung psychischer Erregung in körperliche Dauersymptome wählen, welche die Hysterie auszeichnet, so können wir sagen, der Fall der Frau Emmy v. N ... zeigt einen geringen Betrag von Konversion, die ursprünglich psychische Erregung verbleibt auch zumeist auf psychischem Gebiete, und es ist leicht einzusehen, daß er dadurch jenen anderen nicht hysterischen Neurosen ähnlich wird. Es gibt Fälle von Hysterie, in denen die Konversion den gesamten Reizzuwachs betrifft, so daß die körperlichen Symptome der Hysterie in ein scheinbar völlig normales Bewußtsein hereinragen, gewöhnlicher aber ist eine unvollständige Umsetzung, so daß wenigstens ein Teil des das Trauma begleitenden Affekts als Komponente der Stimmung im Bewußtsein verbleibt.

Die psychischen Symptome unseres Falles von wenig konvertierter Hysterie lassen sich gruppieren als Stimmungsveränderung (Angst, melancholische Depression), Phobien und Abulien (Willenshemmungen). Die beiden letzteren Arten von psychischer Störung, die von der Schule französischer Psychiater als Stigmata der nervösen Degeneration aufgefaßt werden, erweisen sich aber in unserem Falle als ausreichend determiniert durch traumatische Erlebnisse, es sind zumeist traumatische Phobien und Abulien, wie ich im einzelnen ausführen werde.

Von den Phobien entsprechen einzelne allerdings den primären Phobien des Menschen, insbesondere des Neuropathen, so vor allem die Tierfurcht (Schlangen, Kröten und außerdem all das Ungeziefer, als dessen Herr sich Mephistopheles rühmt), die Gewitterfurcht u. a. Doch sind auch diese Phobien durch traumatische

Erlebnisse befestigt worden, so die Furcht vor Kröten durch den Eindruck in früher Jugend, als ihr ein Bruder eine tote Kröte nachwarf, worauf sie den ersten Anfall hysterischer Zuckungen bekam, die Gewitterfurcht durch jenen Schreck, der zur Entstehung des Schnalzens Anlaß gab, die Furcht vor Nebel durch jenen Spaziergang auf Rügen; immerhin spielt in dieser Gruppe die primäre, sozusagen instinktive Furcht, als psychisches Stigma genommen, die Hauptrolle.

Die anderen und spezielleren Phobien sind auch durch besondere Erlebnisse gerechtfertigt. Die Furcht vor einem unerwarteten, plötzlichen Schrecknisse ist das Ergebnis jenes schrecklichen Eindruckes in ihrem Leben, als sie ihren Mann mitten aus bester Gesundheit an einem Herzschlage verscheiden sah. Die Furcht vor fremden Menschen, die Menschenfurcht überhaupt, erweist sich als Rest aus jener Zeit, in der sie den Verfolgungen ihrer Familie ausgesetzt und geneigt war, in jedem Fremden einen Agenten der Verwandtschaft zu sehen, oder in der ihr der Gedanke nahe lag, die Fremden wüßten um die Dinge, die mündlich und schriftlich über sie verbreitet wurden. Die Angst vor dem Irrenhause und dessen Einwohnern geht auf eine ganze Reihe von traurigen Erlebnissen in ihrer Familie und auf Schilderungen zurück, die dem horchenden Kinde eine dumme Dienstmagd machte, außerdem stützt sich diese Phobie einerseits auf das primäre, instinktive Grauen des Gesunden vor dem Wahnsinne, anderseits auf die wie bei jedem Nervösen so auch bei ihr vorhandene Sorge, selbst dem Wahnsinn zu verfallen. Eine so spezialisierte Angst wie die, daß jemand hinter ihr stünde, wird durch mehrere schreckhafte Eindrücke aus ihrer Jugend und aus späterer Zeit motiviert. Seit einem ihr besonders peinlichen Erlebnisse im Hotel, peinlich, weil es mit Erotik verknüpft ist, wird die Angst vor dem Einschleichen einer fremden Person besonders hervorgehoben, endlich eine den Neuropathen so häufig eigene Phobie, die vor dem Lebendigbegrabenwerden, findet ihre volle Aufklärung in dem Glauben, daß ihr Mann nicht tot war, als man seine Leiche forttrug, einem Glauben, in dem sich die Unfähigkeit so rührend äußert, sich in das plötzliche Aufhören der Gemeinschaft mit dem geliebten Wesen zu finden. Ich meine übrigens, daß alle diese psychischen Momente nur die Auswahl, aber nicht die Fortdauer der Phobien erklären können. Für letztere muß ich ein neurotisches Moment heranziehen, den Umstand nämlich, daß die Patientin sich seit Jahren in sexueller Abstinenz befand, womit einer der häufigsten Anlässe zur Angstneigung gegeben ist.

Die bei unserer Kranken vorhandenen Abulien (Willenshemmungen, Unfähigkeiten) gestatten noch weniger als die Phobien die Auffassung von psychischen Stigmen infolge allgemein eingeengter Leistungsfähigkeit. Vielmehr macht die hypnotische Analyse des Falles ersichtlich, daß die Abulien hier durch einen zweifachen psychischen Mechanismus bedingt werden, der im Grunde wieder nur einer ist. Die Abulie ist entweder einfach die Folge einer Phobie, nämlich in allen den Fällen, in denen die Phobie sich an eine eigene Handlung knüpft anstatt an eine Erwartung (Ausgehen, Menschen aufsuchen — der andere Fall, daß sich jemand einschleicht usw.) — und Ursache der Willenshemmung ist die mit dem Erfolge der Handlung verknüpfte Angst. Man täte Unrecht daran, diese Art von Abulien neben den ihnen entsprechenden Phobien als besondere Symptome aufzuführen, nur muß man zugestehen, daß eine derartige Phobie bestehen kann, wenn sie nicht allzu hochgradig ist, ohne zur Abulie zu führen. Die andere Art der Abulien beruht auf der Existenz affektvoll betonter, ungelöster Assoziationen, die sich der Anknüpfung neuer Assoziationen, und insbesondere solcher unverträglicher Art widersetzen. Das glänzendste Beispiel einer solchen Abulie bietet die Anorexie unserer Kranken. Sie ißt nur so wenig, weil es ihr nicht schmeckt, und sie kann dem Essen keinen Geschmack abgewinnen, weil der Akt des Essens bei ihr von alters her mit Ekelerinnerungen verknüpft ist, deren Affektbetrag noch keine Verminderung erfahren hat. Es ist aber unmöglich, gleichzeitig mit Ekel und mit Lust zu essen. Die Verminderung des an den Mahlzeiten von früher her haftenden Ekels hat darum nicht stattgehabt, weil sie allemal den Ekel unterdrücken mußte, anstatt sich von ihm durch Reaktion zu befreien; als Kind war sie aus Furcht vor Strafe gezwungen, mit Ekel die kalte Mahlzeit zu essen, und in reiferen Jahren verhinderte sie die Rücksicht auf die Brüder, die Affekte zu äußern, denen sie bei den gemeinsam genommenen Mahlzeiten unterlag.

Ich darf hier vielleicht an eine kleine Arbeit erinnern, in der ich versucht habe, eine psychologische Erklärung der hysterischen Lähmungen zu geben. Ich gelangte dort zur Annahme, die Ursache dieser Lähmungen liege in der Unzugänglichkeit des Vorstellungskreises etwa einer Extremität für neue Assoziationen; diese assoziative Unzugänglichkeit selbst rühre aber davon her, daß die Vorstellung des gelähmten Gliedes in die mit unerledigtem Affekt behaftete Erinnerung des Traumas einbezogen sei. Ich führte aus den Beispielen des gewöhnlichen Lebens an, daß eine solche Besetzung einer Vorstellung mit unerledigtem Affekte jedesmal ein gewisses Maß von assoziativer Unzugänglichkeit, von Unverträglichkeit mit neuen Besetzungen mit sich bringt.[1]

Es ist mir nun bis heute nicht gelungen, meine damaligen Voraussetzungen für einen Fall von motorischer Lähmung durch hypnotische Analyse zu erweisen, aber ich kann mich auf die Anorexie der Frau v. N... als Beweis dafür berufen, daß dieser Mechanismus für gewisse Abulien der zutreffende ist, und Abulien sind ja nichts anderes als sehr spezialisierte — „systematisierte" nach französischem Ausdrucke — psychische Lähmungen.

Man kann den psychischen Sachverhalt bei Frau v. N... im wesentlichen charakterisieren, wenn man zweierlei hervorhebt:

---

[1] Quelques considérations pour une étude comparative des paralysies motrices, organiques et hystériques. Archives de Neurologie, Nr. 77, 1893 [abgedruckt in diesem Band der Ges. Werke].

1. Es sind bei ihr die peinlichen Affekte von traumatischen Erlebnissen unerledigt verblieben, so die Verstimmung, der Schmerz (über den Tod des Mannes), der Groll (von den Verfolgungen der Verwandten), der Ekel (von den gezwungenen Mahlzeiten), die Angst (von so vielen schreckhaften Erlebnissen) usw., und 2. es besteht bei ihr eine lebhafte Erinnerungstätigkeit, welche bald spontan, bald auf erweckende Reize der Gegenwart hin (z. B. bei der Nachricht von der Revolution in S. Domingo) Stück für Stück der Traumen mitsamt den sie begleitenden Affekten ins aktuelle Bewußtsein ruft. Meine Therapie schloß sich dem Gange dieser Erinnerungstätigkeit an und suchte Tag für Tag aufzulösen und zu erledigen, was der Tag an die Oberfläche gebracht hatte, bis der erreichbare Vorrat an krankhaften Erinnerungen erschöpft schien.

An diese beiden psychischen Charaktere, die ich für allgemeine Befunde bei hysterischen Paroxysmen halte, ließen sich einige wichtige Betrachtungen anschließen, die ich verschieben will, bis dem Mechanismus der körperlichen Symptome einige Aufmerksamkeit geschenkt wurde.

Man kann nicht die gleiche Ableitung für alle körperlichen Symptome der Kranken geben, vielmehr erfährt man selbst aus diesem hieran nicht reichen Falle, daß die körperlichen Symptome einer Hysterie auf verschiedene Weisen zustande kommen. Ich gestatte mir zunächst, die Schmerzen zu den körperlichen Symptomen zu stellen. Soviel ich sehen kann, war ein Teil der Schmerzen gewiß organisch bedingt durch jene leichten (rheumatischen) Veränderungen in Muskeln, Sehnen und Faszien, die dem Nervösen soviel mehr Schmerz bereiten als dem Gesunden; ein anderer Teil der Schmerzen war höchstwahrscheinlich Schmerzerinnerung, Erinnerungssymbol der Zeiten von Aufregung und Krankenpflege, die im Leben der Kranken so viel Platz eingenommen hatten. Auch diese Schmerzen mochten ursprünglich einmal organisch berechtigt gewesen sein, waren aber seither für die Zwecke der Neurose verarbeitet worden. Ich stütze diese Aussagen über die Schmerzen bei Frau v. N... auf anderswo gemachte Erfahrungen, welche ich an einer späteren Stelle dieser Arbeit mitteilen werde; an der Kranken selbst war gerade über diesen Punkt wenig Aufklärung zu gewinnen.

Ein Teil der auffälligen Bewegungserscheinungen, welche Frau v. N... zeigte, war einfach Ausdruck von Gemütsbewegung und leicht in dieser Bedeutung zu erkennen, so das Vorstrecken der Hände mit gespreizten und gekrümmten Fingern als Ausdruck des Grausens, das Mienenspiel u. dgl. Allerdings ein lebhafterer und ungehemmterer Ausdruck der Gemütsbewegung, als der sonstigen Mimik dieser Frau, ihrer Erziehung und ihrer Rasse entsprach; sie war, wenn nicht im hysterischen Zustande, gemessen, fast steif in ihren Ausdrucksbewegungen. Ein anderer Teil ihrer Bewegungssymptome stand nach ihrer Angabe in direktem Zusammenhange mit ihren Schmerzen, sie spielte ruhelos mit den Fingern (1888) oder rieb die Hände aneinander (1889), um nicht schreien zu müssen, und diese Motivierung erinnert lebhaft an eines der Darwinschen Prinzipien zur Erklärung der Ausdrucksbewegung, an das Prinzip der „Ableitung der Erregung", durch welches er z. B. das Schweifwedeln der Hunde erklärt. Den Ersatz des Schreiens bei schmerzhaften Reizen durch andersartige motorische Innervation üben wir übrigens alle. Wer sich beim Zahnarzte vorgenommen hat, Kopf und Mund ruhig zu halten und nicht mit den Händen dazwischenzufahren, der trommelt wenigstens mit den Füßen.

Eine kompliziertere Weise der Konversion lassen die ticähnlichen Bewegungen bei Frau v. N... erkennen, das Zungenschnalzen und Stottern, das Rufen ihres Namens „Emmy" im Anfalle von Verworrenheit, die zusammengesetzte Schutzformel — „Seien Sie still — Reden Sie nichts — Rühren Sie mich nicht an!" (1888.) Von diesen motorischen Äußerungen lassen Stottern und Schnalzen eine Erklärung nach einem Mechanismus zu, den ich in einer kleinen Mitteilung in der Zeitschrift für Hypnotismus, Band I (1893)[1] als „Objektivierung der Kontrastvorstellung" bezeichnet habe. Der Vorgang hiebei wäre, an unserem Beispiele selbst erläutert, folgender: Die durch Sorgen und Wachen erschöpfte Hysterika sitzt beim Bette ihres kranken Kindes, das endlich! eingeschlafen ist. Sie sagt sich: Jetzt mußt du aber ganz stille sein, damit du die Kleine nicht aufweckst. Dieser Vorsatz erweckt wahrscheinlich eine Kontrastvorstellung, die Befürchtung, sie werde doch ein Geräusch machen, das die Kleine aus dem lang ersehnten Schlafe weckt. Solche Kontrastvorstellungen gegen den Vorsatz entstehen auch in uns merklicherweise dann, wenn wir uns in der Durchführung eines wichtigen Vorsatzes nicht sicher fühlen.

Der Neurotische, in dessen Selbstbewußtsein ein Zug von Depression, von ängstlicher Erwartung selten vermißt wird, bildet solcher Kontrastvorstellungen eine größere Anzahl, oder er nimmt sie leichter wahr, sie erscheinen ihm auch bedeutsamer. Im Zustand der Erschöpfung, in dem sich unsere Kranke befindet, erweist sich nun die Kontrastvorstellung, die sonst abgewiesen wurde, als die stärkere; sie ist es, die sich objektiviert, und die nun zum Entsetzen der Kranken das gefürchtete Geräusch wirklich erzeugt. Zur Erklärung des ganzen Vorganges nehme ich noch an, daß die Erschöpfung eine partielle ist, sie betrifft, wie man in den Terminis Janets und seiner Nachfolger sagen würde, nur das primäre Ich der Kranken, sie hat nicht zur Folge, daß auch die Kontrastvorstellung geschwächt wird.

Ich nehme ferner an, daß es das Entsetzen über das wider Willen produzierte Geräusch ist, welches den Moment zu einem traumatisch wirksamen macht und dies Geräusch selbst als leibliches Erinnerungssymptom der ganzen Szene fixiert. Ja, ich glaube

---

[1] Abgedruckt in diesem Bande der Ges. Werke.

in dem Charakter dieses Tics selbst, der aus mehreren spastisch hervorgestoßenen, durch Pausen voneinander getrennten Lauten besteht, die am meisten mit Schnalzen Ähnlichkeit haben, die Spur des Vorganges zu erkennen, dem er seine Entstehung verdankte. Es scheint, daß sich ein Kampf zwischen dem Vorsatze und der Kontrastvorstellung, dem „Gegenwillen", abgespielt hat, der dem Tic den abgesetzten Charakter gab, und der die Kontrastvorstellung auf ungewöhnliche Innervationswege der Sprachmuskulatur einschränkte.

Von einem im Wesen ähnlichen Anlasse blieb die spastische Sprachhemmung, das eigentümliche Stottern übrig, nur daß diesmal nicht der Erfolg der schließlichen Innervation, der Schrei, sondern der Innervationsvorgang selbst, der Versuch einer krampfhaften Hemmung der Sprachwerkzeuge zum Symbol des Ereignisses für die Erinnerung erhoben wurde.

Beide, durch ihre Entstehungsgeschichte nahe verwandten Symptome, Schnalzen und Stottern, blieben auch fernerhin assoziiert und wurden durch eine Wiederholung bei einem ähnlichen Anlasse zu Dauersymptomen. Dann aber wurden sie einer weiteren Verwendung zugeführt. Unter heftigem Erschrecken entstanden, gesellten sie sich von nun an (nach dem Mechanismus der monosymptomatischen Hysterie, den ich bei Fall D aufzeigen werde) zu jedem Schreck hinzu, wenn derselbe auch nicht zum Objektivieren einer Kontrastvorstellung Anlaß geben konnte.

Sie waren endlich mit so vielen Traumen verknüpft, hatten soviel Recht, sich in der Erinnerung zu reproduzieren, daß sie ohne weiteren Anlaß nach Art eines sinnlosen Tic beständig die Rede unterbrachen. Die hypnotische Analyse konnte dann aber zeigen, wieviel Bedeutung sich hinter diesem scheinbaren Tic verberge, und wenn es der Breuerschen Methode hier nicht gelang, beide Symptome mit einem Schlage vollständig zum Verschwinden zu bringen, so kam dies daher, daß die Katharsis nur auf die drei Haupttraumen und nicht auf die sekundär assoziierten ausgedehnt wurde.[1]

Das Rufen des Namens „Emmy" in Anfällen von Verwirrung, welche nach den Regeln hysterischer Anfälle die häufigen Zustände von Ratlosigkeit während der Kur der Tochter reproduzierten, war durch einen komplizierten Gedankengang mit dem Inhalte des Anfalles verknüpft und entsprach etwa einer Schutzformel der Kranken gegen diesen Anfall. Dieser Ruf hätte wahrscheinlich auch die Eignung gehabt, in mehr lockerer Ausnützung seiner Bedeutung zum Tic herabzusinken, die komplizierte Schutzformel „Rühren Sie mich nicht an usw." war zu dieser Anwendung

---

[1] Ich könnte hier den Eindruck erwecken, als legte ich den Details der Symptome zu viel Gewicht bei und verlöre mich in überflüssige Zeichendeuterei. Allein ich habe gelernt, daß die Determinierung der hysterischen Symptome wirklich bis in deren feinste Ausführung hinabreicht, und daß man ihnen nicht leicht zu viel Sinn unterlegen kann. Ich will ein Beispiel beibringen, das mich rechtfertigen wird. Vor Monaten behandelte ich ein 18jähriges Mädchen aus belasteter Familie, an dessen komplizierter Neurose die Hysterie ihren gebührenden Anteil hatte. Das erste, was ich von ihr erfuhr, war die Klage über Anfälle von Verzweiflung mit zweierlei Inhalt. Bei den einen verspürte sie ein Ziehen und Prickeln in der unteren Gesichtspartie von den Wangen herab gegen den Mund; bei den anderen streckten sich die Zehen an beiden Füßen krampfhaft und spielten ruhelos hin und her. Ich war anfangs auch nicht geneigt, diesen Details viel Bedeutung beizumessen, und früheren Bearbeitern der Hysterie wäre es sicherlich nahegelegen, in diesen Erscheinungen Beweise für die Reizung kortikaler Zentren beim hysterischen Anfalle zu erblicken. Wo die Zentren für solche Parästhesien liegen, wissen wir zwar nicht, es ist aber bekannt, daß solche Parästhesien die partielle Epilepsie einleiten und die sensorische Epilepsie Charcots ausmachen. Für die Zehenbewegung wären symmetrische Rindenstellen in nächster Nähe der Medianspalte verantwortlich zu machen. Allein es klärte sich anders. Als ich mit dem Mädchen besser bekannt geworden war, fragte ich sie einmal direkt, was für Gedanken ihr bei solchen Anfällen kämen; sie solle sich nicht genieren, sie müßte wohl eine Erklärung für die beiden Erscheinungen geben können. Die Kranke wurde rot vor Scham und ließ sich endlich ohne Hypnose vo folgenden Aufklärungen bewegen, deren Beziehung auf die Wirklichkeit von ihrer anwesenden Gesellschafterin vollinhaltlich bestätigt wurde. Sie hatte vom Eintritt der Menses an durch Jahre an der Cephalaea adolescentium gelitten, die ihr jede anhaltende Beschäftigung unmöglich machte und sie in ihrer Ausbildung unterbrach. Endlich von diesem Hindernisse befreit, beschloß das ehrgeizige und etwas einfältige Kind, mächtig an sich zu arbeiten, um seine Schwestern und Altersgenossinnen wieder einzuholen. Dabei strengte sie sich über jedes Maß an, und eine solche Bemühung endete gewöhnlich mit einem Ausbruche von Verzweiflung darüber, daß sie ihre Kräfte überschätzt habe. Natürlich pflegte sie sich auch körperlich mit anderen Mädchen zu vergleichen und unglücklich zu sein, wenn sie an sich einen körperlichen Nachteil entdeckt hatte. Ihr (ganz deutlicher) Prognathismus begann sie zu kränken, und sie kam auf die Idee,

bereits gelangt, aber die hypnotische Therapie hielt in beiden
Fällen die weitere Entwicklung dieser Symptome auf. Den ganz
frisch entstandenen Ruf „Emmy" fand ich noch auf seinen Mutter-
boden, den Anfall von Verwirrung, beschränkt.

Ob nun diese motorischen Symptome wie das Schnalzen durch
Objektivierung einer Kontrastvorstellung, wie das Stottern durch
bloße Konversion der psychischen Erregung ins Motorische, wie
der Ruf „Emmy" und die längere Formel als Schutzvorrichtungen
durch gewollte Aktion der Kranken im hysterischen Paroxysmus
entstanden sein mögen, ihnen allen ist das Eine gemeinsam, daß
sie ursprünglich oder fortdauernd in einer aufzeigbaren Verbindung

---

ihn zu korrigieren, indem sie sich viertelstundenlang darin übte, die Oberlippe über
die vorstehenden Zähne herabzuziehen. Die Erfolglosigkeit dieser kindischen Bemühung
führte einmal zu einem Ausbruche von Verzweiflung, und von da an war Ziehen und
Prickeln von der Wange nach abwärts als Inhalt der einen Art von Anfällen gegeben.
Nicht minder durchsichtig war die Determinierung der anderen Anfälle mit dem
motorischen Symptom der Zehenstreckung und Zehenunruhe. Es war mir angegeben
worden, daß der erste solche Anfall nach einer Partie auf den Schafberg bei Ischl
aufgetreten sei, und die Angehörigen waren natürlich geneigt, ihn von Überanstren-
gung abzuleiten. Das Mädchen berichtete aber folgendes: Es sei ein unter den Geschwistern beliebtes Thema gegenseitiger Neckerei, einander auf ihre (unleugbar)
großen Füße aufmerksam zu machen. Unsere Patientin, seit langer Zeit über diesen
Schönheitsfehler unglücklich, versuchte ihren Fuß in die engsten Stiefel zu zwängen,
allein der aufmerksame Papa litt dies nicht und sorgte dafür, daß sie nur bequeme
Fußbekleidung trug. Sie war recht unzufrieden mit dieser Verfügung, dachte immer
daran und gewöhnte sich mit den Zehen im Schuh zu spielen, wie man es tut, wenn
man abmessen will, ob der Schuh um vieles zu groß ist, einen wieviel kleineren
Schuh man vertragen könnte u. dgl. Während der Bergpartie auf den Schafberg, die
sie gar nicht anstrengend fand, war natürlich wieder Gelegenheit, sich bei den ver-
kürzten Röcken mit dem Schuhwerke zu beschäftigen. Eine ihrer Schwestern sagte
ihr unterwegs: „Du hast aber heute besonders große Schuhe angezogen." Sie probierte
mit den Zehen zu spielen; es kam ihr auch so vor. Die Aufregung über die unglücklich großen Füße verließ sie nicht mehr, und als sie nach Hause kamen, brach der
erste Anfall los, in dem als Erinnerungssymbol für den ganzen verstimmenden Gedankengang die Zehen krampften und sich unwillkürlich bewegten.

Ich bemerke, daß es sich hier um Anfalls- und nicht um Dauersymptome handelt;
ferner füge ich hinzu, daß nach dieser Beichte die Anfälle der ersten Art aufhörten,
die der zweiten mit Zehenunruhe sich fortsetzten. Es mußte also wohl noch ein Stück
dabei sein, das nicht gebeichtet wurde.

Nachschrift: Ich habe später auch dies erfahren. Das törichte Mädchen arbeitete
darum so übereifrig an seiner Verschönerung, weil es — einem jungen Vetter
gefallen wollte. (Eine Reihe von Jahren später wandelte sich ihre Neurose in eine
Dementia praecox.

mit Traumen stehen, für welche sie in der Erinnerungstätigkeit als Symbole eintreten.

Andere körperliche Symptome der Kranken sind überhaupt nicht hysterischer Natur, so die Genickkrämpfe, die ich als modifizierte Migränen auffasse, und die als solche eigentlich gar nicht zu den Neurosen, sondern zu den organischen Affektionen zu stellen sind. An sie knüpfen sich aber regelmäßig hysterische Symptome an; bei Frau v. N . . . werden die Genickkrämpfe zu hysterischen Anfällen verwendet, während sie über die typischen Erscheinungsformen des hysterischen Anfalles nicht verfügte.

Ich will die Charakteristik des psychischen Zustandes der Frau v. N . . . vervollständigen, indem ich mich den bei ihr nachweisbaren krankhaften Veränderungen des Bewußtseins zuwende. Wie durch die Genickkrämpfe, so wird sie auch durch peinliche Eindrücke der Gegenwart (vgl. das letzte Delirium im Garten) oder durch mächtige Anklänge an eines ihrer Traumen in einen Zustand von Delirien versetzt, in welchem — nach den wenigen Beobachtungen, die ich darüber anstellte, kann ich nichts anderes aussagen — eine ähnliche Einschränkung des Bewußtseins, ein ähnlicher Assoziationszwang wie im Traume obwaltet, Halluzinationen und Illusionen äußerst erleichtert sind und schwachsinnige oder geradezu widersinnige Schlüsse gezogen werden. Dieser Zustand, mit einer geistigen Alienation vergleichbar, vertritt wahrscheinlich ihren Anfall, etwa eine akute Psychose als Anfallsäquivalent, die man als „halluzinatorische Verworrenheit" klassifizieren würde. Eine weitere Ähnlichkeit mit dem typischen hysterischen Anfalle liegt noch darin, daß zumeist ein Stück der alten traumatischen Erinnerungen als Grundlage des Deliriums nachweisbar ist. Der Übergang aus dem Normalzustande in dieses Delirium vollzieht sich häufig ganz unmerklich; eben hat sie noch ganz korrekt von wenig affektiven Dingen gesprochen und bei der Fortsetzung des Gespräches, das sie auf peinliche Vorstellungen führt, merke ich an ihren gesteigerten Gesten, an dem Auftreten ihrer Spruchformeln u. dgl., daß sie deliriert. Zu Beginn der Behandlung zog sich das Delirium durch den ganzen Tag hindurch, so daß es schwer fiel, von den einzelnen Symptomen mit Sicherheit auszusagen, ob sie — wie die Gesten — nur dem psychischen Zustande als Anfallssymptome angehörten oder wie Schnalzen und Stottern zu wirklichen Dauersymptomen geworden waren. Oft gelang es erst nachträglich zu unterscheiden, was im Delirium, was im Normalzustande vorgefallen war. Die beiden Zustände waren nämlich durch das Gedächtnis getrennt, und sie war dann aufs äußerste erstaunt zu hören, welche Dinge das Delirium an eine im Normalen geführte Konversation angestückelt hatte. Meine erste Unterhaltung mit ihr war das merkwürdigste Beispiel dafür, wie die beiden Zustände durcheinander durchgingen, ohne voneinander Notiz zu nehmen. Nur einmal ereignete sich während dieses psychischen Wippens eine Beeinflussung des die Gegenwart verfolgenden Normalbewußtseins, als sie mir die aus dem Delirium stammende Antwort gab, sie sei eine Frau aus dem vorigen Jahrhundert.

Die Analyse dieses Deliriums bei Frau v. N . . . ist wenig erschöpfend geworden, hauptsächlich darum, weil ihr Zustand sich alsbald so besserte, daß die Delirien sich scharf vom Normalleben sonderten und sich auf die Zeiten der Genickkrämpfe einschränkten. Um so mehr Erfahrung habe ich über das Verhalten der Patientin in einem dritten psychischen Zustand, in dem des künstlichen Somnambulismus, gesammelt. Während sie in ihrem eigenen Normalzustande nicht wußte, was sie in ihren Delirien und was sie im Somnambulismus psychisch erlebt hatte, verfügte sie im Somnambulismus über die Erinnerungen aller drei Zustände, sie war hier eigentlich am normalsten. Wenn ich abziehe, daß sie als Somnambule weit weniger reserviert gegen mich war als in ihren besten Stunden des gewöhnlichen Lebens, d. h. mir als Somnambule Mitteilungen über ihre Familie u. dgl. machte, während sie mich sonst behandelte als wäre ich ein Fremder, wenn ich ferner davon absehe, daß sie die volle Suggerierbarkeit der Somnambulen zeigte, muß ich eigentlich sagen, sie war als Somnambule in einem vollkommen normalen Zustande. Es war interessant zu beobachten, daß dieser Somnambulismus anderseits keinen Zug des Übernormalen zeigte, daß er mit allen psychischen Mängeln behaftet war, die wir dem normalen Bewußtseinszustande zutrauen. Das Verhalten des somnambulen Gedächtnisses mögen folgende Proben erläutern. Einmal drückte sie mir im Gespräche ihr Entzücken über eine schöne Topfpflanze aus, welche die Vorhalle des Sanatoriums zierte. „Aber wie heißt sie nur, Herr Doktor? Wissen Sie nicht? Ich habe den deutschen und den lateinischen Namen gewußt und beide vergessen." Sie war eine treffliche Kennerin der Pflanzen, während ich bei dieser Gelegenheit meine botanische Unbildung eingestand. Wenige Minuten später frage ich sie in der Hypnose: „Wissen Sie jetzt den Namen der Pflanze im Stiegenhause?" Die Antwort lautete ohne jedes Besinnen: Mit dem deutschen Namen heißt sie Türkenlilie, den lateinischen habe ich wirklich vergessen. Ein andermal erzählt sie mir in gutem Wohlbefinden von einem Besuche in den Katakomben von Rom und kann sich auf zwei Termini der Beschreibung nicht besinnen, zu denen auch ich ihr nicht verhelfen kann. Unmittelbar darauf erkundige ich mich in der Hypnose, welche Worte sie meinte. Sie weiß es auch in der Hypnose nicht. Ich sage darauf: Denken Sie nicht weiter nach, morgen zwischen fünf und sechs Uhr nachmittags im Garten, näher an sechs Uhr, werden sie Ihnen plötzlich einfallen.

Am nächsten Abend platzt sie während einer den Katakomben ganz entfremdeten Unterhaltung plötzlich heraus: Krypte, Herr Doktor, und Kolumbarium. — Ah, das sind ja die Worte, auf die Sie gestern nicht kommen konnten. Wann sind sie Ihnen denn eingefallen? — Heute nachmittag im Garten, kurz ehe ich hinaufgegangen bin. — Ich merkte, daß sie mir auf diese Weise zeigen wollte, sie habe genau die angegebene Zeit eingehalten, denn sie war gewohnt, den Garten gegen sechs Uhr zu verlassen. So verfügte sie also auch im Somnambulismus nicht über den ganzen Umfang ihres Wissens, es gab auch für ihn noch ein aktuelles und ein potentielles Bewußtsein. Oft genug kam es auch vor, daß sie im Somnambulismus auf meine Frage: Woher rührt diese oder jene Erscheinung? die Stirne in Falten zog und nach einer Pause kleinlaut die Antwort gab: Das weiß ich nicht. Dann hatte ich die Gewohnheit angenommen zu sagen: Besinnen Sie sich, Sie werden es gleich erfahren, und sie konnte mir nach ein wenig Nachdenken die verlangte Auskunft geben. Es traf sich aber auch, daß ihr nichts einfiel und daß ich ihr die Aufgabe hinterlassen mußte, sich bis morgen daran zu erinnern, was auch jedesmal zutraf. Die Frau, die im gewöhnlichen Leben peinlichst jeder Unwahrheit aus dem Wege ging, log auch in der Hypnose niemals, es kam aber vor, daß sie unvollständige Angaben machte, mit einem Stück des Berichtes zurückhielt, bis ich ein zweites Mal die Vervollständigung erzwang. Wie in dem auf S. 132/133 gegebenen Beispiele, war es meist die Abneigung, die ihr das Thema einflößte, welche ihr auch im Somnambulismus den Mund verschloß. Trotz dieser Züge von Einschränkung war aber doch der Eindruck, den ihr psychisches Verhalten im Somnambulismus machte, im ganzen der einer ungehemmten Entfaltung ihrer geistigen Kraft und der vollen Verfügung über ihren Erinnerungsschatz.

Ihre unleugbar große Suggerierbarkeit im Somnambulismus war indes von einer krankhaften Widerstandslosigkeit weit entfernt. Im ganzen muß ich sagen, machte ich doch nicht mehr Eindruck auf sie, als ich bei solchem Eingehen auf den psychischen Mechanismus bei jeder Person hätte erwarten dürfen, die mir mit großem Vertrauen und in voller Geistesklarheit gelauscht hätte, nur daß Frau v. N . . . mir in ihrem sogenannten Normalzustande eine solche günstige psychische Verfassung nicht entgegenbringen konnte. Wo es mir, wie bei der Tierfurcht, nicht gelang, ihr Gründe der Überzeugung beizubringen, oder wo ich nicht auf die psychische Entstehungsgeschichte des Symptoms einging, sondern mittels autoritativer Suggestion wirken wollte, da merkte ich jedesmal den gespannten, unzufriedenen Ausdruck in der Miene der Somnambulen, und wenn ich dann zum Schlusse fragte: Also, werden Sie sich noch vor diesem Tiere fürchten? war die Antwort: Nein, — weil Sie es verlangen. Ein solches Versprechen, das sich nur auf ihre Gefügigkeit gegen mich stützen konnte, hatte aber eigentlich niemals Erfolg, so wenig Erfolg wie die vielen allgemeinen Lehren, die ich ihr gab, anstatt deren ich ebensogut die eine Suggestion: Seien Sie gesund, hätte wiederholen können.

Dieselbe Person, die ihre Krankheitssymptome gegen die Suggestion so hartnäckig festhielt und sie nur gegen psychische Analyse oder Überzeugung fallen ließ, war anderseits gefügig wie das beste Spitalsmedium, wo es sich um belanglose Suggestionen handelte, Dinge, die nicht in Beziehung zu ihrer Krankheit standen. Ich habe Beispiele von solchem posthypnotischen Gehorsam in der Krankengeschichte mitgeteilt. Ich finde keinen Widerspruch in diesem Verhalten. Das Recht der stärkeren Vorstellung mußte sich auch hier geltend machen. Wenn man auf den Mechanismus der pathologischen „fixen Idee" eingeht, findet man dieselbe begründet und gestützt durch so viele und intensiv wirkende Erlebnisse, daß man sich nicht wundern kann, wenn sie imstande ist, der suggerierten, wiederum nur mit einer gewissen Kraft ausgestatteten Gegenvorstellung erfolgreich Widerstand zu leisten. Es wäre nur ein wahrhaft pathologisches Gehirn, in dem es möglich wäre, so berechtigte Ergebnisse intensiver psychischer Vorgänge durch die Suggestion wegzublasen.¹

---

1) Von diesem interessanten Gegensatze zwischen dem weitestgehenden somnambulen Gehorsam in allen anderen Stücken und der hartnäckigen Beständigkeit der Krankheitssymptome, weil letztere tief begründet und der Analyse unzugänglich sind, habe ich mir in einem anderen Falle einen tiefen Eindruck geholt. Ich behandelte ein junges, lebhaftes und begabtes Mädchen, das seit eineinhalb Jahren mit schwerer Gangstörung behaftet war, durch länger als fünf Monate, ohne ihr helfen zu können. Das

Als ich den somnambulen Zustand der Frau v. N... studierte, stiegen mir zum ersten Male gewichtige Zweifel an der Richtigkeit des Satzes Bernheims, *tout est dans la suggestion*, und an dem Gedankengange seines scharfsinnigen Freundes Delboeuf, *comme quoi il n'y a pas d'hypnotisme*, auf. Ich kann es auch heute nicht verstehen, daß mein vorgehaltener Finger und das einmalige „Schlafen Sie" den besonderen psychischen Zustand der Kranken geschaffen haben soll, in dem ihr Gedächtnis alle ihre psychische Erlebnisse umfaßte. Ich konnte den Zustand hervor-

Mädchen hatte Analgesie und schmerzhafte Stellen an beiden Beinen, rapiden Tremor an den Händen, ging vorgebeugt mit schweren Beinen, kleinen Schritten und schwankte wie cerebellar, fiel auch öfters hin. Ihre Stimmung war eine auffällig heitere. Eine unserer damaligen Wiener Autoritäten hatte sich durch diesen Symptomkomplex zur Diagnose einer multiplen Sklerose verleiten lassen, ein anderer Fachmann erkannte die Hysterie, für die auch die komplizierte Gestaltung des Krankheitsbildes zu Beginn der Erkrankung sprach (Schmerzen, Ohnmachten, Amaurose), und wies mir die Behandlung der Kranken zu. Ich versuchte ihren Gang durch hypnotische Suggestion, Behandlung der Beine in der Hypnose usw. zu bessern, aber ohne jeden Erfolg, obwohl sie eine ausgezeichnete Somnambule war. Eines Tages, als sie wieder ins Zimmer geschwankt kam, den einen Arm auf den ihres Vaters, den andern auf einen Regenschirm gestützt, dessen Spitze bereits stark abgerieben war, wurde ich ungeduldig und schrie sie in der Hypnose an: „Das ist jetzt die längste Zeit so gewesen. Morgen vormittag schon wird der Schirm da in der Hand zerbrechen und Sie werden ohne Schirm nach Hause gehen müssen, von da an werden Sie keinen Schirm mehr brauchen." Ich weiß nicht, wie ich zu der Dummheit kam, eine Suggestion an einen Regenschirm zu richten; ich schämte mich nachträglich und ahnte nicht, daß meine kluge Patientin meine Rettung vor dem Vater, der Arzt war und den Hypnosen beiwohnte, übernehmen würde. Am nächsten Tage erzählte mir der Vater: „Wissen Sie, was sie gestern getan hat? Wir gehen auf der Ringstraße spazieren; plötzlich wird sie ausgelassen lustig und fängt an — mitten auf der Straße — zu singen: Ein freies Leben führen wir, schlägt dazu den Takt mit dem Schirm gegen das Pflaster und zerbricht den Schirm." Sie hatte natürlich keine Ahnung davon, daß sie selbst mit soviel Witz eine unsinnige Suggestion in eine glänzend gelungene verwandelt hatte. Als ihr Zustand auf Versicherung, Gebot und Behandlung in der Hypnose sich nicht besserte, wandte ich mich an die psychische Analyse und verlangte zu wissen, welche Gemütsbewegung dem Ausbruche des Leidens vorhergegangen war. Sie erzählte jetzt (in der Hypnose, aber ohne alle Erregung), daß kurz vorher ein junger Verwandter gestorben sei, als dessen Verlobte sie sich seit langen Jahren betrachtet habe. Diese Mitteilung änderte aber gar nichts an ihrem Zustand; in der nächsten Hypnose sagte ich ihr demnach, ich sei ganz überzeugt, der Tod des Vetters habe mit ihrem Zustande nichts zu tun, es sei etwas anderes vorgefallen, was sie nicht erwähnt habe. Nun ließ sie sich zu einer einzigen Andeutung hinreißen, aber kaum daß sie ein Wort gesagt hatte, verstummte sie, und der alte Vater, der hinter ihr saß, begann bitterlich zu schluchzen. Ich drang natürlich, nicht weiter in die Kranke, bekam sie aber auch nicht wieder zu Gesichte.

gerufen haben, geschaffen habe ich ihn nicht durch meine Suggestion, da seine Charaktere, die übrigens allgemein gültige sind, mich so sehr überraschten. Auf welche Weise hier im Somnambulismus Therapie geübt wurde, ist aus der Krankengeschichte zur Genüge ersichtlich. Ich bekämpfte, wie es in der hypnotischen Psychotherapie gebräuchlich, die vorhandenen krankhaften Vorstellungen durch Versicherung, Verbot, Einführung von Gegenvorstellungen jeder Art, begnügte mich aber nicht damit, sondern ging der Entstehungsgeschichte der einzelnen Symptome nach, um die Voraussetzungen bekämpfen zu können, auf denen die krankhaften Ideen aufgebaut waren. Während dieser Analysen ereignete es sich dann regelmäßig, daß die Kranke sich unter den Zeichen heftigster Erregung über Dinge aussprach, deren Affekt bisher nur Abfluß als Ausdruck von Gemütsbewegung gefunden hatte. Wieviel von dem jedesmaligen therapeutischen Erfolge auf dies Wegsuggerieren *in statu nascendi*, wieviel auf die Lösung des Affektes durch Abreagieren kam, kann ich nicht angeben, denn ich habe beide therapeutischen Momente zusammenwirken lassen. Dieser Fall wäre demnach für den strengen Nachweis, daß der kathartischen Methode eine therapeutische Wirksamkeit innewohnt, nicht zu verwerten, allein ich muß doch sagen, daß nur jene Krankheitssymptome wirklich auf die Dauer beseitigt worden sind, bei denen ich die psychische Analyse durchgeführt hatte.

Der therapeutische Erfolg war im ganzen ein recht beträchtlicher, aber kein dauernder; die Eignung der Kranken, unter neuerlichen Traumen, die sie trafen, in ähnlicher Weise zu erkranken, wurde nicht beseitigt. Wer die endgültige Heilung einer solchen Hysterie unternehmen wollte, müßte sich eingehendere Rechenschaft über den Zusammenhang der Phänomene geben, als ich damals versuchte. Frau v. N . . . war sicherlich eine neuropathisch hereditär belastete Person. Ohne solche Disposition bringt man wahrscheinlich überhaupt keine Hysterie zustande. Aber die

Disposition allein macht auch noch keine Hysterie, es gehören Gründe dazu, und zwar, wie ich behaupte, adäquate Gründe, eine Ätiologie bestimmter Natur. Ich habe vorhin erwähnt, daß bei Frau v. N... die Affekte so vieler traumatischer Erlebnisse erhalten schienen und daß eine lebhafte Erinnerungstätigkeit bald dies, bald jenes Trauma an die psychische Oberfläche brachte. Ich möchte mich nun getrauen, den Grund für diese Erhaltung der Affekte bei Frau v. N... anzugeben. Er hängt allerdings mit ihrer hereditären Anlage zusammen. Ihre Empfindungen waren nämlich einerseits sehr intensiv, sie war eine heftige Natur, der größten Entbindung von Leidenschaftlichkeit fähig, anderseits lebte sie seit dem Tode ihres Mannes in völliger seelischer Vereinsamung, durch die Verfolgungen der Verwandtschaft gegen Freunde mißtrauisch gemacht, eifersüchtig darüber wachend, daß niemand zu viel Einfluß auf ihr Handeln gewinne. Der Kreis ihrer Pflichten war ein großer und die ganze psychische Arbeit, die ihr aufgenötigt war, besorgte sie allein ohne Freund oder Vertraute, fast isoliert von ihrer Familie und unter der Erschwerung, die ihre Gewissenhaftigkeit, ihre Neigung zur Selbstquälerei, oft auch ihre natürliche Ratlosigkeit als Frau ihr auferlegten. Kurz, der Mechanismus der Retention großer Erregungssummen an und für sich ist hier nicht zu verkennen. Er stützt sich teils auf die Umstände ihres Lebens, teils auf ihre natürliche Anlage; ihre Scheu z. B. etwas über sich mitzuteilen, war so groß, daß keiner von den täglichen Besuchern ihres Hauses, wie ich 1891 mit Erstaunen merkte, sie als krank oder mich als ihren Arzt kannte.

Ob ich damit die Ätiologie dieses Falles von Hysterie erschöpft habe? Ich glaube es nicht, denn ich stellte mir zur Zeit der beiden Behandlungen noch nicht jene Fragen, deren Beantwortung es für eine erschöpfende Aufklärung bedarf. Ich denke jetzt, es muß noch etwas hinzugekommen sein, um bei den durch lange Jahre unveränderten ätiologisch wirksamen Verhältnissen einen Ausbruch des Leidens gerade in den letzten Jahren zu provozieren. Es ist mir auch aufgefallen, daß in all den intimen Mitteilungen, die mir die Patientin machte, das sexuelle Element, das doch wie kein anderes Anlaß zu Traumen gibt, völlig fehlte. So ohne jeglichen Rest können die Erregungen in dieser Sphäre wohl nicht geblieben sein, es war wahrscheinlich eine *editio in usum delphini* ihrer Lebensgeschichte, die ich zu hören bekam. Die Patientin war in ihrem Benehmen von der größten, ungekünstelt erscheinenden Dezenz, ohne Prüderie. Wenn ich aber an die Zurückhaltung denke, mit der sie mir in der Hypnose das kleine Abenteuer ihrer Kammerfrau im Hotel erzählte, komme ich auf den Verdacht, diese heftige, so starker Empfindungen fähige Frau habe den Sieg über ihre sexuellen Bedürfnisse nicht ohne schwere Kämpfe gewonnen und sich zu Zeiten bei dem Versuche einer Unterdrückung dieses mächtigsten aller Triebe psychisch schwer erschöpft. Sie gestand mir einmal, daß sie nicht wieder geheiratet habe, weil sie bei ihrem großen Vermögen der Uneigennützigkeit der Bewerber nicht vertrauen konnte und weil sie sich Vorwürfe gemacht hätte, den Interessen ihrer beiden Kinder durch eine neue Verheiratung zu schaden.

Noch eine Bemerkung muß ich anfügen, ehe ich die Krankengeschichte der Frau v. N ... beschließe. Wir kannten sie beide ziemlich genau, Dr. Breuer und ich, und durch ziemlich lange Zeit, und wir pflegten zu lächeln, wenn wir ihr Charakterbild mit der Schilderung der hysterischen Psyche verglichen, die sich seit alten Zeiten durch die Bücher und die Meinung der Ärzte zieht. Wenn wir aus der Beobachtung der Frau Cäcilie M ... ersehen hatten, daß Hysterie schwerster Form mit der reichhaltigsten und originellsten Begabung vereinbar ist — eine Tatsache, die übrigens aus den Biographien der für Geschichte und Literatur bedeutsamen Frauen bis zur Evidenz hervorleuchtet, — so hatten wir an Frau Emmy v. N ... ein Beispiel dafür, daß die Hysterie auch tadellose Charakterentwicklung und zielbewußte Lebensführung nicht ausschließt. Es war eine ausgezeichnete Frau, die wir kennen gelernt hatten, deren sittlicher Ernst in der Auffassung ihrer Pflichten, deren geradezu männliche Intelligenz und Energie, deren hohe Bildung und Wahrheitsliebe uns beiden imponierte, während ihre gütige Fürsorge für alle ihr unterstehenden Personen, ihre innere Bescheidenheit und die Feinheit ihrer Umgangsformen sie auch als Dame achtenswert erscheinen ließ. Eine solche Frau eine „Degenerierte" zu nennen, heißt die Bedeutung dieses Wortes bis zur Unkenntlichkeit entstellen. Man tut gut daran, die „disponierten" Menschen von den „degenerierten" begrifflich zu sondern, sonst wird man sich zum Zugeständnisse gezwungen sehen, daß die Menschheit einen guten Teil ihrer großen Errungenschaften den Anstrengungen „degenerierter" Individuen zu verdanken hat.

Ich gestehe auch, ich kann in der Geschichte der Frau v. N... nichts von der „psychischen Minderleistung" finden, auf welche P. Janet die Entstehung der Hysterie zurückführt. Die hysterische Disposition bestünde nach ihm in einer abnormen Enge des Bewußtseinsfeldes (infolge hereditärer Degeneration), welche zur Vernachlässigung ganzer Reihen von Wahrnehmungen, in weiterer Folge zum Zerfall des Ich und zur Organisierung sekundärer Persönlichkeiten Anlaß gibt. Demnach müßte auch der Rest des Ich, nach Abzug der hysterisch organisierten psychischen Gruppen, minder leistungsfähig sein als das normale Ich, und in der Tat ist nach Janet dieses Ich bei den Hysterischen mit psychischen Stigmaten belastet, zum Monoideismus verurteilt und der gewöhnlichen Willensleistungen des Lebens unfähig. Ich meine, Janet hat hier Folgezustände der hysterischen Bewußtseinsveränderung mit Unrecht zu dem Range von primären Bedingungen der Hysterie erhoben. Das Thema ist einer eingehenderen Behandlung an anderer Stelle wert; bei Frau v. N... aber war von solcher Minderleistung nichts zu bemerken. Während der Periode ihrer schwersten Zustände war und blieb sie fähig, ihren Anteil an der Leitung eines großen industriellen Unternehmens zu besorgen, die

Erziehung ihrer Kinder niemals aus den Augen zu verlieren, ihren Briefverkehr mit geistig hervorragenden Personen fortzusetzen, kurz allen ihren Pflichten soweit nachzukommen, daß ihr Kranksein verborgen bleiben konnte. Ich sollte doch meinen, das ergäbe ein ansehnliches Maß von psychischer Überleistung, das vielleicht auf die Dauer nicht haltbar war, das zu einer Erschöpfung, zur sekundären *misère psychologique* führen mußte. Wahrscheinlich begannen zur Zeit, da ich sie zuerst sah, bereits solche Störungen ihrer Leistungsfähigkeit sich fühlbar zu machen, aber jedenfalls hatte schwere Hysterie lange Jahre vor diesen Symptomen der Erschöpfung bestanden.[1]

---

1) [*Zusatz 1924:*] Ich weiß, daß kein Analytiker heute diese Krankengeschichte ohne ein mitleidiges Lächeln lesen kann. Aber man möge bedenken, daß es der erste Fall war, in dem ich das kathartische Verfahren in ausgiebigem Maße anwendete. Ich will darum auch dem Bericht seine ursprüngliche Form lassen, keine der Kritiken vorbringen, die sich heute so leicht ergeben, keinen Versuch zur nachträglichen Ausfüllung der zahlreichen Lücken unternehmen. Nur zweierlei will ich hinzufügen: meine später gewonnene Einsicht in die aktuelle Ätiologie der Erkrankung und Nachrichten über den weiteren Verlauf derselben.

Als ich, wie erwähnt, einige Tage als Gast in ihrem Landhaus zubrachte, war bei einer Mahlzeit ein Fremder anwesend, der sich offenbar bemühte, angenehm zu sein. Nach seinem Weggehen fragte sie mich, wie er mir gefallen habe, und setzte so beiläufig hinzu: Denken Sie sich, der Mann will mich heiraten. Im Zusammenhalt mit anderen Äußerungen, die ich einzuschätzen versäumt hatte, mußte ich die Aufklärung gewinnen, daß sie sich damals nach einer neuen Ehe sehnte, aber in der Existenz der beiden Töchter, der Erbinnen des väterlichen Vermögens, das Hindernis gegen die Verwirklichung ihrer Absicht fand.

Einige Jahre später traf ich auf einer Naturforscherversammlung einen hervorragenden Arzt aus der Heimat der Frau Emmy, den ich befragte, ob er die Dame kenne und etwas von ihrem Befinden wisse. Ja, er kannte sie und hatte sie selbst hypnotisch behandelt, sie hatte mit ihm — und noch vielen anderen Ärzten — dasselbe Stück aufgeführt wie mit mir. Sie war in elenden Zuständen gekommen, hatte die hypnotische Behandlung mit außerordentlichem Erfolg gelohnt, um sich dann plötzlich mit dem Arzt zu verfeinden, ihn zu verlassen und das ganze Ausmaß ihres Krankseins wieder zu aktivieren. Es war der richtige „Wiederholungszwang".

Erst nach einem Vierteljahrhundert erhielt ich wieder Kunde von Frau Emmy. Ihre ältere Tochter, dieselbe, der ich ehemals eine so ungünstige Prognose gestellt hatte, wandte sich an mich mit dem Ersuchen um ein Gutachten über den Geisteszustand ihrer Mutter auf Grund meiner seinerzeitigen Behandlung. Sie beabsichtigte gerichtliche Schritte gegen die Mutter zu unternehmen, die sie als grausame und rücksichtslose Tyrannin schilderte. Sie hatte beide Kinder verstoßen und weigerte sich, ihnen in ihrer materiellen Not beizustehen. Die Schreiberin selbst hatte einen Doktortitel erworben und war verheiratet.

B

Miß Lucy R., dreißig Jahre

Ende 1892 wies ein befreundeter Kollege eine junge Dame an mich, die wegen chronisch wiederkehrender eitriger Rhinitiden in seiner Behandlung stand. Wie sich später herausstellte, war eine Karies des Siebbeines die Ursache der Hartnäckigkeit ihrer Beschwerden. Zuletzt hatte sich die Patientin an ihn wegen neuer Symptome gewendet, die der kundige Arzt nicht mehr auf lokale Affektion schieben konnte. Sie hatte die Geruchswahrnehmung völlig eingebüßt und wurde von ein oder zwei subjektiven Geruchsempfindungen fast unausgesetzt verfolgt. Sie empfand dieselben sehr peinlich, war außerdem in ihrer Stimmung gedrückt, müde, klagte über schweren Kopf, verminderte Eßlust und Leistungsfähigkeit.

Die junge Dame, die als Gouvernante im Hause eines Fabrikdirektors im erweiterten Wien lebte, besuchte mich von Zeit zu Zeit in meiner Ordinationsstunde. Sie war Engländerin, von zarter Konstitution, pigmentarm, bis auf die Affektion der Nase gesund. Ihre ersten Mitteilungen bestätigten die Angaben des Arztes. Sie litt an Verstimmung und Müdigkeit, wurde von subjektiven Geruchsempfindungen gequält, zeigte von hysterischen Symptomen eine ziemlich deutliche allgemeine Analgesie bei intakter Tastempfindlichkeit, die Gesichtsfelder ergaben bei grober Prüfung (mit der Hand) keine Einschränkung. Das Innere der Nase war vollkommen analgisch und reflexlos. Berührungen wurden verspürt, die Wahrnehmung dieses Sinnesorganes war sowohl für spezifische wie für andere Reize (Ammoniak, Essigsäure) aufgehoben. Der eitrige Nasenkatarrh befand sich eben in einer Periode der Besserung.

Bei dem ersten Bemühen, den Krankheitsfall verständlich zu machen, mußten sich die subjektiven Geruchsempfindungen als wiederkehrende Halluzinationen der Deutung von hysterischen Dauersymptomen fügen. Die Verstimmung war vielleicht der zu dem Trauma gehörige Affekt, und es mußte sich ein Erlebnis finden lassen, bei dem diese jetzt subjektiv gewordenen Gerüche objektiv gewesen waren, dieses Erlebnis mußte das Trauma sein, als dessen Symbole in der Erinnerung die Geruchsempfindungen wiederkehrten. Vielleicht war es richtiger, die wiederkehrenden Geruchshalluzinationen, samt der sie begleitenden Verstimmung, als Äquivalente des hysterischen Anfalles zu betrachten; die Natur wiederkehrender Halluzinationen macht sie ja zur Rolle von Dauersymptomen ungeeignet. Darauf kam es in diesem rudimentär ausgebildeten Falle wirklich nicht an; durchaus erforderlich war aber, daß die subjektiven Geruchsempfindungen eine solche Spezialisierung zeigten, wie sie ihrer Herkunft von einem ganz bestimmten realen Objekt entsprechen konnte.

Diese Erwartung erfüllte sich alsbald. Auf meine Frage, was für ein Geruch sie zumeist verfolge, erhielt ich die Antwort: wie von verbrannter Mehlspeise. Ich brauchte also nur anzunehmen, es sei wirklich der Geruch verbrannter Mehlspeise, der in dem traumatisch wirksamen Erlebnisse vorgekommen sei. Daß Geruchsempfindungen zu Erinnerungssymbolen von Traumen gewählt werden, ist zwar recht ungewöhnlich, allein es lag nahe, einen Grund für diese Auswahl anzugeben. Die Kranke war mit eitriger Rhinitis behaftet, darum die Nase und deren Wahrnehmungen im Vordergrunde ihrer Aufmerksamkeit. Von den Lebensverhältnissen der Kranken wußte ich nur, daß in dem Hause, dessen zwei Kinder sie behütete, die Mutter fehlte, die vor einigen Jahren an akuter schwerer Erkrankung gestorben war.

Ich beschloß also, den Geruch nach „verbrannter Mehlspeise" zum Ausgangspunkte der Analyse zu machen. Die Geschichte dieser Analyse will ich so erzählen, wie sie unter günstigen Verhältnissen hätte vorfallen können; tatsächlich dehnte sich, was eine einzige Sitzung hätte werden sollen, auf mehrere aus, da die Kranke mich nur in der Sprechstunde besuchen konnte, wo ich ihr wenig Zeit zu widmen hatte, und zog sich ein einziges solches Gespräch über mehr als eine Woche, da ihre Pflichten ihr auch nicht gestatteten, den weiten Weg von der Fabrik zu mir so oft zu machen. Wir brachen also mitten in der Unterredung ab, um nächstesmal den Faden an der nämlichen Stelle wieder aufzunehmen.

Miß Lucy R. wurde nicht somnambul, als ich sie in Hypnose zu versetzen versuchte. Ich verzichtete also auf den Somnambulismus und machte die ganze Analyse mit ihr in einem Zustande durch, der sich vom normalen vielleicht überhaupt wenig unterschied.

Ich muß mich über diesen Punkt in der Technik meines Verfahrens eingehender äußern. Als ich im Jahre 1889 die Kliniken von Nancy besuchte, hörte ich den Altmeister der Hypnose, den Dr. Liébeault, sagen: „Ja, wenn wir die Mittel besäßen, jedermann somnambul zu machen, wäre die hypnotische Heilmethode die mächtigste von allen." Auf der Klinik Bernheims schien es fast, als gäbe es wirklich eine solche Kunst und als könnte man sie von Bernheim lernen. Sobald ich aber diese Kunst an meinen eigenen Kranken zu üben versuchte, merkte ich, daß wenigstens meinen Kräften in dieser Hinsicht enge Schranken gezogen seien und daß, wo ein Patient nicht nach ein bis drei Versuchen somnambul wurde, ich auch kein Mittel besaß, ihn dazu zu machen. Der Prozentsatz der Somnambulen blieb aber in meiner Erfahrung weit hinter dem von Bernheim angegebenen zurück.

So stand ich vor der Wahl, entweder die kathartische Methode in den meisten Fällen, die sich dazu eignen mochten, zu unterlassen oder den Versuch zu wagen, sie außerhalb des Somnambulismus in leichten und selbst in zweifelhaften Fällen von hypnotischer Beeinflussung auszuüben. Welchem Grade von Hypnose — nach einer der hiefür aufgestellten Skalen — der nicht somnambule Zustand entsprach, schien mir gleichgültig, da ja jede Richtung der Suggerierbarkeit von der anderen ohnedies unabhängig ist, und die Hervorrufung von Katalepsie, automatischen Bewegungen u. dgl. für eine Erleichterung in der Erweckung von vergessenen Erinnerungen, wie ich sie brauchte, nichts präjudiziert. Ich gewöhnte mir auch bald die Vornahme jener Versuche ab, welche den Grad der Hypnose bestimmen sollen, da diese in einer ganzen Reihe von Fällen den Widerstand der Kranken rege machten und mir das Zutrauen trübten, das ich für die wichtigere psychische Arbeit brauchte. Überdies war ich bald müde geworden, auf die Versicherung und den Befehl: „Sie werden schlafen, schlafen Sie!" immer wieder bei leichteren Graden von Hypnose den Einspruch zu hören: „Aber, Herr Doktor, ich schlafe ja nicht", um dann die allzu heikle Unterscheidung vorbringen zu müssen: „Ich meine ja nicht den gewöhnlichen Schlaf, ich meine die Hypnose. Sehen Sie, Sie sind hypnotisiert, Sie können ja die Augen nicht öffnen u. dgl. Übrigens brauche ich den Schlaf gar nicht" u. dgl. Ich bin selbst überzeugt, daß viele meiner Kollegen in der Psychotherapie sich aus diesen Schwierigkeiten geschickter zu ziehen wissen als ich; die mögen dann auch anders verfahren. Ich finde aber, wenn man in solcher Häufigkeit darauf rechnen darf, sich durch den Gebrauch eines Wortes Verlegenheit zu bereiten, tut man besser daran, dem Worte und der Verlegenheit aus dem Wege zu gehen. Wo also der erste Versuch nicht Somnambulismus oder einen Grad von Hypnose mit ausgesprochenen körperlichen Veränderungen ergab, da ließ ich die Hypnose scheinbar fallen, verlangte nur „Konzentration" und ordnete die Rückenlage und willkürlichen Verschluß der Augen als Mittel zur Erreichung dieser „Konzentration" an. Ich mag dabei mit leichter Mühe zu so tiefen Graden der Hypnose gelangt sein, als es überhaupt erreichbar war.

Indem ich aber auf den Somnambulismus verzichtete, beraubte ich mich vielleicht einer Vorbedingung, ohne welche die kathartische Methode unanwendbar schien. Sie beruhte ja darauf, daß die Kranken in dem veränderten Bewußtseinszustande solche Erinnerungen zur Verfügung hatten und solche Zusammenhänge erkannten, die in ihrem normalen Bewußtseinszustande angeblich nicht vorhanden waren. Wo die somnambule Erweiterung des Gedächtnisses wegfiel, mußte auch die Möglichkeit ausbleiben, eine Kausalbestimmung herzustellen, die der Kranke dem Arzte nicht als eine ihm bekannte entgegenbrachte, und gerade die pathogenen Erinnerungen sind es ja, „die dem Gedächtnisse der Kranken in ihrem gewöhnlichen psychischen Zustande fehlen oder nur höchst summarisch darin vorhanden sind". (Vorl. Mitteilung.)

Aus dieser neuen Verlegenheit half mir die Erinnerung, daß ich Bernheim selbst den Beweis hatte erbringen sehen, die Erinnerungen des Somnambulismus seien im Wachzustande nur scheinbar vergessen und ließen sich durch leichtes Mahnen, verknüpft mit einem Handgriffe, der einen anderen Bewußtseinszustand markieren sollte, wieder hervorrufen. Er hatte z. B. einer Somnambulen die negative Halluzination erteilt, er sei nicht mehr anwesend, hatte sich dann auf die mannigfaltigsten Weisen und durch schonungslose Angriffe ihr bemerkbar zu machen versucht. Es war nicht gelungen. Nachdem die Kranke erweckt war, verlangte er zu wissen, was er mit ihr vorgenommen, während sie geglaubt habe, er sei nicht da. Sie gab erstaunt zur Antwort, sie wisse von nichts, aber er gab nicht nach, behauptete, sie würde sich an alles erinnern, legte ihr die Hand auf die Stirne, damit sie sich besänne, und siehe da, sie erzählte endlich alles, was sie im somnambulen Zustande angeblich nicht wahrgenommen und wovon sie im Wachzustande angeblich nichts gewußt hatte.

Dieser erstaunliche und lehrreiche Versuch war mein Vorbild. Ich beschloß, von der Voraussetzung auszugehen, daß meine Patienten alles, was irgend von pathogener Bedeutung war, auch wußten, und daß es sich nur darum handle, sie zum Mitteilen zu nötigen. Wenn ich also zu einem Punkte gekommen war, wo ich auf die Frage: „Seit wann haben Sie dies Symptom?" oder „Woher rührt es?" die Antwort bekam: „Das weiß ich wirklich nicht", so verfuhr ich folgendermaßen: Ich legte der Kranken die Hand auf die Stirne oder nahm ihren Kopf zwischen meine beiden Hände und sagte: „Es wird Ihnen jetzt einfallen unter dem Drucke meiner Hand. Im Augenblicke, da ich mit dem Drucke aufhöre, werden Sie etwas vor sich sehen oder wird Ihnen etwas als Einfall durch den Kopf gehen und das greifen Sie auf. Es ist das, was wir suchen. — Nun, was haben Sie gesehen oder was ist Ihnen eingefallen?"

Als ich dieses Verfahren die ersten Male anwendete (es war nicht bei Miß Lucy R.), war ich selbst erstaunt, daß es mir gerade das lieferte, was ich brauchte, und ich darf sagen, es hat mich seither kaum jemals im Stiche gelassen, hat mir immer den Weg gezeigt, den meine Ausforschung zu gehen hatte, und hat mir ermöglicht, jede derartige Analyse ohne Somnambulismus zu Ende zu führen. Ich wurde allmählich so kühn, daß ich den Patienten, die zur Antwort gaben: „Ich sehe nichts" oder: „Mir ist nichts eingefallen", erklärte: das sei nicht möglich. Sie hätten gewiß das Richtige erfahren, nur glaubten sie nicht daran, daß es das sei, und hätten es verworfen. Ich würde die Prozedur wiederholen, so oft sie wollten, sie würden jedesmal dasselbe sehen. Ich behielt in der Tat jedesmal recht, die Kranken hatten noch nicht gelernt, ihre Kritik ruhen zu lassen, hatten die auftauchende Erinnerung oder den Einfall verworfen, weil sie ihn für unbrauchbar, für eine dazwischenkommende Störung hielten, und nachdem sie ihn mitgeteilt hatten, ergab es sich jedesmal, daß es der richtige war. Gelegentlich bekam ich auch die Antwort, wenn ich die Mitteilung nach dem dritten oder vierten Druck erzwungen hatte: „Ja, das habe ich schon beim ersten Male gewußt, aber gerade das habe ich nicht sagen wollen", oder „Ich habe gehofft, das wird es nicht sein."

Mühevoller war diese Art, das angeblich verengte Bewußtsein zu erweitern, immerhin weit mehr als das Ausforschen im Somnambulismus, aber sie machte mich doch vom Somnambulismus unabhängig und gestattete mir eine Einsicht in die Motive, die häufig für das „Vergessen" von Erinnerungen ausschlaggebend sind. Ich kann behaupten, dieses Vergessen ist oft ein beabsichtigtes, gewünschtes. Es ist immer ein nur scheinbar gelungenes.

Vielleicht noch merkwürdiger ist mir erschienen, daß man angeblich längst vergessene Zahlen und Daten durch ein ähnliches Verfahren wiederbringen und so eine unvermutete Treue des Gedächtnisses erweisen kann.

Die geringe Auswahl, die man bei der Suche nach Zahlen und Daten hat, gestattet nämlich, den aus der Lehre von der Aphasie bekannten Satz zur Hilfe zu nehmen, daß Erkennen eine geringere Leistung des Gedächtnisses ist als sich spontan besinnen.

Man sagt also dem Patienten, der sich nicht erinnern kann, in welchem Jahre, Monate und an welchem Tage ein gewisses Ereignis vorfiel, die Jahreszahlen, um die es sich handeln kann, die zwölf Monatsnamen, die einunddreißig Zahlen der Monatstage vor und versichert ihm, daß bei der richtigen Zahl oder beim richtigen Namen sich seine Augen von selbst öffnen würden, oder daß er dabei fühlen werde, welche Zahl die richtige sei. In den allermeisten Fällen entscheiden sich dann die Kranken wirklich für ein bestimmtes Datum und häufig genug (so bei Frau Cäcilie M.) ließ sich durch vorhandene Aufzeichnungen aus jener Zeit nachweisen, daß das Datum richtig erkannt war. Andere Male und bei anderen Kranken ergab sich aus dem Zusammenhange der erinnerten Tatsachen, daß das so gefundene Datum unanfechtbar war. Die Kranke bemerkte zum Beispiel, nachdem man ihr das

durch „Auszählen" gewonnene Datum vorgehalten hatte: „Das ist ja der Geburtstag des Vaters" und setzte dann fort: „Ja gewiß, weil es der Geburtstag des Vaters war, habe ich ja das Ereignis, von dem wir sprachen, erwartet."
Ich kann dieses Thema hier nur streifen. Der Schluß, den ich aus all diesen Erfahrungen zog, war der, daß die als pathogen wichtigen Erlebnisse mit all ihren Nebenumständen treulich vom Gedächtnisse festgehalten werden, auch wo sie vergessen scheinen, wo dem Kranken die Fähigkeit fehlt, sich auf sie zu besinnen.[1]

---

[1] Ich will als Beispiel für die oben geschilderte Technik des Ausforschens im nicht somnambulen Zustande, also bei nicht erweitertem Bewußtsein, einen Fall erzählen, den ich gerade in den letzten Tagen analysiert habe. Ich behandle eine Frau von achtunddreißig Jahren, die an Angstneurose (Agoraphobie, Todesangstanfällen u. dgl.) leidet. Sie hat, wie so viele dieser Kranken, eine Abneigung zuzugestehen, daß sie dieses Leiden in ihrem ehelichen Leben akquiriert hat, und möchte es gerne in ihre frühe Jugend zurückschieben. So berichtet sie mir, daß sie als siebzehnjähriges Mädchen den ersten Anfall von Schwindel mit Angst und Ohnmachtsgefühl auf der Straße ihrer kleinen Heimatstadt bekommen hat und daß diese Anfälle sich zeitweise wiederholt haben, bis sie vor wenigen Jahren dem jetzigen Leiden den Platz räumten. Ich vermute, daß diese ersten Schwindelanfälle, bei denen sich die Angst immer mehr verwischte, hysterische waren, und beschließe, in die Analyse derselben einzugehen. Sie weiß zunächst nur, daß dieser erste Anfall sie überfiel, während sie ausgegangen war, in den Läden der Hauptstraße Einkäufe zu machen. — Was wollten Sie denn einkaufen? Verschiedenes, ich glaube, für einen Ball, zu dem ich eingeladen war. — Wann sollte dieser Ball stattfinden? — Es kommt mir vor, zwei Tage später. — Da muß doch einige Tage vorher etwas vorgefallen sein, was Sie aufregte, was Ihnen einen Eindruck machte. — Ich weiß aber nichts, es sind einundzwanzig Jahre her. — Das macht nichts, Sie werden sich doch erinnern. Ich drücke auf Ihren Kopf, und wenn ich mit dem Druck nachlasse, werden Sie an etwas denken oder werden etwas sehen; das sagen Sie dann . . . . Ich nehme die Prozedur vor; sie schweigt aber. — Nun, ist Ihnen nichts eingefallen? — Ich habe an etwas gedacht, aber das kann doch keinen Zusammenhang damit haben. — Sagen Sie's nur. — Ich habe an eine Freundin gedacht, ein junges Mädchen, die gestorben ist; aber die ist gestorben, wie ich achtzehn Jahre alt war, also ein Jahr später. — Wir werden sehen, bleiben wir jetzt dabei. Was war mit dieser Freundin? — Ihr Tod hat mich sehr erschüttert, weil ich viel mit ihr verkehrte. Einige Wochen vorher war ein anderes junges Mädchen gestorben, das hat viel Aufsehen in der Stadt gemacht; also dann war es doch, wie ich siebzehn Jahre alt war. — Sehen Sie, ich habe Ihnen gesagt, man kann sich auf die Dinge verlassen, die einem unter dem Drucke der Hand einfallen. Nun erinnern Sie sich, was für ein Gedanke war dabei, als Sie den Schwindelanfall auf der Straße bekamen? — Es war gar kein Gedanke dabei, nur ein Schwindel. — Das ist nicht möglich, solche Zustände gibt es nicht ohne eine begleitende Idee. Ich werde wieder drücken, und der Gedanke von damals wird Ihnen wiederkommen. — Also was ist

Ich kehre nach dieser langen, aber unabweisbaren Abschweifung zur Geschichte von Miß Lucy R. zurück. Sie wurde also beim Versuche der Hypnose nicht somnambul, sondern lag bloß ruhig da in irgend einem Grade leichterer Beeinflussung, die Augen stetig geschlossen, die Miene etwas starr, ohne mit einem Gliede zu rühren. Ich fragte sie, ob sie sich erinnere, bei welchem Anlasse die Geruchsempfindung der verbrannten Mehlspeise entstanden Ihnen eingefallen? — Mir ist eingefallen: Jetzt bin ich die Dritte. — Was heißt das? — Ich muß bei dem Schwindelanfall gedacht haben: Jetzt sterbe ich auch wie die beiden andern jungen Mädchen. — Das war also die Idee; Sie haben bei dem Anfall an die Freundin gedacht. Da muß Ihnen also ihr Tod einen großen Eindruck gemacht haben. — Ja gewiß, ich erinnere mich jetzt, wie ich von dem Todesfalle gehört habe, war es mir schrecklich, daß ich auf einen Ball gehen soll, während sie tot ist. Aber ich habe mich so auf den Ball gefreut und war so beschäftigt mit der Einladung; ich habe gar nicht an das traurige Ereignis denken wollen. (Man bemerke hier die absichtliche Verdrängung aus dem Bewußtsein, welche die Erinnerung an die Freundin pathogen macht.)

Der Anfall ist jetzt einigermaßen aufgeklärt, ich bedarf aber noch eines okkasionellen Momentes, welches die Erinnerung gerade damals provoziert, und bilde mir darüber eine zufällig glückliche Vermutung. — Sie erinnern sich genau, durch welche Straße Sie damals gegangen sind? — Freilich, die Hauptstraße mit ihren alten Häusern, ich sehe sie vor mir. — Nun, und wo hatte die Freundin gewohnt? — In derselben Straße, ich war eben vorbeigegangen, zwei Häuser weiter ist mir der Anfall gekommen. — Dann hat Sie also das Haus, während Sie vorbeigingen, an die tote Freundin erinnert und der Kontrast, von dem Sie damals nichts wissen wollten, Sie neuerdings gepackt.

Ich gebe mich noch immer nicht zufrieden. Vielleicht war doch noch etwas anderes im Spiele, was bei dem bis dahin normalen Mädchen die hysterische Disposition wachgerufen oder verstärkt hat. Meine Vermutungen lenken sich auf das periodische Unwohlsein als ein dazu geeignetes Moment, und ich frage: Wissen Sie, wann in dem Monate die Periode kam? — Sie wird unwillig: Das soll ich auch noch wissen? Ich weiß nur, sie war um diese Zeit sehr selten und sehr unregelmäßig. Wie ich siebzehn Jahre alt war, hatte ich sie nur einmal. — Also, wir werden auszählen, wann dieses eine Mal war. — Sie entscheidet sich beim Auszählen mit Sicherheit für einen Monat und schwankt zwischen zwei Tagen unmittelbar vor einem Datum, das einem fixen Festtag angehört. — Stimmt das irgendwie mit der Zeit des Balles? Sie antwortet kleinlaut: Der Ball war — an dem Feiertag. Und jetzt erinnere ich mich auch, es hat mir einen Eindruck gemacht, daß die einzige Periode, die ich in diesem Jahre hatte, gerade vor dem Balle kommen mußte. Es war der erste, zu dem ich geladen war.

Man kann sich jetzt den Zusammenhang der Begebenheiten unschwer rekonstruieren und sieht in den Mechanismus dieses hysterischen Anfalles hinein. Dieses Ergebnis war freilich mühselig genug gewonnen und bedurfte des vollen Zutrauens in die Technik von meiner Seite und einzelner leitender Einfälle, um solche Einzelheiten eines vergessenen Erlebnisses nach einundzwanzig Jahren bei einer ungläubigen, eigentlich wachen Patientin wiederzuerwecken. Dann aber stimmte alles zusammen.

sei. — O ja, das weiß ich ganz genau. Es war vor ungefähr zwei Monaten, zwei Tage vor meinem Geburtstage. Ich war mit den Kindern im Schulzimmer und spielte mit ihnen (zwei Mädchen) Kochen, da wurde ein Brief hereingebracht, den der Briefträger eben abgegeben hatte. Ich erkannte an Poststempel und Handschrift, daß der Brief von meiner Mutter in Glasgow sei, wollte ihn öffnen und lesen. Da kamen die Kinder auf mich losgestürzt, rissen mir den Brief aus der Hand und riefen: Nein, du darfst ihn jetzt nicht lesen, er ist gewiß für deinen Geburtstag, wir werden ihn dir aufheben. Während die Kinder so um mich spielten, verbreitete sich plötzlich ein intensiver Geruch. Die Kinder hatten die Mehlspeise, die sie kochten, im Stiche gelassen, und die war angebrannt. Seit damals verfolgt mich dieser Geruch, er ist eigentlich immer da und wird stärker bei Aufregung.

Sie sehen diese Szene deutlich vor sich? — Greifbar, wie ich sie erlebt habe. — Was konnte Sie denn daran so aufregen? — Es rührte mich, daß die Kinder so zärtlich gegen mich waren. — Waren sie das nicht immer? — Ja, aber gerade als ich den Brief der Mutter bekam. — Ich verstehe nicht, inwiefern die Zärtlichkeit der Kleinen und der Brief der Mutter einen Kontrast ergeben haben sollen, den Sie doch anzudeuten scheinen. — Ich hatte nämlich die Absicht, zu meiner Mutter zu reisen, und da fiel es mir so schwer aufs Herz, diese lieben Kinder zu verlassen. — Was ist's mit Ihrer Mutter? Lebt sie wohl so einsam und hat Sie zu sich beschieden? Oder war sie krank um diese Zeit und Sie erwarteten Nachricht von ihr? — Nein, sie ist kränklich, aber nicht gerade krank und hat eine Gesellschafterin bei sich. — Warum mußten Sie also die Kinder verlassen? — Es war im Hause nicht mehr auszuhalten. Die Haushälterin, die Köchin und die Französin scheinen geglaubt zu haben, daß ich mich in meiner Stellung überhebe, haben sich zu einer kleinen Intrige gegen mich vereinigt, dem Großpapa (der Kinder) alles mögliche über mich hinterbracht, und ich fand an den beiden Herren nicht die

Stütze, die ich erwartet hatte, als ich bei ihnen Klage führte. Darauf habe ich dem Herrn Direktor (dem Vater der Kinder) meine Demission angeboten, er antwortete sehr freundlich, ich sollte es mir doch zwei Wochen überlegen, ehe ich ihm meinen definitiven Entschluß mitteilte. In dieser Zeit der Schwebe war ich damals; ich glaubte, ich würde das Haus verlassen. Ich bin seither geblieben. — Und fesselte Sie etwas Besonderes an die Kinder außer deren Zärtlichkeit gegen Sie? — Ja, ich hatte der Mutter, die eine entfernte Verwandte meiner Mutter war, auf ihrem Totenbette versprochen, daß ich mich der Kleinen mit allen Kräften annehmen, daß ich sie nicht verlassen und ihnen die Mutter ersetzen werde. Dieses Versprechen hatte ich gebrochen, als ich gekündigt hatte.

So schien denn die Analyse der subjektiven Geruchsempfindung vollendet; dieselbe war in der Tat dereinst eine objektive gewesen, und zwar innig assoziiert mit einem Erlebnisse, einer kleinen Szene, in welcher widerstreitende Affekte einander entgegengetreten waren, das Bedauern, diese Kinder zu verlassen, und die Kränkungen, welche sie doch zu diesem Entschlusse drängten. Der Brief der Mutter hatte sie begreiflicherweise an die Motive zu diesem Entschlusse erinnert, da sie von hier zu ihrer Mutter zu gehen gedachte. Der Konflikt der Affekte hatte den Moment zum Trauma erhoben, und als Symbol des Traumas war ihr die damit verbundene Geruchsempfindung geblieben. Es bedurfte noch der Erklärung dafür, daß sie von all den sinnlichen Wahrnehmungen jener Szene gerade den einen Geruch zum Symbole ausgewählt hatte. Ich war aber schon darauf vorbereitet, die chronische Erkrankung ihrer Nase für diese Erklärung zu verwerten. Auf mein direktes Fragen gab sie auch an, sie hätte gerade zu dieser Zeit wieder an einem so heftigen Schnupfen gelitten, daß sie kaum etwas roch. Den Geruch der verbrannten Mehlspeise nahm sie aber in ihrer Erregung doch wahr, er durchbrach die organisch begründete Anosmie.

Ich gab mich mit der so erreichten Aufklärung nicht zufrieden. Es klang ja alles recht plausibel, aber es fehlte mir etwas, ein annehmbarer Grund, weshalb diese Reihe von Erregungen und dieser Widerstreit der Affekte gerade zur Hysterie geführt haben mußte. Warum blieb das Ganze nicht auf dem Boden des normalen psychischen Lebens? Mit anderen Worten, woher die Berechtigung zu der hier vorliegenden Konversion? Warum erinnerte sie sich nicht beständig an die Szene selbst, anstatt an die mit ihr verknüpfte Sensation, die sie als Symbol für die Erinnerung bevorzugte? Solche Fragen mochten vorwitzig und überflüssig sein, wo es sich um eine alte Hysterika handelte, welcher jener Mechanismus der Konversion habituell war. Dieses Mädchen hatte aber erst bei diesem Trauma oder wenigstens bei dieser kleinen Leidensgeschichte Hysterie akquiriert.

Nun wußte ich bereits aus der Analyse ähnlicher Fälle, daß, wo Hysterie neu akquiriert werden soll, eine psychische Bedingung hiefür unerläßlich ist, nämlich daß eine Vorstellung absichtlich aus dem Bewußtsein verdrängt, von der assoziativen Verarbeitung ausgeschlossen werde.

In dieser absichtlichen Verdrängung erblicke ich auch den Grund für die Konversion der Erregungssumme, sei sie eine totale oder partielle. Die Erregungssumme, die nicht in psychische Assoziation treten soll, findet um so eher den falschen Weg zu einer körperlichen Innervation. Grund der Verdrängung selbst konnte nur eine Unlustempfindung sein, die Unverträglichkeit der einen zu verdrängenden Idee mit der herrschenden Vorstellungsmasse des Ich. Die verdrängte Vorstellung rächt sich aber dadurch, daß sie pathogen wird.

Ich zog also daraus, daß Miß Lucy R. in jenem Momente der hysterischen Konversion verfallen war, den Schluß, daß unter den Voraussetzungen jenes Traumas eine sein müsse, die sie absichtlich im unklaren lassen wolle, die sie sich bemühe zu vergessen. Nahm ich die Zärtlichkeit für die Kinder und die Empfindlichkeit gegen die anderen Personen des Haushaltes zusammen, so ließ dies alles nur eine Deutung zu. Ich hatte den Mut, der Patientin diese Deutung mitzuteilen. Ich sagte ihr: „Ich glaube nicht, daß dies alle Gründe für Ihre Empfindung gegen die beiden Kinder sind; ich vermute vielmehr, daß Sie in Ihren Herrn, den Direktor, verliebt sind, vielleicht, ohne es selbst zu wissen, daß Sie die Hoffnung in sich nähren, tatsächlich die Stelle der Mutter einzunehmen, und dazu kommt noch, daß Sie so empfindlich gegen die Dienstleute geworden sind, mit denen Sie jahrelang friedlich zusammengelebt haben. Sie fürchten, daß diese etwas von Ihrer Hoffnung merken und Sie darüber verspottet werden."

Ihre Antwort war in ihrer wortkargen Weise: Ja, ich glaube, es ist so. — Wenn Sie aber wußten, daß Sie den Direktor lieben, warum haben Sie es mir nicht gesagt? — Ich wußte es ja nicht oder besser, ich wollte es nicht wissen, wollte es mir aus dem Kopfe schlagen, nie mehr daran denken, ich glaube, es ist mir auch in der letzten Zeit gelungen.[1]

Warum wollten Sie sich diese Neigung nicht eingestehen? Schämten Sie sich dessen, daß Sie einen Mann lieben sollten? — O nein, ich bin nicht unverständig prüde, für Empfindungen ist man ja überhaupt nicht verantwortlich. Es war mir nur darum peinlich, weil es der Herr ist, in dessen Dienst ich stehe, in dessen Haus ich lebe, gegen den ich nicht wie gegen einen andern die

---

[1] Eine andere und bessere Schilderung des eigentümlichen Zustandes, in dem man etwas weiß und gleichzeitig nicht weiß, konnte ich nie erzielen. Man kann das offenbar nur verstehen, wenn man sich selbst in solch einem Zustande befunden hat. Ich verfüge über eine sehr auffällige Erinnerung dieser Art, die mir lebhaft vor Augen steht. Wenn ich mich bemühe, mich zu erinnern, was damals in mir vorging, so ist meine Ausbeute recht armselig. Ich sah damals etwas, das mir gar nicht in die Erwartung paßte, und ließ mich durch das Gesehene nicht im mindesten in meiner bestimmten Absicht beirren, während doch diese Wahrnehmung meine Absicht hätte aufheben sollen. Ich wurde mir des Widerspruches nicht bewußt, und ebensowenig merkte ich etwas von dem Affekt der Abstoßung, der doch unzweifelhaft schuld daran war, daß jene Wahrnehmung zu gar keiner psychischen Geltung gelangte. Ich war mit jener Blindheit bei sehenden Augen geschlagen, die man an Müttern gegen ihre Töchter, an Männern gegen ihre Ehefrauen, an Herrschern gegen ihre Günstlinge so sehr bewundert.

volle Unabhängigkeit in mir fühle. Und weil ich ein armes Mädchen und er ein reicher Mann aus vornehmer Familie ist; man würde mich ja auslachen, wenn man etwas davon ahnte. Ich finde nun keinen Widerstand, die Entstehung dieser Neigung zu beleuchten. Sie erzählt, sie habe die ersten Jahre arglos in dem Hause gelebt und ihre Pflichten erfüllt, ohne auf unerfüllbare Wünsche zu kommen. Einmal aber begann der ernste, überbeschäftigte, sonst immer gegen sie reservierte Herr ein Gespräch mit ihr über die Erfordernisse der Kindererziehung. Er wurde weicher und herzlicher als gewöhnlich, sagte ihr, wie sehr er bei der Pflege seiner verwaisten Kinder auf sie rechne, und blickte sie dabei besonders an ... In diesem Momente begann sie ihn zu lieben und beschäftigte sich selbst sehr gerne mit der erfreulichen Hoffnung, die sie aus jenem Gespräche geschöpft hatte. Erst, als dann nichts mehr nachfolgte, als trotz ihres Wartens und Harrens keine zweite Stunde von vertraulichem Gedankenaustausche kam, beschloß sie, sich die Sache aus dem Sinne zu schlagen. Sie gibt mir ganz recht, daß jener Blick im Zusammenhange des Gespräches wohl dem Andenken seiner verstorbenen Frau gegolten hat, ist sich auch völlig klar darüber, daß ihre Neigung völlig aussichtslos ist.

Ich erwarte von diesem Gespräche eine gründliche Änderung ihres Zustandes, diese blieb aber einstweilen aus. Sie war weiterhin gedrückt und verstimmt; eine hydropathische Kur, die ich sie gleichzeitig nehmen ließ, frischte sie des Morgens ein wenig auf, der Geruch der verbrannten Mehlspeise war nicht völlig geschwunden, wohl aber seltener und schwächer geworden; er kam, wie sie sagte, nur, wenn sie sehr aufgeregt war.

Das Fortbestehen dieses Erinnerungssymbols ließ mich vermuten, daß dasselbe außer der Hauptszene die Vertretung der vielen kleinen Nebentraumen auf sich genommen, und so forschten wir denn nach allem, was sonst mit der Szene der verbrannten Mehlspeise in Zusammenhang stehen mochte, gingen das Thema der häuslichen Reibungen, des Benehmens des Großvaters u. a. durch. Dabei schwand die Empfindung des brenzlichen Geruches immer mehr. Auch eine längere Unterbrechung fiel in diese Zeit, verursacht durch neuerliche Erkrankung der Nase, die jetzt zur Entdeckung der Karies des Siebbeines führte. Als sie wiederkam, berichtete sie auch, daß Weihnachten ihr so zahlreiche Geschenke von seiten der beiden Herren und selbst von den Dienstleuten des Hauses gebracht habe, als ob alle bestrebt seien, sie zu versöhnen und die Erinnerung an die Konflikte der letzten Monate bei ihr zu verwischen. Dies offenkundige Entgegenkommen habe ihr aber keinen Eindruck gemacht.

Als ich wieder ein anderes Mal nach dem Geruche der verbrannten Mehlspeise fragte, bekam ich die Auskunft, der sei zwar ganz geschwunden, allein an seiner Stelle quäle sie ein anderer und ähnlicher Geruch, wie von Zigarrenrauch. Derselbe sei wohl auch früher dagewesen, aber wie gedeckt durch den Geruch der Mehlspeise. Jetzt sei er rein hervorgetreten.

Ich war nicht sehr befriedigt von dem Erfolge meiner Therapie. Da war also eingetroffen, was man einer bloß symptomatischen Therapie immer zur Last legt, man hatte ein Symptom weggenommen, bloß damit ein neues an die freie Stelle rücken könne. Indes machte ich mich bereitwillig an die analytische Beseitigung dieses neuen Erinnerungssymbols.

Diesmal wußte sie aber nicht, woher die subjektive Geruchsempfindung stamme, bei welcher wichtigen Gelegenheit sie eine objektive gewesen sei. „Es wird täglich geraucht bei uns," meinte sie, „ich weiß wirklich nicht, ob der Geruch, den ich verspüre, eine besondere Gelegenheit bedeutet." Ich beharrte nun darauf, daß sie versuche, sich unter dem Drucke meiner Hand zu erinnern. Ich habe schon erwähnt, daß ihre Erinnerungen plastische Lebhaftigkeit hatten, daß sie eine „Visuelle" war. In der Tat tauchte unter meinem Drängen ein Bild in ihr auf, anfangs zögernd und nur stückweise. Es war das Speisezimmer ihres

Hauses, in dem sie mit den Kindern wartet, bis die Herren aus der Fabrik zum Mittagmahl kommen. — Jetzt sitzen wir alle um den Tisch herum: die Herren, die Französin, die Haushälterin, die Kinder und ich. Das ist aber wie alle Tage. — Sehen Sie nur weiter auf das Bild hin, es wird sich entwickeln und spezialisieren. — Ja, es ist ein Gast da, der Oberbuchhalter, ein alter Herr, der die Kinder liebt wie eigene Enkel, aber der kommt so oft zu Mittag, das ist auch nichts Besonderes. — Haben Sie nur Geduld, blicken Sie nur auf das Bild, es wird gewiß etwas vorgehen. — Es geht nichts vor. Wir stehen vom Tische auf, die Kinder sollen sich verabschieden und gehen dann mit uns wie alle Tage in den zweiten Stock. — Nun? — Es ist doch eine besondere Gelegenheit, ich erkenne die Szene jetzt. Wie die Kinder sich verabschieden, will der Oberbuchhalter sie küssen. Der Herr fährt auf und schreit ihn geradezu an: „Nicht die Kinder küssen." Dabei gibt es mir einen Stich ins Herz, und da die Herren schon rauchen, bleibt mir der Zigarrenrauch im Gedächtnis.

Dies war also die zweite, tieferliegende Szene, die als Trauma gewirkt und ein Erinnerungssymbol hinterlassen hatte. Woher rührte aber die Wirksamkeit dieser Szene? — Ich fragte: Was ist der Zeit nach früher, diese Szene oder die mit der verbrannten Mehlspeise? — Die letzte Szene ist die frühere, und zwar um fast zwei Monate. — Warum hat es Ihnen denn einen Stich bei dieser Abwehr des Vaters gegeben? Der Verweis richtete sich doch nicht gegen Sie? — Es war doch nicht recht, einen alten Herrn so anzufahren, der ein lieber Freund und noch dazu Gast ist. Man kann das ja auch ruhig sagen. — Also hat Sie nur die heftige Form Ihres Herrn verletzt? Haben Sie sich vielleicht für ihn geniert oder haben Sie gedacht, wenn er wegen einer solchen Kleinigkeit so heftig sein kann mit einem alten Freunde und Gaste, wie wäre er es erst mit mir, wenn ich seine Frau wäre? — Nein, das ist es nicht. — Es war aber doch wegen der Heftigkeit? — Ja, wegen des Küssens der Kinder, das hat er nie gemocht. — Und nun taucht wieder unter dem Drucke meiner Hand die Erinnerung an eine noch ältere Szene auf, die das eigentlich wirksame Trauma war und die auch der Szene mit dem Oberbuchhalter die traumatische Wirksamkeit verliehen hatte. Es hatte sich wieder einige Monate vorher zugetragen, daß eine befreundete Dame auf Besuch kam, die beim Abschiede beide Kinder auf den Mund küßte. Der Vater, der dabei stand, überwand sich wohl, der Dame nichts zu sagen, aber nach ihrem Fortgehen brach sein Zorn über die unglückliche Erzieherin los. Er erklärte ihr, er mache sie dafür verantwortlich, wenn jemand die Kinder auf den Mund küsse, es sei ihre Pflicht, es nicht zu dulden, und sie sei pflichtvergessen, wenn sie es zulasse. Wenn es noch einmal geschähe, würde er die Erziehung der Kinder anderen Händen anvertrauen. Es war die Zeit, als sie sich noch geliebt glaubte und auf eine Wiederholung jenes ersten freundlichen Gespräches wartete. Diese Szene knickte ihre Hoffnungen. Sie sagte sich: wenn er wegen einer so geringen Sache, und wo ich überdies ganz unschuldig bin, so auf mich losfahren kann, mir solche Drohungen sagen kann, so habe ich mich geirrt, so hat er nie eine wärmere Empfindung für mich gehabt. Die würde ihn Rücksicht gelehrt haben. — Offenbar war es die Erinnerung an diese peinliche Szene, die ihr kam, als der Oberbuchhalter die Kinder küssen wollte und dafür vom Vater zurechtgewiesen wurde.

Als Miß Lucy mich zwei Tage nach dieser letzten Analyse wieder besuchte, mußte ich sie fragen, was mit ihr Erfreuliches vorgegangen sei.

Sie war wie verwandelt, lächelte und trug den Kopf hoch. Einen Augenblick dachte ich daran, ich hätte doch die Verhältnisse irrig beurteilt und aus der Gouvernante der Kinder sei jetzt die Braut des Direktors geworden. Aber sie wehrte meine Vermutungen ab: „Es ist gar nichts vorgegangen. Sie kennen mich eben nicht, Sie haben mich nur krank und verstimmt gesehen.

Ich bin sonst immer so heiter. Wie ich gestern früh erwacht bin, war der Druck von mir genommen und seither bin ich wohl." — Und wie denken Sie über Ihre Aussichten im Hause? — Ich bin ganz klar, ich weiß, daß ich keine habe, und werde nicht unglücklich darüber sein. — Und werden Sie sich jetzt mit den Hausleuten vertragen? — Ich glaube, da hat meine Empfindlichkeit das meiste dazu getan. — Und lieben Sie den Direktor noch? — Gewiß, ich liebe ihn, aber das macht mir weiter nichts. Man kann ja bei sich denken und empfinden, was man will.

Ich untersuchte jetzt ihre Nase und fand die Schmerz- und Reflexempfindlichkeit fast völlig wiedergekehrt, sie unterschied auch Gerüche, aber unsicher und nur, wenn sie intensiver waren. Ich muß aber dahingestellt lassen, inwieweit an dieser Anosmie die Erkrankung der Nase beteiligt war.

Die ganze Behandlung hatte sich über neun Wochen erstreckt. Vier Monate später traf ich die Patientin zufällig in einer unserer Sommerfrischen. Sie war heiter und bestätigte die Fortdauer ihres Wohlbefindens.

Epikrise

Ich möchte den hier erzählten Krankheitsfall nicht gering schätzen, wenngleich er einer kleinen und leichten Hysterie entspricht und nur über wenige Symptome verfügt. Vielmehr erscheint es mir lehrreich, daß auch eine solche, als Neurose armselige Erkrankung so vieler psychischer Voraussetzungen bedarf, und bei eingehenderer Würdigung dieser Krankengeschichte bin ich versucht, sie als vorbildlich für einen Typus der Hysterie hinzustellen, nämlich für die Form von Hysterie, die auch eine nicht hereditär belastete Person durch dazu geeignete Erlebnisse erwerben kann. Wohlgemerkt, ich spreche nicht von einer Hysterie, die unabhängig von jeder Disposition wäre; eine solche gibt es wahrscheinlich nicht, aber von solcher Art von Disposition sprechen wir erst, wenn die Person hysterisch geworden ist, sie ist vorher durch nichts bezeugt gewesen. Neuropathische Disposition, wie man sie gewöhnlich versteht, ist etwas anderes; sie ist bereits vor der Erkrankung durch das Maß hereditärer Belastung oder die Summe individueller psychischer Abnormitäten bestimmt. Von diesen beiden Momenten war bei Miß Lucy R., soweit ich unterrichtet bin, nichts nachzuweisen. Ihre Hysterie darf also eine akquirierte genannt werden und setzt nichts weiter voraus als die wahrscheinlich sehr verbreitete Eignung — Hysterie zu akquirieren, deren Charakteristik wir noch kaum auf der Spur sind. In solchen Fällen fällt aber das Hauptgewicht auf die Natur des Traumas, natürlich im Zusammenhalte mit der Reaktion der Person gegen das Trauma. Es zeigt sich als unerläßliche Bedingung für die Erwerbung der Hysterie, daß zwischen dem Ich und einer an dasselbe herantretenden Vorstellung das Verhältnis der Unverträglichkeit entsteht. Ich hoffe, an anderer Stelle zeigen zu können, wie verschiedene neurotische Störungen aus den verschiedenen Verfahren hervorgehen, welche das „Ich" einschlägt, um sich von jener Unverträglichkeit zu befreien. Die hysterische Art der Abwehr — zu welcher eben eine besondere Eignung erfordert wird — besteht nun in der Konversion der Erregung in eine körperliche Innervation, und der Gewinn dabei ist der, daß die unverträgliche Vorstellung aus dem Ichbewußtsein gedrängt ist. Dafür enthält das Ichbewußtsein die durch Konversion entstandene körperliche Reminiszenz — in unserem Falle die subjektiven Geruchsempfindungen — und leidet unter dem Affekt, der sich mehr oder minder deutlich gerade an diese Reminiszenzen knüpft. Die Situation, die so geschaffen wird, ist nun nicht weiter veränderlich, da durch Verdrängung und Konversion der Widerspruch aufgehoben ist, der zur Erledigung des Affekts aufgefordert hätte. So entspricht der Mechanismus, der die Hysterie erzeugt, einerseits einem Akte moralischer Zaghaftigkeit, anderseits stellt er sich als eine Schutzeinrichtung dar, die dem Ich zu Gebote steht. Es gibt Fälle genug, in denen man zugestehen muß, die Abwehr des

Erregungszuwachses durch Produktion von Hysterie sei auch dermalen das zweckmäßigste gewesen; häufiger wird man natürlich zum Schlusse gelangen, daß ein größeres Maß von moralischem Mute ein Vorteil für das Individuum gewesen wäre.

Der eigentlich traumatische Moment ist demnach jener, in dem der Widerspruch sich dem Ich aufdrängt und dieses die Verweisung der widersprechenden Vorstellung beschließt. Durch solche Verweisung wird letztere nicht zunichte gemacht, sondern bloß ins Unbewußte gedrängt; findet dieser Vorgang zum ersten Male statt, so ist hiemit ein Kern- und Kristallisationsmittelpunkt für die Bildung einer vom Ich getrennten psychischen Gruppe gegeben, um den sich in weiterer Folge alles sammelt, was die Annahme der widerstreitenden Vorstellung zur Voraussetzung hätte. Die Spaltung des Bewußtseins in diesen Fällen akquirierter Hysterie ist somit eine gewollte, absichtliche, oft wenigstens durch einen Willkürakt eingeleitete. Eigentlich geschieht etwas anderes, als das Individuum beabsichtigt; es möchte eine Vorstellung aufheben, als ob sie gar nie angelangt wäre, es gelingt ihm aber nur, sie psychisch zu isolieren.

In der Geschichte unserer Patientin entspricht der traumatische Moment jener Szene, die ihr der Direktor wegen des Küssens der Kinder machte. Diese Szene bleibt aber einstweilen ohne sichtliche Wirkung, vielleicht daß Verstimmung und Empfindlichkeit damit begannen, ich weiß nichts darüber; — die hysterischen Symptome entstanden erst später in Momenten, welche man als „auxiliäre" bezeichnen kann, und die man dadurch charakterisieren möchte, daß in ihnen zeitweilig die beiden getrennten psychischen Gruppen zusammenfließen wie im erweiterten somnambulen Bewußtsein. Der erste dieser Momente, in denen die Konversion stattfand, war bei Miß Lucy R. die Szene bei Tische, als der Oberbuchhalter die Kinder küssen wollte. Hier spielte die traumatische Erinnerung mit, und sie benahm sich so, als hätte sie nicht alles, was sich auf ihre Neigung zu ihrem Herrn bezog, von sich getan. In anderen Krankengeschichten fallen diese verschiedenen Momente zusammen, die Konversion geschieht unmittelbar unter der Einwirkung des Traumas. Der zweite auxiliäre Moment wiederholt ziemlich genau den Mechanismus des ersten. Ein starker Eindruck stellt vorübergehend die Einheit des Bewußtseins wieder her, und die Konversion geht den nämlichen Weg, der sich ihr das erstemal eröffnet hatte. Interessant ist es, daß das zuzweit entstandene Symptom das erste deckt, so daß letzteres nicht eher klar empfunden wird, als bis das erstere weggeschafft ist. Bemerkenswert erscheint mir auch die Umkehrung der Reihenfolge, der sich auch die Analyse fügen muß. In einer ganzen Reihe von Fällen ist es mir ähnlich ergangen, die später entstandenen Symptome deckten die ersten, und erst das letzte, zu dem die Analyse vordrang, enthielt den Schlüssel zum Ganzen.

Die Therapie bestand hier in dem Zwange, der die Vereinigung der abgespaltenen psychischen Gruppe mit dem Ichbewußtsein durchsetzte. Der Erfolg ging merkwürdigerweise nicht dem Maße der geleisteten Arbeit parallel; erst als das letzte Stück erledigt war, trat plötzliche Heilung ein.

C
Katharina . . .

In den Ferien des Jahres 189* machte ich einen Ausflug in die Hohen Tauern, um für eine Weile die Medizin und besonders die Neurosen zu vergessen. Es war mir fast gelungen, als ich eines Tages von der Hauptstraße abwich, um einen abseits gelegenen Berg zu besteigen, der als Aussichtspunkt und wegen seines gut gehaltenen Schutzhauses gerühmt wurde. Nach anstrengender Wanderung oben angelangt, gestärkt und ausgeruht, saß ich dann, in die Betrachtung einer entzückenden Fernsicht versunken, so selbstvergessen da, daß ich es erst nicht auf mich beziehen wollte, als ich die Frage hörte: „Ist der Herr ein Doktor?" Die Frage galt aber mir und kam von dem etwa achtzehnjährigen Mädchen, das mich mit ziemlich mürrischer Miene zur Mahlzeit bedient hatte und von der Wirtin „Katharina" gerufen worden war. Nach ihrer Kleidung und ihrem Betragen konnte sie keine Magd, sondern mußte wohl eine Tochter oder Verwandte der Wirtin sein.

Ich antwortete, zur Selbstbesinnung gelangt: „Ja, ich bin ein Doktor. Woher wissen Sie das?"

„Der Herr hat sich ins Fremdenbuch eingeschrieben, und da hab ich mir gedacht, wenn der Herr Doktor jetzt ein bißchen Zeit hätte, — ich bin nämlich nervenkrank und war schon einmal bei einem Doktor in L..., der hat mir auch etwas gegeben, aber gut ist mir noch nicht geworden."

Da war ich also wieder in den Neurosen, denn um etwas anderes konnte es sich bei dem großen und kräftigen Mädchen mit der vergrämten Miene kaum handeln. Es interessierte mich, daß Neurosen in der Höhe von über 2000 Metern so wohl gedeihen sollten, ich fragte also weiter.

Die Unterredung, die jetzt zwischen uns vorfiel, gebe ich so wieder, wie sie sich meinem Gedächtnisse eingeprägt hat, und lasse der Patientin ihren Dialekt.

„An was leiden Sie denn?"

„Ich hab' so Atemnot, nicht immer, aber manchmal packt's mich so, daß ich glaube, ich erstick'."

Das klang nun zunächst nicht nervös, aber es wurde mir gleich wahrscheinlich, daß es nur eine ersetzende Bezeichnung für einen Angstanfall sein sollte. Aus dem Empfindungskomplex der Angst hob sie das eine Moment der Atembeengung ungebührlich hervor.

„Setzen Sie sich her. Beschreiben Sie mir's, wie ist denn so ein Zustand von ‚Atemnot'?"

„Es kommt plötzlich über mich. Dann legt's sich zuerst wie ein Druck auf meine Augen, der Kopf wird so schwer und sausen tut's, nicht auszuhalten, und schwindlich bin ich, daß ich glaub', ich fall' um, und dann preßt's mir die Brust zusammen, daß ich keinen Atem krieg'."

„Und im Halse spüren Sie nichts?"

„Den Hals schnürt's mir zusammen, als ob ich ersticken sollt!"

„Und tut es sonst noch was im Kopfe?"

„Ja, hämmern tut es zum Zerspringen."

„Ja, und fürchten Sie sich gar nicht dabei?"

„Ich glaub' immer, jetzt muß ich sterben, und ich bin sonst couragiert, ich geh' überall allein hin, in den Keller und hinunter über den ganzen Berg, aber wenn so ein Tag ist, an dem ich das hab', dann trau' ich mich nirgends hin, ich glaub' immer, es steht jemand hinter mir und packt mich plötzlich an."

Es war wirklich ein Angstanfall, und zwar eingeleitet von den Zeichen der hysterischen Aura oder, besser gesagt, ein hysterischer Anfall, dessen Inhalt Angst war. Sollte kein anderer Inhalt dabei sein?

„Denken Sie was, immer dasselbe, oder sehen Sie was vor sich, wenn Sie den Anfall haben?"

„Ja, so ein grausliches Gesicht seh ich immer dabei, das mich so schrecklich anschaut, vor dem fürcht' ich mich dann."

Da bot sich vielleicht ein Weg, rasch zum Kerne der Sache vorzudringen.

„Erkennen Sie das Gesicht, ich mein', ist das ein Gesicht, was Sie einmal wirklich gesehen haben?" — „Nein."

„Wissen Sie, woher Sie die Anfälle haben?" — „Nein." — „Wann haben Sie die denn zuerst bekommen?" — „Zuerst vor zwei Jahren, wie ich noch mit der Tant' auf dem andern Berg war, sie hat dort früher das Schutzhaus gehabt, jetzt sind wir seit eineinhalb Jahren hier, aber es kommt immer wieder."

Sollte ich hier einen Versuch der Analyse machen? Die Hypnose zwar wagte ich nicht in diese Höhen zu verpflanzen, aber vielleicht gelingt es im einfachen Gespräche. Ich mußte glücklich raten. Angst bei jungen Mädchen hatte ich so oft als Folge des Grausens erkannt, das ein virginales Gemüt befällt, wenn sich zuerst die Welt der Sexualität vor ihm auftut.[1]

---

[1] Ich will den Fall hier anführen, in welchem ich dies kausale Verhältnis zuerst erkannte. Ich behandelte eine junge Frau an einer komplizierten Neurose, die wieder einmal nicht zugeben wollte, daß sie sich ihr Leiden in ihrem ehelichen Leben geholt hatte. Sie wandte ein, daß sie schon als Mädchen an Anfällen von Angst gelitten habe, die in Ohnmacht ausgingen. Ich blieb standhaft. Als wir besser bekannt geworden waren, sagte sie mir plötzlich eines Tages: „Jetzt will ich Ihnen auch berichten, woher meine Angstzustände als junges Mädchen gekommen sind. Ich habe damals in einem Zimmer neben dem meiner Eltern geschlafen, die Tür war offen und ein Nachtlicht brannte auf dem Tische. Da habe ich denn einige Male gesehen, wie der Vater zur Mutter ins Bett gegangen ist, und habe etwas gehört, was mich sehr aufgeregt hat. Darauf bekam ich dann meine Anfälle."

Ich sagte also: „Wenn Sie's nicht wissen, will ich Ihnen sagen, wovon ich denke, daß Sie Ihre Anfälle bekommen haben. Sie haben einmal, damals vor zwei Jahren, etwas gesehen oder gehört, was Sie sehr geniert hat, was Sie lieber nicht möchten gesehen haben."
Sie darauf: „Jesses ja, ich hab' ja den Onkel bei dem Mädel erwischt, bei der Franziska, meiner Cousine!"
„Was ist das für eine Geschichte mit dem Mädel? Wollen Sie mir die nicht erzählen?"
„Einem Doktor darf man ja alles sagen. Also wissen Sie, der Onkel, er war der Mann von meiner Tant', die Sie da gesehen haben, hat damals mit der Tant' das Wirtshaus auf dem **kogel gehabt, jetzt sind sie geschieden, und ich bin schuld daran, daß sie geschieden sind, weil's durch mich aufgekommen ist, daß er's mit der Franziska hält."
„Ja, wie sind Sie zu der Entdeckung gekommen?"
„Das war so. Vor zwei Jahren sind einmal ein paar Herren heraufgekommen und haben zu essen verlangt. Die Tant' war nicht zu Haus' und die Franziska war nirgends zu finden, die immer gekocht hat. Der Onkel war auch nicht zu finden. Wir suchen sie überall, da sagt der Bub, der Alois, mein Cousin: ‚Am End' ist die Franziska beim Vatern.' Da haben wir beide gelacht, aber gedacht haben wir uns nichts Schlechtes dabei. Wir gehen zum Zimmer, wo der Onkel gewohnt hat, das ist zugesperrt. Das war mir aber auffällig. Sagt der Alois: ‚Am Gang ist ein Fenster, da kann man hineinschauen ins Zimmer.' Wir gehen auf den Gang. Aber der Alois mag nicht zum Fenster, er sagt, er fürcht' sich. Da sag ich: ‚Du dummer Bub, ich geh hin, ich fürcht' mich gar nicht.' Ich habe auch gar nichts Arges im Sinne gehabt. Ich schau hinein, das Zimmer war ziemlich dunkel, aber da seh ich den Onkel und die Franziska, und er liegt auf ihr."
„Nun?"
„Ich bin gleich weg vom Fenster, hab' mich an die Mauer angelehnt, hab' die Atemnot bekommen, die ich seitdem hab', die

Sinne sind mir vergangen, die Augen hat es mir zugedrückt und im Kopfe hat es gehämmert und gebraust."

„Haben Sie's gleich am selben Tage der Tante gesagt?"

„O nein, ich hab nichts gesagt."

„Warum sind Sie denn so erschrocken, wie Sie die beiden beisammen gefunden haben? Haben Sie denn etwas verstanden? Haben Sie sich etwas gedacht, was da geschieht?"

„O nein, ich hab' damals gar nichts verstanden, ich war erst sechzehn Jahre alt. Ich weiß nicht, worüber ich so erschrocken bin."

„Fräulein Katharin', wenn Sie sich jetzt erinnern könnten, was damals in Ihnen vorgegangen ist, wie Sie den ersten Anfall bekommen haben, was Sie sich dabei gedacht haben, dann wäre Ihnen geholfen."

„Ja, wenn ich könnt', ich bin aber so erschrocken gewesen, daß ich alles vergessen hab'."

(In die Sprache unserer „vorläufigen Mitteilung" übersetzt, heißt das: Der Affekt schafft selbst den hypnoiden Zustand, dessen Produkte dann außer assoziativem Verkehre mit dem Ich-Bewußtsein stehen.)

„Sagen Sie, Fräulein, ist der Kopf, den Sie immer bei der Atemnot sehen, vielleicht der Kopf von der Franziska, wie Sie ihn damals gesehen haben?"

„O nein, der war doch nicht so grauslich, und dann ist es ja ein Männerkopf."

„Oder vielleicht vom Onkel?"

„Ich hab' sein Gesicht gar nicht so deutlich gesehen, es war zu finster im Zimmer und warum sollt' er denn damals ein so schreckliches Gesicht gemacht haben?"

„Sie haben Recht." (Da schien nun plötzlich der Weg verlegt. Vielleicht findet sich in der weiteren Erzählung etwas.)

„Und was ist dann weiter geschehen?"

„Nun, die zwei müssen Geräusch gehört haben. Sie sind bald herausgekommen. Mir war die ganze Zeit recht schlecht, ich hab immer nachdenken müssen, dann ist zwei Tage später ein Sonntag gewesen, da hat's viel zu tun gegeben, ich hab den ganzen Tag gearbeitet und am Montag früh, da hab ich wieder den Schwindel gehabt und hab erbrochen und bin zu Bett geblieben und hab' drei Tage fort und fort gebrochen."

Wir hatten oft die hysterische Symptomatologie mit einer Bilderschrift verglichen, die wir nach Entdeckung einiger bilinguer Fälle zu lesen verstünden. In diesem Alphabet bedeutet Erbrechen Ekel. Ich sagte ihr also: „Wenn Sie drei Tage später erbrochen haben, so glaub ich, Sie haben sich damals, wie Sie ins Zimmer hineingeschaut haben, geekelt."

„Ja, geekelt werd' ich mich schon haben", sagt sie nachdenklich. „Aber wovor denn?"

„Sie haben vielleicht etwas Nacktes gesehen? Wie waren denn die beiden Personen im Zimmer?"

„Es war zu finster, um was zu sehen und die waren ja beide angezogen (in Kleidern). Ja,. wenn ich nur wüßte, wovor ich mich damals geekelt hab'."

Das wußte ich nun auch nicht. Aber ich forderte sie auf, weiter zu erzählen, was ihr einfiele, in der sicheren Erwartung, es werde ihr gerade das einfallen, was ich zur Aufklärung des Falles brauchte.

Sie berichtet nun, daß sie endlich der Tante, die sie verändert fand und dahinter ein Geheimnis vermutete, ihre Entdeckung mitteilte, daß es darauf sehr verdrießliche Szenen zwischen Onkel und Tante gab, die Kinder Dinge zu hören bekamen, die ihnen über manches die Augen öffneten, und die sie besser hätten nicht hören sollen, bis die Tante sich entschloß, mit ihren Kindern und der Nichte die andere Wirtschaft hier zu übernehmen und den Onkel mit der unterdes gravid gewordenen Franziska allein zu lassen. Dann aber läßt sie zu meinem Erstaunen diesen Faden fallen und beginnt zwei Reihen von älteren Geschichten zu erzählen, die um zwei bis drei Jahre hinter dem traumatischen Momente zurückreichen. Die erste Reihe enthält Anlässe, bei denen derselbe Onkel ihr selbst sexuell nachgestellt, als sie erst vierzehn Jahre alt war. Wie sie einmal mit ihm im Winter eine Partie ins Tal gemacht und dort im Wirtshause übernachtet. Er blieb trinkend und kartenspielend in der Stube sitzen, sie wurde schläfrig und begab sich frühzeitig in das für beide bestimmte Zimmer im Stocke. Sie schlief nicht fest, als er hinaufkam, dann schlief sie wieder ein und plötzlich erwachte sie und „spürte seinen Körper" im Bette. Sie sprang auf, machte ihm Vorwürfe. „Was treibens denn, Onkel? Warum bleibens nicht in Ihrem Bette?" Er versuchte sie zu beschwatzen: „Geh', dumme Gredel, sei still, du weißt ja nicht, wie gut das is." — „Ich mag Ihr Gutes nicht, nit einmal schlafen lassen's einen." Sie bleibt bei der Türe stehen, bereit, auf den Gang hinaus zu flüchten, bis er abläßt und selbst einschläft. Dann legt sie sich in ihr Bett und schläft bis zum Morgen. Aus der Art der Abwehr, die sie berichtet, scheint sich zu ergeben, daß sie den Angriff nicht klar als einen sexuellen erkannte; danach gefragt, ob sie denn gewußt, was er mit ihr vorgehabt, antwortete sie: Damals nicht, es sei ihr viel später klar geworden. Sie hätte sich gesträubt, weil es ihr unangenehm war, im Schlafe gestört zu werden und „weil sich das nicht gehört hat".

Ich mußte diese Begebenheit ausführlich berichten, weil sie für das Verständnis alles Späteren eine große Bedeutung besitzt. — Sie erzählt dann noch andere Erlebnisse aus etwas späterer Zeit, wie sie sich seiner abermals in einem Wirtshause zu erwehren hatte, als er vollbetrunken war u. dgl. m. Auf meine Frage, ob sie bei diesen Anlässen etwas Ähnliches verspürt wie die spätere Atemnot, antwortet sie mit Bestimmtheit, daß sie dabei jedesmal den Druck auf die Augen und auf die Brust bekam, aber lange nicht so stark wie bei der Szene der Entdeckung.

Unmittelbar nach Abschluß dieser Reihe von Erinnerungen beginnt sie eine zweite zu erzählen, in welcher es sich um Gelegenheiten handelt, wo sie auf etwas zwischen dem Onkel und der Franziska aufmerksam wurde. Wie sie einmal, die ganze Familie, die Nacht auf einem Heuboden in Kleidern verbracht und sie infolge eines Geräusches plötzlich aufwachte; sie glaubte zu bemerken, daß der Onkel, der zwischen ihr und der Franziska gelegen war, wegrückte und die Franziska sich gerade legte. Wie sie ein anderes Mal in einem Wirtshause des Dorfes N . . . übernachteten, sie und der Onkel in dem einen Zimmer, die Franziska in einem andern nebenan. In der Nacht erwachte sie plötzlich und sah eine lange weiße Gestalt bei der Türe, im Begriffe, die Klinke niederzudrücken: „Jesses, Onkel, sein Sie's? Was wollen's bei der Türe?" — „Sei still, ich hab' nur was gesucht." — „Da geht man ja bei der andern Tür heraus." — „Ich hab' mich halt verirrt" usw.

Ich frage sie, ob sie damals einen Argwohn gehabt. „Nein, gedacht hab' ich mir gar nichts dabei, es ist mir nur immer aufgefallen, aber ich hab' nichts weiter daraus gemacht." — Ob sie bei diesen Gelegenheiten auch die Angst bekommen? — Sie glaubt, ja, aber diesmal ist sie dessen nicht so sicher.

Nachdem sie diese beiden Reihen von Erzählungen beendigt, hält sie inne. Sie ist wie verwandelt, das mürrische, leidende Gesicht hat sich belebt, die Augen sehen frisch drein, sie ist erleichtert und gehoben. Mir aber ist unterdes das Verständnis ihres Falles aufgegangen; was sie mir zuletzt anscheinend planlos erzählt hat, erklärt vortrefflich ihr Benehmen bei der Szene der Entdeckung. Sie trug damals zwei Reihen von Erlebnissen mit sich, die sie erinnerte, aber nicht verstand, zu keinem Schlusse verwertete; beim Anblicke des koitierenden Paares stellte sie sofort die Verbindung des neuen Eindruckes mit diesen beiden Reihen von Reminiszenzen her, begann zu verstehen und gleichzeitig abzuwehren. Dann folgte eine kurze Periode der Ausarbeitung, „der Inkubation", und darauf stellten sich die Symptome der Konversion, das Erbrechen als Ersatz für den moralischen und physischen Ekel ein. Das Rätsel war damit gelöst, sie hatte sich nicht vor dem Anblick der beiden geekelt, sondern vor einer Erinnerung, die ihr jener Anblick geweckt hatte, und alles erwogen, konnte dies nur die Erinnerung an den nächtlichen Überfall sein, als sie „den Körper des Onkels spürte".

Ich sagte ihr also, nachdem sie ihre Beichte beendigt hatte: „Jetzt weiß ich schon, was Sie sich damals gedacht haben, wie Sie ins Zimmer hineingeschaut haben. Sie haben sich gedacht: jetzt tut er mit ihr, was er damals bei Nacht und die anderen Male mit mir hat tun wollen. Davor haben Sie sich geekelt, weil Sie sich an die Empfindung erinnert haben, wie Sie in der Nacht aufgewacht sind und seinen Körper gespürt haben."

Sie antwortet: „Das kann schon sein, daß ich mich davor geekelt und daß ich damals das gedacht hab'."

„Sagen Sie mir einmal genau, Sie sind ja jetzt ein erwachsenes Mädchen und wissen allerlei —"

„Ja, jetzt freilich."

„Sagen Sie mir genau, was haben Sie denn in der Nacht eigentlich von seinem Körper verspürt?"

Sie gibt aber keine bestimmtere Antwort, sie lächelt verlegen und wie überführt, wie einer, der zugeben muß, daß man jetzt auf den Grund der Dinge gekommen ist, über den sich nicht mehr viel sagen läßt. Ich kann mir denken, welches die Tastempfindung war, die sie später deuten gelernt hat; ihre Miene scheint mir auch zu sagen, daß sie von mir voraussetzt, ich denke mir das Richtige, aber ich kann nicht weiter in sie dringen; ich bin ihr ohnehin Dank dafür schuldig, daß sie soviel leichter mit sich reden läßt als die prüden Damen in meiner Stadtpraxis, für die alle *naturalia turpia* sind.

Somit wäre der Fall geklärt; aber halt, die im Anfalle wiederkehrende Halluzination des Kopfes, der ihr Schrecken einjagt, woher kommt die? Ich frage sie jetzt danach. Als hätte auch sie in diesem Gespräche ihr Verständnis erweitert, antwortet sie prompt: „Ja, das weiß ich jetzt schon, der Kopf ist der Kopf vom Onkel, ich erkenn's jetzt, aber nicht aus der Zeit. Später, wie dann alle die Streitigkeiten losgegangen sind, da hat der Onkel eine unsinnige Wut auf mich bekommen; er hat immer gesagt, ich bin schuld an allem; hätt' ich nicht geplauscht, so wär's nie zur Scheidung gekommen; er hat mir immer gedroht, er tut mir was an; wenn er mich von weitem gesehen hat, hat sich sein Gesicht vor Wut verzogen und er ist mit der gehobenen Hand auf mich losgegangen. Ich bin immer vor ihm davongelaufen und hab' immer die größte Angst gehabt, er packt mich irgendwo unversehens. Das Gesicht, was ich jetzt immer sehe, ist sein Gesicht, wie er in der Wut war."

Diese Auskunft erinnert mich daran, daß ja das erste Symptom der Hysterie, das Erbrechen, vergangen ist, der Angstanfall ist geblieben und hat sich mit neuem Inhalte gefüllt. Demnach handelt es sich um eine zum guten Teil abreagierte Hysterie. Sie hat ja auch wirklich ihre Entdeckung bald hernach der Tante mitgeteilt.

„Haben Sie der Tante auch die anderen Geschichten erzählt, wie er Ihnen nachgestellt hat?"

„Ja, nicht gleich, aber später, wie schon von der Scheidung die Rede war. Da hat die Tant' gesagt: Das heben wir uns auf, wenn er Schwierigkeiten vor Gericht macht, dann sagen wir auch das."

Ich kann verstehen, daß gerade aus der letzten Zeit, als die aufregenden Szenen im Hause sich häuften, als ihr Zustand aufhörte das Interesse der Tante zu erwecken, die von dem Zwiste vollauf in Anspruch genommen war, daß aus dieser Zeit der Häufung und Retention das Erinnerungssymbol verblieben ist.

Ich hoffe, die Aussprache mit mir hat dem in seinem sexuellen Empfinden so frühzeitig verletzten Mädchen in etwas wohlgetan; ich habe sie nicht wiedergesehen.

Epikrise

Ich kann nichts dagegen einwenden, wenn jemand in dieser Krankengeschichte weniger einen analysierten als einen durch Erraten aufgelösten Fall von Hysterie erblicken will. Die Kranke gab zwar alles, was ich in ihren Bericht interpolierte als wahrscheinlich zu; sie war aber doch nicht imstande, es als Erlebtes wiederzuerkennen. Ich meine, dazu hätte es der Hypnose bedurft. Wenn ich annehme, ich hätte richtig geraten, und nun versuche, diesen Fall auf das Schema einer akquirierten Hysterie zu reduzieren, wie es sich uns aus Fall B ergeben hat, so liegt es nahe, die zwei Reihen von erotischen Erlebnissen mit traumatischen Momenten, die Szene bei der Entdeckung des Paares mit einem auxiliären Momente zu vergleichen. Die Ähnlichkeit liegt darin, daß in den ersteren ein Bewußtseinsinhalt geschaffen wurde, welcher, von der Denktätigkeit des Ich ausgeschlossen, aufbewahrt blieb, während in der letzteren Szene ein neuer Eindruck die assoziative Vereinigung dieser abseits befindlichen Gruppe mit dem Ich erzwang. Anderseits finden sich auch Abweichungen, die nicht vernachlässigt werden können. Die Ursache der Isolierung ist nicht wie bei Fall B der Wille des Ich, sondern die Ignoranz des Ich, das mit sexuellen Erfahrungen noch nichts anzufangen weiß. In dieser Hinsicht ist der Fall Katharina ein typischer; man findet bei der Analyse jeder auf sexuelle Traumen begründeten Hysterie, daß Eindrücke aus der vorsexuellen Zeit, die auf das Kind wirkungslos geblieben sind, später als Erinnerung traumatische Gewalt erhalten, wenn sich der Jungfrau oder Frau das Verständnis des sexuellen Lebens erschlossen hat. Die Abspaltung psychischer Gruppen ist sozusagen ein normaler Vorgang in der Entwicklung der Adoleszenten, und es wird begreiflich, daß deren spätere Aufnahme in das Ich einen häufig genug ausgenützten Anlaß zu psychischen Störungen gibt. Ferner möchte ich an dieser Stelle noch dem Zweifel Ausdruck geben, ob die Bewußtseinsspaltung durch Ignoranz wirklich von der durch bewußte Ablehnung verschieden ist, ob nicht auch die Adoleszenten viel häufiger sexuelle Kenntnis besitzen, als man von ihnen vermeint und als sie sich selbst zutrauen.

Eine weitere Abweichung im psychischen Mechanismus dieses Falles liegt darin, daß die Szene der Entdeckung, welche wir als „auxiliäre" bezeichnet haben, gleichzeitig auch den Namen einer „traumatischen" verdient. Sie wirkt durch ihren eigenen Inhalt, nicht bloß durch die Erweckung der vorhergehenden traumatischen Erlebnisse, sie vereinigt die Charaktere eines „auxiliären" und eines traumatischen Moments. Ich sehe in diesem Zusammenfallen aber keinen Grund, eine begriffliche Scheidung aufzugeben, welcher bei anderen Fällen auch eine zeitliche Scheidung entspricht. Eine andere Eigentümlichkeit des Falles Katharina, die übrigens seit langem bekannt ist, zeigt sich darin, daß die Konversion, die Erzeugung der hysterischen Phänomene nicht unmittelbar nach dem Trauma, sondern nach einem Intervalle von Inkubation vor sich geht. Charcot nannte dieses Intervall mit Vorliebe die „Zeit der psychischen Ausarbeitung".

Die Angst, an der Katharina in ihren Anfällen leidet, ist eine hysterische, d. h. eine Reproduktion jener Angst, die bei jedem der sexuellen Traumen auftrat. Ich unterlasse es hier, den Vorgang auch zu erläutern, den ich in einer ungemein großen Anzahl von Fällen als regelmäßig zutreffend erkannt habe, daß die Ahnung sexueller Beziehungen bei virginalen Personen einen Angstaffekt hervorruft.[1]

---

1) [*Zusatz 1924:*] Nach so vielen Jahren getraue ich mich die damals beobachtete Diskretion aufzuheben und anzugeben, daß Katharina nicht die Nichte, sondern die Tochter der Wirtin war, das Mädchen war also unter den sexuellen Versuchungen erkrankt, die vom eigenen Vater ausgingen. Eine Entstellung wie die an diesem Falle von mir vorgenommene sollte in einer Krankengeschichte durchaus vermieden werden. Sie ist natürlich nicht so belanglos für das Verständnis wie etwa die Verlegung des Schauplatzes von einem Berge auf einen anderen.

D
Fräulein Elisabeth v. R...

Im Herbst 1892 forderte ein befreundeter Kollege mich auf, eine junge Dame zu untersuchen, die seit länger als zwei Jahren an Schmerzen in den Beinen leide und schlecht gehe. Er fügte der Einladung bei, daß er den Fall für eine Hysterie halte, wenngleich von den gewöhnlichen Zeichen der Neurose nichts zu finden sei. Er kenne die Familie ein wenig und wisse, daß die letzten Jahre derselben viel Unglück und wenig Erfreuliches gebracht hätten. Zuerst sei der Vater der Patientin gestorben, dann habe die Mutter sich einer ernsten Operation an den Augen unterziehen müssen und bald darauf sei eine verheiratete Schwester der Kranken nach einer Entbindung einem alten Herzleiden erlegen. An allem Kummer und aller Krankenpflege habe unsere Patientin den größten Anteil gehabt.

Ich gelangte nicht viel weiter im Verständnisse des Falles, nachdem ich das vierundzwanzigjährige Fräulein zum ersten Male gesehen hatte. Sie schien intelligent und psychisch normal und trug das Leiden, welches ihr Verkehr und Genuß verkümmerte, mit heiterer Miene, mit der *„belle indifférence"* der Hysterischen, mußte ich denken. Sie ging mit vorgebeugtem Oberkörper, doch ohne Stütze, ihr Gang entsprach keiner als pathologisch bekannten Gangart, war übrigens keineswegs auffällig schlecht. Es lag eben nur vor, daß sie über große Schmerzen beim Gehen, über rasch auftretende Ermüdung dabei und im Stehen klagte und nach kurzer Zeit die Ruhe aufsuchte, in der die Schmerzen geringer waren, aber keineswegs fehlten. Der Schmerz war unbestimmter Natur, man konnte etwa entnehmen: eine schmerzhafte Müdigkeit. Eine ziemlich große, schlecht abgegrenzte Stelle an der Vorderfläche des rechten Oberschenkels wurde als der Herd der Schmerzen angegeben, von dem dieselben am häufigsten ausgingen und wo sie ihre größte Intensität erreichten. Dort war auch Haut und Muskulatur ganz besonders empfindlich gegen Drücken und Kneipen, Nadelstiche wurden eher etwas gleichgültig hingenommen. Nicht bloß an dieser Stelle, sondern so ziemlich im ganzen Umfange beider Beine war dieselbe Hyperalgesie der Haut und der Muskeln nachweisbar. Die Muskeln waren vielleicht noch schmerzhafter als die Haut, unverkennbar waren beide Arten von Schmerzhaftigkeit an den Oberschenkeln am stärksten ausgebildet. Die motorische Kraft der Beine war nicht gering zu nennen, die Reflexe von mittlerer Intensität, alle anderen Symptome fehlten, so daß sich kein Anhaltspunkt für die Annahme ernsterer organischer Affektion ergab. Das Leiden war seit zwei Jahren allmählich entwickelt, wechselte sehr in seiner Intensität.

Ich hatte es nicht leicht, zu einer Diagnose zu gelangen, entschloß mich aber aus zwei Gründen, der meines Kollegen beizupflichten. Fürs erste war es auffällig, wie unbestimmt alle Angaben der doch hochintelligenten Kranken über die Charaktere ihrer Schmerzen lauteten. Ein Kranker, der an organischen Schmerzen leidet, wird, wenn er nicht etwa nebenbei nervös ist, diese bestimmt und ruhig beschreiben, sie seien etwa lanzinierend, kämen in gewissen Intervallen, erstreckten sich von dieser bis zu dieser Stelle und würden nach seiner Meinung durch diese und jene Einflüsse hervorgerufen. Der Neurastheniker,[1] der seine

---

[1] (Hypochonder, mit Angstneurose Behaftete.)

Schmerzen beschreibt, macht dabei den Eindruck, als sei er mit einer schwierigen geistigen Arbeit beschäftigt, die weit über seine Kräfte geht. Seine Gesichtszüge sind gespannt und wie unter der Herrschaft eines peinlichen Affektes verzerrt, seine Stimme wird schriller, er ringt nach Ausdruck, weist jede Bezeichnung, die ihm der Arzt für seine Schmerzen vorschlägt, zurück, auch wenn sie sich später als unzweifelhaft passend herausstellt; er ist offenbar der Meinung, die Sprache sei zu arm, um seinen Empfindungen Worte zu leihen, diese Empfindungen selbst seien etwas Einziges, noch nicht Dagewesenes, das man gar nicht erschöpfend beschreiben könne, und darum wird er auch nicht müde, immer neue Details hinzuzufügen, und wenn er abbrechen muß, beherrscht ihn sicherlich der Eindruck, es sei ihm nicht gelungen, sich dem Arzte verständlich zu machen. Das kommt daher, daß seine Schmerzen seine ganze Aufmerksamkeit auf sich gezogen haben. Bei Frl. v. R. war das entgegengesetzte Verhalten, und man mußte daraus schließen, da sie doch den Schmerzen Bedeutung genug beilegte, daß ihre Aufmerksamkeit bei etwas anderem verweilte, wovon die Schmerzen nur ein Begleitphänomen seien, wahrscheinlich also bei Gedanken und Empfindungen, die mit den Schmerzen zusammenhingen.

Noch mehr bestimmend für die Auffassung der Schmerzen mußte aber ein zweites Moment sein. Wenn man eine schmerzhafte Stelle bei einem organisch Kranken oder einem Neurastheniker reizt, so zeigt dessen Physiognomie den unvermischten Ausdruck des Unbehagens oder des physischen Schmerzes; der Kranke zuckt ferner zusammen, entzieht sich der Untersuchung, wehrt ab. Wenn man aber bei Frl. v. R. die hyperalgische Haut und Muskulatur der Beine kneipte oder drückte, so nahm ihr Gesicht einen eigentümlichen Ausdruck an, eher den der Lust als des Schmerzes, sie schrie auf — ich mußte denken, etwa wie bei einem wollüstigen Kitzel, — ihr Gesicht rötete sich, sie warf den Kopf zurück, schloß die Augen, der Rumpf bog sich nach rückwärts, das alles war nicht sehr grob, aber doch deutlich ausgeprägt und ließ sich nur mit der Auffassung vereinigen, das Leiden sei eine Hysterie, und die Reizung habe eine hysterische Zone betroffen.

Die Miene paßte nicht zum Schmerze, den das Kneipen der Muskeln und Haut angeblich erregte, wahrscheinlich stimmte sie besser zum Inhalte der Gedanken, die hinter diesem Schmerze steckten und die man in der Kranken durch Reizung der ihnen assoziierten Körperstellen weckte. Ich hatte ähnlich bedeutungsvolle Mienen bei Reizung hyperalgischer Zonen wiederholt in sicheren Fällen von Hysterie beobachtet; die anderen Gebärden entsprachen offenbar der leichtesten Andeutung eines hysterischen Anfalles.

Für die ungewöhnliche Lokalisation der hysterogenen Zone ergab sich zunächst keine Aufklärung. Daß die Hyperalgesie hauptsächlich die Muskulatur betraf, gab auch zu denken. Das häufigste Leiden, welches die diffuse und lokale Druckempfindlichkeit der Muskeln verschuldet, ist die rheumatische Infiltration derselben, der gemeine chronische Muskelrheumatismus, von dessen Eignung, nervöse Affektionen vorzutäuschen, ich bereits gesprochen habe. Die Konsistenz der schmerzhaften Muskeln bei Frl. v. R. widersprach dieser Annahme nicht, es fanden sich vielfältig harte Stränge in den Muskelmassen, die auch besonders empfindlich schienen. Wahrscheinlich lag also eine im angegebenen Sinne organische Veränderung der Muskeln vor, an welche sich die Neurose anlehnte, und deren Bedeutung die Neurose übertrieben groß erscheinen ließ.

Die Therapie ging auch von einer derartigen Voraussetzung eines gemischten Leidens aus. Wir empfahlen Fortsetzung einer systematischen Knetung und Faradisierung der empfindlichen Muskeln ohne Rücksicht auf den dadurch entstehenden Schmerz, und ich behielt mir die Behandlung der Beine mit starken Franklinschen Funkenentladungen vor, um mit der Kranken in Verkehr bleiben zu können. Ihre Frage, ob sie sich zum Gehen zwingen solle, beantworteten wir mit entschiedenem Ja.

Wir erzielten so eine leichte Besserung. Ganz besonders schien sie sich für die schmerzhaften Schläge der Influenzmaschine zu erwärmen, und je stärker diese waren, desto mehr schienen sie die eigenen Schmerzen der Kranken zurückzudrängen. Mein Kollege bereitete unterdes den Boden für eine psychische Behandlung vor, und als ich nach vierwöchentlicher Scheinbehandlung eine solche vorschlug und der Kranken einige Aufschlüsse über das Verfahren und seine Wirkungsweise gab, fand ich rasches Verständnis und nur geringen Widerstand.

Die Arbeit, die ich aber von da an begann, stellte sich als eine der schwersten heraus, die mir je zugefallen waren, und die Schwierigkeit, von dieser Arbeit einen Bericht zu geben, reiht sich den damals überwundenen Schwierigkeiten würdig an. Ich verstand auch lange Zeit nicht, den Zusammenhang zwischen der Leidensgeschichte und dem Leiden zu finden, welches doch durch diese Reihe von Erlebnissen verursacht und determiniert sein sollte.

Wenn man eine derartige kathartische Behandlung unternimmt, wird man sich zuerst die Frage vorlegen: Ist der Kranken Herkunft und Anlaß ihres Leidens bekannt? Dann bedarf es wohl keiner besonderen Technik, sie zur Reproduktion ihrer Leidensgeschichte zu vermögen; das Interesse, das man ihr bezeugt, das Verständnis, das man sie ahnen läßt, die Hoffnung auf Genesung, die man ihr macht, werden die Kranke bestimmen, ihr Geheimnis aufzugeben. Bei Fräulein Elisabeth war mir von Anfang an wahrscheinlich, daß sie sich der Gründe ihres Leidens bewußt sei, daß sie also nur ein Geheimnis, keinen Fremdkörper im Bewußtsein habe. Man mußte, wenn man sie ansah, an die Worte des Dichters denken: „Das Mäskchen da weissagt verborgnen Sinn."[1]

Ich konnte also zunächst auf die Hypnose verzichten, mit dem Vorbehalte allerdings, mich später der Hypnose zu bedienen, wenn sich im Verlaufe der Beichte Zusammenhänge ergeben sollten, zu

---

[1] Es wird sich ergeben, daß ich mich hierin doch geirrt hatte.

deren Klärung ihre Erinnerung etwa nicht ausreichte. So gelangte ich bei dieser ersten vollständigen Analyse einer Hysterie, die ich unternahm, zu einem Verfahren, das ich später zu einer Methode erhob und zielbewußt einleitete, zu einem Verfahren der schichtweisen Ausräumung des pathogenen psychischen Materials, welches wir gerne mit der Technik der Ausgrabung einer verschütteten Stadt zu vergleichen pflegten. Ich ließ mir zunächst erzählen, was der Kranken bekannt war, achtete sorgfältig darauf, wo ein Zusammenhang rätselhaft blieb, wo ein Glied in der Kette der Verursachungen zu fehlen schien, und drang dann später in tiefere Schichten der Erinnerung ein, indem ich an jenen Stellen die hypnotische Erforschung oder eine ihr ähnliche Technik wirken ließ. Die Voraussetzung der ganzen Arbeit war natürlich die Erwartung, daß eine vollkommen zureichende Determinierung zu erweisen sei; von den Mitteln zur Tieferforschung wird bald die Rede sein.

Die Leidensgeschichte, welche Fräulein Elisabeth erzählte, war eine langwierige, aus mannigfachen schmerzlichen Erlebnissen gewebte. Sie befand sich während der Erzählung nicht in Hypnose, ich ließ sie aber liegen und hielt ihre Augen geschlossen, ohne daß ich mich dagegen gewehrt hätte, wenn sie zeitweilig die Augen öffnete, ihre Lage veränderte, sich aufsetzte u. dgl. Wenn sie ein Stück der Erzählung tiefer ergriff, so schien sie mir dabei spontan in einen der Hypnose ähnlicheren Zustand zu geraten. Sie blieb dann regungslos liegen und hielt ihre Augen fest geschlossen.

Ich gehe daran, wiederzugeben, was sich als oberflächlichste Schichte ihrer Erinnerungen ergab. Als jüngste von drei Töchtern hatte sie, zärtlich an den Eltern hängend, ihre Jugend auf einem Gute in Ungarn verbracht. Die Gesundheit der Mutter war vielfach getrübt durch ein Augenleiden und auch durch nervöse Zustände. So kam es, daß sie sich besonders innig an den heiteren und lebenskundigen Vater anschloß, der zu sagen pflegte, diese

Tochter ersetze ihm einen Sohn und einen Freund, mit dem er seine Gedanken austauschen könne. Soviel das Mädchen an intellektueller Anregung bei diesem Verkehre gewann, so entging es doch dem Vater nicht, daß sich dabei ihre geistige Konstitution von dem Ideal entfernte, welches man gerne in einem Mädchen verwirklicht sieht. Er nannte sie scherzweise „keck und rechthaberisch", warnte sie vor allzu großer Bestimmtheit in ihren Urteilen, vor ihrer Neigung, den Menschen schonungslos die Wahrheit zu sagen, und meinte oft, sie werde es schwer haben, einen Mann zu finden. Tatsächlich war sie mit ihrem Mädchentum recht unzufrieden, sie war von ehrgeizigen Plänen erfüllt, wollte studieren oder sich in Musik ausbilden, empörte sich bei dem Gedanken, in einer Ehe ihre Neigungen und die Freiheit ihres Urteiles opfern zu müssen. Unterdes lebte sie im Stolze auf ihren Vater, auf das Ansehen und die soziale Stellung ihrer Familie und hütete eifersüchtig alles, was mit diesen Gütern zusammenhing. Die Selbstlosigkeit, mit welcher sie sich vorkommendenfalls gegen ihre Mutter und ihre älteren Schwestern zurücksetzte, söhnte die Eltern aber voll mit den schrofferen Seiten ihres Charakters aus.

Das Alter der Mädchen bewog die Familie zur Übersiedlung in die Hauptstadt, wo sich Elisabeth eine Weile an dem reicheren und heiteren Leben in der Familie erfreuen durfte. Dann aber kam der Schlag, der das Glück dieses Hauses zerstörte. Der Vater hatte ein chronisches Herzleiden verborgen oder selbst übersehen; eines Tages brachte man ihn bewußtlos nach einem ersten Anfalle von Lungenödem nach Hause. Es folgte eine Krankenpflege von eineinhalb Jahren, in welcher sich Elisabeth den ersten Platz am Bette sicherte. Sie schlief im Zimmer des Vaters, erwachte nachts auf seinen Ruf, betreute ihn tagsüber und zwang sich, selbst heiter zu scheinen, während er den hoffnungslosen Zustand mit liebenswürdiger Ergebenheit ertrug. Mit dieser Zeit der Krankenpflege mußte der Beginn ihres Leidens zusammenhängen, denn sie konnte sich erinnern, daß sie im letzten Halbjahre der Pflege eineinhalb Tage wegen solcher Schmerzen im rechten Beine zu Bette geblieben sei. Sie behauptete aber, diese Schmerzen seien bald vorübergegangen und hätten weder ihre Sorge noch ihre Aufmerksamkeit erregt. Tatsächlich war es erst zwei Jahre nach dem Tode des Vaters, daß sie sich krank fühlte und ihrer Schmerzen wegen nicht gehen konnte.

Die Lücke, die der Tod des Vaters in dem Leben dieser aus vier Frauen bestehenden Familie hinterließ, die gesellschaftliche Vereinsamung, das Aufhören so vieler Beziehungen, die Anregung und Genuß versprochen hatten, die jetzt gesteigerte Kränklichkeit der Mutter, dies alles trübte die Stimmung unserer Patientin, machte aber gleichzeitig in ihr den heißen Wunsch rege, daß die Ihrigen bald einen Ersatz für das verlorene Glück finden möchten, und hieß sie ihre ganze Neigung und Sorgfalt auf die überlebende Mutter konzentrieren.

Nach Ablauf des Trauerjahres heiratete die älteste Schwester einen begabten und strebsamen Mann in ansehnlicher Stellung, der durch sein geistiges Vermögen zu einer großen Zukunft bestimmt schien, der aber im nächsten Umgange eine krankhafte Empfindlichkeit, ein egoistisches Beharren auf seinen Launen entwickelte, und der zuerst im Kreise dieser Familie die Rücksicht auf die alte Frau zu vernachlässigen wagte. Das war mehr, als Elisabeth vertragen konnte; sie fühlte sich berufen, den Kampf gegen den Schwager aufzunehmen, so oft er Anlaß dazu bot, während die anderen Frauen die Ausbrüche seines erregbaren Temperaments leicht hinnahmen. Für sie war es eine schmerzliche Enttäuschung, daß der Wiederaufbau des alten Familienglücks diese Störung erfuhr, und sie konnte es ihrer verheirateten Schwester nicht vergeben, daß diese in frauenhafter Fügsamkeit bestrebt blieb, jede Parteinahme zu vermeiden. Eine ganze Reihe von Szenen war Elisabeth so im Gedächtnis geblieben, an denen zum Teil nicht ausgesprochene Beschwerden gegen ihren ersten

Schwager hafteten. Der größte Vorwurf aber blieb, daß er einem in Aussicht gestellten Avancement zuliebe mit seiner kleinen Familie in eine entfernte Stadt Österreichs übersiedelte und so die Vereinsamung der Mutter vergrößern half. Bei dieser Gelegenheit fühlte Elisabeth so deutlich ihre Hilflosigkeit, ihr Unvermögen, der Mutter einen Ersatz für das verlorene Glück zu bieten, die Unmöglichkeit, ihren beim Tode des Vaters gefaßten Vorsatz auszuführen.

Die Heirat der zweiten Schwester schien Erfreulicheres für die Zukunft der Familie zu versprechen, denn dieser zweite Schwager war, obwohl geistig minder hochstehend, ein Mann nach dem Herzen der feinsinnigen, in der Pflege aller Rücksichten erzogenen Frauen, und sein Benehmen söhnte Elisabeth mit der Institution der Ehe und mit dem Gedanken an die mit ihr verknüpften Opfer aus. Auch blieb das zweite junge Paar in der Nähe der Mutter, und das Kind dieses Schwagers und der zweiten Schwester wurde der Liebling Elisabeths. Leider war das Jahr, in dem dies Kind geboren wurde, durch ein anderes Ereignis getrübt. Das Augenleiden der Mutter erforderte eine mehrwöchentliche Dunkelkur, welche Elisabeth mitmachte. Dann wurde eine Operation für notwendig erklärt; die Aufregung vor derselben fiel mit den Vorbereitungen zur Übersiedlung des ersten Schwagers zusammen. Endlich war die von Meisterhand ausgeführte Operation überstanden, die drei Familien trafen in einem Sommeraufenthalte zusammen, und die durch die Sorgen der letzten Monate erschöpfte Elisabeth hätte nun in der ersten, von Leiden und Befürchtungen freien Zeit, die dieser Familie seit dem Tode des Vaters gegönnt war, sich voll erholen sollen.

Gerade in die Zeit dieses Sommeraufenthaltes fällt aber der Ausbruch von Elisabeths Schmerzen und Gehschwäche. Nachdem sich die Schmerzen eine Weile vorher etwas bemerklich gemacht hatten, traten sie zuerst heftig nach einem warmen Bade auf, das sie im Badhause des kleinen Kurortes nahm. Ein langer Spaziergang, eigentlich ein Marsch von einem halben Tage, einige Tage vorher, wurde dann in Beziehung zum Auftreten dieser Schmerzen gebracht, so daß sich leicht die Auffassung ergab, Elisabeth habe sich zuerst „übermüdet" und dann „erkühlt".

Von jetzt ab war Elisabeth die Kranke der Familie. Ärztlicher Rat veranlaßte sie, noch den Rest dieses Sommers zu einer Badekur in Gastein zu verwenden, wohin sie mit ihrer Mutter reiste, aber nicht, ohne daß eine neue Sorge aufgetaucht wäre. Die zweite Schwester war neuerdings gravid, und Nachrichten schilderten ihr Befinden recht ungünstig, so daß sich Elisabeth kaum zur Reise nach Gastein entschließen wollte. Nach kaum zwei Wochen des Gasteiner Aufenthalts wurden Mutter und Schwester zurückgerufen, es ginge der jetzt bettlägerigen Kranken nicht gut.

Eine qualvolle Reise, auf welcher sich bei Elisabeth Schmerzen und schreckhafte Erwartungen vermengten, dann gewisse Anzeichen auf dem Bahnhofe, welche das Schlimmste ahnen ließen, und dann, als sie ins Zimmer der Kranken traten, die Gewißheit, daß sie zu spät gekommen waren, um von einer Lebenden Abschied zu nehmen.

Elisabeth litt nicht nur unter dem Verluste dieser Schwester, die sie zärtlich geliebt hatte, sondern fast ebensosehr unter den Gedanken, die dieser Todesfall anregte, und unter den Veränderungen, die er mit sich brachte. Die Schwester war einem Herzleiden erlegen, das durch die Gravidität zur Verschlimmerung gebracht worden war.

Nun tauchte der Gedanke auf, Herzkrankheit sei das väterliche Erbteil der Familie. Dann erinnerte man sich, daß die Verstorbene in den ersten Mädchenjahren eine Chorea mit leichter Herzaffektion durchgemacht hatte. Man machte sich und den Ärzten den Vorwurf, daß sie die Heirat zugelassen hätten, man konnte dem unglücklichen Witwer den Vorwurf nicht ersparen, die Gesundheit seiner Frau durch zwei aufeinanderfolgende Graviditäten ohne Pause gefährdet zu haben. Der traurige Eindruck, daß, wenn einmal die so seltenen

Bedingungen für eine glückliche Ehe sich getroffen hätten, dieses Glück dann solch ein Ende nähme, beschäftigte die Gedanken Elisabeths von da an ohne Widerspruch. Ferner aber sah sie wiederum alles in sich zerfallen, was sie für die Mutter ersehnt hatte. Der verwitwete Schwager war untröstlich und zog sich von der Familie seiner Frau zurück. Es scheint, daß seine eigene Familie, der er sich während der kurzen und glücklichen Ehe entfremdet hatte, den Moment günstig fand, um ihn wieder in ihre eigenen Bahnen zu ziehen. Es fand sich kein Weg, die frühere Gemeinschaft aufrecht zu halten; ein Zusammenwohnen mit der Mutter war aus Rücksicht auf die unverheiratete Schwägerin untunlich, und indem er sich weigerte, den beiden Frauen das Kind, das einzige Erbteil der Toten, zu überlassen, gab er ihnen zum ersten Male Gelegenheit, ihn der Härte zu beschuldigen. Endlich — und dies war nicht das am mindesten Peinliche — hatte Elisabeth dunkle Kunde von einem Zwiste bekommen, der zwischen beiden Schwägern ausgebrochen war, und dessen Anlaß sie nur ahnen konnte. Es schien aber, als ob der Witwer in Vermögensangelegenheiten Forderungen erhoben hätte, die der andere Schwager für ungerechtfertigt hinstellte, ja die er mit Rücksicht auf den frischen Schmerz der Mutter als eine arge Erpressung bezeichnen konnte. Dies also war die Leidensgeschichte des ehrgeizigen und liebebedürftigen Mädchens. Mit ihrem Schicksale grollend, erbittert über das Fehlschlagen all ihrer kleinen Pläne, den Glanz des Hauses wiederherzustellen; — ihre Lieben teils gestorben, teils entfernt, teils entfremdet; — ohne Neigung, eine Zuflucht in der Liebe eines fremden Mannes zu suchen, lebte sie seit eineinhalb Jahren, fast von jedem Verkehre abgeschieden, der Pflege ihrer Mutter und ihrer Schmerzen.

Wenn man an größeres Leid vergessen und sich in das Seelenleben eines Mädchens versetzen wollte, konnte man Fräulein Elisabeth eine herzliche menschliche Teilnahme nicht versagen. Wie stand es aber mit dem ärztlichen Interesse für diese Leidensgeschichte, mit den Beziehungen derselben zu ihrer schmerzhaften Gehschwäche, mit den Aussichten auf Klärung und Heilung dieses Falles, die sich etwa aus der Kenntnis dieser psychischen Traumen ergaben? Für den Arzt bedeutete die Beichte der Patientin zunächst eine große Enttäuschung. Es war ja eine aus banalen seelischen Erschütterungen bestehende Krankengeschichte, aus der sich weder erklärte, warum die Betroffene an Hysterie erkranken mußte, noch wieso die Hysterie gerade die Form der schmerzhaften Abasie angenommen hatte. Es erhellte weder die Verursachung noch die Determinierung der hier vorliegenden Hysterie. Man konnte etwa annehmen, daß die Kranke eine Assoziation hergestellt hatte zwischen ihren seelischen schmerzlichen Eindrücken und körperlichen Schmerzen, die sie zufällig zur gleichen Zeit verspürt hatte, und daß sie nun in ihrem Erinnerungsleben die körperliche Empfindung als Symbol der seelischen verwendete. Welches Motiv sie etwa für diese Substituierung hatte, in welchem Momente diese vollzogen wurde, dies blieb unaufgeklärt. Es waren dies allerdings Fragen, deren Aufstellung bisher den Ärzten nicht geläufig gewesen war. Man pflegte sich mit der Auskunft zufrieden zu geben, die Kranke sei eben von Konstitution eine Hysterika, die unter dem Drucke intensiver, ihrer Art nach beliebiger Erregungen hysterische Symptome entwickeln könne.

Noch weniger als für die Aufklärung schien durch diese Beichte für die Heilung des Falles geleistet zu sein. Es war nicht einzusehen, welchen wohltätigen Einfluß es für Fräulein Elisabeth haben könnte, die all ihren Familienmitgliedern wohlbekannte Leidensgeschichte der letzten Jahre auch einmal einem Fremden zu erzählen, der ihr dafür eine mäßige Teilnahme bezeigte. Es war auch kein solcher Heilerfolg der Beichte zu bemerken. Die Kranke versäumte während dieser ersten Periode der Behandlung niemals, dem Arzte zu wiederholen: Es geht mir aber noch immer schlecht, ich habe dieselben Schmerzen wie früher, und wenn sie mich dabei listig-schadenfroh anblickte, konnte ich etwa des Urteiles gedenken, das der alte Herr v. R. über seine Lieblingstochter gefällt: Sie sei häufig „keck" und „schlimm"; ich mußte aber doch zugestehen, daß sie im Rechte war.

Hätte ich in diesem Stadium die psychische Behandlung der Kranken aufgegeben, so wäre der Fall des Fräuleins Elisabeth v. R. wohl recht belanglos für die Theorie der Hysterie geworden. Ich setzte meine Analyse aber fort, weil ich der sicheren Erwartung war, es werde sich aus tieferen Schichten des Bewußtseins das Verständnis sowohl für die Verursachung als auch für die Determinierung des hysterischen Symptoms gewinnen lassen.

Ich beschloß also, an das erweiterte Bewußtsein der Kranken die direkte Frage zu richten, an welchen psychischen Eindruck die erste Entstehung der Schmerzen in den Beinen geknüpft sei.

Zu diesem Zwecke sollte die Kranke in tiefe Hypnose versetzt werden. Aber leider mußte ich wahrnehmen, daß meine dahinzielenden Prozeduren die Kranke in keinen andern Zustand des Bewußtseins brachten, als jener war, in dem sie mir ihre Beichte abgelegt hatte. Ich war noch herzlich froh, daß sie es diesmal unterließ, mir triumphierend vorzuhalten: „Sehen Sie, ich schlafe ja nicht, ich bin nicht zu hypnotisieren." In solcher Notlage geriet ich auf den Einfall, jenen Kunstgriff des Drückens auf den Kopf anzuwenden, über dessen Entstehungsgeschichte ich mich in der vorstehenden Beobachtung der Miß Lucy ausführlich geäußert habe. Ich führte ihn aus, indem ich die Kranke aufforderte, mir unfehlbar mitzuteilen, was in dem Momente des Druckes vor ihrem inneren Auge auftauche oder durch ihre Erinnerung ziehe. Sie schwieg lange und bekannte dann auf mein Drängen, sie habe an einen Abend gedacht, an dem ein junger Mann sie aus einer Gesellschaft nach Hause begleitet, an die Gespräche, die zwischen ihr und ihm vorgefallen seien, und an die Empfindungen, mit denen sie dann nach Hause zur Pflege des Vaters zurückkehrte.

Mit dieser ersten Erwähnung des jungen Mannes war ein neuer Schacht eröffnet, dessen Inhalt ich nun allmählich herausbeförderte. Hier handelte es sich eher um ein Geheimnis, denn außer einer gemeinsamen Freundin hatte sie niemanden in ihre Beziehungen und die daran geknüpften Hoffnungen eingeweiht. Es handelte sich um den Sohn einer seit langem befreundeten Familie, deren Wohnsitz ihrem früheren nahe lag. Der junge Mann, selbst verwaist, hatte sich mit großer Ergebenheit an ihren Vater angeschlossen, ließ sich von dessen Ratschlägen in seiner Karriere leiten und hatte seine Verehrung vom Vater auf die Damen der Familie ausgedehnt. Zahlreiche Erinnerungen an gemeinsame Lektüre, Gedankenaustausch, Äußerungen von seiner Seite, die ihr wiedererzählt worden waren, bezeichneten das allmähliche Anwachsen ihrer Überzeugung, daß er sie liebe und verstehe, und daß eine Ehe mit ihm ihr nicht die Opfer auferlegen würde, die sie von der Ehe fürchtete. Er war leider nur wenig älter als sie und von Selbständigkeit damals noch weit entfernt, sie war aber fest entschlossen gewesen, auf ihn zu warten.

Mit der schweren Erkrankung des Vaters und ihrer Inanspruchnahme als Pflegerin wurde dieser Verkehr immer seltener. Der Abend, an den sie sich zuerst erinnert hatte, bezeichnete gerade die Höhe ihrer Empfindung; zu einer Aussprache zwischen ihnen war es aber auch damals nicht gekommen. Sie hatte sich damals durch das Drängen der Ihrigen und des Vaters selbst bewegen lassen, vom Krankenbette weg in eine Gesellschaft zu gehen, in welcher sie ihn zu treffen erwarten durfte. Sie wollte dann früh nach Hause eilen, aber man nötigte sie zu bleiben, und sie gab nach, als er ihr versprach, sie zu begleiten. Sie hatte nie so warm für ihn gefühlt als während dieser Begleitung; aber als sie in solcher Seligkeit spät nach Hause kam, traf sie den Zustand des Vaters verschlimmert und machte sich die bittersten Vorwürfe, daß sie so viel Zeit ihrem eigenen Vergnügen geopfert. Es war das letztemal, daß sie den kranken Vater für einen ganzen Abend verließ; ihren Freund sah sie nur selten wieder; nach dem Tode des Vaters schien er aus Achtung vor ihrem Schmerze sich fernezuhalten, dann zog ihn das Leben in andere Bahnen; sie hatte sich allmählich mit dem Gedanken vertraut machen müssen, daß sein Interesse für sie durch andere Empfindungen verdrängt und er für sie verloren sei. Dieses Fehlschlagen der ersten Liebe schmerzte sie aber noch jedesmal, so oft sie an ihn dachte.

In diesem Verhältnisse und in der obigen Szene, zu welcher es führte, durfte ich also die Verursachung der ersten hysterischen Schmerzen suchen. Durch den Kontrast zwischen der Seligkeit, die sie sich damals gegönnt hatte, und dem Elende des Vaters, das sie zu Hause antraf, war ein Konflikt, ein Fall von Unverträglichkeit gegeben. Das Ergebnis des Konfliktes war, daß die erotische Vorstellung aus der Assoziation verdrängt wurde, und der dieser anhaftende Affekt wurde zur Erhöhung oder Wiederbelebung eines gleichzeitig (oder kurz vorher) vorhandenen körperlichen Schmerzes verwendet. Es war also der Mechanismus einer **Konversion zum Zwecke der Abwehr**, wie ich ihn an anderer Stelle eingehend behandelt habe.[1]

Es bleibt hier freilich Raum für allerlei Bemerkungen. Ich muß hervorheben, daß es mir nicht gelang, aus ihrer Erinnerung nachzuweisen, daß sich in jenem Momente des Nachhausekommens die Konversion vollzogen hatte. Ich forschte daher nach ähnlichen Erlebnissen aus der Zeit der Krankenpflege und rief eine Reihe von Szenen hervor, unter denen das Aufspringen aus dem Bette mit nackten Füßen im kalten Zimmer, auf einen Ruf des Vaters, sich durch seine öftere Wiederholung hervorhob. Ich war geneigt, diesen Momenten eine gewisse Bedeutung zuzusprechen, weil neben der Klage über den Schmerz in den Beinen die Klage über quälende Kälteempfindung stand. Indes konnte ich auch hier nicht eine Szene erhaschen, die sich mit Sicherheit als die Szene der

---

1) Die Abwehr-Neuropsychosen. Neurologisches Zentralblatt, 1. Juni 1894. [Enthalten in diesem Band der Ges. Werke.]

Konversion hätte bezeichnen lassen. Ich war darum geneigt, hier eine Lücke in der Aufklärung zuzugestehen, bis ich mich der Tatsache besann, daß die hysterischen Beinschmerzen ja überhaupt nicht zur Zeit der Krankenpflege vorhanden waren. Ihre Erinnerung berichtete nur von einem einzigen, über wenige Tage erstreckten Schmerzanfalle, der damals keine Aufmerksamkeit auf sich zog. Meine Forschung wandte sich nun diesem ersten Auftreten der Schmerzen zu. Es gelang, die Erinnerung daran sicher zu beleben, es war gerade damals ein Verwandter zu Besuch gekommen, den sie nicht empfangen konnte, weil sie zu Bette lag, und der auch bei einem späteren Besuche zwei Jahre nachher das Mißgeschick hatte, sie im Bette zu treffen. Aber die Suche nach einem psychischen Anlasse für diese ersten Schmerzen mißlang, so oft sie auch wiederholt wurde. Ich glaubte annehmen zu dürfen, daß jene ersten Schmerzen wirklich ohne psychischen Anlaß als leichte rheumatische Erkrankung gekommen seien, und konnte noch erfahren, daß dies organische Leiden, das Vorbild der späteren hysterischen Nachahmung, jedenfalls in eine Zeit vor die Szene der Begleitung zu setzen sei. Daß sich diese Schmerzen als organisch begründete in gemildertem Maße und unter geringer Aufmerksamkeit eine Zeitlang fortgesetzt hätten, blieb nach der Natur der Sache immerhin möglich. Die Unklarheit, die sich daraus ergibt, daß die Analyse auf eine Konversion psychischer Erregung in Körperschmerz zu einer Zeit hinweist, da solcher Schmerz gewiß nicht verspürt und nicht erinnert wurde — dieses Problem hoffe ich durch spätere Erwägungen und andere Beispiele lösen zu können.[1]

Mit der Aufdeckung des Motivs für die erste Konversion begann eine zweite, fruchtbare Periode der Behandlung. Zunächst überraschte mich die Kranke bald nachher mit der Mitteilung,

---

[1] Ich kann nicht ausschließen, aber auch nicht erweisen, daß diese hauptsächlich die Oberschenkel einnehmenden Schmerzen neurasthenischer Natur gewesen seien.

sie wisse nun, warum die Schmerzen gerade immer von jener bestimmten Stelle des rechten Oberschenkels ausgingen und dort am heftigsten seien. Es sei dies nämlich die Stelle, wo jeden Morgen das Bein des Vaters geruht, während sie die Binden erneuerte, mit denen das arg geschwollene Bein gewickelt wurde. Das sei wohl hundertmal so geschehen, und sie habe merkwürdigerweise an diesen Zusammenhang bis heute nicht gedacht. Sie lieferte mir so die erwünschte Erklärung für die Entstehung einer atypischen hysterogenen Zone. Ferner fingen die schmerzhaften Beine an bei unseren Analysen immer „mitzusprechen". Ich meine folgenden merkwürdigen Sachverhalt: Die Kranke war meist schmerzfrei, wenn wir an unsere Arbeit gingen; rief ich jetzt durch eine Frage oder einen Druck auf den Kopf eine Erinnerung wach, so meldete sich zuerst eine Schmerzempfindung, meist so lebhaft, daß die Kranke zusammenzuckte und mit der Hand nach der schmerzenden Stelle fuhr. Dieser geweckte Schmerz blieb bestehen, solange die Kranke von der Erinnerung beherrscht war, erreichte seine Höhe, wenn sie im Begriffe stand, das Wesentliche und Entscheidende an ihrer Mitteilung auszusprechen, und war mit den letzten Worten dieser Mitteilung verschwunden. Allmählich lernte ich diesen geweckten Schmerz als Kompaß gebrauchen; wenn sie verstummte, aber noch Schmerzen zugab, so wußte ich, daß sie nicht alles gesagt hatte, und drang auf Fortsetzung der Beichte, bis der Schmerz weggesprochen war. Erst dann weckte ich eine neue Erinnerung.

In dieser Periode des „Abreagierens" besserte sich der Zustand der Kranken in somatischer wie in psychischer Hinsicht so auffällig, daß ich nur halb im Scherze zu behaupten pflegte, ich trage jedesmal ein gewisses Quantum von Schmerzmotiven weg, und wenn ich alles abgeräumt haben würde, werde sie gesund sein. Sie gelangte bald dahin, die meiste Zeit keine Schmerzen zu haben, ließ sich bewegen, viel zu gehen und ihre bisherige Isolierung aufzugeben. Im Laufe der Analyse folgte ich bald den spontanen Schwankungen ihres Befindens, bald meiner Schätzung, wo ich ein Stück ihrer Leidensgeschichte noch nicht genügend erschöpft meinte. Ich machte bei dieser Arbeit einige interessante Wahrnehmungen, deren Lehren ich später bei anderen Kranken bestätigt fand.

Zunächst, was die spontanen Schwankungen anbelangt, daß eigentlich keine vorfiel, die nicht durch ein Ereignis des Tages assoziativ provoziert worden wäre. Das einemal hatte sie von einer Erkrankung im Kreise ihrer Bekannten gehört, die sie an ein Detail in der Krankheit ihres Vaters erinnerte, ein andermal war das Kind der verstorbenen Schwester zum Besuche da gewesen und hatte durch seine Ähnlichkeit den Schmerz um die Verlorene geweckt, ein andermal wieder war es ein Brief der entfernt lebenden Schwester, der deutlich den Einfluß des rücksichtslosen Schwagers bewies und einen Schmerz weckte, welcher die Mitteilung einer noch nicht erzählten Familienszene verlangte.

Da sie niemals denselben Schmerzanlaß zweimal vorbrachte, schien unsere Erwartung, auf solche Weise den Vorrat zu erschöpfen, nicht ungerechtfertigt, und ich widerstrebte keineswegs, sie in Situationen kommen zu lassen, welche geeignet waren, neue, noch nicht an die Oberfläche gelangte Erinnerungen hervorzurufen, z. B. sie auf das Grab ihrer Schwester zu schicken oder sie in eine Gesellschaft gehen zu lassen, wo sie den jetzt wieder anwesenden Jugendfreund sehen konnte.

Sodann erhielt ich einen Einblick in die Art der Entstehung einer als monosymptomatisch zu bezeichnenden Hysterie. Ich fand nämlich, daß das rechte Bein während unserer Hypnosen schmerzhaft wurde, wenn es sich um Erinnerungen aus der Krankenpflege des Vaters, aus dem Verkehre mit dem Jugendgespielen und um anderes handelte, was in die erste Periode der pathogenen Zeit fiel, während der Schmerz sich am anderen, linken Bein meldete, sobald ich eine Erinnerung an die verlorene Schwester, an die beiden Schwäger, kurz einen Eindruck aus der zweiten Hälfte der Leidensgeschichte erweckt hatte. Durch dieses konstante Verhalten aufmerksam gemacht, forschte ich weiter nach und gewann den Eindruck, als ob die Detaillierung hier noch weiter ginge und jeder neue psychische Anlaß zu schmerzlichen Empfindungen sich mit einer anderen Stelle der schmerzhaften Area der Beine verknüpft hätte. Die ursprünglich schmerzhafte Stelle am rechten Oberschenkel hatte sich auf die Pflege des Vaters bezogen, von da an war das Schmerzgebiet durch Apposition aus Anlaß neuer Traumen gewachsen, so daß hier streng genommen nicht ein einziges körperliches Symptom vorlag, welches mit vielfachen psychischen Erinnerungskomplexen verknüpft war, sondern eine Mehrheit von ähnlichen Symptomen, die bei oberflächlicher Betrachtung zu einem Symptome verschmolzen schienen. Einer Abgrenzung der den einzelnen psychischen Anlässen entsprechenden Schmerzzonen bin ich allerdings nicht nachgegangen, da ich die Aufmerksamkeit der Kranken von diesen Beziehungen abgewendet erfand.

Ich schenkte aber ein weiteres Interesse der Art, wie der ganze Symptomkomplex der Abasie sich über diesen schmerzhaften Zonen aufgebaut haben mochte, und stellte in solcher Absicht verschiedene Fragen, wie: Woher rühren die Schmerzen im Gehen, im Stehen, im Liegen? die sie teils unbeeinflußt, teils unter dem Drucke meiner Hand beantwortete. Dabei ergab sich zweierlei. Einerseits gruppierte sie mir alle mit schmerzhaften Eindrücken verbundenen Szenen, je nachdem sie während derselben gesessen oder gestanden hatte u. dgl. — So z. B. stand sie bei einer Türe, als man den Vater im Herzanfalle nach Hause brachte, und blieb im Schreck wie angewurzelt stehen. An diesen ersten „Schreck im Stehen" schloß sie dann weitere Erinnerungen an bis zur Schreckensszene, da sie wiederum wie gebannt an dem Bette der toten Schwester stand. Die ganze Kette von Reminiszenzen sollte die berechtigte Verknüpfung der Schmerzen mit dem Aufrechtstehen dartun und konnte ja auch als Assoziationsnachweis gelten, nur mußte man der Forderung eingedenk bleiben, daß bei all diesen Gelegenheiten noch ein anderes Moment nachweisbar sein müsse, welches die Aufmerksamkeit — und in weiterer Folge die Konversion — gerade auf das Stehen (Gehen, Sitzen u. dgl.) gelenkt hatte. Die Erklärung für diese Richtung der Aufmerksamkeit konnte man kaum in anderen Verhältnissen suchen als darin, daß Gehen, Stehen und Liegen eben an Leistungen und Zustände jener Körperteile geknüpft sind, welche hier die schmerzhaften Zonen trugen, nämlich der Beine. Es war also der Zusammenhang zwischen der Astasie-Abasie und dem ersten Falle von Konversion in dieser Krankengeschichte leicht zu verstehen.

Unter den Szenen, welche zufolge dieser Revue das Gehen schmerzhaft gemacht hätten, drängte sich eine hervor, ein Spaziergang, den sie in jenem Kurorte in großer Gesellschaft gemacht und angeblich zu lange ausgedehnt hatte. Die näheren Umstände dieser Begebenheit enthüllten sich nur zögernd und ließen manches Rätsel ungelöst. Sie war in besonders weicher Stimmung, schloß sich dem Kreise von befreundeten Personen gerne an, es war ein schöner, nicht zu heißer Tag, ihre Mama blieb zu Hause, ihre ältere Schwester war bereits abgereist, die jüngere fühlte sich leidend, wollte ihr aber das Vergnügen nicht stören, der Mann dieser zweiten Schwester erklärte anfangs, er bleibe bei seiner Frau, und ging dann ihr (Elisabeth) zuliebe mit. Diese Szene schien mit dem ersten Hervortreten der Schmerzen viel zu tun zu haben, denn sie erinnerte sich, daß sie sehr müde und mit heftigen Schmerzen von dem Spaziergange zurückgekommen, äußerte sich aber nicht sicher darüber, ob sie schon vorher Schmerzen verspürt habe. Ich machte geltend, daß sie sich mit irgend erheblichen Schmerzen kaum zu diesem weiten Wege entschlossen hätte. Auf die Frage, woher auf diesem Spaziergange die Schmerzen gekommen sein mögen, erhielt ich die nicht ganz durchsichtige Antwort, der Kontrast zwischen ihrer Vereinsamung und dem Eheglücke der kranken Schwester, welches ihr das Benehmen ihres Schwagers unausgesetzt vor Augen führte, sei ihr schmerzlich gewesen.

Eine andere Szene, der vorigen der Zeit nach sehr benachbart, spielte eine Rolle in der Verknüpfung der Schmerzen mit dem Sitzen. Es war einige Tage nachher; Schwester und Schwager waren bereits abgereist, sie befand sich in erregter, sehnsüchtiger Stimmung, stand des Morgens früh auf, ging einen kleinen Hügel hinauf bis zu einer Stelle, die sie so oft miteinander besucht hatten und die eine herrliche Aussicht bot, und setzte sich dort, ihren Gedanken nachhängend, auf eine steinerne Bank. Ihre Gedanken betrafen wieder ihre Vereinsamung, das Schicksal ihrer Familie, und den heißen Wunsch, ebenso glücklich zu werden wie ihre Schwester war, gestand sie diesmal unverhüllt ein. Sie kehrte mit heftigen Schmerzen von dieser Morgenmeditation zurück, am Abend desselben Tages nahm sie das Bad, nach welchem die Schmerzen endgültig und dauernd aufgetreten waren.

Mit aller Bestimmtheit ergab sich ferner, daß die Schmerzen im Gehen und Stehen sich anfänglich im Liegen zu beruhigen pflegten. Erst als sie auf die Nachricht von der Erkrankung der Schwester abends von Gastein abreiste und während der Nacht, gleichzeitig von der Sorge um die Schwester und von tobenden Schmerzen gequält, schlaflos im Eisenbahnwagen ausgestreckt lag, stellte sich auch die Verbindung des Liegens mit den Schmerzen her, und eine ganze Zeit hindurch war ihr sogar das Liegen schmerzhafter als das Gehen und Stehen.

In solcher Art war erstens das schmerzliche Gebiet durch Apposition gewachsen, indem jedes neue pathogen wirksame Thema eine neue Region der Beine besetzte, zweitens hatte jede der eindruckskräftigen Szenen eine Spur hinterlassen, indem sie eine bleibende, sich immer mehr häufende „Besetzung" der verschiedenen Funktionen der Beine, eine Verknüpfung dieser Funktionen mit den Schmerzempfindungen hervorbrachte; es war aber unverkennbar noch ein dritter Mechanismus an der Ausbildung der Astasie-Abasie in Mitwirkung gewesen. Wenn die Kranke die Erzählung einer ganzen Reihe von Begebenheiten mit der Klage schloß, sie habe dabei ihr „Alleinstehen" schmerzlich empfunden, bei einer anderen Reihe, welche ihre verunglückten Versuche zur Herstellung eines neuen Familienlebens umschloß, nicht müde wurde zu wiederholen, das Schmerzliche daran sei das Gefühl ihrer Hilflosigkeit gewesen, die Empfindung, sie „komme nicht von der Stelle", so mußte ich auch ihren Reflexionen einen Einfluß auf die Ausbildung der Abasie einräumen, mußte ich annehmen, daß sie direkt einen symbolischen Ausdruck für ihre schmerzlich betonten Gedanken gesucht und ihn in der Verstärkung ihres Leidens gefunden hatte. Daß durch eine solche Symbolisierung somatische Symptome der Hysterie entstehen können, haben wir bereits in unserer vorläufigen Mitteilung behauptet; ich werde in der Epikrise zu dieser Krankengeschichte einige zweifellos beweisende Beispiele aufführen. Bei Fräulein Elisabeth v. R... stand der psychische Mechanismus der Symbolisierung nicht in erster Linie, er hatte die Abasie nicht geschaffen, wohl aber sprach alles dafür, daß die bereits vorhandene Abasie auf diesem Wege eine wesentliche Verstärkung erfahren hatte. Demnach war diese Abasie in dem Stadium der Entwicklung, in dem ich sie antraf, nicht nur einer psychischen assoziativen Funktionslähmung, sondern auch einer symbolischen Funktionslähmung gleichzustellen.

Ich will, ehe ich die Geschichte meiner Kranken fortsetze, noch ein Wort über ihr Benehmen während dieser zweiten Periode der Behandlung anfügen. Ich bediente mich während dieser ganzen Analyse der Methode, durch Drücken auf den Kopf Bilder und Einfälle hervorzurufen, einer Methode also, die ohne volles Mitarbeiten und willige Aufmerksamkeit der Kranken unanwendbar bleibt. Sie verhielt sich auch zeitweilig so, wie ich es nur wünschen konnte, und in solchen Perioden war es wirklich überraschend, wie prompt und wie unfehlbar chronologisch geordnet die einzelnen Szenen, die zu einem Thema gehörten, sich einstellten. Es war, als läse sie in einem langen Bilderbuche, dessen Seiten vor ihren Augen vorübergezogen würden. Andere Male schien es Hemmnisse zu geben, deren Art ich damals noch nicht ahnte. Wenn ich meinen Druck ausübte, behauptete sie, es sei ihr nichts eingefallen; ich wiederholte den Druck, ich hieß sie warten, es wollte noch immer nichts kommen. Die ersten Male, als sich diese Widerspenstigkeit zeigte, ließ ich mich bestimmen, die Arbeit abzubrechen, der Tag sei nicht günstig; ein andermal. Zwei Wahrnehmungen bestimmten mich aber, mein Verhalten zu ändern. Erstens, daß sich solches Versagen der Methode nur ereignete, wenn ich Elisabeth heiter und schmerzfrei gefunden hatte, niemals, wenn ich an einem schlechten Tag kam, zweitens, daß sie eine solche Angabe, sie sehe nichts vor sich, häufig machte, nachdem sie eine lange Pause hatte vergehen lassen, während welcher ihre gespannte und beschäftigte Miene mir doch einen seelischen Vorgang in ihr verriet. Ich entschloß mich also zur Annahme, die Methode versage niemals, Elisabeth habe unter dem Drucke meiner Hand jedesmal einen Einfall im Sinne oder ein Bild vor Augen, sei aber nicht jedesmal bereit, mir davon Mitteilung zu machen, sondern versuche das Heraufbeschworene wieder zu unterdrücken. Von den Motiven für solches Verschweigen konnte ich mir zwei vorstellen, entweder Elisabeth übte an ihrem Einfall eine Kritik, zu der sie nicht berechtigt war, sie fand ihn nicht wertvoll genug, nicht passend als Antwort auf die gestellte Frage, oder sie scheute sich ihn anzugeben, weil — ihr solche Mitteilung zu unangenehm war. Ich ging also so vor, als wäre ich von der Verläßlichkeit meiner Technik vollkommen überzeugt. Ich ließ es nicht mehr gelten, wenn sie behauptete, es sei ihr nichts eingefallen, versicherte ihr, es müsse ihr etwas eingefallen sein, sie sei vielleicht nicht aufmerksam genug, dann wolle ich den Druck gerne wiederholen, oder sie meine, ihr Einfall sei nicht der richtige. Das gehe sie aber gar nichts an, sie sei verpflichtet, vollkommen objektiv zu bleiben und zu sagen, was ihr in den Sinn gekommen sei, es möge passen oder nicht, endlich, ich wisse genau, es sei ihr etwas eingefallen, sie verheimliche es mir, sie werde aber ihre Schmerzen nie los werden, solange sie etwas verheimliche. Durch solches Drängen erreichte ich, daß wirklich kein Druck mehr erfolglos blieb. Ich mußte annehmen, daß ich den Sachverhalt richtig erkannt hatte, und gewann bei dieser Analyse ein in der Tat unbedingtes Zutrauen zu meiner Technik. Es kam oft vor, daß sie mir erst nach dem dritten Drücken eine Mitteilung machte, dann aber selbst hinzufügte: Ich hätte es Ihnen gleich das erstemal sagen können. — Ja, warum haben Sie es nicht gleich gesagt? — Ich habe gemeint, es ist nicht das Richtige, oder: ich habe gemeint, ich kann es umgehen, es ist aber jedesmal wiedergekommen. Ich fing während dieser schweren Arbeit an, dem Widerstande, den die Kranke bei der Reproduktion ihrer Erinnerungen zeigte, eine tiefere Bedeutung beizulegen und die Anlässe sorgfältig zusammenzustellen, bei denen er sich besonders auffällig verriet.

Ich komme nun zur Darstellung der dritten Periode unserer Behandlung. Der Kranken ging es besser, sie war psychisch entlastet und leistungsfähig geworden, aber die Schmerzen waren offenbar nicht behoben, sie kamen von Zeit zu Zeit immer wieder, und zwar in alter Heftigkeit. Dem unvollkommenen Heilerfolge entsprach die unvollständige Analyse, ich wußte noch immer nicht genau, in welchem Momente und durch welchen Mechanismus die Schmerzen entstanden waren. Während der Reproduktion der mannigfaltigsten Szenen in der zweiten Periode und der Beobachtung des Widerstandes der Kranken gegen die Erzählung hatte sich bei mir ein bestimmter Verdacht gebildet; ich wagte aber noch nicht, ihn zur Grundlage meines Handelns zu machen. Eine zufällige Wahrnehmung gab da den Ausschlag. Ich hörte einmal während der Arbeit mit der Kranken Männerschritte im Neben-

zimmer, eine angenehm klingende Stimme, die eine Frage zu
stellen schien, und meine Patientin erhob sich darauf mit der
Bitte, für heute abzubrechen; sie höre, daß ihr Schwager gekommen
sei und nach ihr frage. Sie war bis dahin schmerzfrei gewesen,
nach dieser Störung verrieten ihre Miene und ihr Gang das plötzliche Auftreten heftiger Schmerzen. Ich war in meinem Verdachte
bestärkt und beschloß, die entscheidende Aufklärung herbeizuführen.

Ich stellte also die Frage nach den Umständen und Ursachen
des ersten Auftretens der Schmerzen. Als Antwort lenkten sich
ihre Gedanken auf den Sommeraufenthalt in jenem Kurorte vor
der Gasteiner Reise und es zeigten sich wieder einige Szenen,
die schon vorher minder erschöpfend behandelt worden waren.
Ihre Gemütsverfassung zu jener Zeit, die Erschöpfung nach der
Sorge um das Augenlicht der Mutter und nach deren Krankenpflege während der Zeit der Augenoperation, ihr endliches Ver-
zagen als einsames Mädchen etwas vom Leben genießen oder im
Leben leisten zu können. Sie war sich bis dahin stark genug vorgekommen, um den Beistand eines Mannes entbehren zu können,
jetzt bemächtigte sich ihrer ein Gefühl ihrer Schwäche als Weib,
eine Sehnsucht nach Liebe, in welcher nach ihren eigenen Worten
ihr starres Wesen zu schmelzen begann. In solcher Stimmung
machte die glückliche Ehe ihrer jüngeren Schwester den tiefsten
Eindruck auf sie, wie rührend er für sie sorgte, wie sie sich mit
einem Blicke verstanden, wie sicher sie einer des andern zu sein
schienen. Es war ja gewiß bedauerlich, daß die zweite Schwanger-
schaft so rasch auf die erste folgte, und die Schwester wußte,
daß dies die Ursache ihres Leidens sei, aber wie willig ertrug sie
dieses Leiden, weil er die Ursache davon war. An dem Spaziergange, der mit Elisabeths Schmerzen so innig verknüpft war,
wollte der Schwager anfangs nicht teilnehmen, er zog es vor, bei
der kranken Frau zu bleiben. Diese bewog ihn aber durch einen
Blick mitzugehen, weil sie meinte, daß es Elisabeth Freude machen

würde. Elisabeth blieb die ganze Zeit über in seiner Begleitung, sie sprachen miteinander über die verschiedensten, intimsten Dinge, sie fand sich so sehr im Einklange mit allem, was er sagte, und der Wunsch, einen Mann zu besitzen, der ihm gleiche, wurde übermächtig in ihr. Dann folgte die Szene wenige Tage später, als sie am Morgen nach der Abreise den Aussichtsort aufsuchte, welcher ein Lieblingsspaziergang der Abwesenden gewesen war. Sie setzte sich dort auf einen Stein und träumte wiederum von einem Lebensglücke, wie es der Schwester zugefallen war, und von einem Manne, der ihr Herz so zu fesseln verstünde wie dieser Schwager. Sie stand mit Schmerzen auf, die aber nochmals vergingen, erst am Nachmittage nach dem warmen Bade, das sie im Orte nahm, brachen die Schmerzen über sie herein, die sie seither nicht verlassen hatten. Ich versuchte zu erforschen, mit was für Gedanken sie sich damals im Bade beschäftigte; es ergab sich aber nur, daß das Badhaus sie an ihre abgereisten Geschwister erinnerte, weil diese in demselben Hause gewohnt hatten.

Mir mußte längst klar geworden sein, um was es sich handle, die Kranke schien, in schmerzlich-süße Erinnerungen versunken, nicht zu bemerken, welchem Aufschlusse sie zusteuere, und setzte die Wiedergabe ihrer Reminiszenzen fort. Es kam die Zeit in Gastein, die Sorge, mit der sie jedem Briefe entgegensah, endlich die Nachricht, daß es der Schwester schlecht ginge, das lange Warten bis zum Abend, an dem sie erst Gastein verlassen konnten. Die Fahrt in qualvoller Ungewißheit, in schlafloser Nacht — alles als Momente, die von heftiger Steigerung der Schmerzen begleitet waren. Ich fragte, ob sie sich während der Fahrt die traurige Möglichkeit vorgestellt, die sich dann verwirklicht fand. Sie antwortete, sie sei dem Gedanken sorgsam ausgewichen, die Mutter aber habe nach ihrer Meinung vom Anfang an das Schlimmste erwartet. — Nun folgte ihre Erinnerung der Ankunft in Wien, der Eindrücke, die sie von den erwartenden Verwandten empfingen, der kleinen Reise von Wien in die nahe Sommerfrische, in der die Schwester wohnte, der Ankunft dort am Abend, des eilig zurückgelegten Weges durch den Garten bis zur Türe des kleinen Gartenpavillons, — die Stille im Hause, die beklemmende Dunkelheit; daß der Schwager sie nicht empfing; dann standen sie vor dem Bette, sahen die Tote, und in dem Momente der gräßlichen Gewißheit, daß die geliebte Schwester gestorben sei, ohne von ihnen Abschied zu nehmen, ohne ihre letzten Tage durch ihre Pflege verschönt zu haben — in demselben Momente hatte ein anderer Gedanke Elisabeths Hirn durchzuckt, der sich jetzt unabweisbar wieder eingestellt hatte, der Gedanke, der wie ein greller Blitz durchs Dunkel fuhr: Jetzt ist er wieder frei, und ich kann seine Frau werden.

Nun war freilich alles klar. Die Mühe des Analytikers war reichlich gelohnt worden: Die Ideen der „Abwehr" einer unverträglichen Vorstellung, der Entstehung hysterischer Symptome durch Konversion psychischer Erregung ins Körperliche, die Bildung einer separaten psychischen Gruppe durch den Willensakt, der zur Abwehr führt, dies alles wurde mir in jenem Momente greifbar vor Augen gerückt. So und nicht anders war es hier zugegangen. Dieses Mädchen hatte ihrem Schwager eine zärtliche Neigung geschenkt, gegen deren Aufnahme in ihr Bewußtsein sich ihr ganzes moralisches Wesen sträubte. Es war ihr gelungen, sich die schmerzliche Gewißheit, daß sie den Mann ihrer Schwester liebe, zu ersparen, indem sie sich dafür körperliche Schmerzen schuf, und in Momenten, wo sich ihr diese Gewißheit aufdrängen wollte (auf dem Spaziergange mit ihm, während jener Morgenträumerei, im Bade, vor dem Bette der Schwester), waren durch gelungene Konversion ins Somatische jene Schmerzen entstanden. Zur Zeit, da ich sie in Behandlung nahm, war die Absonderung der auf diese Liebe bezüglichen Vorstellungsgruppe von ihrem Wissen bereits vollzogen; ich meine, sie hätte sonst niemals einer solchen Behandlung zugestimmt; der Widerstand, den sie zu

wiederholtenmalen der Reproduktion von traumatisch wirksamen
Szenen entgegengesetzt hatte, entsprach wirklich der Energie, mit
welcher die unverträgliche Vorstellung aus der Assoziation gedrängt
worden war.
   Für den Therapeuten kam aber zunächst eine böse Zeit. Der
Effekt der Wiederaufnahme jener verdrängten Vorstellung war ein
niederschmetternder für das arme Kind. Sie schrie laut auf, als
ich den Sachverhalt mit den trockenen Worten zusammenfaßte:
Sie waren also seit langer Zeit in Ihren Schwager verliebt. Sie
klagte über die gräßlichsten Schmerzen in diesem Augenblicke,
sie machte noch eine verzweifelte Anstrengung, die Aufklärung
zurückzuweisen. Es sei nicht wahr, ich habe es ihr eingeredet,
es könne nicht sein, einer solchen Schlechtigkeit sei sie nicht
fähig. Das würde sie sich auch nie verzeihen. Es war leicht, ihr
zu beweisen, daß ihre eigenen Mitteilungen keine andere Deutung
zuließen, aber es dauerte lange, bis meine beiden Trostgründe,
daß man für Empfindungen unverantwortlich sei, und daß ihr
Verhalten, ihr Erkranken unter jenen Anlässen ein genügendes
Zeugnis für ihre moralische Natur sei, bis diese Tröstungen, sage
ich, Eindruck auf sie machten.
   Ich mußte jetzt mehr als einen Weg einschlagen, um der
Kranken Linderung zu verschaffen. Zunächst wollte ich ihr Gelegenheit geben, sich der seit langer Zeit aufgespeicherten Erregung durch „Abreagieren" zu entledigen. Wir forschten den
ersten Eindrücken aus dem Verkehre mit ihrem Schwager, dem
Beginne jener unbewußt gehaltenen Neigung nach. Es fanden sich
hier alle jene kleinen Vorzeichen und Ahnungen, aus denen eine
voll entwickelte Leidenschaft in der Rückschau soviel zu machen
versteht. Er hatte bei seinem ersten Besuche im Hause sie für
die ihm bestimmte Braut gehalten und sie vor der älteren, aber
unscheinbaren Schwester begrüßt. Eines Abends unterhielten sie
sich so lebhaft miteinander und schienen sich so wohl zu verstehen, daß die Braut sie mit der halb ernst gemeinten Bemer-

kung unterbrach: "Eigentlich hättet Ihr zwei sehr gut zueinander gepaßt." Ein anderes Mal war in einer Gesellschaft, welche von der Verlobung noch nichts wußte, die Rede von dem jungen Manne, und eine Dame beanständete einen Fehler seiner Gestalt, der auf eine juvenile Knochenerkrankung hindeutete. Die Braut selbst blieb ruhig dabei, Elisabeth aber fuhr auf und trat mit einem Eifer, der ihr dann selbst unverständlich war, für den geraden Wuchs ihres zukünftigen Schwagers ein. Indem wir uns durch diese Reminiszenzen hindurcharbeiteten, wurde es Elisabeth klar, daß die zärtliche Empfindung für ihren Schwager seit langer Zeit, vielleicht seit Beginn ihrer Beziehungen in ihr geschlummert und sich so lange hinter der Maske einer bloß verwandtschaftlichen Zuneigung versteckt hatte, wie sie ihr hoch entwickeltes Familiengefühl begreiflich machen konnte.

Dieses Abreagieren tat ihr entschieden sehr wohl; noch mehr Erleichterung konnte ich ihr aber bringen, indem ich mich freundschaftlich um gegenwärtige Verhältnisse bekümmerte. Ich suchte in solcher Absicht eine Unterredung mit Frau v. R . . ., in der ich eine verständige und feinfühlige, wenngleich durch die letzten Schicksale in ihrem Lebensmute beeinträchtigte Dame fand. Von ihr erfuhr ich, daß der Vorwurf einer unzarten Erpressung, den der ältere Schwager gegen den Witwer erhoben hatte und der für Elisabeth so schmerzlich war, bei näherer Erkundigung zurückgenommen werden mußte. Der Charakter des jungen Mannes konnte ungetrübt bleiben; ein Mißverständnis, die leicht begreifliche Differenz in der Wertschätzung des Geldes, die der Kaufmann, für den Geld ein Arbeitswerkzeug ist, im Gegensatze zur Anschauung des Beamten zeigen durfte, mehr als dies blieb von dem scheinbar so peinlichen Vorfalle nicht übrig. Ich bat die Mutter, fortan Elisabeth alle Aufklärungen zu geben, deren sie bedurfte, und ihr in der Folgezeit jene Gelegenheit zur seelischen Mitteilung zu bieten, an welche ich sie gewöhnt hätte.

Es lag mir natürlich auch daran zu erfahren, welche Aussicht der jetzt bewußt gewordene Wunsch des Mädchens habe, zur Wirklichkeit zu werden. Hier lagen die Dinge minder günstig! Die Mutter sagte, sie habe die Neigung Elisabeths für ihren Schwager längst geahnt, allerdings nicht gewußt, daß sich eine solche noch bei Lebzeiten der Schwester geltend gemacht habe. Wer sie beide im — allerdings selten gewordenen — Verkehre sehe, dem könne über die Absicht des Mädchens, ihm zu gefallen, kein Zweifel bleiben. Allein weder sie, die Mutter, noch die Ratgeber in der Familie, seien einer ehelichen Verbindung der beiden sonderlich geneigt. Die Gesundheit des jungen Mannes sei keine feste und habe durch den Tod der geliebten Frau einen neuen Stoß erlitten; es sei auch gar nicht sicher, daß er seelisch soweit erholt sei, um eine neue Ehe einzugehen. Er halte sich wahrscheinlich darum so reserviert, vielleicht auch, weil er, seiner Annahme nicht sicher, naheliegendes Gerede vermeiden wolle. Bei dieser Zurückhaltung von beiden Seiten dürfte wohl die Lösung, die sich Elisabeth ersehnte, mißglücken.

Ich teilte dem Mädchen alles mit, was ich von der Mutter erfahren hatte, hatte die Genugtuung, ihr durch die Aufklärung jener Geldaffäre wohlzutun, und mutete ihr anderseits zu, die Ungewißheit über die Zukunft, die nicht zu zerstreuen war, ruhig zu tragen. Jetzt aber drängte der vorgeschrittene Sommer dazu, der Behandlung ein Ende zu machen. Sie befand sich wieder wohler, von ihren Schmerzen war zwischen uns nicht mehr die Rede, seitdem wir uns mit der Ursache beschäftigten, auf welche sich die Schmerzen hatten zurückführen lassen. Wir hatten beide die Empfindung, fertig geworden zu sein, wenngleich ich mir sagte, daß das Abreagieren der verhaltenen Zärtlichkeit nicht gerade sehr vollständig gemacht worden war. Ich betrachtete sie als geheilt, verwies sie noch auf das selbsttätige Fortschreiten der Lösung, nachdem eine solche einmal angebahnt war, und sie widersprach mir nicht. Sie reiste mit ihrer Mutter ab, um die älteste

Schwester und deren Familie im gemeinsamen Sommeraufenthalte zu treffen.

Ich habe noch kurz über den weiteren Verlauf der Krankheit bei Fräulein Elisabeth v. R... zu berichten. Einige Wochen nach unserem Abschiede erhielt ich einen verzweifelten Brief der Mutter, der mir mitteilte, Elisabeth habe sich beim ersten Versuche, mit ihr von ihren Herzensangelegenheiten zu sprechen, in voller Empörung aufgelehnt und seither wieder heftige Schmerzen bekommen, sie sei aufgebracht gegen mich, weil ich ihr Geheimnis verletzt habe, zeige sich vollkommen unzugänglich, die Kur sei gründlich mißlungen. Was nun zu tun wäre? Von mir wolle sie nichts wissen. Ich gab keine Antwort; es stand zu erwarten, daß sie noch einmal den Versuch machen würde, die Einmengung der Mutter abzuweisen und in ihre Verschlossenheit zurückzukehren, nachdem sie aus meiner Zucht entlassen war. Ich hatte aber eine Art von Sicherheit, es werde sich alles zurechtschütteln, meine Mühe sei nicht vergebens angewandt gewesen. Zwei Monate später waren sie nach Wien zurückgekehrt, und der Kollege, dem ich die Einführung bei der Kranken dankte, brachte mir die Nachricht, Elisabeth befinde sich vollkommen wohl, benehme sich wie gesund, habe allerdings noch zeitweise etwas Schmerzen. Sie hat mir seither noch zu wiederholten Malen ähnliche Botschaften geschickt, jedesmal dabei zugesagt, mich aufzusuchen, es ist aber charakteristisch für das persönliche Verhältnis, das sich bei solchen Behandlungen herausbildet, daß sie es nie getan hat. Wie mir mein Kollege versichert, ist sie als geheilt zu betrachten, das Verhältnis des Schwagers zur Familie hat sich nicht geändert.

Im Frühjahr 1894 hörte ich, daß sie einen Hausball besuchen werde, zu welchem ich mir Zutritt verschaffen konnte, und ich ließ mir die Gelegenheit nicht entgehen, meine einstige Kranke im raschen Tanze dahinfliegen zu sehen. Sie hat sich seither aus freier Neigung mit einem Fremden verheiratet.

Epikrise

Ich bin nicht immer Psychotherapeut gewesen, sondern bin bei Lokaldiagnosen und Elektroprognostik erzogen worden wie andere Neuropathologen, und es berührt mich selbst noch eigentümlich, daß die Krankengeschichten, die ich schreibe, wie Novellen zu lesen sind, und daß sie sozusagen des ernsten Gepräges der Wissenschaftlichkeit entbehren. Ich muß mich damit trösten, daß für dieses Ergebnis die Natur des Gegenstandes offenbar eher verantwortlich zu machen ist als meine Vorliebe; Lokaldiagnostik und elektrische Reaktionen kommen bei dem Studium der Hysterie eben nicht zur Geltung, während eine eingehende Darstellung der seelischen Vorgänge, wie man sie vom Dichter zu erhalten gewohnt ist, mir gestattet, bei Anwendung einiger weniger psychologischer Formeln doch eine Art von Einsicht in den Hergang einer Hysterie zu gewinnen. Solche Krankengeschichten wollen beurteilt werden wie psychiatrische, haben aber vor letzteren eines voraus, nämlich die innige Beziehung zwischen Leidensgeschichte und Krankheitssymptomen, nach welcher wir in den Biographien anderer Psychosen noch vergebens suchen.

Ich habe mich bemüht, die Aufklärungen, die ich über den Fall des Fräuleins Elisabeth v. R ... geben kann, in die Darstellung ihrer Heilungsgeschichte zu verflechten; vielleicht ist es nicht überflüssig, das Wesentliche hier im Zusammenhange zu wiederholen. Ich habe den Charakter der Kranken geschildert, die Züge, die bei so vielen Hysterischen wiederkehren und die man wahrhaftig nicht auf Rechnung einer Degeneration setzen darf: die Begabung, den Ehrgeiz, die moralische Feinfühligkeit, das übergroße Liebesbedürfnis, das zunächst in der Familie seine Befriedigung findet, die über das weibliche Ideal hinausgehende Selbständigkeit ihrer Natur, die sich in einem guten Stücke Eigensinn, Kampfbereitschaft und Verschlossenheit äußert. Eine irgend erhebliche hereditäre Belastung war nach den Mitteilungen meines Kollegen in den beiden Familien nicht nachweisbar; ihre Mutter zwar litt durch lange Jahre an nicht näher erforschter neurotischer Verstimmung; deren Geschwister aber, der Vater und dessen Familie durften zu den ausgeglichenen, nicht nervösen Menschen gezählt werden. Ein schwerer Fall von Neuropsychose war bei den nächsten Angehörigen nicht vorgefallen.

Auf diese Natur wirkten nun schmerzliche Gemütsbewegungen ein, zunächst der depotenzierende Einfluß einer langen Krankenpflege bei dem geliebten Vater.

Es hat seine guten Gründe, wenn die Krankenpflege in der Vorgeschichte der Hysterien eine so bedeutende Rolle spielt. Eine Reihe der hierbei wirksamen Momente liegt ja klar zutage, die Störung des körperlichen Befindens durch unterbrochenen Schlaf, vernachlässigte Körperpflege, die Rückwirkung einer beständig nagenden Sorge auf die vegetativen Funktionen; das Wichtigste aber liegt nach meiner Schätzung anderwärts. Wessen Sinn durch die hunderterlei Aufgaben der Krankenpflege beschäftigt ist, die sich in unabsehbarer Folge wochen- und monatelang aneinander reihen, der gewöhnt sich einerseits daran, alle Zeichen der eigenen Ergriffenheit zu unterdrücken, anderseits lenkt er sich bald von der Aufmerksamkeit für seine eigenen Eindrücke ab, weil ihm Zeit wie Kraft fehlt, ihnen gerecht zu werden. So speichert der Krankenpfleger eine Fülle von affektfähigen Eindrücken in sich auf, die kaum klar genug perzipiert, jedenfalls nicht durch Abreagieren geschwächt worden sind. Er schafft sich das Material für eine Retentionshysterie. Genest der Kranke, so werden all diese Eindrücke freilich entwertet; stirbt er aber, bricht die Zeit der Trauer herein, in welcher nur wertvoll erscheint, was sich auf den Verlorenen bezieht, so kommen auch jene der Erledigung harrenden Eindrücke an die Reihe, und nach einer kurzen Pause der Erschöpfung bricht die Hysterie los, zu der der Keim während der Krankenpflege gelegt wurde.

Man kann dieselbe Tatsache der nachträglichen Erledigung der während der Krankenpflege gesammelten Traumen gelegentlich auch antreffen, wo der Gesamteindruck des Krankseins nicht zustande kommt, der Mechanismus der Hysterie aber doch gewahrt wird. So kenne ich eine hochbegabte, an leichten nervösen Zuständen leidende Frau, deren ganzes Wesen die Hysterika bezeugt, wenngleich sie nie den Ärzten zur Last gefallen ist, nie die Ausübung ihrer Pflichten hat unterbrechen müssen. Diese Frau hat bereits drei oder vier ihrer Lieben bis zum Tode gepflegt, jedesmal bis zur vollen körperlichen Erschöpfung, sie ist auch nach diesen traurigen Leistungen nicht erkrankt. Aber kurze Zeit nach dem Tode des Kranken beginnt in ihr die Reproduktionsarbeit, welche ihr die Szenen der Krankheit und des Sterbens nochmals vor die Augen führt. Sie macht jeden Tag, jeden Eindruck von neuem durch, weint darüber und tröstet sich darüber — man möchte sagen in Muße. Solche Erledigung geht bei ihr durch die Geschäfte des Tages durch, ohne daß die beiden Tätigkeiten sich verwirren. Das Ganze zieht chronologisch an ihr vorüber. Ob die Erinnerungsarbeit eines Tages genau einen Tag der Vergangenheit deckt, weiß ich nicht. Ich vermute, dies hängt von der Muße ab, welche ihr die laufenden Geschäfte des Haushaltes lassen.

Außer dieser „nachholenden Träne", die sich an den Todesfall mit kurzem Intervall anschließt, hält diese Frau periodische Erinnerungsfeier alljährlich um die Zeit der einzelnen Katastrophen, und hier folgt ihre lebhafte visuelle Reproduktion und ihre Affektäußerung getreulich dem Datum. Ich treffe sie beispielsweise in Tränen und erkundige mich teilnehmend, was es heute gegeben hat. Sie wehrt die Nachfrage halb ärgerlich ab: „Ach nein, es war nur heute der Hofrat N . . . wieder da und hat uns zu verstehen gegeben, daß nichts zu erwarten ist. Ich hab' damals keine Zeit gehabt, darüber zu weinen." Sie bezieht sich auf die letzte Krankheit ihres Mannes, der vor drei Jahren gestorben ist. Es wäre mir sehr interessant zu wissen, ob sie bei diesen jährlich wiederkehrenden Erinnerungsfeiern stets dieselben Szenen wiederholt oder ob sich ihr jedesmal andere Einzelheiten zum Abreagieren darbieten, wie ich im Interesse meiner Theorie vermute.[1] Ich kann aber nichts Sicheres darüber erfahren, die ebenso kluge als starke Frau schämt sich der Heftigkeit, mit welcher jene Reminiszenzen auf sie wirken.

Ich hebe nochmals hervor: Diese Frau ist nicht krank, das nachfolgende Abreagieren ist bei aller Ähnlichkeit doch kein hysterischer Vorgang, man darf sich die Frage stellen, woran es liegen mag, daß nach der einen Krankenpflege sich eine Hysterie ergibt, nach der anderen nicht. An der persönlichen Disposition

---

1) Ich habe einmal mit Verwunderung erfahren, daß ein solches „nachholendes Abreagieren" — nach anderen Eindrücken als bei einer Krankenpflege — den Inhalt einer sonst rätselhaften Neurose bilden kann. Es war dies bei einem schönen neunzehnjährigen Mädchen, Fräulein Mathilde H..., welches ich zuerst mit einer unvollständigen Lähmung der Beine sah, dann aber Monate später zur Behandlung bekam, weil sie ihren Charakter verändert hatte, bis zur Lebensunlust verstimmt, rücksichtslos gegen ihre Mutter, reizbar und unzugänglich geworden war. Das ganze Bild der Patientin gestattete mir nicht die Annahme einer gewöhnlichen Melancholie. Sie war sehr leicht in tiefen Somnambulismus zu versetzen, und ich bediente mich dieser ihrer Eigentümlichkeit, um ihr jedesmal Gebote und Suggestionen zu erteilen, die sie in tiefem Schlafe anhörte, mit reichlichen Tränen begleitete, die aber sonst an ihrem Befinden wenig änderten. Eines Tages wurde sie in der Hypnose gesprächig und teilte mir mit, daß die Ursache ihrer Verstimmung die vor mehreren Monaten erfolgte Auflösung ihrer Verlobung sei. Es hätte sich bei näherer Bekanntschaft mit dem Verlobten immer mehr herausgestellt, was der Mutter und ihr unerwünscht gewesen wäre, anderseits seien die materiellen Vorteile der Verbindung zu greifbar gewesen, um den Entschluß des Abbrechens leicht zu machen: so hätten sie beide eine lange Zeit geschwankt, sie selbst sei in einen Zustand von Unentschlossenheit geraten, in dem sie apathisch alles über sich ergehen ließ, und endlich habe die Mutter für sie das entscheidende Nein gesprochen. Eine Weile später sei sie wie aus einem Traum erwacht, habe begonnen sich eifrig in Gedanken mit der bereits gefällten Entscheidung zu befassen, das Für und das Wider bei sich abzuwägen, und dieser Vorgang setze sich bei ihr immer noch fort. Sie lebe in jener Zeit der Zweifel, habe an jedem Tage die Stimmung und die Gedanken, die sich für den damaligen Tag geschickt hätten, ihre Reizbarkeit gegen die Mutter sei auch nur in damals geltenden Verhältnissen begründet, und neben dieser Gedankentätigkeit komme ihr das gegenwärtige Leben wie eine Scheinexistenz, wie etwas Geträumtes vor. — Es gelang mir nicht wieder, das Mädchen zum Reden zu bringen, ich setzte meinen Zuspruch in tiefem Somnambulismus fort, sah sie jedesmal in Tränen ausbrechen, ohne daß sie mir je Antwort gab, und eines Tages, ungefähr um den Jahrestag der Verlobung, war der ganze Zustand von Verstimmung vorüber, was mir als großer hypnotischer Heilerfolg angerechnet wurde.

kann es nicht liegen, eine solche war bei der Dame, die ich hier im Sinne habe, im reichsten Ausmaße vorhanden.

Ich kehre zu Fräulein Elisabeth v. R... zurück. Während der Pflege ihres Vaters also entstand bei ihr das erstemal ein hysterisches Symptom, und zwar ein Schmerz an einer bestimmten Stelle des rechten Oberschenkels. Der Mechanismus dieses Symptoms läßt sich auf Grund der Analyse hinreichend durchleuchten. Es war ein Moment, in welchem der Vorstellungskreis ihrer Pflichten gegen den kranken Vater mit dem damaligen Inhalte ihres erotischen Sehnens in Konflikt geriet. Sie entschied sich unter lebhaften Selbstvorwürfen für den ersteren und schuf sich dabei den hysterischen Schmerz. Nach der Auffassung, welche die Konversionstheorie der Hysterie nahe legt, wäre der Vorgang folgender Art darzustellen: Sie verdrängte die erotische Vorstellung aus ihrem Bewußtsein und wandelte deren Affektgröße in somatische Schmerzempfindung um. Ob sich ihr dieser erste Konflikt ein einziges Mal oder wiederholte Male darbot, wurde nicht klar; wahrscheinlicher ist das letztere. Ein ganz ähnlicher Konflikt — indes von höherer moralischer Bedeutung und durch die Analyse noch besser bezeugt — wiederholte sich nach Jahren und führte zur Steigerung derselben Schmerzen und zu deren Ausbreitung über die anfänglich besetzten Grenzen. Wiederum war es ein erotischer Vorstellungskreis, der in Konflikt mit all ihren moralischen Vorstellungen geriet, denn die Neigung bezog sich auf ihren Schwager, und sowohl zu Lebzeiten als nach dem Tode ihrer Schwester war es ein für sie unannehmbarer Gedanke, daß sie sich gerade nach diesem Manne sehnen sollte. Über diesen Konflikt, welcher den Mittelpunkt der Krankengeschichte darstellt, gibt die Analyse ausführliche Auskunft. Die Neigung der Kranken zu ihrem Schwager mochte seit langem gekeimt haben, ihrer Entwicklung kam die körperliche Erschöpfung durch neuerliche Krankenpflege, die moralische Erschöpfung durch mehrjährige Enttäuschungen zugute, ihre innerliche Sprödigkeit begann sich damals zu lösen, und sie gestand sich das Bedürfnis nach der Liebe eines Mannes ein. Während eines über Wochen ausgedehnten Verkehrs (in jenem Kurorte) gelangte diese erotische Neigung gleichzeitig mit den Schmerzen zur vollen Ausbildung, und für dieselbe Zeit bezeugt die Analyse einen besonderen psychischen Zustand der Kranken, dessen Zusammenhalt mit der Neigung und den Schmerzen ein Verständnis des Vorganges im Sinne der Konversionstheorie zu ermöglichen scheint. Ich muß mich nämlich der Behauptung getrauen, daß die Kranke zu jener Zeit sich der Neigung zu ihrem Schwager, so intensiv selbe auch war, nicht klar bewußt wurde, außer bei einzelnen seltenen Veranlassungen und dann nur für Momente. Wäre es anders gewesen, so hätte sie sich auch des Widerspruches zwischen dieser Neigung und ihren moralischen Vorstellungen bewußt werden und ähnliche Seelenqualen bestehen müssen, wie ich sie nach unserer Analyse leiden sah. Ihre Erinnerung hatte von dergleichen Leiden nichts zu berichten, sie hatte sich dieselben erspart, folglich war ihr auch die Neigung selbst nicht klar geworden; damals wie noch zur Zeit der Analyse war die Liebe zu ihrem Schwager nach Art eines Fremdkörpers in ihrem Bewußtsein vorhanden, ohne in Beziehungen zu ihrem sonstigen Vorstellungsleben getreten zu sein. Es war der eigentümliche Zustand des Wissens und gleichzeitigen Nichtwissens in bezug auf diese Neigung vorhanden, der Zustand der abgetrennten psychischen Gruppe. Etwas anderes ist aber nicht gemeint, wenn man behauptet, diese Neigung sei ihr nicht „klar bewußt" gewesen, es ist nicht gemeint eine niedrigere Qualität oder ein geringerer Grad von Bewußtsein, sondern eine Abtrennung vom freien assoziativen Denkverkehre mit dem übrigen Vorstellungsinhalte.

Wie konnte es nur dazu kommen, daß eine so intensiv betonte Vorstellungsgruppe so isoliert gehalten wurde? Im allgemeinen wächst doch mit der Affektgröße einer Vorstellung auch deren Rolle in der Assoziation.

Man kann diese Frage beantworten, wenn man auf zwei Tatsachen Rücksicht nimmt, deren man sich als sichergestellt bedienen darf, *1)* daß gleichzeitig mit der Bildung jener separaten psychischen Gruppe die hysterischen Schmerzen entstanden, *2)* daß die Kranke dem Versuche der Herstellung der Assoziation zwischen der separaten psychischen Gruppe und dem übrigen Bewußtseinsinhalt einen großen Widerstand entgegensetzte und, als diese Vereinigung doch vollzogen war, einen großen psychischen Schmerz empfand. Unsere Auffassung der Hysterie bringt diese beiden Momente mit der Tatsache der Bewußtseinsspaltung zusammen, indem sie behauptet: in *2)* sei der Hinweis auf das Motiv der Bewußtseinsspaltung enthalten, in *1)* auf den Mechanismus derselben. Das Motiv war das der Abwehr, das Sträuben des ganzen Ich, sich mit dieser Vorstellungsgruppe zu vertragen; der Mechanismus war der der Konversion, d. h. anstatt der seelischen Schmerzen, die sie sich erspart hatte, traten körperliche auf, es wurde so eine Umwandlung eingeleitet, bei der sich als Gewinn herausstellte, daß die Kranke sich einem unerträglichen psychischen Zustand entzogen hatte, allerdings auf Kosten einer psychischen Anomalie, der zugelassenen Bewußtseinsspaltung, und eines körperlichen Leidens, der Schmerzen, über welche sich eine Astasie-Abasie aufbaute.

Allerdings eine Anleitung dazu, wie man bei sich eine solche Konversion herstellt, kann ich nicht geben; man macht das offenbar nicht so, wie man mit Absicht eine willkürliche Handlung ausführt; es ist ein Vorgang, der sich unter dem Antriebe des Motivs der Abwehr in einem Individuum vollzieht, wenn dieses die Eignung dazu in seiner Organisation — oder derzeitigen Modifikation — trägt.

Man hat ein Recht, der Theorie näher auf den Leib zu rücken und zu fragen: Was ist es denn, was sich hier in körperlichen Schmerz verwandelt? Die vorsichtige Antwort wird lauten: Etwas, woraus seelischer Schmerz hätte werden können und werden sollen. Will man sich weiter wagen und eine Art von algebraischer Darstellung der Vorstellungsmechanik versuchen, so wird man etwa dem Vorstellungskomplexe dieser unbewußt gebliebenen Neigung einen gewissen Affektbetrag zuschreiben und letztere Quantität als das Konvertierte bezeichnen. Eine direkte Folgerung dieser Auffassung wäre es, daß die „unbewußte Liebe" durch solche Konversion so sehr an Intensität eingebüßt, daß sie zu einer schwachen Vorstellung herabgesunken wäre; ihre Existenz als abgetrennte psychische Gruppe wäre dann erst durch diese Schwächung ermöglicht. Indes ist der vorliegende Fall nicht geeignet, in dieser so heikeln Materie Anschaulichkeit zu gewähren. Er entspricht wahrscheinlich einer bloß unvollständigen Konversion; aus anderen Fällen kann man wahrscheinlich machen, daß auch vollständige Konversionen vorkommen, und daß bei diesen in der Tat die unverträgliche Vorstellung „verdrängt" worden ist, wie nur eine sehr wenig intensive Vorstellung verdrängt werden kann. Die Kranken versichern nach vollzogener assoziativer Vereinigung, daß sie sich seit der Entstehung des hysterischen Symptoms in Gedanken nicht mehr mit der unverträglichen Vorstellung beschäftigt haben.

Ich habe oben behauptet, daß die Kranke bei gewissen Gelegenheiten, wenngleich nur flüchtig, die Liebe zu ihrem Schwager auch bewußt erkannte. Ein solcher Moment war z. B., als ihr am Bette der Schwester der Gedanke durch den Kopf fuhr: „Jetzt ist er frei und du kannst seine Frau werden." Ich muß die Bedeutung dieser Momente für die Auffassung der ganzen Neurose erörtern. Nun, ich meine, in der Annahme einer „Abwehrhysterie" ist bereits die Forderung enthalten, daß wenigstens ein solcher Moment vorgekommen ist. Das Bewußtsein weiß ja nicht vorher, wann sich eine unverträgliche Vorstellung einstellen wird; die unverträgliche Vorstellung, die später mit ihrem Anhange zur Bildung einer separaten psychischen Gruppe ausgeschlossen wird, muß ja anfänglich im Denkverkehre gestanden sein, sonst hätte sich der Konflikt nicht ergeben, der ihre Ausschließung herbeigeführt hat.[1] Gerade diese Momente sind also als die „traumatischen" zu bezeichnen; in ihnen hat die Konversion stattgefunden, deren Ergebnisse die Bewußtseinsspaltung und das hysterische Symptom sind. Bei Fräulein Elisabeth v. R... deutet alles auf eine Mehrheit von solchen Momenten (die Szenen vom Spaziergange, Morgenmeditation, Bad, am Bette der Schwester); vielleicht kamen sogar neue Momente dieser Art während der Behandlung vor. Die Mehrheit solcher traumatischer Momente wird nämlich dadurch ermöglicht, daß ein ähnliches Erlebnis wie jenes, das die unverträgliche Vorstellung zuerst einführte, der abgetrennten psychischen Gruppe neue Erregung zuführt und so den Erfolg der Konversion vorübergehend aufhebt. Das Ich muß sich mit dieser plötzlich verstärkt aufleuchtenden Vorstellung beschäftigen und muß dann durch neuerliche Konversion den früheren Zustand wieder herstellen. Fräulein Elisabeth, die beständig mit ihrem Schwager verkehrte, mußte dem Auftauchen neuer Traumen besonders ausgesetzt sein. Ein Fall, dessen traumatische Geschichte in der Vergangenheit abgeschlossen lag, wäre mir für diese Darstellung erwünschter gewesen.

Ich muß mich nun mit einem Punkte beschäftigen, den ich als eine Schwierigkeit für das Verständnis der vorstehenden Krankengeschichte bezeichnet habe. Auf Grund der Analyse nahm ich an, daß eine erste Konversion bei der Kranken während der Pflege ihres Vaters stattgefunden, und zwar damals, als ihre Pflichten als Pflegerin in Widerstreit mit ihrem erotischen Sehnen gerieten, und daß dieser Vorgang das Vorbild jenes späteren war, der im Alpenkurorte zum Ausbruch der Krankheit führte. Nun ergibt sich aber aus den Mitteilungen der Kranken, daß sie zur Zeit der Krankenpflege und in dem darauffolgenden Zeitabschnitte, den ich als „erste Periode" bezeichnet habe, überhaupt nicht

---

[1] Anders bei einer Hypnoidhysterie; hier wäre der Inhalt der separaten psychischen Gruppe nie im Ich-Bewußtsein gewesen.

an Schmerzen und Gehschwäche gelitten hat. Sie war zwar während der Krankheit des Vaters einmal durch wenige Tage mit Schmerzen in den Füßen bettlägerig, aber es ist zweifelhaft geblieben, ob dieser Anfall bereits der Hysterie zugeschrieben werden muß. Eine kausale Beziehung zwischen diesen ersten Schmerzen und irgendwelchem psychischen Eindrucke ließ sich bei der Analyse nicht erweisen; es ist möglich, ja sogar wahrscheinlich, daß es sich damals um gemeine, rheumatische Muskelschmerzen gehandelt hat. Wollte man selbst annehmen, daß dieser erste Schmerzanfall das Ergebnis einer hysterischen Konversion infolge der Ablehnung ihrer damaligen erotischen Gedanken war, so bleibt doch die Tatsache übrig, daß die Schmerzen nach wenigen Tagen verschwanden, so daß die Kranke sich also in der Wirklichkeit anders verhalten hatte, als sie während der Analyse zu zeigen schien. Während der Reproduktion der sogenannten ersten Periode begleitete sie alle Erzählungen von der Krankheit und dem Tode des Vaters, von den Eindrücken aus dem Verkehre mit dem ersten Schwager u. dgl. mit Schmerzensäußerungen, während sie zur Zeit, da sie diese Eindrücke erlebte, keine Schmerzen verspürte. Ist das nicht ein Widerspruch, der geeignet ist, das Vertrauen in den aufklärenden Wert einer solchen Analyse recht herabzusetzen?

Ich glaube, den Widerspruch lösen zu können, indem ich annehme, die Schmerzen — das Produkt der Konversion — seien nicht entstanden, während die Kranke die Eindrücke der ersten Periode erlebte, sondern nachträglich, also in der zweiten Periode, als die Kranke diese Eindrücke in ihren Gedanken reproduzierte. Die Konversion sei erfolgt nicht an den frischen Eindrücken, sondern an den Erinnerungen derselben. Ich meine sogar, ein solcher Vorgang sei nichts Außergewöhnliches bei der Hysterie, habe einen regelmäßigen Anteil an der Entstehung hysterischer Symptome. Da aber eine solche Behauptung gewiß nicht einleuchtet, werde ich versuchen, sie durch andere Erfahrungen glaubwürdiger zu machen.

Es geschah mir einmal, daß sich während einer derartigen analytischen Behandlung bei einer Kranken ein neues hysterisches Symptom ausbildete, so daß ich dessen Wegräumung am Tage nach seinem Entstehen in Angriff nehmen konnte.

Ich will die Geschichte dieser Kranken in ihren wesentlichen Zügen hier einschieben; sie ist ziemlich einfach und doch nicht ohne Interesse.

Fräulein Rosalia H ..., dreiundzwanzig Jahre alt, seit einigen Jahren bemüht, sich zur Sängerin auszubilden, klagt darüber, daß ihre schöne Stimme ihr in gewissen Lagen nicht gehorcht. Es tritt ein Gefühl von Würgen und Schnüren in der Kehle ein, so daß der Ton wie gepreßt klingt; ihr Lehrer hat ihr darum noch nicht gestatten können, sich vor dem Publikum als Sängerin zu zeigen; obwohl diese Unvollkommenheit nur die Mittellage betrifft, so kann sie doch nicht durch einen Fehler ihres Organs erklärt werden; zuzeiten bleibt die Störung ganz aus, so daß sich der Lehrer für sehr befriedigt erklärt, andere Male, auf die leiseste Erregung hin, auch scheinbar ohne jeden Grund, tritt die schnürende Empfindung wieder ein, und die freie Stimmentfaltung ist behindert. Es war nicht schwer, in dieser belästigenden Empfindung die hysterische Konversion zu erkennen; ob tatsächlich eine Kontraktur in gewissen Muskeln der Stimmbänder eintrat, habe ich nicht feststellen lassen.[1] In der hypnotischen Analyse, die ich mit dem Mädchen unternahm, erfuhr ich folgendes von ihren Schicksalen und damit von der Verursachung ihrer Be-

---

[1] Ich habe einen anderen Fall beobachtet, in dem eine Kontraktur der Masseteren der Sängerin die Ausübung ihrer Kunst unmöglich machte. Die junge Frau war durch peinliche Erlebnisse in ihrer Familie veranlaßt worden, sich zur Bühne zu wenden. Sie sang in Rom in großer Erregung Probe, als sie plötzlich die Empfindung bekam, sie könne den geöffneten Mund nicht schließen; sie fiel ohnmächtig zu Boden. Der geholte Arzt drückte die Kiefer gewaltsam zusammen; die Kranke aber blieb von da an unfähig, die Kiefer weiter als die Breite eines Fingers voneinander zu entfernen, und mußte den neugewählten Beruf aufgeben. Als sie mehrere Jahre später in meine Behandlung kam, waren die Ursachen jener Erregung offenbar längst abgetan, denn eine Massage in leichter Hypnose reichte hin, um ihr den Mund weit zu öffnen. Die Dame hat seither öffentlich gesungen.

schwerden; sie war, früh verwaist, von einer selbst kinderreichen Tante ins Haus genommen worden und wurde dadurch Teilnehmerin an einem höchst unglücklichen Familienleben. Der Mann dieser Tante, eine offenbar pathologische Persönlichkeit, mißhandelte Frau und Kinder in rohester Weise und kränkte sie besonders durch die unverhohlene sexuelle Bevorzugung der im Hause befindlichen Dienst- und Kindermädchen, was um so anstößiger wurde, je mehr die Kinder heranwuchsen. Als die Tante starb, wurde Rosalia die Schützerin der verwaisten und vom Vater bedrängten Kinderschar. Sie nahm ihre Pflichten ernst, focht alle Konflikte durch, zu denen sie diese Stellung führte, hatte aber dabei die größte Mühe aufzuwenden, um die Äußerungen ihres Hasses und ihrer Verachtung gegen den Onkel zu unterdrücken.[1] Damals entstand in ihr die Empfindung des Schnürens im Halse; jedesmal, wenn sie eine Antwort schuldig bleiben mußte, wenn sie sich gezwungen hatte, auf eine empörende Beschuldigung ruhig zu bleiben, fühlte sie das Kratzen in der Kehle, das Zusammenschnüren, das Versagen der Stimme, kurz alle die im Kehlkopfe und Schlunde lokalisierten Empfindungen, die sie jetzt im Singen störten. Es war begreiflich, daß sie nach der Möglichkeit suchte, sich selbständig zu machen, um den Aufregungen und peinlichen Eindrücken zu entgehen, die jeder Tag im Hause des Onkels brachte. Ein tüchtiger Gesanglehrer nahm sich ihrer uneigennützig an und versicherte ihr, daß ihre Stimme sie berechtige, den Beruf einer Sängerin zu wählen. Sie begann nun heimlich Unterricht bei ihm zu nehmen, aber dadurch, daß sie oft mit dem Schnüren im Halse, wie es nach heftigen häuslichen Szenen übrig blieb, zum Sangunterrichte wegeilte, festigte sich eine Beziehung zwischen dem Singen und der hysterischen Parästhesie, die schon durch die Organempfindung beim Singen angebahnt war. Der Apparat, über den sie beim Singen frei hätte verfügen

---

1) [Zusatz *1924:*] Auch hier war es in Wirklichkeit der Vater, nicht der Onkel.

sollen, zeigte sich besetzt mit Innervationsresten nach jenen zahlzeichen Szenen unterdrückter Erregung. Sie hatte seither das Haus ihres Onkels verlassen, war in eine fremde Stadt gezogen, um der Familie fern zu bleiben, aber das Hindernis war damit nicht überwunden. Andere hysterische Symptome zeigte das schöne, ungewöhnlich verständige Mädchen nicht.

Ich bemühte mich, diese „Retentionshysterie" durch Reproduzieren aller erregenden Eindrücke und nachträgliches Abreagieren zu erledigen. Ich ließ sie schimpfen, Reden halten, dem Onkel tüchtig die Wahrheit ins Gesicht sagen u. dgl. Diese Behandlung tat ihr auch sehr wohl; leider lebte sie unterdes hier in recht ungünstigen Verhältnissen. Sie hatte kein Glück mit ihren Verwandten. Sie war Gast bei einem anderen Onkel, der sie auch freundlich aufnahm; aber gerade dadurch erregte sie das Mißfallen der Tante. Diese Frau vermutete bei ihrem Manne ein tiefergehendes Interesse an seiner Nichte und ließ es sich angelegen sein, dem Mädchen den Aufenthalt in Wien gründlich zu verleiden. Sie hatte selbst in ihrer Jugend einer Neigung zur Künstlerschaft entsagen müssen und neidete es jetzt der Nichte, daß sie ihr Talent ausbilden konnte, obwohl hier nicht Neigung, sondern Drang zur Selbständigkeit die Entschließung herbeigeführt hatte. Rosalie fühlte sich so beengt im Hause, daß sie z. B. nicht zu singen oder Klavier zu spielen wagte, wenn die Tante in Hörweite war, und daß sie es sorgfältig vermied, dem übrigens betagten Onkel — Bruder ihrer Mutter — etwas vorzuspielen oder vorzusingen, wenn die Tante hinzukommen konnte. Während ich mich bemühte, die Spuren alter Erregungen zu tilgen, entstanden aus diesem Verhältnisse zu ihren Gastgebern neue, die endlich auch den Erfolg meiner Behandlung störten und vorzeitig die Kur unterbrachen.

Eines Tages erschien die Patientin bei mir mit einem neuen, kaum vierundzwanzig Stunden alten Symptom. Sie klagte über ein unangenehmes Prickeln in den Fingerspitzen, das seit gestern alle paar Stunden auftrete und sie nötige, ganz besondere, schnellende Bewegungen mit den Fingern zu machen. Ich konnte den Anfall nicht sehen, sonst hätte ich wohl aus dem Anblicke der Fingerbewegungen den Anlaß erraten; ich versuchte aber sofort der Begründung des Symptoms (eigentlich des kleinen hysterischen Anfalles) durch hypnotische Analyse auf die Spur zu kommen. Da das Ganze erst seit so kurzer Zeit bestand, hoffte ich Aufklärung und Erledigung rasch herbeiführen zu können. Zu meinem Erstaunen brachte mir die Kranke — ohne Zaudern und in chronologischer Ordnung — eine ganze Reihe von Szenen, in früher Kindheit beginnend, denen etwa gemeinsam war, daß sie ein Unrecht ohne Abwehr geduldet hatte, so daß es ihr dabei in den Fingern zucken konnte, z. B. Szenen, wie daß sie in der Schule die Hand hinhalten mußte, auf die ihr der Lehrer mit dem Lineal einen Schlag versetzte. Es waren aber banale Anlässe, denen ich die Berechtigung, in die Ätiologie eines hysterischen Symptoms einzugehen, gerne bestritten hätte. Anders stand es mit einer Szene aus ihren ersten Mädchenjahren, die sich daran schloß. Der böse Onkel, der an Rheumatismus litt, hatte von ihr verlangt, daß sie ihn am Rücken massiere. Sie getraute sich nicht, es zu verweigern. Er lag dabei zu Bette, plötzlich warf er die Decke ab, erhob sich, wollte sie packen und hinwerfen. Sie unterbrach natürlich die Massage und hatte sich im nächsten Momente geflüchtet und in ihrem Zimmer versperrt. Sie erinnerte sich offenbar nicht gerne an dieses Erlebnis, wollte sich auch nicht äußern, ob sie bei der plötzlichen Entblößung des Mannes etwas gesehen habe. Die Empfindung in den Fingern mochte dabei durch den unterdrückten Impuls zu erklären sein, ihn zu züchtigen, oder einfach daher rühren, daß sie eben mit der Massage beschäftigt war. Erst nach dieser Szene kam sie auf die gestern erlebte zu sprechen, nach welcher sich Empfindung und Zucken in den Fingern als wiederkehrendes Erinnerungssymbol eingestellt hatten. Der Onkel, bei dem sie jetzt wohnte, hatte sie gebeten, ihm etwas vorzuspielen; sie setzte sich ans Klavier und begleitete sich dabei mit Gesang in der Meinung, die Tante sei ausgegangen. Plötzlich kam die Tante in die Türe; Rosalie sprang auf, warf den Deckel des Klaviers zu und schleuderte das Notenblatt weg; es ist auch zu erraten, welche Erinnerung in ihr auftauchte und welchen Gedankengang sie in diesem Momente abwehrte, den der Erbitterung über den ungerechten Verdacht, der sie eigentlich bewegen sollte, das Haus zu verlassen, während sie doch der Kur wegen genötigt war, in Wien zu bleiben, und eine andere Unterkunft nicht hatte. Die Bewegung der Finger, die ich bei der Reproduktion dieser Szene sah, war die des Fortschnellens, als ob man — wörtlich und figürlich — etwas von sich weisen würde, ein Notenblatt wegfegen oder eine Zumutung abtun.

Sie war ganz bestimmt in ihrer Versicherung, daß sie dieses Symptom nicht vorher — nicht aus Anlaß der zuerst erzählten Szenen — verspürt hatte. Was blieb also übrig anzunehmen, als daß das gestrige Erlebnis zunächst die Erinnerung an frühere ähnlichen Inhaltes geweckt, und daß dann die Bildung eines Erinnerungssymbols der ganzen Gruppe von Erinnerungen gegolten hatte? Die Konversion war einerseits von frischerlebtem, anderseits von erinnertem Affekt bestritten worden.

Wenn man sich die Sachlage näher überlegt, muß man zugestehen, daß ein solcher Vorgang eher als Regel denn als Ausnahme bei der Entstehung hysterischer Symptome zu bezeichnen ist. Fast jedesmal, wenn ich nach der Determinierung solcher Zustände forschte, fand sich nicht ein einziger, sondern eine Gruppe von ähnlichen traumatischen Anlässen vor (vgl. die schönen Beispiele bei Frau Emmy in der Krankengeschichte A). Für manche dieser Fälle ließ sich feststellen, daß das betreffende Symptom schon nach dem ersten Trauma für kurze Zeit erschienen war, um dann zurückzutreten, bis es durch ein nächstes Trauma neuerdings hervorgerufen und stabilisiert wurde. Zwischen diesem zeitweiligen Hervortreten und dem überhaupt Latentbleiben nach den ersten Anlässen ist aber kein prinzipieller Unterschied zu konstatieren, und in einer überwiegend großen Anzahl von Beispielen ergab sich wiederum, daß die ersten Traumen kein Symptom hinterlassen hatten, während ein späteres Trauma derselben Art ein Symptom hervorrief, welches doch zu seiner Entstehung der Mitwirkung der früheren Anlässe nicht entbehren konnte, und dessen Lösung wirklich die Berücksichtigung aller Anlässe erforderte. In die Ausdrucksweise der Konversionstheorie übersetzt, will diese unleugbare Tatsache der Summation der Traumen und der erstweiligen Latenz der Symptome besagen, daß die Konversion ebensogut von frischen wie von erinnertem Affekt statthaben kann, und diese Annahme klärt den Widerspruch völlig auf, in dem bei Fräulein Elisabeth v. R... Krankengeschichte und Analyse zu stehen scheinen.

Es ist ja keine Frage, daß die Gesunden die Fortdauer von Vorstellungen mit unerledigtem Affekte in ihrem Bewußtsein im großen Ausmaße ertragen. Die Behauptung, die ich eben verfochten, nähert bloß das Verhalten der Hysterischen dem der Gesunden an. Es kommt offenbar auf ein quantitatives Moment an, nämlich darauf, wieviel von solcher Affektspannung eine Organisation verträgt. Auch der Hysterische wird ein gewisses Maß unerledigt beibehalten können; wächst dasselbe durch Summation bei ähnlichen Anlässen über die individuelle Tragfähigkeit hinaus, so ist der Anstoß zur Konversion gegeben. Es ist also keine fremdartige Aufstellung, sondern beinahe ein Postulat, daß die Bildung hysterischer Symptome auch auf Kosten von erinnertem Affekte vor sich gehen könne.

Ich habe mich nun mit dem Motive und mit dem Mechanismus dieses Falles von Hysterie beschäftigt; es erübrigt noch, die Determinierung des hysterischen Symptoms zu erörtern. Warum mußten gerade die Schmerzen in den Beinen die Vertretung des seelischen Schmerzes übernehmen? Die Umstände des Falles weisen darauf hin, daß dieser somatische Schmerz nicht von der Neurose geschaffen, sondern bloß von ihr benützt, gesteigert und erhalten wurde. Ich will gleich hinzusetzen, in den allermeisten Fällen von hysterischen Algien, in welche ich Einsicht bekommen konnte, war es ähnlich; es war immer zu Anfang ein wirklicher, organisch begründeter Schmerz vorhanden gewesen. Es sind die gemeinsten, verbreitetsten Schmerzen der Menschheit, die am häufigsten dazu berufen erscheinen, eine Rolle in der Hysterie zu spielen, vor allem die periostalen und neuralgischen Schmerzen bei Erkrankung der Zähne, die aus so verschiedenen Quellen stammenden Kopfschmerzen, und nicht minder die so häufig verkannten rheumatischen Schmerzen der Muskeln. Den ersten Anfall von Schmerzen, den Fräulein Elisabeth v. R... noch während der Pflege ihres Vaters gehabt, halte ich auch für einen organisch begründeten. Ich erhielt nämlich keine Auskunft, als ich nach einem psychischen Anlasse dafür forschte, und ich bin, ich gestehe es, geneigt, meiner Methode des Hervorrufens versteckter Erinnerungen differential diagnostische Bedeutung beizulegen, wenn sie sorgfältig gehandhabt wird. Dieser ursprünglich rheumatische[1] Schmerz wurde nun bei der Kranken zum Erinnerungssymbol für ihre schmerzlichen psychischen Erregungen, und zwar, soviel ich sehen kann, aus mehr als einem Grunde. Zunächst und hauptsächlich wohl darum, weil er ungefähr gleichzeitig mit jenen Erregungen im Bewußt sein vorhanden war; zweitens weil er mit dem Vorstellungsinhalte jener Zeit in mehrfacher Weise verknüpft war oder verknüpft sein konnte. Er war vielleicht überhaupt nur eine entfernte Folge der Krankenpflege, der verringerten Bewegung und der schlechteren Ernährung, welche das Amt der Pflegerin mit sich brachte. Aber das war der Kranken kaum klar geworden; mehr in Betracht kommt wohl, daß sie ihn in bedeutsamen Momenten der Pflege spüren mußte, z. B. wenn sie in der Winterkälte aus dem Bette sprang, um dem Rufe des Vaters zu folgen. Geradezu entscheidend

---

[1] Vielleicht aber spinal-neurasthenische?

für die Richtung, welche die Konversion nahm, mußte aber die andere Weise der assoziativen Verknüpfung sein, der Umstand, daß durch eine lange Reihe von Tagen eines ihrer schmerzhaften Beine mit dem geschwollenen Beine des Vaters beim Wechsel der Binden in Berührung kam. Die durch diese Berührung ausgezeichnete Stelle des rechten Beines blieb von da an der Herd und Ausgangspunkt der Schmerzen, eine künstliche hysterogene Zone, deren Entstehung sich in diesem Falle klar durchschauen läßt.

Sollte sich jemand über diese assoziative Verknüpfung zwischen physischem Schmerz und psychischem Affekt als eine zu vielfältige und künstliche verwundern, so würde ich antworten, solche Verwunderung sei ebenso unbillig wie jene andere darüber, „daß gerade die Reichsten in der Welt das meiste Geld besitzen". Wo nicht so reichliche Verknüpfung vorliegt, da bildet sich eben kein hysterisches Symptom, da findet die Konversion keinen Weg; und ich kann versichern, daß das Beispiel des Fräuleins Elisabeth v. R... in Hinsicht der Determinierung zu den einfacheren gehörte. Ich habe, besonders bei Frau Cäcilie M..., die verschlungensten Knoten dieser Art zu lösen gehabt.

Wie sich über diese Schmerzen die Astasie-Abasie unserer Kranken aufbaute, nachdem einmal der Konversion ein bestimmter Weg geöffnet war, dies habe ich schon in der Krankengeschichte erörtert. Ich habe aber dort auch die Behauptung vertreten, daß die Kranke die Funktionsstörung durch Symbolisierung geschaffen oder gesteigert, daß sie für ihre Unselbständigkeit, ihre Ohnmacht, etwas an den Verhältnissen zu ändern, einen somatischen Ausdruck fand in der Abasie-Astasie, und daß die Redensarten: Nicht von der Stelle kommen, keinen Anhalt haben u. dgl. die Brücke für diesen neuen Akt der Konversion bildeten. Ich werde mich bemühen, diese Auffassung durch andere Beispiele zu stützen.

Die Konversion auf Grund von Gleichzeitigkeit bei sonst vorhandener assoziativer Verknüpfung scheint an die hysterische Disposition die geringsten Ansprüche zu stellen; die Konversion durch

Symbolisierung hingegen eines höheren Grades von hysterischer Modifikation zu bedürfen, wie sie auch bei Fräulein Elisabeth erst im späteren Stadium ihrer Hysterie nachweisbar ist. Die schönsten Beispiele von Symbolisierung habe ich bei Frau Cäcilie M... beobachtet, die ich meinen schwersten und lehrreichsten Fall von Hysterie nennen darf. Ich habe bereits angedeutet, daß sich diese Krankengeschichte leider einer ausführlichen Wiedergabe entzieht.

Frau Cäcilie litt unter anderen Dingen an einer überaus heftigen Gesichtsneuralgie, die zwei- bis dreimal im Jahre plötzlich auftrat, fünf bis zehn Tage anhielt, jeder Therapie trotzte und dann wie abgeschnitten aufhörte. Sie beschränkte sich auf den zweiten und dritten Ast des einen Trigeminus, und da Uraturie zweifellos war, und ein nicht ganz klarer „Rheumatismus acutus" in der Geschichte der Kranken eine gewisse Rolle spielte, lag die Auffassung einer gichtischen Neuralgie nahe genug. Diese Auffassung wurde auch von den Konsiliarärzten, die jeden Anfall zu sehen bekamen, geteilt; die Neuralgie sollte mit den gebräuchlichen Methoden: elektrische Pinselung, alkalische Wässer, Abführmittel, behandelt werden, blieb aber jedesmal unbeeinflußt, bis es ihr beliebte, einem anderen Symptom den Platz zu räumen. In früheren Jahren — die Neuralgie war fünfzehn Jahre alt — waren die Zähne beschuldigt worden, diese Neuralgie zu unterhalten; sie wurden zur Extraktion verurteilt, und eines schönen Tages wurde in der Narkose die Exekution an sieben der Missetäter vollzogen. Das ging nicht so leicht ab; die Zähne saßen so fest, daß von den meisten die Wurzeln zurückgelassen werden mußten. Erfolg hatte diese grausame Operation keinen, weder zeitweiligen noch dauernden. Die Neuralgie tobte damals monatelang. Auch zur Zeit meiner Behandlung wurde bei jeder Neuralgie der Zahnarzt geholt; er erklärte jedesmal, kranke Wurzeln zu finden, begann sich an die Arbeit zu machen, wurde aber gewöhnlich bald unterbrochen, denn die Neuralgie hörte plötzlich auf und mit ihr das Verlangen nach dem Zahnarzte. In den Intervallen taten die

Zähne gar nicht weh. Eines Tages, als gerade wieder ein Anfall wütete, wurde ich von der Kranken zur hypnotischen Behandlung veranlaßt, ich legte auf die Schmerzen ein sehr energisches Verbot, und sie hörten von diesem Momente an auf. Ich begann damals Zweifel an der Echtheit dieser Neuralgie zu nähren.

Etwa ein Jahr nach diesem hypnotischen Heilerfolge nahm der Krankheitszustand der Frau Cäcilie eine neue und überraschende Wendung. Es kamen plötzlich andere Zustände, als sie den letzten Jahren eigen gewesen waren, aber die Kranke erklärte nach einigem Besinnen, daß alle diese Zustände bei ihr früher einmal dagewesen wären, und zwar über den langen Zeitraum ihrer Krankheit (dreißig Jahre) verstreut. Es wickelte sich nun wirklich eine überraschende Fülle von hysterischen Zufällen ab, welche die Kranke an ihre richtige Stelle in der Vergangenheit zu lokalisieren vermochte, und bald wurden auch die oft sehr verschlungenen Gedankenverbindungen kenntlich, welche die Reihenfolge dieser Zufälle bestimmten. Es war wie eine Reihe von Bildern mit erläuterndem Texte. Pitres muß mit der Aufstellung seines *délire ecmnésique* etwas Derartiges im Auge gehabt haben. Die Art, wie ein solcher der Vergangenheit angehöriger hysterischer Zustand reproduziert wurde, war höchst merkwürdig. Es tauchte zuerst im besten Befinden der Kranken eine pathologische Stimmung besonderer Färbung auf, welche von der Kranken regelmäßig verkannt und auf ein banales Ereignis der letzten Stunden bezogen wurde; dann folgten unter zunehmender Trübung des Bewußtseins hysterische Symptome: Halluzinationen, Schmerzen, Krämpfe, lange Deklamationen, und endlich schloß sich an diese das halluzinatorische Auftauchen eines Erlebnisses aus der Vergangenheit, welches die initiale Stimmung erklären und die jeweiligen Symptome determinieren konnte. Mit diesem letzten Stücke des Anfalles war die Klarheit wieder da, die Beschwerden verschwanden wie durch Zauber, und es herrschte wieder Wohlbefinden — bis zum nächsten Anfalle, einen halben Tag später.

Gewöhnlich wurde ich auf der Höhe des Zustandes geholt, leitete die Hypnose ein, rief die Reproduktion des traumatischen Erlebnisses hervor und bereitete dem Anfalle durch Kunsthilfe ein früheres Ende. Indem ich mehrere hunderte solcher Zyklen mit der Kranken durchmachte, erhielt ich die lehrreichsten Aufschlüsse über Determinierung hysterischer Symptome. Auch war die Beobachtung dieses merkwürdigen Falles in Gemeinschaft mit Breuer der nächste Anlaß zur Veröffentlichung unserer „vorläufigen Mitteilung".

In diesem Zusammenhange kam es endlich auch zur Reproduktion der Gesichtsneuralgie, die ich als aktuellen Anfall noch selbst behandelt hatte. Ich war neugierig, ob sich hier eine psychische Verursachung ergeben würde. Als ich die traumatische Szene hervorzurufen versuchte, sah sich die Kranke in eine Zeit großer seelischer Empfindlichkeit gegen ihren Mann versetzt, erzählte von einem Gespräche, das sie mit ihm geführt, von einer Bemerkung seinerseits, die sie als schwere Kränkung aufgefaßt, dann faßte sie sich plötzlich an die Wange, schrie vor Schmerz laut auf und sagte: Das war mir wie ein Schlag ins Gesicht. — Damit war aber auch Schmerz und Anfall zu Ende.

Kein Zweifel, daß es sich hier um eine Symbolisierung gehandelt hatte; sie hatte gefühlt, als ob sie den Schlag ins Gesicht wirklich bekommen hätte. Nun wird jedermann die Frage aufwerfen, wieso wohl die Empfindung eines „Schlages ins Gesicht" zu den Äußerlichkeiten einer Trigeminusneuralgie, zur Beschränkung auf den zweiten und dritten Ast, zur Steigerung beim Mundöffnen und Kauen (nicht beim Reden!) gelangt sein mag.

Am nächsten Tage war die Neuralgie wieder da, nur ließ sie sich diesmal durch die Reproduktion einer anderen Szene lösen, deren Inhalt gleichfalls eine vermeintliche Beleidigung war. So ging es neun Tage lang fort; es schien sich zu ergeben, daß Jahre hindurch Kränkungen, insbesondere durch Worte, auf dem

Wege der Symbolisierung neue Anfälle dieser Gesichtsneuralgie hervorgerufen hatten.

Endlich gelang es aber, auch zum ersten Anfalle von Neuralgie (vor mehr als fünfzehn Jahren) vorzudringen. Hier fand sich keine Symbolisierung, sondern eine Konversion durch Gleichzeitigkeit; es war ein schmerzlicher Anblick, bei dem ihr ein Vorwurf auftauchte, welcher sie veranlaßte, eine andere Gedankenreihe zurückzudrängen. Es war also ein Fall von Konflikt und Abwehr; die Entstehung der Neuralgie in diesem Momente nicht weiter erklärlich, wenn man nicht annehmen wollte, daß sie damals an leichten Zahn- oder Gesichtsschmerzen gelitten, und dies war nicht unwahrscheinlich, denn sie hatte sich gerade in den ersten Monaten der ersten Gravidität befunden.

So ergab sich also als Aufklärung, daß diese Neuralgie auf dem gewöhnlichen Wege der Konversion zum Merkzeichen einer bestimmten psychischen Erregung geworden war, daß sie aber in der Folge durch assoziative Anklänge aus dem Gedankenleben, durch symbolisierende Konversion, geweckt werden konnte; eigentlich dasselbe Verhalten, das wir bei Fräulein Elisabeth v. R... gefunden haben.

Ich will ein zweites Beispiel anführen, welches die Wirksamkeit der Symbolisierung unter anderen Bedingungen anschaulich machen kann: Zu einer gewissen Zeit plagte Frau Cäcilie ein heftiger Schmerz in der rechten Ferse, Stiche bei jedem Schritte, die das Gehen unmöglich machten. Die Analyse führte uns dabei auf eine Zeit, in welcher sich die Patientin in einer ausländischen Heilanstalt befunden hatte. Sie war acht Tage lang in ihrem Zimmer gelegen, sollte dann vom Hausarzte das erstemal zur gemeinsamen Tafel abgeholt werden. Der Schmerz war in dem Momente entstanden, als die Kranke seinen Arm nahm, um das Zimmer zu verlassen; er schwand während der Reproduktion dieser Szene, als die Kranke den Satz aussprach: Damals habe sie die Furcht beherrscht, ob sie auch das „rechte Auftreten" in der fremden Gesellschaft treffen werde!

Dies scheint nun ein schlagendes, beinahe komisches Beispiel von Entstehung hysterischer Symptome durch Symbolisierung vermittels des sprachlichen Ausdruckes. Allein ein näheres Eingehen auf die Umstände jenes Momentes bevorzugt eine andere Auffassung. Die Kranke litt zu jener Zeit überhaupt an Fußschmerzen, sie war wegen Fußschmerzen solange zu Bette geblieben; und es kann nur zugegeben werden, daß die Furcht, von der sie bei den ersten Schritten befallen wurde, aus den gleichzeitig vorhandenen Schmerzen den einen, symbolisch passenden, in der rechten Ferse hervorsuchte, um ihn zu einer psychischen Algie auszubilden und ihm zu einer besonderen Fortdauer zu verhelfen.

Erscheint in diesen Beispielen der Mechanismus der Symbolisierung in den zweiten Rang gedrängt, was sicherlich der Regel entspricht, so verfüge ich doch auch über Beispiele, welche die Entstehung hysterischer Symptome durch bloße Symbolisierung zu beweisen scheinen. Eines der schönsten ist folgendes, es bezieht sich wiederum auf Frau Cäcilie. Sie lag als fünfzehnjähriges Mädchen im Bette, bewacht von ihrer gestrengen Großmama. Plötzlich schrie das Kind auf, sie hatte einen bohrenden Schmerz in der Stirne zwischen den Augen bekommen, der dann wochenlang anhielt. Bei der Analyse dieses Schmerzes, der sich nach fast dreißig Jahren reproduzierte, gab sie. an, die Großmama habe sie so „durchdringend" angeschaut, daß ihr der Blick tief ins Gehirn gedrungen wäre. Sie fürchtete nämlich, von der alten Frau mißtrauisch betrachtet worden zu sein. Bei der Mitteilung dieses Gedankens brach sie in ein lautes Lachen aus, und der Schmerz war wieder zu Ende. Hier finde ich nichts anderes als den Mechanismus der Symbolisierung, der zwischen dem Mechanismus der Autosuggestion und dem der Konversion gewissermaßen die Mitte hält.

Die Beobachtung der Frau Cäcilie M... hat mir Gelegenheit gegeben, geradezu eine Sammlung derartiger Symbolisierungen anzulegen. Ein ganze Reihe von körperlichen Sensationen, die sonst als organisch vermittelt angesehen werden, hatte bei ihr psychischen Ursprung oder war wenigstens mit einer psychischen Deutung versehen. Eine gewisse Reihe von Erlebnissen war bei ihr von der Empfindung eines Stiches in der Herzgegend begleitet. („Es hat mir einen Stich ins Herz gegeben.") Der nagelförmige Kopfschmerz der Hysterie war bei ihr unzweifelhaft als Denkschmerz aufzulösen. („Es steckt mir etwas im Kopf"); er löste sich auch jedesmal, wenn das betreffende Problem gelöst war. Der Empfindung der hysterischen Aura im Halse ging der Gedanke parallel: Das muß ich herunterschlucken, wenn diese Empfindung bei einer Kränkung auftrat. Es war eine ganze Reihe von parallellaufenden Sensationen und Vorstellungen, in welcher bald die Sensation die Vorstellung als Deutung erweckt, bald die Vorstellung durch Symbolisierung die Sensation geschaffen hatte, und nicht selten mußte es zweifelhaft bleiben, welches der beiden Elemente das primäre gewesen war.

Ich habe bei keiner anderen Patientin mehr eine so ausgiebige Verwendung der Symbolisierung auffinden können. Freilich war Frau Cäcilie M . . . eine Person von ganz ungewöhnlicher, insbesondere künstlerischer Begabung, deren hochentwickelter Sinn für Form sich in vollendet schönen Gedichten kundgab. Ich behaupte aber, es liegt weniger Individuelles und Willkürliches als man meinen sollte, darin, wenn die Hysterika der affektbetonten Vorstellung durch Symbolisierung einen somatischen Ausdruck schafft. Indem sie den sprachlichen Ausdruck wörtlich nimmt, den „Stich ins Herz" oder den „Schlag ins Gesicht" bei einer verletzenden Anrede wie eine reale Begebenheit empfindet, übt sie keinen witzigen Mißbrauch, sondern belebt nur die Empfindungen von neuem, denen der sprachliche Ausdruck seine Berechtigung verdankt. Wie kämen wir denn dazu, von dem Gekränkten zu sagen: „es hat ihm einen Stich ins Herz gegeben", wenn nicht tatsächlich die Kränkung von einer derartig zu deutenden Präkordialempfindung begleitet und an ihr kenntlich wäre?

Wie wahrscheinlich ist es nicht, daß die Redensart „etwas herunterschlucken", die man auf unerwiderte Beleidigung anwendet, tatsächlich von den Innervationsempfindungen herrührt, die im Schlunde auftreten, wenn man sich die Rede versagt, sich an der Reaktion auf Beleidigung hindert? All diese Sensationen und Innervationen gehören dem „Ausdruck der Gemütsbewegungen" an, der, wie uns Darwin gelehrt hat, aus ursprünglich sinnvollen und zweckmäßigen Leistungen besteht; sie mögen gegenwärtig zumeist so abgeschwächt sein, daß ihr sprachlicher Ausdruck uns als bildliche Übertragung erscheint, allein sehr wahrscheinlich war das alles einmal wörtlich gemeint, und die Hysterie tut recht daran, wenn sie für ihre stärkeren Innervationen den ursprünglichen Wortsinn wieder herstellt. Ja, vielleicht ist es unrecht zu sagen, sie schaffe sich solche Sensationen durch Symbolisierung; sie hat vielleicht den Sprachgebrauch gar nicht zum Vorbilde genommen, sondern schöpft mit ihm aus gemeinsamer Quelle.[1]

---

[1] In Zuständen tiefer gehender psychischer Veränderung kommt offenbar auch eine symbolische Ausprägung des mehr artifiziellen Sprachgebrauches in sinnlichen Bildern und Sensationen vor. Frau Cäcilie M... hatte eine Zeit, in welcher sich ihr jeder Gedanke in eine Halluzination umsetzte, deren Lösung oft viel Witz erforderte. Sie klagte mir damals, sie werde durch die Halluzination belästigt, daß ihre beiden Ärzte — Breuer und ich — im Garten an zwei nahen Bäumen aufgehängt wären. Die Halluzination verschwand, nachdem die Analyse folgenden Hergang aufgedeckt hatte: Abends vorher war sie von Breuer mit der Bitte um ein bestimmtes Medikament abgewiesen worden, sie setzte dann ihre Hoffnung auf mich, fand mich aber ebenso hartherzig. Sie zürnte uns darüber und dachte in ihrem Affekt: Die zwei sind einander wert, der eine ist das Pendant zum anderen!

ZUR PSYCHOTHERAPIE DER HYSTERIE

Wir haben in der „Vorläufigen Mitteilung" berichtet, daß sich uns während der Forschung nach der Ätiologie hysterischer Symptome auch eine therapeutische Methode ergeben hat, die wir für praktisch bedeutsam halten. „Wir fanden nämlich, anfangs zu unserer größten Überraschung, daß die einzelnen hysterischen Symptome sogleich und ohne Wiederkehr verschwanden, wenn es gelungen war, die Erinnerung an den veranlassenden Vorgang zu voller Helligkeit zu erwecken, damit auch den begleitenden Affekt wachzurufen, und wenn dann der Kranke den Vorgang in möglichst ausführlicher Weise schilderte und dem Affekte Worte gab" (S.85).

Wir suchten uns ferner verständlich zu machen, auf welche Weise unsere psychotherapeutische Methode wirke: „Sie hebt die Wirksamkeit der ursprünglich nicht abreagierten Vorstellung dadurch auf, daß sie dem eingeklemmten Affekt derselben den Ablauf durch die Rede gestattet, und bringt sie zur assoziativen Korrektur, indem sie dieselbe ins normale Bewußtsein zieht (in leichterer Hypnose) oder durch ärztliche Suggestion aufhebt, wie es im Somnambulismus mit Amnesie geschieht" (S.97).

Ich will nun versuchen, im Zusammenhange darzutun, wie weit diese Methode trägt, um was sie mehr als andere leistet, mit welcher Technik und mit welchen Schwierigkeiten sie arbeitet, wenngleich das Wesentliche hierüber bereits in den voranstehenden Krankengeschichten enthalten ist, und ich es nicht vermeiden kann, mich in dieser Darstellung zu wiederholen.

1

Ich darf auch für meinen Teil sagen, daß ich am Inhalte der „Vorläufigen Mitteilung" festhalten kann; jedoch muß ich eingestehen, daß sich mir in den seither verflossenen Jahren — bei unausgesetzter Beschäftigung mit den dort berührten Problemen — neue Gesichtspunkte aufgedrängt haben, die eine wenigstens zum Teil andersartige Gruppierung und Auffassung des damals bekannten Materials an Tatsachen zur Folge hatten. Es wäre unrecht, wenn ich versuchen wollte, meinem verehrten Freunde J. Breuer zuviel von der Verantwortlichkeit für diese Entwicklung aufzubürden. Die folgenden Ausführungen bringe ich daher vorwiegend im eigenen Namen.

Als ich versuchte, die Breuersche Methode der Heilung hysterischer Symptome durch Ausforschung und Abreagieren in der Hypnose an einer größeren Reihe von Kranken zu verwenden, stießen mir zwei Schwierigkeiten auf, in deren Verfolgung ich zu einer Abänderung der Technik wie der Auffassung gelangte. *1)* Es waren nicht alle Personen hypnotisierbar, die unzweifelhaft hysterische Symptome zeigten und bei denen höchstwahrscheinlich derselbe psychische Mechanismus obwaltete; *2)* ich mußte Stellung zu der Frage nehmen, was denn wesentlich die Hysterie charakterisiert und wodurch sich dieselbe gegen andere Neurosen abgrenzt.

Ich verschiebe es auf später mitzuteilen, wie ich die erstere Schwierigkeit bewältigt und was ich aus ihr gelernt habe. Ich gehe zunächst darauf ein, wie ich in der täglichen Praxis gegen das zweite Problem Stellung nahm. Es ist sehr schwierig, einen

Fall von Neurose richtig zu durchschauen, ehe man ihn einer gründlichen Analyse unterzogen hat; einer Analyse, wie sie eben nur bei Anwendung der Breuerschen Methode resultiert. Die Entscheidung über Diagnose und Art der Therapie muß aber vor einer solchen gründlichen Kenntnis gefällt werden. Es blieb mir also nichts übrig, als solche Fälle für die kathartische Methode auszuwählen, die man vorläufig als Hysterie diagnostizieren konnte, die einzelne oder mehrere von den Stigmen oder charakteristischen Symptomen der Hysterie erkennen ließen. Dann ereignete es sich manchmal, daß die therapeutischen Ergebnisse trotz der Hysteriediagnose recht armselig ausfielen, daß selbst die Analyse nichts Bedeutsames zutage förderte. Andere Male versuchte ich Neurosen mit der Breuerschen Methode zu behandeln, die gewiß niemandem als Hysterie imponiert hätten, und ich fand, daß sie auf diese Weise zu beeinflussen, ja selbst zu lösen waren. So ging es mir z. B. mit den Zwangsvorstellungen, den echten Zwangsvorstellungen nach Westphalschem Muster, in Fällen, die nicht durch einen Zug an Hysterie erinnerten. Somit konnte der psychische Mechanismus, den die „Vorläufige Mitteilung" aufgedeckt hatte, nicht für Hysterie pathognomonisch sein; ich konnte mich auch nicht entschließen, diesem Mechanismus zuliebe etwa soviel andere Neurosen in einen Topf mit der Hysterie zu werfen. Aus all den angeregten Zweifeln riß mich endlich der Plan, alle anderen in Frage kommenden Neurosen ähnlich wie die Hysterie zu behandeln, überall nach der Ätiologie und nach der Art des psychischen Mechanismus zu forschen und die Entscheidung über die Berechtigung der Hysteriediagnose von dem Ausfalle dieser Untersuchung abhängen zu lassen.

So gelangte ich, von der Breuerschen Methode ausgehend, dazu, mich mit der Ätiologie und dem Mechanismus der Neurosen überhaupt zu beschäftigen. Ich hatte dann das ʻGlück, in verhältnismäßig kurzer Zeit bei brauchbaren Ergebnissen anzukommen. Es drängte sich mir zunächst die Erkenntnis auf, daß, insofern man von einer Verursachung sprechen könne, durch welche Neurosen erworben würden, die Ätiologie in sexuellen Momenten zu suchen sei. Daran reihte sich der Befund, daß verschiedene sexuelle Momente, ganz allgemein genommen, auch verschiedene Bilder von neurotischen Erkrankungen erzeugen. Und nun konnte man, in dem Maße, als sich das letztere Verhältnis bestätigte, auch wagen, die Ätiologie zur Charakteristik der Neurosen zu verwerten und eine scharfe Scheidung der Krankheitsbilder der Neurosen aufzustellen. Trafen ätiologische Charaktere mit klinischen konstant zusammen, so war dies ja gerechtfertigt.

Auf diese Weise ergab sich mir, daß der Neurasthenie eigentlich ein monotones Krankheitsbild entspreche, in welchem, wie Analysen zeigten, ein „psychischer Mechanismus" keine Rolle spiele. Von der Neurasthenie trennte sich scharf ab die Zwangsneurose, die Neurose der echten Zwangsvorstellungen, für die sich ein komplizierter psychischer Mechanismus, eine der hysterischen ähnliche Ätiologie und eine weitreichende Möglichkeit der Rückbildung durch Psychotherapie erkennen ließen. Anderseits schien es mir unbedenklich geboten, von der Neurasthenie einen neurotischen Symptomkomplex abzusondern, der von einer ganz abweichenden, ja, im Grunde genommen, gegensätzlichen Ätiologie abhängt, während die Teilsymptome dieses Komplexes durch einen schon von E. Hecker[1] erkannten Charakter zusammengehalten werden. Sie sind nämlich entweder Symptome oder Äquivalente und Rudimente von Angstäußerungen und ich habe darum diesen von der Neurasthenie abzutrennenden Komplex Angstneurose geheißen. Ich habe von ihm behauptet, er käme durch die Anhäufung physischer Spannung zustande, die selbst wieder sexualer Herkunft ist; diese Neurose hat auch noch keinen psychischen Mechanismus, beeinflußt aber ganz regelmäßig das psychische Leben, so daß „ängstliche Erwartung", Phobien, Hyperästhesie

---

1) E. Hecker, Zentralblatt für Nervenheilkunde, Dezember 1893.

gegen Schmerzen u. a. zu ihren regelmäßigen Äußerungen gehören. Diese Angstneurose in meinem Sinne deckt sich gewiß teilweise mit der Neurose, die unter dem Namen „Hypochondrie" in so manchen Darstellungen neben Hysterie und Neurasthenie anerkannt wird; nur daß ich in keiner der vorliegenden Bearbeitungen die Abgrenzung dieser Neurose für die richtige halten kann, und daß ich die Brauchbarkeit des Namens Hypochondrie durch dessen feste Beziehung auf das Symptom der „Krankheitsfurcht" beeinträchtigt finde.

Nachdem ich mir so die einfachen Bilder der Neurasthenie, der Angstneurose und der Zwangsvorstellungen fixiert hatte, ging ich an die Auffassung der gemeinhin vorkommenden Fälle von Neurosen heran, die bei der Diagnose Hysterie in Betracht kommen. Ich mußte mir jetzt sagen, daß es nicht angeht, eine Neurose im ganzen zur hysterischen zu stempeln, weil aus ihrem Symptomenkomplex einige hysterische Zeichen hervorleuchten. Ich konnte mir diese Übung sehr wohl erklären, da doch die Hysterie die älteste, die bestbekannte und die auffälligste der in Betracht kommenden Neurosen ist; aber es war doch ein Mißbrauch, derselbe, der auf die Rechnung der Hysterie so viele Züge von Perversion und Degeneration hatte setzen lassen. So oft in einem komplizierten Falle von psychischer Entartung ein hysterisches Anzeichen, eine Anästhesie, eine charakteristische Attacke zu entdecken war, hatte man das Ganze „Hysterie" genannt und konnte dann freilich das Ärgste und das Widersprechendste unter dieser Etikette vereinigt finden. So gewiß diese Diagnostik unrecht war, so gewiß durfte man auch nach der neurotischen Seite hin sondern, und da man Neurasthenie, Angstneurose u. dgl. im reinen Zustande kannte, brauchte man sie in der Kombination nicht mehr zu übersehen.

Es schien also folgende Auffassung die berechtigtere: Die gewöhnlich vorkommenden Neurosen sind meist als „gemischte" zu bezeichnen; von der Neurasthenie und der Angstneurose findet man ohne Mühe auch reine Formen, am ehesten bei jugendlichen Personen. Von Hysterie und Zwangsneurose sind reine Fälle selten, für gewöhnlich sind diese beiden Neurosen mit einer Angstneurose kombiniert. Dies so häufige Vorkommen von gemischten Neurosen rührt daher, daß deren ätiologische Momente sich so häufig vermengen; bald nur zufälligerweise, bald infolge von kausalen Beziehungen zwischen den Vorgängen, aus denen die ätiologischen Momente der Neurosen fließen. Dies läßt sich unschwer im einzelnen durchführen und erweisen; für die Hysterie folgt aber hieraus, daß es kaum möglich ist, sie für die Betrachtung aus dem Zusammenhange der Sexualneurosen zu reißen; daß sie in der Regel nur eine Seite, einen Aspekt des komplizierten neurotischen Falles darstellt, und daß sie nur gleichsam im Grenzfalle als isolierte Neurose gefunden und behandelt werden kann. Man darf etwa in einer Reihe von Fällen sagen: *a potiori fit denominatio.*

Ich will die hier mitgeteilten Krankengeschichten daraufhin prüfen, ob sie meiner Auffassung von der klinischen Unselbständigkeit der Hysterie das Wort reden. Anna O., die Kranke Breuers, scheint dem zu widersprechen und eine rein hysterische Erkrankung zu erläutern. Allein dieser Fall, der so fruchtbar für die Erkenntnis der Hysterie geworden ist, wurde von seinem Beobachter gar nicht unter den Gesichtspunkt der Sexualneurose gebracht und ist heute einfach für diesen nicht zu verwerten. Als ich die zweite Kranke, Frau Emmy v. N.,[1] zu analysieren begann, lag mir die Erwartung einer Sexualneurose als Boden für die Hysterie ziemlich ferne; ich war frisch aus der Schule Charcots gekommen und betrachtete die Verknüpfung einer Hysterie mit dem Thema der Sexualität als eine Art von Schimpf — ähnlich wie die Patientinnen selbst es pflegen. Wenn ich heute meine

---

1) [In dieser Gesamtausgabe als Fall A bezeichnet. Der oben erwähnte Fall Anna O. die Breuersche Krankengeschichte, ist hier weggelassen worden; siehe die bibliographische Notiz auf S 76.]

Notizen über diesen Fall überblicke, ist es mir ganz unzweifelhaft, daß ich einen Fall einer schweren Angstneurose mit ängstlicher Erwartung und Phobien anerkennen muß, die aus der sexuellen Abstinenz stammte und sich mit Hysterie kombiniert hatte. Fall B, der Fall der Miß Lucy R., ist vielleicht am ehesten ein Grenzfall von reiner Hysterie zu nennen, es ist eine kurze, episodisch verlaufende Hysterie bei unverkennbar sexueller Ätiologie, wie sie einer Angstneurose entsprechen würde; ein überreifes, liebebedürftiges Mädchen, dessen Neigung zu rasch durch ein Mißverständnis erweckt wird. Allein die Angstneurose war nicht nachzuweisen oder ist mir entgangen. Fall C, Katharina, ist geradezu ein Vorbild dessen, was ich virginale Angst genannt habe; es ist eine Kombination von Angstneurose und Hysterie; die erstere schafft die Symptome, die letztere wiederholt sie und arbeitet mit ihnen. Übrigens ein typischer Fall für so viele, „Hysterie" genannte, jugendliche Neurosen. Fall D, der des Fräuleins Elisabeth v. R., ist wiederum nicht als Sexualneurose erforscht; einen Verdacht, daß eine Spinalneurasthenie die Grundlage gebildet habe, konnte ich nur äußern und nicht bestätigen. Ich muß aber hinzufügen, seither sind die reinen Hysterien in meiner Erfahrung noch seltener geworden; wenn ich diese vier Fälle als Hysterie zusammenstellen und bei ihrer Erörterung von den für Sexualneurosen maßgebenden Gesichtspunkten absehen konnte, so liegt der Grund darin, daß es ältere Fälle sind, bei denen ich die absichtliche und dringende Forschung nach der neurotischen sexualen Unterlage noch nicht durchgeführt hatte. Und wenn ich anstatt dieser vier Fälle nicht zwölf mitgeteilt habe, aus deren Analyse eine Bestätigung des von uns behaupteten psychischen Mechanismus hysterischer Phänomene zu gewinnen ist, so nötigte mich zur Enthaltung nur der Umstand, daß die Analyse diese Krankheitsfälle gleichzeitig als Sexualneurosen enthüllte, obwohl ihnen den „Namen" Hysterie gewiß kein Diagnostiker verweigert hätte. Die Aufklärung solcher

Sexualneurosen überschreitet aber den Rahmen dieser unserer gemeinsamen Veröffentlichung.

Ich möchte nicht dahin mißverstanden werden, als ob ich die Hysterie nicht als selbständige neurotische Affektion gelten lassen wollte, als erfaßte ich sie bloß als psychische Äußerung der Angstneurose, als schriebe ich ihr bloß „ideogene" Symptome zu und zöge die somatischen Symptome (hysterogene Punkte, Anästhesien) zur Angstneurose hinüber. Nichts von alledem; ich meine, man kann in jeder Hinsicht die von allen Beimengungen gereinigte Hysterie selbständig abhandeln, nur nicht in Hinsicht der Therapie. Denn bei der Therapie handelt es sich um praktische Ziele, um die Beseitigung des gesamten leidenden Zustandes, und wenn die Hysterie zumeist als Komponente einer gemischten Neurose vorkommt, so liegt der Fall wohl ähnlich wie bei den Mischinfektionen, wo die Erhaltung des Lebens sich als Aufgabe stellt, die nicht mit der Bekämpfung der Wirkung des einen Krankheitserregers zusammenfällt.

Es ist mir darum so wichtig, den Anteil der Hysterie an den Bildern der gemischten Neurosen von dem der Neurasthenie, Angstneurose usw. zu sondern, weil ich nach dieser Trennung einen knappen Ausdruck für den therapeutischen Wert der kathartischen Methode geben kann. Ich möchte mich nämlich der Behauptung getrauen, daß sie — prinzipiell — sehr wohl imstande ist, jedes beliebige hysterische Symptom zu beseitigen, während sie, wie leicht ersichtlich, völlig machtlos ist gegen Phänomene der Neurasthenie und nur selten und auf Umwegen die psychischen Folgen der Angstneurose beeinflußt. Ihre therapeutische Wirksamkeit wird also im einzelnen Falle davon abhängen, ob die hysterische Komponente des Krankheitsbildes eine praktisch bedeutsame Stelle im Vergleich zu den anderen neurotischen Komponenten beanspruchen darf oder nicht.

Auch eine zweite Schranke ist der Wirksamkeit der kathartischen Methode gesetzt, auf welche wir bereits in der „Vorläufigen Mitteilung" hingewiesen haben. Sie beeinflußt nicht die kausalen Bedingungen der Hysterie, kann also nicht verhindern, daß an der Stelle der beseitigten Symptome neue entstehen. Im ganzen also muß ich für unsere therapeutische Methode einen hervorragenden Platz innerhalb des Rahmens einer Therapie der Neurosen beanspruchen, möchte aber davon abraten, sie außerhalb dieses Zusammenhanges zu würdigen oder in Anwendung zu ziehen. Da ich an dieser Stelle eine „Therapie der Neurosen", wie sie dem ausübenden Arzte vonnöten wäre, nicht geben kann, stellen sich die vorstehenden Äußerungen einer aufschiebenden Verweisung auf etwaige spätere Mitteilungen gleich; doch meine ich, zur Ausführung und Erläuterung noch folgende Bemerkungen anschließen zu können:

1) Ich behaupte nicht, daß ich sämtliche hysterische Symptome, die ich mit der kathartischen Methode zu beeinflussen übernahm, auch wirklich beseitigt habe. Aber ich meine, die Hindernisse lagen an persönlichen Umständen der Fälle und waren nicht prinzipieller Natur. Ich darf diese Fälle von Mißglücken bei einer Urteilsfällung außer Betracht lassen, wie der Chirurg Fälle von Tod in der Narkose, durch Nachblutung, zufällige Sepsis u. dgl. bei der Entscheidung über eine neue Technik beiseite schiebt. Wenn ich später von den Schwierigkeiten und Übelständen des Verfahrens handeln werde, sollen die Mißerfolge solcher Herkunft nochmals gewürdigt werden.

2) Die kathartische Methode wird darum nicht wertlos, weil sie eine **symptomatische** und keine **kausale** ist. Denn eine kausale Therapie ist eigentlich zumeist nur eine prophylaktische, sie sistiert die weitere Einwirkung der Schädlichkeit, beseitigt aber damit nicht notwendig, was die Schädlichkeit bisher an Produkten ergeben hat. Es bedarf in der Regel noch einer zweiten Aktion, welche die letztere Aufgabe löst, und für diesen Zweck ist im Falle der Hysterie die kathartische Methode geradezu unübertrefflich brauchbar.

3) Wo eine Periode hysterischer Produktion, ein akuter hysterischer Paroxysmus, überwunden ist und nur noch die hysterischen Symptome als Resterscheinungen erübrigen, da genügt die kathartische Methode allen Indikationen und erzielt volle und dauernde Erfolge. Eine solche günstige Konstellation für die Therapie ergibt sich nicht selten gerade auf dem Gebiete des Geschlechtslebens, infolge der großen Schwankungen in der Intensität des sexuellen Bedürfnisses und der Komplikation der für ein sexuelles Trauma erforderten Bedingungen. Hier leistet die kathartische Methode alles, was man ihr zur Aufgabe stellen kann, denn der Arzt kann sich nicht vorsetzen wollen, eine Konstitution wie die hysterische zu ändern; er muß sich damit bescheiden, wenn er das Leiden beseitigt, zu dem eine solche Konstitution geneigt ist und das unter Mithilfe äußerer Bedingungen aus ihr entspringen kann. Er wird zufrieden sein, wenn die Kranke wieder leistungsfähig geworden ist. Übrigens entbehrt er auch eines Trostes für die Zukunft nicht, wenn er die Möglichkeit der Rezidive in Betracht zieht. Er kennt den Hauptcharakter in der Ätiologie der Neurosen, daß deren Entstehung zumeist überdeterminiert ist, daß mehrere Momente zu dieser Wirkung zusammentreten müssen; er darf hoffen, daß dieses Zusammentreffen nicht sobald wieder statthaben wird, wenn auch einzelne der ätiologischen Momente in Wirksamkeit geblieben sind.

Man könnte einwenden, daß in solchen abgelaufenen Fällen von Hysterie die restierenden Symptome ohnedies spontan vergehen; allein hierauf darf man antworten, daß solche Spontanheilung sehr häufig weder rasch noch vollständig genug abläuft, und daß sie durch das Eingreifen der Therapie außerordentlich gefördert werden kann. Ob man mit der kathartischen Therapie nur das heilt, was der Spontanheilung fähig ist, oder gelegentlich auch anderes, was sich spontan nicht gelöst hätte, das darf man für jetzt gerne ungeschlichtet lassen.

4) Wo man auf eine akute Hysterie gestoßen ist, einen Fall in der Periode lebhaftester Produktion von hysterischen Symptomen und konsekutiver Überwältigung des Ich durch die Krankheitsprodukte (hysterische Psychose), da wird auch die kathartische Methode am Eindrucke und Verlaufe des Krankheitsfalles wenig ändern. Man befindet sich dann wohl in derselben Stellung gegen die Neurose, welche der Arzt gegen eine akute Infektionskrankheit einnimmt. Die ätiologischen Momente haben zu einer verflossenen, jetzt der Beeinflussung entzogenen Zeit ihre Wirkung in genügendem Ausmaße geübt, nun werden dieselben nach Überwindung des Inkubationsintervalls manifest; die Affektion läßt sich nicht abbrechen; man muß ihren Ablauf abwarten und unterdes die günstigsten Bedingungen für den Kranken herstellen. Beseitigt man nun während einer solchen akuten Periode die Krankheitsprodukte, die neu entstandenen hysterischen Symptome, so darf man sich darauf gefaßt machen, daß die beseitigten alsbald durch neue ersetzt werden. Der verstimmende Eindruck einer Danaidenarbeit, einer „Mohrenwäsche" wird dem Arzte nicht erspart bleiben, der riesige Aufwand von Mühe, die Unbefriedigung der Angehörigen, denen die Vorstellung der notwendigen Zeitdauer einer akuten Neurose kaum so vertraut sein wird wie im analogen Falle einer akuten Infektionskrankheit, dies und anderes wird wahrscheinlich die konsequente Anwendung der kathartischen Methode im angenommenen Falle meist unmöglich machen. Doch bleibt es sehr in Erwägung zu ziehen, ob nicht auch bei einer akuten Hysterie die jedesmalige Beseitigung der Krankheitsprodukte einen heilenden Einfluß übt, indem sie das mit der Abwehr beschäftigte normale Ich des Kranken unterstützt und es vor der Überwältigung, vor dem Verfalle in Psychose, vielleicht in endgültige Verworrenheit bewahrt.

Was die kathartische Methode auch bei akuter Hysterie zu leisten vermag, und daß sie selbst die Neuproduktion an krankhaften Symptomen in praktisch bemerkbarer Weise einschränkt, das erhellt wohl unzweifelhaft aus der Geschichte der Anna O..., an welcher Breuer dies psychotherapeutische Verfahren zuerst auszuüben lernte.

5) Wo es sich um chronisch verlaufende Hysterien mit mäßiger, aber unausgesetzter Produktion von hysterischen Symptomen handelt, da lernt man wohl den Mangel einer kausal wirksamen Therapie am stärksten bedauern, aber auch die Bedeutung des kathartischen Verfahrens als symptomatische Therapie am meisten schätzen. Dann hat man es mit der Schädigung durch eine chronisch fortwirkende Ätiologie zu tun; es kommt alles darauf an, das Nervensystem des Kranken in seiner Resistenzfähigkeit zu kräftigen, und man muß sich sagen, die Existenz eines hysterischen Symptoms bedeute für dieses Nervensystem eine Schwächung seiner Resistenz und stelle ein zur Hysterie disponierendes Moment dar. Wie aus dem Mechanismus der monosymptomatischen Hysterie hervorgeht, bildet sich ein neues hysterisches Symptom am leichtesten im Anschlusse und nach Analogie eines bereits vorhandenen; die Stelle, wo es bereits einmal „durchgeschlagen" hat,[1] stellt einen schwachen Punkt dar, an welchem es auch das nächste Mal durchschlagen wird; die einmal abgespaltene psychische Gruppe spielt die Rolle des provozierenden Kristalls, von dem mit großer Leichtigkeit eine sonst unterbliebene Kristallisation ausgeht. Die bereits vorhandenen Symptome beseitigen, die ihnen zugrunde liegenden psychischen Veränderungen aufheben, heißt den Kranken das volle Maß ihrer Resistenzfähigkeit wiedergeben, mit dem sie erfolgreich der Einwirkung der Schädlichkeit widerstehen können. Man kann solchen Kranken durch länger fortgesetzte Überwachung und zeitweiliges *„chimney sweeping"*[2] sehr viel leisten.

6) Ich hätte noch des scheinbaren Widerspruches zu gedenken, der sich zwischen dem Zugeständnisse, daß nicht alle hysterischen

---

[1] Vgl. Breuers in diese Gesamtausgabe nicht aufgenommene Arbeit „Theoretisches" in der Originalausgabe der „Studien über Hysterie von J. Breuer und Sigm. Freud", 4. Aufl., S. 177.

[2] Vgl. Breuers in diese Gesamtausgabe nicht aufgenommene Krankengeschichte „Frl. Anna O..." in der Originalausgabe der „Studien über Hysterie", 4. Aufl., S. 23.

Symptome psychogen seien, und der Behauptung, daß man sie alle durch ein psychotherapeutisches Verfahren beseitigen könne, erhebt. Die Lösung liegt darin, daß ein Teil dieser nicht psychogenen Symptome zwar Krankheitszeichen darstellt, aber nicht als Leiden bezeichnet werden darf, so die Stigmata; es macht sich also praktisch nicht bemerkbar, wenn sie die therapeutische Erledigung des Krankheitsfalles überdauern. Für andere solche Symptome scheint zu gelten, daß sie auf irgend einem Umwege von den psychogenen Symptomen mitgerissen werden, wie sie ja wohl auch auf irgend einem Umwege doch von psychischer Verursachung abhängen.

*

Ich habe nun der Schwierigkeiten und Übelstände unseres therapeutischen Verfahrens zu gedenken, soweit diese nicht aus den vorstehenden Krankengeschichten oder aus den folgenden Bemerkungen über die Technik der Methode jedermann einleuchten können. — Ich will mehr aufzählen und andeuten als ausführen: Das Verfahren ist mühselig und zeitraubend für den Arzt, es setzt ein großes Interesse für psychologische Vorkommnisse und doch auch persönliche Teilnahme für den Kranken bei ihm voraus. Ich könnte mir nicht vorstellen, daß ich es zustande brächte, mich in den psychischen Mechanismus einer Hysterie bei einer Person zu vertiefen, die mir gemein und widerwärtig vorkäme, die nicht bei näherer Bekanntschaft imstande wäre, menschliche Sympathie zu erwecken, während ich doch die Behandlung eines Tabikers oder Rheumatikers unabhängig von solchem persönlichen Wohlgefallen halten kann. Nicht mindere Bedingungen werden von seiten der Kranken erfordert. Unterhalb eines gewissen Niveaus von Intelligenz ist das Verfahren überhaupt nicht anwendbar, durch jede Beimengung von Schwachsinn wird es außerordentlich erschwert. Man braucht die volle Einwilligung, die volle Aufmerksamkeit der Kranken, vor allem aber ihr Zutrauen, da die Analyse regelmäßig auf die intimsten und geheimst gehaltenen psychischen Vorgänge führt. Ein guter Teil der Kranken, die für solche Behandlung geeignet wären, entzieht sich dem Arzte, sobald ihnen die Ahnung aufdämmert, nach welcher Richtung sich dessen Forschung bewegen wird. Für diese ist der Arzt ein Fremder geblieben. Bei anderen, die sich entschlossen haben, sich dem Arzte zu überliefern und ihm ein Vertrauen einzuräumen, wie es sonst nur freiwillig gewährt, aber nie gefordert wird, bei diesen anderen, sage ich, ist es kaum zu vermeiden, daß nicht die persönliche Beziehung zum Arzte sich wenigstens eine Zeitlang ungebührlich in den Vordergrund drängt; ja, es scheint, als ob eine solche Einwirkung des Arztes die Bedingung sei, unter welcher die Lösung des Problems allein gestattet ist. Ich meine nicht, daß es an diesem Sachverhalt etwas Wesentliches ändert, ob man sich der Hypnose bedienen konnte oder dieselbe umgehen und ersetzen mußte. Nur fordert die Billigkeit, hervorzuheben, daß diese Übelstände, obwohl unzertrennlich von unserem Verfahren, doch nicht diesem zur Last gelegt werden können. Es ist vielmehr recht einsichtlich, daß sie in den Vorbedingungen der Neurosen, die geheilt werden sollen, begründet sind, und daß sie sich an jede ärztliche Tätigkeit heften werden, die mit einer intensiven Bekümmerung um den Kranken einhergeht und eine psychische Veränderung in ihm herbeiführt. Auf die Anwendung der Hypnose konnte ich keinen Schaden und keine Gefahr zurückführen, so ausgiebigen Gebrauch ich auch in einzelnen Fällen von diesem Mittel machte. Wo ich Schaden angestiftet habe, lagen die Gründe anders und tiefer. Überblicke ich die therapeutischen Bemühungen dieser Jahre, seitdem mir die Mitteilungen meines verehrten Lehrers und Freundes J. Breuer die kathartische Methode in die Hand gegeben haben, so meine ich, ich habe, weit mehr und häufiger als geschadet, doch genützt und manches zustande gebracht, wozu sonst kein therapeutisches Mittel gereicht hätte. Es war im ganzen, wie es die „Vorläufige Mitteilung" ausdrückt, „ein bedeutender therapeutischer Gewinn".

Noch einen Gewinn bei Anwendung dieses Verfahrens muß ich hervorheben. Ich weiß mir einen schweren Fall von komplizierter Neurose mit viel oder wenig Beimengung von Hysterie nicht besser zurechtzulegen, als indem ich ihn einer Analyse mit der Breuerschen Methode unterziehe. Dabei geht zunächst weg, was den hysterischen Mechanismus zeigt; den Rest von Erscheinungen habe ich unterdes bei dieser Analyse deuten und auf seine Ätiologie zurückführen gelernt und habe so die Anhaltspunkte dafür gewonnen, was von dem Rüstzeuge der Neurosentherapie im betreffenden Falle angezeigt ist. Wenn ich an die gewöhnliche Verschiedenheit zwischen meinem Urteile über einen Fall von Neurose vor und nach einer solchen Analyse denke, gerate ich fast in Versuchung, diese Analyse für unentbehrlich zur Kenntnis einer neurotischen Erkrankung zu halten. Ich habe mich ferner daran gewöhnt, die Anwendung der kathartischen Psychotherapie mit einer Liegekur zu verbinden, die nach Bedürfnis zur vollen Weir-Mitchellschen Mastkur ausgestaltet wird. Ich habe dabei den Vorteil, daß ich so einerseits die während einer Psychotherapie sehr störende Einmengung neuer psychischer Eindrücke vermeide, anderseits die Langweile der Mastkur, in der die Kranken nicht selten in ein schädliches Träumen verfallen, ausschließe. Man sollte erwarten, daß die oft sehr erhebliche psychische Arbeit, die man während einer kathartischen Kur den Kranken aufbürdet, die Erregungen infolge der Reproduktion traumatischer Erlebnisse, dem Sinne der Weir-Mitchellschen Ruhekur zuwiderliefe und die Erfolge verhinderte, die man von ihr zu sehen gewohnt ist. Allein das Gegenteil trifft zu; man erreicht durch solche Kombinationen der Breuerschen mit der Weir-Mitchellschen Therapie alle körperliche Aufbesserung, die man von letzterer erwartet, und so weitgehende psychische Beeinflussung, wie sie ohne Psychotherapie bei der Ruhekur niemals zustande kommt.

2

Ich knüpfe nun an meine früheren Bemerkungen an, bei meinen Versuchen, die Breuersche Methode im größeren Umfange anzuwenden, sei ich an die Schwierigkeit geraten, daß eine Anzahl von Kranken nicht in Hypnose zu versetzen war, obwohl die Diagnose auf Hysterie lautete und die Wahrscheinlichkeit für die Geltung des von uns beschriebenen psychischen Mechanismus sprach. Ich bedurfte ja der Hypnose zur Erweiterung des Gedächtnisses, um die im gewöhnlichen Bewußtsein nicht vorhandenen pathogenen Erinnerungen zu finden, mußte also entweder auf solche Kranke verzichten oder diese Erweiterung auf andere Weise zu erreichen suchen.

Woran es liegt, daß der eine hypnotisierbar ist, der andere nicht, das wußte ich mir ebensowenig wie andere zu deuten, konnte also einen kausalen Weg zur Beseitigung der Schwierigkeit nicht einschlagen. Ich merkte nur, daß bei manchen Patienten das Hindernis noch weiter zurück lag; sie weigerten sich bereits des Versuches zur Hypnose. Ich kam dann einmal auf den Einfall, daß beide Fälle identisch sein mögen und beide ein Nichtwollen bedeuten können. Nicht hypnotisierbar sei derjenige, der ein psychisches Bedenken gegen die Hypnose hat, gleichgültig, ob er es als Nichtwollen äußert oder nicht. Ich bin mir nicht klar geworden, ob ich diese Auffassung festhalten darf.

Es galt aber, die Hypnose zu umgehen und doch die pathogenen Erinnerungen zu gewinnen. Dazu gelangte ich auf folgende Weise:

Wenn ich bei der ersten Zusammenkunft meine Patienten fragte, ob sie sich an den ersten Anlaß des betreffenden Symptoms erinnerten, so sagten die einen, sie wüßten nichts, die anderen brachten irgend etwas bei, was sie als eine dunkle Erinnerung bezeichneten und nicht weiter verfolgen konnten. Wenn ich nun nach dem Beispiele von Bernheim bei der Erweckung der angeblich vergessenen Eindrücke aus dem Somnambulismus dringlich wurde, beiden versicherte, sie wüßten es, sie würden sich besinnen usw. (vgl. S. 167), so fiel den einen doch etwas ein, und bei anderen griff die Erinnerung um ein Stück weiter. Nun wurde ich noch dringender, hieß die Kranken sich niederlegen und die Augen willkürlich schließen, um sich zu „konzentrieren", was wenigstens eine gewisse Ähnlichkeit mit der Hypnose ergab, und machte da die Erfahrung, daß ohne alle Hypnose neue und weiter zurückreichende Erinnerungen auftauchten, die wahrscheinlich zu unserem Thema gehörten. Durch solche Erfahrungen gewann ich den Eindruck, es würde in der Tat möglich sein, die doch sicherlich vorhandenen pathogenen Vorstellungsreihen durch bloßes Drängen zum Vorschein zu bringen, und da dieses Drängen mich Anstrengung kostete und mir die Deutung nahelegte, ich hätte einen Widerstand zu überwinden, so setzte sich mir der Sachverhalt ohneweiters in die Theorie um, daß ich durch meine psychische Arbeit eine psychische Kraft bei dem Patienten zu überwinden habe, die sich dem Bewußtwerden (Erinnern) der pathogenen Vorstellungen widersetze. Ein neues Verständnis schien sich mir nun zu eröffnen, als mir einfiel, dies dürfte wohl dieselbe psychische Kraft sein, die bei der Entstehung des hysterischen Symptoms mitgewirkt und damals das Bewußtwerden der pathogenen Vorstellung verhindert habe. Was für Kraft war da wohl als wirksam anzunehmen und welches Motiv konnte sie zur Wirkung gebracht haben? Ich konnte mir leicht eine Meinung hierüber bilden; es standen mir ja bereits einige vollendete Analysen zu Gebote, in denen ich Beispiele von pathogenen, vergessenen und außer Bewußtsein gebrachten Vorstellungen kennen gelernt hatte. Aus diesen ersah ich einen allgemeinen Charakter solcher Vorstellungen; sie waren sämtlich peinlicher Natur, geeignet, die Affekte der Scham, des Vorwurfes, des psychischen Schmerzes, die Empfindung der Beeinträchtigung hervorzurufen, sämtlich von der Art, wie man sie gerne nicht erlebt haben möchte, wie man sie am liebsten vergißt. Aus alledem ergab sich wie von selbst der Gedanke der **Abwehr**. Es wird ja von den Psychologen allgemein zugegeben, daß die Annahme einer neuen Vorstellung (Annahme im Sinne des Glaubens, des Zuerkennens von Realität) von der Art und Richtung der bereits im Ich vereinigten Vorstellungen abhängt, und sie haben für den Vorgang der Zensur, dem die neu anlangende unterliegt, besondere technische Namen geschaffen. An das Ich des Kranken war eine Vorstellung herangetreten, die sich als unverträglich erwies, die eine Kraft der Abstoßung von seiten des Ich wachrief, deren Zweck die **Abwehr** dieser unverträglichen Vorstellung war. Diese Abwehr gelang tatsächlich, die betreffende Vorstellung war aus dem Bewußtsein und aus der Erinnerung gedrängt, ihre psychische Spur war anscheinend nicht aufzufinden. Doch mußte diese Spur vorhanden sein. Wenn ich mich bemühte, die Aufmerksamkeit auf sie zu lenken, bekam ich dieselbe Kraft als **Widerstand** zu spüren, die sich bei der Genese des Symptoms als **Abstoßung** gezeigt hatte. Wenn ich nun wahrscheinlich machen konnte, daß die Vorstellung gerade infolge der Ausstoßung und Verdrängung pathogen geworden war, so schien die Kette geschlossen. Ich habe in mehreren Epikrisen unserer Krankengeschichten und in einer kleinen Arbeit über die Abwehrneuropsychosen (1894) versucht, die psychologischen Hypothesen anzudeuten, mit deren Hilfe man auch diesen Zusammenhang — die Tatsache der **Konversion** — anschaulich machen kann.

Also eine psychische Kraft, die Abneigung des Ich, hatte ursprünglich die pathogene Vorstellung aus der Assoziation gedrängt und widersetzte sich ihrer Wiederkehr in der Erinnerung. Das Nichtwissen der Hysterischen war also eigentlich ein — mehr oder minder bewußtes-Nichtwissenwollen, und die Aufgabe des Therapeuten bestand darin, diesen **Assoziationswiderstand** durch psychische Arbeit zu überwinden. Solche Leistung erfolgt zuerst durch „Drängen", Anwendung eines psychischen Zwanges, um die Aufmerksamkeit der Kranken auf die gesuchten Vorstellungsspuren zu lenken. Sie ist aber damit nicht erschöpft, sondern nimmt, wie ich zeigen werde, im Verlaufe einer Analyse andere Formen an und ruft weitere psychische Kräfte zur Hilfe.

Ich verweile zunächst noch beim Drängen. Mit dem einfachen Versichern: Sie wissen es ja, sagen Sie es doch, es wird Ihnen gleich einfallen, kommt man noch nicht sehr weit. Nach wenigen Sätzen reißt auch bei dem in der „Konzentration" befindlichen Kranken der Faden ab. Man darf aber nicht vergessen, daß es sich hier überall um quantitative Vergleichung, um den Kampf zwischen verschieden starken oder intensiven Motiven handelt. Dem „Assoziationswiderstande" bei einer ernsthaften Hysterie ist das Drängen des fremden und der Sache unkundigen Arztes an Macht nicht gewachsen. Man muß auf kräftigere Mittel sinnen.

Da bediene ich mich denn zunächst eines kleinen technischen Kunstgriffes. Ich teile dem Kranken mit, daß ich im nächsten Momente einen Druck auf seine Stirne ausüben werde, versichere ihm, daß er während dieses ganzen Druckes eine Erinnerung als Bild vor sich sehen oder als Einfall in Gedanken haben werde, und verpflichte ihn dazu, dieses Bild oder diesen Einfall mir mitzuteilen, was immer das sein möge. Er dürfe es nicht für sich behalten, weil er etwa meine, es sei nicht das Gesuchte, das Richtige, oder weil es ihm zu unangenehm sei, es zu sagen. Keine Kritik, keine Zurückhaltung, weder aus Affekt noch aus Geringschätzung! Nur so könnten wir das Gesuchte finden, so fänden wir es aber unfehlbar. Dann drücke ich für ein paar Sekunden auf die Stirn des vor mir liegenden Kranken, lasse sie frei und frage ruhigen Tones, als ob eine Enttäuschung ausgeschlossen wäre: Was haben Sie gesehen? oder: Was ist Ihnen eingefallen?

Dieses Verfahren hat mich viel gelehrt und auch jedesmal zum Ziele geführt; ich kann es heute nicht mehr entbehren. Ich weiß natürlich, daß ich solchen Druck auf die Stirne durch irgend ein anderes Signal oder eine andere körperliche Beeinflussung des Kranken ersetzen könnte, aber wie der Kranke vor mir liegt, ergibt sich der Druck auf die Stirne oder das Fassen seines Kopfes zwischen meinen beiden Händen als das Suggestivste und Bequemste, was ich zu diesem Zwecke vornehmen kann. Zur Erklärung der Wirksamkeit dieses Kunstgriffes könnte ich etwa sagen, er entspreche einer „momentan verstärkten Hypnose", allein der Mechanismus der Hypnose ist mir so rätselhaft, daß ich mich zur Erläuterung nicht auf ihn beziehen möchte. Ich meine eher, der Vorteil des Verfahrens liege darin, daß ich hiedurch die Aufmerksamkeit des Kranken von seinem bewußten Suchen und Nachdenken, kurz von alledem, woran sich sein Wille äußern kann, dissoziiere, ähnlich wie es sich wohl beim Starren in eine kristallene Kugel u. dgl. vollzieht. Die Lehre aber, die ich daraus ziehe, daß sich unter dem Drucke meiner Hand jedesmal das einstellt, was ich suche, die lautet: Die angeblich vergessene pathogene Vorstellung liege jedesmal „in der Nähe" bereit, sei durch leicht zugängliche Assoziationen erreichbar; es handle sich nur darum, irgend ein Hindernis wegzuräumen. Dieses Hindernis scheint wieder der Wille der Person zu sein, und verschiedene Personen lernen es verschieden leicht, sich ihrer Absichtlichkeit zu entäußern und sich vollkommen objektiv beobachtend gegen die psychischen Vorgänge in ihnen zu verhalten.

Es ist nicht immer eine „vergessene" Erinnerung, die unter dem Drucke der Hand auftaucht; in den seltensten Fällen liegen die eigentlich pathogenen Erinnerungen so oberflächlich auffindbar. Weit häufiger taucht eine Vorstellung auf, die ein Mittelglied zwischen der Ausgangsvorstellung und der gesuchten pathogenen in der Assoziationskette ist, oder eine Vorstellung, die den Ausgangspunkt einer neuen Reihe von Gedanken und Erinnerungen bildet, an deren Ende die pathogene Vorstellung steht. Der Druck hat dann zwar nicht die pathogene Vorstellung enthüllt — die übrigens ohne Vorbereitung, aus dem Zusammenhange gerissen, unverständlich wäre —, aber er hat den Weg zu ihr gezeigt, die Richtung angegeben, nach welcher die Forschung fortzuschreiten hat. Die durch den Druck zunächst geweckte Vorstellung kann dabei einer wohlbekannten, niemals verdrängten Erinnerung entsprechen. Wo auf dem Wege zur pathogenen Vorstellung der Zusammenhang wieder abreißt, da bedarf es nur einer Wiederholung der Prozedur, des Druckes, um neue Orientierung und Anknüpfung zu schaffen.

In noch anderen Fällen weckt man durch den Druck der Hand eine Erinnerung, die, an sich dem Kranken wohl bekannt, ihn doch durch ihr Erscheinen in Verwunderung setzt, weil er ihre Beziehung zur Ausgangsvorstellung vergessen hat. Im weiteren Verlaufe der Analyse wird diese Beziehung dann erwiesen. Aus all diesen Ergebnissen des Drückens erhält man den täuschenden Eindruck einer überlegenen Intelligenz außerhalb des Bewußtseins des Kranken, die ein großes psychisches Material zu bestimmten Zwecken geordnet hält und ein sinnvolles Arrangement für dessen Wiederkehr ins Bewußtsein getroffen hat. Wie ich vermute, ist diese unbewußte zweite Intelligenz doch nur ein Anschein.

In jeder komplizierteren Analyse arbeitet man wiederholt, ja eigentlich fortwährend, mit Hilfe dieser Prozedur (des Druckes auf die Stirne), welche bald von dort aus, wo die wachen Zurückführungen des Patienten abbrechen, den weiteren Weg über bekannt gebliebene Erinnerungen anzeigt, bald auf Zusammenhänge aufmerksam macht, die in Vergessenheit geraten sind, dann Erinnerungen hervorruft und anreiht, welche seit vielen Jahren der Assoziation entzogen waren, aber noch als Erinnerungen erkannt werden können, und endlich als höchste Leistung der Reproduktion Gedanken auftauchen läßt, die der Kranke niemals als die seinigen anerkennen will, die er nicht erinnert, obwohl er zugesteht, daß sie von dem Zusammenhange unerbittlich gefordert werden, und während er sich überzeugt, daß gerade diese Vorstellungen den Abschluß der Analyse und das Aufhören der Symptome herbeiführen.

Ich will versuchen, einige Beispiele von den ausgezeichneten Leistungen dieses technischen Verfahrens aneinanderzureihen: Ich behandelte ein junges Mädchen mit einer unausstehlichen, seit sechs Jahren fortgeschleppten Tussis nervosa, die offenbar aus jedem gemeinen Katarrh Nahrung zog, aber doch ihre starken psychischen Motive haben mußte. Jede andere Therapie hatte sich längst ohnmächtig gezeigt; ich versuche also das Symptom auf dem Wege der psychischen Analyse aufzuheben. Sie weiß nur, daß ihr nervöser Husten begann, als sie, vierzehn Jahre alt, bei einer Tante in Pension war; von psychischen Erregungen in jener Zeit will sie nichts wissen, sie glaubt nicht an eine Motivierung des Leidens. Unter dem Drucke meiner Hand erinnert sie sich zuerst an einen großen Hund. Sie erkennt dann das Erinnerungsbild, es war ein Hund ihrer Tante, der sich ihr anschloß, sie überallhin begleitete u. dgl. Ja, und jetzt fällt ihr, ohne weitere Nachhilfe, ein, daß dieser Hund gestorben, daß die Kinder ihn feierlich begraben haben und daß auf dem Rückwege von diesem Begräbnisse ihr Husten aufgetreten ist. Ich frage, warum, muß aber wieder durch den Druck nachhelfen; da stellt sich denn der Gedanke ein: Jetzt bin ich ganz allein auf der Welt. Niemand liebt mich hier, dieses Tier war mein einziger Freund, und den habe ich jetzt verloren. — Sie setzt nun die Erzählung fort: Der Husten verschwand, als ich von der Tante wegkam, trat aber eineinhalb Jahre später wieder auf. — Was war da der Grund? — Ich weiß nicht. — Ich drücke wieder; sie erinnert sich an die Nachricht vom Tode ihres Onkels, bei welcher der Husten wieder ausbrach, und an einen ähnlichen Gedankengang. Der Onkel war angeblich der einzige in der Familie gewesen, der ein Herz für sie gehabt, der sie geliebt hatte. Dies war nun die pathogene Vorstellung: Man liebe sie nicht, man ziehe ihr jeden anderen vor, sie verdiene es auch nicht, geliebt zu werden u. dgl.

An der Vorstellung der „Liebe" aber haftete etwas, bei dessen Mitteilung sich ein arger Widerstand erhob. Die Analyse brach noch vor· der Klärung ab.

*

Vor einiger Zeit sollte ich eine ältere Dame von ihren Angstanfällen befreien, die nach ihren Charaktereigenschaften kaum für derartige Beeinflussung geeignet war. Sie war seit der Menopause übermäßig fromm geworden und empfing mich jedesmal wie den Gottseibeiuns, mit einem kleinen elfenbeinernen Kruzifix bewaffnet, das sie in der Hand verbarg. Ihre Angstanfälle, die hysterischen Charakter trugen, reichten in frühe Mädchenjahre zurück und rührten angeblich von dem Gebrauch eines Jodpräparates her, mit welchem eine mäßige Schwellung der Thyreoidea rückgängig gemacht werden sollte. Ich verwarf natürlich diese Herleitung und suchte sie durch eine andere zu ersetzen, die mit meinen Anschauungen über die Ätiologie neurotischer Symptome besser in Einklang stand. Auf die erste Frage nach einem Eindrucke aus der Jugend, der mit den Angstanfällen in kausalem Zusammenhange stünde, tauchte unter dem Drucke meiner Hand die Erinnerung an die Lektüre eines sogenannten Erbauungsbuches auf, in dem eine pietistisch genug gehaltene Erwähnung der Sexualvorgänge zu finden war. Die betreffende Stelle machte auf das Mädchen einen der Intention des Autors entgegengesetzten Eindruck; sie brach in Tränen aus und schleuderte das Buch von sich. Dies war vor dem ersten Angstanfalle. Ein zweiter Druck auf die Stirn der Kranken beschwor eine nächste Reminiszenz herauf, die Erinnerung an einen Erzieher der Brüder, der ihr große Ehrfurcht bezeugt und für den sie selbst eine wärmere Empfindung verspürt hatte. Diese Erinnerung gipfelte in der Reproduktion eines Abends im elterlichen Hause, an dem sie alle mit dem jungen Manne um den Tisch herum saßen und sich im anregenden Gespräche so köstlich unterhielten. In der Nacht, die auf diesen Abend folgte, weckte sie der erste Angstanfall, der wohl mehr mit der Auflehnung gegen eine sinnliche Regung als mit dem etwa gleichzeitig gebrauchten Jod zu tun hatte. — Auf welche andere Weise hätte ich wohl Aussicht gehabt, bei dieser widerspenstigen, gegen mich und jede weltliche Therapie eingenommenen Patientin einen solchen Zusammenhang gegen ihre eigene Meinung und Behauptung aufzudecken?

*

Ein anderes Mal handelte es sich um eine junge, glücklich verheiratete Frau, die schon in den ersten Mädchenjahren eine Zeitlang jeden Morgen in einem Zustande von Betäubung, mit starren Gliedern, offenem Munde und vorgestreckter Zunge gefunden wurde, und die jetzt ähnliche, wenn auch nicht so arge Anfälle beim Aufwachen wiederholte. Eine tiefe Hypnose erwies sich als unerreichbar; ich begann also mit der Ausforschung im Zustande der Konzentration und versicherte ihr beim ersten Drucke, sie werde jetzt etwas sehen, was unmittelbar mit den Ursachen des Zustandes in der Kindheit zusammenhinge. Sie benahm sich ruhig und willig, sah die Wohnung wieder, in der sie die ersten Mädchenjahre verbracht hatte, ihr Zimmer, die Stellung ihres Bettes, die Großmutter, die damals mit ihnen lebte, und eine ihrer Gouvernanten, die sie sehr geliebt hatte. Mehrere kleine Szenen in diesen Räumen und zwischen diesen Personen, eigentlich alle belanglos, folgten einander; den Schluß machte der Abschied der Gouvernante, die vom Hause weg heiratete. Mit diesen Reminiszenzen wußte ich nun gar nichts anzufangen, eine Beziehung derselben zur Ätiologie der Anfälle konnte ich nicht herstellen. Es war allerdings, an verschiedenen Umständen kenntlich, die nämliche Zeit, in welcher die Anfälle zuerst erschienen waren.

Noch ehe ich aber die Analyse fortsetzen konnte, hatte ich Gelegenheit, mit einem Kollegen zu sprechen, der in früheren

Jahren Arzt des elterlichen Hauses meiner Patientin gewesen war. Von ihm erhielt ich folgende Aufklärung: Zur Zeit, da er das reifende, körperlich sehr gut entwickelte Mädchen an jenen ersten Anfällen behandelte, fiel ihm die übergroße Zärtlichkeit im Verkehre zwischen ihr und der im Hause befindlichen Gouvernante auf. Er schöpfte Verdacht und veranlaßte die Großmutter, die Überwachung dieses Verkehrs zu übernehmen. Nach kurzer Zeit konnte die alte Dame ihm berichten, daß die Gouvernante dem Kinde nächtliche Besuche im Bette abzustatten pflege, und daß ganz regelmäßig nach solchen Nächten das Kind am Morgen im Anfalle gefunden werde. Sie zögerten nun nicht, die geräuschlose Entfernung dieser Jugendverderberin durchzusetzen. Die Kinder und selbst die Mutter wurden in der Meinung erhalten, daß die Gouvernante das Haus verlasse, um zu heiraten.

Die zunächst erfolgreiche Therapie bestand nun darin, daß ich der jungen Frau die mir gegebene Aufklärung mitteilte.

*

Gelegentlich erfolgen die Aufschlüsse, die man durch die Prozedur des Drückens erhält, in sehr merkwürdiger Form und unter Umständen, welche die Annahme einer unbewußten Intelligenz noch verlockender erscheinen lassen. So erinnere ich mich einer an Zwangsvorstellungen und Phobien seit vielen Jahren leidenden Dame, die mich in betreff der Entstehung ihres Leidens auf ihre Kinderjahre verwies, aber auch gar nichts zu nennen wußte, was dafür zu beschuldigen gewesen wäre. Sie war aufrichtig und intelligent und leistete nur einen bemerkenswert geringen bewußten Widerstand. (Ich schalte hier ein, daß der psychische Mechanismus der Zwangsvorstellungen mit dem der hysterischen Symptome sehr viel innere Verwandtschaft hat, und daß die Technik der Analyse für beide die nämliche ist.)

Als ich diese Dame fragte, ob sie unter dem Drucke meiner Hand etwas gesehen oder eine Erinnerung bekommen habe, antwortete sie: Keines von beiden, aber mir ist plötzlich ein Wort eingefallen. — Ein einziges Wort? — Ja, aber es klingt zu dumm. — Sagen Sie es immerhin. — „Hausmeister." — Weiter nichts? — Nein. — Ich drückte zum zweiten Male, und nun kam wieder ein vereinzeltes Wort, das ihr durch den Sinn schoß: „Hemd." Ich merkte nun, daß hier eine neuartige Weise Antwort zu geben vorliege, und beförderte durch wiederholten Druck eine anscheinend sinnlose Reihe von Worten heraus: Hausmeister — Hemd — Bett — Stadt — Leiterwagen. Was soll das heißen? fragte ich. Sie sann einen Moment nach, dann fiel ihr ein: Das kann nur die eine Geschichte sein, die mir jetzt in den Sinn kommt. Wie ich zehn Jahre alt war und meine nächstälteste Schwester zwölf, da bekam sie einmal in der Nacht einen Tobsuchtsanfall und mußte gebunden und auf einem Leiterwagen in die Stadt geführt werden. Ich weiß es genau, daß es der Hausmeister war, der sie überwältigte und auch dann in die Anstalt begleitete. — Wir setzten nun diese Art der Forschung fort und bekamen von unserem Orakel andere Wortreihen zu hören, die wir zwar nicht sämtlich deuten konnten, die sich aber doch zur Fortsetzung dieser Geschichte und zur Anknüpfung einer zweiten verwerten ließen. Auch die Bedeutung dieser Reminiszenz ergab sich bald. Die Erkrankung der Schwester hatte auf sie darum so tiefen Eindruck gemacht, weil die beiden ein Geheimnis miteinander teilten; sie schliefen in einem Zimmer und hatten in einer bestimmten Nacht beide die sexuellen Angriffe einer gewissen männlichen Person über sich ergehen lassen. Mit der Erwähnung dieses sexuellen Traumas in früher Jugend war aber nicht nur die Herkunft der ersten Zwangsvorstellungen, sondern auch das späterhin pathogen wirkende Trauma aufgedeckt. — Die Sonderbarkeit dieses Falles bestand nur in dem Auftauchen von einzelnen Schlagworten, die von uns zu Sätzen verarbeitet werden mußten, denn der Schein der Beziehungs- und Zusammenhangslosigkeit haftet an den ganzen Einfällen und Szenen, die sich sonst beim Drücken ergeben, gerade so wie an diesen orakelhaft hervorgestoßenen Worten. Bei weiterer Verfolgung stellt sich dann regelmäßig heraus, daß die scheinbar unzusammenhängenden Reminiszenzen durch Gedankenbande enge verknüpft sind, und daß sie ganz direkt zu dem gesuchten pathogenen Moment hinführen.

Gerne erinnere ich mich daher an einen Fall von Analyse, in welchem mein Zutrauen in die Ergebnisse des Drückens zuerst auf eine harte Probe gestellt, dann aber glänzend gerechtfertigt wurde: Eine sehr intelligente und anscheinend sehr glückliche junge Frau hatte mich wegen eines hartnäckigen Schmerzes im Unterleibe konsultiert, welcher der Therapie nicht weichen wollte. Ich erkannte, daß der Schmerz in den Bauchdecken sitze, auf greifbare Muskelschwielen zu beziehen sei und ordnete lokale Behandlung an.

Nach Monaten sah ich die Kranke wieder, die mir sagte: Der Schmerz von damals ist nach der angeratenen Behandlung vergangen und lange weggeblieben, aber jetzt ist er als nervöser wiedergekehrt. Ich erkenne es daran, daß ich ihn nicht mehr bei Bewegungen habe wie früher, sondern nur zu bestimmten S .den, z. B. morgens beim Erwachen und bei Aufregungen von gewisser Art. — Die Diagnose der Dame war ganz richtig; es galt jetzt, die Ursache dieses Schmerzes aufzufinden, und dazu konnte sie mir im unbeeinflußten Zustande nicht verhelfen. In der Konzentration und unter dem Drucke meiner Hand, als ich sie fragte, ob ihr etwas einfiele oder ob sie etwas sehe, entschied sie sich fürs Sehen und begann mir ihre Gesichtsbilder zu beschreiben. Sie sah etwas wie eine Sonne mit Strahlen, was ich natürlich für ein Phosphen, hervorgebracht durch Druck auf die Augen, halten mußte. Ich erwartete, daß Brauchbareres nachkommen würde, allein sie setzte fort: Sterne von eigentümlich blaßblauem Lichte wie Mondlicht u. dgl. m., lauter Flimmer, Glanz und leuchtende Punkte vor den Augen, wie ich meinte. Ich war schon bereit, diesen Versuch zu den mißglückten zu zählen, und dachte daran, wie

ich mich unauffällig aus der Affäre ziehen könnte, als mich eine
der Erscheinungen, die sie beschrieb, aufmerksam machte. Ein
großes schwarzes Kreuz, wie sie es sah, das geneigt stand, an
seinen Rändern denselben Lichtschimmer wie vom Mondlicht
hatte, in dem alle bisherigen Bilder erglänzt hatten, und auf dessen
Balken ein Flämmchen flackerte; das war doch offenbar kein
Phosphen mehr. Ich horchte nun auf: es kamen massenhafte Bilder
in demselben Lichte, eigentümliche Zeichen, die etwa dem Sanskrit
ähnlich sahen, ferner Figuren wie Dreiecke, ein großes Dreieck
darunter; wiederum das Kreuz... Diesmal vermute ich eine allegorische Bedeutung und frage, was soll dieses Kreuz? — Es ist
wahrscheinlich der Schmerz gemeint, antwortet sie. — Ich wende
ein, unter „Kreuz" verstünde man meist eine moralische Last;
was versteckt sich hinter dem Schmerze? — Sie weiß es nicht
zu sagen und fährt in ihren Gesichten fort: Eine Sonne mit
goldenen Strahlen, die sie auch zu deuten weiß, — das ist Gott,
die Urkraft; dann eine riesengroße Eidechse, die sie fragend, aber
nicht schreckhaft anschaut, dann ein Haufen von Schlangen, dann
wieder eine Sonne, aber mit milden silbernen Strahlen, und vor
ihr, zwischen ihrer Person und dieser Lichtquelle ein Gitter,
welches ihr den Mittelpunkt der Sonne verdeckt.

Ich weiß längst, daß ich es mit Allegorien zu tun habe, und
frage sofort nach der Bedeutung des letzten Bildes. Sie antwortet,
ohne sich zu besinnen: Die Sonne ist die Vollkommenheit, das
Ideal, und das Gitter sind meine Schwächen und Fehler, die
zwischen mir und dem Ideal stehen. — Ja, machen Sie sich denn
Vorwürfe, sind Sie mit sich unzufrieden? — Freilich. — Seit
wann denn? — Seitdem ich Mitglied der theosophischen Gesellschaft bin und die von ihr herausgegebenen Schriften lese. Eine
geringe Meinung von mir hatte ich immer. — Was hat denn
zuletzt den stärksten Eindruck auf Sie gemacht? — Eine Übersetzung aus dem Sanskrit, die jetzt in Lieferungen erscheint. —
Eine Minute später bin ich in ihre Seelenkämpfe, in die Vor-

würfe, die sie sich macht, eingeweiht und höre von einem kleinen Erlebnis, das zu einem Vorwurfe Anlaß gab, und bei dem der früher organische Schmerz als Erfolg einer Erregungskonversion zuerst auftrat. — Die Bilder, die ich anfangs für Phosphene gehalten hatte, waren Symbole okkultistischer Gedankengänge, vielleicht geradezu Embleme von den Titelblättern okkultistischer Bücher.

*

Ich habe jetzt die Leistungen der Hilfsprozedur des Drückens so warm gepriesen und den Gesichtspunkt der Abwehr oder des Widerstandes die ganze Zeit über so sehr vernachlässigt, daß ich sicherlich den Eindruck erweckt haben dürfte, man sei nun durch diesen kleinen Kunstgriff in den Stand gesetzt, des psychischen Hindernisses gegen eine kathartische Kur Herr zu werden. Allein dies zu glauben, wäre ein arger Irrtum; es gibt dergleichen Profite nicht in der Therapie, soviel ich sehe; zur großen Veränderung wird hier wie überall große Arbeit erfordert. Die Druckprozedur ist weiter nichts als ein Kniff, das abwehrlustige Ich für eine Weile zu überrumpeln; in allen ernsteren Fällen besinnt es sich wieder auf seine Absichten und setzt seinen Widerstand fort.

Ich habe der verschiedenen Formen zu gedenken, in welchen dieser Widerstand auftritt. Zunächst das erste oder zweite Mal mißlingt der Druckversuch gewöhnlich. Der Kranke äußert dann sehr enttäuscht: „Ich habe geglaubt, es wird mir etwas einfallen, aber ich habe nur gedacht, wie gespannt ich darauf bin; gekommen ist nichts." Solches Sich-in-Positursetzen des Patienten ist noch nicht zu den Hindernissen zu zählen; man sagt darauf: „Sie waren eben zu neugierig; das zweitemal wird es dafür gehen." Und es geht dann wirklich. Es ist merkwürdig, wie vollständig oft die Kranken — und die gefügigsten und intelligentesten mit — an die Verabredung vergessen können, zu der sie sich doch vorher verstanden haben. Sie haben versprochen, alles zu sagen, was ihnen unter dem Drucke der Hand einfällt, gleichgültig, ob es ihnen beziehungsvoll erscheint oder nicht, und ob es ihnen angenehm zu sagen ist oder nicht, also ohne Auswahl, ohne Beeinflussung durch Kritik oder Affekt. Sie halten sich aber nicht an dieses Versprechen, es geht offenbar über ihre Kräfte. Allemal stockt die Arbeit, immer wieder behaupten sie, diesmal sei ihnen nichts eingefallen. Man darf ihnen dies nicht glauben, man muß dann immer annehmen und auch äußern, sie hielten etwas zurück, weil sie es für unwichtig halten oder peinlich empfinden. Man besteht darauf, man wiederholt den Druck, man stellt sich unfehlbar, bis man wirklich etwas zu hören bekommt. Dann fügt der Kranke hinzu: „Das hätte ich Ihnen schon das erstemal sagen können." — Warum haben Sie es nicht gesagt? — „Ich hab' mir nicht denken können, daß es das sein sollte. Erst als es jedesmal wiedergekommen ist, habe ich mich entschlossen, es zu sagen." — Oder: „Ich habe gehofft, gerade das wird es nicht sein; das kann ich mir ersparen zu sagen; erst als es sich nicht verdrängen ließ, habe ich gemerkt, es wird mir nichts geschenkt." — So verrät der Kranke nachträglich die Motive eines Widerstandes, den er anfänglich gar nicht einbekennen wollte. Er kann offenbar gar nicht anders als Widerstand leisten.

Es ist merkwürdig, hinter welchen Ausflüchten sich dieser Widerstand häufig verbirgt. „Ich bin heute zerstreut, mich stört die Uhr oder das Klavierspiel im Nebenzimmer." Ich habe gelernt, darauf zu antworten: Keineswegs, Sie stoßen jetzt auf etwas, was Sie nicht gerne sagen wollen. Das nützt Ihnen nichts. Verweilen Sie nur dabei. — Je länger die Pause zwischen dem Drucke meiner Hand und der Äußerung des Kranken ausfällt, desto mißtrauischer werde ich, desto eher steht zu befürchten, daß der Kranke sich das zurechtlegt, was ihm eingefallen ist, und es in der Reproduktion verstümmelt. Die wichtigsten Aufklärungen kommen häufig mit der Ankündigung als überflüssiges Beiwerk, wie die als Bettler verkleideten Prinzen der Oper: „Jetzt ist mir etwas eingefallen, das hat aber nichts damit zu schaffen. Ich sage es Ihnen nur, weil Sie alles zu wissen verlangen." Mit dieser Einbegleitung kommt dann meist die langersehnte Lösung; ich horche immer auf, wenn ich den Kranken so geringschätzig von einem Einfalle reden höre. Es ist nämlich ein Zeichen der gelungenen Abwehr, daß die pathogenen Vorstellungen bei ihrem Wiederauftauchen so wenig bedeutsam erscheinen; man kann daraus erschließen, worin der Prozeß der Abwehr bestand; er bestand darin, aus der starken Vorstellung eine schwache zu machen, ihr den Affekt zu entreißen.

Die pathogene Erinnerung erkennt man also unter anderen Merkmalen daran, daß sie vom Kranken als unwesentlich bezeichnet und doch nur mit Widerstand ausgesprochen wird. Es gibt auch Fälle, wo sie der Kranke noch bei ihrer Wiederkehr zu verleugnen sucht: „Jetzt ist mir etwas eingefallen, aber das haben Sie mir offenbar eingeredet", oder: „Ich weiß, was Sie sich bei dieser Frage erwarten. Sie meinen gewiß, ich habe dies und jenes gedacht." Eine besonders kluge Weise der Verleugnung liegt darin, zu sagen: „Jetzt ist mir allerdings etwas eingefallen; aber das kommt mir vor, als hätte ich es willkürlich hinzugefügt; es scheint mir kein reproduzierter Gedanke zu sein." — Ich bleibe in all diesen Fällen unerschütterlich fest, ich gehe auf keine dieser Distinktionen ein, sondern erkläre dem Kranken, das seien nur Formen und Vorwände des Widerstandes gegen die Reproduktion der einen Erinnerung, die wir trotzdem anerkennen müßten.

Bei der Wiederkehr von Bildern hat man im allgemeinen leichteres Spiel als bei der von Gedanken; die Hysterischen, die zumeist Visuelle sind, machen es dem Analytiker nicht so schwer wie die Leute mit Zwangsvorstellungen. Ist einmal ein Bild aus der Erinnerung aufgetaucht, so kann man den Kranken sagen hören, daß es in dem Maße zerbröckle und undeutlich werde, wie er in seiner Schilderung desselben fortschreite. Der Kranke trägt es gleichsam ab, indem er es in Worte umsetzt. Man orientiert sich nun an dem Erinnerungsbilde selbst, um die Richtung zu finden, nach welcher die Arbeit fortzusetzen ist. „Schauen Sie sich das Bild nochmals an. Ist es verschwunden?" — „Im ganzen ja, aber dieses Detail sehe ich noch." — „Dann hat dies noch etwas zu bedeuten. Sie werden entweder etwas Neues dazu sehen, oder es wird Ihnen bei diesem Rest etwas einfallen." — Wenn die Arbeit beendigt ist, zeigt sich das Gesichtsfeld wieder frei, man kann ein anderes Bild hervorlocken. Andere Male aber bleibt ein solches Bild hartnäckig vor dem inneren Auge des Kranken stehen, trotz seiner Beschreibung, und das ist für mich ein Zeichen, daß er mir noch etwas Wichtiges über das Thema des Bildes zu sagen hat. Sobald er dies vollzogen hat, schwindet das Bild, wie ein erlöster Geist zur Ruhe eingeht.

Es ist natürlich von hohem Werte für den Fortgang der Analyse, daß man dem Kranken gegenüber jedesmal recht behalte, sonst hängt man ja davon ab, was er mitzuteilen für gut findet. Es ist darum tröstlich zu hören, daß die Prozedur des Drückens eigentlich niemals fehlschlägt, von einem einzigen Falle abgesehen, den ich später zu würdigen habe, den ich aber sogleich durch die Bemerkung kennzeichnen kann, er entspreche einem besonderen Motiv zum Widerstande. Es kann freilich vorkommen, daß man die Prozedur unter Verhältnissen anwendet, in denen sie nichts zutage fördern darf; man fragt z. B. nach der weiteren Ätiologie eines Symptoms, wenn dieselbe bereits abgeschlossen vorliegt, oder man forscht nach der psychischen Genealogie eines Symptoms, etwa eines Schmerzes, der in Wahrheit ein somatischer Schmerz war; in diesen Fällen behauptet der Kranke gleichfalls, es sei ihm nichts eingefallen, und befindet sich im Rechte. Man wird sich davor behüten, ihm Unrecht zu tun, wenn man es sich ganz allgemein zur Regel macht, während der Analyse die Miene des ruhig Daliegenden nicht aus dem Auge zu lassen. Man lernt dann ohne jede Schwierigkeit die seelische Ruhe bei wirklichem Ausbleiben einer Reminiszenz von der Spannung und den Affektanzeichen zu unterscheiden, unter welchen der Kranke im Dienste der Abwehr die auftauchende Reminiszenz zu verleugnen sucht. Auf solchen Erfahrungen ruht übrigens auch die differentialdiagnostische Anwendung der Druckprozedur.

Es ist also die Arbeit auch mit Hilfe der Druckprozedur keine mühelose. Man hat nur den einen Vorteil gewonnen, daß man aus den Ergebnissen dieses Verfahrens gelernt hat, nach welcher Richtung man zu forschen und welche Dinge man dem Kranken aufzudrängen hat. Für manche Fälle reicht dies aus; es handelt sich ja wesentlich darum, daß ich das Geheimnis errate und es dem Kranken ins Gesicht zu sage; er muß dann meist seine Ablehnung aufgeben. In anderen Fällen brauche ich mehr; der überdauernde Widerstand des Kranken zeigt sich darin, daß die Zusammenhänge reißen, die Lösungen ausbleiben, die erinnerten Bilder undeutlich und unvollständig kommen. Man erstaunt oft, wenn man aus einer späteren Periode einer Analyse auf die früheren zurückblickt, wie verstümmelt alle die Einfälle und Szenen waren, die man dem Kranken durch die Prozedur des Drückens entrissen hat. Es fehlte gerade das Wesentliche daran, die Beziehung auf die Person oder auf das Thema, und das Bild blieb darum unverständlich. Ich will ein oder zwei Beispiele für das Wirken einer solchen Zensurierung beim ersten Auftauchen der pathogenen Erinnerungen geben. Der Kranke sieht z. B. einen weiblichen Oberkörper, an dessen Hülle wie durch Nachlässigkeit etwas klafft; erst viel später fügt er zu diesem Torso den Kopf, um damit eine Person und eine Beziehung zu verraten. Oder er erzählt eine Reminiszenz aus seiner Kindheit von zwei Buben, deren Gestalt ihm ganz dunkel ist, denen man eine gewisse Unart nachgesagt hätte. Es bedarf vieler Monate und großer Fortschritte im Gange der Analyse, bis er diese Reminiszenz wiedersieht und in dem einen der Kinder sich selbst, im anderen seinen Bruder erkennt.

Welche Mittel hat man nun zur Verfügung, um diesen fortgesetzten Widerstand zu überwinden? Wenige, aber doch fast alle die, durch die sonst ein Mensch eine psychische Einwirkung auf einen anderen übt. Man muß sich zunächst sagen, daß psychischer Widerstand, besonders ein seit langem konstituierter, nur langsam und schrittweise aufgelöst werden kann, und muß in Geduld warten. Sodann darf man auf das intellektuelle Interesse rechnen, das sich nach kurzer Arbeit beim Kranken zu regen beginnt. Indem man ihn aufklärt, ihm von der wundersamen Welt der psychischen Vorgänge Mitteilungen macht, in die man selbst erst durch solche Analysen Einblick gewonnen hat, gewinnt man ihn selbst zum Mitarbeiter, bringt ihn dazu, sich selbst mit dem objektiven Interesse des Forschers zu betrachten, und drängt so den auf affektiver Basis beruhenden Widerstand zurück.. Endlich aber — und dies bleibt der stärkste Hebel — muß man versuchen, nachdem man diese Motive seiner Abwehr erraten, die Motive zu entwerten, oder selbst sie durch stärkere zu ersetzen. Hier hört wohl die Möglichkeit auf, die psychotherapeutische Tätigkeit in Formeln zu fassen. Man wirkt, so gut man kann, als Aufklärer, wo die Ignoranz eine Scheu erzeugt hat, als Lehrer, als Vertreter einer freieren oder überlegenen Weltauffassung, als Beichthörer, der durch die Fortdauer seiner Teilnahme und seiner Achtung nach abgelegtem Geständnisse gleichsam Absolution erteilt; man sucht dem Kranken menschlich etwas zu leisten, soweit der Umfang der eigenen Persönlichkeit und das Maß von Sympathie, das man für den betreffenden Fall aufbringen kann, dies gestatten. Für solche psychische Betätigung ist als unerläßliche Voraussetzung erforderlich, daß man die Natur des Falles und die Motive der hier wirksamen Abwehr ungefähr erraten habe, und zum Glück trägt die Technik des Drängens und der Druckprozedur gerade so weit. Je mehr man dergleichen Rätsel bereits gelöst hat, desto leichter wird man vielleicht ein neues erraten und desto früher wird man die eigentlich heilende psychische Arbeit in Angriff nehmen können. Denn es ist gut, sich dies völlig klar zu machen: Wenn auch der Kranke sich von dem hysterischen Symptome erst befreit, indem er die es verursachenden pathogenen Eindrücke reproduziert und unter Affektäußerung ausspricht, so liegt doch die therapeutische Aufgabe nur darin, ihn dazu zu bewegen, und wenn diese Aufgabe einmal gelöst ist, so bleibt für den Arzt nichts mehr zu korrigieren oder aufzuheben übrig. Alles, was es an Gegensuggestionen dafür braucht, ist bereits während der Bekämpfung des Widerstandes aufgewendet worden. Der Fall ist etwa mit dem Aufschließen einer versperrten Türe zu vergleichen, wonach das Niederdrücken der Klinke, um sie zu öffnen, keine Schwierigkeit mehr hat.

Neben den intellektuellen Motiven, die man zur Überwindung des Widerstandes heranzieht, wird man ein affektives Moment, die persönliche Geltung des Arztes, selten entbehren können, und in einer Anzahl von Fällen wird letzteres allein imstande sein, den Widerstand zu beheben. Das ist hier nicht anders als sonst in der Medizin, und man wird keiner therapeutischen Methode zumuten dürfen, auf die Mitwirkung dieses persönlichen Moments gänzlich zu verzichten.

3

Angesichts der Ausführungen des vorstehenden Abschnittes, der Schwierigkeiten meiner Technik, die ich rückhaltlos aufgedeckt habe — ich habe sie übrigens aus den schwersten Fällen zusammengetragen, es wird oft sehr viel bequemer gehen; — angesichts dieses Sachverhaltes also wird wohl jeder die Frage aufwerfen wollen, ob es nicht zweckmäßiger sei, anstatt all dieser Quälereien sich energischer um die Hypnose zu bemühen oder die Anwendung der kathartischen Methode auf solche Kranke zu beschränken, die in tiefe Hypnose zu versetzen sind. Auf letzteren Vorschlag müßte ich antworten, daß dann die Zahl der brauchbaren Patienten für meine Geschicklichkeit allzusehr einschrumpfen würde; dem ersteren Rate aber werde ich die Mutmaßung entgegensetzen, es dürfte durch Erzwingen der Hypnose nicht viel vom Widerstande zu ersparen sein. Meine Erfahrungen hierüber sind eigentümlicherweise nur wenig zahlreich, ich kann daher nicht über die Mutmaßung hinauskommen; aber wo ich eine kathartische Kur in der Hypnose anstatt in der Konzentration durchgeführt habe, fand ich die mir zufallende Arbeit dadurch nicht verringert. Ich habe erst unlängst eine solche Behandlung beendigt, in deren Verlauf ich eine hysterische Lähmung der Beine zum Weichen brachte. Die Patientin geriet in einen Zustand, der psychisch vom Wachen sehr verschieden war und somatisch dadurch ausgezeichnet, daß sie die Augen unmöglich öffnen oder sich erheben konnte, ehe ich ihr zugerufen hatte: Jetzt wachen Sie auf, und doch habe ich in keinem Falle größeren Widerstand gefunden als gerade in diesem. Ich legte auf diese körperlichen Zeichen keinen Wert, und gegen Ende der zehn Monate währenden Behandlung waren sie auch unmerklich geworden; der Zustand der Patientin, in dem wir arbeiteten, hatte darum von seinen Eigentümlichkeiten, der Fähigkeit sich an Unbewußtes zu erinnern, der ganz besonderen Beziehung zur Person des Arztes nichts eingebüßt. In der Geschichte der Frau Emmy v. N... habe ich allerdings ein Beispiel einer im tiefsten Somnambulismus ausgeführten kathartischen Kur geschildert, in welcher der Widerstand fast keine Rolle spielte. Allein von dieser Frau habe ich auch nichts erfahren, zu dessen Mitteilung es einer besonderen Überwindung bedurft hätte, nichts, was sie mir nicht bei längerer Bekanntschaft und einiger Schätzung auch im Wachen hätte erzählen können. Auf die eigentlichen Ursachen ihrer Erkrankung, sicherlich identisch mit den Ursachen ihrer Rezidiven nach meiner Behandlung, bin ich gar nicht gekommen; — es war eben mein erster Versuch in dieser Therapie, — und das einzige Mal, als ich zufällig eine Reminiszenz von ihr forderte, in die sich ein Stück Erotik einmengte, fand ich sie ebenso widerstrebend und unverläßlich in ihren Angaben wie später irgend eine andere meiner nicht somnambulen Patientinnen. Von dem Widerstande dieser Frau auch im Somnambulismus gegen andere Anforderungen und Zumutungen habe ich bereits in ihrer Krankengeschichte gesprochen. Überhaupt ist mir der Wert der Hypnose für die Erleichterung kathartischer Kuren zweifelhaft geworden, seitdem ich Beispiele erlebt habe von absoluter therapeutischer Unfügsamkeit bei ausgezeichnetem andersartigen Gehorsam im tiefen Somnambulismus. Einen Fall dieser Art habe ich kurz auf S. 83 mitgeteilt; ich könnte noch andere hinzufügen. Ich gestehe übrigens, daß diese Erfahrung meinem Bedürfnis nach quantitativer Relation zwischen Ursache und Wirkung auch auf psychischem Gebiete nicht übel entsprochen hat.

*

In der bisherigen Darstellung hat sich uns die Idee des **Widerstandes** in den Vordergrund gedrängt; ich habe gezeigt, wie man bei der therapeutischen Arbeit zu der Auffassung geleitet wird, die Hysterie entstehe durch die Verdrängung einer unverträglichen Vorstellung aus dem Motive der Abwehr, die verdrängte Vorstellung bleibe als eine schwache (wenig intensive) Erinnerungsspur bestehen, der ihr entrissene Affekt werde für eine somatische Innervation verwendet: Konversion der Erregung. Die Vorstellung werde also gerade durch ihre Verdrängung Ursache krankhafter Symptome, also pathogen. Einer Hysterie, die diesen psychischen Mechanismus aufweist, darf man den Namen „**Abwehrhysterie**" beilegen. Nun haben wir beide, Breuer und ich, zu wiederholten Malen von zwei anderen Arten der Hysterie gesprochen, für welche wir die Namen „**Hypnoid- und Retentionshysterie**" in Gebrauch zogen. Die Hypnoidhysterie ist diejenige, die überhaupt zuerst in unseren Gesichtskreis getreten ist; ich wüßte ja kein besseres Beispiel für eine solche anzuführen als den ersten Fall

Breuers.[1] Für eine solche Hypnoidhysterie hat Breuer einen von dem der Konversionsabwehr wesentlich verschiedenen psychischen Mechanismus angegeben. Hier soll also eine Vorstellung dadurch pathogen werden, daß sie, in einem besonderen psychischen Zustand empfangen, von vornherein außerhalb des Ich verblieben ist. Es hat also keiner psychischen Kraft bedurft, sie von dem Ich abzuhalten, und es darf keinen Widerstand erwecken, wenn man sie mit Hilfe der somnambulen Geistestätigkeit in das Ich einführt. Die Krankengeschichte der Anna O. zeigt auch wirklich nichts von einem solchen Widerstand.

Ich halte diesen Unterschied für so wesentlich, daß ich mich durch ihn gerne bestimmen lasse, an der Aufstellung der Hypnoidhysterie festzuhalten. Meiner eigenen Erfahrung ist merkwürdigerweise keine echte Hypnoidhysterie begegnet; was ich in Angriff nahm, verwandelte sich in Abwehrhysterie. Nicht etwa, daß ich es niemals mit Symptomen zu tun gehabt hätte, die nachweisbar in abgesonderten Bewußtseinszuständen entstanden waren und darum von der Aufnahme ins Ich ausgeschlossen bleiben mußten. Dies traf auch in meinen Fällen mitunter zu, aber dann konnte ich doch nachweisen, daß der sogenannte hypnoide Zustand seine Absonderung dem Umstande verdankte, daß in ihm eine vorher durch Abwehr abgespaltene psychische Gruppe zur Geltung kam. Kurz, ich kann den Verdacht nicht unterdrücken, daß Hypnoid- und Abwehrhysterie irgendwo an ihrer Wurzel zusammentreffen, und daß dabei die Abwehr das Primäre ist. Ich weiß aber nichts darüber.

Gleich unsicher ist derzeit mein Urteil über die „Retentionshysterie", bei welcher die therapeutische Arbeit gleichfalls ohne Widerstand erfolgen sollte. Ich habe einen Fall gehabt, den ich für eine typische Retentionshysterie gehalten habe; ich freute mich auf den leichten und sicheren Erfolg, aber dieser Erfolg

---

1) [Breuers in diese Gesamtausgabe nicht aufgenommene Krankengeschichte „Frl. Anna O...", vgl. Originalausgabe der „Studien über Hysterie", 4. Aufl., S. 15 ff.]

blieb aus, so leicht auch wirklich die Arbeit war. Ich vermute daher, wiederum mit aller Zurückhaltung, die der Unwissenheit geziemt, daß auch bei der Retentionshysterie auf dem Grunde ein Stück Abwehr zu finden ist, welches den ganzen Vorgang ins Hysterische gedrängt hat. Ob ich mit dieser Tendenz zur Ausdehnung des Abwehrbegriffes auf die gesamte Hysterie Gefahr laufe, der Einseitigkeit und dem Irrtum zu verfallen, werden ja hoffentlich neue Erfahrungen bald entscheiden.

*

Ich habe bisher von den Schwierigkeiten und der Technik der kathartischen Methode gehandelt und möchte noch einige Andeutungen hinzufügen, wie sich mit dieser Technik eine Analyse gestaltet. Es ist dies ein für mich sehr interessantes Thema, von dem ich aber nicht erwarten kann, es werde ähnliches Interesse bei anderen erregen, die noch keine solche Analyse ausgeführt haben. Es wird eigentlich wiederum von Technik die Rede sein, aber diesmal von den inhaltlichen Schwierigkeiten, für die man den Kranken nicht verantwortlich machen kann, die zum Teil bei einer Hypnoid- und Retentionshysterie dieselben sein müßten wie bei den mir als Muster vorschwebenden Abwehrhysterien. Ich gehe an dieses letzte Stück der Darstellung mit der Erwartung, die hier aufzudeckenden psychischen Eigentümlichkeiten könnten einmal für eine Vorstellungsdynamik einen gewissen Wert als Rohmaterial erlangen.

Der erste und mächtigste Eindruck, den man sich bei einer solchen Analyse holt, ist gewiß der, daß das pathogene psychische Material, das angeblich vergessen ist, dem Ich nicht zur Verfügung steht, in der Assoziation und im Erinnern keine Rolle spielt, — doch in irgend einer Weise bereit liegt, und zwar in richtiger und guter Ordnung. Es handelt sich nur darum, Widerstände zu beseitigen, die den Weg dazu versperren. Sonst aber wird es bewußt, wie wir überhaupt etwas wissen können; die richtigen

Verknüpfungen der einzelnen Vorstellungen untereinander und mit nicht pathogenen, häufig erinnerten, sind vorhanden, sind seinerzeit vollzogen und im Gedächtnisse bewahrt worden. Das pathogene psychische Material erscheint als das Eigentum einer Intelligenz, die der des normalen Ich nicht notwendig nachsteht. Der Schein einer zweiten Persönlichkeit wird oft auf das täuschendste hergestellt.

Ob dieser Eindruck berechtigt ist, ob man dabei nicht die Anordnung des psychischen Materials, die nach der Erledigung resultiert, in die Zeit der Krankheit zurückverlegt, dies sind Fragen, die ich noch nicht und nicht an dieser Stelle in Erwägung ziehen möchte. Man kann die bei solchen Analysen gemachten Erfahrungen jedenfalls nicht bequemer und anschaulicher beschreiben, als wenn man sich auf den Standpunkt stellt, den man nach der Erledigung zur Überschau des Ganzen einnehmen darf.

Die Sachlage ist ja meist keine so einfache, wie man sie für besondere Fälle, z. B. für ein einzelnes, in einem großen Trauma entstandenes Symptom dargestellt hat. Man hat zumeist nicht ein einziges hysterisches Symptom, sondern eine Anzahl von solchen, die teils unabhängig voneinander, teils miteinander verknüpft sind. Man darf nicht eine einzige traumatische Erinnerung und als Kern derselben eine einzige pathogene Vorstellung erwarten, sondern muß auf Reihen von Partialtraumen und Verkettungen von pathogenen Gedankengängen gefaßt sein. Die monosymptomatische traumatische Hysterie ist gleichsam ein Elementarorganismus, ein einzelliges Wesen im Vergleich zum komplizierten Gefüge einer schweren hysterischen Neurose, wie wir ihr gemeinhin begegnen.

Das psychische Material einer solchen Hysterie stellt sich nun dar als ein mehrdimensionales Gebilde von mindestens dreifacher Schichtung. Ich hoffe, ich werde diese bildliche Ausdrucksweise bald rechtfertigen können. Es ist zunächst ein Kern vorhanden von solchen Erinnerungen (an Erlebnisse oder Gedankengänge), in denen das traumatische Moment gegipfelt oder die pathogene Idee ihre reinste Ausbildung gefunden hat. Um diesen Kern herum findet man eine oft unglaublich reichliche Menge von anderem Erinnerungsmaterial, das man bei der Analyse durcharbeiten muß, in, wie erwähnt, dreifacher Anordnung. Erstens ist eine **lineare chronologische Anordnung** unverkennbar, die innerhalb jedes einzelnen Themas statthat. Als Beispiel für diese zitiere ich bloß die Anordnungen in Breuers Analyse der Anna O.[1] Das Thema sei das des Taubwerdens, des Nichthörens; das differenzierte sich dann nach sieben Bedingungen, und unter jeder Überschrift waren zehn bis über hundert Einzelerinnerungen in chronologischer Reihenfolge gesammelt. Es war, als ob man ein wohl in Ordnung gehaltenes Archiv ausnehmen würde. In der Analyse meiner Patientin Emmy v. N... sind ähnliche, wenn auch nicht so vollzählig dargestellte Erinnerungsfaszikel enthalten: sie bilden aber ein ganz allgemeines Vorkommnis in jeder Analyse, treten jedesmal in einer chronologischen Ordnung auf, die so unfehlbar verläßlich ist wie die Reihenfolge der Wochentage oder Monatsnamen beim geistig normalen Menschen, und erschweren die Arbeit der Analyse durch die Eigentümlichkeit, daß sie die Reihenfolge ihrer Entstehung bei der Reproduktion umkehren; das frischeste, jüngste Erlebnis des Faszikels kommt als „Deckblatt" zuerst und den Schluß macht jener Eindruck, mit dem in Wirklichkeit die Reihe anfing.

Ich habe die Gruppierung gleichartiger Erinnerungen zu einer linear geschichteten Mehrheit, wie es ein Aktenbündel, ein Paket u. dgl. darstellt, als Bildung eines **Themas** bezeichnet. Diese Themen nun zeigen eine zweite Art von Anordnung; sie sind, ich kann es nicht anders ausdrücken, **konzentrisch um den pathogenen Kern geschichtet.** Es ist nicht schwer zu sagen, was diese Schichtung ausmacht, nach welcher ab- oder zunehmenden Größe diese Anordnung erfolgt. Es sind Schichten

---

1) [Vgl. die Fußnote oben auf S. 289.]

gleichen, gegen den Kern hin wachsenden Widerstandes und damit Zonen gleicher Bewußtseinsveränderung, in denen sich die einzelnen Themen erstrecken. Die periphersten Schichten enthalten von verschiedenen Themen jene Erinnerungen (oder Faszikel), die leicht erinnert werden und immer klar bewußt waren; je tiefer man geht, desto schwieriger werden die auftauchenden Erinnerungen erkannt, bis man nahe am Kerne auf solche stößt, die der Patient noch bei der Reproduktion verleugnet. Diese Eigentümlichkeit der konzentrischen Schichtung des pathogenen psychischen Materials ist es, die dem Verlaufe solcher Analysen ihre, wie wir hören werden, charakteristischen Züge verleiht. Jetzt ist noch eine dritte Art von Anordnung zu erwähnen, die wesentlichste, über die am wenigsten leicht eine allgemeine Aussage zu machen ist. Es ist die Anordnung nach dem Gedankeninhalte, die Verknüpfung durch den bis zum Kerne reichenden logischen Faden, der einem in jedem Falle besonderen, unregelmäßigen und vielfach abgeknickten Weg entsprechen mag. Diese Anordnung hat einen dynamischen Charakter, im Gegensatze zum morphologischen der beiden vorerst erwähnten Schichtungen. Während letztere in einem räumlich ausgeführten Schema durch starre, bogenförmige und gerade Linien darzustellen wären, müßte man dem Gange der logischen Verkettung mit einem Stäbchen nachfahren, welches auf den verschlungensten Wegen aus oberflächlichen in tiefe Schichten und zurück, doch im allgemeinen von der Peripherie her zum zentralen Kerne vordringt und dabei alle Stationen berühren muß, also ähnlich wie das Zickzack der Lösung einer Rösselsprungaufgabe über die Felderzeichnung hinweggeht.

Ich halte letzteren Vergleich noch für einen Moment fest, um einen Punkt hervorzuheben, in dem er den Eigenschaften des Verglichenen nicht gerecht wird. Der logische Zusammenhang entspricht nicht nur einer zickzackförmig geknickten Linie, sondern vielmehr einer verzweigten, und ganz besonders einem konvergierenden Liniensysteme. Er hat Knotenpunkte, in denen zwei oder mehrere Fäden zusammentreffen, um von da an vereinigt weiterzuziehen, und in den Kern münden in der Regel mehrere unabhängig voneinander verlaufende oder durch Seitenwege stellenweise verbundene Fäden ein. Es ist sehr bemerkenswert, um es mit anderen Worten zu sagen, wie häufig ein Symptom **mehrfach determiniert, überbestimmt** ist.

Mein Versuch, die Organisation des pathogenen psychischen Materials zu veranschaulichen, wird abgeschlossen sein, wenn ich noch eine einzige Komplikation einführe. Es kann nämlich der Fall vorliegen, daß es sich um mehr als einen einzigen Kern im pathogenen Materiale handle, so z. B. wenn ein zweiter hysterischer Ausbruch zu analysieren ist, der seine eigene Ätiologie hat, aber doch mit einem, Jahre vorher überwundenen, ersten Ausbruch akuter Hysterie zusammenhängt. Man kann sich dann leicht vorstellen, welche Schichten und Gedankenwege hinzukommen müssen, um zwischen den beiden pathogenen Kernen eine Verbindung herzustellen.

Ich will an das so gewonnene Bild von der Organisation des pathogenen Materials noch die eine oder die andere Bemerkung anknüpfen. Wir haben von diesem Material ausgesagt, es benehme sich wie ein Fremdkörper; die Therapie wirke auch wie die Entfernung eines Fremdkörpers aus dem lebenden Gewebe. Wir sind jetzt in der Lage einzusehen, worin dieser Vergleich fehlt. Ein Fremdkörper geht keinerlei Verbindung mit den ihn umlagernden Gewebsschichten ein, obwohl er dieselben verändert, zur reaktiven Entzündung nötigt. Unsere pathogene psychische Gruppe dagegen läßt sich nicht sauber aus dem Ich herausschälen, ihre äußeren Schichten gehen allseitig in Anteile des normalen Ich über, gehören letzterem eigentlich ebensosehr an wie der pathogenen Organisation. Die Grenze zwischen beiden wird bei der Analyse rein konventionell, bald hier, bald dort gesteckt, ist an einzelnen Stellen wohl gar nicht anzugeben. Die inneren Schichten entfremden sich dem Ich immer mehr und mehr, ohne daß wiederum die Grenze des Pathogenen irgendwo sichtbar begänne. Die pathogene Organisation verhält sich nicht eigentlich wie ein Fremdkörper, sondern weit eher wie ein Infiltrat. Als das Infiltrierende muß in diesem Gleichnisse der Widerstand genommen werden. Die Therapie besteht ja auch nicht darin, etwas zu exstirpieren — das vermag die Psychotherapie heute nicht, — sondern den Widerstand zum Schmelzen zu bringen und so der Zirkulation den Weg in ein bisher abgesperrtes Gebiet zu bahnen.

(Ich bediene mich hier einer Reihe von Gleichnissen, die alle nur eine recht begrenzte Ähnlichkeit mit meinem Thema haben und die sich auch untereinander nicht vertragen. Ich weiß dies, und bin nicht in Gefahr, deren Wert zu überschätzen, aber mich leitet die Absicht, ein höchst kompliziertes und noch niemals dargestelltes Denkobjekt von verschiedenen Seiten her zu veranschaulichen, und darum erbitte ich mir die Freiheit, auch noch auf den folgenden Seiten in solcher nicht einwandfreien Weise mit Vergleichen zu schalten.)

Wenn man nach vollendeter Erledigung das pathogene Material in seiner nun erkannten, komplizierten, mehrdimensionalen Organisation einem Dritten zeigen könnte, würde dieser mit Recht die Frage aufwerfen: Wie kam ein solches Kamel durch das Nadelöhr? Man spricht nämlich nicht mit Unrecht von einer „Enge des Bewußtseins". Der Terminus gewinnt Sinn und Lebensfrische für den Arzt, der eine solche Analyse durchführt. Es kann immer nur eine einzelne Erinnerung ins Ich-Bewußtsein eintreten; der Kranke, der mit der Durcharbeitung dieser einen beschäftigt ist, sieht nichts von dem, was nachdrängt, und vergißt an das, was bereits durchgedrungen ist. Stößt die Bewältigung dieser einen pathogenen Erinnerung auf Schwierigkeiten, wie z. B. wenn der Kranke mit dem Widerstande gegen sie nicht nachläßt, wenn er sie verdrängen oder verstümmeln will, so ist der Engpaß gleichsam verlegt; die Arbeit stockt, es kann nichts anderes kommen, und die eine im

Durchbruche befindliche Erinnerung bleibt vor dem Kranken stehen, bis er sie in die Weite des Ichs aufgenommen hat. Die ganze räumlich ausgedehnte Masse des pathogenen Materials wird so durch eine enge Spalte durchgezogen, langt also, wie in Stücke oder Bänder zerlegt, im Bewußtsein an. Es ist Aufgabe des Psychotherapeuten, daraus die vermutete Organisation wieder zusammenzusetzen. Wen noch nach Vergleichen gelüstet, der mag sich hier an ein Geduldspiel erinnern.

Steht man davor, eine solche Analyse zu beginnen, wo man eine derartige Organisation des pathogenen Materials erwarten darf, kann man sich folgende Ergebnisse der Erfahrung zunutze machen: Es ist ganz aussichtslos, direkt zum Kerne der pathogenen Organisation vorzudringen. Könnte man diesen selbst erraten, so würde der Kranke doch mit der ihm geschenkten Aufklärung nichts anzufangen wissen und durch sie psychisch nicht verändert werden.

Es bleibt nichts übrig, als sich zunächst an die Peripherie des pathogenen psychischen Gebildes zu halten. Man beginnt damit, den Kranken erzählen zu lassen, was er weiß und erinnert, wobei man bereits seine Aufmerksamkeit dirigiert und durch Anwendung der Druckprozedur leichtere Widerstände überwindet. Jedesmal, wenn man durch Drücken einen neuen Weg eröffnet hat, darf man erwarten, daß der Kranke ihn ein Stück weit ohne neuen Widerstand fortsetzen wird.

Hat man eine Weile auf solche Weise gearbeitet, so regt sich gewöhnlich eine mitarbeitende Tätigkeit im Kranken. Es fallen ihm jetzt eine Fülle von Reminiszenzen ein, ohne daß man ihm Fragen und Aufgaben zu stellen braucht; man hat sich eben den Weg in eine innere Schichte gebahnt, innerhalb welcher der Kranke jetzt über das Material von gleichem Widerstande spontan verfügt. Man tut gut daran, ihn eine Weile unbeeinflußt reproduzieren zu lassen; er ist selber zwar nicht imstande, wichtige Zusammenhänge aufzudecken, aber das Abtragen innerhalb derselben Schichte darf man ihm überlassen. Die Dinge, die er so beibringt, scheinen oft zusammenhanglos, geben aber das Material ab, das durch späterhin erkannten Zusammenhang belebt wird. Man hat sich hier im allgemeinen vor zweierlei zu bewahren. Wenn man den Kranken in der Reproduktion der ihm zuströmenden Einfälle hemmt, so kann man sich manches „verschütten", was späterhin mit großer Mühe doch freigemacht werden muß. Anderseits darf man seine unbewußte „Intelligenz" nicht überschätzen und ihr nicht die Leitung der ganzen Arbeit überlassen. Wollte ich den Arbeitsmodus schematisieren, so könnte ich etwa sagen, man übernimmt selbst die Eröffnung innerer Schichten, das Vordringen in radialer Richtung, während der Kranke die peripherische Erweiterung besorgt.

Das Vordringen geschieht ja dadurch, daß man in der vorhin angedeuteten Weise Widerstand überwindet. In der Regel aber hat man vorher noch eine andere Aufgabe zu lösen. Man muß ein Stück des logischen Fadens in die Hand bekommen, unter dessen Leitung man allein in das Innere einzudringen hoffen darf. Man erwarte nicht, daß die freien Mitteilungen des Kranken, das Material der am meisten oberflächlichen Schichten, es dem Analytiker leicht machen zu erkennen, an welchen Stellen es in die Tiefe geht, an welche Punkte die gesuchten Gedankenzusammenhänge anknüpfen. Im Gegenteil; gerade dies ist sorgfältig verhüllt, die Darstellung des Kranken klingt wie vollständig und in sich gefestigt. Man steht zuerst vor ihr wie vor einer Mauer, die jede Aussicht versperrt und die nicht ahnen läßt, ob etwas und was denn doch dahinter steckt.

Wenn man aber die Darstellung, die man vom Kranken ohne viel Mühe und Widerstand erhalten hat, mit kritischem Auge mustert, wird man ganz unfehlbar Lücken und Schäden in ihr entdecken. Hier ist der Zusammenhang sichtlich unterbrochen und wird vom Kranken durch eine Redensart, eine ungenügende Auskunft notdürftig ergänzt; dort stößt man auf ein Motiv, das bei einem normalen Menschen als ein ohnmächtiges zu bezeichnen wäre. Der Kranke will diese Lücken nicht anerkennen, wenn er auf sie aufmerksam gemacht wird. Der Arzt aber tut recht daran, wenn er hinter diesen schwachen Stellen den Zugang zu dem Material der tieferen Schichten sucht, wenn er gerade hier die Fäden des Zusammenhanges aufzufinden hofft, denen er mit der Druckprozedur nachspürt. Man sagt dem Kranken also: Sie irren sich; das, was Sie angeben, kann mit dem betreffenden nichts zu tun haben. Hier müssen wir auf etwas anderes stoßen, was Ihnen unter dem Drucke meiner Hand einfallen wird.

Man darf nämlich an einen Gedankengang bei einem Hysterischen, und reichte er auch ins Unbewußte, dieselben Anforderungen von logischer Verknüpfung und ausreichender Motivierung stellen, die man bei einem normalen Individuum erheben würde. Eine Lockerung dieser Beziehungen liegt nicht im Machtbereiche der Neurose. Wenn die Vorstellungsverknüpfungen der Neurotischen und speziell der Hysterischen einen anderen Eindruck machen, wenn hier die Relation der Intensitäten verschiedener Vorstellungen aus psychologischen Bedingungen allein unerklärbar scheint, so haben wir ja gerade für diesen Anschein den Grund kennen gelernt und wissen ihn als Existenz verborgener, unbewußter Motive zu nennen. Wir dürfen also solche geheime Motive überall dort vermuten, wo ein solcher Sprung im Zusammenhange, eine Überschreitung des Maßes normal berechtigter Motivierung nachzuweisen ist.

Natürlich muß man sich bei solcher Arbeit von dem theoretischen Vorurteile frei halten, man habe es mit abnormen Gehirnen von *dégénerés* und *déséquilibrés* zu tun, denen die Freiheit, die gemeinen psychologischen Gesetze der Vorstellungsverbindung über den Haufen zu werfen, als Stigma eigen wäre, bei denen eine beliebige Vorstellung ohne Motiv übermäßig intensiv wachsen, eine andere ohne psychologischen Grund unverwüstlich bleiben kann. Die Erfahrung zeigt für die Hysterie das Gegenteil; hat man die verborgenen — oft unbewußt gebliebenen — Motive herausgefunden und bringt sie in Rechnung, so bleibt auch an der hysterischen Gedankenverknüpfung nichts rätselhaft und regelwidrig. Auf solche Art also, durch Aufspüren von Lücken in der ersten Darstellung des Kranken, die oft durch „falsche Verknüpfungen" gedeckt sind, greift man ein Stück des logischen Fadens an der Peripherie auf und bahnt sich durch die Druckprozedur von da aus den weiteren Weg.

Sehr selten gelingt es dabei, sich an demselben Faden bis ins Innere durchzuarbeiten; meist reißt er unterwegs ab, indem der Druck versagt, gar kein Ergebnis liefert oder eines, das mit aller Mühe nicht zu klären und nicht fortzusetzen ist. Man lernt es bald, sich in diesem Falle vor den naheliegenden Verwechslungen zu schützen. Die Miene des Kranken muß es entscheiden, ob man wirklich an ein Ende gekommen ist, oder einen Fall getroffen hat, welcher eine psychische Aufklärung nicht braucht, oder ob es übergroßer Widerstand ist, der der Arbeit Halt gebietet. Kann man letzteren nicht alsbald besiegen, so darf man annehmen, daß man den Faden bis in eine Schichte hinein verfolgt hat, die für jetzt noch undurchlässig ist. Man läßt ihn fallen, um einen anderen Faden aufzugreifen, den man vielleicht ebensoweit verfolgt. Ist man mit allen Fäden in diese Schichte nachgekommen, hat dort die Verknotungen aufgefunden, wegen welcher der einzelne Faden isoliert nicht mehr zu verfolgen war, so kann man daran denken, den bevorstehenden Widerstand von neuem anzugreifen.

Man kann sich leicht vorstellen, wie kompliziert eine solche Arbeit werden kann. Man drängt sich unter beständiger Überwindung von Widerstand in innere Schichten ein, gewinnt Kenntnis von den in dieser Schicht angehäuften Themen und den durchlaufenden Fäden, prüft, bis wie weit man mit seinen gegenwärtigen Mitteln und seiner gewonnenen Kenntnis vordringen kann, verschafft sich erste Kundschaft von dem Inhalte der nächsten

Schichten durch die Druckprozedur, läßt die Fäden fallen und nimmt sie wieder auf, verfolgt sie bis zu Knotenpunkten, holt beständig nach und gelangt, indem man einem Erinnerungsfaszikel nachgeht, jedesmal auf einen Nebenweg, der schließlich doch wieder einmündet. Endlich kommt man auf solche Art so weit, daß man das schichtweise Arbeiten verlassen und auf einem Hauptwege direkt zum Kerne der pathogenen Organisation vordringen kann. Damit ist der Kampf gewonnen, aber noch nicht beendet. Man muß die anderen Fäden nachholen, das Material erschöpfen; aber jetzt hilft der Kranke energisch mit, sein Widerstand ist meist schon gebrochen.

Es ist in diesen späteren Stadien der Arbeit von Nutzen, wenn man den Zusammenhang errät und ihn dem Kranken mitteilt, ehe man ihn aufgedeckt hat. Hat man richtig erraten, so beschleunigt man den Verlauf der Analyse, aber auch mit einer unrichtigen Hypothese hilft man sich weiter, indem man den Kranken nötigt, Partei zu nehmen, und ihm energische Ablehnungen entlockt, die ja ein sicheres Besserwissen verraten.

Man überzeugt sich dabei mit Erstaunen, daß man nicht imstande ist, dem Kranken über die Dinge, die er angeblich nicht weiß, etwas aufzudrängen oder die Ergebnisse der Analyse durch Erregung seiner Erwartung zu beeinflussen. Es ist mir kein einziges Mal gelungen, die Reproduktion der Erinnerungen oder den Zusammenhang der Ereignisse durch meine Vorhersage zu verändern und zu fälschen, was sich ja endlich durch einen Widerspruch im Gefüge hätte verraten müssen. Traf etwas so ein, wie ich es vorhergesagt, so war stets durch vielfache unverdächtige Reminiszenzen bezeugt, daß ich eben richtig geraten hatte. Man braucht sich also nicht zu fürchten, vor dem Kranken irgend eine Meinung über den nächstkommenden Zusammenhang zu äußern; es schadet nichts.

Eine andere Beobachtung, die man jedesmal zu wiederholen Gelegenheit hat, bezieht sich auf die selbständigen Reproduktionen des Kranken. Man kann behaupten, daß keine einzige Reminiszenz während einer solchen Analyse auftaucht, die nicht ihre Bedeutung hätte. Ein Dareinmengen beziehungsloser Erinnerungsbilder, die mit den wichtigen irgendwie assoziiert sind, kommt eigentlich gar nicht vor. Man darf eine nicht regelwidrige Ausnahme für solche Erinnerungen postulieren, die an sich unwichtig, doch als Schaltstücke unentbehrlich sind, indem die Assoziation zwischen zwei beziehungsvollen Erinnerungen nur über sie geht. — Die Zeitdauer, während welcher eine Erinnerung im Engpasse vor dem Bewußtsein des Patienten verweilt, steht, wie schon angeführt, in direkter Beziehung zu deren Bedeutung. Ein Bild, das nicht verlöschen will, verlangt noch seine Würdigung, ein Gedanke, der sich nicht abtun läßt, will noch weiter verfolgt werden. Es kehrt auch nie eine Reminiszenz zum zweiten Male wieder, wenn sie erledigt worden ist; ein Bild, das abgesprochen wurde, ist nicht wieder zu sehen. Geschieht dies doch, so darf man mit Bestimmtheit erwarten, daß das zweitemal ein neuer Gedankeninhalt sich an das Bild, eine neue Folgerung an den Einfall knüpfen wird, d. h., daß doch keine vollständige Erledigung stattgefunden hat. Eine Wiederkehr in verschiedener Intensität, zuerst als Andeutung, dann in voller Helligkeit kommt hingegen häufig vor, widerspricht aber nicht der eben aufgestellten Behauptung. —

Wenn sich unter den Aufgaben der Analyse die Beseitigung eines Symptoms befindet, welches der Intensitätssteigerung oder der Wiederkehr fähig ist (Schmerzen, Reizsymptome wie Erbrechen, Sensationen, Kontrakturen), so beobachtet man während der Arbeit von seiten dieses Symptoms das interessante und nicht unerwünschte Phänomen des „Mitsprechens". Das fragliche Symptom erscheint wieder oder erscheint in verstärkter Intensität, sobald man in die Region der pathogenen Organisation geraten ist, welche die Ätiologie dieses Symptoms enthält, und es begleitet nun die Arbeit mit charakteristischen und für den Arzt lehrreichen Schwankungen weiter. Die Intensität desselben (sagen wir: einer Brechneigung) steigt, je tiefer man in eine der hiefür pathogenen Erinnerungen eindringt, erreicht die größte Höhe kurz vor dem Aussprechen der letzteren und sinkt mit vollendeter Aussprache plötzlich ab oder verschwindet auch völlig für eine Weile. Wenn der Kranke aus Widerstand das Aussprechen lange verzögert, wird die Spannung der Sensation, der Brechneigung unerträglich und kann man das Aussprechen nicht erzwingen, so tritt wirklich Erbrechen ein. Man gewinnt so einen plastischen Eindruck davon, daß das „Erbrechen" an Stelle einer psychischen Aktion (hier des Aussprechens) steht, wie es die Konversionstheorie der Hysterie behauptet.

Diese Intensitätsschwankung von seiten des hysterischen Symptoms wiederholt sich nun jedesmal, so oft man eine neue, hiefür pathogene Erinnerung in Angriff nimmt; das Symptom steht sozusagen die ganze Zeit über auf der Tagesordnung. Ist man genötigt, den Faden, an dem dies Symptom hängt, für eine Weile fallen zu lassen, so tritt auch das Symptom in die Dunkelheit zurück, um in einer späteren Periode der Analyse wieder aufzutauchen. Dieses Spiel währt so lange, bis durch das Aufarbeiten des pathogenen Materials für dieses Symptom endgültige Erledigung geschaffen ist.

Streng genommen verhält sich hiebei das hysterische Symptom gar nicht anders als das Erinnerungsbild oder der reproduzierte Gedanke, den man unter dem Drucke der Hand heraufbeschwört. Hier wie dort dieselbe obsedierende Hartnäckigkeit der Wiederkehr in der Erinnerung des Kranken, die Erledigung erheischt. Der Unterschied liegt nur in dem anscheinend spontanen Auftreten der hysterischen Symptome, während man sich wohl erinnert, die Szenen und Einfälle selbst provoziert zu haben. Es führt aber in der Wirklichkeit eine ununterbrochene Reihe von den unveränderten Erinnerungsresten affektvoller Erlebnisse und Denkakte bis zu den hysterischen Symptomen, ihren Erinnerungssymbolen.

Das Phänomen des Mitsprechens des hysterischen Symptoms während der Analyse bringt einen praktischen Übelstand mit sich, mit welchem man den Kranken sollte aussöhnen können. Es ist ja ganz unmöglich, eine Analyse eines Symptoms in einem Zuge vorzunehmen oder die Pausen in der Arbeit so zu verteilen, daß sie gerade mit Ruhepunkten in der Erledigung zusammentreffen. Vielmehr fällt die Unterbrechung, die durch die Nebenumstände der Behandlung, die vorgerückte Stunde u. dgl. gebieterisch vorgeschrieben wird, oft an die ungeschicktesten Stellen, gerade wo man sich einer Entscheidung nähern könnte, gerade wo ein neues Thema auftaucht. Es sind dieselben Übelstände, die jedem Zeitungsleser die Lektüre des täglichen Fragments seines Zeitungsromans verleiden, wenn unmittelbar nach der entscheidenden Rede der Heldin, nach dem Knallen des Schusses u. dgl. zu lesen steht: (Fortsetzung folgt). In unserem Falle bleibt das aufgerührte, aber nicht abgetane Thema, das zunächst verstärkte und noch nicht erklärte Symptom, im Seelenleben des Kranken bestehen und belästigt ihn vielleicht ärger, als es sonst der Fall war. Damit muß man sich eben abfinden können; es läßt sich nicht anders einrichten. Es gibt überhaupt Kranke, die während einer solchen Analyse das einmal berührte Thema nicht wieder loslassen können, die von ihm auch in der Zwischenzeit zwischen zwei Behandlungen obsediert sind, und da sie doch allein mit der Erledigung nicht weiter kommen, zunächst mehr leiden als vor der Behandlung. Auch solche Patienten lernen es schließlich, auf den Arzt zu warten, alles Interesse, das sie an der Erledigung des pathogenen Materials haben, in die Stunden der Behandlung zu verlegen, und sie beginnen dann, sich in den Zwischenzeiten freier zu fühlen.

*

Auch das Allgemeinbefinden der Kranken während einer solchen Analyse erscheint der Beachtung wert. Eine Weile noch bleibt es, von der Behandlung unbeeinflußt, Ausdruck der früher wirksamen

Faktoren, dann aber kommt ein Moment, in dem der Kranke „gepackt", sein Interesse gefesselt wird, und von da gerät auch sein Allgemeinzustand immer mehr in Abhängigkeit von dem Stande der Arbeit. Jedesmal, wenn eine neue Aufklärung gewonnen, ein wichtiger Abschnitt in der Gliederung der Analyse erreicht ist, fühlt sich der Kranke auch erleichtert, genießt er wie ein Vorgefühl der nahenden Befreiung; bei jedem Stocken der Arbeit, bei jeder drohenden Verwirrung wächst die psychische Last, die ihn bedrückt, steigert sich seine Unglücksempfindung, seine Leistungsunfähigkeit. Beides allerdings nur für kurze Zeit; denn die Analyse geht weiter, verschmäht es, sich des Moments von Wohlbefinden zu rühmen, und setzt achtlos über die Perioden der Verdüsterung hinweg. Man freut sich im allgemeinen, wenn man die spontanen Schwankungen im Befinden des Kranken durch solche ersetzt hat, die man selbst provoziert und versteht, ebenso wie man gerne an Stelle der spontanen Ablösung der Symptome jene Tagesordnung treten sieht, die dem Stande der Analyse entspricht.

Gewöhnlich wird die Arbeit zunächst um so dunkler und schwieriger, je tiefer man in das vorhin beschriebene, geschichtete psychische Gebilde eindringt. Hat man sich aber einmal bis zum Kerne durchgearbeitet, so wird es Licht, und das Allgemeinbefinden des Kranken hat keine starke Verdüsterung mehr zu befürchten. Den Lohn der Arbeit aber, das Aufhören der Krankheitssymptome darf man erst erwarten, wenn man für jedes einzelne Symptom die volle Analyse geleistet hat; ja, wo die einzelnen Symptome durch mehrfache Knotungen aneinander geknüpft sind, wird man nicht einmal durch Partialerfolge während der Arbeit ermutigt. Kraft der reichlich vorhandenen kausalen Verbindungen wirkt jede noch unerledigte pathogene Vorstellung als Motiv für sämtliche Schöpfungen der Neurose, und erst mit dem letzten Worte der Analyse schwindet das ganze Krankheitsbild, ganz ähnlich, wie sich die einzelne reproduzierte Erinnerung benahm. —

Ist eine pathogene Erinnerung oder ein pathogener Zusammenhang, der dem Ich-Bewußtsein früher entzogen war, durch die Arbeit der Analyse aufgedeckt und in das Ich eingefügt, so beobachtet man an der so bereicherten psychischen Persönlichkeit verschiedene Arten sich über ihren Gewinn zu äußern. Ganz besonders häufig kommt es vor, daß die Kranken, nachdem man sie mühsam zu einer gewissen Kenntnis genötigt hat, dann erklären: Das habe ich ja immer gewußt, das hätte ich Ihnen vorher sagen können. Die Einsichtsvolleren erkennen dies dann als eine Selbsttäuschung und klagen sich des Undankes an. Sonst hängt im allgemeinen die Stellungnahme des Ich gegen die neue Erwerbung davon ab, aus welcher Schichte der Analyse letztere stammt. Was den äußersten Schichten angehört, wird ohne Schwierigkeit anerkannt, es war ja im Besitze des Ich geblieben, und nur sein Zusammenhang mit den tieferen Schichten des pathogenen Materials war für das Ich eine Neuigkeit. Was aus diesen tieferen Schichten zutage gefördert wird, findet auch noch Erkennung und Anerkennung, aber doch häufig erst nach längerem Zögern und Bedenken. Visuelle Erinnerungsbilder sind hier natürlich schwieriger zu verleugnen als Erinnerungsspuren von bloßen Gedankengängen. Gar nicht selten sagt der Kranke zuerst: Es ist möglich, daß ich dies gedacht habe, aber ich kann mich nicht erinnern, und erst nach längerer Vertrautheit mit dieser Annahme tritt auch das Erkennen dazu; er erinnert sich und bestätigt es auch durch Nebenverknüpfungen, daß er diesen Gedanken wirklich einmal gehabt hat. Ich mache es aber während der Analyse zum Gebote, die Wertschätzung einer auftauchenden Reminiszenz unabhängig von der Anerkennung des Kranken zu halten. Ich werde nicht müde zu wiederholen, daß wir daran gebunden sind, alles anzunehmen, was wir mit unseren Mitteln zutage fördern. Wäre etwas Unechtes oder Unrichtiges darunter, so würde der Zusammenhang es später ausscheiden lehren. Nebenbei gesagt, ich habe kaum je Anlaß gehabt, einer vorläufig zugelassenen Reminiszenz nachträglich die Anerkennung zu entziehen. Was immer auftauchte, hat sich trotz des täuschendsten Anscheines eines zwingenden Widerspruches doch endlich als das Richtige erwiesen.

Die aus der größten Tiefe stammenden Vorstellungen, die den Kern der pathogenen Organisation bilden, werden von den Kranken auch am schwierigsten als Erinnerungen anerkannt. Selbst wenn alles vorüber ist, wenn die Kranken, durch den logischen Zwang überwältigt und von der Heilwirkung überzeugt, die das Auftauchen gerade dieser Vorstellungen begleitet — wenn die Kranken, sage ich, selbst angenommen haben, sie hätten so und so gedacht, fügen sie oft hinzu: Aber erinnern, daß ich es gedacht habe, kann ich mich nicht. Man verständigt sich dann leicht mit ihnen: Es waren unbewußte Gedanken. Wie soll man aber selbst diesen Sachverhalt in seine psychologischen Anschauungen eintragen? Soll man sich über dies verweigerte Erkennen von seiten der Kranken, das nach getaner Arbeit motivlos ist, hinwegsetzen; soll man annehmen, daß es sich wirklich um Gedanken handelt, die nicht zustande gekommen sind, für welche bloß die Existenzmöglichkeit vorlag, so daß die Therapie in der Vollziehung eines damals unterbliebenen psychischen Aktes bestünde? Es ist offenbar unmöglich, hierüber, d. h. also über den Zustand des pathogenen Materials vor der Analyse etwas auszusagen, ehe man seine psychologischen Grundansichten, zumal über das Wesen des Bewußtseins, gründlich geklärt hat. Es bleibt wohl eine des Nachdenkens würdige Tatsache, daß man bei solchen Analysen einen Gedankengang aus dem Bewußten ins Unbewußte (d. i. absolut nicht als Erinnerung Erkannte) verfolgen, ihn von dort aus wieder eine Strecke weit durchs Bewußte ziehen und wieder im Unbewußten enden sehen kann, ohne daß dieser Wechsel der „psychischen Beleuchtung" an ihm selbst, an seiner Folgerichtigkeit, dem Zusammenhang seiner einzelnen Teile, etwas ändern würde. Habe ich dann einmal diesen Gedankengang ganz vor mir, so könnte ich nicht erraten, welches Stück vom Kranken als Erinnerung erkannt wurde, welches nicht. Ich sehe nur gewissermaßen die Spitzen des Gedankenganges ins Unbewußte eintauchen, umgekehrt wie man es von unseren normalen psychischen Vorgängen behauptet hat.

*

Ich habe endlich noch ein Thema zu behandeln, welches bei der Durchführung einer solchen kathartischen Analyse eine unerwünscht große Rolle spielt. Ich habe bereits als möglich zugestanden, daß die Druckprozedur versagt, trotz alles Versicherns und Drängens keine Reminiszenz heraufbefördert. Dann, sagte ich, seien zwei Fälle möglich, entweder es ist an der Stelle, wo man eben nachforscht, wirklich nichts zu holen; dies erkennt man an der völlig ruhigen Miene des Kranken; oder man ist auf einen erst später überwindbaren Widerstand gestoßen, man steht vor einer neuen Schichte, in die man noch nicht eindringen kann, und das liest man dem Kranken wiederum von seiner gespannten und von geistiger Anstrengung zeugenden Miene ab. Es ist aber noch ein dritter Fall möglich, der gleichfalls ein Hindernis bedeutet, aber kein inhaltliches, sondern ein äußerliches. Dieser Fall tritt ein, wenn das Verhältnis des Kranken zum Arzte gestört ist, und bedeutet das ärgste Hindernis, auf das man stoßen kann. Man kann aber in jeder ernsteren Analyse darauf rechnen.

Ich habe bereits angedeutet, welche wichtige Rolle der Person des Arztes bei der Schöpfung von Motiven zufällt, welche die psychische Kraft des Widerstandes besiegen sollen. In nicht wenigen Fällen, besonders bei Frauen und wo es sich um Klärung erotischer Gedankengänge handelt, wird die Mitarbeiterschaft der Patienten zu einem persönlichen Opfer, das durch irgendwelches Surrogat von Liebe vergolten werden muß. Die Mühewaltung und geduldige Freundlichkeit des Arztes haben als solches Surrogat zu genügen. Wird nun dieses Verhältnis der Kranken zum Arzte gestört, so versagt auch die Bereitschaft der Kranken; wenn der Arzt sich nach der nächsten pathogenen Idee erkundigen will, tritt der Kranken das Bewußtsein der Beschwerden dazwischen, die sich bei ihr gegen den Arzt angehäuft haben. Soviel ich erfahren habe, tritt dieses Hindernis in drei Hauptfällen ein:

1) Bei persönlicher Entfremdung, wenn die Kranke sich zurückgesetzt, geringgeschätzt, beleidigt glaubt oder Ungünstiges über den Arzt und die Behandlungsmethode gehört hat. Dies ist der am wenigsten ernste Fall; das Hindernis ist durch Aussprechen und Aufklären leicht zu überwinden, wenngleich die Empfindlichkeit und der Argwohn Hysterischer sich gelegentlich in ungeahnten Dimensionen äußern können.

2) Wenn die Kranke von der Furcht ergriffen wird, sie gewöhne sich zu sehr an die Person des Arztes, verliere ihre Selbständigkeit ihm gegenüber, könne gar in sexuelle Abhängigkeit von ihm geraten. Dieser Fall ist bedeutsamer, weil minder individuell bedingt. Der Anlaß zu diesem Hindernisse ist in der Natur der therapeutischen Bekümmerung enthalten. Die Kranke hat nun ein neues Motiv zum Widerstande, welches sich nicht nur bei einer gewissen Reminiszenz, sondern bei jedem Versuche der Behandlung äußert. Ganz gewöhnlich klagt die Kranke über Kopfschmerzen, wenn man die Druckprozedur vornimmt. Ihr neues Motiv zum Widerstande bleibt ihr nämlich meistens unbewußt, und sie äußert es durch ein neu erzeugtes hysterisches Symptom. Der Kopfschmerz bedeutet die Abneigung, sich beeinflussen zu lassen.

3) Wenn die Kranke sich davor erschreckt, daß sie aus dem Inhalte der Analyse auftauchende peinliche Vorstellungen auf die Person des Arztes überträgt. Dies ist häufig, ja in manchen Analysen ein regelmäßiges Vorkommnis. Die Übertragung auf den

Arzt geschieht durch falsche Verknüpfung (vgl. S. 121). Ich muß hier wohl ein Beispiel anführen: Ursprung eines gewissen hysterischen Symptoms war bei einer meiner Patientinnen der vor vielen Jahren gehegte und sofort ins Unbewußte verwiesene Wunsch, der Mann, mit dem sie damals ein Gespräch geführt, möchte doch herzhaft zugreifen und ihr einen Kuß aufdrängen. Nun taucht einmal nach Beendigung einer Sitzung ein solcher Wunsch in der Kranken in bezug auf meine Person auf; sie ist entsetzt darüber, verbringt eine schlaflose Nacht und ist das nächste Mal, obwohl sie die Behandlung nicht verweigert, doch ganz unbrauchbar zur Arbeit. Nachdem ich das Hindernis erfahren und behoben habe, geht die Arbeit wieder weiter und siehe da, der Wunsch, der die Kranke so erschreckt, erscheint als die nächste, als die jetzt vom logischen Zusammenhange geforderte der pathogenen Erinnerungen. Es war also so zugegangen: Es war zuerst der Inhalt des Wunsches im Bewußtsein der Kranken aufgetreten, ohne die Erinnerungen an die Nebenumstände, die diesen Wunsch in die Vergangenheit verlegen konnten; der nun vorhandene Wunsch wurde durch den im Bewußtsein herrschenden Assoziationszwang mit meiner Person verknüpft, welche ja die Kranke beschäftigen darf, und bei dieser Mésalliance — die ich falsche Verknüpfung heiße — wacht derselbe Affekt auf, der seinerzeit die Kranke zur Verweisung dieses unerlaubten Wunsches gedrängt hat. Nun ich das einmal erfahren habe, kann ich von jeder ähnlichen Inanspruchnahme meiner Person voraussetzen, es sei wieder eine Übertragung und falsche Verknüpfung vorgefallen. Die Kranke fällt merkwürdigerweise der Täuschung jedes neue Mal zum Opfer.

Man kann keine Analyse zu Ende führen, wenn man dem Widerstande, der sich aus diesen drei Vorfällen ergibt, nicht zu begegnen weiß. Man findet aber auch hiezu den Weg, wenn man sich vorsetzt, dieses nach altem Muster neu produzierte Symptom so zu behandeln wie die alten. Man hat zunächst die Aufgabe, das „Hindernis" der Kranken bewußt zu machen. Bei einer meiner Kranken zum Beispiel, bei der plötzlich die Druckprozedur versagte und ich Grund hatte, eine unbewußte Idee wie die unter 2) erwähnte anzunehmen, traf ich es das erstemal durch Überrumpelung. Ich sagte ihr, es müsse sich ein Hindernis gegen die Fortsetzung der Behandlung ergeben haben, die Druckprozedur habe aber wenigstens die Macht, ihr dieses Hindernis zu zeigen, und drückte auf ihren Kopf. Sie sagte erstaunt: Ich sehe Sie auf dem Sessel hier sitzend, das ist doch ein Unsinn; was soll das bedeuten? — Ich konnte sie nun aufklären.

Bei einer andern pflegte sich das „Hindernis" nicht direkt auf Druck zu zeigen, aber ich konnte es jedesmal nachweisen, wenn ich die Patientin auf den Moment zurückführte, in dem es entstanden war. Diesen Moment wiederzubringen, verweigerte uns die Druckprozedur nie. Mit dem Auffinden und Nachweisen des Hindernisses war die erste Schwierigkeit hinweggeräumt, eine größere blieb noch bestehen. Sie bestand darin, die Kranke zum Mitteilen zu bewegen, wo anscheinend persönliche Beziehungen in Betracht kamen, wo die dritte Person mit der des Arztes zusammenfiel. Ich war anfangs über diese Vermehrung meiner psychischen Arbeit recht ungehalten, bis ich das Gesetzmäßige des ganzen Vorganges einsehen lernte, und dann merkte ich auch, daß durch solche Übertragung keine erhebliche Mehrleistung geschaffen sei. Die Arbeit für die Patientin blieb dieselbe: etwa den peinlichen Affekt zu überwinden, daß sie einen derartigen Wunsch einen Moment lang hegen konnte, und es schien für den Erfolg gleichgültig, ob sie diese psychische Abstoßung im historischen Falle oder im rezenten mit mir zum Thema der Arbeit nahm. Die Kranken lernten auch allmählich einsehen, daß es sich bei solchen Übertragungen auf die Person des Arztes um einen Zwang und um eine Täuschung handle, die mit Beendigung der Analyse zerfließe. Ich meine aber, wenn ich versäumt hätte, ihnen die Natur des „Hindernisses" klar zu machen, hätte ich ihnen einfach ein neues hysterisches Symptom, wenn auch ein milderes, für ein anderes, spontan entwickeltes, substituiert.

*

Nun, meine ich, ist es genug der Andeutungen über die Ausführung solcher Analysen und die dabei gemachten Erfahrungen. Sie lassen vielleicht manches komplizierter erscheinen, als es ist; vieles ergibt sich ja von selbst, wenn man sich in solch einer Arbeit befindet. Ich habe die Schwierigkeiten der Arbeit nicht aufgezählt, um den Eindruck zu erwecken, es lohne sich bei derartigen Anforderungen an Arzt und Kranke nur in den seltensten Fällen, eine kathartische Analyse zu unternehmen. Ich lasse mein ärztliches Handeln von der gegenteiligen Voraussetzung beeinflussen. — Die bestimmtesten Indikationen für die Anwendung der hier geschilderten therapeutischen Methode kann ich freilich nicht aufstellen, ohne in die Würdigung des bedeutsameren und umfassenderen Themas der Therapie der Neurosen überhaupt einzugehen. Ich habe bei mir häufig die karthartische Psychotherapie mit chirurgischen Eingriffen verglichen, meine Kuren als **psychotherapeutische Operationen** bezeichnet, die Analogien mit Eröffnung einer eitergefüllten Höhle, der Auskratzung einer kariös erkrankten Stelle u. dgl. verfolgt. Eine solche Analogie findet ihre Berechtigung nicht so sehr in der Entfernung des Krankhaften als in der Herstellung besserer Heilungsbedingungen für den Ablauf des Prozesses.

Ich habe wiederholt von meinen Kranken, wenn ich ihnen Hilfe oder Erleichterung durch eine kathartische Kur versprach, den Einwand hören müssen: Sie sagen ja selbst, daß mein Leiden wahrscheinlich mit meinen Verhältnissen und Schicksalen zusammenhängt: daran können Sie ja nichts ändern; auf welche Weise wollen Sie mir denn helfen? Darauf habe ich antworten können: — Ich zweifle ja nicht, daß es dem Schicksale leichter fallen müßte als mir, Ihr Leiden zu beheben: aber Sie werden sich überzeugen, daß viel damit gewonnen ist, wenn es uns gelingt, Ihr hysterisches Elend in gemeines Unglück zu verwandeln. Gegen das letztere werden Sie sich mit einem wiedergenesenen Seelenleben besser zur Wehre setzen können.

ÜBER DIE BERECHTIGUNG VON DER NEURASTHENIE EINEN BESTIMMTEN SYMPTOMENKOMPLEX ALS »› ANGST-NEUROSE ‹« ABZUTRENNEN

ÜBER DIE BERECHTIGUNG VON DER NEURASTHENIE EINEN BESTIMMTEN SYMPTOMENKOMPLEX ALS ›ANGST-NEUROSE‹ ABZUTRENNEN

Es ist schwierig, etwas Allgemeingültiges von der Neurasthenie auszusagen, solange man diesen Krankheitsnamen all das bedeuten läßt, wofür Beard ihn gebraucht hat. Die Neuropathologie, meine ich, kann nur dabei gewinnen, wenn man den Versuch macht, von der eigentlichen Neurasthenie alle jene neurotischen Störungen abzusondern, deren Symptome einerseits untereinander fester verknüpft sind als mit den typischen neurasthenischen Symptomen (dem Kopfdruck, der Spinalirritation, der Dyspepsie mit Flatulenz und Obstipation), und die anderseits in ihrer Ätiologie und ihrem Mechanismus wesentliche Verschiedenheiten von der typischen neurasthenischen Neurose erkennen lassen. Nimmt man diese Absicht an, so wird man bald ein ziemlich einförmiges Bild der Neurasthenie gewonnen haben. Man wird es dann dahin bringen, schärfer, als es bisher gelungen ist, verschiedene Pseudoneurasthenien (das Bild der organisch vermittelten nasalen Reflexneurose, die nervösen Störungen der Kachexien und der Arteriosklerose, die Vorstadien der progressiven Paralyse und mancher Psychosen) von echter Neurasthenie zu unterscheiden, ferner werden sich — nach Möbius' Vorschlag — manche Status nervosi der hereditär Degenerierten abseits stellen lassen, und man wird auch Gründe finden, manche Neurosen, die man heute Neurasthenie heißt, besonders intermittierender oder periodischer Natur, vielmehr der Melancholie zuzurechnen. Die einschneidendste Veränderung bahnt man aber an, wenn man sich entschließt, von der Neurasthenie jenen Symptomenkomplex abzutrennen, den ich im folgenden beschreiben werde, und der die oben aufgestellten Bedingungen in besonders zureichender Weise erfüllt. Die Symptome dieses Komplexes stehen klinisch einander weit näher als den echt neurasthenischen (d. h. sie kommen häufig zusammen vor, vertreten einander im Krankheitsverlauf), und Ätiologie wie Mechanismus dieser Neurose sind grundverschieden von der Ätiologie und dem Mechanismus der echten Neurasthenie, wie sie uns nach solcher Sonderung erübrigt.

Ich nenne diesen Symptomenkomplex „Angstneurose", weil dessen sämtliche Bestandteile sich um das Hauptsymptom der Angst gruppieren lassen, weil jeder einzelne von ihnen eine bestimmte Beziehung zur Angst besitzt. Ich glaubte, mit dieser Auffassung der Symptome der Angstneurose originell zu sein, bis mir ein interessanter Vortrag von E. Hecker[1] in die Hände fiel, in welchem ich die nämliche Deutung mit aller wünschenswerten Klarheit und Vollständigkeit dargelegt fand. Hecker löst die von ihm als Äquivalente oder Rudimente des Angstanfalles erkannten Symptome allerdings nicht aus dem Zusammenhange der Neurasthenie, wie ich es beabsichtige; allein dies rührt offenbar daher, daß er auf die Verschiedenheit der ätiologischen Bedingungen hier und dort keine Rücksicht genommen hat. Mit der Kenntnis

---

[1] E. Hecker: Über larvierte und abortive Angstzustände bei Neurasthenie. Zentralblatt für Nervenheilkunde, Dezember 1893. — Die Angst wird geradezu unter den Hauptsymptomen der Neurasthenie angeführt in der Studie von Kaan: Der neurasthenische Angstaffekt bei Zwangsvorstellungen und der primordiale Grübelzwang, Wien 1893.

dieser letzteren Differenz entfällt jeder Zwang, die Angstsymptome mit demselben Namen wie die echt neurasthenischen zu bezeichnen, denn die sonst willkürliche Namengebung hat vor allem den Zweck, uns die Aufstellung allgemeiner Behauptungen zu erleichtern.

I

Klinische Symptomatologie der Angstneurose

Was ich „Angstneurose" nenne, kommt in vollständiger oder rudimentärer Ausbildung, isoliert oder in Kombination mit anderen Neurosen zur Beobachtung. Die einigermaßen vollständigen und dabei isolierten Fälle sind natürlich diejenigen, welche den Eindruck, daß die Angstneurose klinische Selbständigkeit besitze, besonders unterstützen. In anderen Fällen steht man vor der Aufgabe, aus einem Symptomenkomplex, welcher einer „gemischten Neurose" entspricht, diejenigen herauszuklauben und zu sondern, die nicht der Neurasthenie, Hysterie u. dgl., sondern der Angstneurose zugehören.

Das klinische Bild der Angstneurose umfaßt folgende Symptome:

1) Die allgemeine Reizbarkeit. Diese ist ein häufiges nervöses Symptom, als solches vielen Status nervosi eigen. Ich führe sie hier an, weil sie bei der Angstneurose konstant vorkommt und theoretisch bedeutsam ist. Gesteigerte Reizbarkeit deutet ja stets auf Anhäufung von Erregung oder auf Unfähigkeit, Anhäufung zu ertragen, also auf absolute oder relative Reizanhäufung. Einer besonderen Hervorhebung wert finde ich den Ausdruck dieser gesteigerten Reizbarkeit durch eine Gehörshyperästhesie, eine Überempfindlichkeit gegen Geräusche, welches Symptom sicherlich durch die mitgeborene innige Beziehung zwischen Gehörseindrücken und Erschrecken zu erklären ist. Die Gehörshyperästhesie findet sich häufig als Ursache der Schlaflosigkeit, von welcher mehr als eine Form zur Angstneurose gehört.

2) Die ängstliche Erwartung. Ich kann den Zustand, den ich meine, nicht besser erläutern, als durch diesen Namen und einige beigefügte Beispiele. Eine Frau z. B., die an ängstlicher Erwartung leidet, denkt bei jedem Hustenstoße ihres katarrhalisch affizierten Mannes an Influenzapneumonie und sieht im Geiste seinen Leichenzug vorüberziehen. Wenn sie auf dem Wege nach Hause zwei Personen vor ihrem Haustor beisammenstehend sieht, kann sie sich des Gedankens nicht erwehren, daß eines ihrer Kinder aus dem Fenster gestürzt sei; wenn sie die Glocke läuten hört, so bringt man ihr eine Trauerbotschaft u. dgl., während doch in allen diesen Fällen kein besonderer Anlaß zur Verstärkung einer bloßen Möglichkeit vorliegt.

Die ängstliche Erwartung klingt natürlich stetig ins Normale ab, umfaßt alles, was man gemeinhin als „Ängstlichkeit, Neigung zu pessimistischer Auffassung der Dinge" bezeichnet, geht aber so oft als möglich über solche plausible Ängstlichkeit hinaus und ist häufig selbst für den Kranken als eine Art von Zwang erkenntlich. Für eine Form der ängstlichen Erwartung, nämlich für die in bezug auf die eigene Gesundheit, kann man den alten Krankheitsnamen Hypochondrie reservieren. Die Hypochondrie geht nicht immer der Höhe der allgemeinen ängstlichen Erwartung parallel, sie verlangt als Vorbedingung die Existenz von Parästhesien und peinlichen Körperempfindungen, und so wird die Hypochondrie die Form, welche die echten Neurastheniker bevorzugen, sobald sie, was häufig geschieht, der Angstneurose verfallen.

Eine weitere Äußerung der ängstlichen Erwartung dürfte die bei moralisch empfindlicheren Personen so häufige Neigung zur Gewissensangst, zur Skrupulosität und Pedanterie sein, die gleichfalls vom Normalen bis zur Steigerung als Zweifelsucht variiert.

Die ängstliche Erwartung ist das Kernsymptom der Neurose; in ihr liegt auch ein Stück von der Theorie derselben frei zutage. Man kann etwa sagen, daß hier ein Quantum Angst frei flottierend vorhanden ist, welches bei der Erwartung die Auswahl der Vorstellungen beherrscht und jederzeit bereit ist, sich mit irgend einem passenden Vorstellungsinhalt zu verbinden.

3) Es ist dies nicht die einzige Art, wie die fürs Bewußtsein meist latente, aber konstant lauernde Ängstlichkeit sich äußern kann. Diese kann vielmehr auch plötzlich ins Bewußtsein hereinbrechen, ohne vom Vorstellungsablauf geweckt zu werden, und so einen **Angstanfall** hervorrufen. Ein solcher Angstanfall besteht entweder einzig aus dem Angstgefühle ohne jede assoziierte Vorstellung oder mit der naheliegenden Deutung der Lebensvernichtung, des „Schlagtreffens", des drohenden Wahnsinns, oder aber dem Angstgefühle ist irgendwelche Parästhesie beigemengt (ähnlich der hysterischen Aura), oder endlich mit der Angstempfindung ist eine Störung irgend einer oder mehrerer Körperfunktionen, der Atmung, Herztätigkeit, der vasomotorischen Innervation, der Drüsentätigkeit verbunden. Aus dieser Kombination hebt der Patient bald das eine, bald das andere Moment besonders hervor, er klagt über „Herzkrampf", „Atemnot", „Schweißausbrüche", „Heißhunger" u. dgl., und in seiner Darstellung tritt das Angstgefühl häufig ganz zurück oder wird recht unkenntlich als ein „Schlechtwerden", „Unbehagen" usw. bezeichnet.

4) Interessant und diagnostisch bedeutsam ist nun, daß das Maß der Mischung dieser Elemente im Angstanfalle ungemein variiert, und daß nahezu jedes begleitende Symptom den Anfall ebensowohl allein konstituieren kann wie die Angst selbst. Es gibt demnach **rudimentäre Angstanfälle** und **Äquivalente des Angstanfalles**, wahrscheinlich alle von der gleichen Bedeutung, die einen großen und bis jetzt wenig gewürdigten Reichtum an Formen zeigen. Das genauere Studium dieser larvierten Angstzustände (Hecker) und ihre diagnostische Trennung von anderen Anfällen dürfte bald zur notwendigen Arbeit für den Neuropathologen werden.

Ich füge hier nur die Liste der mir bekannten Formen des Angstanfalles an:

a) Mit Störungen der **Herztätigkeit**, Herzklopfen, mit kurzer Arrhythmie, mit länger anhaltender Tachykardie bis zu schweren Schwächezuständen des Herzens, deren Unterscheidung von organischer Herzaffektion nicht immer leicht ist; Pseudoangina pectoris, ein diagnostisch heikles Gebiet!

b) Mit Störungen der **Atmung**, mehrere Formen von nervöser Dyspnoë, asthmaartigem Anfalle u. dgl. Ich hebe hervor, daß selbst diese Anfälle nicht immer von kenntlicher Angst begleitet sind.

c) Anfälle von **Schweißausbrüchen**, oft nächtlich.

d) Anfälle von **Zittern** und **Schütteln**, die nur zu leicht mit hysterischen verwechselt werden.

e) Anfälle von **Heißhunger**, oft mit Schwindel verbunden.

f) Anfallsweise auftretende **Diarrhöen**.

g) Anfälle von lokomotorischem **Schwindel**.

h) Anfälle von sogenannten **Kongestionen**, so ziemlich alles, was man vasomotorische Neurasthenie genannt hat.

i) Anfälle von **Parästhesien** (diese aber selten ohne Angst oder ein ähnliches Unbehagen).

5) Nichts als eine Abart des Angstanfalles ist sehr häufig das nächtliche **Aufschrecken** (Pavor nocturnus der Erwachsenen), gewöhnlich mit Angst, mit Dyspnoë, Schweiß u. dgl. verbunden. Diese Störung bedingt eine zweite Form von Schlaflosigkeit im Rahmen der Angstneurose. — Es ist mir übrigens unzweifelhaft geworden, daß auch der Pavor nocturnus der Kinder eine Form zeigt, die zur Angstneurose gehört. Der hysterische Anstrich, die Verknüpfung der Angst mit der Reproduktion eines hiezu geeigneten Erlebnisses oder Traumes, lassen den Pavor nocturnus der Kinder als etwas Besonderes erscheinen; er kommt aber auch rein vor, ohne Traum oder wiederkehrende Halluzination.

6) Eine hervorragende Stellung in der Symptomengruppe der Angstneurose nimmt der „**Schwindel**" ein, der in seinen leichtesten Formen besser als „Taumel" zu bezeichnen ist, in schwererer Ausbildung als „Schwindelanfall" mit oder ohne Angst zu den folgenschwersten Symptomen der Neurose gehört. Der Schwindel der Angstneurose ist weder ein Drehschwindel, noch läßt er, wie der Menièresche Schwindel, einzelne Ebenen und Richtungen hervorheben. Er gehört dem lokomotorischen oder koordinatorischen Schwindel an wie der Schwindel bei Augenmuskellähmung; er besteht in einem spezifischen Mißbehagen, begleitet von den Empfindungen, daß der Boden wogt, die Beine versinken, daß es unmöglich ist, sich weiter aufrecht zu halten, und dabei sind die Beine bleischwer, zittern oder knicken ein. Zum Hinstürzen führt dieser Schwindel nie. Dagegen möchte ich behaupten, daß ein solcher Schwindelanfall auch durch einen Anfall von tiefer Ohnmacht vertreten werden kann. Andere ohnmachtartige Zustände bei der Angstneurose scheinen von einem Herzkollaps abzuhängen.

Der Schwindelanfall ist nicht selten von der schlimmsten Art von Angst begleitet, häufig mit Herz- und Atemstörungen kombiniert. Höhenschwindel, Berg- und Abgrundschwindel finden sich nach meinen Beobachtungen gleichfalls bei der Angstneurose häufig vor; auch weiß ich nicht, ob man noch berechtigt ist, nebenher einen *vertigo a stomacho laeso* anzuerkennen.

7) Auf Grund der chronischen Ängstlichkeit (ängstliche Erwartung) einerseits, der Neigung zum Schwindelangstanfalle anderseits entwickeln sich zwei Gruppen von typischen Phobien, die erste auf die allgemein physiologischen Bedrohungen, die andere auf die Lokomotion bezüglich. Zur ersten Gruppe gehören die Angst vor Schlangen, Gewitter, Dunkelheit, Ungeziefer u. dgl., sowie die typische moralische Überbedenklichkeit, Formen der Zweifelsucht; hier wird die disponible Angst einfach zur Verstärkung von Abneigungen verwendet, die jedem Menschen instinktiv eingepflanzt sind. Gewöhnlich bildet sich eine zwangsartig wirkende Phobie aber erst dann, wenn eine Reminiszenz an ein Erlebnis hinzukommt, bei welchem diese Angst sich äußern konnte, z. B. nachdem der Kranke ein Gewitter im Freien mitgemacht

hat. Man tut Unrecht, solche Fälle einfach als **Fortdauer starker Eindrücke** erklären zu wollen; was diese Erlebnisse bedeutsam und ihre Erinnerung dauerhaft macht, ist doch nur die Angst, die damals hervortreten konnte und heute ebenso hervortreten kann. Mit anderen Worten, solche Eindrücke bleiben kräftig nur bei Personen mit „ängstlicher Erwartung".

Die andere Gruppe enthält die **Agoraphobie** mit allen ihren Nebenarten, sämtliche charakterisiert durch die Beziehung auf die Lokomotion. Ein vorausgegangener Schwindelanfall findet sich hiebei häufig als Begründung der Phobie; ich glaube nicht, daß man ihn jedesmal postulieren darf. Gelegentlich sieht man, daß nach einem ersten Schwindelanfall ohne Angst die Lokomotion zwar beständig von der Sensation des Schwindels begleitet wird, aber ohne Einschränkung möglich bleibt, daß dieselbe aber unter den Bedingungen des Alleinseins, der engen Straße u. dgl. versagt, wenn einmal sich zum Schwindelanfalle Angst hinzugesellt hat.

Das Verhältnis dieser Phobien zu den Phobien der Zwangsneurose, deren Mechanismus ich in einem früheren Aufsatze[1] in diesem Blatte aufgedeckt habe, ist folgender Art: Die Übereinstimmung liegt darin, daß hier wie dort eine Vorstellung zwangsartig wird durch die Verknüpfung mit einem disponiblen Affekt. Der Mechanismus der **Affektversetzung** gilt also für beide Arten von Phobien. Bei den Phobien der Angstneurose ist aber 1) dieser Affekt ein monotoner, stets der der Angst; 2) stammt er nicht von einer verdrängten Vorstellung her, sondern erweist sich bei psychologischer Analyse als **nicht weiter reduzierbar**, wie er auch durch Psychotherapie nicht anfechtbar ist. Der Mechanismus der **Substitution** gilt also für die Phobien der Angstneurose nicht.

Beiderlei Arten von Phobien (oder Zwangsvorstellungen) kommen häufig nebeneinander vor, obwohl die atypischen Phobien, die auf

---

[1] Die Abwehr-Neuropsychosen. Neurol. Zentralbl., 1894, Nr. 10 und 11, S. 57 ff dieses Bandes.

Zwangsvorstellungen beruhen, nicht notwendig auf dem Boden der Angstneurose erwachsen müssen. Ein sehr häufiger, anscheinend komplizierter Mechanismus stellt sich heraus, wenn bei einer ursprünglich einfachen Phobie der Angstneurose der Inhalt der Phobie durch eine andere Vorstellung substituiert wird, die Substitution also nachträglich zur Phobie hinzukommt. Zur Substitution werden am häufigsten die „Schutzmaßregeln" benützt, die ursprünglich zur Bekämpfung der Phobie versucht worden sind. So entsteht z. B. die Grübelsucht aus dem Bestreben, sich den Gegenbeweis zu liefern, daß man nicht verrückt ist, wie die hypochondrische Phobie behauptet: das Zaudern und Zweifeln, noch vielmehr das Repetieren der *folie de doute* entspringt dem berechtigten Zweifel in die Sicherheit des eigenen Gedankenablaufes, da man sich doch so hartnäckiger Störung durch die zwangsartige Vorstellung bewußt ist u. dgl. Man kann daher behaupten, daß auch viele Syndrome der Zwangsneurose, wie die *folie de doute* und Ähnliches, klinisch, wenn auch nicht begrifflich, der Angstneurose zuzurechnen sind.[1]

8) Die Verdauungstätigkeit erfährt bei der Angstneurose nur wenige, aber charakteristische Störungen. Sensationen wie Brechneigung und Übligkeiten sind nichts Seltenes, und das Symptom des Heißhungers kann allein oder mit anderen (Kongestionen) einen rudimentären Angstanfall abgeben; als chronische Veränderung, analog der ängstlichen Erwartung, findet man eine Neigung zur Diarrhöe, die zu den seltsamsten diagnostischen Irrtümern Anlaß gegeben hat. Wenn ich nicht irre, ist es diese Diarrhöe, auf welche Möbius[2] unlängst in einem kleinen Aufsatze die Aufmerksamkeit gelenkt hat. Ich vermute ferner, Peyers reflektorische Diarrhöe, die er von Erkrankungen der Prostata ableitet,[3] ist nichts anderes als diese Diarrhöe der Angstneurose.

---

1) Obsessions et phobies. Révue neurologique, 1895.
2) Möbius: Neuropathologische Beiträge, 1894, 2. Heft.
3) Peyer: Die nervösen Affektionen des Darmes. Wiener Klinik, Jänner 1893.

Eine reflektorische Beziehung wird dadurch vorgetäuscht, daß in der Ätiologie der Angstneurose dieselben Faktoren ins Spiel kommen, die bei der Entstehung von solchen Prostataaffektionen u. dgl. tätig sind. Das Verhalten der Magendarmtätigkeit bei der Angstneurose zeigt einen scharfen Gegensatz zu der Beeinflussung derselben Funktion bei der Neurasthenie. Mischfälle zeigen oft die bekannte „Abwechslung von Diarrhöe und Verstopfung". Der Diarrhöe analog ist der Harndrang der Angstneurose.

9) Die Parästhesien, die den Schwindel- oder Angstanfall begleiten können, werden dadurch interessant, daß sie sich, ähnlich wie die Sensationen der hysterischen Aura, zu einer festen Reihenfolge assoziieren; doch finde ich diese assoziierten Empfindungen im Gegensatze zu den hysterischen atypisch und wechselnd. Eine weitere Ähnlichkeit mit der Hysterie wird dadurch erzeugt, daß bei der Angstneurose eine Art von Konversion[1] auf körperliche Sensationen stattfindet, die sonst nach Belieben übersehen werden können, z. B. auf die rheumatischen Muskeln. Eine ganze Anzahl sogenannter Rheumatiker, die übrigens auch als solche nachweisbar sind, leidet eigentlich an — Angstneurose. Neben dieser Steigerung der Schmerzempfindlichkeit habe ich bei einer Anzahl von Fällen der Angstneurose eine Neigung zu Halluzinationen beobachtet, welch letztere sich nicht als hysterische deuten ließen.

10) Mehrere der genannten Symptome, welche den Angstanfall begleiten oder vertreten, kommen auch in chronischer Weise vor. Sie sind dann noch weniger leicht kenntlich, da die sie begleitende ängstliche Empfindung undeutlicher ausfällt als beim Angstanfall. Dies gilt besonders für die Diarrhöe, den Schwindel und die Parästhesien. Wie der Schwindelanfall durch einen Ohnmachtsanfall, so kann der chronische Schwindel durch die andauernde Empfindung großer Hinfälligkeit, Mattigkeit u. dgl. vertreten werden.

---

1) Freud: Abwehr-Neuropsychosen.

II

Vorkommen und Ätiologie der Angstneurose

In manchen Fällen von Angstneurose läßt sich eine Ätiologie überhaupt nicht erkennen. Es ist bemerkenswert, daß in solchen Fällen der Nachweis einer schweren hereditären Belastung selten auf Schwierigkeiten stößt. Wo man aber Grund hat, die Neurose für eine **erworbene** zu halten, da findet man bei sorgfältigem, dahin zielendem Examen als ätiologisch wirksame Momente eine Reihe von Schädlichkeiten und Einflüssen aus dem **Sexualleben**. Dieselben scheinen zunächst mannigfaltiger Natur, lassen aber leicht den gemeinsamen Charakter herausfinden, der ihre gleichartige Wirkung auf das Nervensystem erklärt; sie finden sich ferner entweder allein oder neben anderen **banalen** Schädlichkeiten, denen man eine unterstützende Wirkung zuschreiben darf. Diese sexuelle Ätiologie der Angstneurose ist so überwiegend häufig nachzuweisen, daß ich mich getraue, **für die Zwecke dieser kurzen Mitteilung die Fälle mit zweifelhafter oder andersartiger Ätiologie beiseite zu lassen.**

Für die genauere Darstellung der ätiologischen Bedingungen, unter denen die Angstneurose vorkommt, wird es sich empfehlen, Männer und Frauen gesondert zu behandeln. Die Angstneurose stellt sich bei **weiblichen** Individuen — nun abgesehen von deren Disposition — in folgenden Fällen ein:

a) als **virginale Angst oder Angst der Adoleszenten**. Eine Anzahl von unzweideutigen Beobachtungen hat mir gezeigt, daß ein erstes Zusammentreffen mit dem sexuellen Problem, eine einigermaßen plötzliche Enthüllung des bisher Verschleierten, z. B. durch den Anblick eines sexuellen Aktes, eine Mitteilung oder Lektüre, bei heranreifenden Mädchen eine Angstneurose hervorrufen kann, die fast in typischer Weise mit Hysterie kombiniert ist;

b) als **Angst der Neuvermählten**. Junge Frauen, die bei den ersten Kohabitationen anästhetisch geblieben sind, verfallen nicht selten der Angstneurose, die wieder verschwindet, nachdem die Anästhesie normaler Empfindlichkeit Platz gemacht hat. Da die meisten jungen Frauen bei solcher anfänglicher Anästhesie gesund bleiben, bedarf es für das Zustandekommen dieser Angst Bedingungen, die ich auch angeben werde;

c) als Angst der Frauen, deren Männer Ejaculatio praecox oder sehr herabgesetzte Potenz zeigen; und

d) deren Männer den Coitus interruptus oder reservatus üben. Diese Fälle gehören zusammen, denn man kann sich bei der Analyse einer großen Anzahl von Beispielen leicht überzeugen, daß es nur darauf ankommt, ob die Frau beim Koitus zur Befriedigung gelangt oder nicht. Im letzteren Falle ist die Bedingung für die Entstehung der Angstneurose gegeben. Dagegen bleibt die Frau von der Neurose verschont, wenn der mit Ejaculatio praecox behaftete Mann den Congressus unmittelbar darauf mit besserem Erfolge wiederholen kann. Der Congressus reservatus mittels des Kondoms stellt für die Frau keine Schädlichkeit dar, wenn sie sehr rasch erregbar und der Mann sehr potent ist; im andern Falle steht diese Art des Präventivverkehrs den andern an Schädlichkeit nicht nach. Der Coitus interruptus ist fast regelmäßig eine Schädlichkeit; für die Frau wird er es aber nur dann, wenn der Mann ihn rücksichtslos übt, d. h. den Koitus unterbricht, sobald e r der Ejakulation nahe ist, ohne sich um den Ablauf der Erregung der Frau zu kümmern. Wartet der Mann im Gegenteile die Befriedigung der F r a u ab, so hat ein solcher Koitus für letztere die Bedeutung eines normalen; es erkrankt aber dann der Mann an Angstneurose. Ich habe eine große Anzahl von Beobachtungen gesammelt und analysiert, aus denen obige Sätze hervorgehen;

e) als **Angst der Witwen und absichtlich Abstinenten**, nicht selten in typischer Kombination mit Zwangsvorstellungen;

f) als Angst im Klimakterium während der letzten großen Steigerung der sexuellen Bedürftigkeit.

Die Fälle *c, d* und *e* enthalten die Bedingungen, unter denen die Angstneurose beim weiblichen Geschlecht am häufigsten und am ehesten unabhängig von hereditärer Disposition entsteht. An diesen — heilbaren, erworbenen — Fällen von Angstneurose werde ich den Nachweis zu führen versuchen, daß die aufgefundene sexuelle Schädlichkeit wirklich das ätiologische Moment der Neurose darstellt. Ich will nur vorher auf die sexuellen Bedingungen der Angstneurose bei Männern eingehen. Hier möchte ich folgende Gruppen aufstellen, die sämtlich ihre Analogien bei den Frauen finden.

a) Angst der absichtlich Abstinenten, häufig mit Symptomen der Abwehr (Zwangsvorstellungen, Hysterie) kombiniert. Die Motive, die für absichtliche Abstinenz maßgebend sind, bringen es mit sich, daß eine Anzahl von hereditär Veranlagten, Sonderlingen u. dgl. zu dieser Kategorie zählt.

b) Angst der Männer mit frustraner Erregung (während des Brautstandes), Personen, die (aus Furcht vor den Folgen des sexuellen Verkehrs) sich mit Betasten oder Beschauen des Weibes begnügen. Diese Gruppe von Bedingungen (die übrigens unverändert auf das andere Geschlecht zu übertragen ist — Brautschaft, Verhältnisse mit sexueller Schonung) liefert die reinsten Fälle der Neurose.

c) Angst der Männer, die Coitus interruptus üben. Wie schon bemerkt, schädigt der Coitus interruptus die Frau, wenn er ohne Rücksicht auf die Befriedigung der Frau geübt wird; er wird aber zur Schädlichkeit für den Mann, wenn dieser, um die Befriedigung der Frau zu erzielen, den Coitus willkürlich dirigiert, die Ejakulation aufschiebt. Auf solche Weise läßt sich verstehen, daß von den Ehepaaren, die im Coitus interruptus leben, gewöhnlich nur ein Teil erkrankt. Bei Männern erzeugt der Coitus interruptus übrigens nur selten reine Angstneurose, meist eine Vermengung derselben mit Neurasthenie.

d) Angst der Männer im Senium. Es gibt Männer, die wie die Frauen ein Klimakterium zeigen und zur Zeit ihrer abnehmenden Potenz und steigenden Libido Angstneurose produzieren.

Endlich muß ich noch zwei Fälle anschließen, die für beide Geschlechter gelten:

α) Die Neurastheniker infolge von Masturbation verfallen in Angstneurose, sobald sie von ihrer Art der sexuellen Befriedigung ablassen. Diese Personen haben sich besonders unfähig gemacht, die Abstinenz zu ertragen.

Ich bemerke hier als wichtig für das Verständnis der Angstneurose, daß eine irgend bemerkenswerte Ausbildung derselben nur bei potent gebliebenen Männern und bei nicht anästhetischen Frauen zustande kommt. Bei Neurasthenikern, die durch Masturbation bereits schwere Schädigung ihrer Potenz erworben haben, fällt die Angstneurose im Falle der Abstinenz recht dürftig aus und beschränkt sich meist auf Hypochondrie und leichten chronischen Schwindel. Die Frauen sind ja in ihrer Mehrheit als „potent" zu nehmen; eine wirklich impotente, d. h. wirklich anästhetische Frau ist gleichfalls der Angstneurose wenig zugänglich und erträgt die angeführten Schädlichkeiten auffällig gut.

Wieweit man etwa sonst berechtigt ist, konstante Beziehungen zwischen einzelnen ätiologischen Momenten und einzelnen Symptomen aus dem Komplex der Angstneurose anzunehmen, möchte ich hier noch nicht erörtern.

β) Die letzte der anzuführenden ätiologischen Bedingungen scheint zunächst überhaupt nicht sexueller Natur zu sein. Die Angstneurose entsteht, und zwar bei beiden Geschlechtern, auch durch das Moment der Überarbeitung, erschöpfender Anstrengung, z. B. nach Nachtwachen, Krankenpflegen und selbst nach schweren Krankheiten.

*

Der Haupteinwand gegen meine Aufstellung einer sexuellen Ätiologie der Angstneurose wird wohl dahin lauten: derartige abnorme Verhältnisse des Sexuallebens fänden sich so überaus häufig, daß sie überall zur Hand sein müssen, wo man nach ihnen sucht. Ihr Vorkommen in den angeführten Fällen von Angstneurose beweise also nicht, daß in ihnen die Ätiologie der Neurose aufgedeckt sei. Übrigens sei die Anzahl der Personen, die Coitus interruptus u. dgl. treiben, unvergleichlich größer als die Anzahl der mit Angstneurose Behafteten, und die überwiegende Menge der ersteren befände sich bei dieser Schädlichkeit recht wohl.

Ich habe darauf zu erwidern, daß man bei der anerkannt übergroßen Häufigkeit der Neurosen und der Angstneurose speziell ein selten vorkommendes ätiologisches Moment gewiß nicht erwarten dürfe; ferner daß damit geradezu ein Postulat der Pathologie erfüllt sei, wenn sich bei einer ätiologischen Untersuchung das ätiologische Moment noch häufiger nachweisen lasse als dessen Wirkung, da ja für letztere noch andere Bedingungen (Disposition, Summation der spezifischen Ätiologie, Unterstützung durch andere, banale Schädlichkeiten) erfordert werden können; ferner, daß die detaillierte Zergliederung geeigneter Fälle von Angstneurose die Bedeutung des sexuellen Moments ganz unzweideutig erweist. Ich will mich hier aber nur auf das ätiologische Moment des Coitus interruptus und auf die Hervorhebung einzelner beweisender Erfahrungen beschränken.

1) Solange die Angstneurose bei jungen Frauen noch nicht konstituiert ist, sondern in Ansätzen hervortritt, die immer wieder spontan verschwinden, läßt sich nachweisen, daß jeder solche Schub der Neurose auf einen Koitus mit mangelnder Befriedigung zurückgeht. Zwei Tage nach dieser Einwirkung, bei wenig resistenten Personen am Tage nachher, tritt regelmäßig der Angst- oder Schwindelanfall auf, an den sich andere Symptome der Neurose

schließen, um — bei seltenerem ehelichen Verkehr — wieder miteinander abzuklingen. Eine zufällige Reise des Mannes, ein Aufenthalt im Gebirge, der mit Trennung des Ehepaares verbunden ist; tun gut; die zumeist in erster Linie eingeleitete gynäkologische Behandlung nützt dadurch, daß während ihrer Dauer der eheliche Verkehr aufgehoben ist. Merkwürdigerweise ist der Erfolg der lokalen Behandlung ein vorübergehender, stellt sich die Neurose noch im Gebirge wieder ein, sobald der Mann seinerseits in die Ferien tritt u. dgl. Läßt man als ein dieser Ätiologie kundiger Arzt bei noch nicht konstituierter Neurose den Coitus interruptus durch normalen Verkehr ersetzen, so ergibt sich die therapeutische Probe auf die hier aufgestellte Behauptung. Die Angst ist behoben und kehrt ohne neuen, ähnlichen Anlaß nicht wieder.

2) In der Anamnese vieler Fälle von Angstneurose findet man bei Männern wie bei Frauen ein auffälliges Schwanken in der Intensität der Erscheinungen, ja im Kommen und Gehen des ganzen Zustandes. Dieses Jahr war fast ganz gut, das nächstfolgende gräßlich u. dgl., einmal fällt die Besserung zugunsten einer bestimmten Kur aus, die aber beim nächsten Anfalle ganz im Stich gelassen hat u. dgl. m. Erkundigt man sich nun nach Anzahl und Reihenfolge der Kinder und stellt diese Ehechronik dem eigentümlichen Verlauf der Neurose gegenüber, so ergibt sich als einfache Lösung, daß die Perioden von Besserung oder Wohlbefinden mit den Graviditäten der Frau zusammenfallen, während welcher natürlich der Anlaß für den Präventivverkehr entfallen war. Dem Manne aber hatte jene Kur, sei es beim Pfarrer Kneipp oder in der hydrotherapeutischen Anstalt, genützt, nach welcher er seine Frau gravid antraf.

3) Aus der Anamnese der Kranken ergibt sich häufig, daß die Symptome der Angstneurose zu einer bestimmten Zeit die einer andern Neurose, etwa der Neurasthenie, abgelöst und sich an deren Stelle gesetzt haben. Es läßt sich dann ganz regelmäßig nachweisen, daß kurz vor diesem Wechsel des Bildes ein ent-

sprechender Wechsel in der Art der sexuellen Schädigung stattgefunden hat. Während derartige, nach Belieben zu vermehrende Erfahrungen dem Arzte für eine gewisse Kategorie von Fällen die sexuelle Ätiologie geradezu aufdrängen, lassen sich andere Fälle, die sonst unverständlich blieben, mittels des Schlüssels der sexuellen Ätiologie wenigstens widerspruchslos verstehen und einreihen. Es sind dies jene sehr zahlreichen Fälle, in denen zwar alles vorhanden ist, was wir bei der vorigen Kategorie gefunden haben, die Erscheinungen der Angstneurose einerseits, das spezifische Moment des Coitus interruptus anderseits, wo aber noch etwas änderes sich einschiebt, nämlich ein langes Intervall zwischen der vermeintlichen Ätiologie und deren Wirkung, und etwa noch ätiologische Momente nicht sexueller Natur. Da ist z. B. ein Mann, der auf die Nachricht vom Tode seines Vaters einen Herzanfall bekommt und von da an der Angstneurose verfallen ist. Der Fall ist nicht zu verstehen, denn der Mann war bisher nicht nervös; der Tod des hochbejahrten Vaters erfolgte keineswegs unter besonderen Umständen, und man wird zugeben, daß das normale, erwartete Ableben eines alten Vaters nicht zu den Erlebnissen gehört, die einen gesunden Erwachsenen krank zu machen pflegen. Vielleicht wird die ätiologische Analyse durchsichtiger, wenn ich hinzunehme, daß dieser Mann seit elf Jahren den Coitus interruptus mit Rücksicht auf seine Frau ausübt. Die Erscheinungen sind wenigstens genau die nämlichen, wie sie bei anderen Personen nach kurzer derartiger sexueller Schädigung und ohne Dazwischenkunft eines anderen Traumas auftreten. Ähnlich zu beurteilen ist der Fall einer Frau, deren Angstneurose nach dem Verlust eines Kindes ausbricht, oder des Studenten, der in der Vorbereitung zu seiner letzten Staatsprüfung durch die Angstneurose gestört wird. Ich finde die Wirkung hier wie dort nicht durch die an gegebene Ätiologie erklärt. Man muß sich nicht beim Studieren „überarbeiten", und eine gesunde Mutter pflegt auf den Verlust

eines Kindes nur mit normaler Trauer zu reagieren. Vor allem
aber würde ich erwarten, daß der Student durch Überarbeitung
eine Kephalasthenie, die Mutter in unserem Beispiele eine Hysterie
akquirieren sollte. Daß sie beide Angstneurose bekommen, veranlaßt mich, Wert darauf zu legen, daß die Mutter seit acht Jahren
im ehelichen Coitus interruptus lebt, der Student aber seit
drei Jahren ein warmes Liebesverhältnis mit einem „anständigen"
Mädchen unterhält, das er nicht schwängern darf.

Diese Ausführungen laufen auf die Behauptung hinaus, daß
die spezifische sexuelle Schädlichkeit des Coitus interruptus dort,
wo sie nicht imstande ist, für sich allein die Angstneurose hervorzurufen, doch wenigstens zu ihrer Erwerbung disponiert. Die
Angstneurose bricht dann aus, sobald zur latenten Wirkung des
spezifischen Moments die Wirkung einer anderen, banalen Schädlichkeit hinzutritt. Letztere kann das spezifische Moment quantitativ vertreten, aber nicht qualitativ ersetzen. Das spezifische
Moment bleibt stets dasjenige, welches die Form der Neurose
bestimmt. Ich hoffe, diesen Satz für die Ätiologie der Neurosen
auch in größerem Umfang erweisen zu können.

Ferner ist in den letzten Erörterungen die an sich nicht unwahrscheinliche Annahme enthalten, daß eine sexuelle Schädlichkeit wie der Coitus interruptus sich durch Summation zur Geltung bringt. Je nach der Disposition des Individuums und der
sonstigen Belastung von dessen Nervensystem wird es kürzere
oder längere Zeit brauchen, ehe der Effekt dieser Summation
sichtbar wird. Die Individuen, welche den Coitus interruptus
scheinbar ohne Nachteil ertragen, werden in Wirklichkeit durch
denselben zu Störungen der Angstneurose disponiert, die irgend
einmal spontan oder nach einem banalen, sonst unangemessenen
Trauma losbrechen können, gerade wie der chronische Alkoholiker
auf dem Wege der Summation endlich eine Zirrhose oder andere
Erkrankung entwickelt oder unter dem Einfluß eines Fiebers in
ein Delirium verfällt.

III

Ansätze zu einer Theorie der Angstneurose

Die nachstehenden Ausführungen beanspruchen nichts als den Wert eines ersten, tastenden Versuches, dessen Beurteilung die Aufnahme der im vorigen enthaltenen Tatsachen nicht beeinflussen sollte. Die Würdigung dieser „Theorie der Angstneurose" wird ferner noch dadurch erschwert, daß sie bloß einem Bruchstücke aus einer umfassenderen Darstellung der Neurosen entspricht.

In dem bisher über die Angstneurose Vorgebrachten sind bereits einige Anhaltspunkte für einen Einblick in den Mechanismus dieser Neurose enthalten. Zunächst die Vermutung, es dürfte sich um eine Anhäufung von Erregung handeln, sodann die überaus wichtige Tatsache, daß die Angst, die den Erscheinungen der Neurose zugrunde liegt, keine psychische Ableitung zuläßt. Eine solche wäre z. B. vorhanden, wenn sich als Grundlage der Angstneurose ein einmaliger oder wiederholter, berechtigter Schreck fände, der seither die Quelle der Bereitschaft zur Angst abgäbe. Allein dies ist nicht der Fall; durch einen einmaligen Schreck kann zwar eine Hysterie oder eine traumatische Neurose erworben werden, nie aber eine Angstneurose. Ich habe, da sich unter den Ursachen der Angstneurose der Coitus interruptus so sehr in den Vordergrund drängt, anfangs gemeint, die Quelle der kontinuierlichen Angst könnte in der beim Akte jedesmal sich wiederholenden Furcht liegen, die Technik könnte mißglücken und demnach Konzeption erfolgen. Ich habe aber gefunden, daß dieser Gemütszustand der Frau oder des Mannes während des Coitus interruptus für die Entstehung der Angstneurose gleichgültig ist, daß die gegen die Folgen einer möglichen Konzeption im Grunde gleichgültigen Frauen der Neurose ebenso ausgesetzt sind wie die vor dieser Möglichkeit Schaudernden, und daß es nur darauf ankam, welcher Teil bei dieser sexuellen Technik seine Befriedigung einbüßte.

Einen weiteren Anhaltspunkt bietet die noch nicht erwähnte Beobachtung, daß in ganzen Reihen von Fällen die Angstneurose mit der deutlichsten Verminderung der sexuellen Libido, der **psychischen Lust**, einhergeht, so daß die Kranken auf die Eröffnung, ihr Leiden rühre von „ungenügender Befriedigung", regelmäßig antworten: Das sei unmöglich, gerade jetzt sei alles Bedürfnis bei ihnen erloschen. Aus all diesen Andeutungen, daß es sich um Anhäufung von Erregung handle, daß die Angst, welche solcher angehäuften Erregung wahrscheinlich entspricht, somatischer Herkunft sei, so daß also somatische Erregung angehäuft werde, ferner daß diese somatische Erregung sexueller Natur sei und daß eine Abnahme der psychischen Beteiligung an den Sexualvorgängen nebenher gehe — alle diese Andeutungen, sage ich, begünstigen die Erwartung, **der Mechanismus der Angstneurose sei in der Ablenkung der somatischen Sexualerregung vom Psychischen und einer dadurch verursachten abnormen Verwendung dieser Erregung zu suchen.**

Man kann sich diese Vorstellung vom Mechanismus der Angstneurose klarer machen, wenn man folgende Betrachtung über den Sexualvorgang akzeptiert, die sich zunächst auf den Mann bezieht. Im geschlechtsreifen männlichen Organismus wird — wahrscheinlich kontinuierlich — die somatische Sexualerregung produziert, die periodisch zu einem Reiz für das psychische Leben wird. Schalten wir, um unsere Vorstellungen darüber besser zu fixieren, ein, daß diese somatische Sexualerregung sich als Druck auf die mit Nervenendigungen versehene Wandung der Samenbläschen äußert, so wird diese viszerale Erregung zwar kontinuierlich anwachsen, aber erst von einer gewissen Höhe an imstande sein, den Widerstand der eingeschalteten Leitung bis zur Hirnrinde zu überwinden und sich als psychischer Reiz zu äußern. Dann aber wird die in der Psyche vorhandene sexuelle Vorstellungsgruppe mit Energie ausgestattet, und es entsteht der psychische Zustand libidinöser Spannung, welcher den Drang nach Aufhebung dieser Spannung mit sich bringt. Eine solche psychische Entlastung ist nur auf dem Wege möglich, den ich als spezifische oder adäquate Aktion bezeichnen will. Diese adäquate Aktion besteht für den männlichen Sexualtrieb in einem komplizierten spinalen Reflexakt, der die Entlastung jener Nervenendigungen zur Folge hat, und in allen psychisch zu leistenden Vorbereitungen für die Auslösung dieses Reflexes. Etwas anderes als die adäquate Aktion würde nichts fruchten, denn die somatische Sexualerregung setzt sich, nachdem sie einmal den Schwellenwert erreicht hat, kontinuierlich in psychische Erregung um; es muß durchaus dasjenige geschehen, was die Nervenendigungen von dem auf ihnen lastenden Druck befreit, somit die ganze derzeit vorhandene somatische Erregung aufhebt und der subkortikalen Leitung gestattet, ihren Widerstand herzustellen.

Ich werde es mir versagen, kompliziertere Fälle des Sexualvorganges in ähnlicher Weise darzustellen. Ich will nur noch die Behauptung aufstellen, daß dieses Schema im wesentlichen auch auf die Frau zu übertragen ist, trotz aller das Problem verwirrenden, artefiziellen Verzögerung und Verkümmerung des weiblichen Geschlechtstriebes. Es ist auch bei der Frau eine somatische Sexualerregung anzunehmen und ein Zustand, in dem diese Erregung psychischer Reiz wird, Libido, und den Drang nach der spezifischen Aktion hervorruft, an welche sich das Wollustgefühl knüpft. Nur ist man bei der Frau nicht imstande anzugeben, was etwa der Entspannung der Samenbläschen hier analog wäre.

In den Rahmen dieser Darstellung des Sexualvorganges läßt sich nun sowohl die Ätiologie der echten Neurasthenie als die der Angstneurose eintragen. Neurasthenie entsteht jedesmal, wenn die adäquate (Aktion) Entlastung durch eine minder adäquate ersetzt wird, der normale Koitus unter den günstigsten Bedingungen also durch eine Masturbation oder spontane Pollution; zur Angstneurose aber führen alle Momente, welche die psychische Verarbeitung der somatischen Sexualerregung verhindern. Die Erscheinungen der Angstneurose kommen zustande, indem die von der Psyche abgelenkte somatische Sexualerregung sich subkortikal, in ganz und gar nicht adäquaten Reaktionen ausgibt. Ich will es nun versuchen, die vorhin angegebenen ätiologischen Bedingungen der Angstneurose daraufhin zu prüfen, ob sie den von mir aufgestellten gemeinsamen Charakter erkennen lassen. Als erstes ätiologisches Moment habe ich für den Mann die absichtliche Abstinenz angeführt. Abstinenz besteht in der Versagung der spezifischen Aktion, die sonst auf die Libido erfolgt. Eine solche Versagung wird zwei Konsequenzen haben können, nämlich, daß die somatische Erregung sich anhäuft, und dann zunächst, daß sie auf andere Wege abgelenkt wird, auf denen ihr eher Entladung winkt als auf dem Wege über die Psyche. Es wird also die Libido endlich sinken und die Erregung subkortikal als Angst sich äußern. Wo die Libido nicht verringert wird, oder die somatische Erregung auf kurzem Wege in Pollutionen verausgabt wird oder infolge der Zurückdrängung wirklich versiegt, da entsteht eben alles andere als Angstneurose. Auf solche Weise führt die Abstinenz zur Angstneurose. Die Abstinenz ist aber auch das Wirksame an der zweiten ätiologischen Gruppe, der frustranen Erregung. Der dritte Fall, der des rücksichtsvollen Coitus reservatus, wirkt dadurch, daß er die psychische Bereitschaft für den Sexualablauf stört, indem er neben der Bewältigung des Sexualaffekts eine andere, ablenkende, psychische Aufgabe einführt. Auch durch diese psychische Ablenkung schwindet allmählich die Libido, der weitere Verlauf ist dann derselbe wie im Falle der Abstinenz. Die Angst im Senium (Klimakterium der Männer) erfordert eine andere Erklärung. Hier läßt die Libido nicht nach; es findet aber, wie während des Klimakteriums der Weiber, eine solche Steigerung in der Produktion der somatischen Erregung statt, daß die Psyche für die Bewältigung derselben sich als relativ insuffizient erweist.

Keine größeren Schwierigkeiten bereitet die Subsumierung der ätiologischen Bedingungen bei der Frau unter den angeführten Gesichtspunkt. Der Fall der virginalen Angst ist besonders klar. Hier sind eben die Vorstellungsgruppen noch nicht genug entwickelt, mit denen sich die somatische Sexualerregung verknüpfen soll. Bei der anästhetischen Neuvermählten tritt die Angst nur dann auf, wenn die ersten Kohabitationen ein genügendes Maß von somatischer Erregung wecken. Wo die lokalen Zeichen solcher Erregtheit (wie spontane Reizempfindung, Harndrang u. dgl.) fehlen, da bleibt auch die Angst aus. Der Fall der Ejaculatio praecox, des Coitus interruptus, erklärt sich ähnlich wie beim Manne dadurch, daß für den psychisch unbefriedigenden Akt allmählich die Libido schwindet, während die dabei wachgerufene Erregung subkortikal ausgegeben wird. Die Herstellung einer Entfremdung zwischen dem Somatischen und dem Psychischen im Ablauf der Sexualerregung erfolgt beim Weibe rascher und ist schwerer zu beseitigen als beim Manne. Der Fall der Witwenschaft und der gewollten Abstinenz sowie der Fall des Klimakteriums erledigt sich beim Weibe wohl ebenso wie beim Manne, doch kommt für den Fall der Abstinenz gewiß noch die absichtliche Verdrängung des sexuellen Vorstellungskreises hinzu, zu welcher die mit der Versuchung kämpfende abstinente Frau sich häufig entschließen muß, und ähnlich mag in der Zeit der Menopause der Abscheu wirken, den die alternde Frau gegen die übergroß gewordene Libido empfindet.

Auch die beiden zuletzt angeführten ätiologischen Bedingungen scheinen sich ohne Schwierigkeit einzuordnen.

Die Angstneigung der neurasthenisch gewordenen Masturbanten erklärt sich daraus, daß diese Personen so leicht in den Zustand der „Abstinenz" geraten, nachdem sie sich so lange gewöhnt hatten, jeder kleinen Quantität somatischer Erregung eine allerdings fehlerhafte Abfuhr zu schaffen. Endlich läßt der letzte Fall, die Entstehung der Angstneurose durch schwere Krankheit, Überarbeitung, erschöpfende Krankenpflege u. dgl., in Anlehnung an die Wirkungsweise des Coitus interruptus die zwanglose Deutung zu, die Psyche werde hier durch Ablenkung insuffizient zur Bewältigung der somatischen Sexualerregung, einer Aufgabe, die ihr ja kontinuierlich obliegt. Man weiß, wie tief unter solchen Bedingungen die Libido sinken kann, und man hat hier ein schönes Beispiel einer Neurose, die zwar keine sexuelle Ätiologie, aber doch einen sexuellen Mechanismus erkennen läßt.

Die hier entwickelte Auffassung stellt die Symptome der Angstneurose gewissermaßen als Surrogate der unterlassenen spezifischen Aktion auf die Sexualerregung dar. Ich erinnere zur weiteren Unterstützung derselben daran, daß auch beim normalen Koitus die Erregung sich nebstbei als Atembeschleunigung, Herzklopfen, Schweißausbruch, Kongestion u. dgl. ausgibt. Im entsprechenden Angstanfalle unserer Neurose hat man die Dyspnoë, das Herzklopfen u. dgl. des Koitus isoliert und gesteigert vor sich.

Es könnte noch gefragt werden: Warum gerät denn das Nervensystem unter solchen Umständen, bei psychischer Unzulänglichkeit zur Bewältigung der Sexualerregung, in den eigentümlichen Affektzustand der Angst? Darauf ist andeutungsweise zu erwidern: Die Psyche gerät in den Affekt der Angst, wenn sie sich unfähig fühlt, eine von außen nahende Aufgabe (Gefahr) durch entsprechende Reaktion zu erledigen; sie gerät in die Neurose der Angst, wenn sie sich unfähig merkt, die endogen entstandene (Sexual-) Erregung auszugleichen. Sie benimmt sich also, als projizierte sie diese Erregung nach außen. Der Affekt und die ihm entsprechende Neurose stehen in fester Beziehung zueinander, der erstere ist die Reaktion auf eine exogene, die letztere die Reaktion auf die analoge endogene Erregung. Der Affekt ist ein rasch vorübergehender Zustand, die Neurose ein chronischer, weil die exogene Erregung wie ein einmaliger Stoß, die endogene wie eine konstante

Kraft wirkt. Das Nervensystem reagiert in der Neurose gegen eine innere Erregungsquelle wie in dem entsprechenden Affekt gegen eine analoge äußere.

IV

Beziehung zu anderen Neurosen

Es erübrigen noch einige Bemerkungen über die Beziehungen der Angstneurose zu den anderen Neurosen nach Vorkommen und innerer Verwandtschaft.

Die reinsten Fälle von Angstneurose sind auch meist die ausgeprägtesten. Sie finden sich bei potenten jugendlichen Individuen, bei einheitlicher Ätiologie und nicht zu langem Bestande des Krankseins.

Häufiger ist allerdings das gleichzeitige und gemeinsame Vorkommen von Angstsymptomen mit solchen der Neurasthenie, Hysterie, der Zwangsvorstellungen, der Melancholie. Wollte man sich durch solche klinische Vermengung abhalten lassen, die Angstneurose als eine selbständige Einheit anzuerkennen, so müßte man konsequenterweise auch auf die mühsam erworbene Trennung von Hysterie und Neurasthenie wieder verzichten.

Für die Analyse der „gemischten Neurosen" kann ich den wichtigen Satz vertreten: Wo sich eine gemischte Neurose vorfindet, da läßt sich eine Vermengung mehrerer spezifischer Ätiologien nachweisen.

Eine solche Vielheit ätiologischer Momente, die eine gemischte Neurose bedingt, kann bloß zufällig zustande kommen, etwa indem eine neu hinzutretende Schädlichkeit ihre Wirkungen zu denen einer früher vorhandenen addiert; z. B. eine Frau, die von jeher Hysterica war, tritt zu einer gewissen Zeit ihrer Ehe in den Coitus reservatus ein und erwirbt jetzt zu ihrer Hysterie eine Angstneurose; ein Mann, der bisher masturbiert hatte und neurasthenisch wurde, wird Bräutigam, erregt sich bei seiner Braut, und jetzt gesellt sich zur Neurasthenie eine frische Angstneurose hinzu.

In anderen Fällen ist die Mehrheit ätiologischer Momente keine zufällige, sondern das eine derselben hat das andere mit zur Wirkung gebracht; z. B. eine Frau, mit welcher ihr Mann Coitus reservatus ohne Rücksicht auf ihre Befriedigung übt, sieht sich genötigt, die peinliche Erregung nach einem solchen Akt durch Masturbation zu beenden; sie zeigt infolgedessen nicht reine Angstneurose, sondern daneben Symptome von Neurasthenie; eine zweite Frau wird unter derselben Schädlichkeit mit lüsternen Bildern zu kämpfen haben, deren sie sich erwehren will, und wird auf solche Weise durch den Coitus interruptus nebst der Angstneurose Zwangsvorstellungen erwerben; eine dritte Frau endlich wird infolge des Coitus interruptus die Neigung zu ihrem Manne einbüßen, eine andere Neigung erwerben, welche sie sorgfältig geheim hält, und wird infolgedessen ein Gemenge von Angstneurose und Hysterie zeigen.

In einer dritten Kategorie von gemischten Neurosen ist der Zusammenhang der Symptome ein noch innigerer, indem die nämliche ätiologische Bedingung gesetzmäßig und gleichzeitig beide Neurosen hervorruft. So z. B. erzeugt die plötzliche sexuelle Aufklärung, die wir bei der virginalen Angst gefunden haben, immer auch Hysterie; die allermeisten Fälle von absichtlicher Abstinenz verknüpfen sich von Anfang an mit echten Zwangsvorstellungen; der Coitus interruptus der Männer scheint mir niemals reine Angstneurose provozieren zu können, sondern stets eine Vermengung derselben mit Neurasthenie u. dgl.

Es geht aus diesen Erörterungen hervor, daß man die ätiologischen Bedingungen des Vorkommens noch unterscheiden muß von den spezifischen ätiologischen Momenten der Neurosen. Erstere, z. B. der Coitus interruptus, die Masturbation, die Abstinenz, sind noch vieldeutig und können ein jedes verschiedene Neurosen produzieren; erst die aus ihnen abstrahierten ätiologischen Momente, wie inadäquate Entlastung, psychische Unzulänglichkeit, Abwehr mit Substitution, haben eine unzweideutige und spezifische Beziehung zur Ätiologie der einzelnen großen Neurosen.

Ihrem inneren Wesen nach zeigt die Angstneurose die interessantesten Übereinstimmungen und Verschiedenheiten gegen die anderen großen Neurosen, besonders gegen Neurasthenie und Hysterie. Mit der Neurasthenie teilt sie den einen Hauptcharakter, daß die Erregungsquelle, der Anlaß zur Störung, auf somatischem Gebiete liegt, anstatt wie bei Hysterie und Zwangsneurose auf psychischem. Im übrigen läßt sich eher eine Art von Gegensätzlichkeit zwischen den Symptomen der Neurasthenie und denen der Angstneurose erkennen, die etwa in den Schlagworten: Anhäufung — Verarmung an Erregung, ihren Ausdruck fände. Diese Gegensätzlichkeit hindert nicht, daß sich die beiden Neurosen miteinander vermengen, zeigt sich aber doch darin, daß die extremsten Formen in beiden Fällen auch die reinsten sind.

Mit der Hysterie zeigt die Angstneurose zunächst eine Reihe von Übereinstimmungen in der Symptomatologie, deren genauere Würdigung noch aussteht. Das Auftreten der Erscheinungen als Dauersymptome oder in Anfällen, die auraartig gruppierten Parästhesien, die Hyperästhesien und Druckpunkte, die sich bei gewissen Surrogaten des Angstanfalles, bei der Dyspnoë und dem Herzanfalle finden, die Steigerung der etwa organisch berechtigten Schmerzen (durch Konversion): — diese und andere gemeinschaftliche Züge lassen sogar vermuten, daß manches, was man der Hysterie zurechnet, mit mehr Fug und Recht zur Angstneurose geschlagen werden dürfte. Geht man auf den Mechanismus der beiden Neurosen ein, soweit er sich bis jetzt hat durchschauen lassen, so ergeben sich Gesichtspunkte, welche die Angstneurose geradezu als das somatische Seitenstück zur Hysterie erscheinen lassen. Hier wie dort Anhäufung von Erregung — worin vielleicht die vorhin geschilderte Ähnlichkeit der Symptome gegründet ist; — hier wie dort eine psychische Unzulänglichkeit, der zufolge abnorme somatische Vorgänge zustandekommen. Hier wie dort tritt an Stelle einer psychischen Verarbeitung eine Ablenkung der Erregung in das Somatische ein; der Unterschied liegt bloß darin, daß die Erregung, in deren Verschiebung sich die Neurose äußert, bei der Angstneurose eine rein somatische (die somatische Sexualerregung), bei der Hysterie eine psychische (durch Konflikt hervorgerufene) ist. Es kann daher nicht wundernehmen, daß Hysterie und Angstneurose sich gesetzmäßig miteinander kombinieren wie bei der „virginalen Angst" oder der „sexuellen Hysterie", daß die Hysterie eine Anzahl von Symptomen einfach der Angstneurose entlehnt u. dgl. Diese innigen Beziehungen der Angstneurose zur Hysterie geben auch ein neues Argument ab, um die Trennung der Angstneurose von der Neurasthenie zu fordern; denn verweigert man diese, so kann man auch die so mühsam erworbene und für die Theorie der Neurosen so unentbehrliche Unterscheidung von Neurasthenie und Hysterie nicht mehr aufrecht erhalten.

Wien, im Dezember 1894

OBSESSIONS ET PHOBIES

OBSESSIONS ET PHOBIES

Leur mécanisme psychique et leur étiologie

Je commencerai par contester deux assertions, qui se trouvent souvent répétées sur le compte des syndromes: „obsessions et phobies". Il faut dire: 1° qu'ils ne se rattachent pas à la neurasthénie propre, puisque les malades atteints de ces symptômes sont aussi souvent des neurasthéniques que non; 2° qu'il n'est pas justifié de les faire dépendre de la dégénération mentale, parce qu'ils se trouvent chez des personnes pas plus dégénérées que la plupart des névrosiques en général, parce qu'ils s'amendent quelquefois et qu'on parvient même quelquefois à les guérir.[1]

Les obsessions et les phobies sont des névroses à part, d'un mécanisme spécial et d'une étiologie que j'ai réussi à mettre en lumière dans un certain nombre de cas, et qui, je l'espère, se montreront de même dans bon nombre de cas nouveaux.

Quant à la division du sujet je propose d'abord d'écarter une classe d'obsessions intenses, qui ne sont autre chose que des sou-

---

1) Je suis très content de trouver que les auteurs les plus récents sur notre sujet expriment des opinions voisines de la mienne. Voir: *Gélineau*, Des peurs maladives ou phobies, 1894, et *Hack Tuke*, On imperative ideas, Brain, 1894.

venirs, des images non altérées d'événements importants. Je citerai, par exemple, l'obsession de *Pascal* qui croyait toujours voir un abîme à son côté gauche, „depuis qu'il avait manqué d'être précipité dans la Seine avec son carrosse". Ces obsessions et phobies, qu'on pourrait nommer *traumatiques,* se rattachent aux symptômes de l'hystérie.

Ce groupe mis à part il faut distinguer: *A)* les obsessions vraies; *B)* les phobies. La différence essentielle est la suivante.

Il y a dans toute obsession deux choses: 1° une idée qui s'impose au malade; 2° un état émotif associé. Or, dans la classe des phobies, cet état émotif est toujours *l'angoisse,* pendant que dans les obsessions vraies ce peut être au même titre que l'anxiété un autre état émotif, comme le doute, le remords, la colère. Je tâcherai d'abord d'expliquer le mécanisme psychologique vraiment remarquable des obsessions vraies, qui est bien différent de celui des phobies.

I

Dans beaucoup d'obsessions vraies, il est bien évident que l'état émotif est la chose principale, puisque cet état persiste inaltéré pendant que l'idée associée est variée. Par exemple, la fille de l'observation II avait des remords, un peu en raison de tout, d'avoir volé, maltraité ses soeurs, fait de la fausse monnaie, etc. Les personnes qui doutent, doutent de beaucoup de choses à la fois ou successivement. C'est l'état émotif qui, dans ces cas, reste le même: l'idée change. En d'autres cas l'idée aussi semble fixée, comme chez la fille de l'observation IV, qui poursuivait d'une haine incompréhensible les servantes de la maison en changeant pourtant de personne.

Eh bien, une analyse psychologique scrupuleuse de ces cas montre que *l'état émotif, comme tel, est toujours justifié.* La fille I, qui a des remords, a de bonnes raisons; les femmes de l'observation III, qui doutaient de leur résistance contre des tentations, savaient bien pourquoi; la fille de l'observation IV, qui détestait les servantes, avait bien le droit de se plaindre, etc. Seulement, et c'est dans ces deux caractères que consiste l'empreinte pathologique: 1) *l'état émotif s'est éternisé*, 2) l'idée associée *n'est plus l'idée juste, l'idée originale, en rapport avec l'étiologie de l'obsession*, elle en est un remplaçant, une substitution.

La preuve en est qu'on peut toujours trouver dans les antécédents du malade, *à l'origine de l'obsession*, l'idée originale, substituée. Les idées substituées ont des caractères communs, elles correspondent à des impressions vraiment pénibles de la vie sexuelle de l'individu que celui-ci s'est efforcé d'oublier. Il a réussi seulement à remplacer l'idée *inconciliable* par une autre idée mal appropriée à s'associer à l'état émotif, qui de son côté est resté le même. C'est cette mésalliance de l'état émotif et de l'idée associée qui rend compte du caractère d'absurdité propre aux obsessions. Je veux rapporter mes observations, et donner une tentative d'explication théorique comme conclusion.

Obs. I. — Une fille qui se faisait des *reproches*, qu'elle savait absurdes, d'avoir volé, fait de la fausse monnaie, de s'être conjurée, etc., selon sa lecture journalière.

Redressement de la substitution. — Elle se reprochait l'onanisme qu'elle pratiquait en secret sans pouvoir y renoncer.

Elle fut guérie par une observation scrupuleuse qui l'empêcha de se masturber.

Obs. II. — Jeune homme, étudiant en médecine, qui souffrait d'une obsession analogue. Il se reprochait toutes les actions immorales: d'avoir tué sa cousine, défloré sa soeur, incendié une maison, etc. Il en vint à la nécessité de se retourner dans la rue pour voir s'il n'avait pas encore tué le dernier passant.

Redressement de la substitution. — Il avait lu, dans un livre quasi-médical, que l'onanisme, auquel il était sujet, abîmait la morale, et il s'en était ému.

Obs. III. — Plusieurs femmes qui se plaignaient de l'obsession de se jeter par la fenêtre, de blesser leurs enfants avec des couteaux, ciseaux, etc.

Redressement. — Obsessions de *tentations typiques.* C'étaient des femmes qui, pas du tout satisfaites dans le mariage, se débattaient contre les désirs et les idées voluptueuses qui les hantaient à la vue d'autres hommes.

O b s. IV. — Une fille qui, parfaitement saine d'esprit et très intelligente montrait une *haine incontrôlable contre les servantes de la maison*, qui s'était éveillée à l'occasion d'une servante effrontée, et s'était transmise depuis de fille en fille, jusqu'à rendre le ménage impossible. C'était un sentiment mêlé de haine et de dégoût. Elle donnait comme motif que les saletés de ces filles lui gâtaient son idée de l'amour.

Redressement. — Cette fille avait été témoin involontaire d'un rendez-vous amoureux de sa mère. Elle s'était caché le visage, bouché les oreilles et s'était donné la plus grande peine pour oublier la scène, qui la dégoûtait et l'aurait mise dans l'impossibilité de rester avec sa mère qu'elle aimait tendrement. Elle y réussit, mais la colère, de ce qu'on lui avait souillé l'image de l'amour, persista en elle, et à cet état émotif ne tarda pas à s'associer l'idée d'une personne pouvant remplacer la mère.

O b s. V. — Une jeune fille s'était presque complètement isolée en conséquence de la peur obsédante de l'incontinence des urines. Elle ne pouvait plus quitter sa chambre ou recevoir une visite sans avoir uriné nombre de fois.

Chez elle et en repos complet la peur n'existait pas.

Redressement. — C'était une obsession de *tentation* ou de *méfiance.* Elle ne se méfiait pas de sa vessie mais de sa résistance contre une impulsion amoureuse. L'origine de l'obsession le montrait bien. Une fois, au théâtre, elle avait senti à la vue d'un homme qui lui plaisait une envie amoureuse accompagnée (comme toujours dans la pollution spontanée des femmes) de l'envie d'uriner. Elle fut obligé à quitter le théâtre, et de ce moment elle était en proie à la peur d'avoir la même sensation, mais l'envie d'uriner s'était substituée à l'envie amoureuse. Elle guérit complètement.

Les observations énumérées, bien qu'elles montrent un degré variable de complexité, ont ceci de commun, qu'a l'idée originale (inconciliable) s'est substitué une autre idée, idée remplaçante. Dans les observations qui vont suivre maintenant, l'idée originale est aussi remplacée mais non par une autre idée; elle se trouve remplacée par des actes ou impulsions qui ont servi à l'origine comme *soulagements* ou *procédés protecteurs*, et qui maintenant se trouvent en association grotesque avec un état émotif qui ne leur convient pas, mais qui est resté le même, et aussi justifié qu'à l'origine.

Obs. VI. — *Obsession d'arithmomanie*. — Une femme avait contracté le besoin de compter toujours les planches du parquet, les marches de l'escalier, etc., ce qu'elle faisait dans un état d'angoisse ridicule.

Redressement. — Elle avait commencé à compter pour se distraire de ses idées obsédantes (de tentation). Elle y avait réussi, mais l'impulsion de compter s'était substituée à l'obsession primitive.

Obs. VII. — Obsession de „*Grübelsucht*" (folie de spéculation). Une femme souffrait d'attaques de cette obsession, qui ne cessaient qu'aux temps de maladie, pour faire place à des peurs hypochondriaques. Le sujet de l'attaque était ou une partie du corps ou une fonction, par exemple, la respiration: Pourquoi faut-il respirer? Si je ne voulais pas respirer? etc.

Redressement. — Tout d'abord elle avait souffert de la peur de devenir folle, phobie hypochondriaque assez commune chez les femmes non satisfaites par leur mari, comme elle l'était. Pour *s'assurer qu'elle n'allait pas devenir folle*, qu'elle jouissait encore de son intelligence, elle avait commencé à se poser des questions, à s'occuper de problèmes sérieux. Cela la tranquillisait d'abord, mais avec le temps cette habitude de la spéculation se substituait à la phobie. Depuis plus de quinze ans des périodes de peur (pathophobie) et de folie de spéculation alternaient chez elle.

Obs. VIII. — *Folie du doute*. — Plusieurs cas, qui montraient les symptômes typiques de cette obsession, mais qui s'expliquaient bien simplement. Ces personnes avaient souffert ou souffraient encore d'obsessions diverses, et la conscience de ce que l'obsession les avait dérangées dans toutes leurs actions et interrompu maintes fois le cours de leurs pensées provoquait un doute légitime de la fidélité de leur mémoire. Chacun de nous verra chanceler son assurance et sera obligé de relire une lettre ou de refaire un compte si son attention a été distraite plusieurs fois pendant l'exécution de l'acte. Le doute est une conséquence bien logique de la présence des obsessions.

Obs. IX. — *Folie du doute (hésitation)*. — La fille de l'obs. IV était devenue extrêmement lente dans toutes les actions de la vie ordinaire, particulièrement dans sa toilette. Il lui fallait des heures pour nouer les cordons de ses souliers ou pour se nettoyer les ongles des mains. Elle donnait comme explication qu'elle ne pouvait faire sa toilette ni pendant que les pensées obsédantes la préoccupaient, ni immédiatement après de sorte qu'elle s'était accoutumée à attendre un temps déterminé après chaque retour de l'idée obsédante.

O b s. X. — *Folie du doute, crainte des papiers.* — Une jeune femme, qui avait souffert des scrupules après avoir écrit une lettre, et qui dans ce même temps ramassait tous les papiers qu'elle voyait, donnait comme explication l'aveu d'un amour que jadis elle ne voulait pas confesser.

A force de se répéter sans cesse le nom de son bien-aimé, elle fut saisie par la peur que ce nom se serait glissé sous sa plume, qu'elle l'aurait tracé sur quelque bout de papier dans une minute pensive.[1]

O b s. XI. — *Mysophobie.* — Une femme qui se lavait les mains cent fois par jour et ne touchait les loquets des portes que du coude.

Redressement. — C'était le cas de Lady Macbeth. Les lavages étaient symboliques et destinés à substituer la pureté physique à la pureté morale qu'elle regrettait avoir perdue. Elle se tourmentait de remords pour une infidélité conjugale dont elle avait décidé de chasser le souvenir. Elle se lavait aussi les parties génitales.

Quant à la théorie de cette substitution, je me contenterai de répondre à trois questions qui se posent ici:

1° *Comment cette substitution peut-elle se faire?*

Il semble qu'elle est l'expression d'une disposition psychique spéciale. Au moins rencontre-t-on dans les obsessions assez souvent l'hérédité similaire, comme dans l'hystérie. Ainsi le malade de l'obs. II me racontait que son père avait souffert de symptômes semblables. Il me fit connaître un jour un cousin germain avec obsessions et tic convulsif, et la fille de sa soeur âgée de 11 ans, qui montrait déjà des obsessions (probablement de remords).

2° *Quel est le motif de cette substitution?*

Je crois qu'on peut l'envisager comme un *acte de défense (Abwehr) du moi contre l'idée inconciliable.* Parmi mes malades il y en a qui se rappellent l'effort de la volonté pour chasser l'idée ou le

---

1) Voir aussi la *chanson populaire allemande:*
    Auf jedes weiße Blatt Papier möcht ich es schreiben:
    Dein ist mein Herz und soll es ewig, ewig bleiben.

souvenir pénible du rayon de la conscience (V. les obs. III, IV, XI). En d'autres cas cette expulsion de l'idée inconciliable s'est produite d'une manière inconsciente qui n'a pas laissé trace dans la mémoire des malades.

3° *Pourquoi l'état émotif associé à l'idée obsédante s'est-il perpétué, au lieu de s'évanouir comme les autres états de notre moi?*
On peut donner cette réponse en s'adressant à la théorie développée pour la genèse des symptômes hystériques par M. Breuer et moi.[1] Ici je veux seulement remarquer que, par le fait même de la substitution, la disparition de l'état émotif devient impossible.

II

A ces deux groupes d'obsessions vraies s'ajoute la classe des „phobies", qu'il faut considérer maintenant. J'ai déjà mentionné la grande différence des obsessions et des phobies; que dans les dernières l'état émotif est toujours l'anxiété, la peur. Je pourrais ajouter que les obsessions sont multiples et plus spécialisées, les phobies plutôt monotones et typiques.

Mais ce n'est pas une différence capitale.

On peut discerner aussi parmi les phobies deux groupes, caractérisés par l'objet de la peur: 1° phobies communes: peur exagérée des choses que tout le monde abhorre ou craint un peu: la nuit, la solitude, la mort, les maladies, les dangers en général, les serpents, etc.: 2° phobies d'occasion, peur de conditions spéciales, qui n'inspirent pas de crainte à l'homme sain, par exemple l'agoraphobie et les autres phobies de la locomotion. Il est intéressant de noter que ces dernières phobies ne sont pas obsédantes comme les obsessions vraies et les phobies communes. L'état émotif ici ne paraît que dans ces conditions spéciales que le malade évite soigneusement.

---

1) *Neurologisches Zentralblatt*, 1893, Nos. 1 und 2.

Le mécanisme des phobies est tout à fait différent de celui des obsessions. Ce n'est plus le règne de la substitution. Ici on ne dévoile plus par l'analyse psychique une idée inconciliable, substituée. On ne trouve jamais autre chose que *l'état émotif, anxieux,* qui par une sorte d'élection a fait ressortir toutes les idées propres à devenir l'objet d'une phobie. Dans le cas de l'agoraphobie, etc., on recontre souvent le *souvenir d'une attaque d'angoisse,* et en vérité ce que redoute le malade c'est l'événement d'une telle attaque dans les conditions spéciales où il croit ne pouvoir y échapper.

L'angoisse de cet état émotif, qui est au fond des phobies, n'est pas dérivé d'un souvenir quelconque; on doit bien se demander quelle peut être la source de cette condition puissante du système nerveux.

Eh bien j'espère pouvoir démontrer une autre fois qu'il y a lieu de constituer une névrose spéciale, *la névrose anxieuse,* de laquelle cet état émotif est le symptôme principal; je donnerai l'énumération de ses symptômes variés, et j'insisterai en ce qu'il faut différencier cette névrose de la neurasthénie, avec laquelle elle est maintenant confondue. Ainsi *les phobies font partie de la névrose anxieuse,* et elles sont presque toujours accompagnées d'autres symptômes de la même série.

La névrose anxieuse est d'origine sexuelle, elle aussi, autant que je puis voir, mais elle ne se rattache pas à des idées tirées de la vie sexuelle: elle n'a pas de mécanisme psychique, à vrai dire. Son étiologie spécifique est l'accumulation de la tension génésique, provoquée par l'abstinence ou l'irritation génésique fruste (pour donner une formule générale pour l'effet du coït interrompu, de l'impuissance relative du mari, des excitations sans satisfaction des fiancés, de l'abstinence forcée, etc.).

C'est dans de telles conditions extrêmement fréquentes, principalement pour la femme dans la société actuelle, que se développe la névrose anxieuse, de laquelle les phobies sont une manifestation psychique.

Je ferai remarquer, comme conclusion, qu'il peut y avoir combinaison de phobie et d'obsession propre, et même que c'est un événement très fréquent. On peut trouver qu'il y avait au commencement de la maladie une phobie développée comme symptôme de la névrose anxieuse. L'idée qui constitue la phobie qui s'y trouve associée à la peur peut être remplacée par une autre idée ou plutôt par le *procédé protecteur* qui semblait soulager la peur. L'obs. VI (folie de la spéculation) présente un bel exemple de cette catégorie, *phobie doublée d'une obsession vraie par substitution.*

ZUR KRITIK DER
»ANGSTNEUROSE«

ZUR KRITIK DER ›ANGSTNEUROSE‹

In Nummer 2 des „Neurologischen Zentralblattes" von Mendel, 1895, habe ich einen kleinen Aufsatz veröffentlicht, in welchem ich den Versuch wage, eine Reihe von nervösen Zuständen von der Neurasthenie abzutrennen und unter dem Namen „Angstneurose" selbständig zu machen.[1] Ich ließ mich hiezu bewegen durch ein konstantes Zusammentreffen klinischer und ätiologischer Charaktere, das ja überhaupt für eine Sonderung maßgebend sein darf. Ich fand nämlich, worin mir E. Hecker[2] zuvorgekommen war, daß die in Rede stehenden neurotischen Symptome sich sämtlich zusammenfassen ließen als zum Ausdruck der Angst gehörig, und ich konnte aus meinen Bemühungen um die Ätiologie der Neurosen hinzufügen, daß diese Teilstücke des Komplexes „Angstneurose" besondere ätiologische Bedingungen erkennen lassen, die der Ätiologie der Neurasthenie nahezu gegensätzlich sind. Meine Erfahrungen hatten mich gelehrt, daß in der Ätiologie der Neurosen (wenigstens der erworbenen Fälle und erwerbbaren Formen) sexuelle Momente eine hervorragende und viel zu wenig

---

1) Über die Berechtigung, von der Neurasthenie einen bestimmten Symptomenkomplex als „Angstneurose" abzutrennen: (S. 315 ff. dieses Bandes.)
2) E. Hecker. Über larvierte und abortive Angstzustände bei Neurasthenie. Zentralblatt für Nervenheilkunde. Dez. 1893.

gewürdigte Rolle spielen, so daß etwa die Behauptung, „die Ätiologie der Neurosen liege in der Sexualität", bei all ihrer notwendigen Unrichtigkeit *per excessum et defectum* doch der Wahrheit näher kommt als die anderen, gegenwärtig herrschenden Lehren. Ein weiterer Satz, zu dem mich die Erfahrung drängte, ging dahin, daß die verschiedenen sexuellen Noxen nicht etwa unterschiedslos in der Ätiologie aller Neurosen zu finden seien, sondern daß unverkennbar besondere Beziehungen einzelner Noxen zu einzelnen Neurosen beständen. Ich durfte so annehmen, daß ich die *spezifischen* Ursachen der einzelnen Neurosen aufgedeckt hatte. Ich suchte dann die Besonderheit der sexuellen Noxen, welche die Ätiologie der Angstneurose ausmachen, in eine kurze Formel zu fassen, und gelangte (in Anlehnung an meine Auffassung des Sexualvorganges, l. c. p. 61) zu dem Satze: Angstneurose schaffe alles, was die somatische Sexualspannung vom Psychischen abhalte, an ihrer psychischen Verarbeitung störe. Wenn man auf die konkreten Verhältnisse zurückgeht, in denen sich dieses Moment zur Geltung bringt, so ergibt sich die Behauptung, daß freiwillige oder unfreiwillige Abstinenz, sexueller Verkehr mit unvollständiger Befriedigung, Coitus interruptus, Ablenkung des psychischen Interesses von der Sexualität u. dgl. m., die spezifischen ätiologischen Faktoren der von mir Angstneurose genannten Zustände seien.

Als ich meine hier erwähnte Mitteilung zur Veröffentlichung brachte, täuschte ich mich keineswegs über deren Macht, Überzeugung zu erwecken. Zunächst konnte ich mir ja sagen, daß ich nur eine knappe, unvollständige, stellenweise sogar schwer verständliche Darstellung gegeben hatte, vielleicht gerade genügend, um die Erwartung der Leser vorzubereiten. Sonst hatte ich kaum Beispiele angeführt und keine Zahlen genannt, die Technik der Erhebung der Anamnese nicht gestreift, zur Verhütung von Mißverständnissen nichts vorgesorgt, andere als die naheliegendsten Einwände nicht berücksichtigt und von der Lehre selbst eben nur den Hauptsatz und nicht die Einschränkungen hervorgehoben. Demnach konnte auch wirklich ein jeder sich seine eigene Meinung von der Verbindlichkeit der ganzen Aufstellung bilden. Ich konnte aber noch auf eine andere Erschwerung der Zustimmung rechnen.

Ich weiß sehr wohl, daß ich mit der „sexuellen Ätiologie" der Neurosen nichts Neues vorgebracht habe, daß die Unterströmungen in der medizinischen Literatur, welche diesen Tatsachen Rechnung getragen, nie ausgegangen sind, und daß die offizielle Medizin der Schulen sie eigentlich auch gekannt hat. Allein die letztere hat so getan, als wüßte sie nichts davon; sie hat von ihrer Kenntnis keinen Gebrauch gemacht, keine Folgerung aus ihr gezogen. Solches Verhalten muß wohl eine tiefgehende Begründung haben, etwa in einer Art von Scheu, sexuelle Verhältnisse ins Auge zu fassen, oder in einer Reaktion gegen ältere, als überwunden betrachtete Erklärungsversuche. Jedenfalls mußte man vorbereitet sein, auf Widerstand zu stoßen, wenn man den Versuch wagte, anderen etwas glaubwürdig zu machen, was diese ohne jede Mühe auch selbst hätten entdecken können.

Es wäre bei solcher Sachlage vielleicht zweckmäßiger, auf kritische Einwendungen nicht eher zu antworten, als bis ich mich über das komplizierte Thema selbst ausführlicher geäußert und besser verständlich gemacht hätte. Dennoch kann ich den Motiven nicht widerstehen, die mich veranlassen, einer Kritik meiner Lehre von der Angstneurose aus den letzten Tagen auch unverzüglich zu begegnen. Ich tue dies wegen der Person des Autors, L. Löwenfeld in München, des Verfassers der „Pathologie und Therapie der Neurasthenie und Hysterie", dessen Urteil beim ärztlichen Publikum schwer ins Gewicht fallen dürfte, wegen einer mißverständlichen Auffassung, mit welcher mich die Darstellung Löwenfelds belastet, und weil ich von Anfang an den Eindruck bekämpfen möchte, als sei meine Lehre gar so mühelos durch die nächstbesten, im Vorbeigehen angebrachten Einwendungen zu widerlegen.

Löwenfeld[1] findet mit sicherem Blick als das Wesentliche meiner Arbeit heraus, daß ich für die Angstsymptome eine spezifische und einheitliche Ätiologie sexueller Natur behaupte. Ist dies nicht als Tatsache festzustellen, so entfällt auch der Hauptgrund für die Abtrennung einer selbständigen Angstneurose von der Neurasthenie. Es erübrigt dann allerdings eine Schwierigkeit, auf die ich aufmerksam gemacht habe, daß nämlich die Angstsymptome so unverkennbare Beziehungen auch ·zur Hysterie haben, so daß durch die Entscheidung im Sinne Löwenfelds die Sonderung von Hysterie und Neurasthenie zu Schaden kommt; allein dieser Schwierigkeit wird durch die später zu würdigende Berufung auf die Heredität als gemeinsame Ursache all dieser Neurosen begegnet.

Durch welche Argumente stützt nun Löwenfeld den Einspruch gegen meine Lehre?

1) Ich habe als wesentlich für das Verständnis der Angstneurose hervorgehoben, daß die Angst derselben eine psychische Ableitung nicht zuläßt, das heißt, daß man die Angstbereitschaft, die den Kern der Neurose bildet, nicht durch einen einmaligen oder wiederholten, psychisch berechtigten Schreckaffekt erwerben kann. Durch Schreck entstünde wohl eine Hysterie oder traumatische Neurose, aber keine Angstneurose. Es ist diese Leugnung, wie man leicht einsieht, nichts anderes als das Gegenstück zu meiner Behauptung positiven Inhalts, die Angst meiner Neurose entspreche somatischer und vom Psychischen abgelenkter Sexualspannung, die sich sonst als Libido geltend gemacht hätte.

Dagegen betont nun Löwenfeld, daß in einer Anzahl von Fällen „Angstzustände unmittelbar oder einige Zeit nach einem psychischen Schock (bloßem Schreck oder Unfällen, die mit Schrecken verbunden waren) auftreten, und daß zum Teil hiebei Ver-

---

[1] L. Löwenfeld: Über die Verknüpfung neurasthenischer und hysterischer Symptome in Anfallsform nebst Bemerkungen über die Freudsche Angstneurose. Münchener med. Wochenschr. Nr. 13, 1895.

hältnisse bestehen, welche die Mitwirkung sexueller Schädlichkeiten der angegebenen Art höchst unwahrscheinlich machen". Er teilt als besonders prägnantes Beispiel eine Krankenbeobachtung (anstatt vieler) in Kürze mit. In diesem Beispiel handelt es sich um eine dreißigjährige, seit vier Jahren verheiratete Frau, erblich belastet, die vor einem Jahre eine erste schwierige Entbindung hatte. Wenige Wochen nach ihrer Niederkunft erschrak sie über einen Krankheitsanfall ihres Mannes, lief in ihrer Aufregung im Hemd im kalten Zimmer herum. Von da an krank, zuerst mit abendlichen Angstzuständen und Herzklopfen, später kamen Anfälle von konvulsivischem Zittern und in weiterer Folge Phobien u. dgl.: das Bild einer voll entwickelten Angstneurose. „Hier sind die Angstzustände", schließt Löwenfeld, „offenbar psychisch abgeleitet, durch den einmaligen Schrecken herbeigeführt."

Ich bezweifle nicht, daß der geehrte Autor über viele ähnliche Fälle verfügt; kann ich doch selbst mit einer großen Reihe analoger Beispiele dienen. Wer solche Fälle von Ausbruch der Angstneurose nach psychischem Schock, überaus häufige Vorkommnisse, nicht gesehen hätte, dürfte sich nicht anmaßen, in Sachen der Angstneurose mitzusprechen. Ich will nur dabei anmerken, daß in der Ätiologie solcher Fälle nicht jedesmal Schreck oder ängstliche Erwartung nachweisbar sein muß; eine beliebige andere Gemütsbewegung tut es auch. Wenn ich rasch einige Fälle aus meiner Erinnerung mustere, so fällt mir ein Mann von fünfundvierzig Jahren ein, der den ersten Angstanfall (mit Herzkollaps) auf die Nachricht vom Tode seines betagten Vaters bekam; von da an entwickelte sich volle und typische Angstneurose mit Agoraphobie; ferner ein junger Mann, der in dieselbe Neurose durch die Erregung über die Zwistigkeiten zwischen seiner jungen Frau und seiner Mutter verfiel und nach jedem neuen häuslichen Zank neuerdings agoraphobisch wurde; ein Student, der, einigermaßen verbummelt, die ersten Angstanfälle in einer Periode scharfer

Prüfungsarbeit unter dem Sporn väterlicher Ungnade produzierte;
eine selbst kinderlose Frau, die infolge der Angst um die Gesundheit einer kleinen Nichte erkrankte, u. dgl. m. An der Tatsache selbst, die Löwenfeld gegen mich verwertet, besteht
nicht der leiseste Zweifel.

Wohl aber an ihrer Deutung. Es fragt sich, soll man hier
ohneweiters auf das *post hoc ergo propter hoc* eingehen, sich
jede kritische Verarbeitung des Rohmaterials ersparen? Man kennt
ja Beispiele genug dafür, daß die letzte auslösende Ursache sich
vor der kritischen Analyse nicht als *causa efficiens* bewähren
konnte. Man denke an das Verhältnis von Trauma und Gicht
beispielsweise! Die Rolle des Traumas ist hier, bei der Provokation
eines Gichtanfalles in dem vom Trauma betroffenen Glied, wahrscheinlich keine andere, als sie in der Ätiologie der Tabes und
der Paralyse sein dürfte; nur scheint im Beispiel der Gicht bereits für jede Einsicht absurd, daß das Trauma die Gicht „verursacht" anstatt provoziert haben sollte. Man muß doch nachdenklich werden, wenn man ätiologische Momente solcher Art
— banale möchte ich sie nennen — in der Ätiologie der mannigfaltigsten Krankheitszustände antrifft. Gemütsbewegung, Schreck
ist auch solch ein banales Moment; Chorea, Apoplexie, Paralysis
agitans und was nicht alles sonst kann der Schreck geradeso
hervorrufen wie eine Angstneurose. Nun darf ich freilich nicht
weiter argumentieren, wegen dieser Ubiquität genügten die banalen Ursachen unseren Anforderungen nicht, es müßte außerdem spezifische Ursachen geben. Das hieße den Satz, den ich
erweisen will, vorwegnehmen. Ich bin aber berechtigt, folgenderart zu schließen: Wenn sich die nämliche spezifische Ursache
in der Ätiologie aller oder der allermeisten Fälle von Angstneurose nachweisen läßt, dann braucht sich unsere Auffassung
nicht dadurch beirren lassen, daß der Ausbruch der Krankheit
erst nach der Einwirkung des einen oder anderen banalen Moments, wie es Gemütsbewegung ist, erfolgt.

So war es nun in meinen Fällen von Angstneurose. Der Mann, der — rätselhafterweise — auf die Nachricht vom Tode seines Vaters erkrankte (ich mache diese Randglosse, weil dieser Tod nicht unerwartet und nicht unter ungewöhnlichen, erschütternden Umständen erfolgte), dieser Mann lebte seit elf Jahren im Coitus interruptus mit seiner Ehefrau, welche er meistens zu befriedigen trachtete; der junge Mann, der den Streitigkeiten zwischen seiner Frau und seiner Mutter nicht gewachsen war, hatte bei seiner jungen Frau von Anfang an das Zurückziehen geübt, um sich die Belastung mit Nachkommenschaft zu ersparen; der Student, der sich durch Überarbeitung eine Angstneurose zuzog anstatt der zu erwartenden Cerebrasthenie, unterhielt seit drei Jahren ein Verhältnis mit einem Mädchen, das er nicht schwängern durfte; die Frau, die, selbst kinderlos, über die Krankheit einer Nichte der Angstneurose verfiel, war mit einem impotenten Mann verheiratet und sexuell nie befriedigt worden u. dgl. Nicht alle diese Fälle sind gleich klar oder für meine These gleich gut beweisend; aber wenn ich sie an die sehr beträchtliche Anzahl von Fällen anreihe, in denen die Ätiologie nichts anderes als das spezifische Moment aufweist, fügen sie sich der von mir aufgestellten Lehre widerspruchslos ein und gestatten eine Erweiterung unseres ätiologischen Verständnisses über die bisher geltenden Grenzen.

Wenn mir jemand nachweisen will, daß ich in vorstehender Betrachtung die Bedeutung der banalen ätiologischen Momente ungebührlich zurückgesetzt habe, so muß er mir Beobachtungen entgegenhalten, in denen mein spezifisches Moment vermißt wird, also Fälle von Entstehung der Angstneurose nach psychischem Schock bei (im ganzen) normaler vita sexualis. Man urteile nun, ob der Fall von Löwenfeld diese Bedingung erfüllt Mein geehrter Gegner hat sich diese Anforderung offenbar nicht klar gemacht, sonst würde er uns über die vita sexualis seiner Patientin nicht so völlig im unklaren lassen. Ich will es beiseite lassen, daß der Fall einer dreißigjährigen Dame offenbar mit einer Hysterie kompliziert ist, an deren psychischer Ableitbarkeit ich am wenigsten zweifle; ich gebe die Angstneurose neben dieser Hysterie natürlich ohne Einspruch zu. Aber ehe ich einen Fall für oder gegen die Lehre von der sexuellen Ätiologie der Neurosen verwerte, muß ich das sexuelle Verhalten der Patientin eingehender als Löwenfeld hier studiert haben. Ich werde mich nicht mit dem Schlusse begnügen: da die Dame zur Zeit des psychischen Schocks kurz nach einer Entbindung war, dürfte der Coitus interruptus im letzten Jahre keine Rolle gespielt haben und somit sexuelle Noxen hier entfallen. Ich kenne Fälle von Angstneurose bei jährlich wiederholter Gravidität, weil (unglaublicherweise) von dem befruchtenden Koitus an jeder Verkehr eingestellt wurde, so daß die kinderreiche Frau all die Jahre über an Entbehrung litt. Es ist keinem Arzte unbekannt, daß Frauen von sehr wenig potenten Männern konzipieren, die nicht imstande sind, ihnen Befriedigung zu verschaffen, und endlich gibt es, womit gerade die Vertreter der Hereditätsätiologie rechnen sollten, Frauen genug, die mit einer kongenitalen Angstneurose behaftet sind, d. h. die eine solche vita sexualis mitbringen respektive ohne nachweisbare äußere Störung entwickeln, wie man sie sonst durch Coitus interruptus und ähnliche Noxen erwirbt. Bei einer Anzahl dieser Frauen kann man eine hysterische Erkrankung der Jugendjahre eruieren, seit welcher die vita sexualis gestört und eine Ablenkung der Sexualspannung vom Psychischen hergestellt ist. Frauen mit solcher Sexualität sind einer wirklichen Befriedigung selbst durch normalen Koitus unfähig und entwickeln Angstneurose entweder spontan oder nach dem Zutritt weiterer wirksamer Momente. Was von alledem mag in dem Falle Löwenfelds vorgelegen haben? Ich weiß es nicht, aber ich wiederhole, gegen mich beweisend ist dieser Fall nur, wenn die Dame, die auf einmaligen Schreck mit einer Angstneurose antwortet, sich vorher einer normalen vita sexualis erfreut hat.

Wir können unmöglich ätiologische Forschungen aus der Anamnese betreiben, wenn wir die Anamnese so hinnehmen, wie der Kranke sie gibt, oder uns mit dem begnügen, was er uns preisgeben will. Wenn die Syphilidologen die Zurückführung eines Initialaffekts an den Genitalien auf sexuellen Verkehr noch von der Aussage des Patienten abhängen ließen, würden sie eine ganz stattliche Anzahl von Schankern bei angeblich virginalen Individuen von Erkältung herleiten können, und die Gynäkologen fänden kaum Schwierigkeiten, das Wunder der Parthenogenesis an ihren unverheirateten Klientinnen zu bestätigen. Ich hoffe, es wird dereinst durchdringen, daß auch die Neuropathologen bei der Erhebung der Anamnese großer Neurosen von ähnlichen ätiologischen Vorurteilen ausgehen dürfen.

2) Ferner sagt Löwenfeld, er habe wiederholt Angstzustände auftauchen und verschwinden gesehen, wo eine Änderung im sexuellen Leben sicher nicht statthatte, dagegen andere Faktoren im Spiele waren.

Ganz dieselbe Erfahrung habe ich auch gemacht, ohne daß sie mich beirrt hätte. Auch ich habe die Angstzufälle durch psychische Behandlung, Allgemeinbesserung u. dgl. zum Schwinden gebracht. Ich habe natürlich daraus nicht geschlossen, daß der Mangel an Behandlung die Ursache der Angstanfälle war. Nicht etwa, daß ich Löwenfeld einen derartigen Schluß unterschieben wollte; ich will mit obiger scherzhafter Bemerkung nur andeuten, daß die Sachlage leicht kompliziert genug sein kann, um den Einwand von Löwenfeld völlig zu entwerten. Ich habe nicht schwer gefunden, die hier vorgebrachte Tatsache mit der Behauptung der spezifischen Ätiologie der Angstneurose zu vereinigen. Man wird mir gerne zugestehen, daß es ätiologisch wirksame Momente gibt, die, um ihre Wirkung zu üben, in einer gewissen Intensität (oder Quantität) und über einen gewissen Zeitraum wirken müssen, die sich also summieren; die Alkoholwirkung ist ein Vorbild für solche Verursachung durch

Summation. Demnach wird es einen Zeitraum geben dürfen, in dem die spezifische Ätiologie in ihrer Arbeit begriffen, aber deren Wirkung noch nicht manifest ist. Während solcher Zeit ist die Person noch nicht krank, aber sie ist zur bestimmten Erkrankung, in unserem Falle zur Angstneurose, disponiert, und nun wird der Zutritt einer banalen Noxe die Neurose auslösen können, geradeso wie eine weitere Steigerung in der Einwirkung der spezifischen Noxe. Man kann dies auch so ausdrücken: Es reicht nicht hin, daß das spezifische ätiologische Moment vorhanden ist, es muß auch ein bestimmtes Maß davon voll werden, und bei der Erreichung dieser Grenze kann eine Quantität spezifischer Noxe durch einen Betrag banaler Schädlichkeit ersetzt werden. Wird letzterer wieder weggenommen, so befindet man sich unterhalb einer Schwelle; die Krankheitserscheinungen treten wieder zurück. Die ganze Therapie der Neurosen beruht darauf, daß man die Gesamtbelastung des Nervensystems, welcher dieses erliegt, durch sehr verschiedenartige Beeinflussungen der ätiologischen Mischung unter die Schwelle bringen kann. Auf Fehlen oder Existenz einer spezifischen Ätiologie ist aus diesen Verhältnissen kein Schluß zu ziehen.

Das sind doch gewiß einwurfsfreie und gesicherte Erwägungen. Wem sie noch nicht genügen, der möge folgendes Argument auf sich wirken lassen. Nach der Ansicht Löwenfelds und so vieler anderer ist die Ätiologie der Angstzustände in der Heredität zu finden. Die Heredität ist nun gewiß einer Änderung entzogen; wenn Angstneurose durch Behandlung geheilt wird, sollte man nun mit Löwenfeld schließen dürfen, daß die Heredität nicht die Ätiologie enthalten kann.

Übrigens, ich hätte mir die Verteidigung gegen die beiden angeführten Einwände von Löwenfeld ersparen können, wenn mein geehrter Gegner meiner Arbeit selbst größere Aufmerksamkeit geschenkt hätte. Die beiden Einwendungen sind in meiner Arbeit selbst vorgesehen und beantwortet (S. 68 ff.)[1]; ich könnte

---

1) S. 538 ff. dieses Bandes.

die Ausführungen von dort hier nur wiederholen, ich habe mit Absicht selbst die nämlichen Krankheitsfälle hier neuerdings analysiert. Auch die ätiologischen Formeln, auf die ich eben vorhin Wert legte, sind im Texte meiner Abhandlung enthalten. Ich will sie hier nochmals wiederholen. Ich behaupte: **Es gibt für die Angstneurose ein spezifisches ätiologisches Moment, welches in seiner Wirkung von banalen Schädlichkeiten zwar quantitativ vertreten, aber nicht qualitativ ersetzt werden kann.** Ferner: **Dieses spezifische Moment bestimmt vor allem die Form der Neurose; ob eine neurotische Erkrankung überhaupt zustande kommt, hängt von der Gesamtbelastung des Nervensystems (im Verhältnis zu dessen Tragfähigkeit) ab.** In der Regel sind die Neurosen überdeterminiert, d. h. es wirken in ihrer Ätiologie mehrere Faktoren zusammen.

3) Um die Widerlegung der nächsten Bemerkungen Löwenfelds brauche ich mich weniger zu bemühen, da dieselben einerseits meiner Lehre wenig anhaben, anderseits Schwierigkeiten hervorheben, die ich als vorhanden anerkenne. Löwenfeld sagt: „Die Freudsche Theorie ist aber ganz und gar ungenügend, das Auftreten und Ausbleiben der Angstanfälle im einzelnen zu erklären. Wenn die Angstzustände, i. e. die Erscheinungen der Angstneurose, lediglich durch subkortikale Aufspeicherung der somatischen Sexualerregung und abnorme Verwendung derselben zustande kommen würden, so müßte jeder mit Angstzuständen Behaftete, so lange keine Änderungen in seinem sexuellen Leben eintreten, von Zeit zu Zeit einen Angstanfall haben, wie der Epileptische seinen Anfall von *grand* und *petit mal* hat. Dies ist aber, wie die alltägliche Erfahrung zeigt, durchaus nicht der Fall. Die Angstanfälle treten weit überwiegend nur bei bestimmten Anlässen ein; wenn der Patient diese meidet oder durch irgend eine Vorkehrung deren Einfluß zu paralysieren weiß, so bleibt er von Angstanfällen verschont, er mag dem Congressus interruplus oder der Abstinenz andauernd huldigen oder sich einer normalen vita sexualis erfreuen."

Darüber ist nun sehr viel zu sagen. Zunächst, daß Löwenfeld meiner Theorie eine Folgerung aufnötigt, die sie nicht zu akzeptieren braucht. Daß es bei der Aufspeicherung der somatischen Sexualerregung so zugehen müsse wie bei der Anhäufung des Reizes zum epileptischen Krampfe, ist eine allzu detaillierte Aufstellung, zu welcher ich keinen Anlaß gegeben habe, und ist nicht die einzige, die sich darbietet. Ich brauche nur anzunehmen, daß das Nervensystem ein gewisses Maß von somatischer Sexualerregung, auch wenn diese von ihrem Ziele abgelenkt sei, zu bewältigen vermöge, und daß Störungen nur dann entstehen, wenn das Quantum dieser Erregung eine plötzliche Steigerung erfährt, und die Anforderung Löwenfelds wäre beseitigt. Ich habe mich nicht getraut, meine Theorie nach dieser Richtung hin auszubauen, hauptsächlich darum, weil ich keine sicheren Stützpunkte auf dem Wege dahin zu finden erwartete. Ich will bloß andeuten, daß wir uns die Produktion von Sexualspannung nicht unabhängig von ihrer Verausgabung vorstellen dürfen, daß im normalen Sexualleben diese Produktion bei Anregung durch das Sexualobjekt sich wesentlich anders gestaltet als bei psychischer Ruhe u. dgl.

Zuzugeben ist, daß die Verhältnisse hier wohl anders liegen als bei epileptischer Krampfneigung, und daß sie aus der Theorie der Aufspeicherung somatischer Sexualerregung noch nicht im Zusammenhange abzuleiten sind.

Der weiteren Behauptung Löwenfelds, daß die Angstzustände nur bei gewissen Anlässen auftreten, bei deren Vermeidung sie ausbleiben, gleichgültig, welches die vita sexualis des Betreffenden sein mag, ist entgegenzuhalten, daß Löwenfeld hiebei offenbar nur die Angst der Phobien im Auge hat, wie auch die an die zitierte Stelle geknüpften Beispiele zeigen. Von den spontanen Angstanfällen, deren Inhalt Schwindel, Herzklopfen, Atemnot,

Zittern, Schweiß u. dgl. ist, spricht er gar nicht. Das Auftreten und Ausbleiben dieser Angstanfälle zu erklären, scheint meine Theorie aber keineswegs untüchtig. In einer ganzen Reihe solcher Fälle von Angstneurose ergibt sich nämlich wirklich der Anschein einer Periodizität des Auftretens von Angstzuständen ähnlich der bei Epilepsie beobachteten, nur daß hier der Mechanismus dieser Periodizität durchsichtiger wird. Bei näherer Erforschung findet man nämlich mit großer Regelmäßigkeit einen aufregenden sexuellen Vorgang auf (d. h. einen solchen, der imstande ist, somatische Sexualspannung zu entbinden), an welchen sich mit Einhaltung eines bestimmten, oft ganz konstanten Zeitintervalls der Angstanfall anschließt. Diese Rolle spielen bei abstinenten Frauen die menstruale Erregung, die gleichfalls periodisch wiederkehrenden nächtlichen Pollutionen, vor allem der (in seiner Unvollständigkeit schädliche) sexuelle Verkehr selbst, der diesen seinen Wirkungen, den Angstanfällen, die eigene Periodizität überträgt. Kommen Angstanfälle, welche die gewohnte Periodizität durchbrechen, so gelingt es zumeist, sie auf eine Gelegenheitsursache von seltenerem und unregelmäßigem Vorkommen zurückzuführen, ein vereinzeltes sexuelles Erlebnis, Lektüre, Schaustellung u. dgl. Das Intervall, das ich erwähnt habe, beträgt einige Stunden bis zu zwei Tagen; es ist dasselbe, mit welchem bei anderen Personen auf dieselben Veranlassungen hin die bekannte Sexualmigräne auftritt, die ihre sicheren Beziehungen zum Symptomenkomplex der Angstneurose hat.

Daneben gibt es reichlich Fälle, in denen der einzelne Angstzustand durch das Hinzutreten eines banalen Moments, durch Aufregung beliebiger Art, provoziert wird. Es gilt also für die Ätiologie des einzelnen Angstanfalles dieselbe Vertretung wie für die Verursachung der ganzen Neurose. Daß die Angst der Phobien anderen Bedingungen folgt, ist nicht sehr verwunderlich; die Phobien haben ein komplizierteres Gefüge als die einfach somatischen Angstanfälle. Bei ihnen ist die Angst mit einem bestimmten

Vorstellungs- oder Wahrnehmungsinhalt verknüpft, und die Erweckung dieses psychischen Inhalts ist die Hauptbedingung für das Auftreten dieser Angst. Die Angst wird dann „entbunden", ähnlich wie z. B. die Sexualspannung durch die Erweckung libidinöser Vorstellungen; aber dieser Vorgang ist allerdings in seinem Zusammenhange mit der Theorie der Angstneurose noch nicht aufgeklärt. Ich sehe nicht ein, weshalb ich streben sollte, Lücken und Schwächen meiner Theorie zu verbergen. Die Hauptsache an dem Problem der Phobien scheint mir zu sein, daß Phobien bei normaler vita sexualis — d. i. bei Nichterfüllung der spezifischen Bedingung von Störung der vita sexualis im Sinne einer Ablenkung des Somatischen vom Psychischen — überhaupt nicht zustande kommen. Mag sonst am Mechanismus der Phobien noch so vieles dunkel sein, meine Lehre ist erst widerlegt, wenn man mir Phobien bei normaler vita sexualis oder selbst bei nicht spezifisch bestimmter Störung derselben nachweist.

4) Ich übergehe nun zu einer Bemerkung, die ich meinem geehrten Herrn Kritiker nicht unwidersprochen lassen darf.

Ich hatte in meiner Mitteilung über die Angstneurose (l. c. S. 325) geschrieben:

„In manchen Fällen von Angstneurose läßt sich eine Ätiologie überhaupt nicht erkennen. Es ist bemerkenswert, daß in solchen Fällen der Nachweis einer schweren hereditären Belastung selten auf Schwierigkeiten stößt."

„Wo man aber Grund hat, die Neurose für eine erworbene zu halten, da findet man bei sorgfältigem, dahin zielendem Examen als ätiologisch wirksame Momente eine Reihe von Schädlichkeiten und Einflüssen aus dem Sexualleben..." Löwenfeld druckt diese Stelle ab und knüpft an sie folgende Glosse: „Als ‚erworben' scheint demnach F. die Neurose immer zu betrachten, wenn Gelegenheitsursachen derselben aufzufinden sind."

Wenn sich dieser Sinn zwanglos aus meinem Texte ableiten läßt, so gibt letzterer meinem Gedanken sehr entstellten Ausdruck.

Ich mache darauf aufmerksam, daß ich vorhin in der Wertschätzung der Gelegenheitsursachen mich weit strenger als Löwenfeld erwiesen habe. Sollte ich die Meinung meiner Sätze selbst erläutern, so würde ich es tun, indem ich nach der Bedingung: Wo man aber Grund hat, die Neurose für eine erworbene zu halten..., einschalte: weil der (im vorigen Satz erwähnte) Nachweis hereditärer Belastung nicht gelingt. Der Sinn ist: Ich halte den Fall für einen erworbenen, in dem sich Heredität nicht nachweisen läßt. Ich benehme mich dabei wie alle Welt, vielleicht mit dem kleinen Unterschiede, daß andere den Fall auch dann für hereditär bedingt erklären, wo Heredität nicht besteht, so daß sie die ganze Kategorie erworbener Neurosen übersehen. Dieser Unterschied aber läuft zu meinen Gunsten. Ich gestehe jedoch zu, daß ich solches Mißverständnis durch die Redewendung im ersten Satze: „es läßt sich eine Ätiologie überhaupt nicht erkennen", selbst verschuldet habe. Ich werde sicherlich auch von anderer Seite zu hören bekommen, ich schaffe mir mit der Suche nach den spezifischen Ursachen der Neurosen überflüssige Mühe. Die wirkliche Ätiologie der Angstneurosen wie der Neurosen überhaupt sei ja bekannt, es sei die Heredität, und zwei wirkliche Ursachen könnten nebeneinander nicht bestehen. Die ätiologische Rolle der Heredität leugnete ich wohl nicht? Dann aber seien alle anderen Ätiologien — Gelegenheitsursachen und einander gleichwertig oder gleich minderwertig.

Ich teile diese Anschauung über die Rolle der Heredität nicht, und da ich gerade dieses Thema in meiner kurzen Mitteilung über die Angstneurose am wenigsten gewürdigt habe, will ich versuchen, hier etwas vom Unterlassenen nachzuholen und den Eindruck zu verwischen, als hätte ich mich bei der Abfassung meiner Arbeit nicht um alle zugehörigen Rätselfragen gemüht.

Ich glaube, man ermöglicht sich eine Darstellung der wahrscheinlich sehr komplizierten ätiologischen Verhältnisse, die in der

Pathologie der Neurosen obwalten, wenn man sich folgende ätiologische Begriffe festlegt:

a) Bedingung, *b)* spezifische Ursache, *c)* konkurrierende Ursache und, als den vorigen nicht gleichwertigen Terminus, *d)* Veranlassung oder auslösende Ursache.

Um allen Möglichkeiten zu genügen, nehme man an, es handle sich um ätiologische Momente, die einer quantitativen Veränderung, also der Steigerung oder Verringerung fähig sind.

Läßt man sich die Vorstellung einer mehrgliedrigen ätiologischen Gleichung gefallen, die erfüllt sein muß, wenn der Effekt zustande kommen soll, so charakterisiert sich als Veranlassung oder auslösende Ursache diejenige, welche zuletzt in die Gleichung eintritt, so daß sie dem Erscheinen des Effekts unmittelbar vorhergeht. Nur dieses zeitliche Moment macht das Wesen der Veranlassung aus, jede der andersartigen Ursachen kann im Einzelfalle auch die Rolle der Veranlassung spielen; in derselben ätiologischen Häufung kann diese Rolle wechseln.

Als Bedingungen sind solche Momente zu bezeichnen, bei deren Abwesenheit der Effekt nie zustande käme, die aber für sich allein auch unfähig sind, den Effekt zu erzeugen, sie mögen in noch so großem Ausmaße vorhanden sein. Es fehlt dazu noch die spezifische Ursache.

Als spezifische Ursache gilt diejenige, die in keinem Falle von Verwirklichung des Effekts vermißt wird, und die in entsprechender Quantität oder Intensität auch hinreicht, den Effekt zu erzielen, wenn nur noch die Bedingungen erfüllt sind.

Als konkurrierende Ursachen darf man solche Momente auffassen, welche weder jedesmal vorhanden sein müssen, noch imstande sind, in beliebigem Ausmaße ihrer Wirkung für sich allein den Effekt zu erzeugen, welche aber neben den Bedingungen und der spezifischen Ursache zur Erfüllung der ätiologischen Gleichung mitwirken.

Die Besonderheit der konkurrierenden oder Hilfsursachen scheint klar; wie unterscheidet man aber Bedingungen und spezifische

Ursachen, da sie beide unentbehrlich und doch keines von ihnen allein zur Verursachung genügend sind? Da scheint denn folgendes Verhalten eine Entscheidung zu gestatten. Unter den „notwendigen Ursachen" findet man mehrere, die auch in den ätiologischen Gleichungen vieler anderer Effekte wiederkehren, daher keine besondere Beziehung zum einzelnen Effekt verraten; eine dieser Ursachen aber stellt sich den anderen gegenüber, dadurch, daß sie in keiner anderen oder in sehr wenigen ätiologischen Formeln aufzufinden ist, und diese hat den Anspruch, spezifische Ursache des betreffenden Effekts zu heißen. Ferner sondern sich Bedingungen und spezifische Ursache besonders deutlich in solchen Fällen, in denen die Bedingungen den Charakter von lange bestehenden und wenig veränderlichen Zuständen haben, die spezifische Ursache einem rezent einwirkenden Faktor entspricht.

Ich will ein Beispiel für dieses vollständige ätiologische Schema versuchen:

Effekt: Phthisis pulmonum.

Bedingung: Disposition, meist hereditär durch Organbeschaffenheiten gegeben.

Spezifische Ursache: Der Bazillus Kochii.

Hilfsursachen: Alles Depotenzierende: Gemütsbewegungen wie Eiterungen oder Erkältungen.

Das Schema für die Ätiologie der Angstneurose scheint mir ähnlich zu lauten:

Bedingung: Heredität.

Spezifische Ursache: Ein sexuelles Moment im Sinne einer Ablenkung der Sexualspannung vom Psychischen.

Hilfsursachen: Alle banalen Schädigungen: Gemütsbewegung, Schreck, wie physische Erschöpfung durch Krankheit oder Überleistung.

Wenn ich diese ätiologische Formel für die Angstneurose im einzelnen diskutiere, kann ich noch folgende Bemerkungen hinzufügen: Ob eine besondere persönliche Beschaffenheit (die nicht hereditär bezeugt zu sein brauchte) für die Angstneurose unbedingt erfordert wird, oder ob jeder normale Mensch durch etwaige quantitative Steigerung des spezifischen Momentes zur Angstneurose gebracht werden kann, weiß ich nicht sicher zu entscheiden, neige aber sehr zur letzteren Meinung. — Die hereditäre Disposition ist die wichtigste Bedingung der Angstneurose, aber keine unentbehrliche, da sie in einer Reihe von Grenzfällen vermißt wird. — Das spezifische sexuelle Moment wird in der übergroßen Zahl der Fälle mit Sicherheit nachgewiesen, in einer Reihe von Fällen (kongenitalen) sondert es sich von der Bedingung der Heredität nicht ab, sondern ist durch diese miterfüllt, d. h. die Kranken bringen jene Besonderheit der vita sexualis als Stigma mit (die psychische Unzulänglichkeit zur Bewältigung der somatischen Sexualspannung), über welche sonst der Weg zur Erwerbung der Neurose führt; in einer anderen Reihe von Grenzfällen ist die spezifische Ursache in einer konkurrierenden enthalten, wenn nämlich die besagte psychische Unzulänglichkeit durch Erschöpfung u. dgl. zustande kommt. Alle diese Fälle bilden fließende Reihen, nicht abgesonderte Kategorien; durch alle zieht sich indes das ähnliche Verhalten im Schicksal der Sexualspannung, und für die meisten gilt die Sonderung von Bedingung, spezifischer und Hilfsursache, konform der oben gegebenen Auflösung der ätiologischen Gleichung.

Ich kann, wenn ich meine Erfahrungen danach befrage, ein gegensätzliches Verhalten von hereditärer Disposition und spezifischem sexuellem Moment für die Angstneurose nicht auffinden. Im Gegenteil, die beiden ätiologischen Faktoren unterstützen und ergänzen einander. Das sexuelle Moment wirkt meistens nur bei jenen Personen, die eine hereditäre Belastung mit dazu bringen; die Heredität allein ist meistens nicht imstande, eine Angstneurose zu erzeugen, sondern wartet auf das Eintreffen eines genügenden Maßes der spezifischen sexuellen Schädlichkeit. Die Konstatierung der Heredität überhebt darum nicht der Suche nach einem spezifischen Moment, an dessen Auffindung sich übrigens auch alles therapeutische Interesse knüpft. Denn was will man therapeutisch mit der Heredität als Ätiologie anfangen? Sie hat seit jeher bei dem Kranken bestanden und wird bis an dessen Ende weiter bestehen. Sie ist an und für sich weder geeignet, das episodische Auftreten einer Neurose, noch deren Aufhören durch Behandlung verstehen zu lassen. Sie ist nichts als eine Bedingung der Neurose, eine unsäglich wichtige zwar, aber doch eine zum Schaden der Therapie und des theoretischen Verständnisses überschätzte. Man denke nur, um sich durch den Kontrast der Tatsachen überzeugen zu lassen, an die Fälle von familiären Nervenkrankheiten (Chorea chronica, Thomsensche Krankheit u. dgl.), in denen die Heredität alle ätiologischen Bedingungen in sich vereinigt.

Ich möchte zum Schlusse die wenigen Sätze wiederholen, durch welche ich in erster Annäherung an die Wirklichkeit die gegenseitigen Beziehungen der verschiedenen ätiologischen Faktoren auszudrücken pflege:

1) Ob überhaupt eine neurotische Erkrankung zustande kommt, hängt von einem quantitativen Faktor ab, von der Gesamtbelastung des Nervensystems im Verhältnis zu dessen Resistenzfähigkeit. Alles was diesen Faktor unter einem gewissen Schwellenwert halten oder dahin zurückbringen kann, hat therapeutische Wirksamkeit, indem es die ätiologische Gleichung unerfüllt läßt.

Was man unter „Gesamtbelastung", was man unter „Resistenzfähigkeit" des Nervensystems zu verstehen habe, das ließe sich mit Zugrundelegung gewisser Hypothesen über die Nervenfunktion wohl deutlicher ausführen.

2) Welchen Umfang die Neurose erreicht, das hängt in erster Linie von dem Maß hereditärer Belastung ab. Die Heredität wirkt wie ein in den Stromkreis eingeschalteter Multiplikator, der den Ausschlag der Nadel um das Vielfache vergrößert.

3) Welche Form aber die Neurose annimmt, — den Sinn des Ausschlages — dies bestimmt allein das aus dem Sexualleben stammende spezifische ätiologische Moment.

Ich hoffe, daß im ganzen, obwohl ich mir der vielen noch unerledigten Schwierigkeiten des Gegenstandes bewußt bin, meine Aufstellung der Angstneurose sich für das Verständnis der Neurosen fruchtbarer erweisen wird, als Löwenfelds Versuch, denselben Tatsachen Rechnung zu tragen durch die Konstatierung „einer Verknüpfung neurasthenischer und hysterischer Symptome in Anfallsform".

Wien, anfangs Mai 1895.

WEITERE BEMERKUNGEN ÜBER DIE ABWEHR-NEUROPSYCHOSEN

WEITERE BEMERKUNGEN ÜBER DIE ABWEHR-NEUROPSYCHOSEN

Als „Abwehr-Neuropsychosen" habe ich 1894 in einem kleinen Aufsatze (Neurologisches Zentralblatt, Nr. 10 und 11) Hysterie, Zwangsvorstellungen, sowie gewisse Fälle von akuter halluzinatorischer Verworrenheit zusammengefaßt, weil sich für diese Affektionen der gemeinsame Gesichtspunkt ergeben hatte, ihre Symptome entstünden durch den psychischen Mechanismus der (unbewußten) Abwehr, d. h. bei dem Versuche, eine unverträgliche Vorstellung zu verdrängen, die in peinlichen Gegensatz zum Ich der Kranken getreten war. An einzelnen Stellen eines seither erschienenen Buches „Studien über Hysterie" von Dr. J. Breuer und mir, habe ich dann erläutern und an Krankenbeobachtungen darlegen können, in welchem Sinne dieser psychische Vorgang der „Abwehr" oder „Verdrängung" zu verstehen ist. Ebendaselbst finden sich auch Angaben über die mühselige, aber vollkommen verläßliche Methode der Psychoanalyse, deren ich mich bei diesen Untersuchungen, die gleichzeitig eine Therapie darstellen, bediene.

Meine Erfahrungen in den beiden letzten Arbeitsjahren haben mich nun in der Neigung bestärkt, die Abwehr zum Kernpunkt im psychischen Mechanismus der erwähnten Neurosen zu machen, und haben mir anderseits gestattet, der psychologischen Theorie eine klinische Grundlage zu geben. Ich bin zu meiner eigenen Überraschung auf einige einfache, aber eng umschriebene Lösungen der Neurosenprobleme gestoßen, über die ich auf den nachfolgenden Seiten vorläufig und in Kürze berichten will. Ich kann es mit dieser Art der Mitteilung nicht vereinen, den Behauptungen die Beweise anzufügen, deren sie bedürfen, hoffe aber, diese Verpflichtung in einer ausführlichen Darstellung einlösen zu können.

I

Die „spezifische" Ätiologie der Hysterie

Daß die Symptome der Hysterie erst durch Zurückführung auf „traumatisch" wirksame Erlebnisse verständlich werden, und daß diese psychischen Traumen sich auf das Sexualleben beziehen, ist von Breuer und mir bereits in früheren Veröffentlichungen ausgesprochen worden. Was ich heute als einförmiges Ergebnis meiner an 13 Fällen von Hysterie durchgeführten Analysen hinzuzufügen habe, betrifft einerseits die Natur dieser sexuellen Traumen, anderseits die Lebensperiode, in der sie vorfallen. Es reicht für die Verursachung der Hysterie nicht hin, daß zu irgend einer Zeit des Lebens ein Erlebnis auftrete, welches das Sexualleben irgendwie streift und durch die Entbindung und Unterdrückung eines peinlichen Affekts pathogen wird. Es müssen vielmehr diese sexuellen Traumen der frühen Kindheit (der Lebenszeit vor der Pubertät) angehören, und ihr Inhalt muß in wirklicher Irritation der Genitalien (koitusähnlichen Vorgängen) bestehen.

Diese spezifische Bedingung der Hysterie — sexuelle Passivität in vorsexuellen Zeiten — fand ich in allen analysierten

Fällen von Hysterie (darunter zwei Männer) erfüllt. Wie sehr die Anforderung an hereditäre Disposition durch solche Bedingtheit der akzidentellen ätiologischen Momente verringert wird, bedarf nur der Andeutung; ferner eröffnet sich ein Verständnis für die ungleich größere Häufigkeit der Hysterie beim weiblichen Geschlecht, da dieses auch im Kindesalter eher zu sexuellen Angriffen reizt.

Die nächstliegendsten Einwendungen gegen dieses Resultat dürften lauten, daß sexuelle Angriffe gegen kleine Kinder zu häufig vorfallen, als daß ihrer Konstatierung ein ätiologischer Wert zukäme, oder daß solche Erlebnisse gerade darum wirkungslos bleiben müssen, weil sie ein sexuell unentwickeltes Wesen betreffen; ferner daß man sich hüten müsse, derlei angebliche Reminiszenzen den Kranken durchs Examen aufzudrängen, oder an die Romane, die sie selbst erdichten, zu glauben. Den letzteren Einwendungen ist die Bitte entgegenzuhalten, daß doch niemand allzu sicher auf diesem dunklen Gebiete urteilen möge, der sich noch nicht der einzigen Methode bedient hat, welche es zu erhellen vermag (der Psychoanalyse zur Bewußtmachung des bisher Unbewußten).[1] Das Wesentliche an den ersteren Zweifeln erledigt sich durch die Bemerkung, daß ja nicht die Erlebnisse selbst traumatisch wirken, sondern deren Wiederbelebung als E r i n n e r u n g, nachdem das Individuum in die sexuelle Reife eingetreten ist.

Meine dreizehn Fälle von Hysterie waren durchwegs von schwerer Art, alle mit vieljähriger Krankheitsdauer, einige nach längerer und erfolgloser Anstaltsbehandlung. Die Kindertraumen, welche die Analyse für diese schweren Fälle aufdeckte, mußten sämtlich als schwere sexuelle Schädigungen bezeichnet werden; gelegentlich waren es geradezu abscheuliche Dinge. Unter den Per-

---

[1] Ich vermute selbst, daß die so häufigen Attentatsdichtungen der Hysterischen Zwangsdichtungen sind, die von der Erinnerungsspur des Kindertraumas ausgehen.

sonen, welche sich eines solchen folgenschweren Abusus schuldig machten, stehen obenan Kinderfrauen, Gouvernanten und andere Dienstboten, denen man allzu sorglos die Kinder überläßt, ferner sind in bedauerlicher Häufigkeit lehrende Personen vertreten; in sieben von jenen dreizehn Fällen handelte es sich aber auch um schuldlose kindliche Attentäter, meist Brüder, die mit ihren um wenig jüngeren Schwestern Jahre hindurch sexuelle Beziehungen unterhalten hatten. Der Hergang war wohl jedesmal ähnlich, wie man ihn in einzelnen Fällen mit Sicherheit verfolgen konnte, daß nämlich der Knabe von einer Person weiblichen Geschlechts mißbraucht worden war, daß dadurch in ihm vorzeitig die Libido geweckt wurde, und daß er dann einige Jahre später in sexueller Aggression gegen seine Schwester genau die nämlichen Prozeduren wiederholte, denen man ihn selbst unterzogen hatte.

Aktive Masturbation muß ich aus der Liste der für Hysterie pathogenen sexuellen Schädlichkeiten des frühen Kindesalters ausschließen. Wenn diese doch so häufig neben der Hysterie gefunden wird, so rührt dies von dem Umstande her, daß die Masturbation selbst weit häufiger, als man meint, die Folge des Mißbrauches oder der Verführung ist. Gar nicht selten erkranken beide Teile des kindlichen Paares später an Abwehrneurosen, der Bruder an Zwangsvorstellungen, die Schwester an Hysterie, was natürlich den Anschein einer familiären neurotischen Disposition ergibt. Diese Pseudoheredität löst sich aber mitunter auf überraschende Weise; in einer meiner Beobachtungen waren Bruder, Schwester und ein etwas älterer Vetter krank. Aus der Analyse, die ich mit dem Bruder vornahm, erfuhr ich, daß er an Vorwürfen darüber litt, daß er die Krankheit der Schwester verschuldet; ihn selbst hatte der Vetter verführt, und von diesem war in der Familie bekannt, daß er das Opfer seiner Kinderfrau geworden war.

Die obere Altersgrenze, bis zu welcher sexuelle Schädigung in die Ätiologie der Hysterie fällt, kann ich nicht sicher angeben;

ich zweifle aber, ob sexuelle Passivität nach dem achten bis zehnten Jahre Verdrängung ermöglichen kann, wenn sie nicht durch vorherige Erlebnisse dazu befähigt wird. Die untere Grenze reicht so weit als das Erinnern überhaupt, also bis ins zarte Alter von eineinhalb oder zwei Jahren! (Zwei Fälle.) In einer Anzahl meiner Fälle ist das sexuelle Trauma (oder die Reihe von Traumen) im dritten und vierten Lebensjahre enthalten. Ich würde diesen sonderbaren Funden selbst nicht Glauben schenken, wenn sie sich nicht durch die Ausbildung der späteren Neurose volle Vertrauenswürdigkeit verschaffen würden. In jedem Falle ist eine Summe von krankhaften Symptomen, Gewohnheiten und Phobien nur durch das Zurückgehen auf jene Kindererlebnisse erklärlich, und das logische Gefüge der neurotischen Äußerungen macht eine Ablehnung jener aus dem Kinderleben auftauchenden, getreu bewahrten Erinnerungen unmöglich. Es wäre freilich vergebens, diese Kindertraumen einem Hysterischen außerhalb der Psychoanalyse abfragen zu wollen; ihre Spur ist niemals im bewußten Erinnern, nur in den Krankheitssymptomen aufzufinden.

Alle die Erlebnisse und Erregungen, welche in der Lebensperiode nach der Pubertät den Ausbruch der Hysterie vorbereiten oder veranlassen, wirken nachweisbar nur dadurch, daß sie die Erinnerungsspur jener Kindheitstraumen erwecken, welche dann nicht bewußt wird, sondern zur Affektentbindung und Verdrängung führt. Es steht mit dieser Rolle der späteren Traumen in gutem Einklange, daß sie nicht der strengen Bedingtheit der Kindertraumen unterliegen, sondern nach Intensität und Beschaffenheit variieren können, von wirklicher sexueller Überwältigung bis zu bloßen sexuellen Annäherungen und zur Sinneswahrnehmung sexueller Akte bei anderen oder Aufnahme von Mitteilungen über geschlechtliche Vorgänge.[1]

---

[1] In einem Aufsatze über die Angstneurose (Neurologisches Zentralblatt, 1895, Nr. 2) [S. 315 dieses Bandes] erwähnte ich, daß „ein erstes Zusammentreffen mit dem sexuellen Problem bei heranreifenden Mädchen eine Angstneurose hervorrufen

In meiner ersten Mitteilung über die Abwehrneurosen blieb es unaufgeklärt, wieso das Bestreben der bis dahin Gesunden, ein solches traumatisches Erlebnis zu vergessen, den Erfolg haben könne, die beabsichtigte Verdrängung wirklich zu erzielen und damit der Abwehrneurose das Tor zu öffnen. An der Natur des Erlebnisses konnte es nicht liegen, da andere Personen trotz der gleichen Anlässe gesund blieben. Es konnte also die Hysterie nicht aus der Wirkung des Traumas voll erklärt werden; man mußte zugestehen, daß die Fähigkeit zur hysterischen Reaktion schon vor dem Trauma bestanden hatte.

An Stelle dieser unbestimmten hysterischen Disposition kann nun ganz oder teilweise die posthume Wirkung des sexuellen Kindertraumas treten. Die „Verdrängung" der Erinnerung an ein peinliches sexuelles Erlebnis reiferer Jahre gelingt nur solchen Personen, bei denen dies Erlebnis die Erinnerungsspur eines Kindertraumas zur Wirkung bringen kann.¹

---

kann, die in fast typischer Weise mit Hysterie kombiniert ist". Ich weiß heute, daß die Gelegenheit, bei welcher solche virginale Angst ausbricht, eben nicht dem ersten Zusammentreffen mit der Sexualität entspricht, sondern daß bei diesen Personen ein Erlebnis sexueller Passivität in den Kinderjahren vorhergegangen ist, dessen Erinnerung bei dem „ersten Zusammentreffen" geweckt wird.

1) Eine psychologische Theorie der Verdrängung müßte auch Auskunft darüber geben, warum nur Vorstellungen sexuellen Inhaltes verdrängt werden können. Sie darf von folgenden Andeutungen ausgehen: Das Vorstellen sexuellen Inhaltes erzeugt bekanntlich ähnliche Erregungsvorgänge in den Genitalien wie das sexuelle Erleben selbst. Man darf annehmen, daß diese somatische Erregung sich in psychische umsetzt. In der Regel ist die diesbezügliche Wirkung beim Erlebnisse viel stärker als bei der Erinnerung daran. Wenn aber das sexuelle Erlebnis in die Zeit sexueller Unreife fällt, die Erinnerung daran während oder nach der Reife erweckt wird, dann wirkt die Erinnerung ungleich stärker erregend als seinerzeit das Erlebnis, denn inzwischen hat die Pubertät die Reaktionsfähigkeit des Sexualapparats in unvergleichbarem Maße gesteigert. Ein solches umgekehrtes Verhältnis zwischen realem Erlebnis und Erinnerung scheint aber die psychologische Bedingung einer Verdrängung zu enthalten. Das Sexualleben bietet — durch die Verspätung der Pubertätsreife gegen die psychischen Funktionen — die einzig vorkommende Möglichkeit für jene Umkehrung der relativen Wirksamkeit. Die Kindertraumen wirken nachträglich wie frische Erlebnisse, dann aber unbewußt. Weitergehende psychologische Erörterungen müßte ich auf ein anderes Mal verschieben. — Ich bemerke noch, daß die hier in Betracht kommende Zeit der „sexuellen Reifung" nicht mit der Pubertät zusammenfällt, sondern vor dieselbe (achtes bis zehntes Jahr).

Zwangsvorstellungen haben gleichfalls ein sexuelles Kindererlebnis (anderer Natur als bei Hysterie) zur Voraussetzung. Die Ätiologie der beiden Abwehr-Neuropsychosen bietet nun folgende Beziehung zur Ätiologie der beiden einfachen Neurosen, Neurasthenie und Angstneurose. Die beiden letzteren Affektionen sind unmittelbare Wirkungen der sexuellen Noxen selbst, wie ich es in einem Aufsatze über die Angstneurose 1895 dargelegt habe; die beiden Abwehrneurosen sind mittelbare Folgen sexueller Schädlichkeiten, die vor Eintritt der Geschlechtsreife eingewirkt haben, nämlich Folgen der psychischen Erinnerungsspuren an diese Noxen. Die aktuellen Ursachen, welche Neurasthenie und Angstneurose erzeugen, spielen häufig gleichzeitig die Rolle von erweckenden Ursachen für die Abwehrneurosen; anderseits können die spezifischen Ursachen der Abwehrneurose, die Kindertraumen, gleichzeitig den Grund für die später sich entwickelnde Neurasthenie legen. Endlich ist auch der Fall nicht selten, daß eine Neurasthenie oder Angstneurose anstatt durch aktuelle sexuelle Schädlichkeiten nur durch fortwirkende Erinnerung an Kindertraumen in ihrem Bestande erhalten wird.[1]

II

Wesen und Mechanismus der Zwangsneurose

In der Ätiologie der Zwangsneurose haben sexuelle Erlebnisse der frühen Kinderzeit dieselbe Bedeutung wie bei Hysterie, doch handelt es sich hier nicht mehr um sexuelle Passivität, sondern

---

1) [*Zusatz 1924:*] Dieser Abschnitt steht unter der Herrschaft eines Irrtums, den ich seither wiederholt bekannt und korrigiert habe. Ich verstand es damals noch nicht, die Phantasien der Analysierten über ihre Kinderjahre von realen Erinnerungen zu unterscheiden. Infolgedessen schrieb ich dem ätiologischen Moment der Verführung eine Bedeutsamkeit und Allgemeingültigkeit zu, die ihm nicht zukommen. Nach der Überwindung dieses Irrtums eröffnete sich der Einblick in die spontanen Äußerungen der kindlichen Sexualität, die ich in den „Drei Abhandlungen zur Sexualtheorie", 1905, beschrieben habe. Doch ist nicht alles im obigen Text Enthaltene zu verwerfen; der Verführung bleibt eine gewisse Bedeutung für die Ätiologie gewahrt und manche psychologische Ausführungen halte ich auch heute noch für zutreffend.

um mit Lust ausgeführte Aggressionen und mit Lust empfundene Teilnahme an sexuellen Akten, also um sexuelle Aktivität. Mit dieser Differenz der ätiologischen Verhältnisse hängt es zusammen, daß bei der Zwangsneurose das männliche Geschlecht bevorzugt erscheint.

Ich habe übrigens in all meinen Fällen von Zwangsneurose einen Untergrund von hysterischen Symptomen gefunden, die sich auf eine der Lusthandlung vorhergehende Szene sexueller Passivität zurückführen ließen. Ich vermute, daß dieses Zusammentreffen ein gesetzmäßiges ist, und daß vorzeitige sexuelle Aggression stets ein Erlebnis von Verführung voraussetzt. Ich kann aber gerade von der Ätiologie der Zwangsneurose noch keine abgeschlossene Darstellung geben; es macht mir nur den Eindruck, als hinge die Entscheidung darüber, ob auf Grund der Kindertraumen Hysterie oder Zwangsneurose entstehen soll, mit den zeitlichen Verhältnissen der Entwicklung von Libido zusammen.

Das Wesen der Zwangsneurose läßt sich in einer einfachen Formel aussprechen: Zwangsvorstellungen sind jedesmal verwandelte, aus der Verdrängung wiederkehrende Vorwürfe, die sich immer auf eine sexuelle, mit Lust ausgeführte Aktion der Kinderzeit beziehen. Zur Erläuterung dieses Satzes ist es notwendig, den typischen Verlauf einer Zwangsneurose zu beschreiben.

In einer ersten Periode — Periode der kindlichen Immoralität — fallen die Ereignisse vor, welche den Keim der späteren Neurose enthalten. Zuerst in frühester Kindheit die Erlebnisse sexueller Verführung, welche später die Verdrängung ermöglichen, sodann die Aktionen sexueller Aggression gegen das andere Geschlecht, welche später als Vorwurfshandlungen erscheinen.

Dieser Periode wird ein Ende bereitet durch den — oft selbst verfrühten — Eintritt der sexuellen „Reifung". Nun knüpft sich an die Erinnerung jener Lustaktionen ein Vorwurf, und der Zusammenhang mit dem initialen Erlebnisse von Passivität ermöglicht es — oft erst nach bewußter und erinnerter Anstrengung —

diesen zu verdrängen und durch ein primäres Abwehrsymptom zu ersetzen. Gewissenhaftigkeit, Scham, Selbstmißtrauen sind solche Symptome, mit denen die dritte Periode, die der scheinbaren Gesundheit, eigentlich der gelungenen Abwehr, beginnt. Die nächste Periode, die der Krankheit, ist ausgezeichnet durch die Wiederkehr der verdrängten Erinnerungen, also durch das Mißglücken der Abwehr, wobei es unentschieden bleibt, ob die Erweckung derselben häufiger zufällig und spontan oder infolge aktueller sexueller Störungen gleichsam als Nebenwirkung derselben erfolgt. Die wiederbelebten Erinnerungen und die aus ihnen gebildeten Vorwürfe treten aber niemals unverändert ins Bewußtsein ein, sondern was als Zwangsvorstellung und Zwangsaffekt bewußt wird, die pathogene Erinnerung für das bewußte Leben substituiert, sind Kompromißbildungen zwischen den verdrängten und den verdrängenden Vorstellungen.

Um die Vorgänge der Verdrängung, der Wiederkehr des Verdrängten und der Bildung der pathologischen Kompromißvorstellungen anschaulich und wahrscheinlich zutreffend zu beschreiben, müßte man sich zu ganz bestimmten Annahmen über das Substrat des psychischen Geschehens und des Bewußtseins entschließen. So lange man dies vermeiden will, muß man sich mit folgenden, eher bildlich verstandenen Bemerkungen bescheiden: Es gibt zwei Formen der Zwangsneurose, je nachdem allein der Erinnerungsinhalt der Vorwurfshandlung sich den Eingang ins Bewußtsein erzwingt oder auch der an sie geknüpfte Vorwurfsaffekt. Der erstere Fall ist der der typischen Zwangsvorstellungen, bei denen der Inhalt die Aufmerksamkeit des Kranken auf sich zieht, als Affekt nur eine unbestimmte Unlust empfunden wird, während zum Inhalt der Zwangsvorstellung nur der Affekt des Vorwurfs passen würde. Der Inhalt der Zwangsvorstellung ist gegen den der Zwangshandlung im Kindesalter in zweifacher Weise entstellt: erstens, indem etwas Aktuelles an die Stelle des Vergangenen gesetzt ist, zweitens, indem das Sexuelle durch Analoges, nicht

Sexuelles, substituiert wird. Diese beiden Abänderungen sind die Wirkung der immer noch in Kraft stehenden Verdrängungsneigung, die wir dem „Ich" zuschreiben wollen. Der Einfluß der wiederbelebten pathogenen Erinnerung zeigt sich darin, daß der Inhalt der Zwangsvorstellung noch stückweise mit dem Verdrängten identisch ist oder sich durch korrekte Gedankenfolge von ihm ableitet. Rekonstruiert man mit Hilfe der psychoanalytischen Methode die Entstehung einer einzelnen Zwangsvorstellung, so findet man, daß von einem aktuellen Eindrucke aus zwei verschiedene Gedankengänge angeregt worden sind; der eine davon, der über die verdrängte Erinnerung gegangen ist, erweist sich als ebenso korrekt logisch gebildet wie der andere, obwohl er bewußtseinsunfähig und unkorrigierbar ist. Stimmen die Resultate der beiden psychischen Operationen nicht zusammen, so kommt es nicht etwa zur logischen Ausgleichung des Widerspruches zwischen beiden, sondern neben dem normalen Denkergebnisse tritt als Kompromiß zwischen dem Widerstande und dem pathologischen Denkresultate eine absurd erscheinende Zwangsvorstellung ins Bewußtsein. Wenn die beiden Gedankengänge den gleichen Schluß ergeben, verstärken sie einander, so daß ein normal gewonnenes Denkresultat sich nun psychologisch wie eine Zwangsvorstellung verhält. Wo immer neurotischer Zwang im Psychischen auftritt, rührt er von Verdrängung her. Die Zwangsvorstellungen haben sozusagen psychischen Zwangskurs nicht wegen ihrer eigenen Geltung, sondern wegen der Quelle, aus der sie stammen, oder die zu ihrer Geltung einen Beitrag geliefert hat.

Eine zweite Gestaltung der Zwangsneurose ergibt sich, wenn nicht der verdrängte Erinnerungsinhalt, sondern der gleichfalls verdrängte Vorwurf eine Vertretung im bewußten psychischen Leben erzwingt. Der Vorwurfsaffekt kann sich durch einen psychischen Zusatz in einen beliebigen anderen Unlustaffekt verwandeln; ist dies geschehen, so steht dem Bewußtwerden des substituierenden Affekts nichts mehr im Wege. So verwandelt sich Vorwurf (die sexuelle Aktion im Kindesalter vollführt zu haben) mit Leichtigkeit in Scham (wenn ein anderer davon erführe), in hypochondrische Angst (vor den körperlich schädigenden Folgen jener Vorwurfshandlung), in soziale Angst (vor der gesellschaftlichen Ahndung jenes Vergehens), in religiöse Angst, in Beachtungswahn (Furcht, daß man jene Handlung anderen verrate), in Versuchungsangst (berechtigtes Mißtrauen in die eigene moralische Widerstandskraft) u. dgl. Dabei kann der Erinnerungsinhalt der Vorwurfshandlung im Bewußtsein mitvertreten sein oder gänzlich zurückstehen, was die diagnostische Erkennung sehr erschwert. Viele Fälle, die man bei oberflächlicher Untersuchung für gemeine (neurasthenische) Hypochondrie hält, gehören zu dieser Gruppe der Zwangsaffekte, insbesondere die sogenannte „periodische Neurasthenie" oder „periodische Melancholie" scheint in ungeahnter Häufigkeit sich in Zwangsaffekte und Zwangsvorstellungen aufzulösen, eine Erkennung, die therapeutisch nicht gleichgültig ist.

Neben diesen Kompromißsymptomen, welche die Wiederkehr des Verdrängten und somit ein Scheitern der ursprünglich erzielten Abwehr bedeuten, bildet die Zwangsneurose eine Reihe weiterer Symptome von ganz anderer Herkunft. Das Ich sucht sich nämlich jener Abkömmlinge der initial verdrängten Erinnerung zu erwehren und schafft in diesem Abwehrkampfe Symptome, die man als „sekundäre Abwehr" zusammenfassen könnte. Es sind dies durchwegs „Schutzmaßregeln", die bei der Bekämpfung der Zwangsvorstellungen und Zwangsaffekte gute Dienste geleistet haben. Gelingt es diesen Hilfen im Abwehrkampfe wirklich, die dem Ich aufgedrängten Symptome der Wiederkehr neuerdings zu verdrängen, so überträgt sich der Zwang auf die Schutzmaßregeln selbst und schafft eine dritte Gestaltung der „Zwangsneurose", die Zwangshandlungen. Niemals sind diese primär, niemals enthalten sie etwas anderes als eine Abwehr, nie eine Aggression; die psychische Analyse weist von ihnen nach, daß sie — trotz ihrer Sonderbarkeit — durch Zurückführung auf die Zwangserinnerung, die sie bekämpfen, jedesmal voll aufzuklären sind.[1]

Die sekundäre Abwehr der Zwangsvorstellungen kann erfolgen durch gewaltsame Ablenkung auf andere Gedanken möglichst konträren Inhaltes; daher im Falle des Gelingens der Grübelzwang, regelmäßig über abstrakte, übersinnliche Dinge, weil die verdrängten Vorstellungen sich immer mit der Sinnlichkeit beschäftigten. Oder der Kranke versucht, jeder einzelnen Zwangsidee durch logische Arbeit und Berufung auf seine bewußten Erinnerungen Herr zu werden; dies führt zum Denk- und Prüfungszwange und zur Zweifelsucht. Der Vorzug der Wahrnehmung vor der Erinnerung bei diesen Prüfungen veranlaßt den Kranken zuerst und zwingt ihn später, alle Objekte, mit denen er in Berührung getreten ist, zu sammeln und aufzubewahren. Die sekundäre Abwehr gegen die Zwangsaffekte ergibt eine noch größere Reihe von Schutzmaßregeln, die der Verwandlung in Zwangshandlungen fähig sind. Man kann dieselben nach ihrer

---

1) Ein Beispiel anstatt vieler: Ein elfjähriger Knabe hatte sich folgendes Zeremoniell vor dem Zubettgehen zwangsartig eingerichtet: Er schlief nicht eher ein, als bis er seiner Mutter alle Erlebnisse des Tages haarklein vorerzählt hatte; auf dem Teppich des Schlafzimmers durfte abends kein Papierschnitzelchen und kein anderer Unrat zu finden sein; das Bett mußte ganz an die Wand angerückt werden, drei Stühle davorstehen, die Polster in ganz bestimmter Weise liegen. Er selbst mußte, um einzuschlafen, zuerst eine gewisse Anzahl von Malen mit beiden Beinen stoßen und sich dann auf die Seite legen. — Das klärte sich folgendermaßen auf: Jahre vorher hatte es sich zugetragen, daß ein Dienstmädchen, welches den schönen Knaben zu Bette bringen sollte, die Gelegenheit benützte, um sich dann über ihn zu legen und ihn sexuell zu mißbrauchen. Als dann später einmal diese Erinnerung durch ein rezentes Erlebnis geweckt wurde, gab sie sich dem Bewußtsein durch den Zwang zu obigem Zeremoniell kund, dessen Sinn leicht zu erraten war und im einzelnen durch die Psychoanalyse festgestellt wurde: Sessel vor dem Bett und dieses an die Wand gerückt — damit niemand mehr zum Bett Zugang haben könne; Polster in einer gewissen Weise geordnet — damit sie anders geordnet seien als an jenem Abend; die Bewegungen mit den Beinen — Wegstoßen der auf ihm liegenden Person; Schlafen auf der Seite — weil er bei der Szene auf dem Rücken gelegen; die ausführliche Beichte vor der Mutter — weil er diese und andere sexuelle Erlebnisse infolge von Verbot der Verführerin ihr verschwiegen hatte; endlich Reinhaltung des Bodens im Schlafzimmer — weil dies der Hauptvorwurf war, den er bis dahin von der Mutter hatte hinnehmen müssen.

Tendenz gruppieren: Maßregeln der Buße (lästiges Zeremoniell, Zahlenbeobachtung), der Vorbeugung (allerlei Phobien, Aberglauben, Pedanterie, Steigerung des Primärsymptoms der Gewissenhaftigkeit), der Furcht vor Verrat (Papiersammeln, Menschenscheu), der Betäubung (Dipsomanie). Unter diesen Zwangshandlungen und -impulsen spielen die Phobien als Existenzbeschränkungen des Kranken die größte Rolle.

Es gibt Fälle, in welchen man beobachten kann, wie sich der Zwang von der Vorstellung oder vom Affekt auf die Maßregel überträgt; andere, in denen der Zwang periodisch zwischen dem Wiederkehrsymptome und dem Symptom der sekundären Abwehr oszilliert; aber daneben noch Fälle, in denen überhaupt keine Zwangsvorstellung gebildet, sondern die verdrängte Erinnerung sogleich durch die scheinbar primäre Abwehrmaßregel vertreten wird. Hier wird mit einem Sprunge jenes Stadium erreicht, welches sonst erst nach dem Abwehrkampf den Verlauf der Zwangsneurose abschließt. Schwere Fälle dieser Affektion enden mit der Fixierung von Zeremoniellhandlungen, allgemeiner Zweifelsucht oder einer durch Phobien bedingten Sonderlingsexistenz.

Daß die Zwangsvorstellung und alles von ihr Abgeleitete keinen Glauben findet, rührt wohl daher, daß bei der ersten Verdrängung das Abwehrsymptom der Gewissenhaftigkeit gebildet worden ist, das gleichfalls Zwangsgeltung gewonnen hat. Die Sicherheit, in der ganzen Periode der gelungenen Abwehr moralisch gelebt zu haben, macht es unmöglich, dem Vorwurfe, welchen ja die Zwangsvorstellung involviert, Glauben zu schenken. Nur vorübergehend beim Auftreten einer neuen Zwangsvorstellung und hie und da bei melancholischen Erschöpfungszuständen des Ichs erzwingen die krankhaften Symptome der Wiederkehr auch den Glauben. Der „Zwang" der hier beschriebenen psychischen Bildungen hat ganz allgemein mit der Anerkennung durch den Glauben nichts zu tun, und ist auch mit jenem Moment, das man als „Stärke" oder „Intensität" einer Vorstellung bezeichnet, nicht zu verwechseln. Sein wesentlicher Charakter ist vielmehr die Unauflösbarkeit durch die bewußtseinsfähige psychische Tätigkeit, und dieser Charakter erfährt keine Änderung, ob nun die Vorstellung, an der der Zwang haftet, stärker oder schwächer, intensiver oder geringer „beleuchtet", „mit Energie besetzt" wird u. dgl. Ursache dieser Unangreifbarkeit der Zwangsvorstellung oder ihrer Derivate ist aber nur ihr Zusammenhang mit der verdrängten Erinnerung aus früher Kindheit, denn wenn es gelungen ist, diesen bewußt zu machen, wofür die psychotherapeutischen Methoden bereits auszureichen scheinen, dann ist auch der Zwang gelöst.

III

Analyse eines Falles von chronischer Paranoia[1]

Seit längerer Zeit schon hege ich die Vermutung, daß auch die Paranoia — oder Gruppen von Fällen, die zur Paranoia gehören — eine Abwehrpsychose ist, d. h. daß sie wie Hysterie und Zwangsvorstellungen hervorgeht aus der Verdrängung peinlicher Erinnerungen, und daß ihre Symptome durch den Inhalt des Verdrängten in ihrer Form determiniert werden. Eigentümlich müsse der Paranoia ein besonderer Weg oder Mechanismus der Verdrängung sein, etwa wie die Hysterie die Verdrängung auf dem Wege der Konversion in die Körperinnervation, die Zwangsneurose durch Substitution (Verschiebung längs gewisser assoziativer Kategorien) bewerkstelligt. Ich beobachtete mehrere Fälle, die dieser Deutung günstig waren, hatte aber keinen gefunden, der sie erwies, bis mir durch die Güte des Herrn Dr. J. Breuer vor einigen Monaten ermöglicht wurde, den Fall einer intelligenten zweiunddreißigjährigen Frau, dem man die Bezeichnung als chronische Paranoia nicht wird versagen können, in therapeutischer Absicht einer Psychoanalyse zu unterziehen. Ich berichte schon

---

1) [*Zusatz 1924:*] Wohl richtiger Dementia paranoides.

hier über einige bei dieser Arbeit gewonnene Aufklärungen, weil ich keine Aussicht habe, die Paranoia anders als in sehr vereinzelten Beispielen zu studieren, und weil ich es für möglich halte, daß diese Bemerkungen einen hierin günstiger gestellten Psychiater veranlassen könnten, in der jetzt so regen Diskussion über Natur und psychischen Mechanismus der Paranoia das Moment der „Abwehr" zu seinem Rechte zu bringen. Natürlich liegt es mir fern, mit der nachstehenden einzigen Beobachtung etwas anderes sagen zu wollen, als: dieser Fall ist eine Abwehrpsychose, und es dürfte in der Gruppe „Paranoia" noch andere geben, die es gleichfalls sind.

Frau P., zweiunddreißig Jahre alt, seit drei Jahren verheiratet, Mutter eines zweijährigen Kindes, stammt von nicht nervösen Eltern; ihre beiden Geschwister kenne ich aber als gleichfalls neurotisch. Es ist zweifelhaft, ob sie nicht einmal in der Mitte der Zwanzigerjahre vorübergehend deprimiert und in ihrem Urteile beirrt war; in den letzten Jahren war sie gesund und leistungsfähig, bis sie ein halbes Jahr nach der Geburt ihres Kindes die ersten Anzeichen der gegenwärtigen Erkrankung erkennen ließ. Sie wurde verschlossen und mißtrauisch, zeigte Abneigung gegen den Verkehr mit den Geschwistern ihres Mannes und klagte, daß die Nachbarn in der kleinen Stadt sich anders als früher, unhöflich und rücksichtslos gegen sie benähmen. Allmählich steigerten sich diese Klagen an Intensität, wenn auch nicht an Bestimmtheit: man habe etwas gegen sie, obwohl sie keine Ahnung habe, was es sein könne. Aber es sei kein Zweifel, alle — Verwandte wie Freunde — versagten ihr die Achtung, täten alles, sie zu kränken. Sie zerbreche sich den Kopf, woher das komme; wisse es nicht. Einige Zeit später klagte sie, daß sie beobachtet werde, man ihre Gedanken errate, alles wisse, was bei ihr im Hause vorgehe. Eines Nachmittags kam ihr plötzlich der Gedanke, man beobachte sie abends beim Auskleiden. Von nun an wendete sie beim Auskleiden die kompliziertesten Vorsichtsmaßregeln an, schlüpfte im Dunkeln ins Bett und entkleidete sich erst unter der Decke. Da sie jedem Verkehr auswich, sich schlecht nährte und sehr verstimmt war, wurde sie im Sommer 1895 in eine Wasserheilanstalt geschickt. Dort traten neue Symptome auf und verstärkten sich schon vorhandene. Schon im Frühjahr hatte sie plötzlich eines Tages, als sie mit ihrem Stubenmädchen allein war, eine Empfindung im Schoße bekommen und sich dabei gedacht, das Mädchen habe jetzt einen unanständigen Gedanken. Diese Empfindung wurde im Sommer häufiger, nahezu kontinuierlich, sie spürte ihre Genitalien, „wie man eine schwere Hand spürt". Dann fing sie an, Bilder zu sehen, über die sie sich entsetzte, Halluzinationen von weiblichen Nacktheiten, besonders einen entblößten weiblichen Schoß mit Behaarung; gelegentlich auch männliche Genitalien. Das Bild des behaarten Schoßes und die Organempfindung im Schoße kamen meist gemeinsam. Die Bilder wurden sehr quälend für sie, da sie dieselben regelmäßig bekam, wenn sie in Gesellschaft einer Frau war und daran die Deutung sich anschloß, sie sehe jetzt die Frau in unanständigster Blöße, aber im selben Moment habe die Frau dasselbe Bild von ihr (!). Gleichzeitig mit diesen Gesichtshalluzinationen — die nach ihrem ersten Auftreten in der Heilanstalt für mehrere Monate wieder verschwanden — fingen Stimmen an, sie zu belästigen, die sie nicht erkannte und sich nicht zu erklären wußte. Wenn sie auf der Straße war, hieß es: Das ist die Frau P. — Da geht sie. Wo geht sie hin? — Man kommentierte jede ihrer Bewegungen und Handlungen, gelegentlich hörte sie Drohungen und Vorwürfe. Alle diese Symptome wurden ärger, wenn sie in Gesellschaft oder gar auf der Straße war; sie verweigerte darum auszugehen, erklärte dann, sie habe Ekel vor dem Essen und kam rasch herunter.

Dies erfuhr ich von ihr, als sie im Winter 1895 nach Wien in meine Behandlung kam. Ich habe es ausführlich dargestellt, um den Eindruck zu erwecken, daß es sich hier wirklich um eine recht häufige Form von chronischer Paranoia handle, zu welchem Urteil die noch später anzuführenden Details der Symptome und ihres Verhaltens stimmen werden. Wahnbildungen zur Deutung der Halluzinationen verbarg sie mir damals oder sie waren wirklich noch nicht vorgefallen; ihre Intelligenz war unvermindert; als auffällig wurde mir nur berichtet, daß sie ihrem in der Nachbarschaft lebenden Bruder wiederholt Rendezvous gegeben, um ihm etwas anzuvertrauen, ihm aber nie etwas mitgeteilt habe. Sie sprach nie über ihre Halluzinationen und zuletzt auch nicht mehr viel über die Kränkungen und Verfolgungen, unter denen sie litt.

Was ich nun von dieser Kranken zu berichten habe, betrifft die Ätiologie des Falles und den Mechanismus der Halluzinationen.

Ich fand die Ätiologie, als ich ganz wie bei einer Hysterie die Breuersche Methode zunächst zur Erforschung und Beseitigung der Halluzinationen in Anwendung brachte. Ich ging dabei von der Voraussetzung aus, es müsse bei dieser Paranoia wie bei den zwei anderen mir bekannten Abwehrneurosen unbewußte Gedanken und verdrängte Erinnerungen geben, die auf dieselbe Weise wie dort ins Bewußtsein zu bringen seien, unter Überwindung eines gewissen Widerstandes, und die Kranke bestätigte sofort diese Erwartung, indem sie sich bei der Analyse ganz wie zum Beispiel eine Hysterica benahm und unter Aufmerksamkeit auf den Druck meiner Hand (vergleiche die „Studien über Hysterie") Gedanken vorbrachte, die gehabt zu haben sie sich nicht erinnerte, die sie zunächst nicht verstand, und die ihrer Erwartung widersprachen. Es war also das Vorkommen bedeutsamer unbewußter Vorstellungen auch für einen Fall von Paranoia erwiesen, und ich durfte hoffen, auch den Zwang der Paranoia auf Verdrängung zurückzuführen. Eigentümlich war nur, daß sie die aus dem Unbewußten stammenden Angaben zumeist wie ihre Stimmen innerlich hörte oder halluzinierte.

Über die Herkunft der Gesichtshalluzinationen oder wenigstens der lebhaften Bilder erfuhr ich folgendes: Das Bild des weiblichen Schoßes kam fast immer mit der Organempfindung im Schoße zusammen, letztere war aber viel konstanter und sehr oft ohne das Bild.

Die ersten Bilder von weiblichen Schößen waren aufgetreten in der Wasserheilanstalt, wenige Stunden, nachdem sie eine Anzahl von Frauen tatsächlich im Baderaum entblößt gesehen hatte, erwiesen sich also als einfache Reproduktionen eines realen Eindruckes. Man durfte nun voraussetzen, daß diese Eindrücke nur darum wiederholt worden seien, weil sich ein großes Interesse an sie geknüpft habe. Sie gab die Auskunft, sie habe sich damals für jene Frauen geschämt; sie schäme sich selbst, nackt gesehen zu werden, seitdem sie sich erinnere. Da ich nun diese Scham

für etwas Zwanghaftes ansehen mußte, schloß ich nach dem
Mechanismus der Abwehr, es müsse hier ein Erlebnis verdrängt
worden sein, bei dem sie sich nicht geschämt, und forderte sie
auf, die Erinnerungen auftauchen zu lassen, welche zu dem Thema
des Schamens gehörten. Sie reproduzierte mir prompt eine Reihe
von Szenen vom siebzehnten Jahre bis zum achten, in denen sie
sich im Bade vor der Mutter, der Schwester, dem Arzte ihrer
Nacktheit geschämt hatte; die Reihe lief aber in eine Szene mit
sechs Jahren aus, wo sie sich im Kinderzimmer zum Schlafengehen
entkleidete, ohne sich vor dem anwesenden Bruder zu schämen.
Auf mein Befragen kam heraus, daß es solcher Szenen viele gegeben habe, und daß die Geschwister Jahre hindurch die Gewohnheit geübt hätten, sich einander vor dem Schlafengehen
nackt zu zeigen. Ich verstand nun, was der plötzliche Einfall
bedeutet hatte, man beobachte sie beim Schlafengehen. Es war
ein unverändertes Stück der alten Vorwurfserinnerung, und sie
holte jetzt an Schämen nach, was sie als Kind versäumt hatte.

Die Vermutung, daß es sich hier um ein Kinderverhältnis handle,
wie auch in der Ätiologie der Hysterie so häufig, wurde durch
weitere Fortschritte der Analyse bekräftigt, bei denen sich gleichzeitig Lösungen für einzelne im Bild der Paranoia häufig wiederkehrende Details ergaben. Der Anfang ihrer Verstimmung fiel
zusammen mit einem Zwiste zwischen ihrem Manne und ihrem
Bruder, infolgedessen der letztere ihr Haus nicht mehr betrat. Sie
hatte diesen Bruder immer sehr geliebt und entbehrte ihn um
diese Zeit sehr. Sie sprach aber außerdem von einem Moment
ihrer Krankengeschichte, in dem ihr zuerst „alles klar wurde",
d. h. in dem sie zur Überzeugung gelangte, daß ihre Vermutung,
allgemein mißachtet und mit Absicht gekränkt zu werden, Wahrheit sei. Diese Sicherheit gewann sie durch den Besuch einer
Schwägerin, welche im Verlauf des Gesprächs die Worte fallen
ließ: „Wenn mir etwas Derartiges passiert, nehme ich es auf die
leichte Achsel!" Frau P. nahm diese Äußerung zunächst arglos

hin; nachdem aber ihr Besuch sie verlassen hatte, kam es ihr vor, als sei in diesen Worten ein Vorwurf für sie enthalten gewesen, als ob sie gewohnt sei, ernste Dinge leicht zu nehmen, und von dieser Stunde an war sie sicher, daß sie ein Opfer der allgemeinen Nachrede sei. Als ich sie examinierte, wodurch sie sich berechtigt gefühlt, jene Worte auf sich zu beziehen, antwortete sie, der Ton, in dem die Schwägerin gesprochen, habe sie — allerdings nachträglich — davon überzeugt, was doch ein für Paranoia charakteristisches Detail ist. Ich zwang sie nun, sich an die Reden der Schwägerin vor der angeschuldigten Äußerung zu erinnern, und es ergab sich, daß diese erzählt hatte, im Vaterhause habe es mit den Brüdern allerlei Schwierigkeiten gegeben, und daran die weise Bemerkung geknüpft: „In jeder Familie gehe allerlei vor, worüber man gerne eine Decke breite. Wenn ihr aber Derartiges passiere, dann nehme sie es leicht." Frau P. mußte nun bekennen, daß an diese Sätze vor der letzten Äußerung ihre Verstimmung angeknüpft hatte. Da sie diese beiden Sätze, die eine Erinnerung an ihr Verhältnis zum Bruder wecken konnten, verdrängt hatte und nur den bedeutungslosen letzten Satz behalten, mußte sie die Empfindung, als mache ihr die Schwägerin einen Vorwurf, an diesen knüpfen, und da der Inhalt desselben keine Anlehnung hiefür bot, warf sie sich vom Inhalte auf den Ton, mit dem diese Worte gesprochen worden waren. Ein wahrscheinlich typischer Beleg dafür, daß die Mißdeutungen der Paranoia auf einer Verdrängung beruhen.

In überraschender Weise löste sich auch ihr sonderbares Verfahren, ihren Bruder zu Zusammenkünften zu bestellen, bei denen sie ihm dann nichts zu sagen hatte. Ihre Erklärung lautete, sie habe gemeint, er müsse ihr Leiden verstehen, wenn sie ihn bloß ansehe, da er um die Ursache desselben wisse. Da nun dieser Bruder tatsächlich die einzige Person war, die um die Ätiologie ihrer Krankheit wissen konnte, ergab sich, daß sie nach einem Motiv gehandelt hatte, das sie bewußt zwar selbst nicht verstand, das aber vollkommen gerechtfertigt erschien, sobald man ihm einen Sinn aus dem Unbewußten unterlegte.

Es gelang mir dann, sie zur Reproduktion der verschiedenen Szenen zu veranlassen, in denen der sexuelle Verkehr mit dem Bruder (mindestens vom sechsten bis zum zehnten Jahre) gegipfelt hatte. Während dieser Reproduktionsarbeit sprach die Organempfindung im Schoße mit, wie es bei der Analyse hysterischer Erinnerungsreste regelmäßig beobachtet wird. Das Bild eines nackten weiblichen Schoßes (jetzt aber auf kindliche Proportionen reduziert und ohne Behaarung) stellte sich dabei gleichfalls ein oder blieb weg, je nachdem die betreffende Szene bei hellem Lichte oder im Dunkeln vorgefallen war. Auch der Eßekel fand in einem abstoßenden Detail dieser Vorgänge eine Erklärung. Nachdem wir die Reihe dieser Szenen durchgemacht hatten, waren die halluzinatorischen Empfindungen und Bilder verschwunden, um (wenigstens bis heute) nicht wiederzukehren.[1]

Ich hatte also gelernt, daß diese Halluzinationen nichts anderes als Stücke aus dem Inhalt der verdrängten Kindererlebnisse waren, Symptome der Wiederkehr des Verdrängten.

Nun wandte ich mich an die Analyse der Stimmen. Hier war vor allem zu erklären, daß ein so gleichgültiger Inhalt: „Hier geht die Frau P." — „Sie sucht jetzt Wohnung" u. dgl. von ihr so peinlich empfunden werden konnte; sodann, auf welchem Wege gerade diese harmlosen Sätze es dazu brachten, durch halluzinatorische Verstärkung ausgezeichnet zu werden. Von vornherein war klar, daß diese „Stimmen" nicht halluzinatorisch reproduzierte Erinnerungen sein konnten wie die Bilder und Empfindungen, sondern vielmehr „laut gewordene" Gedanken.

Das erstemal, als sie Stimmen hörte, geschah es unter folgenden Umständen: Sie hatte mit großer Spannung die schöne Er-

---

[1] Als späterhin eine Exazerbation die ohnehin spärlichen Erfolge der Behandlung aufhob, sah sie die anstößigen Bilder fremder Genitalien nicht wieder, sondern hatte die Idee, die Fremden sähen ihre Genitalien, sobald sie sich hinter ihr befänden.

zählung von O. Ludwig, „Die Heiterethei" gelesen und bemerkt, daß sie bei der Lektüre von aufsteigenden Gedanken in Anspruch genommen wurde. Unmittelbar darauf ging sie auf der Landstraße spazieren, und nun sagten ihr plötzlich die Stimmen, als sie an einem Bauernhäuschen vorüberging: „So hat das Haus der Heiterethei ausgesehen! Da ist der Brunnen und da der Strauch! Wie glücklich war sie doch bei all ihrer Armut!" Dann wiederholten ihr die Stimmen ganze Abschnitte, die sie eben gelesen hatte; aber es blieb unverständlich, warum Haus, Strauch und Brunnen der Heiterethei und gerade die belang- und beziehungslosesten Stellen der Dichtung sich ihrer Aufmerksamkeit mit pathologischer Stärke aufdrängen mußten. Indes war die Lösung des Rätsels nicht schwer. Die Analyse ergab, daß sie während der Lektüre auch andere Gedanken gehabt hatte und durch ganz andere Stellen des Buches angeregt worden war. Gegen dieses Material — Analogien zwischen dem Paare der Dichtung und ihr und ihrem Manne, Erinnerungen an Intimitäten ihres Ehelebens und an Familiengeheimnisse — gegen dies alles hatte sich ein verdrängender Widerstand erhoben, weil es auf leicht nachweisbaren Gedankenwegen mit ihrer sexuellen Scheu zusammenhing und so in letzter Linie auf die Erweckung der alten Kindererlebnisse hinauskam. Infolge dieser von der Verdrängung geübten Zensur gewannen die harmlosen und idyllischen Stellen, die mit den beanstandeten durch Kontrast und auch durch Vizinität verknüpft waren, die Verstärkung für das Bewußtsein, die ihnen das Lautwerden ermöglichte. Der erste der verdrängten Einfälle bezog sich z. B. auf die Nachrede, der die vereinsamt lebende Heldin von seiten der Nachbarn ausgesetzt war. Die Analogie mit ihrer eigenen Person wurde von ihr leicht gefunden. Auch sie lebte in einem kleinen Orte, verkehrte mit niemand und glaubte sich von den Nachbarn mißachtet. Dies Mißtrauen gegen ihre Nachbarn hatte seinen wirklichen Grund darin, daß sie anfangs genötigt war, sich mit einer kleinen Wohnung zu begnügen, in welcher die Schlaf-

zimmerwand, an der die Ehebetten des jungen Paares standen,
an ein Zimmer der Nachbarn stieß. Mit dem Beginn ihrer Ehe
erwachte in ihr — offenbar durch unbewußte Erweckung ihres
Kinderverhältnisses, in dem sie Mann und Frau gespielt hatten —
eine große sexuelle Scheu; sie besorgte beständig, daß die Nachbarn Worte und Geräusche durch die trennende Wand vernehmen
könnten, und diese Scham verwandelte sich bei ihr in Argwohn
gegen die Nachbarn.

Die Stimmen verdankten also ihre Entstehung der Verdrängung
von Gedanken, die in letzter Auflösung eigentlich Vorwürfe anläßlich eines dem Kindertrauma analogen Erlebnisses bedeuteten;
sie waren demnach Symptome der Wiederkehr des Verdrängten,
aber gleichzeitig Folgen eines Kompromisses zwischen Widerstand
des Ichs und Macht des Wiederkehrenden, der in diesem Falle
eine Entstellung bis zur Unkenntlichkeit herbeigeführt hatte. In
anderen Fällen, in denen ich Stimmen bei Frau P. zu analysieren
Gelegenheit hatte, war die Entstellung minder groß; doch hatten
die gehörten Worte immer einen Charakter von diplomatischer
Unbestimmtheit; die kränkende Anspielung war meist tief versteckt,
der Zusammenhang der einzelnen Sätze durch fremdartigen Ausdruck, ungewöhnliche Sprachformen u. dgl. verkleidet: Charaktere,
die den Gehörshalluzinationen der Paranoiker allgemein eigen sind,
und in denen ich die Spur der Kompromißentstellung erblicke.
Die Rede: „Da geht die Frau P., sie sucht Wohnung in der
Straße", bedeutete z. B. die Drohung, daß sie nie genesen werde,
denn ich hatte ihr zugesagt, daß sie nach der Behandlung imstande sein werde, in die kleine Stadt, wo ihr Mann beschäftigt
war, zurückzukehren; sie hatte für einige Monate in Wien provisorisch Wohnung gemietet.

In einzelnen Fällen vernahm Frau P. auch deutlichere Drohungen,
z. B. in betreff der Verwandten ihres Mannes, deren zurückhaltender Ausdruck aber immer noch mit der Qual kontrastierte,
welche ihr solche Stimmen bereiteten. Nach dem, was man sonst

von Paranoikern weiß, bin ich geneigt, ein allmähliches Erlahmen jenes die Vorwürfe abschwächenden Widerstandes anzunehmen, so daß endlich die Abwehr voll mißlingt, und der ursprüngliche Vorwurf, das Schimpfwort, welches man sich ersparen wollte, in unveränderter Form zurückkehrt. Indes weiß ich nicht, ob dies ein konstanter Ablauf ist, ob die Zensur der Vorwurfsreden nicht von Anfang an ausbleiben oder bis zum Ende ausharren kann.

Es erübrigt mir nur noch, die an diesem Falle von Paranoia gewonnenen Aufklärungen für eine Vergleichung der Paranoia mit der Zwangsneurose zu verwerten. Die Verdrängung als Kern des psychischen Mechanismus ist hier wie dort nachgewiesen, das Verdrängte ist in beiden Fällen ein sexuelles Kindererlebnis. Jeder Zwang rührt auch bei dieser Paranoia von Verdrängung her; die Symptome der Paranoia lassen eine ähnliche Klassifizierung zu, wie sie sich für die Zwangsneurose als berechtigt erwiesen hat. Ein Teil der Symptome entspringt wieder der primären Abwehr, nämlich alle Wahnideen des Mißtrauens, Argwohns, der Verfolgung durch andere. Bei der Zwangsneurose ist der initiale Vorwurf verdrängt worden durch die Bildung des primären Abwehrsymptoms: Selbstmißtrauen. Dabei ist der Vorwurf als berechtigt anerkannt worden, und zur Ausgleichung schützt nun die Geltung, welche sich die Gewissenhaftigkeit im gesunden Intervall erworben hat, davor, dem als Zwangsvorstellung wiederkehrenden Vorwurfe Glauben zu schenken. Bei Paranoia wird der Vorwurf auf einem Wege, den man als Projektion bezeichnen kann, verdrängt, indem das Abwehrsymptom des Mißtrauens gegen andere errichtet wird; dabei wird dem Vorwurfe die Anerkennung entzogen, und wie zur Vergeltung fehlt es dann an einem Schutze gegen die in den Wahnideen wiederkehrenden Vorwürfe.

Andere Symptome meines Falles von Paranoia sind als Symptome der Wiederkehr des Verdrängten zu bezeichnen und tragen auch, wie die der Zwangsneurose, die Spuren des Kompromisses an sich, der ihnen allein den Eintritt ins Bewußtsein gestattet.

So die Wahnidee, beim Auskleiden beobachtet zu werden, die visuellen, die Empfindungshalluzinationen und das Stimmenhören. Nahezu unveränderter, nur durch Auslassung unbestimmt gewordener Erinnerungsinhalt findet sich in der erwähnten Wahnidee vor. Die Wiederkehr des Verdrängten in visuellen Bildern nähert sich eher dem Charakter der Hysterie als dem der Zwangsneurose, doch pflegt die Hysterie ihre Erinnerungssymbole ohne Modifikation zu wiederholen, während die paranoische Erinnerungshalluzination eine Entstellung erfährt, wie sie der Zwangsneurose zukommt; ein analoges modernes Bild setzt sich an die Stelle des verdrängten (Schoß einer erwachsenen Frau anstatt des eines Kindes; daran sogar die Behaarung besonders deutlich, weil diese dem ursprünglichen Eindruck fehlte). Ganz der Paranoia eigentümlich und in dieser Vergleichung weiter nicht zu beleuchten ist der Umstand, daß die verdrängten Vorwürfe als lautgewordene Gedanken wiederkehren, wobei sie sich eine zweifache Entstellung gefallen lassen müssen, eine Zensur, die zur Ersetzung durch andere assoziierte Gedanken oder zur Verhüllung durch unbestimmte Ausdrucksweise führt, und die Beziehung auf rezente, den alten bloß analoge Erlebnisse.

Die dritte Gruppe der bei Zwangsneurose gefundenen Symptome, die Symptome der sekundären Abwehr, kann bei der Paranoia nicht als solche vorhanden sein, da sich gegen die wiederkehrenden Symptome, die ja Glauben finden, keine Abwehr geltend macht. Zum Ersatze hiefür findet sich bei Paranoia eine andere Quelle für Symptombildung; die durch das Kompromiß ins Bewußtsein gelangten Wahnideen (Symptome der Wiederkehr) stellen Anforderungen an die Denkarbeit des Ichs, bis daß sie widerspruchsfrei angenommen werden können. Da sie selbst unbeeinflußbar sind, muß das Ich sich ihnen anpassen und somit entspricht den Symptomen der sekundären Abwehr bei der Zwangsneurose hier die kombinatorische Wahnbildung, der Deutungswahn, der in die Ich-Veränderung ausläuft. Mein Fall war in dieser Hinsicht unvollständig; er zeigte damals noch nichts von Deutungsversuchen, die sich erst später einstellten. Ich zweifle aber nicht daran, daß man noch ein wichtiges Resultat wird feststellen können, wenn man die Psychoanalyse auch auf dieses Stadium der Paranoia anwendet. Es dürfte sich ergeben, daß auch die sogenannte Erinnerungsschwäche der Paranoiker eine tendenziöse, d. h. auf Verdrängung beruhende und ihren Absichten dienende ist. Es werden nachträglich jene gar nicht pathogenen Erinnerungen verdrängt und ersetzt, die mit der Ich-Veränderung in Widerspruch stehen, welche die Symptome der Wiederkehr gebieterisch erfordern.

L'HÉRÉDITÉ ET L'ÉTIOLOGIE DES NÉVROSES

L'HÉRÉDITÉ ET L'ÉTIOLOGIE DES NÉVROSES

Je m'adresse spécialement aux disciples de J.-M. Charcot pour faire valoir quelques objections contre la théorie étiologique des névroses qui nous a été transmise par notre maître.

On sait quel est le rôle attribué à l'hérédité nerveuse dans cette théorie. Elle est pour les affections névrosiques la seule cause vraie et indispensable, les autres influences étiologiques ne devant aspirer qu'au nom d'agents provocateurs.

Ainsi le maître lui-même et ses élèves, MM. Guinon, Gilles de la Tourette, Janet et d'autres l'ont énoncée pour la grande névrose, l'hystérie et, je crois, la même opinion est soutenue en France et un peu partout pour les autres névroses, bien qu'elle n'ait pas été émise d'une manière aussi solennelle et décidée pour ces états analogues à l'hystérie.

C'est depuis longtemps que j'entretiens quelques soupçons dans cette matière, mais il m'a fallu attendre pour trouver des faits à l'appui dans l'expérience journalière du médecin. Maintenant mes objections sont d'un double ordre, arguments de faits et arguments tirés de la spéculation. Je commencerai par les premiers, en les arrangeant selon l'importance que je leur concède.

I

a) On à parfois jugé comme nerveuses et démonstratives d'une tendance névropathique héréditaire, des affections qui assez souvent sont étrangères au domaine de la neuropathologie et ne dépendent pas nécessairement d'une maladie du système nerveux. Ainsi les névralgies vraies de la face et nombre des céphalées, qu'on croyait nerveuses, mais qui dérivent plutôt des altérations pathologiques post-infectieuses et des suppurations dans le système cavitaire pharyngo-nasal. Je suis persuadé que les malades en profiteraient si nous abandonnions plus souvent le traitement de ces affections aux chirurgiens rhinologistes.

b) On a accepté comme donnant lieu à la charge de tare nerveuse héréditaire pour le malade en question toutes les affections nerveuses trouvées dans sa famille sans en compter la fréquence et la gravité. N'est-ce pas que cette manière de voir semble contenir une séparation· nette entre les familles indemnes de toute prédisposition nerveuse et les familles qui y sont sujettes sans borne ni restriction? Et les faits ne plaident-ils pas plutôt en faveur de l'opinion opposée, savoir qu'il y ait des transitions et des degrés de disposition nerveuse et qu'aucune famille n'y échappe tout à fait?

c) Assurément notre opinion sur le rôle étiologique de l'hérédité dans les maladies nerveuses doit être le résultat d'un examen impartial statistique et non pas d'une *petitio principii*. Tant que cet examen n'aura pas été fait on devrait croire l'existence des névropathies acquises aussi possible que celle des névropathies héréditaires. Mais s'il peut y avoir des névropathies acquises par des hommes non prédisposés, on ne pourra plus nier que les affections nerveuses rencontrées chez les parents de notre malade ne soient en partie de cette origine. Alors on ne saura plus les invoquer comme preuves concluantes de la disposition héréditaire qu'on impose au malade à raison de son histoire familiale, puisque le diagnostic rétrospectif des maladies des ascendants ou des membres absents de la famille ne réussit que très rarement.

d) Ceux qui se sont attachés à M. Fournier et à M. Erb concernant le rôle étiologique de la syphilis dans le tabes dorsal et la paralysie progressive, ont appris qu'il faut reconnaître des influences étiologiques puissantes dont la collaboration est indispensable pour la pathogénie de certaines maladies, que l'hérédité à elle seule ne saurait produire. Cependant M. Charcot est demeuré jusqu'à son dernier temps, comme j'ai su par une lettre privée du maître, en stricte opposition à la théorie de Fournier qui pourtant gagne du terrain de jour en jour.

e) Il n'est pas douteux que certaines névropathies peuvent se développer chez l'homme parfaitement sain et de famille irréprochable. C'est ce qu'on observe tous les jours pour la neurasthénie de Beard; si la neurasthénie se bornait aux gens prédisposés elle n'aurait jamais gagné l'importance et l'étendue que nous lui connaissons.

f) Il y a, dans la pathologie nerveuse, *l'hérédité similaire* et l'hérédité dite *dissimilaire*. Pour la première on ne trouvera rien à redire; c'est même très remarquable que dans les affections qui dépendent de l'hérédité similaire (maladie de Thomsen, de Friedreich; myopathies, chorée de Huntington etc.) on ne rencontre jamais la trace d'une autre influence étiologique accessoire. Mais l'hérédité dissimilaire, beaucoup plus importante que l'autre, laisse des lacunes qu'il faudrait combler pour arriver à une solution satisfaisante des problèmes étiologiques. Elle consiste dans le fait que les membres de la même famille se montrent atteints par les névropathies les plus diverses, fonctionnelles et organiques, sans qu'on puisse dévoiler une loi qui dirige la substitution d'une maladie à une autre ou l'ordre de leur succession à travers les générations. A côté des individus malades il y a dans ces familles des personnes qui restent saines, et la théorie de l'hérédité dissimilaire ne nous dit pas pourquoi cette personne supporte la même charge héréditaire sans y succomber, ni pourquoi une autre personne malade aura choisi, parmi les affections qui constituent la grande famille névropathique, une telle affection nerveuse au lieu d'en avoir choisi une autre, l'hystérie au lieu de l'épilepsie, de la vésanie, etc. Comme il n'y a rien de fortuit en pathogénie nerveuse pas plus qu'ailleurs, il faut bien concéder que ce n'est pas l'hérédité qui préside au choix de la névropathie qui se développera chez le membre d'une famille prédisposé, mais qu'il y a lieu de soupçonner l'existence d'autres influences étiologiques, d'une nature moins compréhensible, qui mériteraient alors le nom d'*étiologie spécifique* de telle ou telle affection nerveuse. Sans l'existence de ce facteur étiologique spécial l'hérédité n'aurait pu rien faire; elle se serait prêtée à la production d'une autre névropathie si l'étiologie spécifique en question avait été remplacée par une influence quelqu'autre.

II

On a trop peu recherché ces causes spécifiques et déterminantes des névropathies, l'attention des médecins demeurant éblouie par la grandiose perspective de la condition étiologique héréditaire.

Néanmoins elles méritent bien qu'on les prenne pour objet d'une étude assidue; bien que leur puissance pathogénique ne soit en général qu'accessoire à celle de l'hérédité, un grand intérêt pratique se rattache à la connaissance de cette étiologie spécifique qui donnera accès à notre travail thérapeutique, tandis que la disposition héréditaire, fixée d'avance pour le malade dès sa naissance, oppose à nos efforts un obstacle inabordable.

Je me suis engagé depuis des années dans la recherche de l'étiologie des *grandes névroses* (états nerveux fonctionnels analogues à l'hystérie) et c'est le résultat de ces études que je rapporterai dans les lignes qui vont suivre. Pour éviter tout malentendu possible j'exposerai d'abord deux remarques sur la nosographie des névroses et sur l'étiologie des névroses en général.

Il m'a fallu commencer mon travail par une innovation nosographique. A côté de l'hystérie j'ai trouvé raison de placer la névrose des obsessions *(Zwangsneurose)* comme affection autonome et indépendante, bien que la plupart des auteurs rangent les obsessions parmi les syndromes constituant la dégénérescence mentale ou les confondent avec la neurasthénie. Moi, j'avais appris par l'examen de leur mécanisme psychique que les obsessions sont liées à l'hystérie plus étroitement qu'on ne croirait.

Hystérie et névrose d'obsessions forment le premier groupe des grandes névroses, que j'ai étudiées. Le second contient la neurasthénie de Beard que j'ai décomposée en deux états fonctionnels séparés par l'étiologie comme par l'aspect symptomatique, la *neurasthénie* propre et la *névrose d'angoisse (Angstneurose)*, dénomination qui, soit dit en passant, ne me convient pas à moi-même. J'ai donné les raisons de cette séparation, que je crois nécessaire, en détail dans un mémoire publié en 1895 *(Neurologisches Zentralblatt,* n° 10—11).

Quant à l'étiologie des névroses, je pense qu'on doit reconnaître en théorie que les influences étiologiques, différentes entre elles par leur dignité et manière de relation avec l'effet qu'elles produisent, se laissent ranger en trois classes: 1) *Conditions,* qui sont indispensables pour la production de l'affection en question, mais qui sont de nature universelle et se rencontrent aussi bien dans l'étiologie de beaucoup d'autres affections; 2) *Causes concurrentes,* qui partagent le caractère des conditions en ceci qu'elles fonctionnent dans la causation d'autres affections aussi bien que dans celle de l'affection en question, mais qui ne sont pas indispensables pour que cette dernière se produise; 3) *Causes spécifiques,* aussi indispensables que les conditions, mais de nature étroite et qui n'apparaissent que dans l'étiologie de l'affection, de laquelle elles sont spécifiques.

Eh bien, dans la pathogenèse des grandes névroses l'hérédité remplit le rôle d'une *condition,* puissante dans tous les cas et même indispensable dans la plupart des cas. Elle ne saurait se passer de la collaboration des causes spécifiques, mais l'importance de la disposition héréditaire se trouve démontrée par le fait que les mêmes causes spécifiques agissant sur un individu sain ne produiraient aucun effet pathologique manifeste pendant que chez une personne prédisposée leur action fera éclore la névrose, de laquelle le développement en intensité et étendue sera conforme au degré de cette condition héréditaire.

L'action de l'hérédité est donc comparable à celle du fil multiplicateur dans le circuit électrique, qui exagère la déviation visible de l'aiguille, mais qui ne pourra pas en déterminer la direction.

Dans les relations qui existent entre la condition héréditaire et les causes spécifiques des névroses il y a encore autre chose à noter. L'expérience montre, ce qu'on aurait pu supposer d'avance, qu'on ne devrait pas négliger dans ces questions d'étiologie les quantités relatives pour ainsi dire des influences étiologiques. Mais on n'aurait pas deviné le fait suivant, qui semble découler de mes observations, que l'hérédité et les causes spécifiques peuvent se remplacer par le côté quantitatif, que le même effet pathologique sera produit par la concurrence d'une étiologie spécifique très sérieuse avec une disposition médiocre ou d'une hérédité nerveuse chargée avec une influence spécifique légère. Alors ce n'est qu'un extrême bien plausible de cette série, qu'on rencontre aussi des cas de névroses où on cherchera en vain un degré appréciable de disposition héréditaire, pourvu que ce manque soit compensé par une puissante influence spécifique.

Comme *causes concurrentes* ou accessoires des névroses, on peut énumérer tous les agents banals rencontrés ailleurs: émotions morales, épuisement somatique, maladies aiguës, intoxications, accidents traumatiques, surmenage intellectuel, etc. Je tiens à la proposition qu'aucun d'eux, ni même le dernier, n'entre régulièrement ou nécessairement dans l'étiologie des névroses, et je sais bien qu'énoncer cette opinion c'est se mettre en opposition directe à une théorie considérée comme universelle et irréprochable. Depuis que Beard avait déclaré la neurasthénie être le fruit de notre civilisation moderne, il n'a trouvé que des croyants; mais il m'est impossible à moi d'accepter cette opinion. Une étude laborieuse des névroses m'a appris que l'étiologie spécifique des névroses s'est soustraite à la connaissance de Beard.

Je ne veux pas déprécier l'importance étiologique de ces agents banals. Ils sont très variés, d'une occurrence fréquente, et accusés le plus souvent par les malades mêmes, ils se rendent plus évidents que les causes spécifiques des névroses, étiologie ou cachée ou ignorée. Ils remplissent assez souvent la fonction des agents provocateurs qui rendent manifeste la névrose jusque là latente, et un intérêt pratique se rattache à eux, parce que la considération de ces causes banales peut prêter des points d'appui à une thérapie qui ne vise pas la guérison radicale, et qui se contente de refouler l'affection à son état antérieur de latence.

Mais on n'arrive pas à constater une relation constante et étroite entre une de ces causes banales et telle ou autre affection nerveuse; l'émotion morale, par exemple, se trouve aussi bien dans l'étiologie de l'hystérie, des obsessions, de la neurasthénie, comme dans celle de l'épilepsie, de la maladie de Parkinson, du diabète, et nombre d'autres.

Les causes concurrentes banales pourront aussi remplacer l'étiologie spécifique en rapport de quantité, mais jamais la substituer complètement. Il y a nombre de cas où toutes les influences étiologiques sont représentées par la condition héréditaire et la cause spécifique, les causes banales faisant défaut. Dans les autres cas, les facteurs étiologiques indispensables ne suffisent pas par leur quantité à eux pour faire éclater la névrose, un état de santé apparente peut être maintenu pour longtemps, qui est en vérité un état de prédisposition névrosique; il suffit alors qu'une cause banale surajoute son action, la névrose devient manifeste. Mais il faut bien remarquer, dans de telles conditions, que la nature de l'agent banal survenant est tout à fait indifférente, émotion, traumatisme, maladie infectieuse ou autre; l'effet pathologique ne sera pas modifié selon cette variation, la nature de la névrose sera toujours dominée par la cause spécifique préexistante.

Quelles sont donc ces causes spécifiques des névroses? Est-ce une seule ou y en a-t-il plusieurs? Et peut-on constater une relation étiologique constante entre telle cause et tel effet névrosique, de manière que chacune des grandes névroses puisse être ramenée à une étiologie particulière?

Je veux maintenir, appuyé sur un examen laborieux des faits, que cette dernière supposition correspond bien à la réalité, que chacune des grandes névroses énumérées a pour cause immédiate un trouble particulier de l'économie nerveuse, et que ces modifications pathologiques fonctionnelles *reconnaissent comme source commune la vie sexuelle de l'individu, soit désordre de la vie sexuelle actuelle, soit événements importants de la vie passée.*

Ce n'est pas, à vrai dire, une proposition nouvelle, inouïe. On a toujours admis les désordres sexuels parmi les causes de la nervosité, mais on les a subordonnés à l'hérédité, coordonnés aux autres agents provocateurs; on a restreint leur influence étiologique à un nombre limité des cas observés. Les médecins avaient même pris l'habitude de ne pas les rechercher si le malade ne les accusait lui-même. Les caractères distinctifs de ma manière de voir sont que j'élève ces influences sexuelles au rang de causes spécifiques, que je reconnais leur action dans tous les cas de névrose, enfin que je trouve un parallélisme régulier, preuve de relation étiologique particulière entre la nature de l'influence sexuelle et l'espèce morbide de la névrose.

Je suis bien sûr que cette théorie évoquera un orage de contradictions de la part des médecins contemporains. Mais ce n'est pas ici le lieu de donner les documents et les expériences qui m'ont imposé ma conviction, ni d'expliquer le vrai sens de l'expression un peu vague „désordres de l'économie nerveuse". Ce sera fait, j'espère le plus amplement, dans un ouvrage que je prépare sur la matière. Dans le mémoire présent je me borne à énoncer mes résultats.

La neurasthénie propre, d'un aspect clinique très monotone, si l'on a mis à part la névrose d'angoisse (fatigue, sensation de casque, dyspepsie flatulente, constipation, paresthésies spinales, faiblesse sexuelle,etc.), ne reconnaît comme étiologie spécifique que l'onanisme (immodéré) ou les pollutions spontanées.

C'est l'action prolongée et intensive de cette satisfaction sexuelle pernicieuse qui suffit en elle-même à provoquer la névrose neurasthénique ou qui impose au sujet le cachet névrasthénique spécial manifesté plus tard sous l'influence d'une cause occasionelle accessoire. J'ai rencontré aussi des personnes qui présentaient les signes de la constitution neurasthénique chez lesquels je n'ai pas réussi à mettre en évidence l'étiologie nommée, mais j'ai constaté au moins que chez ces malades la fonction sexuelle n'était jamais développée au niveau normal; ils semblaient doués par héritage d'une constitution sexuelle analogue à celle qui chez le neurasthénique est produite en conséquence de l'onanisme.

La névrose d'angoisse, de laquelle le tableau clinique est beaucoup plus riche (irritabilité, état d'attente anxieuse, phobies, attaques d'angoisse complètes ou rudimentaires, de peur, de vertige, tremblements, sueurs, congestion, dyspnée, tachycardie etc.; diarrhée chronique, vertige chronique de locomotion, hyperesthésie, insomnies etc.)[1], est facilement dévoilée comme l'effet spécifique de divers désordres de la vie sexuelle, qui ne manquent pas d'un caractère commun

---

1) Voir pour la symptomatologie comme l'étiologie de la névrose d'angoisse, mon mémoire cité plus haut. *Neurologisches Zentralblatt*, 1895, n° 10—11.

à eux tous. L'abstinence forcée, l'irritation génitale fruste (qui n'est pas assouvie par l'acte sexuel), le coït imparfait ou interrompu (qui n'aboutit pas à la jouissance), les efforts sexuels qui surpassent la capacité psychique du sujet etc., tous ces agents, qui sont d'une occurrence trop fréquente dans la vie moderne, semblent convenir en ce qu'ils troublent l'équilibre des fonctions psychiques et somatiques dans les actes sexuels, et qu'ils empêchent la participation psychique nécessaire pour délivrer l'économie nerveuse de la tension génésique.

Ces remarques, qui contiennent peut-être le germe d'une explication théorique du mécanisme fonctionnel de la névrose en question, laissent déjà soupçonner qu'une exposition complète et vraiment scientifique de la matière ne soit pas possible actuellement et qu'il faudrait avant tout aborder le problème physiologique de la vie sexuelle sous un point de vue nouveau.

Je finis par dire que la pathogénèse de la neurasthénie et de la névrose d'angoisse peut bien se passer de la concurrence d'une disposition héréditaire. C'est le résultat de l'observation de tous les jours; mais si l'hérédité est présente, le développement de la névrose en subira l'influence formidable.

Pour la deuxième classe des grandes névroses, hystérie et névrose d'obsessions, la solution de la question étiologique est d'une simplicité et uniformité surprenante. Je dois mes résultats à l'emploi d'une nouvelle méthode de psychoanalyse, au procédé explorateur de J. Breuer, un peu subtil, mais qu'on ne saurait remplacer, tant il s'est montré fertile pour éclaircir les voies obscures de l'idéation inconsciente. Au moyen de ce procédé — qu'il ne faut pas décrire à cet endroit[1] — on poursuit les symptômes hystériques jusqu'à leur origine qu'on trouve toutes les fois dans un événement de la vie sexuelle du sujet bien propre à produire une émotion pénible. Remontant en arrière dans le passé du malade, de pas en

---

1) Voir: J. Breuer und Sigm. Freud. *Studien über Hysterie.* Wien, 1895.

pas et toujours dirigé par l'enchaînement organique des symptômes, des souvenirs et des pensées éveillés, je suis arrivé enfin au point de départ du processus pathologique et il m'a fallu voir qu'il y avait au fond la même chose dans tous les cas soumis à l'analyse, l'action d'un agent, qu'il faut accepter comme cause spécifique de l'hystérie.

C'est bien un souvenir qui se rapporte à la vie sexuelle, mais qui offre deux caractères de la dernière importance. L'événement duquel le sujet a gardé le souvenir inconscient est une *expérience précoce de rapports sexuels avec irritation véritable des parties génitales, suite d'abus sexuel pratiqué par une autre personne* et la *période de la vie* qui renferme cet événement funeste est la *première jeunesse*, les années jusqu'à l'âge de huit à dix ans, avant que l'enfant soit arrivé à la maturité sexuelle.

Expérience de passivité sexuelle avant la puberté: telle est donc l'étiologie spécifique de l'hystérie.

Je joindrai sans retard quesques détails de faits et quelques remarques commentaires au résultat énoncé, pour combattre la méfiance à laquelle je m'attends. J'ai pu pratiquer la psychoanalyse complète en treize cas d'hystérie, trois de ce nombre combinaisons vraies d'hystérie avec névrose d'obsessions (je ne dis pas: hystérie *avec* obsessions). Dans aucun de ces cas ne manquait l'événement caractérisé là-haut; il était représenté ou par un attentat brutal commis par une personne adulte ou par une séduction moins rapide, et moins repoussante, mais aboutissant à la même fin. Sept fois sur treize il s'agissait d'une liaison infantile des deux côtés, de rapports sexuels entre une petite fille et un garçon un peu plus âgé, le plus souvent son frère, et lui-même victime d'une séduction antérieure. Ces liaisons s'étaient continuées quelquefois pendant des années jusqu'à la puberté des petits coupables, le garçon répétant toujours et sans innovation sur la petite fille les mêmes pratiques, qu'il avait subi lui-même de la part d'une servante ou gouvernante, et qui pour cause de cette origine étaient souvent de nature dégoûtante. Dans quelques cas il y avait concurrence d'attentat et de liaison infantile, ou abus brutal réitéré.

La date de l'expérience précoce était variable : en deux cas la série commençait dans la deuxième année (?) du petit être; l'âge de préférence est dans mes observations la quatrième ou cinquième année. C'est peut-être un peu par accident, mais j'ai reçu de là l'impression qu'un événement de passivité sexuelle qui n'arrive qu'après l'âge de huit à dix ans, ne pourra plus jeter les fondements de la névrose.

Comment peut-on rester convaincu de la réalité de ces confessions d'analyse qui prétendent être des souvenirs conservés depuis la première enfance, et comment se prémunir contre l'inclination à mentir et la facilité d'invention attribuées aux hystériques? Je m'accuserais de crédulité blâmable moi-même, si je ne disposais de preuves plus concluantes. Mais c'est que les malades ne racontent jamais ces histoires spontanément, ni ne vont jamais dans le cours d'un traitement offrir au médecin tout d'un coup le souvenir complet d'une telle scène. On ne réussit à réveiller la trace psychique de l'événement sexuel précoce que sous la pression la plus énergique du procédé analyseur et contre une résistance énorme, aussi faut-il leur arracher le souvenir morceau par morceau, et pendant qu'il s'éveille dans leur conscience, ils deviennent la proie d'une émotion difficile à contrefaire.

On finira même par se convaincre si l'on n'est pas influencé par la conduite des malades, pourvu qu'on puisse suivre en détail le cours d'une psychoanalyse d'hystérie par référé.

L'événement précoce en question a laissé une empreinte impérissable dans l'histoire du cas, il y est représenté par une foule de symptômes et de traits particuliers, qu'on ne saurait expliquer autrement; il est régi d'une manière péremptoire par l'enchaînement subtil mais solide de la structure intrinsèque de la névrose; l'effet thérapeutique de l'analyse reste en retard, si l'on n'a pas pénétré aussi loin; alors on n'a pas d'autre choix que de réfuter ou de croire le tout ensemble.

Peut-on comprendre qu'une telle expérience sexuelle précoce, subie par un individu, duquel le sexe est à peine différencié, devienne la source d'une anomalie psychique persistante comme l'hystérie? Et comment s'accorderait une telle supposition avec nos idées actuelles sur le mécanisme psychique de cette névrose? On peut donner une réponse satisfaisante à la première question: C'est justement parce que le sujet est infantile que l'irritation sexuelle précoce produit nul ou peu d'effet à sa date, mais la trace psychique en est conservée. Plus tard, quand à la puberté se sera développée la réactivité des organes sexuels à un niveau presque incommensurable avec l'état infantile, il arrive d'une manière ou d'une autre que cette trace psychique inconsciente se réveille. Grâce au changement dû à la puberté le souvenir déploiera une puissance qui a fait totalement défaut à l'événement lui-même; *le souvenir agira comme s'il était un événement actuel.* Il y a pour ainsi dire *action posthume d'un traumatisme sexuel.*

Autant que je vois, ce réveil du souvenir sexuel après la puberté, l'événement même étant arrivé en un temps reculé avant cette période, constitue la seule éventualité psychologique pour que l'action immédiate d'un souvenir surpasse celle de l'événement actuel. Mais c'est là une constellation anormale, qui atteint un côté faible du mécanisme psychique et produit nécessairement un effet psychique pathologique.

Je crois comprendre que *cette relation inverse entre l'effet psychique du souvenir et de l'événement* contient la raison pour laquelle *le souvenir reste inconscient.*

On arrive ainsi à un problème psychique très complexe, mais qui dûment apprécié promet de jeter un jour, une lumière vive sur les questions les plus délicates de la vie psychique.

Les idées ici exposées, ayant pour point de départ le résultat de la psychoanalyse, qu'on trouve toujours comme cause spécifique de l'hystérie un souvenir d'expérience sexuelle précoce, ne s'accordent pas avec la théorie psychologique de la névrose de

M. Janet, ni avec une autre, mais elles s'harmonisent parfaitement avec mes propres spéculations développées ailleurs sur les „*Abwehrneurosen*".

Tous les événements postérieurs à la puberté, auxquels il faut attribuer une influence sur le développement de la névrose hystérique et sur la formation de ses symptômes, ne sont vraiment que des causes concurrentes, „agents provocateurs" comme disait Charcot, pour qui l'hérédité nerveuse occupait la place que je réclame pour l'expérience sexuelle précoce. Ces agents accessoires ne sont pas sujets aux conditions strictes qui pèsent sur les causes spécifiques; l'analyse démontre d'une manière irréfutable qu'ils ne jouissent d'une influence pathogène pour l'hystérie que par leur faculté d'éveiller la trace psychique inconsciente de l'événement infantile. C'est aussi grâce à leur connexion avec l'empreinte pathogène primaire et aspirés par elle, que leurs souvenirs deviendront inconscients à leur tour et pourront aider à l'accroissement d'une activité psychique soustraite au pouvoir des fonctions conscientes.

La névrose d'obsessions (*Zwangsneurose*) relève d'une cause spécifique très analogue à celle de l'hystérie. On y trouve aussi un événement sexuel précoce, arrivé avant l'âge de la puberté, duquel le souvenir devient actif pendant ou après cette époque, et les mêmes remarques et raisonnements exposés à l'occasion de l'hystérie pourront s'appliquer aux observations de l'autre névrose (six cas, dont trois purs). Il n'y a qu'une différence qui semble capitale. Nous avons trouvé au fond de l'étiologie hystérique un événement de passivité sexuelle, une expérience subie avec indifférence ou avec un petit peu de dépit ou d'effroi. Dans la névrose d'obsessions il s'agit au contraire d'un événement qui a fait plaisir, d'une agression sexuelle inspirée par le désir (en cas de garçon) ou d'une participation avec jouissance aux rapports sexuels (en cas de petite fille). Les idées obsédantes, reconnues par l'analyse dans leur sens intime, réduites pour ainsi dire à leur expression la plus simple ne sont pas autre chose que des *reproches*, *que le sujet* s'adresse à cause de cette jouissance sexuelle anticipée, mais des reproches défigurés par un travail psychique inconscient de transformation et de substitution.

Le fait même, que de telles agressions sexuelles se passent dans un âge aussi tendre, semble dénoncer l'influence d'une séduction antérieure, de laquelle la précocité du désir sexuel soit la conséquence. L'analyse vient confirmer ce soupçon, dans les cas analysés par moi. On s'explique de cette manière un fait intéressant toujours présent dans ces cas d'obsessions, la complication régulière du cadre symptomatique par un certain nombre de symptômes simplement hystériques.

L'importance de l'élément actif de la vie sexuelle pour la cause des obsessions comme la passivité sexuelle pour la pathogenèse de l'hystérie semble même dévoiler la raison de la connexion plus intime de l'hystérie avec le sexe féminin et de la préférence des hommes pour la névrose d'obsessions. On rencontre parfois des couples de malades névrosés, qui ont été un couple de petits amoureux dans leur première jeunesse, l'homme souffrant d'obsessions, la femme d'hystérie; s'il s'agit d'un frère et de la soeur on pourra méprendre pour un effet de l'hérédité nerveuse ce qui en vérité dérive d'expériences sexuelles précoces.

Il y a sans doute des cas d'hystérie ou d'obsession purs et isolés, indépendants de neurasthénie ou névrose d'angoisse; mais ce n'est pas la règle. Plus souvent la psycho-névrose se présente comme accessoire aux névroses neurasthéniques, évoquée par elles et suivant leur décours. C'est parce que les causes spécifiques de ces dernières, les désordres actuels de la vie sexuelle, agissent en même temps comme causes accessoires des psycho-névroses, dont ils éveillent et raniment la cause spécifique, le souvenir de l'expérience sexuelle précoce.

Quant à l'hérédité nerveuse, je suis loin de savoir évaluer au juste son influence dans l'étiologie des psycho-névroses. Je concède que sa présence est indispensable dans les cas graves, je doute qu'elle soit nécessaire pour les cas légers, mais je suis convaincu que l'hérédité nerveuse à elle seule ne peut pas produire les psycho-névroses, si leur étiologie spécifique, l'irritation sexuelle précoce, fait défaut. Je vois même que la question de savoir laquelle des névroses, hystérie ou obsessions, se développera dans un cas donné, n'est pas jugée par l'hérédité mais par un caractère spécial de cet événement sexuel de la première jeunesse.

ZUR ÄTIOLOGIE DER HYSTERIE

ZUR ÄTIOLOGIE DER HYSTERIE

Meine Herren! Wenn wir daran gehen, uns eine Meinung über die Verursachung eines krankhaften Zustandes wie die Hysterie zu bilden, betreten wir zunächst den Weg der anamnestischen Forschung, indem wir den Kranken oder dessen Umgebung ins Verhör darüber nehmen, auf welche schadlichen Einflüsse sie selbst die Erkrankung an jenen neurotischen Symptomen zurückführen. Was wir so in Erfahrung bringen, ist selbstverständlich durch alle jene Momente verfälscht, die einem Kranken die Erkenntnis des eigenen Zustandes zu verhüllen pflegen, durch seinen Mangel an wissenschaftlichem Verständnis für ätiologische Wirkungen, durch den Fehlschluß des *post hoc, ergo propter hoc*, durch die Unlust, gewisser Noxen und Traumen zu gedenken oder ihrer Erwähnung zu tun. Wir halten darum bei solcher anamnestischer Forschung an dem Vorsatze fest, den Glauben der Kranken nicht ohne eingehende kritische Prüfung zu dem unserigen zu machen, nicht zuzulassen, daß die Patienten uns unsere wissenschaftliche Meinung über die Ätiologie der Neurose zurechtmachen. Wenn wir einerseits gewisse konstant wiederkehrende Angaben anerkennen, wie die, daß der hysterische Zustand eine lang andauernde Nachwirkung einer einmal erfolgten Gemütsbewegung sei, so haben wir anderseits in die Ätiologie der Hysterie ein Moment eingeführt, welches der Kranke selbst niemals vorbringt und nur ungern gelten läßt, die hereditäre Veranlagung von seiten der Erzeuger. Sie wissen, daß nach der Meinung der einflußreichen Schule Charcots die Heredität allein als wirkliche Ursache der Hysterie Anerkennung verdient, während alle anderen Schädlichkeiten verschiedenartigster Natur und Intensität nur die Rolle von Gelegenheitsursachen, von „*agents provocateurs*" spielen sollen.

Sie werden mir ohneweiters zugeben, daß es wünschenswert wäre, es gäbe einen zweiten Weg, zur Ätiologie der Hysterie zu gelangen, auf welchem man sich unabhangiger von den Angaben der Kranken wüßte. Der Dermatologe z. B. weiß ein Geschwür als luetisch zu erkennen nach der Beschaffenheit der Ränder, des Belags, des Umrisses, ohne daß ihn der Einspruch des Patienten, der eine Infektionsquelle leugnet, daran irre machte. Der Gerichtsarzt versteht es, die Verursachung einer Verletzung aufzuklären, selbst wenn er auf die Mitteilungen des Verletzten verzichten muß. Es besteht nun eine solche Möglichkeit, von den Symptomen aus zur Kenntnis der Ursachen vorzudringen, auch für die Hysterie. Das Verhältnis der Methode aber, deren man sich hiefür zu bedienen hat, zur älteren Methode der anamnestischen Erhebung möchte ich Ihnen in einem Gleichnisse darstellen, welches einen auf anderem Arbeitsgebiete tatsächlich erfolgten Fortschritt zum Inhalt hat.

Nehmen Sie an, ein reisender Forscher käme in eine wenig bekannte Gegend, in welcher ein Trümmerfeld mit Mauerresten, Bruchstücken von Säulen, von Tafeln mit verwischten und unlesbaren Schriftzeichen sein Interesse erweckte. Er kann sich damit begnügen zu beschauen, was frei zutage liegt, dann die in der Nähe hausenden, etwa halbbarbarischen Einwohner ausfragen, was ihnen die Tradition über die Geschichte und Bedeutung jener monumentalen Reste kundgegeben hat, ihre Auskünfte aufzeichnen und — weiterreisen. Er kann aber auch anders vorgehen; er kann Hacken, Schaufeln und Spaten mitgebracht haben, die Anwohner für die Arbeit mit diesen Werkzeugen bestimmen, mit ihnen das Trümmerfeld in Angriff nehmen, den Schutt wegschaffen und von den sichtbaren Resten aus das Vergrabene aufdecken. Lohnt der Erfolg seine Arbeit, so erläutern die Funde sich selbst; die Mauerreste gehören zur Umwallung eines Palastes oder Schatzhauses, aus den Säulentrümmern ergänzt sich ein Tempel, die zahlreich gefundenen, im glücklichen Falle bilinguen Inschriften enthüllen ein Alphabet und eine Sprache, und deren Entzifferung und Übersetzung ergibt ungeahnte Aufschlüsse über die Ereignisse der Vorzeit, zu deren Gedächtnis jene Monumente erbaut worden sind. *Saxa loquuntur!*

Will man in annähernd ähnlicher Weise die Symptome einer Hysterie als Zeugen für die Entstehungsgeschichte der Krankheit laut werden lassen, so muß man an die bedeutsame Entdeckung J. Breuers anknüpfen, daß die **Symptome der Hysterie** (die Stigmata beiseite) **ihre Determinierung von gewissen traumatisch wirksamen Erlebnissen des Kranken herleiten, als deren Erinnerungssymbole sie im psychischen Leben desselben reproduziert werden.** Man muß sein Verfahren — oder ein im Wesen gleichartiges — anwenden, um die Aufmerksamkeit des Kranken vom Symptom aus auf die Szene zurückzuleiten, in welcher und durch welche das Symptom entstanden ist, und man beseitigt nach seiner Anweisung dieses Symptom, indem man bei der Reproduktion der traumatischen Szene eine nachträgliche Korrektur des damaligen psychischen Ablaufes durchsetzt.

Es liegt heute meiner Absicht völlig ferne, die schwierige Technik dieses therapeutischen Verfahrens oder die dabei gewonnenen psychologischen Aufklärungen zu behandeln. Ich mußte nur an dieser Stelle anknüpfen, weil die nach Breuer vorgenommenen Analysen gleichzeitig den Zugang zu den Ursachen der Hysterie zu eröffnen scheinen. Wenn wir eine größere Reihe von Symptomen bei zahlreichen Personen dieser Analyse unterziehen, so werden wir ja zur Kenntnis einer entsprechend großen Reihe von traumatisch wirksamen Szenen geleitet werden. In diesen Erlebnissen sind die wirksamen Ursachen der Hysterie zur Geltung gekommen; wir dürfen also hoffen, aus dem Studium der traumatischen Szenen zu erfahren, welche Einflüsse hysterische Symptome erzeugen und auf welche Weise.

Diese Erwartung trifft zu, notwendigerweise, da ja die Sätze von Breuer sich bei der Prüfung an zahlreicheren Fällen als richtig erweisen. Aber der Weg von den Symptomen der Hysterie zu deren Ätiologie ist langwieriger und führt über andere Verbindungen, als man sich vorgestellt hätte.

Wir wollen uns nämlich klar machen, daß die Zurückführung eines hysterischen Symptoms auf eine traumatische Szene nur dann einen Gewinn für unser Verständnis mit sich bringt, wenn diese Szene zwei Bedingungen genügt, wenn sie die betreffende **determinierende Eignung** besitzt, und wenn ihr die nötige **traumatische Kraft** zuerkannt werden muß. Ein Beispiel anstatt jeder Worterklärung! Es handle sich um das Symptom des hysterischen Erbrechens; dann glauben wir dessen Verursachung (bis auf einen gewissen Rest) durchschauen zu können, wenn die Analyse das Symptom auf ein Erlebnis zurückführt, welches **berechtigterweise** ein hohes Maß von **Ekel** erzeugt hat, wie etwa der Anblick eines verwesenden menschlichen Leichnams. Ergibt die Analyse anstatt dessen, daß das Erbrechen von einem großen Schreck, z. B. bei einem Eisenbahnunfall, herrührt, so wird man sich unbefriedigt fragen müssen, wieso denn der Schreck gerade zum Erbrechen geführt hat. Es fehlt dieser Ableitung an der **Eignung zur Determinierung.** Ein anderer Fall von ungenügender Aufklärung liegt vor, wenn das Erbrechen etwa von dem Genuß einer Frucht herrühren soll, die eine faule Stelle zeigte. Dann ist zwar das Erbrechen durch den Ekel determiniert, aber man versteht nicht, wie der Ekel in diesem Falle so mächtig werden konnte, sich durch ein hysterisches Symptom zu verewigen; es mangelt diesem Erlebnisse an traumatischer Kraft.

Sehen wir nun nach, inwieweit die durch die Analyse aufgedeckten traumatischen Szenen der Hysterie bei einer größeren Anzahl von Symptomen und Fällen den beiden erwähnten Ansprüchen genügen. Hier stoßen wir auf die erste große Enttäuschung! Es trifft zwar einige Male zu, daß die traumatische Szene, in welcher das Symptom entstanden ist, wirklich beides, die determinierende Eignung und die traumatische Kraft besitzt, deren wir zum Verständnis des Symptoms bedürfen. Aber weit häufiger, unvergleichlich häufiger, finden wir eine der drei übrigen Möglichkeiten verwirklicht, die dem Verständnisse so ungünstig sind: die Szene, auf welche wir durch die Analyse geleitet werden, in welcher das Symptom zuerst aufgetreten ist, erscheint uns entweder ungeeignet zur Determinierung des Symptoms, indem ihr Inhalt zur Beschaffenheit des Symptoms keine Beziehung zeigt; oder das angeblich traumatische Erlebnis, dem es an inhaltlicher Beziehung nicht fehlt, erweist sich als normalerweise harmloser, für gewöhnlich wirkungsunfähiger Eindruck; oder endlich die „traumatische Szene" macht uns nach beiden Richtungen irre; sie erscheint ebenso harmlos wie ohne Beziehung zur Eigenart des hysterischen Symptoms.

(Ich bemerke hier nebenbei, daß Breuers Auffassung von der Entstehung hysterischer Symptome durch die Auffindung traumatischer Szenen, die an sich bedeutungslosen Erlebnissen entsprechen, nicht gestört worden ist. Breuer nahm nämlich — im Anschlusse an Charcot — an, daß auch ein harmloses Erlebnis zum Trauma erhoben werden und determinierende Kraft entfalten kann, wenn es die Person in einer besonderen psychischen Verfassung, im sogenannten hypnoiden Zustand, betrifft. Allein ich finde, daß zur Voraussetzung solcher hypnoider Zustände oftmals jeder Anhalt fehlt. Entscheidend bleibt, daß die Lehre von den hypnoiden Zuständen nichts zur Lösung der anderen Schwierigkeiten leistet, daß nämlich den traumatischen Szenen so häufig die determinierende Eignung abgeht.)

Fügen Sie hinzu, meine Herren, daß diese erste Enttäuschung beim Verfolg der Breuerschen Methode unmittelbar durch eine andere eingeholt wird, die man besonders als Arzt schmerzlich empfinden muß. Zurückführungen solcher Art, wie wir sie geschildert haben, die unserem Verständnis betreffs der Determinierung und der traumatischen Wirksamkeit nicht genügen, bringen auch keinen therapeutischen Gewinn; der Kranke hat seine Symptome ungeändert behalten, trotz des ersten Ergebnisses, das uns die Analyse geliefert hat. Sie mögen verstehen, wie groß dann die Versuchung wird, auf eine Fortsetzung der ohnedies mühseligen Arbeit zu verzichten.

Vielleicht aber bedarf es nur eines neuen Einfalles, um uns aus der Klemme zu helfen und zu wertvollen Resultaten zu führen! Der Einfall ist folgender: Wir wissen ja durch Breuer, daß die hysterischen Symptome zu lösen sind, wenn wir von ihnen aus den Weg zur Erinnerung eines traumatischen Erlebnisses finden können. Wenn nun die aufgefundene Erinnerung unseren Erwartungen nicht entspricht, vielleicht ist derselbe Weg ein Stück weiter zu verfolgen, vielleicht verbirgt sich hinter der ersten traumatischen Szene die Erinnerung an eine zweite, die unseren Ansprüchen besser genügt, und deren Reproduktion mehr therapeutische Wirkung entfaltet, so daß die erstgefundene Szene nur die Bedeutung eines Bindegliedes in der Assoziationsverkettung hat? Und vielleicht wiederholt sich dieses Verhältnis, die Einschiebung unwirksamer Szenen als notwendiger Übergänge bei der Reproduktion mehrmals, bis man vom hysterischen Symptom aus endlich zur eigentlich traumatisch wirksamen, in jeder Hinsicht, therapeutisch wie analytisch, befriedigenden Szene gelangt? Nun, meine Herren, diese Vermutung ist richtig. Wo die erstaufgefundene Szene unbefriedigend ist, sagen wir dem Kranken, dieses Erlebnis erkläre nichts, es müsse sich aber hinter ihm ein bedeutsameres, früheres Erlebnis verbergen, und lenken seine Aufmerksamkeit nach derselben Technik auf den Assoziationsfaden, welcher beide Erinnerungen, die aufgefundene und die aufzufindende verknüpft.[1] Die Fortsetzung der Analyse führt dann jedesmal zur Reproduktion neuer Szenen von den erwarteten Charakteren. Wenn ich z. B. den vorhin ausgewählten Fall von hysterischem Erbrechen wieder aufnehme, den die Analyse zunächst auf einen Schreck bei einem Eisenbahnunfall zurückgeführt hat, welcher der determinierenden Eignung entbehrt, so erfahre ich aus weitergehender Analyse, daß dieser Unfall die Erinnerung an einen andern, früher vorgekommenen, geweckt hat, den der Kranke zwar nicht selbst erlebte, der ihm aber Gelegenheit zu dem Grauen und Ekel erregenden Anblick eines Leichnams bot. Es ist, als ob das Zusammenwirken beider Szenen die Erfüllung unserer Postulate ermöglichte, indem das eine Erlebnis durch den Schreck die traumatische Kraft, das andere durch seinen Inhalt die determinierende Wirkung beistellt. Der andere Fall, daß das Erbrechen auf den Genuß eines Apfels zurückgeführt wird, an dem sich eine faule Stelle befindet, wird durch die Analyse etwa in folgender Weise ergänzt: Der faulende Apfel erinnert an ein früheres Erlebnis, an das Sammeln abgefallener Äpfel in einem Garten, wobei der Kranke zufällig auf einen ekelhaften Tierkadaver stieß.

Ich will auf diese Beispiele nicht mehr zurückkommen, denn ich muß das Geständnis ablegen, daß sie keinem Falle meiner Erfahrung entstammen, daß sie von mir erfunden sind; höchstwahrscheinlich sind sie auch schlecht erfunden; derartige Auflösungen hysterischer Symptome halte ich selbst für unmöglich. Aber der Zwang, Beispiele zu fingieren, erwächst mir aus mehreren

---

[1] Es bleibt dabei absichtlich außer Erörterung, von welchem Rang die Assoziation der beiden Erinnerungen ist (ob durch Gleichzeitigkeit, kausaler Art, nach inhaltlicher Ähnlichkeit usw.) und auf welche psychologische Charakteristik die einzelnen „Erinnerungen" (bewußte oder unbewußte) Anspruch haben.

Momenten, von denen ich eines unmittelbar. anführen kann. Die wirklichen Beispiele sind alle unvergleichlich komplizierter; eine einzige ausführliche Mitteilung würde diese Vortragsstunde ausfüllen. Die Assoziationskette besteht immer aus mehr als zwei Gliedern, die traumatischen Szenen bilden nicht etwa einfache, perlschnurartige Reihen, sondern verzweigte, stammbaumartige Zusammenhänge, indem bei einem neuen Erlebnis zwei und mehr frühere als Erinnerungen zur Wirkung kommen; kurz, die Auflösung eines einzelnen Symptoms mitteilen, fällt eigentlich zusammen mit der Aufgabe, eine Krankengeschichte vollständig darzustellen.

Wir wollen es nun aber nicht versäumen, den einen Satz nachdrücklich hervorzuheben, den die analytische Arbeit längs dieser Erinnerungsketten unerwarteterweise gegeben hat. Wir haben erfahren, daß kein hysterisches Symptom aus einem realen Erlebnis allein hervorgehen kann, sondern daß alle Male die assoziativ geweckte Erinnerung an frühere Erlebnisse zur Verursachung des Symptoms mitwirkt. Wenn dieser Satz — wie ich meine — ohne Ausnahme richtig ist, so bezeichnet er uns aber auch das Fundament, auf dem eine psychologische Theorie der Hysterie aufzubauen ist.

Sie könnten meinen, jene seltenen Fälle, in welchen die Analyse das Symptom sofort auf eine traumatische Szene von guter determinierender Eignung und traumatischer Kraft zurückführt und es durch solche Zurückführung gleichzeitig wegschafft, wie dies in Breuers Krankengeschichte der Anna O. geschildert wird, seien doch mächtige Einwände gegen die allgemeine Geltung des eben aufgestellten Satzes. Das sieht in der Tat so aus; allein ich muß Sie versichern, ich habe die triftigsten Gründe, anzunehmen, daß selbst in diesen Fällen eine Verkettung wirksamer Erinnerungen vorliegt, die weit hinter die erste traumatische Szene zurückreicht, wenngleich die Reproduktion der letzteren allein die Aufhebung des Symptoms zur Folge haben kann.

Ich meine, es ist wirklich überraschend, daß hysterische Symptome nur unter Mitwirkung von Erinnerungen entstehen können, zumal wenn man erwägt, daß diese Erinnerungen nach allen Aussagen der Kranken ihnen im Momente, da das Symptom zuerst auftrat, nicht zum Bewußtsein gekommen waren. Hier ist Stoff für sehr viel Nachdenken gegeben, aber diese Probleme sollen uns für jetzt nicht verlocken, unsere Richtung nach der Ätiologie der Hysterie zu verlassen. Wir müssen uns vielmehr fragen: Wohin gelangen wir, wenn wir den Ketten assoziierter Erinnerungen folgen, welche die Analyse uns aufdeckt? Wie weit reichen sie? Haben sie irgendwo ein natürliches Ende? Führen sie uns etwa zu Erlebnissen, die irgendwie gleichartig sind, dem Inhalte oder der Lebenszeit nach, so daß wir in diesen überall gleichartigen Faktoren die gesuchte Ätiologie der Hysterie erblicken könnten?

Meine bisherige Erfahrung gestattet mir bereits, diese Fragen zu beantworten. Wenn man von einem Falle ausgeht, der mehrere Symptome bietet, so gelangt man mittels der Analyse von jedem Symptom aus zu einer Reihe von Erlebnissen, deren Erinnerungen in der Assoziation miteinander verkettet sind. Die einzelnen Erinnerungsketten verlaufen zunächst distinkt voneinander nach rückwärts, sind aber, wie bereits erwähnt, verzweigt; von einer Szene aus sind gleichzeitig zwei oder mehr Erinnerungen erreicht, von denen nun Seitenketten ausgehen, deren einzelne Glieder wieder mit Gliedern der Hauptkette assoziativ verknüpft sein mögen. Der Vergleich mit dem Stammbaum einer Familie, deren Mitglieder auch untereinander geheiratet haben, paßt hier wirklich nicht übel. Andere Komplikationen der Verkettung ergeben sich daraus, daß eine einzelne Szene in derselben Kette mehrmals erweckt werden kann, so daß sie zu einer späteren Szene mehrfache Beziehungen hat, eine direkte Verknüpfung mit ihr aufweist und eine durch Mittelglieder hergestellte. Kurz, der Zusammenhang ist keineswegs ein einfacher und die Aufdeckung der Szenen in umgekehrter chronologischer Folge (die eben den Vergleich mit der Aufgrabung eines geschichteten Trümmerfeldes rechtfertigt) trägt zum rascheren Verständnis des Herganges gewiß nichts bei.

Neue Verwicklungen ergeben sich, wenn man die Analyse weiter fortsetzt. Die Assoziationsketten für die einzelnen Symptome beginnen dann in Beziehung zueinander zu treten; die Stammbäume verflechten sich. Bei einem gewissen Erlebnis der Erinnerungskette, z. B. für das Erbrechen, ist außer den rückläufigen Gliedern dieser Kette eine Erinnerung aus einer andern Kette erweckt worden, die ein anderes Symptom, etwa Kopfschmerz, begründet. Jenes Erlebnis gehört darum beiden Reihen an, es stellt also einen Knotenpunkt dar, wie deren in jeder Analyse mehrere aufzufinden sind. Sein klinisches Korrelat mag etwa sein, daß von einer gewissen Zeit an die beiden Symptome zusammen auftreten, symbiotisch, eigentlich ohne innere Abhängigkeit voneinander. Knotenpunkte anderer Art findet man noch weiter rückwärts. Dort konvergieren die einzelnen Assoziationsketten; es finden sich Erlebnisse, von denen zwei oder mehrere Symptome ausgegangen sind. An das eine Detail der Szene hat die eine Kette, an ein anderes Detail die zweite Kette angeknüpft.

Das wichtigste Ergebnis aber, auf welches man bei solcher konsequenten Verfolgung der Analyse stößt, ist dieses: Von welchem Fall und von welchem Symptom immer man seinen Ausgang genommen hat, endlich gelangt man unfehlbar auf das Gebiet des sexuellen Erlebens. Hiemit wäre also zuerst eine ätiologische Bedingung hysterischer Symptome aufgedeckt.

Ich kann nach früheren Erfahrungen voraussehen, daß gerade gegen diesen Satz oder gegen die Allgemeingültigkeit dieses Satzes Ihr Widerspruch, meine Herren, gerichtet sein wird. Ich sage vielleicht besser: Ihre Widerspruchsneigung, denn es stehen wohl noch keinem von Ihnen Untersuchungen zu Gebote, die, mit demselben Verfahren angestellt, ein anderes Resultat ergeben hätten.

Zur Streitsache selbst will ich nur bemerken, daß die Auszeichnung des sexuellen Moments in der Ätiologie der Hysterie bei mir mindestens keiner vorgefaßten Meinung entstammt. Die beiden Forscher, als deren Zögling ich meine Arbeiten über Hysterie begonnen habe, Charcot wie Breuer, standen einer derartigen Voraussetzung ferne, ja sie brachten ihr eine persönliche Abneigung entgegen, von der ich anfangs meinen Anteil übernahm. Erst die mühseligsten Detailuntersuchungen haben mich, und zwar langsam genug, zu der Meinung bekehrt, die ich heute vertrete. Wenn Sie meine Behauptung, die Ätiologie auch der Hysterie läge im Sexualleben, der strengsten Prüfung unterziehen, so erweist sie sich als vertretbar durch die Angabe, daß ich in etwa achtzehn Fällen von Hysterie diesen Zusammenhang für jedes einzelne Symptom erkennen und, wo es die Verhältnisse gestatteten, durch den therapeutischen Erfolg bekräftigen konnte. Sie können mir dann freilich einwenden, die neunzehnte und die zwanzigste Analyse werden vielleicht eine Ableitung hysterischer Symptome auch aus anderen Quellen kennen lehren und damit die Gültigkeit der sexuellen Ätiologie von der Allgemeinheit auf achtzig Prozent einschränken. Wir wollen es gerne abwarten, aber da jene achtzehn Fälle gleichzeitig alle sind, an denen ich die Arbeit der Analyse unternehmen konnte, und da niemand diese Fälle mir zum Gefallen ausgesucht hat, werden Sie es begreiflich finden, daß ich jene Erwartung nicht teile, sondern bereit bin, mit meinem Glauben über die Beweiskraft meiner bisherigen Erfahrungen hinauszugehen. Dazu bewegt mich übrigens noch ein anderes Motiv von einstweilen bloß subjektiver Geltung. In dem einzigen Erklärungsversuch für den physiologischen und psychischen Mechanismus der Hysterie, den ich mir zur Zusammenfassung meiner Beobachtungen gestalten konnte, ist mir die Einmengung sexueller Triebkräfte zur unentbehrlichen Voraussetzung geworden.

Also man gelangt endlich, nachdem die Erinnerungsketten konvergiert haben, auf sexuelles Gebiet und zu einigen wenigen Erlebnissen, die zumeist in die nämliche Lebensperiode, in das Alter der Pubertät fallen. Aus diesen Erlebnissen soll man die Ätiologie der Hysterie entnehmen und durch sie die Entstehung hysterischer Symptome verstehen lernen. Hier erlebt man aber eine neue und schwerwiegende Enttäuschung! Die mit so viel Mühe aufgefundenen, aus allem Erinnerungsmaterial extrahierten, anscheinend letzten traumatischen Erlebnisse haben zwar die beiden Charaktere: Sexualität und Pubertätszeit gemein, sind aber sonst so sehr disparat und ungleichwertig. In einigen Fällen handelt es sich wohl um Erlebnisse, die wir als schwere Traumen anerkennen müssen, um einen Versuch der Vergewaltigung, der dem unreifen Mädchen mit einem Schlage die ganze Brutalität der Geschlechtslust enthüllt, um eine unfreiwillige Zeugenschaft bei sexuellen Akten der Eltern, die in einem ungeahntes Häßliches aufdeckt und das kindliche wie das moralische Gefühl verletzt u. dgl. In anderen Fällen sind diese Erlebnisse von erstaunlicher Geringfügigkeit. Eine meiner Patientinnen zeigte zugrunde ihrer Neurose das Erlebnis, daß ein ihr befreundeter Knabe zärtlich ihre Hand streichelte und ein andermal seinen Unterschenkel an ihr Kleid drängte, während sie nebeneinander bei Tische saßen, wobei noch seine Miene sie erraten ließ, es handle sich um etwas Unerlaubtes. Bei einer andern jungen Dame hatte gar das Anhören einer Scherzfrage, die eine obszöne Beantwortung ahnen ließ, hingereicht, den ersten Angstanfall hervorzurufen und damit die Erkrankung zu eröffnen. Solche Ergebnisse sind offenbar einem Verständnis für die Verursachung hysterischer Symptome nicht günstig. Wenn es ebensowohl schwere wie geringfügige Erlebnisse, ebensowohl Erfahrungen am eigenen Leib wie visuelle Eindrücke und durch das Gehör empfangene Mitteilungen sind, die sich als die letzten Traumen der Hysterie erkennen lassen, so kann man etwa die Deutung versuchen, die Hysterischen seien besonders geartete Menschenkinder — wahrscheinlich infolge erblicher Veranlagung oder degenerativer Verkümmerung — bei denen die Scheu vor der Sexualität, die im Pubertätsalter normalerweise eine gewisse Rolle spielt, ins Pathologische gesteigert und dauernd festgehalten wird; gewissermaßen Personen, die den Anforderungen der Sexualität psychisch nicht Genüge leisten können. Man vernachlässigt bei dieser Aufstellung allerdings die Hysterie der Männer; aber auch, wenn es derartige grobe Einwände nicht gäbe, wäre die Versuchung kaum sehr groß, bei dieser Lösung stehen zu bleiben. Man verspürt hier nur zu deutlich die intellektuelle Empfindung des Halbverstandenen, Unklaren und Unzureichenden.

Zum Glück für unsere Aufklärung zeigen einzelne der sexuellen Pubertätserlebnisse eine weitere Unzulänglichkeit, die geeignet ist, zur Fortsetzung der analytischen Arbeit anzuregen. Es kommt nämlich vor, daß auch diese Erlebnisse der determinierenden Eignung entbehren, wenngleich dies hier viel seltener ist als bei den traumatischen Szenen aus späterer Lebenszeit. So z. B. hatten sich bei den beiden Patientinnen, die ich vorhin als Fälle mit eigentlich harmlosen Pubertätserlebnissen angeführt habe, im Gefolge dieser Erlebnisse eigentümliche schmerzhafte Empfindungen in den Genitalien eingestellt, die sich als Hauptsymptome der Neurose festgesetzt hatten, deren Determinierung weder aus den Pubertätsszenen noch aus späteren abzuleiten war, die aber sicherlich nicht zu den normalen Organenempfindungen oder zu den Zeichen sexueller Aufregung gehörten. Wie nahe lag es nun, sich hier zu sagen, man müsse die Determinierung dieser Symptome in noch anderen, noch weiter zurückreichenden Erlebnissen suchen, man müsse hier zum zweiten Male jenem rettenden Einfall folgen, der uns vorhin von den ersten traumatischen Szenen zu den Erinnerungsketten hinter ihnen geleitet? Man kommt damit freilich in die Zeit der ersten Kindheit, die Zeit vor der Entwicklung des sexuellen Lebens, womit ein Verzicht auf die sexuelle Ätiologie verbunden scheint. Aber hat man nicht ein Recht anzunehmen, daß es auch dem Kindesalter an leisen sexuellen Erregungen nicht gebricht, ja, daß vielleicht die spätere sexuelle Entwicklung durch

Kindererlebnisse in entscheidender Weise beeinflußt wird? Schädigungen, die das unausgebildete Organ, die in Entwicklung begriffene Funktion, treffen, verursachen ja so häufig schwerere und nachhaltigere Wirkungen, als sie im reiferen Alter entfalten könnten. Vielleicht liegen der abnormen Reaktion gegen sexuelle Eindrücke, durch welche uns die Hysterischen in der Pubertätszeit überraschen, ganz allgemein solche sexuelle Erlebnisse der Kindheit zugrunde, die dann von gleichförmiger und bedeutsamer Art sein müßten? Man gewänne so eine Aussicht, als frühzeitig erworben aufzuklären, was man bisher einer durch die Heredität doch nicht verständlichen Prädisposition zur Last legen mußte. Und da infantile Erlebnisse sexuellen Inhalts doch nur durch ihre Erinnerungsspuren eine psychische Wirkung äußern könnten, wäre dies nicht eine willkommene Ergänzung zu jenem Ergebnis der Analyse, daß hysterische Symptome immer nur unter der Mitwirkung von Erinnerungen entstehen?

II

Sie erraten es wohl, meine Herren, daß ich jenen letzten Gedankengang nicht so weit ausgesponnen hätte, wenn ich Sie nicht darauf vorbereiten wollte, daß er allein es ist, der uns nach so vielen Verzögerungen zum Ziele führen wird. Wir stehen nämlich wirklich am Ende unserer langwierigen und beschwerlichen analytischen Arbeit und finden hier alle bisher festgehaltenen Ansprüche und Erwartungen erfüllt. Wenn wir die Ausdauer haben, mit der Analyse bis in die frühe Kindheit vorzudringen, so weit zurück nur das Erinnerungsvermögen eines Menschen reichen kann, so veranlassen wir in allen Fällen den Kranken zur Reproduktion von Erlebnissen, die infolge ihrer Besonderheiten sowie ihrer Beziehungen zu den späteren Krankheitssymptomen als die gesuchte Ätiologie der Neurose betrachtet werden müssen. Diese infantilen Erlebnisse sind wiederum sexuellen Inhalts, aber weit gleichförmigerer Art als die letztgefundenen Pubertätsszenen; es handelt sich bei ihnen nicht mehr um die Erweckung des sexuellen Themas durch einen beliebigen Sinneseindruck, sondern um sexuelle Erfahrungen am eigenen Leib, um geschlechtlichen Verkehr (im weiteren Sinne). Sie gestehen mir zu, daß die Bedeutsamkeit solcher Szenen keiner weiteren Begründung bedarf; fügen Sie nun noch hinzu, daß Sie in den Details derselben jedesmal die determinierenden Momente auffinden können, die Sie etwa in den anderen, später erfolgten und früher reproduzierten Szenen noch vermißt hätten.

Ich stelle also die Behauptung auf, zugrunde jedes Falles von Hysterie befinden sich — durch die analytische Arbeit reproduzierbar, trotz des Dezennien umfassenden Zeitintervalles — ein oder mehrere Erlebnisse von vorzeitiger sexueller Erfahrung, die der frühesten Jugend angehören.[1] Ich halte dies für eine wichtige Enthüllung, für die Auffindung eines *caput Nili* der Neuropathologie, aber ich weiß kaum, wo anzuknüpfen, um die Erörterung dieser Verhältnisse fortzuführen. Soll ich mein aus den Analysen gewonnenes tatsächliches Material vor Ihnen ausbreiten, oder soll ich nicht lieber vorerst der Masse von Einwänden und Zweifeln zu begegnen suchen, die jetzt von Ihrer Aufmerksamkeit Besitz ergriffen haben, wie ich wohl mit Recht vermuten darf? Ich wähle das letztere; vielleicht können wir dann um so ruhiger beim Tatsächlichen verweilen:

a) Wer der psychologischen Auffassung der Hysterie überhaupt feindlich entgegensteht, die Hoffnung nicht aufgeben möchte, daß es einst gelingen wird, ihre Symptome auf „feinere anatomische Veränderungen" zurückzuführen, und die Einsicht abgewiesen hat, daß die materiellen Grundlagen der hysterischen Veränderungen nicht anders als gleichartig sein können mit jenen unserer normalen Seelenvorgänge, der wird selbstverständlich für die Ergebnisse unserer Analysen kein Vertrauen übrig haben; die prinzipielle Verschiedenheit seiner Voraussetzungen von den unserigen entbindet uns aber auch der Verpflichtung, ihn in einer Einzelfrage zu überzeugen.

---

[1] [*Zusatz 1924:*] Siehe die Bemerkung auf S. 440.

Aber auch ein anderer, der sich minder abweisend gegen die psychologischen Theorien der Hysterie verhält, wird angesichts unserer analytischen Ergebnisse die Frage aufzuwerfen versucht sein, welche Sicherheit die Anwendung der Psychoanalyse mit sich bringt, ob es denn nicht sehr wohl möglich sei, daß entweder der Arzt solche Szenen als angebliche Erinnerung dem gefälligen Kranken aufdrängt, oder daß der Kranke ihm absichtliche Erfindungen und freie Phantasien vorträgt, die jener für echt annimmt.

Nun, ich habe darauf zu erwidern, die allgemeinen Bedenken gegen die Verläßlichkeit der psychoanalytischen Methode können erst gewürdigt und beseitigt werden, wenn eine vollständige Darstellung ihrer Technik und ihrer Resultate vorliegen wird; die Bedenken gegen die Echtheit der infantilen Sexualszenen aber kann man bereits heute durch mehr als ein Argument entkräften. Zunächst ist das Benehmen der Kranken, während sie diese infantilen Erlebnisse reproduzieren, nach allen Richtungen hin unvereinbar mit der Annahme, die Szenen seien etwas anderes als peinlich empfundene und höchst ungern erinnerte Realität. Die Kranken wissen vor Anwendung der Analyse nichts von diesen Szenen, sie pflegen sich zu empören, wenn man ihnen etwa das Auftauchen derselben ankündigt; sie können nur durch den stärksten Zwang der Behandlung bewogen werden, sich in deren Reproduktion einzulassen, sie leiden unter den heftigsten Sensationen, deren sie sich schämen und die sie zu verbergen trachten, während sie sich diese infantilen Erlebnisse ins Bewußtsein rufen, und noch, nachdem sie dieselben in so überzeugender Weise wieder durchgemacht haben, versuchen sie es, ihnen den Glauben zu versagen, indem sie betonen, daß sich hiefür nicht wie bei anderem Vergessenen ein Erinn~~ ıgsgefühl eingestellt hat.[1]

---

[1] [*Zusatz 1924:*] All dies ist richtig, aber es ist zu bedenken, daß ich mich damals von der Überschätzung der Realität und der Geringschätzung der Phantasie noch nicht frei gemacht hatte.

Letzteres Verhalten scheint nun absolut beweiskräftig zu sein. Wozu sollten die Kranken mich so entschieden ihres Unglaubens versichern, wenn sie aus irgend einem Motiv die Dinge, die sie entwerten wollen, selbst erfunden haben? Daß der Arzt dem Kranken derartige Reminiszenzen aufdränge, ihn zu ihrer Vorstellung und Wiedergabe suggeriere, ist weniger bequem zu widerlegen, erscheint mir aber ebenso unhaltbar. Mir ist es noch nie gelungen, einem Kranken eine Szene, die ich erwartete, derart aufzudrängen, daß er sie mit allen zu ihr gehörigen Empfindungen zu durchleben schien; vielleicht treffen es andere besser.

Es gibt aber noch eine ganze Reihe anderer Bürgschaften für die Realität der infantilen Sexualszenen. Zunächst deren Uniformität in gewissen Einzelheiten, wie sie sich aus den gleichartig wiederkehrenden Voraussetzungen dieser Erlebnisse ergeben muß, während man sonst geheime Verabredungen zwischen den einzelnen Kranken für glaubhaft halten müßte. Sodann, daß die Kranken gelegentlich wie harmlos Vorgänge beschreiben, deren Bedeutung sie offenbar nicht verstehen, weil sie sonst entsetzt sein müßten, oder daß sie, ohne Wert darauf zu legen, Einzelheiten berühren, die nur ein Lebenserfahrener kennt und als feine Charakterzüge des Realen zu schätzen versteht.

Verstärken solche Vorkommnisse den Eindruck, daß die Kranken wirklich erlebt haben müssen, was sie unter dem Zwang der Analyse als Szene aus der Kindheit reproduzieren, so entspringt ein anderer und mächtigerer Beweis hiefür aus der Beziehung der Infantilszenen zum Inhalt der ganzen übrigen Krankengeschichte. Wie bei den Zusammenlegbildern der Kinder sich nach mancherlei Probieren schließlich eine absolute Sicherheit herausstellt, welches Stück in die freigelassene Lücke gehört — weil nur dieses eine gleichzeitig das Bild ergänzt und sich mit seinen unregelmäßigen Zacken zwischen die Zacken der anderen so einpassen läßt, daß kein freier Raum bleibt und kein Übereinanderschieben notwendig wird, — so erweisen sich die Infantilszenen inhaltlich als unabweisbare Ergänzungen für das assoziative und logische Gefüge der Neurose, nach deren Einfügung erst der Hergang verständlich — man möchte oftmals sagen: selbstverständlich — wird.

Daß auch der therapeutische Beweis für die Echtheit der Infantilszenen in einer Reihe von Fällen zu erbringen ist, füge ich hinzu, ohne diesen in den Vordergrund drängen zu wollen. Es gibt Fälle, in denen ein vollständiger oder partieller Heilerfolg zu erreichen ist, ohne daß man bis zu den Infantilerlebnissen herabsteigen muß; andere, in welchen jeder Erfolg ausbleibt, ehe die Analyse ihr natürliches Ende mit der Aufdeckung der frühesten Traumen gefunden hat. Ich meine, im ersteren Falle sei man vor Rezidiven nicht gesichert; ich erwarte, daß eine vollständige Psychoanalyse die radikale Heilung einer Hysterie bedeutet. Indes, greifen wir hier den Lehren der Erfahrung nicht vor!

Es gäbe noch einen, einen wirklich unantastbaren Beweis für die Echtheit der sexuellen Kindererlebnisse, wenn nämlich die Angaben der einen Person in der Analyse durch die Mitteilung einer anderen Person in oder außerhalb einer Behandlung bestätigt würden. Diese beiden Personen müßten in ihrer Kindheit an demselben Erlebnis Anteil genommen haben, etwa in einem sexuellen Verhältnis zueinander gestanden sein. Solche Kinderverhältnisse sind, wie Sie gleich hören werden, gar nicht selten; es kommt auch häufig genug vor, daß beide Beteiligte später an Neurosen erkranken, und doch, meine ich, ist es ein Glücksfall, daß mir eine solche objektive Bestätigung unter achtzehn Fällen zweimal gelungen ist. Einmal war es der gesund gebliebene Bruder, der mir unaufgefordert zwar nicht die frühesten Sexualerlebnisse mit seiner kranken Schwester, aber wenigstens solche Szenen aus ihrer späteren Kindheit und die Tatsache von weiter zurückreichenden sexuellen Beziehungen bekräftigte. Ein andermal traf es sich, daß zwei in Behandlung stehende Frauen als Kinder mit der nämlichen männlichen Person sexuell verkehrt hatten, wobei einzelne Szenen à trois zustande gekommen waren. Ein gewisses Symptom, das sich von diesen Kindererlebnissen ableitete, war, als Zeuge dieser Gemeinschaft, in beiden Fällen zur Ausbildung gelangt.

b) Sexuelle Erfahrungen der Kindheit, die in Reizungen der Genitalien, koitusähnlichen Handlungen usw. bestehen, sollen also in letzter Analyse als jene Traumen anerkannt werden, von denen die hysterische Reaktion gegen Pubertätserlebnisse und die Entwicklung hysterischer Symptome ausgeht. Gegen diesen Ausspruch werden sicherlich von verschiedenen Seiten zwei zueinander gegensätzliche Einwendungen erhoben werden. Die einen werden sagen, derartige sexuelle Mißbräuche, an Kindern verübt oder von Kindern untereinander, kämen zu selten vor, als daß man mit ihnen die Bedingtheit einer so häufigen Neurose wie der Hysterie decken könnte; andere werden vielleicht geltend machen, dergleichen Erlebnisse seien im Gegenteil sehr häufig, allzu häufig, als daß man ihrer Feststellung eine ätiologische Bedeutung zusprechen könnte. Sie werden ferner anführen, daß es bei einiger Umfrage leicht fällt, Personen aufzufinden, die sich an Szenen von sexueller Verführung und sexuellem Mißbrauche in ihren Kinderjahren erinnern, und die doch niemals hysterisch gewesen sind. Endlich werden wir als schwerwiegendes Argument zu hören bekommen, daß in den niederen Schichten der Bevölkerung die Hysterie gewiß nicht häufiger vorkommt als in den höchsten, während doch alles dafür spricht, daß das Gebot der sexuellen Schonung des Kindesalters an den Proletarierkindern ungleich häufiger übertreten wird.

Beginnen wir unsere Verteidigung mit dem leichteren Teil der Aufgabe. Es scheint mir sicher, daß unsere Kinder weit häufiger sexuellen Angriffen ausgesetzt sind, als man nach der geringen, von den Eltern hierauf verwendeten Fürsorge erwarten sollte. Bei den ersten Erkundigungen, was über dieses Thema bekannt sei, erfuhr ich von Kollegen, daß mehrere Publikationen von Kinderärzten vorliegen, welche die Häufigkeit sexueller Praktiken selbst an Säuglingen von seiten der Ammen und Kinderfrauen anklagen, und aus den letzten Wochen ist mir eine von Dr. Stekel in Wien herrührende Studie in die Hand geraten, die sich mit dem „Koitus im Kindesalter" beschäftigt (Wiener medizinische Blätter, 18. April 1896). Ich habe nicht Zeit gehabt, andere literarische Zeugnisse zu sammeln, aber selbst, wenn diese sich nur vereinzelt fänden, dürfte man erwarten, daß mit der Steigerung der Aufmerksamkeit für dieses Thema sehr bald die große Häufigkeit von sexuellen Erlebnissen und sexueller Betätigung im Kindesalter bestätigt werden wird.

Schließlich sind die Ergebnisse meiner Analyse imstande, für sich selbst zu sprechen. In sämtlichen achtzehn Fällen (von reiner Hysterie und Hysterie mit Zwangsvorstellungen kombiniert, sechs Männer und zwölf Frauen) bin ich, wie erwähnt, zur Kenntnis solcher sexueller Erlebnisse des Kindesalters gelangt. Ich kann meine Fälle in drei Gruppen bringen, je nach der Herkunft der sexuellen Reizung. In der ersten Gruppe handelt es sich um Attentate, einmaligen oder doch vereinzelten Mißbrauch meist weiblicher Kinder von seiten erwachsener, fremder Individuen (die dabei groben, mechanischen Insult zu vermeiden verstanden), wobei die Einwilligung der Kinder nicht in Frage kam und als nächste Folge des Erlebnisses der Schreck überwog. Eine zweite Gruppe bilden jene weit zahlreicheren Fälle, in denen eine das Kind wartende erwachsene Person — Kindermädchen, Kindsfrau, Gouvernante, Lehrer, leider auch allzuhäufig ein naher Verwandter — das Kind in den sexuellen Verkehr einführte und ein — auch nach der seelischen Richtung ausgebildetes — förmliches Liebesverhältnis, oft durch Jahre, mit ihm unterhielt. In die dritte Gruppe endlich gehören die eigentlichen Kinderverhältnisse, sexuelle Beziehungen zwischen zwei Kindern verschiedenen Geschlechtes, zumeist zwischen Geschwistern, die oft über die Pubertät hinaus fortgesetzt werden, und die nachhaltigsten Folgen für das betreffende Paar mit sich bringen. In den meisten meiner Fälle ergab sich kombinierte Wirkung von zwei oder mehreren solcher

Ätiologien; in einzelnen war die Häufung der sexuellen Erlebnisse von verschiedenen Seiten her geradezu erstaunlich. Sie verstehen aber diese Eigentümlichkeit meiner Beobachtungen leicht, wenn Sie in Betracht ziehen, daß ich durchweg Fälle von schwerer neurotischer Erkrankung, die mit Existenzunfähigkeit drohte, zu behandeln hatte.

Wo ein Verhältnis zwischen zwei Kindern vorlag, gelang nun einige Male der Nachweis, daß der Knabe — der auch hier die aggressive Rolle spielt — vorher von einer erwachsenen weiblichen Person verführt worden war, und daß er dann unter dem Drucke seiner vorzeitig geweckten Libido und infolge des Erinnerungszwanges an dem kleinen Mädchen genau die nämlichen Praktiken zu wiederholen suchte, die er bei der Erwachsenen erlernt hatte, ohne daß er selbständig eine Modifikation in der Art der sexuellen Betätigung vorgenommen hätte.

Ich bin daher geneigt anzunehmen, daß ohne vorherige Verführung Kinder den Weg zu Akten sexueller Aggression nicht zu finden vermögen. Der Grund zur Neurose würde demnach im Kindesalter immer von seiten Erwachsener gelegt, und die Kinder selbst übertragen einander die Disposition, später an Hysterie zu erkranken. Ich bitte, verweilen Sie noch einen Moment bei der besonderen Häufigkeit sexueller Beziehungen im Kindesalter gerade zwischen Geschwistern und Vettern infolge der Gelegenheit zu häufigem Beisammensein, stellen Sie sich vor, daß zehn oder fünfzehn Jahre später in dieser Familie mehrere Individuen der jungen Generation krank gefunden werden, und fragen Sie sich, ob dieses familiäre Auftreten der Neurose nicht geeignet ist, zur Annahme einer erblichen Disposition zu verleiten, wo doch nur eine Pseudoheredität vorliegt und in Wirklichkeit eine Übertragung, eine Infektion in der Kindheit stattgefunden hat.

Nun wenden wir uns zu dem an*'*ern Einwand, welcher gerade auf der zugestandenen Häufigkeit infantiler Sexualerlebnisse und auf der Erfahrung fußt, daß viele Personen sich an solche Szenen erinnern, die nicht hysterisch geworden sind. Dagegen sagen wir zunächst, daß die übergroße Häufigkeit eines ätiologischen Moments unmöglich zum Vorwurf gegen dessen ätiologische Bedeutung verwendet werden kann. Ist der Tuberkelbazillus nicht allgegenwärtig und wird von weit mehr Menschen eingeatmet, als sich an Tuberkulose erkrankt zeigen? Und wird seine ätiologische Bedeutung durch die Tatsache geschädigt, daß er offenbar der Mitwirkung anderer Faktoren bedarf, um die Tuberkulose, seinen spezifischen Effekt, hervorzurufen? Es reicht für seine Würdigung als spezifische Ätiologie aus, daß Tuberkulose nicht möglich ist ohne seine Mitwirkung. Das gleiche gilt wohl auch für unser Problem. Es stört nicht, wenn viele Menschen infantile Sexualszenen erleben ohne hysterisch zu werden; wenn nur alle, die hysterisch werden, solche Szenen erlebt haben. Der Kreis des Vorkommens eines ätiologischen Faktors darf gerne ausgedehnter sein als der seines Effekts, nur nicht enger. Es erkranken nicht alle an Blattern, die einen Blatternkranken berühren oder ihm nahe kommen, und doch ist Übertragung von einem Blatternkranken fast die einzige uns bekannte Ätiologie der Erkrankung.

Freilich, wenn infantile Betätigung der Sexualität ein fast allgemeines Vorkommnis wäre, dann fiele auf deren Nachweis in allen Fällen kein Gewicht. Aber erstens wäre eine derartige Behauptung sicherlich eine arge Übertreibung, und zweitens ruht der ätiologische Anspruch der infantilen Szenen nicht allein auf der Beständigkeit ihres Vorkommens in der Anamnese der Hysterischen, sondern vor allem auf dem Nachweis der assoziativen und logischen Bande zwischen ihnen und den hysterischen Symptomen, der Ihnen aus einer vollständig mitgeteilten Krankengeschichte sonnenklar einleuchten würde.

Welches mögen die anderen Momente sein, deren die „spezifische Ätiologie" der Hysterie noch bedarf, um die Neurose wirklich zu produzieren? Dies, meine Herren, ist eigentlich ein Thema für sich, das ich zu behandeln nicht vorhabe; ich brauche heute bloß die Kontaktstelle aufzuzeigen, an welcher die beiden Teilstücke des Themas — spezifische und Hilfsätiologie — ineinander greifen. Es wird wohl eine ziemliche Anzahl von Faktoren in Betracht kommen, die erbliche und persönliche Konstitution, die innere Bedeutsamkeit der infantilen Sexualerlebnisse, vor allem deren Häufung; ein kurzes Verhältnis mit einem fremden, später gleichgültigen Knaben wird an Wirksamkeit zurückstehen gegen mehrjährige, innige, sexuelle Beziehungen zum eigenen Bruder. Es sind in der Ätiologie der Neurosen quantitative Bedingungen ebensowohl bedeutsam wie qualitative; es sind Schwellenwerte zu überschreiten, wenn die Krankheit manifest werden soll. Ich halte die obige ätiologische Reihe übrigens selbst nicht für vollzählig und das Rätsel, warum die Hysterie in den niederen Ständen nicht häufiger ist, durch sie noch nicht erledigt. (Erinnern Sie sich übrigens, welche überraschend große Verbreitung Charcot für die männliche Hysterie des Arbeiterstandes behauptete.) Ich darf Sie aber auch daran mahnen, daß ich selbst vor wenigen Jahren auf ein bisher wenig gewürdigtes Moment hingewiesen habe, für welches ich die Hauptrolle in der Hervorrufung der Hysterie nach der Pubertät in Anspruch nehme. Ich habe damals ausgeführt, daß sich der Ausbruch der Hysterie fast regelmäßig auf einen **psychischen Konflikt** zurückführen läßt, indem eine unverträgliche Vorstellung die Abwehr des Ichs rege mache und zur Verdrängung auffordere. Unter welchen Verhältnissen dieses Abwehrbestreben den pathologischen Effekt hat, die dem Ich peinliche Erinnerung wirklich ins Unbewußte zu drängen und an ihrer Statt ein hysterisches Symptom zu schaffen, das konnte ich damals nicht angeben. Ich ergänze es heute: **Die Abwehr erreicht dann ihre Absicht, die unverträgliche Vorstellung aus dem Bewußtsein zu drängen, wenn bei der betreffenden, bis dahin gesunden Person infantile Sexualszenen als unbewußte Erinnerungen vorhanden sind, und wenn die zu verdrängende Vorstellung in logischen oder**

assoziativen Zusammenhang mit einem solchen infantilen
Erlebnis gebracht werden kann.

Da das Abwehrbestreben des Ichs von der gesamten moralischen
und intellektuellen Ausbildung der Person abhängt, sind wir nun
nicht mehr ohne jedes Verständnis für die Tatsache, daß die
Hysterie beim niederen Volk so viel seltener ist als ihre spezifische
Ätiologie gestatten würde.

Meine Herren, kehren wir noch einmal zurück zu jener letzten
Gruppe von Einwänden, deren Beantwortung uns so weit geführt
hat. Wir haben gehört und anerkannt, daß es zahlreiche Personen
gibt, die infantile Sexualerlebnisse sehr deutlich erinnern, und die
doch nicht hysterisch sind. Dieser Einwand ist ganz ohne Gewicht,
er wird uns aber Anlaß zu einer wertvollen Bemerkung bieten.
Personen dieser Art dürfen nach unserem Verständnis der Neurose
gar nicht hysterisch sein, oder wenigstens nicht hysterisch infolge
der Szenen, die sie bewußt erinnern. Bei unseren Kranken sind
diese Erinnerungen niemals bewußt; wir heilen sie aber von ihrer
Hysterie, indem wir ihnen die unbewußten Erinnerungen der
Infantilszenen in bewußte verwandeln. An der Tatsache, daß sie
solche Erlebnisse gehabt haben, konnten und brauchten wir nichts
zu ändern. Sie ersehen daraus, daß es auf die Existenz der infantilen Sexualerlebnisse allein nicht ankommt, sondern daß eine
psychologische Bedingung noch dabei ist. Diese Szenen müssen
als **unbewußte Erinnerungen** vorhanden sein; nur solange und
insofern sie unbewußt sind, können sie hysterische Symptome erzeugen und unterhalten. Wovon es aber abhängt, ob diese Erlebnisse bewußte oder unbewußte Erinnerungen ergeben, ob die Bedingung hiefür im Inhalt der Erlebnisse, in der Zeit, zu der sie vorfallen, oder in späteren Einflüssen liegt, dies ist ein neues Problem,
dem wir behutsam aus dem Wege gehen wollen. Lassen Sie sich
bloß daran mahnen, daß uns die Analyse als erstes Resultat den
Satz gebracht hat: **Die hysterischen Symptome sind Abkömmlinge unbewußt wirkender Erinnerungen.**

c) Wenn wir daran festhalten, infantile Sexualerlebnisse seien die Grundbedingung, sozusagen die Disposition der Hysterie, sie erzeugen die hysterischen Symptome aber nicht unmittelbar, sondern bleiben zunächst wirkungslos und wirken pathogen erst später, wenn sie im Alter nach der Pubertät als unbewußte Erinnerungen geweckt werden, so haben wir uns mit den zahlreichen Beobachtungen auseinanderzusetzen, welche das Auftreten hysterischer Erkrankung bereits im Kindesalter und vor der Pubertät erweisen. Indes löst sich die Schwierigkeit wieder, wenn wir die aus den Analysen gewonnenen Daten über die zeitlichen Umstände der infantilen Sexualerlebnisse naher betrachten. Man erfährt dann, daß in unseren schweren Fällen die Bildung hysterischer Symptome nicht etwa ausnahmsweise, sondern eher regelmäßig mit dem achten Jahr beginnt, und daß die Sexualerlebnisse, die keine unmittelbare Wirkung äußern, jedesmal weiter zurückreichen, ins dritte, vierte, selbst ins zweite Lebensjahr. Da in keinem einzigen Fall die Kette der wirksamen Erlebnisse mit dem achten Jahr abbricht, muß ich annehmen, daß diese Lebensperiode, in welcher der Wachstumsschub der zweiten Dentition erfolgt, für die Hysterie eine Grenze bildet, von welcher an ihre Verursachung unmöglich wird. Wer nicht frühere Sexualerlebnisse hat, kann von da an nicht mehr zur Hysterie disponiert werden; wer solche hat, kann nun bereits hysterische Symptome entwickeln. Das vereinzelte Vorkommen von Hysterie auch jenseits dieser Altersgrenze (vor acht Jahren) ließe sich noch als Erscheinung der Frühreife deuten. Die Existenz dieser Grenze hängt sehr wahrscheinlich mit Entwicklungsvorgängen im Sexualsystem zusammen. Verfrühung der somatischen Sexualentwicklung kommt häufig zur Beobachtung, und es ist selbst denkbar, daß sie durch vorzeitige sexuelle Reizung befördert werden kann.

Man gewinnt so einen Hinweis darauf, daß ein gewisser infantiler Zustand der psychischen Funktionen wie des Sexualsystems erforderlich ist, damit eine in diese Periode fallende sexuelle Erfahrung spater als Erinnerung pathogene Wirkung entfalte. Ich getraue mich indes noch nicht, über die Natur dieses psychischen Infantilismus und über seine zeitliche Begrenzung Näheres auszusagen.

d) Eine weitere Einwendung könnte etwa daran Anstoß nehmen, daß die Erinnerung der infantilen Sexualerlebnisse so großartige pathogene Wirkung äußern soll, während das Erleben derselben selbst wirkungslos geblieben ist. Wir sind ja in der Tat nicht daran gewöhnt, daß von einem Erinnerungsbild Kräfte ausgehen, welche dem realen Eindruck gefehlt haben. Sie bemerken hier übrigens, mit welcher Konsequenz bei der Hysterie der Satz durchgeführt ist, daß Symptome nur aus Erinnerungen hervorgehen können. Alle die späteren Szenen, bei denen die Symptome entstehen, sind nicht die wirksamen, und die eigentlich wirksamen Erlebnisse erzeugen zunächst keinen Effekt. Wir stehen aber hier vor einem Problem, welches wir mit gutem Recht von unserem Thema sondern können. Man fühlt sich freilich zu einer Synthese aufgefordert, wenn man die Reihe von auffälligen Bedingungen überdenkt, zu deren Kenntnis wir gelangt sind: daß, um ein hysterisches Symptom zu bilden, ein Abwehrbestreben gegen eine peinliche Vorstellung vorhanden sein muß; daß diese eine logische oder assoziative Verknüpfung aufweisen muß mit einer unbewußten Erinnerung durch wenige oder zahlreiche Mittelglieder, die in diesem Moment gleichfalls unbewußt bleiben; daß jene unbewußte Erinnerung nur sexuellen Inhalts sein kann; daß sie ein Erlebnis zum Inhalt hat, welches sich in einer gewissen infantilen Lebensperiode zugetragen hat; und man kann nicht umhin, sich zu fragen, wie es zugeht, daß diese Erinnerung an ein seinerzeit harmloses Erlebnis posthum die abnorme Wirkung äußert, einen psychischen Vorgang wie das Abwehren zu einem pathologischen Resultat zu leiten, während sie selbst dabei unbewußt bleibt?

Man wird sich aber sagen müssen, dies sei ein rein psychologisches Problem, dessen Lösung vielleicht bestimmte Annahmen über die normalen psychischen Vorgänge und über die Rolle des Bewußtseins dabei notwendig macht, das aber einstweilen ungelöst bleiben kann, ohne unsere bisher gewonnene Einsicht in die Ätiologie der hysterischen Phänomene zu entwerten.

III

Meine Herren, das Problem, dessen Ansätze ich soeben formuliert habe, betrifft den Mechanismus der hysterischen Symptombildung. Wir sind aber genötigt, die Verursachung dieser Symptome darzustellen, ohne diesen Mechanismus in Betracht zu ziehen, was eine unvermeidliche Einbuße an Abrundung und Durchsichtigkeit unserer Erörterung mit sich bringt. Kehren wir zur Rolle der infantilen Sexualszenen zurück. Ich fürchte, ich könnte Sie zur Überschätzung von deren symptombildender Kraft verleitet haben. Ich betone darum nochmals, daß jeder Fall von Hysterie Symptome aufweist, deren Determinierung nicht aus infantilen, sondern aus späteren, oft aus rezenten Erlebnissen herstammt. Ein anderer Anteil der Symptome geht freilich auf die allerfrühesten Erlebnisse zurück, ist gleichsam von ältestem Adel. Dahin gehören vor allem die so zahlreichen und mannigfaltigen Sensationen und Parästhesien an den Genitalien und anderen Körperstellen, die einfach dem Empfindungsinhalt der Infantilszenen in halluzinatorischer Reproduktion, oft auch in schmerzhafter Verstärkung, entsprechen.

Eine andere Reihe überaus gemeiner hysterischer Phänomene, der schmerzhafte Harndrang, die Sensation bei der Defäkation, Störungen der Darmtätigkeit, das Würgen und Erbrechen, Magenbeschwerden und Speiseekel, gab sich in meinen Analysen gleichfalls — und zwar mit überraschender Regelmäßigkeit — als Derivat derselben Kindererlebnisse zu erkennen und erklärte sich mühelos aus konstanten Eigentümlichkeiten derselben. Die infantilen Sexualszenen sind nämlich arge Zumutungen für das Gefühl eines sexuell normalen Menschen; sie enthalten alle Ausschreitungen, die von Wüstlingen und Impotenten bekannt sind, bei denen Mundhöhle und Darmausgang mißbräuchlich zu sexueller Verwendung gelangen. Die Verwunderung hierüber weicht beim Arzte alsbald einem völligen Verständnis. Von Personen, die kein Bedenken tragen, ihre sexuellen Bedürfnisse an Kindern zu befriedigen, kann man nicht erwarten, daß sie an Nuancen in der Weise dieser Befriedigung Anstoß nehmen, und die dem Kindesalter anhaftende sexuelle Impotenz drängt unausbleiblich zu denselben Surrogathandlungen, zu denen sich der Erwachsene im Falle erworbener Impotenz erniedrigt. Alle die seltsamen Bedingungen, unter denen das ungleiche Paar sein Liebesverhältnis fortführt: der Erwachsene, der sich seinem Anteil an der gegenseitigen Abhängigkeit nicht entziehen kann, wie sie aus einer sexuellen Beziehung notwendig hervorgeht, der dabei doch mit aller Autorität und dem Rechte der Züchtigung ausgerüstet ist und zur ungehemmten Befriedigung seiner Launen die eine Rolle mit der anderen vertauscht; das Kind, dieser Willkür in seiner Hilflosigkeit preisgegeben, vorzeitig zu allen Empfindlichkeiten erweckt und allen Enttäuschungen ausgesetzt, häufig in der Ausübung der ihm zugewiesenen sexuellen Leistungen durch seine unvollkommene Beherrschung der natürlichen Bedürfnisse unterbrochen — alle diese grotesken und doch tragischen Mißverhältnisse prägen sich in der ferneren Entwicklung des Individuums und seiner Neurose in einer Unzahl von Dauereffekten aus, die der eingehendsten Verfolgung würdig wären. Wo sich das Verhältnis zwischen zwei Kindern abspielt, bleibt der Charakter der Sexualszenen doch der nämliche abstoßende, da ja jedes Kinderverhältnis eine vorausgegangene Verführung des einen Kindes durch einen Erwachsenen postuliert. Die psychischen Folgen eines solchen Kinderverhältnisses sind ganz außerordentlich tiefgreifende; die beiden Personen bleiben für ihre ganze Lebenszeit durch ein unsichtbares Band miteinander verknüpft.

Gelegentlich sind es Nebenumstände dieser infantilen Sexualszenen, welche in späteren Jahren zu determinierender Macht für die Symptome der Neurose gelangen. So hat in einem meiner Fälle der Umstand, daß das Kind abgerichtet wurde, mit seinem Fuß die Genitalien der Erwachsenen zu erregen, hingereicht, um Jahre hindurch die neurotische Aufmerksamkeit auf die Beine und deren Funktion zu fixieren und schließlich eine hysterische Paraplegie zu erzeugen. In einem andern Falle wäre es rätselhaft geblieben, warum die Kranke in ihren Angstanfällen, die gewisse Tagesstunden bevorzugten, gerade eine einzige von ihren zahlreichen Schwestern zu ihrer Beruhigung nicht von ihrer Seite lassen wollte, wenn die Analyse nicht ergeben hätte, daß der Attentäter sich seinerzeit bei jedem seiner Besuche erkundigt hatte, ob diese Schwester zu Hause sei, von der er eine Störung befürchten mußte.

Es kommt vor, daß die determinierende Kraft der Infantilszenen sich so sehr verbirgt, daß sie bei oberflächlicher Analyse übersehen werden muß. Man vermeint dann, man habe die Erklärung eines gewissen Symptoms im Inhalt einer der späteren Szenen gefunden und stößt im Verlaufe der Arbeit auf denselben Inhalt in einer der Infantilszenen, so daß man sich schließlich sagen muß, die spätere Szene verdanke ihre Kraft, Symptome zu determinieren, doch nur ihrer Übereinstimmung mit der früheren. Ich will darum die spätere Szene nicht als bedeutungslos hinstellen; wenn ich die Aufgabe hätte, die Regeln der hysterischen Symptombildung vor Ihnen zu erörtern, würde ich als eine dieser Regeln anerkennen müssen, daß zum Symptom jene Vorstellung auserwählt wird, zu deren Hebung mehrere Momente zusammenwirken, die von verschiedenen Seiten her gleichzeitig geweckt wird, was ich an anderer Stelle durch den Satz auszudrücken versucht habe: Die hysterischen Symptome seien überdeterminiert.

Noch eines, meine Herren; ich habe zwar vorhin das Verhältnis der rezenten Ätiologie zur infantilen als ein besonderes

Thema beiseite gerückt; aber ich kann doch den Gegenstand nicht verlassen, ohne diesen Vorsatz wenigstens durch eine Bemerkung zu übertreten. Sie gestehen mir zu, es ist vor allem **eine** Tatsache, die uns am psychologischen Verständnis der hysterischen Phänomene irre werden läßt, die uns zu warnen scheint, psychische Akte bei Hysterischen und bei Normalen mit gleichem Maß zu messen. Es ist dies das Mißverhältnis zwischen psychisch erregendem Reiz und psychischer Reaktion, das wir bei den Hysterischen antreffen, welches wir durch die Annahme einer allgemeinen abnormen Reizbarkeit zu decken suchen und häufig physiologisch zu erklären bemüht sind, als ob gewisse, der Übertragung dienende Hirnorgane sich bei den Kranken in einem besonderen chemischen Zustand befänden, etwa wie die Spinalzentren des Strychninfrosches, oder sich dem Einflusse höherer hemmender Zentren entzogen hätten, wie im vivisektorischen Tierexperiment. Beide Auffassungen mögen hie und da zur Erklärung der hysterischen Phänomene vollberechtigt sein; das stelle ich nicht in Abrede. Aber der Hauptanteil des Phänomens, der abnormen, übergroßen, hysterischen Reaktion auf psychische Reize, läßt eine andere Erklärung zu, die durch zahllose Beispiele aus den Analysen gestützt wird. Und diese Erklärung lautet: **Die Reaktion der Hysterischen ist eine nur scheinbar übertriebene; sie muß uns so erscheinen, weil wir nur einen kleinen Teil der Motive kennen, aus denen sie erfolgt.**

In Wirklichkeit ist diese Reaktion proportional dem erregenden Reiz, also normal und psychologisch verständlich. Wir sehen dies sofort ein, wenn die Analyse zu den manifesten, dem Kranken bewußten Motiven jene anderen Motive hinzugefügt hat, die gewirkt haben, ohne daß der Kranke um sie wußte, die er uns also nicht mitteilen konnte.

Ich könnte Stunden damit ausfüllen, Ihnen diesen wichtigen Satz für den ganzen Umfang der psychischen Tätigkeit bei Hysterischen zu erweisen, muß mich aber hier auf wenige Beispiele beschränken. Sie erinnern sich an die so häufige seelische „Empfindlichkeit" der Hysterischen, die sie auf die leiseste Andeutung einer Geringschätzung reagieren läßt, als seien sie tödlich beleidigt worden. Was würden Sie nun denken, wenn Sie eine solche hochgradige Verletzbarkeit bei geringfügigen Anlässen zwischen zwei gesunden Menschen, etwa Ehegatten, beobachten würden? Sie würden gewiß den Schluß ziehen, die eheliche Szene, der Sie beigewohnt, sei nicht allein das Ergebnis des letzten kleinlichen Anlasses, sondern da habe sich durch lange Zeit Zündstoff angehäuft, der nun in seiner ganzen Masse durch den letzten Anstoß zur Explosion gebracht worden sei.

Bitte, übertragen Sie denselben Gedankengang auf die Hysterischen. Nicht die letzte, an sich minimale Kränkung ist es, die den Weinkrampf, den Ausbruch von Verweiflung, den Selbstmordversuch erzeugt, mit Mißachtung des Satzes von der Proportionalität des Effekts und der Ursache, sondern diese kleine aktuelle Kränkung hat die Erinnerungen so vieler und intensiverer früherer Kränkungen geweckt und zur Wirkung gebracht, hinter denen allen noch die Erinnerung an eine schwere, nie verwundene Kränkung im Kindesalter steckt. Oder: wenn ein junges Mädchen sich die entsetzlichsten Vorwürfe macht, weil sie geduldet, daß ein Knabe zärtlich im geheimen über ihre Hand gestrichen, und von da ab der Neurose verfällt, so können Sie zwar dem Rätsel mit dem Urteil begegnen, das sei eine abnorme, exzentrisch angelegte, hypersensitive Person; aber Sie werden anders denken, wenn Ihnen die Analyse zeigt, daß jene Berührung an eine andere, ähnliche, erinnerte, die in sehr früher Jugend vorfiel und die ein Stück aus einem minder harmlosen Ganzen war, so daß eigentlich die Vorwürfe jenem alten Anlaß gelten. Schließlich ist das Rätsel der hysterogenen Punkte auch kein anderes; wenn Sie die eine ausgezeichnete Stelle berühren, tun Sie etwas, was Sie nicht beabsichtigt haben; Sie wecken eine Erinnerung auf, die einen Krampfanfall auszulösen vermag, und da Sie von diesem psychischen Mittelglied nichts wissen, beziehen Sie den Anfall als Wirkung direkt auf Ihre Berührung als Ursache. Die Kranken befinden sich in derselben Unwissenheit und verfallen darum in ähnliche Irrtümer, sie stellen beständig „falsche Verknüpfungen" her zwischen dem letztbewußten Anlaß und dem von so viel Mittelgliedern abhängigen Effekt. Ist es dem Arzte aber möglich geworden, zur Erklärung einer hysterischen Reaktion die bewußten und die unbewußten Motive zusammenzufassen, so muß er diese scheinbar übermäßige Reaktion fast immer als eine angemessene, nur in der Form abnorme anerkennen.

Sie werden nun gegen diese Rechtfertigung der hysterischen Reaktion auf psychische Reize mit Recht einwenden, sie sei doch keine normale, denn warum benehmen die Gesunden sich anders; warum wirken bei ihnen nicht alle längst verflossenen Erregungen neuerdings mit, wenn eine neue Erregung aktuell ist? Es macht ja den Eindruck, als blieben bei den Hysterischen alle alten Erlebnisse wirkungskräftig, auf die schon so oft, und zwar in stürmischer Weise reagiert wurde, als seien diese Personen unfähig, psychische Reize zu erledigen. Richtig, meine Herren, etwas Derartiges muß man tatsächlich als wahr annehmen. Vergessen Sie nicht, daß die alten Erlebnisse der Hysterischen bei einem aktuellen Anlasse als unbewußte Erinnerungen ihre Wirkung äußern. Es scheint, als ob die Schwierigkeit der Erledigung, die Unmöglichkeit, einen aktuellen Eindruck in eine machtlose Erinnerung zu verwandeln, gerade an dem Charakter des psychisch Unbewußten hinge. Sie sehen, der Rest des Problems ist wiederum Psychologie, und zwar Psychologie von einer Art, für welche uns die Philosophen wenig Vorarbeit geleistet haben.

Auf diese Psychologie, die für unsere Bedürfnisse erst zu erschaffen ist, — auf die zukünftige Neurosenpsychologie — muß ich Sie auch verweisen, wenn ich Ihnen zum Schluß eine Mitteilung mache, von der Sie zunächst eine Störung unseres beginnenden Verständnisses für die Ätiologie der Hysterie besorgen werden. Ich muß es nämlich aussprechen, daß die ätiologische Rolle der infantilen Sexualerlebnisse nicht auf das Gebiet der Hysterie eingeschränkt ist, sondern in gleicher Weise für die merkwürdige Neurose der Zwangsvorstellungen, ja vielleicht auch für die Formen der chronischen Paranoia und andere funktionelle Psychosen Geltung hat. Ich drücke mich hiebei minder bestimmt aus, weil die Anzahl meiner Analysen von Zwangsneurosen noch weit hinter der von Hysterien zurücksteht; von Paranoia habe ich gar nur eine einzige ausreichende und einige fragmentarische Analysen zur Verfügung. Aber was ich da gefunden, schien mir verläßlich und hat mich mit sicheren Erwartungen für andere Fälle erfüllt. Sie erinnern sich vielleicht, daß ich für die Zusammenfassung von Hysterie und Zwangsvorstellungen unter dem Titel „Abwehrneurosen" bereits früher eingetreten bin, ehe mir noch die Gemeinsamkeit der infantilen Ätiologie bekannt war. Nun muß ich hinzufügen — was man freilich nicht allgemein zu erwarten braucht — daß meine Fälle von Zwangsvorstellungen sämtlich einen Untergrund von hysterischen Symptomen, meist Sensationen und Schmerzen, erkennen ließen, die sich gerade auf die ältesten Kindererlebnisse zurückleiteten. Worin liegt nun die Entscheidung, ob aus den unbewußt gebliebenen infantilen Sexualszenen später Hysterie oder Zwangsneurose oder gar Paranoia hervorgehen soll, wenn sich die anderen pathogenen Momente hinzugesellt haben? Diese Vermehrung unserer Erkenntnisse scheint ja dem ätiologischen Wert dieser Szenen Eintrag zu tun, indem sie die Spezifität der ätiologischen Relation aufhebt.

Ich bin noch nicht in der Lage, meine Herren, eine verläßliche Antwort auf diese Frage zu geben. Die Anzahl meiner analysierten Fälle, die Mannigfaltigkeit der Bedingungen in ihnen, ist nicht groß genug hiefür. Ich merke bis jetzt, daß die Zwangsvorstellungen bei der Analyse regelmäßig als verkappte und verwandelte Vorwürfe wegen sexueller Aggressionen im Kindesalter zu entlarven sind, daß sie darum bei Männern häufiger gefunden werden als bei Frauen, und häufiger bei ihnen sich entwickeln als Hysterie. Ich könnte daraus schließen, daß der Charakter der Infantilszenen, ob sie mit Lust oder nur passiv erlebt werden, einen bestimmenden Einfluß auf die Auswahl der späteren Neurose hat, aber ich möchte auch den Einfluß des Alters, in dem diese Kinderaktionen vorfallen, und anderer Momente nicht unterschätzen. Hierüber muß erst die Diskussion weiterer Analysen Aufschluß geben; wenn es aber klar sein wird, welche Momente die Entscheidung zwischen den möglichen Formen der Abwehr-Neuropsychosen beherrschen, wird es wiederum ein rein psychologisches Problem sein, kraft welches Mechanismus die einzelne Form gestaltet wird.

Ich bin nun zum Ende meiner heutigen Erörterungen gelangt. Auf Widerspruch und Unglauben gefaßt, möchte ich meiner Sache nur noch eine Befürwortung mit auf den Weg geben. Wie immer Sie meine Resultate aufnehmen mögen, ich darf Sie bitten, dieselben nicht für die Frucht wohlfeiler Spekulation zu halten. Sie ruhen auf mühseliger Einzelerforschung der Kranken, die bei den meisten Fällen hundert Arbeitsstunden und darüber verweilt hat. Wichtiger noch als Ihre Würdigung der Ergebnisse ist mir Ihre Aufmerksamkeit für das Verfahren, dessen ich mich bedient habe, das neuartig, schwierig zu handhaben und doch unersetzlich für wissenschaftliche und therapeutische Zwecke ist. Sie sehen wohl ein, man kann den Ergebnissen, zu denen diese modifizierte Breuersche Methode führt, nicht gut widersprechen, wenn man die Methode beiseite läßt und sich nur der gewohnten Methode des Krankenexamens bedient. Es wäre ähnlich, als wollte man die Funde der histologischen Technik mit der Berufung auf die makroskopische Untersuchung widerlegen. Indem die neue Forschungsmethode den Zugang zu einem neuen Element des psychischen Geschehens, zu den unbewußt gebliebenen, nach Breuers Ausdruck „bewußtseinsunfähigen" Denkvorgängen breit eröffnet, winkt sie uns mit der Hoffnung eines neuen, besseren Verständnisses aller funktionellen psychischen Störungen. Ich kann es nicht glauben, daß die Psychiatrie es noch lange aufschieben wird, sich dieses neuen Weges zur Erkenntnis zu bedienen.

INHALTSANGABEN DER WISSENSCHAFTLICHEN ARBEITEN DES PRIVATDOCENTEN Dr. SIGM. FREUD

1877 - 1897

A. VOR ERLANGUNG DER DOCENTUR

I

Beobachtungen über Gestaltung und feineren Bau der als Hoden   1877
beschriebenen Lappenorgane des Aals

> (Aus dem LXXV.Bd. der Sitzb. der k.Akad. d. Wissensch. I.Abt.
> März-Heft 1877.)

Dr. Syrski hatte kurz vorher in einem paarigen, lappenartig eingekerbten Organ in der Bauchhöhle des Aals die lange gesuchten männlichen Geschlechtsorgane des Tieres erkannt. Auf Anregung des Prof. Claus untersuchte ich in der zoologischen Station zu Triest das Vorkommen und die gewebliche Zusammensetzung dieser Lappenorgane.

II

Über den Ursprung der hinteren Nervenwurzeln im Rückenmarke   1877
von Ammocoetes (Petromyzon Planeri)

> (Aus dem physiologischen Institute der Wiener Universität.)
> (Mit I Tafel.)

> (Aus dem LXXV.Bd. der Sitzb. der k.Akad. der Wissensch. III.Abt. Jänner-Heft 1877.)

Im Rückenmarke des Petromyzon ließ sich nachweisen, daß die von Reissner beschriebenen großen Nervenzellen der hinteren grauen Substanz (Hinterzellen) Wurzelfasern der hinteren Wurzeln den Ursprung geben. — Die vorderen und hinteren Spinalwurzeln des Petromyzon sind wenigstens in der Caudalregion in ihren Ursprüngen gegen einander verschoben und bleiben in ihrem peripherischen Verlaufe von einander gesondert.

III

1878 **Über Spinalganglien und Rückenmark des Petromyzon**

(Aus dem physiologischen Institute der Wiener Universität.)
(Mit 4 Tafeln und 2 Holzschnitten.)
(Aus dem LXXVIII.Bd. der Sitzb. der k.Akad. d. Wissensch. III.Abt. Juli-Heft 1878.)

Die Spinalganglienzellen der Fische waren seit langem als **bipolar** erkannt, jene der höheren Tiere galten als unipolar. Ranvier hatte von den letzteren Elementen nachgewiesen, dass ihr einziger Fortsatz sich nach kurzem Verlaufe T-förmig teilt. — Die Spinalganglien des Petromyzon ließen sich nach Anwendung einer Gold-Maceration vollständig überschauen; ihre Nervenzellen zeigen alle Übergänge von der Bipolarität zur Unipolarität mit T-förmiger Faserteilung; die Faseranzahl der hinteren Wurzel übersteigt regelmäßig die Anzahl der Nervenzellen im Ganglion; es gibt also „durchziehende" und auch „angelehnte" Nervenfasern, welch letztere sich den Wurzelelementen bloß beimengen. — Eine Verknüpfung zwischen den Spinalganglienzellen und den im Rückenmarke beschriebenen Hinterzellen wird bei Petromyzon durch zellige Elemente hergestellt, welche zwischen hinterer Wurzel und Ganglion an der Oberfläche des Rückenmarkes freiliegen. Diese versprengten Zellen bezeichnen den Weg, den die Spinalganglienzellen entwicklungsgeschichtlich zurückgelegt haben. — Aus dem Rückenmarke des Petromyzon werden ferner beschrieben Faserteilungen im zentralen Verlaufe der hinteren Wurzelfasern und gabelige Verästelung von Fasern der vorderen

Commissur, Einschaltung von Nervenzellen in die spinalen Stücke der vorderen Wurzeln, und ein durch Goldchlorid zu färbendes feinstes Nervennetz der Pia mater.

IV

Notiz über eine Methode zur anatomischen Präparation des Nervensystems — 1879

(Aus: Centralbl. für d. med. Wissensch. 1879, Nr.26.)

Modifikation einer von Reichert empfohlenen Methode. — Eine Mischung aus 1 Teil conc. Salpetersäure, 3 Teilen Wasser und 1 Teil conc. Glycerin eignet sich, indem sie Bindegewebe zerstört, Knochen und Muskeln leicht entfernbar macht, zur Darstellung des centralen Nervensystems mit seinen peripherischen Verzweigungen, insbesondere bei kleineren Säugetieren.

V

Über den Bau der Nervenfasern und Nervenzellen beim Flußkrebs — 1882

(Aus dem LXXXV. Bd. der Sitzb. d.Akad. d. Wissensch. III.Abt. Jänner-Heft 1882.)

Die Nervenfasern des Flußkrebses zeigen, lebensfrisch untersucht, durchwegs fibrilläre Struktur. Die Nervenzellen, deren überlebender Zustand an den Inhaltskörperchen des Kernes erkannt wird, scheinen aus zwei Substanzen zusammengesetzt, von denen die eine, netzförmig angeordnete, sich in die Fibrillen der Nervenfasern, die andere, homogene, in die Zwischensubstanz derselben fortsetzt.

VI

Die Struktur der Elemente des Nervensystems — 1882

(Vortrag im psychiatrischen Verein. 1882.)
Wie V

VII
1884 Eine neue Methode zum Studium des Faserverlaufes im Zentralnervensystem

(Aus: Archiv f. Anat. u. Physiologie, Anat.Abt.1884.)

Durch Behandlung von feinen Schnitten des in Chromsalzen gehärteten Zentralorganes mit Goldchlorid, starker Natronlauge und 10% Jodkaliumlösung erhält man eine Rot- bis Blaufärbung, welche entweder die Markscheiden oder bloß die Achsencylinder betrifft. Die Methode ist nicht verläßlicher als andere Goldfärbungen.

VIIa
1884 A new histological method for the study of nerve-tracts in the brain and spinal chord

(Aus: Brain, part XXV. 1884.)

Wie VII

VIII
1884 Ein Fall von Hirnblutung mit indirekten basalen Herdsymptomen bei Scorbut

(Aus: Wiener med. Wochenschr. 1884, Nr. 9 u. 10.)

Mitteilung eines unter kontinuierlicher Beobachtung rapid verlaufenden Falles von Hirnblutung bei Scorbut und Erklärung von dessen Symptomen mit Bezug auf die Wernicke'sche Lehre von der indirekten Wirkung der Herdläsionen.

IX
1884 Über Coca

(Aus Heitler's Centralblatt für Therapie 1884.)

Das von Niemann dargestellte Alkaloïd der Cocapflanze hatte damals noch wenig Beachtung für ärztliche Zwecke gefunden. Meine Arbeit brachte botanische und historische Notizen über die Cocapflanze nach den Angaben der Autoren, bestätigte durch Versuche an normalen Menschen die merkwürdige, stimulierende, Hunger, Durst und Schlaf aufhebende Wirkung des Cocaïns und bemühte sich, Indikationen für die therapeutische Anwendung des Mittels aufzustellen.

Von diesen Indikationen ist der Hinweis auf die Brauchbarkeit des Cocaïns bei der Morphinentziehung späterhin bedeutungsvoll geworden. Die am Schlusse der Arbeit ausgesprochene Erwartung, daß sich aus der local anästhesierenden Eigenschaft des Cocaïns weitere Anwendungen ergeben dürften, wurde bald darauf durch die Versuche von K. Koller zur Anästhesierung der Cornea erfüllt.

X

Beitrag zur Kenntnis der Cocawirkung   1885
(Aus: Wiener med. Wochenschr. 1885, Nr. 5.)

Dynamometrischer Nachweis der Steigerung der motorischen Kraft während der Cocaïn-Euphorie. Die motorische Kraft (gemessen durch die Druckkraft der Hand) läßt eine regelmäßige tägliche Schwankung erkennen (ähnlich wie die Körpertemperatur).

XI

Zur Kenntnis der Olivenzwischenschicht   1885
(Aus: Neurolog. Centralbl. 1885, Nr. 12.)

Kurze Angaben über den Verlauf der Acusticuswurzeln und den Zusammenhang der Olivenzwischenschicht mit dem gekreuzten Corpus trapezoides nach markunfertigen Präparaten vom Menschen.

XII

Ein Fall von Muskelatrophie mit ausgebreiteten Sensibilitätsstörungen (Syringomyelie)   1885
(Aus: Wiener med. Wochenschr. 1885, Nr. 13 u. 14.)

Die Kombination von bilateraler Muskelatrophie, eben solcher Sensibilitätsstörung vom Charakter einer „partiellen", dissociirten

Empfindungslähmung, und von trophischen Störungen an der linken Hand, welche auch die intensivste Anästhesie aufwies, im Zusammenhalt mit der Beschränkung der krankhaften Symptome auf den oberen Körperabschnitt, gestattete, bei einem 36jährigen Manne die Diagnose in vivo auf Syringomyelie zu stellen, welche Affektion damals für selten und schwer erkennbar gehalten wurde.

B. SEIT ERLANGUNG DER DOCENTUR

XIII

Akute multiple Neuritis der spinalen und Hirnnerven 1886

(Aus: Wiener med. Wochenschr. 1886, Nr. 6.)

Ein 18jähriger Mann erkrankt fieberlos unter Allgemeinerscheinungen und ziehenden Schmerzen in Brust und Beinen. Er zeigt zunächst die Symptome einer Endocarditis, später steigern sich die Schmerzen, es tritt Druckempfindlichkeit der Wirbelsäule auf, regionäre Druckempfindlichkeit der Haut, Muskeln und Nervenstämme in der Weise, daß die Affektion um Extremitätenbezirke weiterschreitet. Reflexsteigerung, Schweißausbrüche, lokale Abmagerung, endlich Doppeltsehen, Schlingstörung, Gesichtsparese, Heiserkeit. Am Ende Fieber, hochgradige Pulsbeschleunigung, Lungenaffektion. Die während des Krankheitsverlaufes auf akute multiple Neuritis gestellte Diagnose wurde durch den Sektionsbefund bestätigt, welcher ergab, daß sämtliche spinale Nerven in ihren Scheiden injiziert, graurot, wie aufgebündelt waren. Ähnliche Veränderungen an den Hirnnerven. Endocarditis. — Nach der Mitteilung des Obduzenten der erste Sektionsbefund von Polyneuritis in dieser Stadt.

XIV

1886 Über die Beziehung des Strickkörpers zum Hinterstrang und Hinterstrangskern nebst Bemerkungen über zwei Felder der Oblongata

(In Gemeinschaft mit Dr. L. Darkschewitsch aus Moskau.)
Aus: Neurolog. Centralbl. 1886. Nr. 6.)

Durch das Studium markunfertiger Präparate läßt sich das Corpus restiforme in zwei Bestandteile zerlegen, einen „Kern" (primärer Strickkörper) und einen „Saum" (sekundärer Strickkörper). Der letztere enthält die später markhaltig werdende Olivenfaserung. Der früher markhaltige primäre Strickkörper zerfällt in einen „Kopfteil" und in einen „Schwanzteil". Der Kopf des primären Strickkörpers geht aus dem Kern des Burdach'schen Stranges hervor und stellt so eine (zumeist ungekreuzte) Kleinhirnfortsetzung der centripetalen Extremitätenbahn dar. Die entsprechende Großhirnfortsetzung erfolgt mittelst der aus diesem Kern entspringenden Fibrae arcuatae. Der Schwanzteil des primären Strickkörpers ist direkte Fortsetzung des spinalen Kleinhirnseitenstranges. — Das äußere Feld der Oblongata läßt eine einheitliche Auffassung seiner Bestandteile zu. Es enthält vier graue Substanzen mit den von ihnen ausgehenden Fasersystemen, die als Ursprungsmassen für die sensiblen Extremitätennerven, für Trigeminus, Vagus und Acusticus einander homolog zu achten sind.

XV

1886 Über den Ursprung des Nervus acusticus

(Aus Monatsschrift für Ohrenheilkunde 1886, Nr. 8 u. 9.)

Beschreibung des Acusticusursprunges nach Präparaten vom menschlichen Fötus, erläutert durch vier Abbildungen von Querschnitten und ein Schema. Der Hörnerv wird in drei Portionen zerlegt, von denen die unterste (spinalste) im Acusticusganglion endigt und ihre

Fortsetzungen durch das Cornus trapezoides und die Bahnen der oberen Olive findet, die zweite als „aufsteigende" Acusticuswurzel Roller's in den sogenannten Deiters'schen Kern zu verfolgen ist, die dritte in's innere Acusticusfeld der Oblongata einmündet, von wo aus sich Kleinhirnfortsetzungen entwickeln. Detaillierte Angaben über den weiteren Verlauf dieser Bahnen, so weit sie verfolgt werden konnten.

XVI

Beobachtung einer hochgradigen Hemianästhesie bei einem hysterischen Manne — 1886

Die Untersuchung des Sehorgans von Dozenten Dr. Königstein. (Vortrag in der k. Gesellsch. d. Ärzte am 26. Nov. 1886. — Aus Wiener med. Wochenschr. 1886, Nr. 49 u. 50.)

Krankengeschichte eines 29jährigen Ciseleurs aus belasteter Familie, der, nach einem Streit mit seinem Bruder erkrankt, das Symptom der sensibeln und sensoriellen Hemianästhesie in klassischer Ausbildung demonstrieren läßt. — Gesichtsfeld- und Farbensinnsstörung beschrieben von Dr. Königstein.

XVII

Bemerkungen über Cocaïnsucht und Cocaïnfurcht — 1887

Mit Beziehung auf einen Vortrag W. A. Hammond's. (Aus: Wiener med. Wochenschr. 1887, Nr. 28.)

Die Anwendung des Cocaïns zur Erleichterung der Morphinabstinenz hatte den Mißbrauch des Cocaïns zur Folge gehabt und den Ärzten Gelegenheit gegeben, das neuartige Krankheitsbild des chronischen Cocaïnismus zu beobachten. Mein Aufsatz bemüht sich — unter Berufung auf eine Äußerung des amerikanischen Neuropathologen — darzutun, daß solche Cocaïnsucht nur bei Anderssüchtigen (Morphinisten) zu Stande kommt und dem Mittel nicht zur Last gelegt werden kann.

XVIII

1888 Über Hemianopsie im frühesten Kindesalter
(Aus: Wiener med. Wochenschr. 1888, Nr. 32 u. 33.)

Nachweis der halbseitigen Sehstörung bei zwei Kindern von 26 Monaten und $3\frac{1}{4}$ Jahren, in welchem Alter dieses Symptom bisher nicht zur Kenntnis der Ärzte gelangt war. Erörterungen über die seitliche Einstellung des Kopfes und der Augen, die in einem Falle zu beobachten war, und über die Lokalisation der zu vermutenden Affektion. Beide Fälle sind der „halbseitigen Cerebrallähmung der Kinder" einzureihen.

XIX

1891 Zur Auffassung der Aphasien
Eine kritische Studie.
(Franz Deuticke, Leipzig und Wien, 1891.)

Nachdem die Auffindung und topische Fixierung einer motorischen und einer sensorischen Aphasie (Broca und Wernicke) die festen Punkte für das Verständnis der cerebralen Sprachstörung gesichert hatten, unternahmen es die Autoren, auch die feinere Symptomatik der Aphasie auf Momente der Lokalisation zurückzuführen, und gelangten so zur Aufstellung einer Leitungsaphasie, subcorticaler und transcorticaler, motorischer wie sensorischer Formen. Gegen diese Auffassung der Sprachstörungen wendet sich die kritische Studie und versucht, anstatt der topischen funktionelle Momente zur Erklärung heranzuziehen. Die als subcortical und transcortical bezeichneten Formen sind nicht durch besondere Lokalisation der Läsion zu erklären, sondern durch Zustände verminderter Leitungsfähigkeit in den Sprachapparaten. In Wirklichkeit gibt es keine Aphasien durch subcorticale Läsion. Auch die Berechtigung, Zentrums- und Leitungsaphasie zu unterscheiden, wird bestritten. Das Sprachgebiet der Rinde stellt sich vielmehr dar als ein zusammenhängender Rindenbezirk, eingeschaltet zwischen den motorischen Rindenfeldern und denen des Nervus opticus und des Nervus acusticus, innerhalb dessen alle der

Sprachfunktion dienenden Übertragungen und Verknüpfungen vor sich gehen. Die von der Hirnpathologie aufgedeckten, sogenannten Zentren der Sprache entsprechen bloß den Ecken dieses Sprachfeldes; sie sind funktionell vor den inneren Gebieten nicht ausgezeichnet, nur in Folge ihrer Lageverhältnisse zu den anstoßenden Hirnrindenzentren macht sich ihre Erkrankung durch deutlichere Anzeichen bemerkbar.

Die Natur des hier abgehandelten Gegenstandes erforderte vielfach ein näheres Eingehen auf die Abgrenzung zwischen der physiologischen und der psychologischen Betrachtungsweise. Die Meynert-Wernicke'schen Ansichten über die Lokalisation von Vorstellungen in nervösen Elementen mußten zurückgewiesen, und die Meynert'sche Darstellung von einer Abbildung des Körpers in der Grosshirnrinde einer Revision unterzogen werden. Auf Grund zweier Tatsachen der Gehirnanatomie, nämlich 1. daß die in's Rückenmark eintretenden Fasermassen durch die eingeschalteten grauen Substanzen eine stetige Reduktion nach oben hin erfahren, und 2. daß es keine direkten Bahnen von der Körperperipherie zur Hirnrinde gibt, wird geschlossen, daß eine eigentliche lückenlose Abbildung des Körpers nur im spinalen Grau stattfindet (Projection), während in der Hirnrinde die Körperperipherie nur in minder detaillierter Sonderung durch ausgewählte und nach Funktionen angeordnete Fasern vertreten ist.

XX

Klinische Studie über die halbseitige Cerebrallähmung der Kinder 1891
(In Gemeinschaft mit Dr. O. Rie.)
(III. Heft, 1891, der „Beiträge zur Kinderheilkunde", herausgegeben von Dr. M. Kassowitz.)

Monographische Darstellung dieser Affektion nach Studien am Material des von Kassowitz geleiteten I. öffentlichen Kinderkranken-Institutes in Wien. Sie behandelt in zehn Abschnitten: 1. Geschichte und Literatur der cerebralen Kinderlähmung; 2. 35 eigene Beobachtungen, die dann tabellarisch zusammengefasst und einzeln charakterisiert werden; 3. die Analyse der einzelnen Symptome des Krankheitsbildes; 4. die pathologische Anatomie; 5. die Beziehungen der Kinderlähmung zur Epilepsie; 6. zur Poliomyelitis infantilis; 7. die Differentialdiagnose und 8. die Therapie. Den Autoren eigentümlich ist die Aufstellung einer „choreatischen Parese", welche sich durch besondere Charaktere des Auftretens und Verlaufes auszeichnet, und bei der die halbseitige Lähmung von Anfang an durch Hemichorea vertreten wird; ein Sektionsbefund (lobäre Sklerose in Folge von Embolie der A. cerebri media), erhoben in Paris an einer in der Iconographie de la Salpêtrière beschriebenen Kranken; die Betonung der engen Beziehungen zwischen Epilepsie und cerebraler Kinderlähmung, in Folge deren manche Fälle von anscheinender Epilepsie die Bezeichnung „Kinderlähmung ohne Lähmung" beanspruchen können. In der viel umstrittenen Frage nach der Existenz einer Polioencephalitis acuta, welche die anatomische Grundlage der halbseitigen Cerebrallähmung bilden und eine volle Analogie mit der Poliomyelitis infantilis darstellen soll, sprechen sich die Autoren gegen diese Strümpell'sche Aufstellung aus, halten aber an der Erwartung fest, daß eine geänderte Auffassung der Poliomyelitis acuta infantilis deren Gleichstellung mit der Cerebrallähmung auf anderer Grundlage gestatten wird. Im therapeutischen Abschnitt werden die bisher publizierten Berichte über die hirnchirurgischen Eingriffe zur Heilung genuiner oder traumatischer Epilepsie gesammelt.

XXI

1892/3 Ein Fall von hypnotischer Heilung nebst Bemerkungen über die Entstehung hysterischer Symptome durch den „Gegenwillen"

(Aus: Zeitschrift f. Hypnotismus etc. 1892/93, Heft III/IV.)

Eine junge Frau war nach ihrer ersten Entbindung durch einen hysterischen Symptomkomplex (Appetitmangel, Schlaflosigkeit, Schmerzen in den Brüsten, Versiegen der Milchsekretion, Aufregung) genötigt worden, auf das Säugen des Kindes zu verzichten. Als sich diese Hindernisse nach einer zweiten Geburt neuerdings einstellten, gelang es, dieselben durch zweimalige tiefe Hypnotisierung mit Gegensuggestionen aufzuheben, so daß die Wöchnerin eine ausgezeichnete Nährmutter wurde. Derselbe Erfolg stellte sich ein Jahr später bei dem gleichen Anlasse nach neuerlichen zwei Hypnosen ein.

Im Anschlusse Bemerkungen über die bei Hysterischen mögliche Realisierung peinlicher Kontrast- oder Angstvorstellungen, die der Normale zu hemmen vermag, und Zurückführung mehrerer Beobachtungen von Tic auf diesen Mechanismus des „Gegenwillens".

XXII
Charcot 1893

(Aus: Wiener med. Wochenschr. 1893, Nr. 37.)

Nachruf für den 1893 verstorbenen Meister der Neuropathologie, zu dessen Schülern der Verfasser sich zählt.

XXIII
Über ein Symptom, das häufig die Enuresis nocturna der Kinder begleitet 1893

(Neurolog. Centralbl. 1893, Nr. 21.)

In etwa der Hälfte der Fälle findet man an den mit Enuresis behafteten Kindern eine in ihrer Bedeutung und in ihren Beziehungen unaufgeklärte Hypertonie der unteren Extremitäten.

XXIV
Über den psychischen Mechanismus hysterischer Phänomene 1893

(Vorläufige Mitteilung in Gemeinschaft mit Dr. J. Breuer.)
(Neurolog. Centralbl. 1893 Nr. 1 u. 2.)

Der Mechanismus, auf welchen Charcot die hystero-traumatischen Lähmungen zurückführte, dessen Annahme ihm dann gestattete, dieselben bei hypnotisierten Hysterischen absichtlich hervorzurufen, läßt sich auch für zahlreiche Symptome der sogenannten nicht traumatischen Hysterie geltend machen. Wenn man den Hysterischen in Hypnose versetzt und seine Gedanken in die Zeit zurückleitet, zu welcher das betreffende Symptom zuerst auftrat, so erwacht in ihm die halluzinatorisch lebhafte Erinnerung an ein psychisches Trauma — oder an eine Reihe von solchen — aus jener Zeit, als dessen Erinnerungssymbol jenes Symptom fortbestanden hat. Die Hysterischen leiden also größtenteils an Reminiscenzen. Durch die lebhafte Reproduktion der so gefundenen traumatischen Szene unter Affektentwickelung schwindet aber auch das bisher hartnäckig festgehaltene Symptom, so daß man annehmen muß, jene vergessene Erinnerung habe wie ein psychischer Fremdkörper gewirkt, mit dessen Entfernung nun die Reizerscheinungen aufhören. Auf diese von Breuer zuerst 1881 gemachte Erfahrung kann man eine Therapie hysterischer Phänomene gründen, welche den Namen der „kathartischen" verdient.

Die Erinnerungen, welche sich als „pathogene", als die Wurzeln der hysterischen Symptome erweisen, sind dem Kranken regelmäßig „unbewußt" gewesen. Es scheint, daß sie sich durch dieses Unbewußtbleiben der Usur entzogen haben, welcher der psychische Inhalt sonst verfällt. Eine solche Usur geschieht auf dem Wege des „Abreagierens". Die pathogenen Erinnerungen entgehen der Erledigung durch das Abreagieren, entweder weil die betreffenden Erlebnisse in besonderen psychischen Zuständen vorfallen, zu denen die Hysterischen an sich geneigt sind, oder weil sie von einem Affekt begleitet sind, welcher beim Hysterischen einen besonderen psychischen Zustand herstellt. Die Neigung zur „Bewußtseinsspaltung" wird somit als das psychische Grundphänomen einer Hysterie hingestellt.

XXV

Zur Kenntnis der cerebralen Diplegien des Kindesalters (im Anschlusse an die Little'sche Krankheit)

1893

(Neue Folge, III. Heft der „Beiträge zur Kinderheilkunde", herausgegeben von Dr. M. Kassowitz 1893.)

Ergänzung der unter XX angeführten „Klinischen Studie über die halbseitige Cerebrallähmung der Kinder". In ähnlicher Anordnung wie dort werden hier Geschichte, pathologische Anatomie und Physiologie der Affektion behandelt, und die hierher gehörigen klinischen Bilder durch 53 eigene Beobachtungen erläutert. Es mußte aber außerdem der Umkreis der als „Cerebrale Diplegien" zu bezeichnenden Formen gezogen und deren klinische Gemeinsamkeit dargetan werden. Der Verfasser hat angesichts der in der Literatur dieser Affektionen herrschenden Meinungsverschiedenheiten die Gesichtspunkte eines älteren Autors, Little, wieder aufgenommen und ist so zur Aufstellung von 4 Haupttypen gelangt, die als allgemeine Starre, paraplegische Starre, allgemeine Chorea und bilaterale Athetose, doppelseitige spastische Hemiplegie (spastische Diplegie) bezeichnet werden.

Unter die allgemeine Starre fallen die Formen, welche sonst den Namen „Little'sche Krankheit" führen; als paraplegische Starre wird bezeichnet, was früher als Tabes spastica infantilis für eine Spinalaffektion gehalten wurde. Die spastischen Diplegien entsprechen am ehesten einer Verdoppelung der halbseitigen Cerebrallähmung, zeichnen sich aber durch einen Überschuß von Symptomen aus, welcher in der Doppelseitigkeit der Gehirnaffektion seine Aufklärung findet. Die Berechtigung, allgemeine Chorea und bilaterale Athetose diesen Typen anzuschliessen, ergibt sich aus zahlreichen Charakteren des klinischen Bildes und aus der Existenz der sehr mannigfaltigen Misch- und Übergangsformen, welche alle diese Typen verbinden.

Es werden die Beziehungen dieser klinischen Typen zu den hier als wirksam angenommenen, ätiologischen Momenten und zu den in ungenügender Anzahl erhobenen Sektionsbefunden erörtert, wobei sich folgende Sätze ergeben:

Die cerebralen Diplegien können nach ihrer Entstehung eingeteilt werden in a) congenital bedingte, b) bei der Geburt entstandene, c) extrauterin akquirierte. Es ist aber nach den klinischen Eigentümlichkeiten des Falles höchst selten, nach dessen Anamnese nicht immer möglich, diese Unterscheidung zu treffen. Alle ätiologischen Momente der Diplegien werden angeführt: pränatale (Trauma, Krankheit, Schreck der Mutter, Stellung des Kindes in der Generationsreihe), bei der Geburt wirksame (die von Little hervorgehobenen Momente der Frühgeburt, Schwergeburt, Asphyxie) und extrauterin wirkende (Infektionskrankheiten, Trauma, Schreck des Kindes). Konvulsionen können nicht als Ursache, sondern nur als Symptome der Affektion betrachtet werden. Die ätiologische Rolle der ererbten Syphilis wird als bedeutsam anerkannt. Zwischen keiner einzelnen dieser Aetiologien und einem einzelnen Typus von cerebraler Diplegie besteht eine ausschließliche Relation, doch machen sich vielfach Bevorzugungsverhältnisse geltend. Die Auffassung der cerebralen Diplegien als Affektionen mit einheitlicher Aetiologie ist unhaltbar.

Die pathologischen Befunde bei den Diplegien sind mannigfacher Art, im Allgemeinen die nämlichen wie bei den Hemiplegien; sie haben meist die Bedeutung von Endveränderungen, von denen uns der Rückschluß auf die Initialläsionen nicht regelmäßig gelingt. Sie gestatten in der Regel nicht die Entscheidung darüber, in welche ätiologische Kategorie ein Fall einzureihen ist. Auch ist man zumeist außer Stande, aus dem Sektionsbefunde die klinische Gestaltung zu erschließen, so daß die Annahme intimer und ausschließlicher Beziehungen zwischen klinischen Typen und anatomischen Veränderungen gleichfalls abzuweisen ist.

Die pathologische Physiologie der cerebralen Diplegien hat es wesentlich mit der Aufklärung der beiden Charaktere zu tun, durch welche allgemeine und paraplegische Starre sich in auffälliger Weise von anderen Äußerungen organischer Grosshirnerkrankung unterscheiden. Bei diesen beiden klinischen Formen überwiegt nämlich die Contractur über die Lähmung und sind die unteren Extremitäten stärker geschädigt als die oberen. Die hier angestellte Erörterung gelangt zum Schlusse, daß die intensivere Schädigung der unteren Extremitäten bei der allgemeinen und paraplegischen Starre mit der Lokalisation der Läsion (Meningealblutung längs der Medianspalte), und daß das Überwiegen der Contractur mit der Oberflächlichkeit der Läsion in Zusammenhang zu bringen ist. Der bei paraplegischer Starre und bei der Aetiologie Frühgeburt besonders häufige Strabismus der diplegischen Kinder wird von den Königstein'schen Netzhautblutungen der Neugeborenen abgeleitet.

Ein besonderer Abschnitt lenkt die Aufmerksamkeit auf die zahlreichen familiär und hereditär auftretenden Affektionen des Kindesalters, welche eine klinische Verwandtschaft mit den cerebralen Diplegien verraten.

XXVI
Über familiäre Formen von cerebralen Diplegien   1893

(Aus: Neurolog. Centralbl. 1893, Nr. 15 u. 16.)

Beobachtung zweier Brüder, 6½ und 5 Jahre alt, die, von blutsverwandten Eltern stammend, ein kompliziertes Krankheitsbild, der eine seit Geburt, der andere seit dem zweiten Jahre allmählich entwickelt, darbieten. Die Symptome dieser familiären Affektion: seitlicher Nystagmus der Augen, Atrophia n. optici, Strabismus convergens alternans, monotone und wie skandierende Sprache, Intentionstremor der Arme, spastische Schwäche der Beine, dabei vorzügliche Intelligenz — geben Veranlassung, eine neue Affektion zu konstruieren, die als **spastisches Gegenstück zur Friedreichschen Krankheit** bezeichnet und unterdessen den familiären cerebralen Diplegien eingereiht wird. Die weitgehende Ähnlichkeit dieser Fälle mit den 1885 von Pelizaeus als multiple Sklerose beschriebenen wird hervorgehoben.

XXVII

1893 **Les diplégies cérébrales infantiles**

(Aus: Revue neurologique T. I, 1893, Nr. 8.)

Zusammenfassung der Ergebnisse aus der unter XXV angeführten Monographie.

XXVIII

1893 **Quelques considérations pour une étude comparative des paralysies motrices organiques et hystériques**

(Aus: Arch. de Neurologie Nr. 77, 1893.)

Eine unter dem Einflusse Charcot's angestellte Vergleichung organischer und hysterischer Lähmungen, um hieraus zu Gesichtspunkten über das Wesen der hysterischen Affektion zu gelangen. Die organische Lähmung ist entweder eine peripherisch-spinale oder eine cerebrale; erstere, die mit Bezug auf Ausführungen der kritischen Studie über die Aphasien Projektionslähmung genannt wird, ist eine Lähmung im Detail, letztere, die Repräsentationslähmung, eine Lähmung en masse. Die Hysterie ahmt nur die letztere Kategorie von Lähmung nach, besitzt aber eine besondere Freiheit der Spezialisierung, welche sie den Projektionslähmungen annähert; sie kann die Lähmungsgebiete, die sich bei corticaler Affektion regelmäßig ergeben, dissociieren. Die hysterische Lähmung zeigt die Neigung zur excessiven Ausbildung, sie kann höchst intensiv und dabei doch streng auf ein kleines Gebiet beschränkt sein, während die corticale Lähmung mit der Steigerung ihrer Intensität regelmäßig ihre Ausdehnung vergrößert. Die Sensibilität zeigt bei beiden Arten von Lähmung ein geradezu gegensätzliches Verhalten.

Die speziellen Charaktere der corticalen Lähmung sind durch die Eigentümlichkeiten des Gehirnbaues bedingt und gestatten uns, auf die Anatomie des Gehirns zurückzuschließen. Die hysterische Lähmung benimmt sich im Gegenteile, als ob es eine Gehirnanatomie nicht gäbe. Die Hysterie weiß nichts von der Anatomie des Gehirns.

Die Veränderung, welche der hysterischen Lähmung zugrunde liegt, kann mit organischen Läsionen keine Ähnlichkeit haben, sondern wird in den Verhältnissen der Ansprechbarkeit eines bestimmten Vorstellungskreises zu suchen sein.

XXIX

Die Abwehr-Neuropsychosen 1894

Versuch einer psychologischen Theorie der aquirierten Hysterie, vieler Phobien und Zwangsvorstellungen und gewisser halluzinatorischer Psychosen.

(Aus: Neurolog. Centralbl. 1894, Nr. 10. u. 11.)

Die erste einer nun folgenden Reihe von kurzen Abhandlungen, welche sich die Aufgabe stellen, für eine in Bearbeitung begriffene Gesamtdarstellung der Neurosen auf neuer Grundlage vorzubereiten.

Die Bewußtseinsspaltung der Hysterie ist kein primärer, auf degenerativer Schwäche beruhender Charakter dieser Neurose, wie Janet versichert, sondern der Erfolg eines eigentümlichen psychischen Vorganges, der als „Abwehr" bezeichnet und außer bei Hysterie bei zahlreichen anderen Neurosen und Psychosen durch kurz mitgeteilte Analysen nachgewiesen wird. Die Abwehr tritt ein, wo sich im Vorstellungsleben ein Fall von Unverträglichkeit zwischen einer einzelnen Vorstellung und dem „Ich" ereignet. Der Abwehrvorgang läßt sich bildlich so darstellen, als ob der zu verdrängenden Vorstellung ihr Erregungsbetrag entrissen und einer anderen Verwendung zugeführt wurde. Dies kann auf mehrfache Art geschehen: bei der Hysterie wird die frei gewordene Erregungssumme in körperliche Innervation umgesetzt (Konversionshysterie); bei der Zwangsneurose verbleibt sie auf psychischem Gebiete und hängt sich an andere, an sich nicht unverträgliche Vorstellungen, welche somit die verdrängte Vorstellung substituieren. Die Quelle der unverträglichen Vorstellungen, welche der Abwehr verfallen, ist einzig und allein das

Sexualleben. Eine Analyse eines Falles von halluzinatorischer Psychose lehrt, daß auch diese Psychose einen Weg zur Erzielung der Abwehr darstellt.

XXX

1895 Obsessions et phobies. Leur mécanisme psychique et leur étiologie

(Aus: Revue neurologique III, 1895, Nr. 2.)

Obsessionen und Phobien sind als selbstständige neurotische Affektionen von der Neurasthenie abzutrennen. Bei beiden handelt es sich um die Verknüpfung einer Vorstellung mit einem Affektzustand. Letzterer ist bei den Phobien stets der nämliche, der der Angst; bei den echten Obsessionen kann er mannigfaltiger Natur sein (Vorwurf, Schuldgefühl, Zweifel etc.). Der Affektzustand erscheint als das Wesentliche der Obsession, da er im einzelnen Falle unverändert bleibt, während die angehängte Vorstellung gewechselt wird. Die psychische Analyse zeigt, daß der Affekt der Obsession jedesmal gerechtfertigt ist, daß aber die ihm anhängende Idee eine Substitution darstellt für eine zum Affekt besser passende Vorstellung aus dem Sexualleben, welche der Verdrängung verfallen ist. Dieser Sachverhalt wird durch zahlreiche kurze Analysen von Fällen mit Zweifelsucht, Waschzwang, Zählzwang etc. erläutert, in denen die Wiedereinsetzung der verdrängten Vorstellung unter therapeutischem Nutzeffekt gelungen war. Die Phobien im strengeren Sinne werden für die „Angstneurose" (siehe XXXII) in Anspruch genommen.

XXXI

1895 Studien über Hysterie.

(In Gemeinschaft mit Dr. J. Breuer.)
(Franz Deuticke, Wien, 1895.)

Dieses Buch enthält die Ausführung des in der vorläufigen Mitteilung XXIV aufgestellten Themas vom psychischen Mechanismus hysterischer Phänomene. Obwohl aus gemeinsamer Arbeit der beiden

Autoren hervorgegangen, zerfällt es doch in einzelne Aufsätze, von denen vier ausführliche Krankengeschichten samt ihren Epikrisen und ein Versuch „Zur Psychotherapie der Hysterie" meinen Anteil darstellen. Im Inhalte des Buches wird energischer als in der „vorläufigen Mitteilung" die ätiologische Rolle des sexuellen Momentes betont, auch der Begriff der „Konversion" zur Aufklärung der hysterischen Symptombildung verwendet. Der Aufsatz über Psychotherapie bemüht sich, einen Einblick in die Technik des psychoanalytischen Verfahrens zu geben, welches allein zur Erforschung des unbewußten psychischen Inhaltes führen kann, und von dessen Anwendung auch wichtige psychologische Aufklärungen erwartet werden.

XXXII

Über die Berechtigung von Neurasthenie einen bestimmten Symptomenkomplex als „Angstneurose" abzutrennen 1895

(Aus: Neurolog. Centralbl. 1895, Nr. 2.)

Das Zusammentreffen einer konstanten Gruppierung der Symptome mit einer besonderen ätiologischen Bedingung gestattet es, aus dem Sammelgebiet „Neurasthenie" einen Komplex herauszugreifen, welcher den Namen Angstneurose verdient, weil dessen sämtliche Bestandteile sich aus dem Symptom der Angst ergeben. Dieselben sind entweder direkt als „Äußerungen der Angst oder als Rudimente und Aequivalente von solchen aufzufassen (E. Hecker), und stehen oft in polarem Gegensatze zu den Symptomen, welche die eigentliche Neurasthenie konstituieren. Auch die Aetiologie der beiden Neurosen weist auf solchen Gegensatz hin. Während die echte Neurasthenie nach spontanen Pollutionen entsteht oder durch Masturbation erworben wird, gehören zur Aetiologie der Angstneurose solche Momente, die einer Zurückhaltung sexueller Erregung entsprechen wie: Abstinenz bei vorhandener Libido, frustrane Erregung und vor allem coitus interruptus. Die beiden so gesonderten Neurosen kommen im

Leben zumeist kombiniert vor, doch sind auch reine Fälle sicherzustellen. Wo man eine solche gemischte Neurose der Analyse unterzieht, kann man die Vermengung mehrerer spezifischer Aetiologien nachweisen.

Ein Versuch, eine Theorie der Angstneurose zu erreichen, führt zur Formel, ihr Mechanismus bestehe in der Ablenkung der somatischen Sexualerregung vom Psychischen und einer dadurch verursachten abnormen Verwendung dieser Erregung. Die neurotische Angst ist umgesetzte sexuelle Libido.

XXXIII

1895 Zur Kritik der „Angstneurose"

(Aus: Wiener klin. Rundschau, 1895.)

Erwiderung auf Einwendungen Löwenfeld's gegen den Inhalt der Abhandlung XXXII. Das Problem der Aetiologie in der Neuropathologie wird hier behandelt, um eine Einteilung der vorkommenden aetiologischen Momente in drei Kategorien zu rechtfertigen: a) Bedingungen; b) spezifische; c) konkurrierende oder Hilfsursachen. Bedingungen heißen jene Momente, die zur Erzielung des Effektes zwar unentbehrlich sind, diesen aber nicht für sich allein erzielen können, sondern der spezifischen Ursachen hierzu bedürfen. Die spezifischen Ursachen unterscheiden sich von den Bedingungen dadurch, daß sie nur in wenigen aetiologischen Formeln auftreten, während die Bedingungen bei zahlreichen Affektionen die nämliche Rolle spielen können. Hilfsursachen sind solche, die weder jedesmal vorhanden sein müssen, noch für sich allein den betreffenden Effekt erzeugen können. — Für den Fall der Neurosen stellt vielleicht die Heredität die Bedingung dar; die spezifische Ursache ist in sexuellen Momenten gegeben; alles andere, was sonst als Aetiologie der Neurosen angeführt wird (Überarbeitung, Gemütsbewegung, physische Erkrankung) ist Hilfsursache und kann das spezifische Moment niemals vollständig vertreten, wohl aber dasselbe der Quantität nach ersetzen. Die Form der Neurose hängt von der Natur des spezifischen sexuellen Momentes ab; ob überhaupt eine neurotische Erkrankung zustande kommt, wird von quantitativ wirksamen Faktoren bestimmt; die Heredität wirkt nach Art eines in den Stromkreis eingeschalteten Multiplikators.

XXXIV
Über die Bernhardt'sche Sensibilitätsstörung am Oberschenkel 1895
(Aus Neurolog. Centralbl. 1895, Nr. 11.)

Selbstbeobachtung dieser harmlosen, wahrscheinlich auf lokale Neuritis zurückzuführenden Affektion und Mitteilung über andere Fälle, auch von doppelseitigem Vorkommen.

XXXV
Weitere Bemerkungen über die Abwehr-Neuropsychosen 1896
(Aus: Neurolog. Centralbl. 1896, Nr. 10.)

1. Die spezifische Aetiologie der Hysterie. Die Forsetzung der psycho-analytischen Arbeiten mit Hysterischen hat als einförmiges Ergebnis die Aufklärung gebracht, daß die vermuteten traumatischen Erlebnisse, als deren Erinnerungssymbole die hysterischen Symptome fortbestehen, in der frühesten Kindheit der Kranken vorfallen und als sexueller Mißbrauch im engeren Sinne zu bezeichnen sind.

2. Wesen und Mechanismus der Zwangsneurose. Zwangsvorstellungen sind jedesmal verwandelte, aus der Verdrängung wiederkehrende Vorwürfe, die sich immer auf eine sexuelle, mit Lust ausgeführte Aktion der Kinderzeit beziehen. Es wird der Verlauf dieser Wiederkehr des Verdrängten, und die Erfolge einer primären und sekundären Abwehrarbeit aufgezeigt.

3. Analyse eines Falles von chronischer Paranoia. Die ausführlich mitgeteilte Analyse weist nach, daß die Aetiologie der Paranoia in den nämlichen sexuellen Erlebnissen der frühen Kindheit

zu finden ist, in welcher bereits die Aetiologie der Hysterie und der Zwangsneurose erkannt wurde. Die Symptome dieser Paranoia werden im Einzelnen auf die Leistungen der Abwehr zurückgeführt.

XXXVI
1896 Zur Aetiologie der Hysterie

(Aus: Wiener klin. Rundschau, 1896, Nr. 22 bis 26.)

Eingehendere Mitteilungen über die infantilen Sexualerlebnisse, die sich als Aetiologie der Psychoneurosen ergeben haben. Der Inhalt derselben ist als „Perversion" zu bezeichnen, die Urheber sind zumeist unter den nächsten Angehörigen der Kranken zu suchen. Erörterung der Schwierigkeiten, welche bei der Aufdeckung dieser verdrängten Erinnerungen zu überwinden sind, und der Anzweiflungen, welche man gegen die so gewonnenen Resultate erheben kann. Die hysterischen Symptome erweisen sich als Abkömmlinge unbewußt wirkender Erinnerungen; sie treten nur unter der Mitwirkung solcher Erinnerungen auf. Das Vorhandensein von infantilen Sexualerlebnissen ist unerläßliche Bedingung, wenn es dem — auch im Normalen vorhandenen — Abwehrbestreben gelingen soll, pathogene Wirkungen, d.h. Neurosen, zu erzeugen.

XXXVII
1896 L'hérédité et l'étiologie des névroses

(Aus: Revue neurologique T. IV, 1896, Nr. 6.)

Die bisherigen Resultate der Psychoanalyse betreffs der Aetiologie der Neurosen werden zur Kritik der herrschenden Lehre von der Allmacht der Heredität in der Neuropathologie verwendet. Man hat die Rolle der Heredität nach mehrfachen Richtungen überschätzt. Erstens, indem man zu den vererbbaren Neuropathien Zustände rechnete wie Kopfschmerz, Neuralgien etc., welche sehr wahrscheinlich zumeist von organischen Affektionen der Kopfhöhlen (Nase) abzuleiten sind. Zweitens, indem man alle auffindbaren Nervenleiden

der Verwandten als Zeugen hereditärer Belastung verwertete und so
von vorneherein keinen Raum für erworbene Neuropathien ließ,
welche als solche Zeugnisse kein Gewicht besitzen könnten. Drittens
hat man die aetiologische Rolle der Syphilis verkannt und von ihr
stammende Nervenleiden auf die Rechnung der Heredität gesetzt. Es
ist aber auch ein prinzipieller Einspruch gegen die Form der Heredität
gestattet, die man als „unähnliche Vererbung" (oder mit Verwandlung der Erkrankungsform) bezeichnet, und welcher eine beiweitem
wichtigere Rolle als der gleichartigen Vererbung zufällt. Wenn die
Tatsache der hereditären Belastung in einer Familie sich darin ausdrückt, daß bei den Mitgliedern derselben beliebige Nervenleiden,
Chorea, Epilepsie, Hysterie, Apoplexien etc. ohne nähere Determinierung einander ersetzen, so bedarf es entweder der Kenntnis der
Gesetze, nach welchen solche Vertretung erfolgt, oder es ist Raum
übrig für besondere Aetiologien, welche eben die Auswahl der wirklich erfolgenden Neuropathie bestimmen. Gibt es solche besondere
Aetiologien, so sind dies die gesuchten spezifischen Ursachen der
einzelnen klinischen Formen, und die Heredität tritt in die Rolle
einer Förderung oder Bedingung zurück.

XXXVIII

Die infantile Cerebrallähmung 1897

(Aus: Nothnagel's Handbuch der speziellen Pathologie und
Therapie, 1897, IX. Bd., II. T., II.Abt.)

Zusammenfassung der beiden 1891 und 1893 veröffentlichten
Arbeiten über das gleiche Thema nebst den seither notwendig gewordenen Zusätzen und Abänderungen. Letztere betreffen die Kapitel
über die Poliomyelitis acuta, die unterdessen als nicht systematische
Erkrankung erkannt worden war, über die Encephalitis als Initialprozeß des spastischen Hemiplegie und über die Auffassung der Fälle
von paraplegischer Starre, deren Natur als Cerebralaffektion neuerdings in Zweifel gezogen werden konnte. Eine besondere Erörterung
beschäftigt sich mit den Versuchen, den Inhalt der cerebralen

Diplegien in mehrere gut gesonderte klinische Einheiten zu zerlegen, oder wenigstens die sogenannte Little'sche Krankheit als ein klinisches Individuum aus dem Formengewirre ähnlicher Affektionen zu sondern. Es werden die Schwierigkeiten aufgezeigt, die sich solchem Bemühen entgegensetzen, und als einzig berechtigt wird die Meinung vertreten, daß die „Infantile Cerebrallähmung", derzeit als ein klinischer Sammelbegriff für die ganze Reihe ähnlicher Affektionen mit exogener Aetiologie beibehalten werde. Die stetige Zunahme der Beobachtungen von familiären und hereditären Nervenaffektionen des Kindesalters, welche der Infantilen Cerebrallähmung klinisch in mehreren Punkten nahe kommen, machte es erforderlich, diese neuen Formen zu sammeln und deren prinzipielle Scheidung von der Infantilen Cerebrallähmung zu versuchen.

ANHANG

A. Unter meinem Einflusse ausgeführte Arbeiten.

1892   E. Rosénthal, Contribution à l'étude des diplégies cérébrales de l'enfance. Thèse de Lyon (Médaille d'argent).

1893   L. Rosenberg, Casuistische Beiträge zur Kenntnis der cerebralen Kinderlähmungen und der Epilepsie.
(Aus Kassowitz' Beiträge zur Kinderheilkunde. N.F.IV.)

B. Übersetzungen aus dem Französischen.

1886   J. M. Charcot, Neue Vorlesungen über die Krankheiten des Nervensystems, insbesondere über Hysterie. Toeplitz & Deuticke, Wien, 1886.

1888   H. Bernheim, Die Suggestion und ihre Heilwirkung. Fr. Deuticke, Wien. (Zweite Auflage 1896.)

1892   H. Bernheim, Neue Studien über Hypnotismus, Suggestion und Psychotherapie. Fr. Deuticke, Wien, 1892.

1892–3   J. M. Charcot, Poliklinische Vorträge. I. Band. (Leçons du Mardi.) Mit Anmerkungen des Übersetzers. Fr. Deuticke, Wien, 1892–3.

DIE SEXUALITÄT IN DER ÄTIOLOGIE DER NEUROSEN

DIE SEXUALITÄT IN DER ÄTIOLOGIE DER NEUROSEN

Durch eingehende Untersuchungen bin ich in den letzten Jahren zur Erkenntnis gelangt, daß Momente aus dem Sexualleben die nächsten und praktisch bedeutsamsten Ursachen eines jeden Falles von neurotischer Erkrankung darstellen. Diese Lehre ist nicht völlig neu; eine gewisse Bedeutung ist den sexuellen Momenten in der Ätiologie der Neurosen von jeher und von allen Autoren eingeräumt worden; für manche Unterströmungen in der Medizin ist die Heilung von „Sexualbeschwerden" und von „Nervenschwäche" immer in einem einzigen Versprechen vereint gewesen. Es wird also nicht schwer halten, dieser Lehre die Originalität zu bestreiten, wenn man einmal darauf verzichtet haben wird, ihre Triftigkeit zu leugnen.

In einigen kürzeren Aufsätzen, die in den letzten Jahren im „Neurologischen Zentralblatt", in der „Revue neurologique" und in der „Wiener Klinischen Rundschau" erschienen sind, habe ich versucht, das Material und die Gesichtspunkte anzudeuten, welche der Lehre von der „sexuellen Ätiologie der Neurosen" eine wissenschaftliche Stütze bieten. Eine ausführliche Darstellung steht noch aus, und zwar wesentlich darum, weil man bei der Bemühung, den als tatsächlich erkannten Zusammenhang aufzuklären, zu immer neuen Problemen gelangt, für deren Lösung es an Vorarbeiten fehlt. Keineswegs verfrüht erscheint mir aber der Versuch, das Interesse des praktischen Arztes auf die von mir behaupteten Verhältnisse zu lenken, damit er sich in einem von der Richtigkeit dieser Behauptungen und von den Vorteilen überzeuge, welche er für sein ärztliches Handeln aus ihrer Erkenntnis ableiten kann. Ich weiß, daß es an Bemühungen nicht fehlen wird, den Arzt durch ethisch gefärbte Argumente von der Verfolgung dieses Gegenstandes abzuhalten. Wer sich bei seinen Kranken überzeugen will, ob ihre Neurosen wirklich mit ihrem Sexualleben zusammenhängen, der kann es nicht vermeiden, sich bei ihnen nach ihrem Sexualleben zu erkundigen und auf wahrheitsgetreue Aufklärung über dasselbe zu dringen. Darin soll aber die Gefahr für den einzelnen wie für die Gesellschaft liegen. Der Arzt, höre ich sagen, hat kein Recht, sich in die sexuellen Geheimnisse seiner Patienten einzudrängen, ihre Schamhaftigkeit — besonders der weiblichen Personen — durch solches Examen gröblich zu verletzen. Seine ungeschickte Hand kann nur Familienglück zerstören, bei jugendlichen Personen die Unschuld beleidigen und der Autorität der Eltern vorgreifen; bei Erwachsenen wird er unbequeme Mitwisserschaft erwerben und sein eigenes Verhältnis zu seinen Kranken zerstören. Es sei also seine ethische Pflicht, der ganzen sexuellen Angelegenheit ferne zu bleiben.

Man darf wohl antworten: Das ist die Äußerung einer des Arztes unwürdigen Prüderie, die mit schlechten Argumenten ihre Blöße mangelhaft verdeckt. Wenn Momente aus dem Sexualleben wirklich als Krankheitsursachen zu erkennen sind, so fällt die Ermittlung und Besprechung dieser Momente eben hiedurch ohne weiteres Bedenken in den Pflichtenkreis des Arztes. Die Verletzung der Schamhaftigkeit, die er sich dabei zuschulden kommen läßt, ist keine andere und keine ärgere, sollte man meinen, als wenn er, um eine örtliche Affektion zu heilen, auf der Inspektion der weiblichen Genitalien besteht, zu welcher Forderung ihn die Schule selbst verpflichtet. Von älteren Frauen, die ihre Jugendjahre in der Provinz zugebracht haben, hört man oft noch erzählen, daß sie einst durch übermäßige Genitalblutungen bis zur Erschöpfung heruntergekommen waren, weil sie sich nicht entschließen konnten, einem Arzt den Anblick ihrer Nacktheit zu gestatten. Der erziehliche Einfluß, der von den Ärzten auf das Publikum geübt wird, hat es im Lauf einer Generation dahin gebracht, daß bei unseren jungen Frauen solches Sträuben nur höchst selten vorkommt. Wo es sich träfe, würde es als unverständige Prüderie, als Scham am unrechten Orte verdammt werden. Leben wir denn in der Türkei, würde der Ehemann fragen, wo die kranke Frau dem Arzte nur den Arm durch ein Loch in der Mauer zeigen darf?

Es ist nicht richtig, daß das Examen und die Mitwisserschaft in sexuellen Dingen dem Arzt eine gefährliche Machtfülle gegen seine Patienten verschafft. Derselbe Einwand konnte sich mit mehr Berechtigung seinerzeit gegen die Anwendung der Narkose richten, durch welche der Kranke seines Bewußtseins und seiner Willensbestimmung beraubt, und es in die Hand des Arztes gelegt wird, ob und wann er sie wieder erlangen soll. Doch ist uns heute die Narkose unentbehrlich geworden, weil sie dem ärztlichen Bestreben zu helfen dienlich ist wie nichts anderes, und der Arzt hat die Verantwortlichkeit für die Narkose unter seine anderen ernsten Verpflichtungen aufgenommen.

Der Arzt kann in allen Fällen Schaden stiften, wenn er ungeschickt oder gewissenlos ist, in anderen Fällen nicht mehr und nicht minder als bei der Forschung nach dem Sexualleben seiner Patienten. Freilich, wer in einem schätzenswerten Ansatze zur Selbsterkenntnis sich nicht das Taktgefühl, den Ernst und die Verschwiegenheit zutraut, deren er für das Examen der Neurotiker bedarf, wer von sich weiß, daß Enthüllungen aus dem Sexualleben lüsternen Kitzel anstatt wissenschaftlichen Interesses bei ihm hervorrufen werden, der tut recht daran, dem Thema der Ätiologie der Neurosen fernzubleiben. Wir verlangen nur noch, daß er sich auch von der Behandlung der Nervösen fernhalte.

Es ist auch nicht richtig, daß die Kranken einer Erforschung ihres Sexuallebens unüberwindliche Hindernisse entgegensetzen. Erwachsene pflegen sich nach kurzem Zögern mit den Worten zurechtzurücken: Ich bin doch beim Arzte, dem darf man alles sagen. Zahlreiche Frauen, die an der Aufgabe, ihre sexuellen Gefühle zu verbergen, schwer genug durchs Leben zu tragen haben, finden sich erleichtert, wenn sie beim Arzte merken, daß hier keine andere Rücksicht über die ihrer Heilung gesetzt ist, und danken es ihm, daß sie sich auch einmal in sexuellen Dingen rein menschlich gebärden dürfen. Eine dunkle Kenntnis der vorwaltenden Bedeutung sexueller Momente für die Entstehung der Nervosität, wie ich sie für die Wissenschaft neu zu gewinnen suche, scheint im Bewußtsein der Laien überhaupt nie untergegangen zu sein. Wie oft erlebt man Szenen wie die folgende: Man hat ein Ehepaar vor sich, von dem ein Teil an Neurose leidet. Nach vielen Einleitungen und Entschuldigungen, daß es für den Arzt, der in solchen Fällen helfen will, konventionelle Schranken nicht geben darf u. dgl., teilt man den beiden mit, man vermute, der Grund der Krankheit liege in der unnatürlichen und schädlichen Art des sexuellen Verkehrs, die sie seit der letzten Entbindung der Frau gewählt haben dürften. Die Ärzte pflegen sich um diese Verhältnisse in der Regel nicht zu kümmern, allein das sei nur verwerflich, wenn auch die Kranken nicht gerne davon hören usw. Dann stößt der eine Teil den andern an und sagt: Siehst du, ich habe es dir gleich gesagt, das wird mich krank machen. Und der andere antwortet: Ich hab' mir's ja auch gedacht, aber was soll man tun?

Unter gewissen anderen Umständen, etwa bei jungen Mädchen, die ja systematisch zur Verhehlung ihres Sexuallebens erzogen werden, wird man sich mit einem recht bescheidenen Maße von aufrichtigem Entgegenkommen begnügen müssen. Es fällt aber hier ins Gewicht, daß der kundige Arzt seinen Kranken nicht unvorbereitet entgegentritt und in der Regel nicht Aufklärung, sondern bloß Bestätigung seiner Vermutungen von ihnen zu fordern hat. Wer meinen Anweisungen folgen will, wie man sich die Morphologie der Neurosen zurechtzulegen und ins Ätiologische zu übersetzen hat, dem brauchen die Kranken nur wenig Geständnisse mehr zu machen. In der nur allzu bereitwillig gegebenen Schilderung ihrer Krankheitssymptome haben sie ihm meist die Kenntnis der dahinter verborgenen sexuellen Faktoren mitverraten.

Es ware von großem Vorteile, wenn die Kranken besser wüßten, mit welcher Sicherheit dem Arzte die Deutung ihrer neurotischen Beschwerden und der Rückschluß von ihnen auf die wirksame sexuelle Ätiologie nunmehr möglich ist. Es wäre sicherlich ein Antrieb für sie, auf die Heimlichkeit von dem Augenblicke an zu verzichten, da sie sich entschlossen haben, für ihr Leiden um Hilfe zu bitten. Wir haben aber alle ein Interesse daran, daß auch in sexuellen Dingen ein höherer Grad von Aufrichtigkeit unter den Menschen Pflicht werde, als er bis jetzt verlangt wird. Die sexuelle Sittlichkeit kann dabei nur gewinnen. Gegenwärtig sind wir in Sachen der Sexualität samt und sonders Heuchler, Kranke wie Gesunde. Es wird uns nur zugute kommen, wenn im Gefolge der allgemeinen Aufrichtigkeit ein gewisses Maß von Duldung in sexuellen Dingen zur Geltung gelangt.

Der Arzt hat gewöhnlich ein sehr geringes Interesse an manchen der Fragen, welche unter den Neuropathologen in betreff der Neurosen diskutiert werden, etwa ob man Hysterie und Neurasthenie strenge zu sondern berechtigt ist, ob man eine Hystero-Neurasthenie daneben unterscheiden darf, ob man das Zwangsvorstellen zur Neurasthenie rechnen oder als besondere Neurose anerkennen soll u. dgl. m. Wirklich dürfen auch solche Distinktionen dem Arzte gleichgültig sein, so lange sich an die getroffene Entscheidung weiter nichts knüpft, keine tiefere Einsicht und kein Fingerzeig für die Therapie, so lange der Kranke in allen Fällen in die

Wasserheilanstalt geschickt wird, oder zu hören bekommt — daß
ihm nichts fehlt. Anders aber, wenn man unsere Gesichtspunkte
über die ursächlichen Beziehungen zwischen der Sexualitat und
den Neurosen annimmt. Dann erwacht ein neues Interesse für die
Symptomatologie der einzelnen neurotischen Fälle, und es gelangt
zur praktischen Wichtigkeit, daß man das komplizierte Bild richtig
in seine Komponenten zu zerlegen und diese richtig zu benennen
verstehe. Die Morphologie der Neurosen ist nämlich mit geringer
Mühe in Ätiologie zu übersetzen, und aus der Erkenntnis dieser
leiten sich, wie selbstverständlich, neue therapeutische Anweisungen ab.

Die bedeutsame Entscheidung nun, die jedesmal durch sorgfältige Würdigung der Symptome sicher getroffen werden kann,
geht dahin, ob der Fall die Charaktere einer Neurasthenie oder
einer Psychoneurose (Hysterie, Zwangsvorstellen) an sich trägt.
(Es kommen ungemein häufig Mischfälle vor, in denen Zeichen
der Neurasthenie mit denen einer Psychoneurose vereinigt sind;
wir wollen aber deren Würdigung für später aufsparen.) Nur bei
den Neurasthenien hat das Examen der Kranken den Erfolg, die
ätiologischen Momente aus dem Sexualleben aufzudecken; dieselben sind dem Kranken, wie natürlich, bekannt und gehören
der Gegenwart, richtiger der Lebenszeit seit der Geschlechtsreife
an (wenngleich auch diese Abgrenzung nicht alle Fälle einzuschließen gestattet). Bei den Psychoneurosen leistet ein solches
Examen wenig; es verschafft uns etwa die Kenntnis von Momenten,
die man als Veranlassungen anerkennen muß, und die mit dem
Sexualleben zusammenhängen oder auch nicht; im ersteren Falle
zeigen sie sich dann nicht von anderer Art als die atiologischen
Momente der Neurasthenie, lassen also eine spezifische Beziehung
zur Verursachung der Psychoneurose durchaus vermissen. Und doch
liegt auch die Ätiologie der Psychoneurosen in jedem Falle wiederum im Sexuellen. Auf einem merkwürdigen Umwege, von dem
später die Rede sein wird, kann man zur Kenntnis dieser Ätio-

logie gelangen und begreiflich finden, daß der Kranke uns von ihr nichts zu sagen wußte. Die Ereignisse und Einwirkungen nämlich, welche jeder Psychoneurose zugrunde liegen, gehören nicht der Aktualität an, sondern einer längst vergangenen, sozusagen prähistorischen Lebensepoche, der frühen Kindheit, und darum sind sie auch dem Kranken nicht bekannt. Er hat sie — in einem bestimmten Sinne nur — vergessen.

Sexuelle Ätiologie also in allen Fällen von Neurose; aber bei den Neurasthenien solche von aktueller Art, bei den Psychoneurosen Momente infantiler Natur; dies ist der erste große Gegensatz in der Ätiologie der Neurosen. Ein zweiter ergibt sich, wenn man einem Unterschiede in der Symptomatik der Neurasthenie selbst Rechnung trägt. Hier finden sich einerseits Fälle, in denen sich gewisse für die Neurasthenie charakteristische Beschwerden in den Vordergrund drängen: der Kopfdruck, die Ermüdbarkeit, die Dyspepsie, die Stuhlverstopfung, die Spinalirritation usf. In anderen Fällen treten diese Zeichen zurück, und das Krankheitsbild setzt sich aus anderen Symptomen zusammen, die sämtlich eine Beziehung zum Kernsymptom, der „Angst", erkennen lassen (freie Ängstlichkeit, Unruhe, Erwartungsangst, komplette, rudimentäre und supplementäre Angstanfälle, lokomotorischer Schwindel, Agoraphobie, Schlaflosigkeit, Schmerzsteigerung usw.). Ich habe dem ersten Typus von Neurasthenie seinen Namen belassen, den zweiten aber als „Angstneurose" ausgezeichnet, und diese Scheidung an anderem Orte begründet, woselbst auch der Tatsache des in der Regel gemeinsamen Vorkommens beider Neurosen Rechnung getragen wird. Für unsere Zwecke genügt die Hervorhebung, daß der symptomatischen Verschiedenheit beider Formen ein Unterschied der Ätiologie parallel geht. Die Neurasthenie läßt sich jedesmal auf einen Zustand des Nervensystems zurückführen, wie er durch exzessive Masturbation erworben wird oder durch gehäufte Pollutionen spontan entsteht; bei der Angstneurose findet man regelmäßig sexuelle Einflüsse, denen das Moment der Zurückhaltung oder der unvollkommenen Befriedigung gemeinsam ist, wie: Coitus interruptus, Abstinenz bei lebhafter Libido, sogenannte frustrane Erregung u. dgl. In dem kleinen Aufsatze, welcher die Angstneurose einzuführen bemüht war, habe ich die Formel ausgesprochen, die Angst sei überhaupt eine von ihrer Verwendung abgelenkte Libido.

Wo in einem Falle Symptome der Neurasthenie und der Angstneurose vereinigt sind, also ein Mischfall vorliegt, da hält man sich an den empirisch gefundenen Satz, daß einer Vermengung von Neurosen ein Zusammenwirken von mehreren ätiologischen Momenten entspricht, und wird seine Erwartung jedesmal bestätigt finden. Wie oft diese ätiologischen Momente durch den Zusammenhang der sexuellen Vorgänge organisch miteinander verknüpft sind, z. B. Coitus interruptus oder ungenügende Potenz des Mannes mit der Masturbation, dies wäre einer Ausführung im einzelnen wohl würdig.

Wenn man den vorliegenden Fall von neurasthenischer Neurose sicher diagnostiziert und dessen Symptome richtig gruppiert hat, so darf man sich die Symptomatik in Ätiologie übersetzen und dann von den Kranken dreist die Bekräftigung seiner Vermutungen verlangen. Anfänglicher Widerspruch darf einen nicht irre machen; man besteht fest auf dem, was man erschlossen hat, und besiegt endlich jeden Widerstand dadurch, daß man die Unerschütterlichkeit seiner Überzeugung betont. Man erfährt dabei allerlei aus dem Sexualleben der Menschen, womit sich ein nützliches und lehrreiches Buch füllen ließe, lernt es auch nach jeder Richtung hin bedauern, daß die Sexualwissenschaft heutzutage noch als unehrlich gilt. Da kleinere Abweichungen von einer normalen vita sexualis viel zu häufig sind, als daß man ihrer Auffindung Wert beilegen dürfte, wird man bei seinen neurotisch Kranken nur schwere und lange Zeit fortgesetzte Abnormität des Sexuallebens als Aufklärung gelten lassen; daß man aber durch sein Drängen einen Kranken, der psychisch normal ist, veranlassen könnte, sich selbst fälschlich sexueller Vergehen zu bezichtigen, das darf man getrost als eine imaginäre Gefahr vernachlässigen.

Verfährt man in dieser Weise mit seinen Kranken, so erwirbt man sich auch die Überzeugung, daß es für die Lehre von der sexuellen Ätiologie der Neurasthenie negative Fälle nicht gibt. Bei mir wenigstens ist diese Überzeugung so sicher geworden, daß ich auch den negativen Ausfall des Examens diagnostisch verwertet habe, nämlich um mir zu sagen, daß solche Fälle keine Neurasthenie sein können. So kam ich mehrmals dazu, eine progressive Paralyse anstatt einer Neurasthenie anzunehmen, weil es mir nicht gelungen war, die nach meiner Lehre erforderliche ausgiebige Masturbation nachzuweisen, und der Verlauf dieser Fälle gab mir nachträglich Recht. Ein andermal, wo der Kranke, bei Abwesenheit deutlicher organischer Veränderungen, über Kopfdruck, Kopfschmerzen, Dyspepsie klagte und meinen sexuellen Verdächtigungen mit Aufrichtigkeit und überlegener Sicherheit begegnete, fiel es mir ein, eine latente Eiterung in einer der Nebenhöhlen der Nase zu vermuten, und ein spezialistisch geschulter Kollege bestätigte diesen aus dem sexuell negativen Examen gezogenen Schluß, indem er den Kranken durch Entleerung von fötidem Eiter aus einer Highmorshöhle von seinen Beschwerden befreite.

Der Anschein, als ob es dennoch „negative Fälle" gäbe, kann auch auf andere Weise entstehen. Das Examen weist mitunter ein normales Sexualleben bei Personen nach, deren Neurose einer Neurasthenie oder einer Angstneurose für oberflächliche Beobachtung wirklich genug ähnlich sieht. Tiefer eindringende Untersuchung deckt aber dann regelmäßig den wahren Sachverhalt auf. Hinter solchen Fällen, die man für Neurasthenie gehalten hat, steckt eine Psychoneurose, eine Hysterie oder Zwangsneurose. Die Hysterie insbesondere, die so viele organische Affektionen nachahmt, kann mit Leichtigkeit eine der aktuellen Neurosen vortäuschen, indem sie deren Symptome zu hysterischen erhebt. Solche Hysterien in der Form der Neurasthenie sind nicht einmal sehr selten. Es ist aber keine wohlfeile Auskunft, wenn man für die Neurasthenien mit sexuell negativer Auskunft auf die Psychoneurosen rekurriert; man kann den Nachweis hiefür führen auf jenem Wege, der allein eine Hysterie untrüglich entlarvt, auf dem Wege der später zu erwähnenden Psychoanalyse.

Vielleicht wird nun mancher, der gerne bereit ist, der sexuellen Ätiologie bei seinen neurasthenisch Kranken Rechnung zu tragen, es doch als eine Einseitigkeit rügen, wenn er nicht aufgefordert wird, auch den anderen Momenten, die als Ursachen der Neurasthenie bei den Autoren allgemein erwähnt sind, seine Aufmerksamkeit zu schenken. Es fällt mir nun nicht ein, die sexuelle Ätiologie bei den Neurosen jeder anderen zu substituieren, so daß ich deren Wirksamkeit für aufgehoben erklären würde. Das wäre ein Mißverständnis. Ich meine vielmehr, zu all den bekannten und wahrscheinlich mit Recht anerkannten ätiologischen Momenten der Autoren für die Entstehung der Neurasthenie kommen die sexuellen, die bisher nicht hinreichend gewürdigt worden sind, noch hinzu. Diese verdienen aber, nach meiner Schätzung, daß man ihnen in der ätiologischen Reihe eine besondere Stellung anweise. Denn sie allein werden in keinem Falle von Neurasthenie vermißt, sie allein vermögen es, die Neurose ohne weitere Beihilfe zu erzeugen, so daß diese anderen Momente zur Rolle einer Hilfs- und Supplementärätiologie herabgedrückt scheinen; sie allein gestatten dem Arzte, sichere Beziehungen zwischen ihrer Mannigfaltigkeit und der Vielheit der Krankheitsbilder zu erkennen. Wenn ich dagegen die Fälle zusammenstelle, die angeblich durch Überarbeitung, Gemütsaufregung, nach einem Typhus u. dgl. neurasthenisch geworden sind, so zeigen sie mir in den Symptomen nichts Gemeinsames, ich wüßte aus der Art der Ätiologie keine Erwartung in betreff der Symptome zu bilden, wie umgekehrt aus dem Krankheitsbilde nicht auf die einwirkende Ätiologie zu schließen.

Die sexuellen Ursachen sind auch jene, welche dem Arzte am ehesten einen Anhalt für sein therapeutisches Wirken bieten. Die

Heredität ist unzweifelhaft ein bedeutsamer Faktor, wo sie sich findet; sie gestattet, daß ein großer Krankheitseffekt zustande kommt, wo sich sonst nur ein sehr geringer ergeben hätte. Allein die Heredität ist der Beeinflussung des Arztes unzugänglich; ein jeder bringt seine hereditären Krankheitsneigungen mit sich; wir können nichts mehr daran ändern. Auch dürfen wir nicht vergessen, daß wir gerade in der Ätiologie der Neurasthenien der Heredität den ersten Rang notwendig versagen müssen. Die Neurasthenie (in beiden Formen) gehört zu den Affektionen, die jeder erblich Unbelastete bequem erwerben kann. Wäre es anders, so wäre ja die riesige Zunahme der Neurasthenie undenkbar, über welche alle Autoren klagen. Was die Zivilisation betrifft, zu deren Sündenregister man oft die Verursachung der Neurasthenie zu schreiben pflegt, so mögen auch hierin die Autoren Recht haben (wiewohl wahrscheinlich auf ganz anderen Wegen, als sie vermeinen); aber der Zustand unserer Zivilisation ist gleichfalls für den einzelnen etwas Unabänderliches; übrigens erklärt dieses Moment bei seiner Allgemeingültigkeit für die Mitglieder derselben Gesellschaft niemals die Tatsache der Auswahl bei der Erkrankung. Der nicht neurasthenische Arzt steht ja unter demselben Einflusse der angeblich unheilvollen Zivilisation wie der neurasthenische Kranke, den er behandeln soll. — Die Bedeutung erschöpfender Einflüsse bleibt mit der oben gegebenen Einschränkung bestehen. Aber mit dem Momente der „Überarbeitung", das die Ärzte so gerne ihren Patienten als Ursache ihrer Neurose gelten lassen, wird übermäßig viel Mißbrauch getrieben. Es ist ganz richtig, daß jeder, der sich durch sexuelle Schädlichkeiten zur Neurasthenie disponiert hat, die intellektuelle Arbeit und die psychischen Mühen des Lebens schlecht verträgt, aber niemals wird jemand durch Arbeit oder durch Aufregung allein neurotisch. Geistige Arbeit ist eher ein Schutzmittel gegen neurasthenische Erkrankung; gerade die ausdauerndsten intellektuellen Arbeiter bleiben von der Neurasthenie verschont, und was die Neurastheniker als „krankmachende Überarbeitung" anklagen, das verdient in der Regel weder der Qualität noch dem Ausmaße nach als „geistige Arbeit" anerkannt zu werden. Die Ärzte werden sich wohl gewöhnen müssen, dem Beamten, der sich in seinem Bureau „überangestrengt", oder der Hausfrau, der ihr Hauswesen zu schwer geworden ist, die Aufklärung zu geben, daß sie nicht erkrankt sind, weil sie versucht haben, ihre für ein zivilisiertes Gehirn eigentlich leichten Pflichten zu erfüllen, sondern weil sie während dessen ihr Sexualleben gröblich vernachlässigt und verdorben haben.

Nur die sexuelle Ätiologie ermöglicht uns ferner das Verständnis aller Einzelheiten der Krankengeschichten bei Neurasthenikern, der rätselhaften Besserungen mitten im Krankheitsverlaufe und der ebenso unbegreiflichen Verschlimmerungen, die von Ärzten und Kranken dann gewöhnlich mit der eingeschlagenen Therapie in Beziehung gebracht werden. In meiner mehr als zweihundert Fälle umfassenden Sammlung ist z. B. die Geschichte eines Mannes verzeichnet, der, nachdem ihm die hausärztliche Behandlung nichts genützt hatte, zu Pfarrer Kneipp ging und von dieser Kur an ein Jahr von außerordentlicher Besserung mitten in seinen Leiden zu verzeichnen hatte. Als aber ein Jahr später die Beschwerden sich wieder verstärkten und er neuerdings Hilfe in Wörishofen suchte, blieb der Erfolg dieser zweiten Kur aus. Ein Blick in die Familienchronik dieses Patienten löst das zweifache Rätsel auf: sechseinhalb Monate nach der ersten Rückkehr aus Wörishofen wurde dem Kranken von seiner Frau ein Kind geboren; er hatte sie also zu Beginn einer noch unerkannten Gravidität verlassen und durfte nach seiner Wiederkunft natürlichen Verkehr mit ihr pflegen. Als nach Ablauf dieser für ihn heilsamen Zeit seine Neurose durch neuerlichen Coitus interruptus wieder angefacht war, mußte sich die zweite Kur erfolglos erweisen, da jene oben erwähnte Gravidität die letzte blieb.

Ein ähnlicher Fall, in dem gleichfalls eine unerwartete Einwirkung der Therapie zu erklären war, gestaltete sich noch lehrreicher, indem er eine rätselhafte Abwechslung in den Symptomen der Neurose enthielt. Ein jugendlicher Nervöser war von seinem Arzte in eine wohlgeleitete Wasserheilanstalt wegen typischer Neurasthenie geschickt worden. Dort besserte sich sein Zustand anfänglich immer mehr, so daß alle Aussicht vorhanden war, den Patienten als dankbaren Anhänger der Hydrotherapie zu entlassen. Da trat in der sechsten Woche ein Umschlag ein; der Kranke „vertrug das Wasser nicht mehr", wurde immer nervöser und verließ endlich nach zwei weiteren Wochen ungeheilt und unzufrieden die Anstalt. Als er sich bei mir über diesen Trug der Therapie beklagte, erkundigte ich mich ein wenig nach den Symptomen, die ihn mitten in der Kur befallen hatten. Merkwürdigerweise hatte sich darin ein Wandel vollzogen. Er war mit Kopfdruck, Müdigkeit und Dyspepsie in die Anstalt gegangen; was ihn in der Behandlung gestört hatte, waren: Aufgeregtheit, Anfälle von Beklemmung, Schwindel im Gehen und Schlafstörung gewesen. Nun konnte ich dem Kranken sagen: „Sie tun der Hydrotherapie Unrecht. Sie sind, wie Sie selbst sehr wohl gewußt haben, infolge von lange fortgesetzter Masturbation erkrankt. In der Anstalt haben sie diese Art der Befriedigung aufgegeben und sich darum rasch erholt. Als Sie sich aber wohl fühlten, haben Sie unklugerweise Beziehungen zu einer Dame, nehmen wir an, einer Mitpatientin, gesucht, die nur zur Aufregung ohne normale Befriedigung führen konnten. Die schönen Spaziergänge in der Nähe der Anstalt gaben Ihnen gute Gelegenheit dazu. An diesem Verhältnisse sind Sie von neuem erkrankt, nicht an einer plötzlich aufgetretenen Intoleranz gegen die Hydrotherapie. Aus Ihrem gegenwärtigen Befinden schließe ich übrigens, daß Sie dasselbe Verhältnis auch in der Stadt fortsetzen." Ich kann versichern, daß der Kranke mich dann Punkt für Punkt bestätigt hat.

Die gegenwärtige Therapie der Neurasthenie, wie sie wohl am günstigsten in den Wasserheilanstalten geübt wird, setzt sich das Ziel, die Besserung des nervösen Zustandes durch zwei Momente:

Schonung und Stärkung des Patienten zu erreichen. Ich wüßte
nichts anderes gegen diese Therapie vorzubringen, als daß sie den
sexuellen Bedingungen des Falles keine Rechnung trägt. Nach
meiner Erfahrung ist es höchst wünschenswert, daß die ärztlichen
Leiter solcher Anstalten sich genügend klar machen, daß sie es
nicht mit Opfern der Zivilisation oder der Heredität, sondern —
sit venia verbo — mit Sexualitätskrüppeln zu tun haben. Sie
würden sich dann einerseits ihre Erfolge wie ihre Mißerfolge
leichter erklären, anderseits aber neue Erfolge erzielen, die bis jetzt
dem Zufalle oder dem unbeeinflußten Verhalten des Kranken an-
heimgegeben sind. Wenn man eine ängstlich-neurasthenische Frau
von ihrem Hause weg in die Wasserheilanstalt schickt, sie dort,
aller Pflichten ledig, baden, turnen und sich reichlich ernähren
läßt, so wird man gewiß geneigt sein, die oft glänzende Besserung, die so in einigen Wochen oder Monaten erreicht wird, auf
Rechnung der Ruhe, welche die Kranke genossen hat, und der
Stärkung, die ihr die Hydrotherapie gebracht hat, zu setzen. Das
mag so sein; man übersieht aber dabei, daß mit der Entfernung
vom Hause für die Patientin auch eine Unterbrechung des ehelichen Verkehrs gegeben ist, und daß erst diese zeitweilige Aus-
schaltung der krankmachenden Ursache ihr die Möglichkeit gibt,
sich bei zweckmäßiger Therapie zu erholen. Die Vernachlässigung
dieses ätiologischen Gesichtspunktes rächt sich nachträglich, indem
der scheinbar so befriedigende Heilerfolg sich als sehr flüchtig erweist. Kurze Zeit, nachdem der Patient in seine Lebensverhältnisse
zurückgekehrt ist, stellen sich die Symptome des Leidens wieder
ein und nötigen ihn, entweder immer von Zeit zu Zeit einen
Teil seiner Existenz unproduktiv in solchen Anstalten zu ver-
bringen, oder veranlassen ihn, seine Hoffnungen auf Heilung
anderswohin zu richten. Es ist also klar, daß die therapeutischen
Aufgaben bei der Neurasthenie nicht in den Wasserheilanstalten,
sondern innerhalb der Lebensverhältnisse der Kranken in Angriff
zu nehmen sind.

Bei anderen Fällen kann unsere ätiologische Lehre dem Anstaltsarzte Aufklärung über die Quelle von Mißerfolgen geben, die sich noch in der Anstalt selbst ereignen, und ihm nahelegen, wie solche zu vermeiden sind. Die Masturbation ist bei erwachsenen Mädchen und reifen Männern weit häufiger, als man anzunehmen pflegt, und wirkt als Schädlichkeit nicht nur durch die Erzeugung der neurasthenischen Symptome, sondern auch, indem sie die Kranken unter dem Drucke eines als schändlich empfundenen Geheimnisses erhält. Der Arzt, der nicht gewohnt ist, Neurasthenie in Masturbation zu übersetzen, gibt sich für den Krankheitszustand Rechenschaft, indem er sich auf ein Schlagwort wie Anämie, Unterernährung, Überarbeitung usw. bezieht, und erwartet nun bei Anwendung der dagegen ausgearbeiteten Therapie die Heilung seines Kranken. Zu seinem Erstaunen wechseln aber beim Kranken Zeiten von Besserung mit anderen ab, in denen unter schwerer Verstimmung alle Symptome sich verschlimmern. Der Ausgang einer solchen Behandlung ist im allgemeinen zweifelhaft. Wüßte der Arzt, daß der Kranke die ganze Zeit über mit seiner sexuellen Angewöhnung kämpft, daß er in Verzweiflung verfallen ist, weil er ihr wieder einmal unterliegen mußte, verstünde er, dem Kranken sein Geheimnis abzunehmen, dessen Schwere in seinen Augen zu entwerten, und ihn bei seinem Abgewöhnungskampfe zu unterstützen, so würde der Erfolg der therapeutischen Bemühung hiedurch wohl gesichert.

Die Abgewöhnung der Masturbation ist nur eine der neuen therapeutischen Aufgaben, welche dem Arzte aus der Berücksichtigung der sexuellen Ätiologie erwachsen, und diese Aufgabe gerade scheint wie jede andere Abgewöhnung nur in einer Krankenanstalt und unter beständiger Aufsicht des Arztes lösbar. Sich selbst überlassen, pflegt der Masturbant bei jeder verstimmenden Einwirkung auf die ihm bequeme Befriedigung zurückzugreifen. Die ärztliche Behandlung kann sich hier kein anderes Ziel stecken, als den wieder gekräftigten Neurastheniker dem normalen Geschlechtsverkehre zuzuführen, denn das einmal geweckte und durch eine geraume Zeit befriedigte Sexualbedürfnis läßt sich nicht mehr zum Schweigen bringen, sondern bloß auf einen anderen Weg verschieben. Eine ganz analoge Bemerkung gilt übrigens auch für alle anderen Abstinenzkuren, die so lange nur scheinbar gelingen werden, so lange sich der Arzt damit begnügt, dem Kranken das narkotische Mittel zu entziehen, ohne sich um die Quelle zu kümmern, aus welcher das imperative Bedürfnis nach einem solchen entspringt. „Gewöhnung" ist eine bloße Redensart ohne aufklärenden Wert; nicht jedermann, der eine Zeitlang Morphium, Kokain, Chloralhydrat u. dgl. zu nehmen Gelegenheit hat, erwirbt hiedurch die „Sucht" nach diesen Dingen. Genauere Untersuchung weist in der Regel nach, daß diese Narkotika zum Ersatze — direkt oder auf Umwegen — des mangelnden Sexualgenusses bestimmt sind, und wo sich normales Sexualleben nicht mehr herstellen läßt, da darf man den Rückfall des Entwöhnten mit Sicherheit erwarten.

Die andere Aufgabe wird dem Arzte durch die Ätiologie der Angstneurose gestellt und besteht darin, den Kranken zum Verlassen aller schädlichen Arten des Sexualverkehrs und zur Aufnahme normaler sexueller Beziehungen zu veranlassen. Wie begreiflich, fällt diese Pflicht vor allem dem ärztlichen Vertrauensmanne des Kranken, dem Hausarzte, zu, der seine Klienten schwer schädigt, wenn er sich zu vornehm hält, um in diese Sphäre einzugreifen.

Da es sich hiebei zumeist um Ehepaare handelt, stößt das Bemühen des Arztes alsbald mit den malthusianischen Tendenzen, die Anzahl der Konzeptionen in der Ehe einzuschränken, zusammen. Es scheint mir unzweifelhaft, daß diese Vorsätze in unserem Mittelstande immer mehr an Ausbreitung gewinnen; ich bin Ehepaaren begegnet, die schon nach dem ersten Kinde die Verhütung der Konzeption durchzuführen begannen, und anderen, deren sexueller Verkehr von der Hochzeitsnacht an diesem Vorsatze Rechnung tragen wollte. Das Problem des Malthusianismus ist weitläufig und kompliziert; ich habe nicht die Absicht, es hier erschöpfend zu behandeln, wie es für die Therapie der Neurosen eigentlich erforderlich wäre. Ich gedenke nur zu erörtern, welche Stellung der Arzt, der die sexuelle Ätiologie der Neurosen anerkennt, zu diesem Problem am besten einnehmen kann.

Das Verkehrteste ist es offenbar, wenn er dasselbe — unter welchen Vorwänden immer — ignorieren will. Was notwendig ist, kann nicht unter meiner ärztlichen Würde sein, und es ist notwendig, einem Ehepaare, das an die Einschränkung der Kinderzeugung denkt, mit ärztlichem Rate beizustehen, wenn man nicht einen Teil oder beide der Neurose aussetzen will. Es läßt sich nicht bestreiten, daß malthusianische Vorkehrungen irgend einmal in einer Ehe zur Notwendigkeit werden, und theoretisch wäre es einer der größten Triumphe der Menschheit, eine der fühlbarsten Befreiungen vom Naturzwange, dem unser Geschlecht unterworfen ist, wenn es gelänge, den verantwortlichen Akt der Kinderzeugung zu einer willkürlichen und beabsichtigten Handlung zu erheben, und ihn von der Verquickung mit der notwendigen Befriedigung eines natürlichen Bedürfnisses loszulösen.

Der einsichtsvolle Arzt wird es also auf sich nehmen zu entscheiden, unter welchen Verhältnissen die Anwendung von Maßregeln zur Verhütung der Konzeption gerechtfertigt ist, und wird die schädlichen unter diesen Hilfsmitteln von den harmlosen zu sondern haben. Schädlich ist alles, was das Zustandekommen der Befriedigung hindert; bekanntlich besitzen wir aber derzeit kein Schutzmittel gegen die Konzeption, welches allen berechtigten Anforderungen genügen würde, d. h. sicher, bequem ist, der Lustempfindung beim Koitus nicht Eintrag tut und das Feingefühl der Frau nicht verletzt. Hier ist den Ärzten eine praktische Aufgabe gestellt, an deren Lösung sie ihre Kräfte dankbringend setzen können. Wer jene Lücke in unserer ärztlichen Technik ausfüllt, der hat Unzähligen den Lebensgenuß erhalten und die Gesundheit bewahrt, freilich dabei auch eine tief einschneidende Veränderung in unseren gesellschaftlichen Zuständen angebahnt.

Hiemit sind die Anregungen nicht erschöpft, die aus der Erkenntnis einer sexuellen Ätiologie der Neurosen fließen. Die Hauptleistung, die uns zugunsten der Neurastheniker möglich ist, fällt in die Prophylaxis. Wenn die Masturbation die Ursache der Neurasthenie in der Jugend ist und späterhin durch die von ihr geschaffene Verminderung der Potenz auch zu ätiologischer Bedeutung für die Angstneurose gelangt, so ist die Verhütung der Masturbation bei beiden Geschlechtern eine Aufgabe, die mehr Beachtung verdient, als sie bis jetzt gefunden hat. Überdenkt man alle die feineren und gröberen Schädigungen, die von der angeblich immer mehr um sich greifenden Neurasthenie ausgehen, so erkennt man geradezu ein Volksinteresse darin, daß die Männer mit voller Potenz in den Sexualverkehr eintreten. In Sachen der Prophylaxis aber ist der einzelne ziemlich ohnmächtig. Die Gesamtheit muß ein Interesse an dem Gegenstande gewinnen und ihre Zustimmung zur Schöpfung von gemeingültigen Einrichtungen geben. Vorläufig sind wir von einem solchen Zustande, der Abhilfe versprechen würde, noch weit entfernt, und darum kann man mit Recht auch unsere Zivilisation für die Verbreitung der Neurasthenie verantwortlich machen. Es müßte sich vieles ändern. Der Widerstand einer Generation von Ärzten muß gebrochen werden, die sich nicht mehr an ihre eigene Jugend erinnern können; der Hochmut der Väter ist zu überwinden, die vor ihren Kindern nicht gerne auf das Niveau der Menschlichkeit herabsteigen wollen, die unverständige Verschämtheit der Mütter ist zu bekämpfen, denen es jetzt regelmäßig als unerforschliche, aber unverdiente Schicksalsfügung erscheint, daß „gerade ihre Kinder nervös geworden sind". Vor allem aber muß in der öffentlichen Meinung Raum geschaffen werden für die Diskussion der Probleme des Sexuallebens; man muß von diesen reden können, ohne für einen Ruhestörer oder für einen Spekulanten auf niedrige

Instinkte erklärt zu werden. Und somit verbliebe auch hier genügend Arbeit für ein nächstes Jahrhundert, in dem unsere Zivilisation es verstehen soll, sich mit den Ansprüchen unserer Sexualität zu vertragen!

Der Wert einer richtigen diagnostischen Scheidung der Psychoneurosen von der Neurasthenie bezeigt sich auch darin, daß die ersteren eine andere praktische Würdigung und besondere therapeutische Maßnahmen erfordern. Die Psychoneurosen treten unter zweierlei Bedingungen auf, entweder selbständig oder im Gefolge der Aktualneurosen (Neurasthenie und Angstneurose). Im letzteren Falle hat man es mit einem neuen, übrigens sehr häufigen Typus von gemischten Neurosen zu tun. Die Ätiologie der Aktualneurose ist zur Hilfsätiologie der Psychoneurose geworden; es ergibt sich ein Krankheitsbild, in dem etwa die Angstneurose vorherrscht, das aber sonst Züge der echten Neurasthenie, der Hysterie und der Zwangsneurose enthält. Man tut nicht gut, angesichts einer solchen Vermengung etwa auf eine Sonderung der einzelnen neurotischen Krankheitsbilder zu verzichten, da es doch nicht schwer ist, sich den Fall in folgender Weise zurechtzulegen: Wie die vorwiegende Ausbildung der Angstneurose beweist, ist hier die Erkrankung unter dem ätiologischen Einfluß einer aktuellen sexuellen Schädlichkeit entstanden. Das betreffende Individuum war aber außerdem zu einer oder mehreren Psychoneurosen durch eine besondere Ätiologie disponiert und wäre irgend einmal spontan oder bei Hinzutritt eines andern schwächenden Moments an Psychoneurose erkrankt. Nun ist die noch fehlende Hilfsätiologie für die Psychoneurose durch die aktuelle Ätiologie der Angstneurose hinzugefügt worden.

Für solche Fälle hat sich mit Recht die therapeutische Übung eingebürgert, von der psychoneurotischen Komponente im Krankheitsbilde abzusehen und ausschließlich die Aktualneurose zu behandeln. Es gelingt in sehr vielen Fällen, auch der mitgerissenen Neurose Herr zu werden, wenn man der Neurasthenie zweckmäßig entgegentritt. Eine andere Beurteilung erfordern aber jene Fälle von Psychoneurose, die, sei es spontan auftreten, oder nach dem Ablaufe einer aus Neurasthenie und Psychoneurose gemengten Erkrankung als selbständig übrig bleiben. Wenn ich von „spontanem" Auftreten einer Psychoneurose gesprochen habe, so meine ich damit nicht etwa, daß man bei anamnestischer Nachforschung jedes ätiologische Moment vermißt. Dies kann wohl der Fall sein, man kann aber auch auf ein indifferentes Moment, eine Gemütsbewegung, Schwächung durch somatische Erkrankung u. dgl. hingewiesen werden. Doch muß man für alle diese Fälle festhalten, daß die eigentliche Ätiologie der Psychoneurosen nicht in diesen Veranlassungen liegt, sondern der gewöhnlichen Weise anamnestischer Erhebung unfaßbar bleibt.

Wie bekannt, ist es diese Lücke, welche man versucht hat, durch die Annahme einer besonderen neuropathischen Disposition auszufüllen, deren Existenz einer Therapie solcher Krankheitszustände freilich nicht viel Aussicht auf Erfolg übrig ließe. Die neuropathische Disposition selbst wird als Zeichen einer allgemeinen Degeneration aufgefaßt, und somit gelangt dieses bequeme Kunstwort zu einer überreichlichen Verwendung gegen die armen Kranken, denen zu helfen die Ärzte recht ohnmächtig sind. Zum Glück steht es anders. Die neuropathische Disposition existiert wohl, aber ich muß bestreiten, daß sie zur Erzeugung der Psychoneurose hinreicht. Ich muß ferner bestreiten, daß das Zusammentreffen von neuropathischer Disposition und veranlassenden Ursachen des späteren Lebens eine ausreichende Ätiologie der Psychoneurosen darstellt. Man ist in der Zurückführung der Krankheitsschicksale des einzelnen auf die Erlebnisse seiner Ahnen zu weit gegangen und hat daran vergessen, daß zwischen der Empfängnis und der Reife des Individuums ein langer und bedeutsamer Lebensabschnitt liegt, die Kindheit, in welcher die Keime zu späterer Erkrankung erworben werden können. So ist es tatsächlich bei der Psychoneurose. Ihre wirkliche Ätiologie ist zu finden in Erlebnissen der Kindheit, und zwar wiederum — und ausschließlich — in Eindrücken, die das sexuelle Leben betreffen. Man tut Unrecht daran, das Sexualleben der Kinder völlig zu vernachlässigen; sie sind, so viel ich erfahren habe, aller psychischen und vieler somatischen Sexualleistungen fähig. So wenig die äußeren Genitalien und die beiden Keimdrüsen den ganzen Geschlechtsapparat des Menschen darstellen, ebensowenig beginnt sein Geschlechtsleben erst mit der Pubertät, wie es der groben Beobachtung erscheinen mag. Es ist aber richtig, daß die Organisation und Entwicklung der Spezies Mensch eine ausgiebigere sexuelle Betätigung im Kindesalter zu vermeiden strebt; es scheint, daß die sexuellen Triebkräfte beim Menschen aufgespeichert werden sollen, um dann bei ihrer Entfesselung zur Zeit der Pubertät großen kulturellen Zwecken zu dienen. (Wilh. Fließ.) Aus einem derartigen Zusammenhange läßt sich etwa verstehen, warum sexuelle Erlebnisse des Kindesalters pathogen wirken müssen. Sie entfalten ihre Wirkung aber nur zum geringsten Maße zur Zeit, da sie vorfallen; weit bedeutsamer ist ihre **nachträgliche Wirkung**, die erst in späteren Perioden der Reifung eintreten kann. Diese nachträgliche Wirkung geht, wie nicht anders möglich, von den psychischen Spuren aus, welche die infantilen Sexualerlebnisse zurückgelassen haben. In dem Intervall zwischen dem Erleben dieser Eindrücke und deren Reproduktion (vielmehr dem Erstarken der von ihnen ausgehenden libidinösen Impulse) hat nicht nur der somatische Sexualapparat, sondern auch der psychische Apparat eine bedeutsame Ausgestaltung erfahren, und darum erfolgt auf die Einwirkung jener früheren sexuellen Erlebnisse nun eine abnorme psychische Reaktion, es entstehen psychopathologische Bildungen.

In diesen Andeutungen konnte ich nur die Hauptmomente anführen, auf welche sich die Theorie der Psychoneurosen stützt: die Nachträglichkeit, den infantilen Zustand des Geschlechtsapparates und des Seeleninstrumentes. Um ein wirkliches Verständnis des Entstehungsmechanismus der Psychoneurosen zu erzielen, brauchte es breiterer Ausführungen; vor allem wäre es unvermeidlich, gewisse Annahmen über die Zusammensetzung und die Arbeitsweise des psychischen Apparates, die mir neu scheinen, als glaubwürdig hinzustellen. In einem Buche über „Traumdeutung", das ich gegenwärtig vorbereite, werde ich die Gelegenheit finden, jene Fundamente einer Neurosenpsychologie zu berühren. Der Traum gehört nämlich in dieselbe Reihe psychopathologischer Bildungen wie die hysterische fixe Idee, die Zwangsvorstellung und die Wahnidee.

Da die Erscheinungen der Psychoneurosen vermittels der Nachträglichkeit von unbewußten psychischen Spuren aus entstehen, werden sie der Psychotherapie zugänglich, die allerdings hier andere Wege einschlagen muß als den bis jetzt einzig begangenen der Suggestion mit oder ohne Hypnose. Auf der von J. Breuer angegebenen „kathartischen" Methode fußend, habe ich in den letzten Jahren ein therapeutisches Verfahren nahezu ausgearbeitet, welches ich das „psychoanalytische" heißen will, und dem ich zahlreiche Erfolge verdanke, während ich hoffen darf, seine Wirksamkeit noch erheblich zu steigern. In den 1895 veröffentlichten Studien über Hysterie (mit J. Breuer) sind die ersten Mitteilungen über Technik und Tragweite der Methode gegeben worden. Seither hat sich manches, wie ich behaupten darf, zum Besseren daran geändert. Während wir damals bescheiden aussagten, daß wir nur die Beseitigung von hysterischen Symptomen, nicht die Heilung der Hysterie selbst in Angriff nehmen könnten, hat sich mir seither diese Unterscheidung als inhaltslos herausgestellt, also die Aussicht auf wirkliche Heilung der Hysterie und Zwangsvorstellungen ergeben. Es hat mich darum recht lebhaft interessiert, in den Publikationen von Fachgenossen zu lesen: In diesem Falle habe das sinnreiche, von Breuer und Freud ersonnene Verfahren versagt, oder: Die Methode habe nicht gehalten, was sie zu versprechen schien. Ich hatte dabei etwa die

Empfindungen eines Menschen, der in der Zeitung seine Todesanzeige findet, sich aber dabei in seinem Besserwissen beruhigt fühlen darf. Das Verfahren ist nämlich so schwierig, daß es durchaus erlernt werden muß; und ich kann mich nicht besinnen, daß es einer meiner Kritiker von mir hätte erlernen wollen, glaube auch nicht, daß sie sich, ähnlich wie ich, genug intensiv damit beschäftigt haben, um es selbständig auffinden zu können. Die Bemerkungen in den Studien über Hysterie sind vollkommen unzureichend, um einem Leser die Beherrschung dieser Technik zu ermöglichen, streben solche vollständige Unterweisung auch keineswegs an.

Die psychoanalytische Therapie ist derzeit nicht allgemein anwendbar; ich kenne für sie folgende Einschränkungen: Sie erfordert ein gewisses Maß von Reife und Einsicht beim Kranken, taugt daher nicht für kindliche Personen oder für erwachsene Schwachsinnige und Ungebildete. Sie scheitert bei allzu betagten Personen daran, daß sie bei ihnen, dem angehäuften Material entsprechend, allzuviel Zeit in Anspruch nehmen würde, so daß man bis zur Beendigung der Kur in einen Lebensabschnitt geraten würde, für welchen auf nervöse Gesundheit nicht mehr Wert gelegt wird. Endlich ist sie nur dann möglich, wenn der Kranke einen psychischen Normalzustand hat, von dem aus sich das pathologische Material bewältigen läßt. Während einer hysterischen Verworrenheit, einer eingeschalteten Manie oder Melancholie ist mit den Mitteln der Psychoanalyse nichts zu leisten. Man kann solche Fälle dem Verfahren noch unterziehen, nachdem man mit den gewöhnlichen Maßregeln die Beruhigung der stürmischen Erscheinungen herbeigeführt hat. In der Praxis werden überhaupt die chronischen Fälle von Psychoneurosen besser der Methode standhalten als die Fälle von akuten Krisen, bei denen das Hauptgewicht naturgemäß auf die Raschheit der Erledigung fällt. Daher geben auch die hysterischen Phobien und die verschiedenen Formen der Zwangsneurose das günstigste Arbeitsgebiet für diese neue Therapie.

Daß die Methode in diese Schranken gebannt ist, erklärt sich zum guten Teil aus den Verhältnissen, unter denen ich sie ausarbeiten mußte. Mein Material sind eben chronisch Nervöse der gebildeteren Stände. Ich halte es für sehr wohl möglich, daß sich ergänzende Verfahren für kindliche Personen und für das Publikum, welches in den Spitälern Hilfe sucht, ausbilden lassen. Ich muß auch anführen, daß ich meine Therapie bisher ausschließlich an schweren Fällen von Hysterie und Zwangsneurose erprobt habe; wie es sich bei jenen leichten Erkrankungsfällen gestalten würde, die man bei einer indifferenten Behandlung von wenigen Monaten in wenigstens scheinbare Genesung ausgehen sieht, weiß ich nicht anzugeben. Wie begreiflich, durfte eine neue Therapie, die vielfache Opfer erfordert, nur auf solche Kranke rechnen, die bereits die anerkannten Heilmethoden ohne Erfolg versucht hatten, oder deren Zustände den Schluß berechtigten, sie hätten von diesen angeblich bequemeren und kürzeren Heilverfahren nichts zu erwarten. So mußte ich mit einem unvollkommenen Instrumente sogleich die schwersten Aufgaben in Angriff nehmen; die Probe ist um so beweiskräftiger ausgefallen.

Die wesentlichen Schwierigkeiten, die sich jetzt noch der psychoanalytischen Heilmethode entgegensetzen, liegen nicht an ihr selbst, sondern in dem Mangel an Verständnis für das Wesen der Psychoneurosen bei Ärzten und Laien. Es ist nur das notwendige Korrelat zu dieser vollen Unwissenheit, wenn sich die Ärzte für berechtigt halten, den Kranken durch die unzutreffendsten Versicherungen zu trösten oder zu therapeutischen Maßnahmen zu veranlassen. „Kommen Sie für sechs Wochen in meine Anstalt und Sie werden Ihre Symptome (Reiseangst, Zwangsvorstellungen usw.) verloren haben." Tatsächlich ist die Anstalt unentbehrlich für die Beruhigung akuter Zufälle im Verlaufe einer Psychoneurose durch Ablenkung, Pflege und Schonung; zur Beseitigung chronischer Zustände leistet sie — nichts, und zwar die vornehmen, angeblich wissenschaftlich geleiteten Sanatorien ebensowenig wie die gemeinen Wasserheilanstalten. Es wäre würdiger und dem Kranken, der sich doch schließlich mit seinen Beschwerden abfinden muß, zuträglicher, wenn der Arzt die Wahrheit sprechen würde, wie er sie alle Tage kennen lernt: Die Psychoneurosen sind als Genus keineswegs leichte Erkrankungen. Wenn eine Hysterie anfängt, kann niemand vorher wissen, wann sie ein Ende nehmen wird. Man tröstet sich meist vergeblich mit der Prophezeiung: Eines Tages wird sie plötzlich vorüber sein. Die Heilung erweist sich häufig genug als ein bloßes Übereinkommen zur gegenseitigen Duldung zwischen dem Gesunden und dem Kranken im Patienten oder erfolgt auf dem Wege der Umwandlung eines Symptoms in eine Phobie. Die mühsam beschwichtigte Hysterie des Mädchens lebt nach kurzer Unterbrechung durch das junge Eheglück in der Hysterie der Ehefrau wieder auf, nur daß jetzt eine andere Person als früher, der Ehemann, durch sein Interesse veranlaßt wird, über den Erkrankungsfall zu schweigen. Wo es nicht zu manifester Existenzunfähigkeit infolge von Krankheit kommt, da fehlt doch fast nie die Einbuße an aller freien Entfaltung der Seelenkräfte. Zwangsvorstellungen kehren das ganze Leben hindurch wieder; Phobien und andere Willenseinschränkungen sind für jede Therapie bisher unbeeinflußbar gewesen. Das alles wird dem Laien vorenthalten, und darum ist der Vater einer hysterischen Tochter entsetzt, wenn er z. B. einer einjährigen Behandlung seines Kindes zustimmen soll, wo doch die Krankheit etwa erst einige Monate gedauert hat. Der Laie ist sozusagen von der Überflüssigkeit all dieser Psychoneurosen tief innerlich überzeugt, er bringt darum dem Krankheitsverlaufe keine Geduld und der Therapie keine Opferbereitschaft entgegen. Wenn er sich angesichts eines Typhus, der drei Wochen anhält, eines Beinbruches, der zur Heilung sechs Monate beansprucht, verständiger benimmt, wenn ihm die Fortsetzung orthopädischer Maßnahmen durch mehrere Jahre einsichtlich erscheint, sobald sich die ersten Spuren einer Rückgratsverkrümmung bei seinem Kinde zeigen, so rührt dieser Unterschied von dem besseren Verständnis der Ärzte her, die ihr Wissen in ehrlicher Mitteilung dem Laien übertragen. Die Aufrichtigkeit der Ärzte und die Gefügigkeit der Laien wird sich auch für die Psychoneurosen herstellen, wenn erst die Einsicht in das Wesen dieser Affektionen ärztliches Gemeingut geworden ist. Die psychotherapeutische Radikalbehandlung derselben wird wohl immer eine besondere Schulung erfordern und mit der Ausübung anderer ärztlicher Tätigkeit unverträglich sein. Dafür winkt dieser, in der Zukunft wohl zahlreichen, Klasse von Ärzten Gelegenheit zu rühmlichen Leistungen und einer befriedigenden Einsicht in das Seelenleben der Menschen.

ZUM PSYCHISCHEN MECHANISMUS DER VERGESSLICHKEIT

ZUM PSYCHISCHEN MECHANISMUS DER VERGESSLICHKEIT

Wohl jederman hat an sich selbst das Phänomen von Vergesslichkeit erlebt, oder es an andern beobachtet, das ich hier beschreiben und sodann aufklären möchte. Es betrifft vorzugsweise den Gebrauch von Eigennamen — nomina propria — und äussert sich in folgender Weise: Mitten im Zusammenhange eines Gespräches sieht man sich genötigt, seinem Partner zu bekennen, dass man einen Namen nicht finden kann, dessen man sich eben bedienen wollte, und ihn um seine — meist erfolglose — Mithilfe zu bitten: „Wie heisst doch der . . .?; ein so bekannter Name; er liegt mir auf der Zunge; im Augenblick ist er mir entfallen." Unverkennbare ärgerliche Erregung ähnlich jener der motorisch Aphasischen begleitet nun die weiteren Bemühungen den Namen zu finden, über den man nach seinem Gefühl noch vor einem Moment hätte verfügen können. Nun sind in geeigneten Fällen zwei Nebenerscheinungen beachtenswert. Erstens, dass die energische willkürliche Anspannung jener Funktion, die wir Aufmerksamkeit heissen, sich ohnmächtig zeigt, den verlorenen Namen zu finden, so lange sie auch fortgesetzt wird. Zweitens, dass sich alsbald für den gesuchten ein anderer Name einstellt, den man als unrichtig erkennt und verwirft, während er doch beständig wiederkehrt. Oder man findet in seinem Gedächtnis anstatt eines ersetzenden Namens einen Buchstaben oder eine Silbe, die man als Bestandteile des gesuchten Namens anerkennt. Man sagt z.B.: mit B fängt er an. Ist es dann endlich auf irgendeinem Weg gelungen, den Namen zu erfahren, so zeigt es sich in der überwiegenden Mehrzahl der Fälle, dass er nicht mit B anfängt und überhaupt den Buchstaben B nicht enthält. Das beste Verfahren, sich des gesuchten Namens zu bemächtigen, besteht bekanntlich darin, „nicht an ihn zu denken", d.h. den Teil der Aufmerksamkeit, über den man willkürlich verfügt, von der Aufgabe abzulenken. Nach einer Weile „schiesst" einem dann der gesuchte Name ein; man kann sich nicht enthalten ihn herauszuschreien, zur grossen Verwunderung des Partners, der den Zwischenfall bereits vergessen und an den Bemühungen des Redners überhaupt geringen Anteil genommen hat. „Es ist doch gleichgültig, wie der Mann heisst. Erzählen Sie nur weiter", pflegt jener sich zu äussern. Während der ganzen Zeit bis zur Erledigung und auch nach der absichtlichen Ablenkung fühlt man sich in einem Masse präokkupiert, das durch das Interesse der ganzen Angelegenheit in der Tat nicht aufzuklären ist.[1]

In einigen selbsterlebten Fällen von solchem Namenvergessen habe ich mir durch psychische Analyse Rechenschaft von dem dabei statthabenden Hergang geben können, und will den einfachsten und durchsichtigsten Fall dieser Art ausführlich berichten: Während der Sommerferien unternahm ich einmal von dem schönen Ragusa aus eine Wagenfahrt nach einer benachbarten Stadt in der Herzegowina; das Gespräch mit meinem Begleiter beschäftigte sich, wie begreiflich, mit dem Zustand der beiden Länder (Bosnien und Herzegowina) und mit dem Charakter ihrer Einwohner. Ich erzählte von verschiedenen Eigentümlichkeiten der dort lebenden Türken, wie ich sie vor Jahren von einem lieben Kollegen hatte schildern hören, der unter ihnen

---

[1] Auch nicht durch das etwaige Unlustgefühl des Gehemmtseins in einer psychischen Aktion.

lange Zeit als Arzt gelebt hatte. Eine Weile später wandte sich unsere Unterhaltung auf Italien und auf Bilder, und ich hatte Anlass, meinem Gesellschafter dringend zu empfehlen, einmal nach Orvieto zu gehen, um sich dort die Fresken vom Weltuntergang und letzten Gericht anzusehen, mit denen ein grosser Maler eine Kapelle im Dom ausgeschmückt. Der Name des Malers aber entfiel mir und war nicht wieder zu haben. Ich strengte mein Gedächtnis an, liess alle Details des in Orvieto verbrachten Tages vor meiner Erinnerung vorüberziehen, überzeugte mich, dass nicht das Mindeste davon verlöscht oder undeutlich sei. Im Gegenteile, ich konnte mir die Bilder sinnlich lebhafter vorstellen, als ich es sonst vermag; und besonders scharf stand vor meinen Augen das Selbstbildnis des Malers, — das ernste Gesicht, die verschränkten Hände, — welches er in die Ecke des einen Bildes neben dem Portrait seines Vorgängers in der Arbeit, des Fra Angelico da Fiesole, hingestellt hat; aber der mir sonst so geläufige Name des Künstlers verbarg sich hartnäckig. Mein Reisegefährte konnte mir nicht aushelfen; meine fortgesetzten Bemühungen hatten keinen anderen Erfolg als den, zwei andere Künstlernamen auftauchen zu lassen, von denen ich doch wusste, dass sie nicht die richtigen sein könnten: Botticelli und in zweiter Linie Boltraffio[1]. Die Wiederkehr der Lautverbindung Bo in den beiden ersetzenden Namen hätte einen Unkundigen vielleicht zur Vermutung bringen können, dass dieselbe auch dem gesuchten Namen angehöre; aber ich hütete mich wohl, dieser Erwartung Raum zu geben.

Da ich auf der Reise keinen Zugang zu Nachschlagebüchern hatte, musste ich mir diesen Ausfall der Erinnerung und die damit verbundene, mehrmals am Tage wiederkehrende innere Qual durch mehrere Tage gefallen lassen, bis ich mit einem gebildeten Italiener zusammentraf, der mich durch die Mitteilung des Namens: Signorelli befreite. Ich konnte dann aus Eigenem den Vornamen des Mannes, Luca, hinzufügen. Die überdeutliche Erinnerung an die Gesichtszüge des Meisters auf seinem Bilde verblasste bald.

---

[1] Der erste dieser Namen mir sehr vertraut, der zweite dagegen kaum geläufig.

Welche Einflüsse hatten mich nun den Namen Signorelli vergessen lassen, der mir so vertraut war und sich dem Gedächtnis so leicht einprägt? Und welche Wege hatten zu seiner Ersetzung durch die Namen Botticelli und Boltraffio geführt? Ein wenig Rückversetzung in die Umstände, unter denen das Vergessen vor sich ging, reichte hin, beides aufzuklären.

Ich hatte, kurz ehe ich auf das Thema der Fresken im Dom von Orvieto kam, meinem Reisegefährten erzählt, was ich Jahre vorher von meinem Kollegen über die Türken in Bosnien gehört hatte. Sie behandeln den Arzt mit besonderer Achtung und zeigen sich, recht im Gegensatz zu unserer Bevölkerung, ergeben angesichts der Fügung des Schicksals. Wenn der Arzt dem Familienvater mitteilen muss, dass einer seiner Angehörigen dem Tode verfallen ist, so lautet dessen Erwiderung „Herr, was ist da zu sagen? Ich weiss, wenn er zu retten wäre, würdest du ihm helfen." — Nahe bei dieser Geschichte ruhte in meinem Gedächtnis eine andere Erinnerung, nämlich dass derselbe Kollege mir erzählt, welche alles überragende Wichtigkeit den Sexualgenüssen in der Schätzung dieser Bosnier zugeteilt ist. Einer seiner Patienten sagte ihm einmal: „Du weisst ja, Herr, wenn das nicht mehr geht, dann hat das Leben keinen Wert." Uns schien es damals, als sei zwischen den beiden hier erläuterten Charakterzügen des bosnischen Volkes ein intimer Zusammenhang anzunehmen. Damals aber, als ich auf der Fahrt in die Herzegowina mich dieser Erzählung erinnerte, unterdrückte ich die letztere, in der das Thema der Sexualität berührt war. Kurz darauf entfiel mir der Name Signorelli und stellten sich als Ersatz die Namen Botticelli und Boltraffio ein.

Der Einfluss, der den Namen Signorelli der Erinnerung unzugänglich gemacht oder, wie ich zu sagen gewohnt bin, „verdrängt" hatte, konnte nur von jener unterdrückten Geschichte über die Wertschätzung von Tod und Sexualgenuss ausgehen. War dem so, so mussten sich die Zwischenvorstellungen nachweisen lassen, die zur Verknüpfung der beiden Themata gedient hatten. Die inhaltliche Verwandtschaft — hier letztes Gericht, „jüngster Tag", dort Tod und Sexualität — scheint geringfügig; da es sich um die Verdrängung eines Namens aus dem Gedächtnisse handelte, war es von vorneherein wahrscheinlich, dass die Verknüpfung zwischen Namen und Namen vor sich gegangen war. Nun bedeutet Signor-Herr; das „Herr" findet sich aber wieder im Namen Herzegowina. Überdies war es gewiss nicht ohne Belang, dass beide Reden der Patienten, die ich zu erinnern hatte, ein Herr als Anrede an den Arzt enthielten. Die Übersetzung von Signor in Herr war also der Weg, auf welchem die von mir unterdrückte Geschichte den von mir gesuchten Namen in die Verdrängung nachgezogen hatte. Der ganze Vorgang wurde offenbar dadurch erleichtert, dass ich die letzten Tage in Ragusa beständig italienisch gesprochen, d.h. mich gewöhnt hatte, in meinem Kopf aus dem Deutschen in's Italienische zu übersetzen.[1]

Als ich mich nun bemühte, den Namen des Malers wiederzufinden, ihn aus der Verdrängung zurückzurufen, musste sich der Einfluss der Bindung geltend machen, in welche jener unterdes geraten war. Ich fand zwar einen Künstlernamen, aber nicht den richtigen, sondern einen verschobenen, und die Richtschnur der Verschiebung war durch die in dem verdrängten Thema enthaltenen Namen gegeben. Botticelli enthält dieselben Endsilben wie Signorelli; es waren also die Endsilben wiedergekommen, die nicht wie das Anfangsstück Signor eine direkte Beziehung zu dem Namen Herzegowina knüpfen konnten; der mit dem Namen Herzegowina aber regelmässig verknüpfte Name Bosnien hatte seinen Einfluss darin gezeigt, dass er die Substitution auf zwei Künstlernamen lenkte, die mit dem gleichen Bo beginnen: Botticelli und dann Boltraffio. Die Findung des Namens Signorelli erwies sich also durch das dahinter liegende Thema, in dem die Namen Bosnien und Herzegowina vorkommen, gestört.

Damit dieses Thema solche Wirkungen äussern könne, reicht es nicht hin, dass ich es einmal im Gespräch unterdrückt habe, wofür ja zufällige Motive massgebend waren. Es muss vielmehr angenommen werden, dass dieses Thema selbst wieder in intimer Verbindung mit

---

[1] Man wird sagen: eine „gesuchte, gezwungene" Erklärung! Indes muss dieser Eindruck zustande kommen, weil das unterdrückte Thema die Verbindung mit dem nicht unterdrückten mit allen Mitteln herzustellen strebt und dabei auch den Weg der äusserlichen Assoziation nicht verschmäht. Eine ähnliche Zwangslage wie beim Reimeschmieden.

Gedankengängen stehe, die sich bei mir im Zustande der Verdrängung befinden, d.h. trotz der Intensität des ihnen zufallenden Interesses einem Widerstande begegnen, der sie von der Verarbeitung durch eine gewisse psychische Instanz und damit vom Bewusstwerden fernhält. Dass es sich mit dem Thema von „Tod und Sexualität" in jener Zeit wirklich so bei mir verhielt, dafür habe ich mehrfache Beweise aus meiner Selbsterforschung, die ich hier nicht anzuführen brauche. Aber ich kann auf eine Wirkung aufmerksam machen, die von diesen in der Verdrängung befindlichen Gedanken ausgeht. Ich bin durch Erfahrung belehrt zu fordern, dass jedes psychische Ergebnis der vollen Aufklärung und selbst der Überdeterminierung zugeführt werden müsse, und nun scheint mir der zweite Ersatzname Boltraffio, von dem bisher nur die ersten Buchstaben durch den Anklang an Bosnien gerechtfertigt sind, eine weitere Determinierung zu beanspruchen. Dabei erinnere ich mich dann, dass diese verdrängten Gedanken mich zu keiner Zeit mehr beschäftigt haben, als einige Wochen vorher, nachdem ich eine gewisse Nachricht bekommen hatte. Der Ort, an dem diese Nachricht mich getroffen, heisst Trafoi, und dieser Name ist der zweiten Hälfte im Namen Boltraffio zu ähnlich, um nicht auf dessen Auswahl bestimmend eingewirkt zu haben. Man könnte versuchen, die jetzt klar gestellten Beziehungen in einem kleinen Schema wiederzugeben:

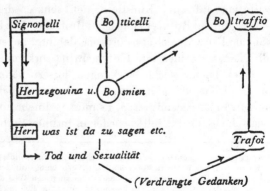

Es ist vielleicht an sich nicht ohne Interesse, den Hergang eines derartigen psychischen Vorkomnisses durchschauen zu können, welches zu den geringfügigsten Störungen in der Beherrschung des psychischen Apparates gehört und mit sonst ungetrübter psychischer Gesundheit verträglich ist. Einen mächtigen Zuwachs aber an Interesse gewinnt das hier erläuterte Beispiel, wenn man erfährt, dass es uns geradezu als Vorbild für die krankhaften Vorgänge gelten darf, denen die psychischen Symptome der Psychoneurosen — Hysterie, Zwangsvorstellen und Paranoia — ihre Entstehung verdanken. Dieselben Elemente und das nämliche Kräftespiel zwischen ihnen hier wie dort. In derselben Weise und vermittelst ähnlich oberflächlicher Assoziationen bemächtigt sich bei der Neurose ein verdrängter Gedankengang eines harmlosen rezenten Eindruckes und zieht ihn mit in die Verdrängung hinab. Derselbe Mechanismus, der aus Signorelli die Ersatznamen Botticelli und Boltraffio entstehen lässt, die Substitution durch Mittel- oder Kompromissvorstellungen, beherrscht auch die Bildung der Zwangsgedanken und der paranoischen Erinnerungstäuschungen. Die sonst unverständliche — und vom Partner in der Tat nicht verstandene — Eignung eines solchen Falles von Vergesslichkeit, fortdauernd Unlust zu entbinden bis zum Moment der Erledigung, findet ihre volle Analogie in der Art, wie verdrängte Gedankenmassen ihre Affektfähigkeit an ein Symptom hängen, dessen psychischer Inhalt unsrem Urteil völlig ungeeignet für solche Affektentbindung erscheint. Endlich ist selbst die Lösung der ganzen Spannung durch die Mitteilung des richtigen Namens von fremder Seite ein gutes Beispiel für die Wirksamkeit der psychoanalytischen Therapie, welche das Redressement der Verdrängungen und Verschiebungen anstrebt und durch die Wiedereinsetzung des eigentlichen psychischen Objektes die Symptome beseitigt.

Unter den mannigfachen Faktoren, welche zum Zustandekommen einer Gedächtnisschwäche oder eines Erinnerungsausfalles mitwirken, ist also der Anteil der Verdrängung nicht zu übersehen, der aber nicht nur bei Neurotikern, sondern in qualitativ ähnlicher Weise auch bei normalen Menschen aufgezeigt werden kann. Man darf ganz allgemein behaupten, die Leichtigkeit — in fernerer Linie auch die

Treue—, mit welcher wir einen gewissen Eindruck im Gedächtnis wachrufen, hängt nicht nur ab von der psychischen Konstitution des Einzelnen, der Stärke des Eindrucks zur Zeit, als er rezent war, dem Interesse, das sich damals ihm zuwendete, der gegenwärtigen psychischen Konstellation, dem Interesse, das jetzt der Erweckung gewidmet wird, den Verknüpfungen, in welche der Eindruck einbezogen wurde u.s.w., sondern auch von der Gunst oder Missgunst eines besonderen psychischen Faktors, der sich dagegen sträubte, etwas zu reproduzieren, was Unlust entbinden oder in weiterer Folge zur Unlustentbindung führen kann. Die Funktion des Gedächtnisses, welches wir uns gerne wie ein allen Wissbegierigen geöffnetes Archiv vorstellen, unterliegt so der Beeinträchtigung durch eine Willenstendenz, gerade so wie irgendein Stück unseres auf die Aussenwelt gerichteten Handelns. Das Halbe des Geheimnisses der hysterischen Amnesie ist damit aufgedeckt, dass wir sagen, die Hysterischen wissen nicht, was sie nicht wissen wollen, und die psychoanalytische Kur, welche solche Erinnerungslücken auszufüllen auf ihrem Wege bemüssigt wird, gelangt zur Einsicht, dass der Wiederbringung jeder solchen verlorenen Erinnerung ein gewisser, nach seiner Grösse durch Arbeit aufzuwiegender, Widerstand entgegenwirkt. Bei den im Ganzen normalen psychischen Vorgängen kann natürlich die Forderung nicht erhoben werden, dass der Einfluss dieses parteiischen Faktors der Wiederbelebung im Gedächtnis irgendwie regelmässig alle anderen in Betracht kommenden Momente überwinde.[1]

Von der tendenziösen Natur unseres Erinnerns und Vergessens habe ich unlängst ein lehrreiches, weil verräterisches, Beispiel erlebt, dessen Mitteilung ich hier anfügen möchte: Ich hatte vor, einen

---

[1] Es wäre irrig zu glauben, dass der oben aufgedeckte Mechanismus nur für seltene Fälle gilt. Er ist vielmehr ein sehr häufiger, z.B.: während ich einmal dieselbe kleine Begebenheit einem Kollegen erzählen will, entfällt mir plötzlich der Name meines Gewährsmannes für die Geschichten aus Bosnien. Lösung: Ich hatte unmittelbar vorher Karten gespielt. Der Gewährsmann heisst Pick; Pick und Herz sind zwei der vier im Spiel vorkommenden Farbennamen, überdies durch eine kleine Anekdote verbunden, in welcher der Betreffende auf sich zeigt und dann sagt: Ich heisse ja nicht Herz, ich heisse Pick. Herz findet sich wieder im Namen Herzegowina; das Herz als krankes Organ spielt selbst eine Rolle in den von mir als verdrängt bezeichneten Gedanken.

leider recht entfernt von mir lebenden Freund für 24 Stunden heimzusuchen, und war voll der Dinge, die ich ihm mitzuteilen hatte. Vorher fühlte ich mich aber verpflichtet, eine mir befreundete Familie in Wien zu besuchen, von der ein Mitglied in jene Stadt übersiedelt war, um Grüsse und Botschaften für jenen Abwesenden mitzunehmen. Es wurde mir der Name der Pension genannt, in welcher er wohnte, der Strassenname und die Hausnummer, und mit Rücksicht auf mein schlechtes Gedächtnis die Adresse auf eine Karte geschrieben, die ich in mein Portefeuille steckte. Am nächsten Tag, als ich bei meinem Freund angekommen war, begann ich: Ich habe nur eine Pflicht zu erfüllen, die unser Beisammensein stören kann; ein Besuch, den ich zuerst abmachen will. Die Adresse habe ich in meiner Kartentasche. Zu meinem Erstaunen fand ich sie aber darin nicht. Nun war ich doch auf mein Gedächtnis angewiesen. Mein Gedächtnis für Namen ist nicht besonders gut, aber immerhin unvergleichlich besser als das für Zahlen und Nummern. Wenn ich ein Jahr hindurch ärztlich in ein bestimmtes Haus gekommen bin, pflege ich bei einem neuen Kutscher, der mich hinführen soll, in Verlegenheit wegen der Hausnummer zu geraten. In diesem Falle aber hatte ich mir gerade die Nummer des Hauses gemerkt; sie war überdeutlich, wie zum Hohn; vom Namen der Strasse und der Pension aber war keine Spur geblieben. Ich hatte von den Daten der Adresse alles vergessen, woran sich ein Anhaltspunkt zur Auffindung der betreffenden Pension hätte knüpfen können, und ganz gegen meine Gewohnheit die für den Zweck wertlose Zahl behalten. Ich konnte den Besuch also nicht machen, war auffällig rasch getröstet und widmete mich ganz meinem Freunde. Als ich wieder in Wien vor meinem Schreibtisch stand, wusste ich auf den ersten Griff die Stelle zu finden, wohin ich „in der Zerstreuung" die Karte mit der Adresse gesteckt hatte. In diesem unbewussten Verstecken war dieselbe Absicht tätig gewesen wie in meinem eigentümlich modifizierten Vergessen.

ÜBER DECKERINNERUNGEN

ÜBER DECKERINNERUNGEN

Im Zusammenhange meiner psychoanalytischen Behandlungen (bei Hysterie, Zwangsneurose u. a.) bin ich oftmals in die Lage gekommen, mich um die Bruchstücke von Erinnerungen zu bekümmern, die den einzelnen aus den ersten Jahren ihrer Kindheit im Gedächtnisse geblieben sind. Wie ich schon an anderer Stelle angedeutet habe, muß man für die Eindrücke dieser Lebenszeit eine große pathogene Bedeutung in Anspruch nehmen. Ein psychologisches Interesse aber ist dem Thema der Kindheitserinnerungen in allen Fällen gesichert, weil hier eine fundamentale Verschiedenheit zwischen dem psychischen Verhalten des Kindes und des Erwachsenen auffällig zutage tritt. Es bezweifelt niemand, daß die Erlebnisse unserer ersten Kinderjahre unverlöschbare Spuren in unserem Seeleninnern zurückgelassen haben; wenn wir aber unser Gedächtnis befragen, welches die Eindrücke sind, unter deren Einwirkung bis an unser Lebensende zu stehen uns bestimmt ist, so liefert es entweder nichts oder eine relativ kleine Zahl vereinzelt stehender Erinnerungen von oft fragwürdigem oder rätselhaftem Wert. Daß das Leben vom Gedächtnis als zusammenhängende Kette von Begebenheiten reproduziert wird, kommt nicht vor dem sechsten oder siebenten, bei vielen erst nach dem zehnten Lebensjahr zustande. Von da an stellt sich aber auch eine konstante Beziehung zwischen der psychischen Bedeutung eines Erlebnisses und dessen Haften im Gedächtnis her. Was vermöge seiner unmittelbaren oder bald nachher erfolgten Wirkungen wichtig erscheint, das wird gemerkt; das für unwesentlich Erachtete wird vergessen. Wenn ich mich an eine Begebenheit über lange Zeit hin erinnern kann, so finde ich in der Tatsache dieser Erhaltung im Gedächtnisse einen Beweis dafür, daß dieselbe mir damals einen tiefen Eindruck gemacht hat. Ich pflege mich zu wundern, wenn ich etwas Wichtiges vergessen, noch mehr vielleicht, wenn ich etwas scheinbar Gleichgültiges bewahrt haben sollte.

Erst in gewissen pathologischen Seelenzuständen wird die für den normalen Erwachsenen gültige Beziehung zwischen psychischer Wichtigkeit und Gedächtnishaftung eines Eindruckes wieder gelöst. Der Hysterische z. B. erweist sich regelmäßig als amnestisch für das Ganze oder einen Teil jener Erlebnisse, die zum Ausbruch seiner Leiden geführt haben, und die doch durch diese Verursachung für ihn bedeutsam geworden sind oder es auch abgesehen davon, nach ihrem eigenen Inhalt, sein mögen. Die Analogie dieser pathologischen Amnesie mit der normalen Amnesie für unsere Kindheitsjahre möchte ich als einen wertvollen Hinweis auf die intimen Beziehungen zwischen dem psychischen Inhalt der Neurose und unserem Kinderleben ansehen.

Wir sind so sehr an diese Erinnerungslosigkeit der Kindereindrücke gewöhnt, daß wir das Problem zu verkennen pflegen, welches sich hinter ihr verbirgt, und geneigt sind, sie als selbstverständlich aus dem rudimentären Zustand der seelischen Tätigkeiten beim Kinde abzuleiten. In Wirklichkeit zeigt uns das normal entwickelte Kind schon im Alter von drei bis vier Jahren eine Unsumme hoch zusammengesetzter Seelenleistungen in seinen Vergleichungen, Schlußfolgerungen und im Ausdruck seiner Gefühle, und es ist nicht ohne weiteres einzusehen, daß für diese, den späteren so voll gleichwertigen, psychischen Akte Amnesie bestehen muß.

Eine unerläßliche Vorbedingung für die Bearbeitung jener psychologischen Probleme, die sich an die ersten Kindheitserinnerungen knüpfen, wäre natürlich die Sammlung von Material, indem man durch Umfrage feststellt, was für Erinnerungen aus dieser Lebenszeit eine größere Anzahl von normalen Erwachsenen mitzuteilen vermag. Einen ersten Schritt nach dieser Richtung haben V. und C. Henri 1895 durch Verbreitung eines von ihnen aufgesetzten Fragebogens getan; die überaus anregenden Ergebnisse dieser Umfrage, auf welche von hundertdreiundzwanzig Personen Antworten einliefen, wurden dann von den beiden Autoren 1897 in L'année psychologique T. III veröffentlicht. (Enquête sur les premiers souvenirs de l'enfance.) Da mir aber gegenwärtig die Absicht ferne liegt, das Thema in seiner Vollständigkeit zu behandeln, werde ich mich mit der Hervorhebung jener wenigen Punkte begnügen, von denen aus ich zur Einführung der von mir so genannten „Deckerinnerungen" gelangen kann.

Das Lebensalter, in welches der Inhalt der frühesten Kindheitserinnerung verlegt wird, ist meist die Zeit zwischen zwei und vier Jahren (so bei achtundachtzig Personen in der Beobachtungsreihe der Henri). Es gibt aber einzelne, deren Gedächtnis weiter zurückreicht, selbst bis in das Alter vor dem vollendeten ersten Jahr, und anderseits Personen, bei denen die früheste Erinnerung erst aus dem sechsten, siebenten, ja achten Jahre stammt. Womit diese individuellen Verschiedenheiten sonst zusammenhängen, läßt sich vorläufig nicht angeben; man bemerkt aber, sagen die Henri, daß eine Person, deren früheste Erinnerung in ein sehr zartes Alter fällt, etwa ins erste Lebensjahr, auch über weitere einzelne Erinnerungen aus den nächsten Jahren verfügt, und daß die Reproduktion des Erlebens als fortlaufende Erinnerungskette bei ihr von einem früheren Termin — etwa vom fünften Jahre an — anhebt als bei anderen, deren erste Erinnerung in eine spätere Zeit fällt.

Es ist also nicht nur der Zeitpunkt für das Auftreten einer ersten
Erinnerung, sondern die ganze Funktion des Erinnerns bei einzelnen
Personen verfrüht oder verspätet.

Ein ganz besonderes Interesse wird sich der Frage zuwenden,
welches der Inhalt dieser frühesten Kindheitserinnerungen zu
sein pflegt. Aus der Psychologie der Erwachsenen müßte man die
Erwartung herübernehmen, daß aus dem Stoff des Erlebten solche
Eindrücke als merkenswert ausgewählt werden, welche einen
mächtigen Affekt hervorgerufen haben oder durch ihre Folgen
bald nachher als bedeutsam erkannt worden sind. Ein Teil der
von den Henri gesammelten Erfahrungen scheint diese Erwartung auch zu bestätigen, denn sie führen als die häufigsten Inhalte
der ersten Kindheitserinnerungen einerseits Anlässe zu Furcht,
Beschämung, Körperschmerzen u. dgl., anderseits wichtige Begebenheiten wie Krankheiten, Todesfälle, Brände, Geburt von Geschwistern usw. auf. Man würde so geneigt anzunehmen, daß das
Prinzip der Gedächtnisauswahl für die Kinderseele das nämliche
sei wie für die Erwachsenen. Es ist nicht unverständlich, aber
doch ausdrücklicher Erwähnung wert, daß die erhaltenen Kindheitserinnerungen ein Zeugnis dafür ablegen müssen, auf welche
Eindrücke sich das Interesse des Kindes zum Unterschiede von dem
des Erwachsenen gerichtet hat. So erklärt es sich dann leicht, daß
z. B. eine Person mitteilt, sie erinnere sich aus dem Alter von
zwei Jahren an verschiedene Unfälle, die ihren Puppen zugestoßen
sind, sei aber amnestisch für die ernsten und traurigen Ereignisse, die sie damals hätte wahrnehmen können.

Es steht nun im schärfsten Gegensatz zu jener Erwartung und
muß gerechtes Befremden hervorrufen, wenn wir hören, daß bei
manchen Personen die frühesten Kindheitserinnerungen alltägliche
und gleichgültige Eindrücke zum Inhalt haben, die beim Erleben
eine Affektwirkung auch auf das Kind nicht entfalten konnten, und
die doch mit allen Details — man möchte sagen: überscharf —
gemerkt worden sind, während etwa gleichzeitige Ereignisse

nicht im Gedächtnis behalten wurden, selbst wenn sie nach dem Zeugnis der Eltern seinerzeit das Kind intensiv ergriffen hatten. So erzählen Henri von einem Professor der Philologie, dessen früheste Erinnerung, in die Zeit zwischen drei und vier Jahren verlegt, ihm das Bild eines gedeckten Tisches zeigte, auf dem eine Schüssel mit Eis steht. In dieselbe Zeit fällt auch der Tod seiner Großmutter, der das Kind nach der Aussage seiner Eltern sehr erschüttert hat. Der nunmehrige Professor der Philologie weiß aber nichts von diesem Todesfall, er erinnert sich aus dieser Zeit nur an eine Schüssel mit Eis.

Ein anderer berichtet als erste Kindheitserinnerung eine Episode von einem Spaziergang, auf dem er von einem Baum einen Ast abbrach. Er glaubt noch heute angeben zu können, an welchem Ort das vorfiel. Es waren mehrere Personen mit dabei, und eine leistete ihm Hilfe.

Henri bezeichnen solche Fälle als selten vorkommende; nach meinen — allerdings zumeist bei Neurotikern gesammelten — Erfahrungen sind sie häufig genug. Eine der Gewährspersonen der Henri hat einen Erklärungsversuch für diese ob ihrer Harmlosigkeit unbegreiflichen Erinnerungsbilder gewagt, den ich für ganz zutreffend erklären muß. Er meint, es sei in solchen Fällen die betreffende Szene vielleicht nur unvollständig in der Erinnerung erhalten; gerade darum erscheint sie nichtssagend; in den vergessenen Bestandteilen wäre wohl all das enthalten, was den Eindruck merkenswert machte. Ich kann bestätigen, daß dies sich wirklich so verhält; nur würde ich es vorziehen, anstatt „vergessene Elemente des Erlebnisses" „weggelassene" zu sagen. Es ist mir oftmals gelungen, durch psychoanalytische Behandlung die fehlenden Stücke des Kindererlebnisses aufzudecken und so den Nachweis zu führen, daß der Eindruck, von dem ein Torso in der Erinnerung verblieben war, nach seiner Ergänzung wirklich der Voraussetzung von der Gedächtniserhaltung des Wichtigsten entsprach. Damit ist eine Erklärung für die sonderbare Auswahl, welche das Gedächtnis unter den Elementen eines Erlebnisses trifft, allerdings nicht gegeben; man muß sich erst fragen, warum gerade das Bedeutsame unterdrückt, das Gleichgültige erhalten wird. Zu einer Erklärung gelangt man erst, wenn man tiefer in den Mechanismus solcher Vorgänge eindringt; man bildet sich dann die Vorstellung, daß zwei psychische Kräfte an dem Zustandekommen dieser Erinnerungen beteiligt sind, von denen die eine die Wichtigkeit des Erlebnisses zum Motiv nimmt, es erinnern zu wollen, die andere aber — ein Widerstand — dieser Auszeichnung widerstrebt. Die beiden entgegengesetzt wirkenden Kräfte heben einander nicht auf; es kommt nicht dazu, daß das eine Motiv das andere — mit oder ohne Einbuße — überwältigt, sondern es kommt eine Kompromißwirkung zustande, etwa analog der Bildung einer Resultierenden im Kräfteparallelogramm. Das Kompromiß besteht hier darin, daß zwar nicht das betreffende Erlebnis selbst das Erinnerungsbild abgibt — hierin behält der Widerstand recht — wohl aber ein anderes psychisches Element, welches mit dem anstößigen durch nahe Assoziationswege verbunden ist; hierin zeigt sich wiederum die Macht des ersten Prinzips, welches bedeutsame Eindrücke durch die Herstellung von reproduzierbaren Erinnerungsbildern fixieren möchte. Der Erfolg des Konflikts ist also der, daß anstatt des ursprünglich berechtigten ein anderes Erinnerungsbild zustande kommt, welches gegen das erstere um ein Stück in der Assoziation verschoben ist. Da gerade die wichtigen Bestandteile des Eindrucks diejenigen sind, welche den Anstoß wachgerufen haben, so muß die ersetzende Erinnerung dieses wichtigen Elements bar sein; sie wird darum leicht banal ausfallen. Unverständlich erscheint sie uns, weil wir den Grund ihrer Gedächtniserhaltung gern aus ihrem eigenen Inhalt ersehen möchten, während er doch in der Beziehung dieses Inhalts zu einem anderen, unterdrückten Inhalt ruht. Um mich eines populären Gleichnisses zu bedienen, ein gewisses Erlebnis der Kinderzeit kommt zur Geltung im Gedächtnis, nicht etwa weil es selbst Gold ist, sondern weil es bei Gold gelegen ist.

Unter den vielen möglichen Fällen von Ersetzung eines psychischen Inhalts durch einen anderen, welche alle ihre Verwirklichung in verschiedenen psychologischen Konstellationen finden, ist der Fall, der bei den hier betrachteten Kindererinnerungen vorliegt, daß nämlich die unwesentlichen Bestandteile eines Erlebnisses die wesentlichen des nämlichen Erlebnisses im Gedächtnisse vertreten, offenbar einer der einfachsten. Es ist eine Verschiebung auf der Kontiguitätsassoziation, oder wenn man den ganzen Vorgang ins Auge faßt, eine Verdrängung mit Ersetzung durch etwas Benachbartes (im örtlichen und zeitlichen Zusammenhange). Ich habe einmal Anlaß gehabt, einen sehr ähnlichen Fall von Ersetzung aus der Analyse einer Paranoia mitzuteilen.[1] Ich erzählte von einer halluzinierenden Frau, der ihre Stimmen große Stücke aus der „Heiterethei" von O. Ludwig wiederholten, und zwar gerade die belang- und beziehungslosesten Stellen der Dichtung. Die Analyse wies nach, daß es andere Stellen derselben Geschichte waren, welche die peinlichsten Gedanken in der Kranken wachgerufen hatten. Der peinliche Affekt war ein Motiv zur Abwehr, die Motive zur Fortsetzung dieser Gedanken waren nicht zu unterdrücken, und so ergab sich als Kompromiß, daß die harmlosen Stellen mit pathologischer Stärke und Deutlichkeit in der Erinnerung hervortraten. Der hier erkannte Vorgang: Konflikt, Verdrängung, Ersetzung unter Kompromißbildung kehrt bei allen psychoneurotischen Symptomen wieder, er gibt den Schlüssel für das Verständnis der Symptombildung; es ist also nicht ohne Bedeutung, wenn er sich auch im psychischen Leben der normalen Individuen nachweisen läßt; daß er bei normalen Menschen die Auswahl gerade der Kindheitserinnerungen beeinflußt, erscheint als ein neuer Hinweis auf die bereits betonten

---

[1] Weitere Bemerkungen über die Abwehr-Neuropsychosen. Neurologisches Zentralblatt, 1896, Nr. 10. [Enthalten in diesem Band der Gesamtausgabe.]

innigen Beziehungen zwischen dem Seelenleben des Kindes und dem psychischen Material der Neurosen.

Die offenbar sehr bedeutsamen Vorgänge der normalen und pathologischen Abwehr und die Verschiebungserfolge, zu denen sie führen, sind, soweit meine Kenntnis reicht, von den Psychologen noch gar nicht studiert worden, und es bleibt noch festzustellen, in welchen Schichten der psychischen Tätigkeit und unter welchen Bedingungen sie sich geltend machen. Der Grund für diese Vernachlässigung mag wohl sein, daß unser psychisches Leben, insofern es Objekt unserer bewußten inneren Wahrnehmung wird, von diesen Vorgängen nichts erkennen läßt, es sei denn in solchen Fällen, die wir als „Denkfehler" klassifizieren, oder in manchen auf komischen Effekt angelegten psychischen Operationen. Die Behauptung, daß sich eine psychische Intensität von einer Vorstellung her, die dann verlassen bleibt, auf eine andere verschieben kann, welche nun die psychologische Rolle der ersteren weiterspielt, wirkt auf uns ähnlich befremdend, wie etwa gewisse Züge des griechischen Mythus, wenn z. B. Götter einen Menschen mit Schönheit wie mit einer Hülle überkleiden, wo wir nur die Verklärung durch verändertes Mienenspiel kennen.

Weitere Untersuchungen über die gleichgültigen Kindheitserinnerungen haben mich dann belehrt, daß deren Entstehung noch anders zugehen kann, und daß sich hinter ihrer scheinbaren Harmlosigkeit eine ungeahnte Fülle von Bedeutung zu verbergen pflegt. Hiefür will ich mich aber nicht auf bloße Behauptung beschränken, sondern ein einzelnes Beispiel breit ausführen, welches mir unter einer größeren Anzahl ähnlicher als das lehrreichste erscheint, und das durch seine Zugehörigkeit zu einem nicht oder nur sehr wenig neurotischen Individuum sicherlich an Wertschätzung gewinnt.

Ein achtunddreißigjähriger akademisch gebildeter Mann, der sich trotz seines fernab liegenden Berufs ein Interesse für psychologische Fragen bewahrt hat, seitdem ich ihn durch Psychoanalyse von einer kleinen Phobie befreien konnte, lenkte im Vorjahre meine Aufmerksamkeit auf seine Kindheitserinnerungen, die schon in der Analyse eine gewisse Rolle gespielt hatten. Nachdem er mit der Untersuchung von .V. und C. Henri bekannt geworden war, teilte er mir folgende zusammenfassende Darstellung mit:

„Ich verfüge über eine ziemliche Anzahl von frühen Kindheitserinnerungen, die ich mit großer Sicherheit datieren kann. Im Alter von voll drei Jahren habe ich nämlich meinen kleinen Geburtsort verlassen, um in eine große Stadt zu übersiedeln; meine Erinnerungen spielen nun sämtlich in dem Orte, wo ich geboren bin, fallen also in das zweite bis dritte Jahr. Es sind meist kurze Szenen, aber sehr gut erhalten und mit allen Details der Sinneswahrnehmung gestaltet, so recht im Gegensatz zu meinen Erinnerungsbildern aus reifen Jahren, denen das visuelle Element völlig abgeht. Vom dritten Jahr an werden die Erinnerungen spärlicher und weniger deutlich; es finden sich Lücken vor, die mehr als ein Jahr umfassen müssen; erst vom sechsten oder siebenten Jahre an, glaube ich, wird der Strom der Erinnerung kontinuierlich. Ich teile mir die Erinnerungen bis zum Verlassen meines ersten Aufenthaltes ferner in drei Gruppen. Eine erste Gruppe bilden jene Szenen, von denen mir die Eltern nachträglich wiederholt erzählt haben; ich fühle mich bei diesen nicht sicher, ob ich das Erinnerungsbild von Anfang an gehabt, oder ob ich es mir erst nach einer solchen Erzählung geschaffen habe. Ich bemerke, daß es auch Vorfälle gibt, denen bei mir trotz mehrmaliger Schilderung von seiten der Eltern kein Erinnerungsbild entspricht. Auf die zweite Gruppe lege ich mehr Wert; es sind Szenen, von denen mir — soviel ich weiß — nicht erzählt wurde, zum Teil auch nicht erzählt werden konnte, weil ich die mithandelnden Personen: Kinderfrau, Jugendgespielen nicht wiedergesehen habe. Von der dritten Gruppe werde ich später reden. Was den Inhalt dieser Szenen und somit deren Anspruch auf

Erhaltung im Gedächtnis betrifft, so möchte ich behaupten, daß ich über diesen Punkt nicht ganz ohne Orientierung bin. Ich kann zwar nicht sagen, daß die erhaltenen Erinnerungen den wichtigsten Begebenheiten jener Zeit entsprechen, oder was ich heute so beurteilen würde. Von der Geburt einer Schwester, die zweieinhalb Jahre jünger ist als ich, weiß ich nichts; die Abreise, der Anblick der Eisenbahn, die lange Wagenfahrt vorher haben keine Spur in meinem Gedächtnis hinterlassen. Zwei kleine Vorfälle während der Eisenbahnfahrt habe ich mir dagegen gemerkt; wie Sie sich erinnern, sind diese in der Analyse meiner Phobie vorgekommen. Am meisten Eindruck hätte mir doch eine Verletzung im Gesicht machen müssen, bei der ich viel Blut verlor und vom Chirurgen genäht wurde. Ich kann die Narbe, die von diesem Unfall zeugt, noch heute tasten, aber ich weiß von keiner Erinnerung, die direkt oder indirekt auf dieses Erlebnis hinwiese. Vielleicht war ich übrigens damals noch nicht zwei Jahre."

„Demnach verwundere ich mich über die Bilder und Szenen der beiden ersten Gruppen nicht. Es sind allerdings verschobene Erinnerungen, in denen das Wesentliche zumeist ausgeblieben ist; aber in einigen ist es zum mindesten angedeutet, in anderen wird es mir leicht, nach gewissen Fingerzeigen die Ergänzung vorzunehmen, und wenn ich so verfahre, so stellt sich mir ein guter Zusammenhang zwischen den einzelnen Erinnerungsbrocken her, und ich ersehe klar, welches kindliche Interesse gerade diese Vorkommnisse dem Gedächtnis empfohlen hat. Anders steht es aber mit dem Inhalt der dritten Gruppe, deren Besprechung ich mir bisher aufgespart habe. Hier handelt es sich um ein Material, — eine längere Szene und mehrere kleine Bilder, — mit dem ich wirklich nichts anzufangen weiß. Die Szene erscheint mir ziemlich gleichgültig, ihre Fixierung unverständlich. Erlauben Sie, daß ich sie Ihnen schildere: Ich sehe eine viereckige, etwas abschüssige Wiese, grün und dicht bewachsen; in dem Grün sehr viele gelbe Blumen, offenbar der gemeine Löwenzahn. Oberhalb der Wiese ein Bauernhaus, vor dessen Tür zwei Frauen stehen, die miteinander angelegentlich plaudern, die Bäuerin im Kopftuch und eine Kinderfrau. Auf der Wiese spielen drei Kinder, eines davon bin ich (zwischen zwei und drei Jahren alt), die beiden anderen mein Vetter, der um ein Jahr älter ist, und meine fast genau gleichaltrige Cousine, seine Schwester. Wir pflücken die gelben Blumen ab und halten jedes eine Anzahl von bereits gepflückten in den Händen. Den schönsten Strauß hat das kleine Mädchen; wir Buben aber fallen wie auf Verabredung über sie her und entreißen ihr die Blumen. Sie läuft weinend die Wiese hinauf und bekommt zum Trost von der Bäuerin ein großes Stück Schwarzbrot. Kaum daß wir das gesehen haben, werfen wir die Blumen weg, eilen auch zum Haus und verlangen gleichfalls Brot. Wir bekommen es auch, die Bäuerin schneidet den Laib mit einem langen Messer. Dieses Brot schmeckt mir in der Erinnerung so köstlich und damit bricht die Szene ab."

„Was an diesem Erlebnis rechtfertigt nun den Gedächtnisaufwand, zu dem es mich veranlaßt hat? Ich habe mir vergeblich den Kopf darüber zerbrochen; liegt der Akzent auf unserer Unliebenswürdigkeit gegen das kleine Mädchen; sollte das Gelb des Löwenzahns, den ich natürlich heute gar nicht schön finde, meinem Auge damals so gefallen haben; oder hat mir nach dem Herumtollen auf der Wiese das Brot so viel besser geschmeckt als sonst, daß daraus ein unverlöschbarer Eindruck geworden ist? Beziehungen dieser Szene zu dem unschwer zu erratenden Interesse, welches die anderen Kinderszenen zusammenhält, kann ich auch nicht finden. Ich habe überhaupt den Eindruck, als ob es mit dieser Szene nicht richtig zuginge; das Gelb der Blumen sticht aus dem Ensemble gar zu sehr hervor, und der Wohlgeschmack des Brotes erscheint mir auch wie halluzinatorisch übertrieben. Ich muß mich dabei an Bilder erinnern, die ich einmal auf einer parodistischen Ausstellung gesehen habe, in denen gewisse Bestandteile anstatt gemalt plastisch aufgetragen waren, natürlich die unpassendsten,

z. B. die Tournüren der gemalten Damen. Können Sie mir nun einen Weg zeigen, der zur Aufklärung oder Deutung dieser überflüssigen Kindheitserinnerung führt?"

Ich hielt es für geraten zu fragen, seit wann ihn diese Kindheitserinnerung beschäftige, ob er meine, daß sie seit der Kindheit periodisch in seinem Gedächtnis wiederkehre, oder ob sie etwa irgendwann später nach einem zu erinnernden Anlaß aufgetaucht sei. Diese Frage war alles, was ich zur Lösung der Aufgabe beizutragen brauchte; das übrige fand mein Partner, der kein Neuling in solchen Arbeiten war, von selbst.

Er antwortete: „Daran habe ich noch nicht gedacht. Nachdem Sie mir diese Frage gestellt haben, wird es mir fast zur Gewißheit, daß diese Kindererinnerung mich in jüngeren Jahren gar nicht beschäftigt hat. Ich kann mir aber auch den Anlaß denken, von dem die Erweckung dieser und vieler anderer Erinnerungen an meine ersten Jahre ausgegangen ist. Mit siebzehn Jahren nämlich bin ich zuerst wieder als Gymnasiast zum Ferienaufenthalte in meinen Heimatsort gekommen, und zwar als Gast einer uns seit jener Vorzeit befreundeten Familie. Ich weiß sehr wohl, welche Fülle von Erregungen damals Besitz von mir genommen hat. Aber ich sehe schon, ich muß Ihnen nun ein ganzes großes Stück meiner Lebensgeschichte erzählen; es gehört dazu, und Sie haben es durch Ihre Frage heraufbeschworen. Hören Sie also: Ich bin das Kind von ursprünglich wohlhabenden Leuten, die, wie ich glaube, in jenem kleinen Provinznest behaglich genug gelebt hatten. Als ich ungefähr drei Jahre alt war, trat eine Katastrophe in dem Industriezweig ein, mit dem sich der Vater beschäftigte. Er verlor sein Vermögen, und wir verließen den Ort notgedrungen, um in eine große Stadt zu übersiedeln. Dann kamen lange harte Jahre; ich glaube, sie waren nicht wert, sich etwas daraus zu merken. In der Stadt fühlte ich mich nie recht behaglich; ich meine jetzt, die Sehnsucht nach den schönen Wäldern der Heimat, in denen ich schon, kaum daß ich gehen konnte, dem Vater zu entlaufen pflegte, wie eine von damals erhaltene Erinnerung bezeugt, hat mich nie verlassen. Es waren meine ersten Ferien auf dem Lande, die mit siebzehn Jahren, und ich war, wie gesagt, Gast einer befreundeten Familie, die seit unserer Übersiedlung groß empor gekommen war. Ich hatte Gelegenheit, die Behäbigkeit, die dort herrschte, mit der Lebensweise bei uns zu Hause in der Stadt zu vergleichen. Nun nützt wohl kein Ausweichen mehr; ich muß Ihnen gestehen, daß mich noch etwas anderes mächtig erregte. Ich war siebzehn Jahre alt, und in der gastlichen Familie war eine fünfzehnjährige Tochter, in die ich mich sofort verliebte. Es war meine erste Schwärmerei, intensiv genug, aber vollkommen geheim gehalten. Das Mädchen reiste nach wenigen Tagen ab in das Erziehungsinstitut, aus dem sie gleichfalls auf Ferien gekommen war, und diese Trennung nach so kurzer Bekanntschaft brachte die Sehnsucht erst recht in die Höhe. Ich erging mich viele Stunden lang in einsamen Spaziergängen durch die wiedergefundenen herrlichen Wälder mit dem Aufbau von Luftschlössern beschäftigt, die seltsamerweise nicht in die Zukunft strebten, sondern die Vergangenheit zu verbessern suchten. Wenn der Zusammenbruch damals nicht eingetreten wäre, wenn ich in der Heimat geblieben wäre, auf dem Lande aufgewachsen, so kräftig geworden wie die jungen Männer des Hauses, die Brüder der Geliebten, und wenn ich dann den Beruf des Vaters fortgesetzt hätte und endlich das Mädchen geheiratet, das ja all die Jahre über mir hätte vertraut werden müssen! Ich zweifelte natürlich keinen Augenblick, daß ich sie unter den Umständen, welche meine Phantasie schuf, ebenso heiß geliebt hätte, wie ich es damals wirklich empfand. Sonderbar, wenn ich sie jetzt gelegentlich sehe — sie hat zufällig hieher geheiratet, — ist sie mir ganz außerordentlich gleichgültig, und doch kann ich mich genau erinnern, wie lange nachher die gelbe Farbe des Kleides, das sie beim ersten Zusammentreffen trug, auf mich gewirkt, wenn ich dieselbe Farbe irgendwo wieder sah."

Das klingt ja ganz ähnlich wie Ihre eingeschaltete Bemerkung, daß Ihnen der gemeine Löwenzahn heute nicht mehr gefällt. Vermuten Sie nicht eine Beziehung zwischen dem Gelb in der Kleidung des Mädchens und dem so überdeutlichen Gelb der Blumen in Ihrer Kinderszene?

„Möglich, doch war es nicht dasselbe Gelb. Das Kleid war eher gelbbraun wie Goldlack. Indes kann ich Ihnen wenigstens eine Zwischenvorstellung, die Ihnen taugen würde, zur Verfügung stellen. Ich habe später in den Alpen gesehen, daß manche Blumen, die in der Ebene lichte Farben haben, auf den Höhen sich in dünklere Nuancen kleiden. Wenn ich nicht sehr irre, gibt es auf den Bergen häufig eine dem Löwenzahn sehr ähnliche Blume, die aber dunkelgelb ist und dann dem Kleid der damals Geliebten in der Farbe ganz entsprechen würde. Ich bin aber noch nicht fertig, ich komme zu einer in der Zeit naheliegenden zweiten Veranlassung, welche meine Kindheitseindrücke in mir aufgerührt hat. Mit siebzehn Jahren hatte ich den Ort wiedergesehen; drei Jahre später war ich in den Ferien auf Besuch bei meinem Onkel, traf also die Kinder wieder, die meine ersten Gespielen gewesen waren, denselben um ein Jahr älteren Vetter und dieselbe mit mir gleichaltrige Cousine, die in der Kinderszene von der Löwenzahnwiese auftreten. Diese Familie hatte gleichzeitig mit uns meinen Geburtsort verlassen und war in der fernen Stadt wieder zu schönem Wohlstand gekommen."

Und haben Sie sich da auch wieder verliebt, diesmal in die Cousine, und neue Phantasien gezimmert?

„Nein, diesmal ging es anders. Ich war schon auf der Universität und gehörte ganz den Büchern; für meine Cousine hatte ich nichts übrig. Ich habe damals meines Wissens keine solchen Phantasien gemacht. Aber ich glaube, zwischen meinem Vater und meinem Onkel bestand der Plan, daß ich mein abstruses Studium gegen ein praktisch besser verwertbares vertauschen, nach Beendigung der Studien mich im Wohnort des Onkels niederlassen und meine

Cousine zur Frau nehmen sollte. Als man merkte, wie versunken in meine eigenen Absichten ich war, ließ man wohl den Plan wieder fallen; ich meine aber, daß ich ihn sicher erraten habe. Später erst, als junger Gelehrter, als die Not des Lebens mich hart anfaßte, und ich so lange auf eine Stellung in dieser Stadt zu warten hatte, mag ich wohl manchmal daran gedacht haben, daß der Vater es eigentlich gut mit mir gemeint, als er durch dieses Heiratsprojekt mich für den Verlust entschädigt wissen wollte, den jene erste Katastrophe mir fürs ganze Leben gebracht."

In diese Zeit Ihrer schweren Kämpfe ums Brot möchte ich also das Auftauchen der in Rede stehenden Kindheitsszene verlegen, wenn Sie mir noch bestätigen, daß Sie in denselben Jahren die erste Bekanntschaft mit der Alpenwelt geschlossen haben.

„Das ist richtig; Bergtouren waren damals das einzige Vergnügen, das ich mir erlaubte. Aber ich verstehe Sie noch nicht recht."

Sogleich. Aus Ihrer Kinderszene heben Sie als das intensivste Element hervor, daß Ihnen das Landbrot so ausgezeichnet schmeckt. Merken Sie nicht, daß diese fast halluzinatorisch empfundene Vorstellung mit der Idee Ihrer Phantasie korrespondiert, wenn Sie in der Heimat geblieben wären, jenes Mädchen geheiratet hätten, wie behaglich hätte sich Ihr Leben gestaltet, symbolisch ausgedrückt, wie gut hätte Ihnen Ihr Brot geschmeckt, um das Sie in jener späteren Zeit gekämpft haben? Und das Gelb der Blumen deutet auf dasselbe Mädchen hin. Sie haben übrigens in der Kindheitsszene Elemente, die sich nur auf die zweite Phantasie, wenn Sie die Cousine geheiratet hätten, beziehen lassen. Die Blumen wegwerfen, um ein Brot dafür einzutauschen, scheint mir keine üble Verkleidung für die Absicht, die Ihr Vater mit Ihnen hatte. Sie sollten auf Ihre unpraktischen Ideale verzichten und ein „Brotstudium" ergreifen, nicht wahr?

„So hätte ich also die beiden Reihen von Phantasien, wie sich mein Leben behaglicher hätte gestalten können, miteinander verschmolzen, das ‚Gelb' und das ‚Land'brot aus der einen, das Wegwerfen der Blumen und die Personen aus der anderen entnommen?"

So ist es; die beiden Phantasien aufeinander projiziert und eine Kindheitserinnerung daraus gemacht. Der Zug mit den Alpenblumen ist dann gleichsam die Marke für die Zeit dieser Fabrikation. Ich kann Ihnen versichern, daß man solche Dinge sehr häufig unbewußt macht, gleichsam dichtet.

„Aber dann wäre es ja keine Kindheitserinnerung, sondern eine in die Kindheit zurückverlegte Phantasie. Mir sagt aber ein Gefühl, daß die Szene echt ist. Wie vereint sich das?"

Für die Angaben unseres Gedächtnisses gibt es überhaupt keine Garantie. Ich will Ihnen aber zugeben, daß die Szene echt ist; dann haben Sie sie aus unzählig viel ähnlichen oder anderen hervorgesucht, weil sie sich vermöge ihres — an sich gleichgültigen — Inhaltes zur Darstellung der beiden Phantasien eignete, die für Sie bedeutsam genug waren. Ich würde eine solche Erinnerung, deren Wert darin besteht, daß sie im Gedächtnisse Eindrücke und Gedanken späterer Zeit vertritt, deren Inhalt mit dem eigenen durch symbolische und ähnliche Beziehungen verknüpft ist, eine Deckerinnerung heißen. Jedenfalls werden Sie aufhören, sich über die häufige Wiederkehr dieser Szene in Ihrem Gedächtnis zu verwundern. Man kann sie nicht mehr eine harmlose nennen, wenn sie, wie wir gefunden haben, die wichtigsten Wendungen in Ihrer Lebensgeschichte, den Einfluß der beiden mächtigsten Triebfedern, des Hungers und der Liebe, zu illustrieren bestimmt ist.

„Ja, den Hunger hat sie gut dargestellt; aber die Liebe?"

In dem Gelb der Blumen, meine ich. Ich kann übrigens nicht leugnen, daß die Darstellung der Liebe in dieser Ihrer Kindheitsszene hinter meinen sonstigen Erfahrungen weit zurück bleibt.

„Nein, keineswegs. Die Darstellung der Liebe ist ja die Hauptsache daran. Jetzt verstehe ich erst! Denken Sie doch: einem

Mädchen die Blume wegnehmen, das heißt ja: deflorieren. Welch ein Gegensatz zwischen der Frechheit dieser Phantasie und meiner Schüchternheit bei der ersten, meiner Gleichgültigkeit bei der zweiten Gelegenheit."

Ich kann Sie versichern, daß derartige kühne Phantasien die regelmäßige Ergänzung zur juvenilen Schüchternheit bilden.

„Aber dann wäre es nicht eine bewußte Phantasie, die ich erinnern kann, sondern eine unbewußte, die sich in diese Kindheitserinnerungen verwandelt?"

Unbewußte Gedanken, welche die bewußten fortsetzen. Sie denken sich: wenn ich die oder die geheiratet hätte, und dahinter entsteht der Antrieb, sich dieses Heiraten vorzustellen.

„Ich kann es jetzt selbst fortsetzen. Das Verlockendste an dem ganzen Thema ist für den nichtsnutzigen Jüngling die Vorstellung der Brautnacht; was weiß er von dem, was nachkommt. Diese Vorstellung wagt sich aber nicht ans Licht, die herrschende Stimmung der Bescheidenheit und des Respekts gegen die Mädchen erhält sie unterdrückt. So bleibt sie unbewußt .."

Und weicht in eine Kindheitserinnerung aus. Sie haben Recht, gerade das Grobsinnliche an der Phantasie ist der Grund, daß sie sich nicht zu einer bewußten Phantasie entwickelt, sondern zufrieden sein muß, in eine Kindheitsszene als Anspielung in verblümter Form Aufnahme zu finden.

„Warum aber gerade in eine Kindheitsszene, möchte ich fragen?"

Vielleicht gerade der Harmlosigkeit zuliebe. Können Sie sich einen stärkeren Gegensatz zu so argen sexuellen Aggressionsvorsätzen denken als Kindertreiben? Übrigens sind für das Ausweichen von verdrängten Gedanken und Wünschen in die Kindheitserinnerungen allgemeinere Gründe maßgebend, denn Sie können dieses Verhalten bei hysterischen Personen ganz regelmäßig nachweisen. Auch scheint es, daß das Erinnern von Längstvergangenem an und für sich durch ein Lustmotiv erleichtert wird. *„Forsan et haec olim meminisse juvabit."*

„Wenn dem so ist, so habe ich alles Zutrauen zur Echtheit dieser Löwenzahnszene verloren. Ich halte mir vor, daß in mir auf die zwei erwähnten Veranlassungen hin, von sehr greifbaren realen Motiven unterstützt, der Gedanke auftaucht: Wenn du dieses oder jenes Mädchen geheiratet hättest, wäre dein Leben viel angenehmer geworden. Daß die sinnliche Strömung in mir den Gedanken des Bedingungssatzes in solchen Vorstellungen wiederholt, welche ihr Befriedigung bieten können; daß diese zweite Fassung desselben Gedankens infolge ihrer Unverträglichkeit mit der herrschenden sexuellen Disposition unbewußt bleibt, aber gerade dadurch in den Stand gesetzt ist, im psychischen Leben fortzudauern, wenn die bewußte Fassung längst durch die veränderte Realität beseitigt ist; daß der unbewußt gebliebene Satz nach einem geltenden Gesetz, wie Sie sagen, bestrebt ist, sich in eine Kindheitsszene umzuwandeln, welche ihrer Harmlosigkeit wegen bewußt werden darf; daß er zu diesem Zweck eine neue Umgestaltung erfahren muß, oder vielmehr zwei, eine, die dem Vordersatz das Anstößige benimmt, indem sie es bildlich ausdrückt, eine zweite, die den Nachsatz in eine Form preßt, welche der visuellen Darstellung fähig ist, wozu die Mittelvorstellung Brot—Brotstudium verwendet wird. Ich sehe ein, daß ich durch die Produktion einer solchen Phantasie gleichsam eine Erfüllung der beiden unterdrückten Wünsche — nach dem Deflorieren und nach dem materiellen Wohlbehagen — hergestellt habe. Aber nachdem ich mir von den Motiven, die zur Entstehung der Löwenzahnphantasie führten, so vollständig Rechenschaft geben kann, muß ich annehmen, daß es sich hier um etwas handelt, was sich überhaupt niemals ereignet hat, sondern unrechtmäßig unter meine Kindheitserinnerungen eingeschmuggelt worden ist."

Nun muß ich aber den Verteidiger der Echtheit spielen. Sie gehen zu weit. Sie haben sich von mir sagen lassen, daß jede solche unterdrückte Phantasie die Tendenz hat, in eine Kindheitsszene auszuweichen; nun nehmen Sie hinzu, daß dies nicht gelingt, wenn nicht eine solche Erinnerungsspur da ist, deren Inhalt mit dem der Phantasie Berührungspunkte bietet, die ihr gleichsam entgegenkommt. Ist erst ein solcher Berührungspunkt gefunden — hier ist es das Deflorieren, die Blume wegnehmen, — so wird der übrige Inhalt der Phantasie durch alle zulässigen Zwischenvorstellungen (denken Sie an das Brot!) so weit umgemodelt, bis sich neue Berührungspunkte mit dem Inhalt der Kinderszene ergeben haben. Sehr wohl möglich, daß bei diesem Prozeß auch die Kinderszene selbst Veränderungen unterliegt; ich halte es für sicher, daß auf diesem Wege auch Erinnerungsfälschungen zustande gebracht werden. In Ihrem Falle scheint die Kindheitsszene nur ziseliert worden zu sein; denken Sie an die übermäßige Hervorhebung des Gelb und an den übertriebenen Wohlgeschmack des Brotes. Das Rohmaterial war aber brauchbar. Wäre es so nicht gewesen, so hätte sich diese Erinnerung eben nicht aus allen anderen zum Bewußtsein erheben können. Sie hätten keine solche Szene als Kindheitserinnerung bekommen, oder vielleicht eine andere, denn Sie wissen ja, wie leicht es unserem Witz wird, Verbindungsbrücken von überallher überallhin zu schlagen. Für die Echtheit Ihrer Löwenzahnerinnerung spricht übrigens außer Ihrem Gefühl, das ich nicht unterschätzen möchte, noch etwas anderes. Sie enthält Züge, die nicht auflösbar durch Ihre Mitteilungen sind, auch zu den aus der Phantasie stammenden Bedeutungen nicht passen. So z. B. wenn der Vetter Ihnen mithilft, die Kleine der Blumen zu berauben. Könnten Sie mit einer solchen Hilfeleistung beim Deflorieren einen Sinn verbinden?. Oder mit der Gruppe der Bäuerin und der Kinderfrau oben vor dem Haus?

„Ich glaube nicht."

Die Phantasie deckt sich also nicht ganz mit der Kindheitsszene, sie lehnt sich nur in einigen Punkten an sie an. Das spricht für die Echtheit der Kindheitserinnerung.

„Glauben Sie, daß eine solche Deutung von scheinbar harmlosen Kindheitserinnerungen oftmals am Platze ist?"

Nach meinen Erfahrungen sehr oft. Wollen Sie es zum Scherz versuchen, ob die beiden Beispiele, welche die Henri mitteilen, die Deutung als Deckerinnerungen für spätere Erlebnisse und Wünsche zulassen? Ich meine die Erinnerung an den gedeckten Tisch, auf dem eine Schale mit Eis steht, was mit dem Tod der Großmutter zusammenhängen soll, und die zweite von dem Ast, den sich das Kind auf einem Spaziergang abbricht, wobei ihm ein anderer Hilfe leistet?

Er besann sich eine Weile: „Mit der ersten weiß ich nichts anzufangen. Es ist sehr wahrscheinlich eine Verschiebung im Spiele, aber die Mittelglieder sind nicht zu erraten. Für die zweite getraute ich mich einer Deutung, wenn die Person, die sie als ihre eigene mitteilt, kein Franzose wäre."

Jetzt verstehe ich Sie nicht. Was soll das ändern?

„Es ändert viel, da der sprachliche Ausdruck wahrscheinlich die Verbindung zwischen der Deckerinnerung und der gedeckten vermittelt. Im Deutschen ist ‚sich einen ausreißen' eine recht bekannte, vulgäre Anspielung auf die Onanie. Die Szene würde die Erinnerung an eine später erfolgte Verführung zur Onanie in die frühe Kindheit zurückverlegen, da ihm doch jemand dazu verhilft. Es stimmt aber doch nicht, weil in der Kindheitsszene so viel andere Personen mit dabei sind."

Während die Verleitung zur Onanie in der Einsamkeit und im Geheimen stattgefunden haben muß. Gerade dieser Gegensatz spricht mir für Ihre Auffassung; er dient wiederum dazu, die Szene harmlos zu machen. Wissen Sie, was es bedeutet, wenn wir im Traum „viele fremde Leute" sehen, wie es in den Nacktheitsträumen so häufig vorkommt, bei denen wir uns so entsetzlich geniert fühlen? Nichts anderes als — Geheimnis, was also durch seinen Gegensatz ausgedrückt ist. Übrigens bleibt die Deutung ein Scherz; wir wissen ja wirklich nicht, ob der Franzose in den Worten *casser une branche d'un arbre* oder in einer etwas rektifizierten Phrase eine Anspielung an die Onanie erkennen wird.

*

Der Begriff einer **Deckerinnerung** als einer solchen, die ihren Gedächtniswert nicht dem eigenen Inhalt, sondern dessen Beziehung zu einem anderen unterdrückten Inhalt verdankt, dürfte aus der vorstehenden, möglichst getreu mitgeteilten Analyse einigermaßen klar geworden sein. Je nach der Art dieser Beziehung kann man verschiedene Klassen von Deckerinnerungen unterscheiden. Von zwei dieser Klassen haben wir unter unseren sogenannten frühesten Kindheitserinnerungen Beispiele gefunden, wenn wir nämlich die unvollständige und durch diese Unvollständigkeit harmlose Infantilszene mit unter den Begriff der Deckerinnerung fallen lassen. Es ist vorauszusehen, daß sich Deckerinnerungen auch aus den Gedächtnisresten der späteren Lebenszeiten bilden werden. Wer den Hauptcharakter derselben, große Gedächtnisfähigkeit bei völlig gleichgültigem Inhalt, im Auge behält, wird leicht Beispiele dieser Art zahlreich in seinem Gedächtnis nachweisen können. Ein Teil dieser Deckerinnerungen mit später erlebtem Inhalt verdankt seine Bedeutung der Beziehung zu unterdrückt gebliebenen Erlebnissen der frühen Jugend, also umgekehrt wie in dem von mir analysierten Falle, in dem eine Kindererinnerung durch später Erlebtes gerechtfertigt wird. Je nachdem das eine oder das andere zeitliche Verhältnis zwischen Deckendem und Gedecktem statt hat, kann man die Deckerinnerung als eine **rückläufige** oder als eine **vorgreifende** bezeichnen. Nach einer anderen Beziehung unterscheidet man positive und negative Deckerinnerungen (oder **Trutzerinnerungen**), deren Inhalt im Verhältnis des Gegensatzes zum unterdrückten Inhalt steht. Das Thema verdiente wohl eine gründlichere Würdigung; ich begnüge mich hier damit, aufmerksam zu machen, welche komplizierten — übrigens der hysterischen

Symptombildung durchaus analogen — Vorgänge an der Herstellung unseres Erinnerungsschatzes beteiligt sind.

Unsere frühesten Kindheitserinnerungen werden immer Gegenstand eines besonderen Interesses sein, weil hier das eingangs erwähnte Problem, wie es denn kommt, daß die für alle Zukunft wirksamsten Eindrücke kein Erinnerungsbild zu hinterlassen brauchen, zum Nachdenken über die Entstehung der bewußten Erinnerungen überhaupt auffordert. Man wird sicherlich zunächst geneigt sein, die eben behandelten Deckerinnerungen unter den Kindheitsgedächtnisresten als heterogene Bestandteile auszuscheiden, und sich von den übrigen Bildern die einfache Vorstellung zu machen, daß sie gleichzeitig mit dem Erleben als unmittelbare Folge der Einwirkung des Erlebten entstehen und von da an nach den bekannten Reproduktionsgesetzen zeitweise wiederkehren. Die feinere Beobachtung ergibt aber einzelne Züge, welche schlecht zu dieser Auffassung stimmen. So vor allem den folgenden: In den meisten bedeutsamen und sonst einwandfreien Kinderszenen sieht man in der Erinnerung die eigene Person als Kind, von dem man weiß, daß man selbst dieses Kind ist; man sieht dieses Kind aber, wie es ein Beobachter außerhalb der Szene sehen würde. Die Henri versäumen nicht aufmerksam zu machen, daß viele ihrer Gewährspersonen diese Eigentümlichkeit der Kinderszenen ausdrücklich hervorheben. Nun ist es klar, daß dieses Erinnerungsbild nicht die getreue Wiederholung des damals empfangenen Eindrucks sein kann. Man befand sich ja mitten in der Situation und achtete nicht auf sich, sondern auf die Außenwelt.

Wo immer in einer Erinnerung die eigene Person so als ein Objekt unter anderen Objekten auftritt, darf man diese Gegenüberstellung des handelnden und des erinnernden Ichs als einen Beweis dafür in Anspruch nehmen, daß der ursprüngliche Eindruck eine Überarbeitung erfahren hat. Es sieht aus, als wäre hier eine Kindheit-Erinnerungsspur zu einer späteren (Erweckungs-)

Zeit ins Plastische und Visuelle rückübersetzt worden. Von einer Reproduktion aber des ursprünglichen Eindrucks ist uns niemals etwas zum Bewußtsein gekommen.

Noch mehr Beweiskraft zugunsten dieser anderen Auffassung der Kindheitsszenen muß man einer zweiten Tatsache zugestehen. Unter den mit gleicher Bestimmtheit und Deutlichkeit auftretenden Infantilerinnerungen an wichtige Erlebnisse gibt es eine Anzahl von Szenen, die sich bei Anwendung von Kontrolle — etwa durch die Erinnerung Erwachsener — als gefälschte herausstellen. Nicht daß sie frei erfunden wären; sie sind insofern falsch, als sie eine Situation an einen Ort verlegen, wo sie nicht stattgefunden hat (wie auch in einem von den Henri mitgeteilten Beispiel), Personen miteinander verschmelzen oder vertauschen, oder sich überhaupt als Zusammensetzung von zwei gesonderten Erlebnissen zu erkennen geben. Einfache Untreue der Erinnerung spielt gerade hier, bei der großen sinnlichen Intensität der Bilder und bei der Leistungsfähigkeit der jugendlichen Gedächtnisfunktion, keine erhebliche Rolle; eingehende Untersuchung zeigt vielmehr, daß solche Erinnerungsfälschungen tendenziöse sind, d. h. daß sie den Zwecken der Verdrängung und Ersetzung von anstößigen oder unliebsamen Eindrücken dienen. Auch diese gefälschten Erinnerungen müssen also zu einer Lebenszeit entstanden sein, da solche Konflikte und Antriebe zur Verdrängung sich bereits im Seelenleben geltend machen konnten, also lange Zeit nach der, welche sie in ihrem Inhalt erinnern. Auch hier ist aber die gefälschte Erinnerung die erste, von der wir wissen; das Material an Erinnerungsspuren, aus dem sie geschmiedet wurde, blieb uns in seiner ursprünglichen Form unbekannt.

Durch solche Einsicht verringert sich in unserer Schätzung der Abstand zwischen den Deckerinnerungen und den übrigen Erinnerungen aus der Kindheit. Vielleicht ist es überhaupt zweifelhaft, ob wir bewußte Erinnerungen aus der Kindheit haben, oder nicht vielmehr bloß an die Kindheit. Unsere Kindheitserinnerungen zeigen uns die ersten Lebensjahre, nicht wie sie waren, sondern wie sie späteren Erweckungszeiten erschienen sind. Zu diesen Zeiten der Erweckung sind die Kindheitserinnerungen nicht, wie man zu sagen gewohnt ist, aufgetaucht, sondern sie sind damals gebildet worden, und eine Reihe von Motiven, denen die Absicht historischer Treue fern liegt, hat diese Bildung sowie die Auswahl der Erinnerungen mitbeeinflußt.

ZUSATZ
ZUM VII. BANDE

VORWORT
ZUR ERSTEN AUFLAGE DER „SAMMLUNG KLEINER SCHRIFTEN ZUR NEUROSEN-
LEHRE AUS DEN JAHREN 1893—1906"

Mehrfach geäußerten Wünschen folgend, habe ich mich entschlossen, meine kleineren Arbeiten über Neurosen seit dem Jahre 1893 den Fachgenossen gesammelt vorzulegen. Es sind vierzehn kurze Aufsätze, meist vom Charakter vorläufiger Mitteilungen, die in wissenschaftlichen Archiven oder ärztlichen Zeitschriften veröffentlicht wurden, drei unter ihnen in französischer Sprache. Die beiden letzten, sehr knapp gehaltenen Darlegungen meines gegenwärtigen Standpunktes in der Ätiologie wie in der Therapie der Neurosen sind den bekannten Werken von L. Löwenfeld, „Die psychischen Zwangserscheinungen", 1904, und „Sexualleben und Nervenleiden", 4. Auflage, 1906, entnommen, für welche ich sie über Aufforderung des befreundeten Autors abgefaßt hatte.[1]

Diese Sammlung bildet die Vorbereitung und Ergänzung meiner größeren Publikationen, welche die gleichen Themata behandeln (Studien über Hysterie, mit Dr. J. Breuer, 1895. — Traumdeutung, 1900. — Zur Psychopathologie des Alltagslebens, 1901 und 1904. — Der Witz und seine Beziehung zum Unbewußten, 1905. — Drei Abhandlungen zur Sexualtheorie, 1905. — Bruchstück einer Hysterieanalyse, 1905). Daß ich den Nachruf an J. M. Charcot an die Spitze der hier vereinigten kleinen Aufsätze gestellt habe, soll nicht nur einer Pflicht der Dankbarkeit ge-

---

1) *Die folgenden Arbeiten der „Sammlung 1893—1906" sind im Band 5 der Gesammelten Werke enthalten: „Die Freudsche psychoanalytische Methode"* (1904), *„Über Psychotherapie"* (1905), *„Meine Ansichten über die Rolle der Sexualität in der Ätiologie der Neurosen"* (1905).

nügen, sondern auch den Punkt hervorheben, an welchem die eigene Arbeit von der des Meisters abzweigt. Wer mit der Entwicklung menschlicher Erkenntnis vertraut ist, wird ohne Verwunderung hören, daß ich einen Teil der hier vertretenen Meinungen seither überwunden, einen anderen zu modifizieren verstanden habe. Doch habe ich den größeren Teil unverändert festhalten können und brauche eigentlich nichts als völlig irrig und ganz wertlos zurückzunehmen.

ZUSATZ
ZUM XIV. BANDE:
EINIGE NACHTRÄGE
ZUM GANZEN
DER TRAUMDEUTUNG

EINIGE NACHTRÄGE ZUM GANZEN DER TRAUMDEUTUNG

a) Die Grenzen der Deutbarkeit

Die Frage, ob man von jedem Produkt des Traumlebens eine vollständige und gesicherte Übersetzung in die Ausdrucksweise des Wachlebens (Deutung) geben kann, soll nicht abstrakt behandelt werden, sondern unter Beziehung auf die Verhältnisse, unter denen man an der Traumdeutung arbeitet. Unsere geistigen Tätigkeiten streben entweder ein nützliches Ziel an oder unmittelbaren Lustgewinn. Im ersteren Falle sind es intellektuelle Entscheidungen, Vorbereitungen zu Handlungen oder Mitteilungen an andere; im anderen Falle nennen wir sie Spielen und Phantasieren. Bekanntlich ist auch das Nützliche nur ein Umweg zur lustvollen Befriedigung. Das Träumen ist nun eine Tätigkeit der zweiten Art, die ja entwicklungsgeschichtlich die ursprünglichere ist. Es ist irreführend, zu sagen, das Träumen bemühe sich um die bevorstehenden Aufgaben des Lebens oder suche Probleme der Tagesarbeit zu Ende zu führen. Darum kümmert sich das vorbewußte Denken. Dem Träumen liegt solche nützliche Absicht ebenso ferne wie die der Vorbereitung einer Mitteilung an einen anderen. Wenn sich der Traum mit einer Aufgabe des Lebens beschäftigt, löst er sie so, wie es einem irrationellen Wunsch, und nicht so, wie es einer verständigen Überlegung entspricht. Nur eine nützliche Absicht,

eine Funktion, muß man dem Traum zusprechen, er soll die
Störung des Schlafes verhüten. Der Traum kann beschrieben
werden als ein Stück Phantasieren im Dienste der Erhaltung des
Schlafes.

Es folgt daraus, daß es dem schlafenden Ich im ganzen gleichgültig ist, was während der Nacht geträumt wird, wenn der Traum nur leistet, was ihm aufgetragen ist, und daß diejenigen Träume ihre Funktion am besten erfüllt haben, von denen man nach dem Erwachen nichts zu sagen weiß. Wenn es so oft anders zugeht, wenn wir Träume erinnern, — auch über Jahre und Jahrzehnte, — so bedeutet dies jedesmal einen Einbruch des verdrängten Unbewußten ins normale Ich. Ohne solche Genugtuung hat das Verdrängte seine Hilfe zur Aufhebung der drohenden Schlafstörung nicht leihen wollen. Wir wissen, es ist die Tatsache dieses Einbruchs, die dem Traum seine Bedeutung für die Psychopathologie verschafft. Wenn wir sein treibendes Motiv aufdecken können, erhalten wir unvermutete Kunde von den verdrängten Regungen im Unbewußten; anderseits, wenn wir seine Entstellungen rückgängig machen, belauschen wir das vorbewußte Denken in Zuständen innerer Sammlung, die tagsüber das Bewußtsein nicht auf sich gezogen hätten.

Niemand kann die Traumdeutung als isolierte Tätigkeit üben; sie bleibt ein Stück der analytischen Arbeit. In dieser wenden wir je nach Bedarf unser Interesse bald dem vorbewußten Trauminhalt, bald dem unbewußten Beitrag zur Traumbildung zu, vernachlässigen auch oft das eine Element zugunsten des anderen. Es nützte auch nichts, wenn jemand sich vornehmen wollte, Träume außerhalb der Analyse zu deuten. Er würde den Bedingungen der analytischen Situation doch nicht entgehen, und wenn er seine eigenen Träume bearbeitet, unternimmt er seine Selbstanalyse. Diese Bemerkung gilt nicht für den, der auf die Mitarbeit des Träumers verzichtet und die Deutung von Träumen durch intuitives Erfassen erfahren will. Aber solche Traumdeutung ohne Rücksicht auf die Assoziationen des Träumers bleibt auch im günstigsten Falle ein unwissenschaftliches Virtuosenstück von sehr zweifelhaftem Wert. Übt man die Traumdeutung nach dem einzigen technischen Verfahren, das sich rechtfertigen läßt, so merkt man bald, daß der Erfolg durchaus von der Widerstandsspannung zwischen dem erwachten Ich und dem verdrängten Unbewußten abhängig ist. Die Arbeit unter „hohem Widerstandsdruck" erfordert selbst, wie ich an anderer Stelle auseinandergesetzt habe, ein anderes Verhalten des Analytikers als bei geringem Druck. In der Analyse hat man es durch lange Zeiten mit starken Widerständen zu tun, die noch nicht bekannt sind, die jedenfalls nicht überwunden werden können, solange sie unbekannt bleiben. Es ist also nicht zu verwundern, daß man von den Traumproduktionen des Patienten nur einen gewissen Anteil und auch diesen meist nicht vollständig übersetzen und verwerten kann. Auch wenn man durch die eigene Geübtheit in die Lage kommt, viele Träume zu verstehen, zu deren Deutung der Träumer wenig Beiträge geliefert hat, soll man gemahnt bleiben, daß die Sicherheit solcher Deutung in Frage steht, und wird Bedenken tragen, seine Vermutung dem Patienten aufzudrängen.

Kritische Einwendungen werden nun sagen: Wenn man nicht alle Träume, die man bearbeitet, zur Deutung bringt, soll man auch nicht mehr behaupten, als man vertreten kann, und sich mit der Aussage begnügen, einzelne Träume seien durch Deutung als sinnreich zu erkennen, von anderen wisse man es nicht. Allein gerade die Abhängigkeit des Deutungserfolges vom Widerstand enthebt den Analytiker einer solchen Bescheidenheit. Er kann die Erfahrung machen, daß ein anfangs unverständlicher Traum noch in derselben Stunde durchsichtig wird, nachdem es gelungen ist, einen Widerstand des Träumers durch eine glückliche Aussprache zu beseitigen. Plötzlich fällt ihm dann ein bisher vergessenes Traumstück ein, das den Schlüssel zur Deutung bringt, oder es stellt sich eine neue Assoziation ein, mit deren

Hilfe das Dunkel sich lichtet. Es kommt auch vor, daß man nach
Monaten und Jahren analytischer Bemühung auf einen Traum
zurückgreift, der zu Anfang der Behandlung unsinnig und unverständlich erschien, und der nun durch die seither gewonnenen
Einsichten eine völlige Klärung erfährt. Nimmt man aus der
Theorie des Traumes das Argument hinzu, daß die vorbildlichen
Traumleistungen der Kinder durchwegs sinnvoll und leicht deutbar sind, so wird man sich zur Behauptung berechtigt finden, der
Traum sei ganz allgemein ein deutbares psychisches Gebilde, wenngleich die Situation nicht immer die Deutung zu geben gestattet.

Wenn man die Deutung eines Traumes gefunden hat, ist es
nicht immer leicht zu entscheiden, ob sie eine „vollständige" ist,
d. h. ob nicht auch andere vorbewußte Gedanken sich durch
denselben Traum Ausdruck verschafft haben. Als erwiesen hat
dann jener Sinn zu gelten, der sich auf die Einfälle des
Träumers und die Einschätzung der Situation berufen kann,
ohne daß man darum den anderen Sinn jedesmal abweisen
dürfte. Er bleibt möglich, wenn auch unerwiesen; man muß sich
mit der Tatsache einer solchen Vieldeutigkeit der Träume
befreunden. Diese ist übrigens nicht jedesmal einer Unvollkommenheit der Deutungsarbeit zur Last zu legen, sie kann ebensowohl
an den latenten Traumgedanken selbst haften. Der Fall, daß wir
unsicher bleiben, ob eine Äußerung, die wir gehört, eine Auskunft, die wir erhalten haben, diese oder jene Auslegung zulassen, außer ihrem offenbaren Sinn noch etwas anderes andeuten,
ereignet sich ja auch im Wachleben und außerhalb der Situation
der Traumdeutung.

Zu wenig untersucht sind die interessanten Vorkommnisse, daß
derselbe manifeste Trauminhalt gleichzeitig einer konkreten Vorstellungsreihe und einer abstrakten Gedankenfolge, die an erstere
angelehnt ist, Ausdruck gibt. Der Traumarbeit macht es natürlich Schwierigkeiten, die Vorstellungsmittel für abstrakte Gedanken
zu finden.

b) Die sittliche Verantwortung für den Inhalt der Träume

Im einleitenden Abschnitt dieses Buches („Die wissenschaftliche Literatur der Traumprobleme") habe ich dargestellt, in welcher Weise die Autoren auf die peinlich empfundene Tatsache reagieren, daß der zügellose Inhalt der Träume so oft dem sittlichen Empfinden des Träumers widerspricht. (Ich vermeide absichtlich, von „kriminellen" Träumen zu reden, denn ich halte diese über das psychologische Interesse hinausgreifende Bezeichnung für völlig entbehrlich.) Aus der unsittlichen Natur der Träume hat sich begreiflicherweise ein neues Motiv ergeben, die psychische Wertung des Traumes zu verleugnen. Wenn der Traum ein sinnloses Produkt gestörter Seelentätigkeit ist, dann entfällt ja jeder Anlaß, für den anscheinenden Inhalt des Traumes eine Verantwortlichkeit zu übernehmen.

Dies Problem der Verantwortlichkeit für den manifesten Trauminhalt ist durch die Aufklärungen der „Traumdeutung" gründlich verschoben, ja eigentlich beseitigt worden.

Wir wissen jetzt, der manifeste Inhalt ist ein Blendwerk, eine Fassade. Es lohnt sich nicht, ihn einer ethischen Prüfung zu unterziehen, seine Verstöße gegen die Moral ernster zu nehmen als die gegen Logik und Mathematik. Wenn vom „Inhalt" des Traumes die Rede ist, kann man nur den Inhalt der vorbewußten Gedanken und den der verdrängten Wunschregung meinen, die durch die Deutungsarbeit hinter der Traumfassade aufgedeckt werden. Immerhin hat auch diese unsittliche Fassade eine Frage an uns zu stellen. Wir haben doch gehört, daß die latenten Traumgedanken eine strenge Zensur zu bestehen haben, ehe ihnen die Aufnahme in den manifesten Inhalt gestattet wird. Wie kann es also geschehen, daß diese Zensur, die sonst Geringfügigeres beanständet, gegen die manifest unmoralischen Träume so vollkommen versagt?

Die Antwort ist nicht nahe bei der Hand, wird vielleicht nicht ganz befriedigend ausfallen können. Man wird zunächst diese Träume der Deutung unterziehen und dann finden, daß einige von ihnen der Zensur keinen Anstoß geboten haben, weil sie im Grunde nichts Böses bedeuten. Es sind harmlose Prahlereien, Identifikationen, die eine Maske vortäuschen wollen; sie wurden nicht zensuriert, weil sie nicht die Wahrheit sagten. Andere aber — es sei zugestanden: die größere Anzahl — bedeuten wirklich, was sie ankündigen, sie haben keine Entstellung durch die Zensur erfahren. Sie sind der Ausdruck von unsittlichen, inzestuösen und perversen Regungen oder von mörderischen, sadistischen Gelüsten. Auf manche dieser Träume reagiert der Träumer mit angstvollem Erwachen; dann ist die Situation uns nicht mehr unklar. Die Zensur hat ihre Tätigkeit versäumt, es wird zu spät bemerkt, und die Angstentwicklung ist nun der Ersatz für die unterbliebene Entstellung. In noch anderen Fällen solcher Träume wird auch diese Affektäußerung vermißt. Der anstößige Inhalt wird von der im Schlaf erreichten Höhe der Sexualerregung getragen oder er genießt die Toleranz, die auch der Wachende für einen Wutanfall, eine Zornesstimmung, ein Schwelgen in grausamen Phantasien üben kann.

Unser Interesse für die Genese dieser manifest unsittlichen Träume erleidet aber eine große Herabsetzung, wenn wir aus der Analyse erfahren, daß die Mehrzahl der Träume, — harmlose, affektlose und Angstträume, — wenn man die Entstellungen der Zensur rückgängig gemacht hat, sich als Erfüllungen unmoralischer — egoistischer, sadistischer, perverser, inzestuöser — Wunschregungen enthüllen. Diese verkappten Verbrecher sind wie in der Welt des Wachlebens unvergleichlich häufiger als die mit offenem Visier. Der aufrichtige Traum vom sexuellen Verkehr mit der Mutter, dessen J o k a s t e im „K ö n i g Ö d i p u s" gedenkt, ist eine Seltenheit gegen all die mannigfaltigen Träume, welche die Psychoanalyse in gleichem Sinne deuten muß.

Ich habe über diesen Charakter der Träume, der ja das Motiv für die Traumentstellung abgibt, in diesem Buche so ausführlich gehandelt, daß ich nun rasch über den Sachverhalt hinweg zu dem uns vorliegenden Problem schreiten kann: Muß man die Verantwortlichkeit für den Inhalt seiner Träume übernehmen? Zur Vervollständigung sei nur hinzugefügt, daß der Traum nicht immer unsittliche Wunscherfüllungen bringt, sondern häufig auch energische Reaktionen dagegen in der Form von „Strafträumen". Mit anderen Worten, die Traumzensur kann sich nicht nur in Entstellungen und in Angstentwicklung äußern, sondern sie mag sich so weit aufraffen, daß sie den unsittlichen Inhalt ganz austilgt und ihn durch einen anderen zur Sühne bestimmten ersetzt, an dem jener aber erkannt werden kann. Das Problem der Verantwortlichkeit für den unsittlichen Trauminhalt besteht aber nicht mehr für uns, wie einst für die Autoren, die nichts von latenten Traumgedanken und vom Verdrängten in unserem Seelenleben wußten. Selbstverständlich muß man sich für seine bösen Traumregungen verantwortlich halten. Was will man sonst mit ihnen machen? Wenn der — richtig verstandene — Trauminhalt nicht die Eingebung fremder Geister ist, so ist er ein Stück von meinem Wesen. Wenn ich die in mir vorfindlichen Strebungen nach sozialen Maßstäben in gute und böse klassifizieren will, so muß ich für beide Arten die Verantwortlichkeit tragen, und wenn ich abwehrend sage, was unbekannt, unbewußt und verdrängt in mir ist, das ist nicht mein „Ich", so stehe ich nicht auf dem Boden der Psychoanalyse, habe ihre Aufschlüsse nicht angenommen und kann durch die Kritik meiner Nebenmenschen, durch die Störungen meiner Handlungen und die Verwirrungen meiner Gefühle eines Besseren belehrt werden. Ich kann erfahren, daß dies von mir Verleugnete nicht nur in mir „ist", sondern gelegentlich auch aus mir „wirkt".

Im metapsychologischen Sinne gehört dies böse Verdrängte allerdings nicht zu meinem „Ich", — wenn ich nämlich ein moralisch untadeliger Mensch sein sollte, — sondern zu einem „Es", dem mein Ich aufsitzt. Aber dies Ich hat sich aus dem Es entwickelt, es bildet eine biologische Einheit mit ihm, ist nur ein besonders modifizierter, peripherischer Anteil von ihm, unterliegt dessen Einflüssen, gehorcht den Anregungen, die von dem Es ausgehen. Es wäre ein aussichtsloses Beginnen für irgendeinen vitalen Zweck, das Ich vom Es zu trennen.

Übrigens, wenn ich auch meinem moralischen Hochmut nachgeben und dekretieren wollte, für alle sittlichen Wertungen darf ich das Böse im Es vernachlässigen und brauche mein Ich nicht dafür verantwortlich zu machen, was nützte es mir? Die Erfahrung zeigt mir, daß ich es doch tue, daß ich gezwungen bin, es irgendwie zu tun. Die Psychoanalyse hat uns einen krankhaften Zustand kennen gelehrt, die Zwangsneurose, in dem sich das arme Ich für allerlei böse Regungen schuldig fühlt, von denen es nichts weiß, die ihm zwar im Bewußtsein vorgehalten werden, zu denen es sich aber unmöglich bekennen kann. Ein wenig davon findet sich bei jedem Normalen. Sein „Gewissen" ist merkwürdigerweise um so empfindlicher, je moralischer er ist. Man stelle sich dagegen vor, daß ein Mensch desto „anfälliger" ist, umso mehr an Infektionen und Wirkungen von Traumen leidet, — je gesünder er ist. Das kommt wohl daher, daß das Gewissen selbst eine Reaktionsbildung auf das Böse ist, das im Es verspürt wird. Je stärker dessen Unterdrückung, desto reger das Gewissen.

Dem ethischen Narzißmus des Menschen sollte es genügen, daß er in der Tatsache der Traumentstellung, in den Angst- und Strafträumen ebenso deutliche Beweise seines sittlichen Wesens erhält wie durch die Traumdeutung Belege für Existenz und Stärke seines bösen Wesens. Wer, damit nicht zufrieden, „besser" sein will, als er geschaffen ist, möge versuchen, ob er es im Leben weiter bringt als zur Heuchelei oder zur Hemmung.

Der Arzt wird es dem Juristen überlassen, für soziale Zwecke eine künstlich auf das metapsychologische Ich eingeschränkte Verantwortlichkeit aufzustellen. Es ist allgemein bekannt, auf welche Schwierigkeiten es stößt, aus dieser Konstruktion praktische Folgen abzuleiten, die den Gefühlen der Menschen nicht widerstreiten.

c) Die okkulte Bedeutung des Traumes

Wenn der Probleme des Traumlebens kein Ende abzusehen ist, so kann sich nur der darüber verwundern, der eben vergißt, daß alle Probleme des Seelenlebens auch am Traume wiederkehren, vermehrt um einige neue, die die besondere Natur der Träume betreffen. Viele der Dinge, die wir am Traum studieren, weil sie sich uns dort zeigen, haben aber mit dieser psychischen Besonderheit des Traumes nichts oder wenig zu tun. So ist z. B. die Symbolik kein Traumproblem, sondern ein Thema unseres archaischen Denkens, unserer „Grundsprache" nach des Paranoikers Schreber trefflichem Ausdruck, sie beherrscht den Mythus und das religiöse Ritual nicht minder als den Traum; kaum daß der Traumsymbolik die Eigenheit verbleibt, vorwiegend sexuell Bedeutsames zu verhüllen! Auch der Angsttraum braucht seine Aufklärung nicht von der Traumlehre zu erwarten, die Angst ist vielmehr ein Neurosenproblem, es bleibt nur zu erörtern, wie Angst unter den Bedingungen des Träumens entstehen kann.

Ich meine, es ist mit dem Verhältnis des Traumes zu den angeblichen Tatsachen der okkulten Welt auch nicht anders. Aber da der Traum selbst immer etwas Geheimnisvolles war, hat man ihn mit jenen anderen unerkannten Geheimnissen in intime Beziehung gesetzt. Er hatte wohl auch ein historisches Anrecht darauf, denn in den Urzeiten, als unsere Mythologie sich bildete, mögen die Traumbilder an der Entstehung der Seelenvorstellungen beteiligt gewesen sein.

Es soll zwei Kategorien von Träumen geben, die den okkulten Phänomenen zuzurechnen sind, die prophetischen und die telepathischen. Für beide spricht eine unübersehbare Masse von Zeugnissen; gegen beide die hartnäckige Abneigung, wenn man will, das Vorurteil der Wissenschaft.

Daß es prophetische Träume in dem Sinne gibt, daß ihr Inhalt irgendeine Gestaltung der Zukunft darstellt, leidet allerdings keinen Zweifel, fraglich bleibt nur, ob diese Vorhersagen in irgend bemerkenswerter Weise mit dem übereinstimmen, was später wirklich geschieht. Ich gestehe, daß mich für diesen Fall der Vorsatz der Unparteilichkeit im Stiche läßt. Daß es irgendeiner psychischen Leistung außer einer scharfsinnigen Berechnung möglich sein sollte, das zukünftige Geschehen im Einzelnen vorauszusehen, widerspricht einerseits zu sehr allen Erwartungen und Einstellungen der Wissenschaft und entspricht anderseits allzu getreu uralten, wohlbekannten Menschheitswünschen, welche die Kritik als unberechtigte Anmaßung verwerfen muß. Ich meine also, wenn man die Unzuverlässigkeit, Leichtgläubigkeit und Unglaubwürdigkeit der meisten Berichte zusammenhält mit der Möglichkeit affektiv erleichterter Erinnerungstäuschungen und der Notwendigkeit einzelner Zufallstreffer, darf man erwarten, daß sich der Spuk der prophetischen Wahrträume in ein Nichts auflösen wird. Persönlich habe ich nie etwas erlebt oder erfahren, was ein günstigeres Vorurteil erwecken könnte.

Anders steht es mit den telepathischen Träumen. Hier sei aber vor allem bemerkt, daß noch niemand behauptet hat, das telepathische Phänomen — die Aufnahme eines seelischen Vorganges in einer Person durch eine andere auf anderem Wege als dem der Sinneswahrnehmung — sei ausschließlich an den Traum gebunden. Die Telepathie ist also wiederum kein Traumproblem, man braucht sein Urteil über ihre Existenz nicht aus dem Studium der telepathischen Träume zu schöpfen.

Unterwirft man die Berichte über telepathische Vorkommnisse (ungenau: Gedankenübertragung) derselben Kritik, mit der man andere okkulte Behauptungen abgewehrt hat, so behält man doch ein ansehnliches Material übrig, das man nicht so leicht vernachlässigen kann. Auch gelingt es auf diesem Gebiete weit eher, eigene Beobachtungen und Erfahrungen zu sammeln, die eine freundliche Einstellung zum Problem der Telepathie berechtigen, wenngleich sie für die Herstellung einer gesicherten Überzeugung noch nicht ausreichen mögen. Man bildet sich vorläufig die Meinung, es könnte wohl sein, daß die Telepathie wirklich existiert und daß sie den Wahrheitskern von vielen anderen, sonst unglaublichen Aufstellungen bildet.

Man tut gewiß recht daran, wenn man auch in Sachen der Telepathie jede Position der Skepsis hartnäckig verteidigt und nur ungern vor der Macht der Beweise zurückweicht. Ich glaube ein Material gefunden zu haben, welches den meisten sonst zulässigen Bedenken entzogen ist: nicht erfüllte Prophezeiungen berufsmäßiger Wahrsager. Leider stehen mir nur wenige solche Beobachtungen zu Gebote, aber zwei unter diesen haben mir einen starken Eindruck hinterlassen. Es ist mir versagt, diese so ausführlich mitzuteilen, daß sie auch auf andere wirken könnten. Ich muß mich auf die Hervorhebung einiger wesentlichen Punkte beschränken.

Den betreffenden Personen war also — am fremden Ort und von seiten eines fremden Wahrsagers, der dabei irgendeine, wahrscheinlich gleichgültige, Praktik betrieb — etwas für eine bestimmte Zeit vorhergesagt worden, was nicht eingetroffen war. Die Verfallszeit der Prophezeiung war längst vorüber. Es war auffällig, daß die Gewährspersonen anstatt mit Spott und Enttäuschung mit offenbarem Wohlgefallen von ihrem Erlebnis erzählten. Im Inhalte der ihnen gewordenen Verkündigung fanden sich ganz bestimmte Einzelheiten, die willkürlich und unverständlich schienen, die eben nur durch ihr Eintreffen gerechtfertigt worden wären. So sagte z. B. der Chiromant der siebenundzwanzigjährigen, aber viel jünger aussehenden Frau, die den Ehering abgezogen hatte, sie werde noch heiraten und mit zweiunddreißig Jahren zwei Kinder haben. Die Frau war dreiundvierzig Jahre alt, als sie, schwer krank geworden, mir diese Begebenheit in ihrer Analyse erzählte, sie war kinderlos geblieben. Wenn man ihre Geheimgeschichte kannte, die dem „Professor" in der Halle des Pariser Hotels sicherlich unbekannt geblieben war, konnte man die beiden Zahlen der Prophezeiung verstehen. Das Mädchen hatte nach einer ungewöhnlich intensiven Vaterbindung geheiratet und sich dann sehnlichst Kinder gewünscht, um ihren Mann an die Stelle des Vaters rücken zu können. Nach jahrelanger Enttäuschung, an der Schwelle einer Neurose, holte sie sich die Prophezeiung, die — ihr das Schicksal ihrer Mutter versprach. Auf diese traf es zu, daß sie mit zweiunddreißig Jahren zwei Kinder gehabt hatte. So war es also nur mit Hilfe der Psychoanalyse möglich, die Eigentümlichkeiten der angeblich von außen her erfolgenden Botschaft sinnvoll zu deuten. Dann aber konnte man den ganzen, so eindeutig bestimmten, Sachverhalt nicht besser aufklären als durch die Annahme, ein starker Wunsch der Befragenden — in Wirklichkeit der stärkste, unbewußte Wunsch ihres Affektlebens und der Motor ihrer keimenden Neurose — habe sich durch unmittelbare Übertragung dem mit einer ablenkenden Hantierung beschäftigten Wahrsager kundgegeben.

Ich habe auch bei Versuchen im intimen Kreise wiederholt den Eindruck gewonnen, daß die Übertragung von stark affektiv betonten Erinnerungen unschwer gelingt. Getraut man sich, die Einfälle der Person, auf welche übertragen werden soll, einer analytischen Bearbeitung zu unterziehen, so kommen oft Übereinstimmungen zum Vorschein, die sonst unkenntlich geblieben wären. Aus manchen Erfahrungen bin ich geneigt, den Schluß zu ziehen, daß solche Übertragungen besonders gut in dem Moment zustande kommen, da eine Vorstellung aus dem Unbewußten auftaucht, theoretisch ausgedrückt, sobald sie aus dem „Primärvorgang" in den „Sekundärvorgang" übergeht.

Bei aller durch die Tragweite, Neuheit und Dunkelheit des Gegenstandes gebotenen Vorsicht hielt ich es doch nicht mehr für berechtigt, mit diesen Äußerungen zum Problem der Telepathie zurückzuhalten. Mit dem Traum hat dies alles nur so viel zu tun: Wenn es telepathische Botschaften gibt, so ist nicht abzuweisen, daß sie auch den Schlafenden erreichen und von ihm im Traum erfaßt werden können. Ja nach der Analogie mit anderem Wahrnehmungs- und Gedankenmaterial darf man es auch nicht abweisen, daß telepathische Botschaften, die während des Tages aufgenommen wurden, erst im Traum der nächsten Nacht zur Verarbeitung kommen. Es wäre dann nicht einmal ein Einwand, wenn das telepathisch vermittelte Material im Traum wie ein anderes verändert und umgestaltet würde. Man möchte gerne mit Hilfe der Psychoanalyse mehr und besser Gesichertes über die Telepathie erfahren.

BIBLIOGRAPHISCHE ANMERKUNG

Ein Fall von hypnotischer Heilung
Nebst Bemerkungen über die Entstehung hysterischer Symptome durch den „Gegenwillen"

In deutscher Sprache:

1892/93 „Zeitschrift für Hypnotismus, Suggestionstherapie, Suggestionslehre und verwandte psychologische Forschungen", 1.Jahrgang, Heft III/IV, Verlag Hermann Brieger, Berlin.
1925   In „Gesammelte Schriften", Band I, Internationaler Psychoanalytischer Verlag, Leipzig, Wien, Zürich.

In spanischer Sprache:

1925   Übersetzt von Luis Lopez-Ballesteros y de Torres, in „Obras Completas", Band X, Biblioteca Nueva, Madrid.
1948   In „Obras Completas", Band 1 der Dünndruckausgabe in 2 Bänden, im gleichen Verlag.

Charcot
In deutscher Sprache:

1893   „Wiener Medizinische Wochenschrift", Nr. 37.
1906   In „Sammlung kleiner Schriften zur Neurosenlehre aus den Jahren 1893-1906", Verlag Deuticke, Leipzig und Wien.
1911   Zweite unveränderte Auflage, im gleichen Verlag.
1920   Dritte unveränderte Auflage, im gleichen Verlag.
1922   Vierte unveränderte Auflage, im gleichen Verlag.
1925   In „Gesammelte Schriften", Band I, Internationaler Psychoanalytischer Verlag, Leipzig, Wien, Zürich.

In englischer Sprache:

1924   Übersetzt von J. Bernays, in „Collected Papers", Vol. I, The International Psycho-Analytical Library, No. 7, The Hogarth Press, London.

In spanischer Sprache.

1925   Übersetzt von Luis Lopez-Ballesteros y de Torres, in „Obras Completas", Band X, Biblioteca Nueva, Madrid.
1948   In „Obras Completas", Band I der Dünndruckausgabe in 2 Bänden, im gleichen Verlag.

QUELQUES CONSIDÉRATIONS POUR UNE ÉTUDE COMPARATIVE DES
PARALYSIES MOTRICES ORGANIQUES ET HYSTÉRIQUES

In französischer Sprache:
1893 „Archives de Neurologie", No. 77.
1906 In „Sammlung kleiner Schriften zur Neurosenlehre aus den Jahren 1893-1906", Verlag Franz Deuticke, Leipzig und Wien.
1911 Zweite unveränderte Auflage, im gleichen Verlag.
1920 Dritte unveränderte Auflage, im gleichen Verlag.
1922 Vierte unveränderte Auflage, im gleichen Verlag.
1925 In „Gesammelte Schriften", Band I, Internationaler Psychoanalytischer Verlag, Leipzig, Wien, Zürich.

In englischer Sprache:
1924 Übersetzt von M. Meyer, in „Collected Papers", Vol. I, The International Psycho-Analytical Library, No. 7, The Hogarth Press, London.

In spanischer Sprache:
1923 Übersetzt von Luis Lopez-Ballesteros y de Torres, in„ Obras Completas", Band XI, Biblioteca Nueva, Madrid.
1948 In „Obras Completas", Band I der Dünndruckausgabe in 2 Bänden, im gleichen Verlag.

DIE ABWEHR-NEUROPSYCHOSEN

Versuch einer psychologischen Theorie der akquirierten Hysterie, vieler Phobien und Zwangsvorstellungen und gewisser halluzinatorischer Psychosen.

In deutscher Sprache:
1894 „Neurologisches Zentralblatt", No.10 und 11.
1906 In „Sammlung kleiner Schriften zur Neurosenlehre aus den Jahren 1893 1906", Verlag Franz Deuticke, Leipzig und Wien.
1911 Zweite unveränderte Auflage, im gleichen Verlag.
1920 Dritte unveränderte Auflage, im gleichen Verlag.
1922 Vierte unveränderte Auflage, im gleichen Verlag.
1925 In „Gesammelte Schriften", Band I, Internationaler Psychoanalytischer Verlag, Leipzig, Wien, Zürich.

In englischer Sprache:
1924 Übersetzt von John Rickman, in „Collected Papers", Vol. I, The International Psycho-Analytical Library, No. 7, The Hogarth Press, London.

In spanischer Sprache:
1923 Übersetzt von Luis Lopez-Ballesteros y de Torres, in „Obras Completas", Band XI, Biblioteca Nueva, Madrid.
1948 In „Obras Completas", Band I der Dünndruckausgabe in 2 Bänden, im gleichen Verlag.

STUDIEN ÜBER HYSTERIE

In deutscher Sprache:

1895 Verfasst von Dr. Josef Breuer und Dr. Sigm. Freud, Verlag Franz Deuticke, Leipzig und Wien.
1909 Zweite unveränderte Auflage, im gleichen Verlag.
1916 Dritte unveränderte Auflage, im gleichen Verlag.
1922 Vierte unveränderte Auflage, im gleichen Verlag.
1925 In Band I der „Gesammelte Schriften", mit Auslassung der von Josef Breuer allein verfassten Arbeiten („Krankengeschichte Frl. Anna O..." und „Theoretisches").

Die Einleitung zu den „Studien über Hysterie" war unter dem Titel „Über den psychischen Mechanismus hysterischer Phänomene (Vorläufige Mitteilung)" zuerst im Jahre 1893 im Neurologischen Zentralblatt, Nr. 1 und 2 veröffentlicht und erschien seither auch in allen Auflagen der „Sammlung kleiner Schriften zur Neurosenlehre aus den Jahren 1893–1906 von Prof. Dr. Sigm. Freud", Verlag Franz Deuticke, Leipzig und Wien.

In englischer Sprache:

1909 Übersetzt von A. A. Brill unter dem Titel „Selected Papers on Hysteria and other Psychoneuroses by Sigmund Freud", Nervous and Mental Disease Monograph Series, No. 4, New York.[1]
1912 Zweite Auflage.
1920 Dritte, erweiterte Auflage.
1924 „Über den psychischen Mechanismus hysterischer Phänomene(Vorläufige Mitteilung)", übersetzt von John Rickman, in „Collected Papers", Vol. I, The International Psycho-Analytical Library No. 7, The Hogarth Press, London.
1936 Übersetzt von A. A. Brill, unter dem Titel „Studies in Hysteria" by Dr. Joseph Breuer and Dr. Sigmund Freud, in Nervous and Mental Disease Monograph Series, No. 61, New York.

In japanischer Sprache:

1930 Übersetzt von Yusada Tokotaru, Verlag Ars, Tokio.

In spanischer Sprache:

1925 Übersetzt von Luis Lopez-Ballesteros y de Torres, in „Obras Completas", Band X, Biblioteca Nueva, Madrid.
1948 In „Obras Completas", Band I der Dünndruckausgabe in 2 Bänden, im gleichen Verlag.

---

[1] Enthält u.a. die von Freud herrührenden Beiträge zu den „Studien über Hysterie" und die von Breuer und Freud gemeinsam verfasste Arbeit „Über den psychischen Mechanismus hysterischer Phänomene (Vorläufige Mitteilung)".

In tschechischer Sprache:

1947 Übersetzt von Mitgliedern der Psychoanalytischen Arbeitsgemeinschaft in Praha, Verlag Julius Albert.

ÜBER DIE BERECHTIGUNG, VON DER NEURASTHENIE EINEN BESTIMMTEN SYMPTOMENKOMPLEX ALS „ANGSTNEUROSE" ABZUTRENNEN

In deutscher Sprache:

1895 „Neurologisches Zentralblatt", Nr. 2.
1906 In „Sammlung kleiner Schriften zur Neurosenlehre aus den Jahren 1893-1906", Verlag Franz Deuticke, Leipzig und Wien.
1911 Zweite unveränderte Auflage, im gleichen Verlag.
1920 Dritte unveränderte Auflage, im gleichen Verlag.
1922 Vierte unveränderte Auflage, im gleichen Verlag.
1925 In „Gesammelte Schriften", Band I, Internationaler Psychoanalytischer Verlag, Leipzig, Wien, Zürich.

In englischer Sprache:

1909 Übersetzt von A. A. Brill, veröffentlicht unter dem Titel „Selected Papers on Hysteria and other Psycho-Neuroses", Nervous and Mental Disease Monograph Series, No. 4, New York.
1912 Zweite Auflage.
1920 Dritte, erweiterte Auflage.
1924 Übersetzt von John Rickman, in „Collected Papers", Vol. I, The International Psycho-Analytical Library, No. 7, The Hogarth Press, London.

In spanischer Sprache:

1923 Übersetzt von Luis Lopez-Ballesteros y de Torres in „Obras Completas", Band XI, Biblioteca Nueva, Madrid.
1948 In „Obras Completas", Band I der Dünndruckausgabe in 2 Bänden, im gleichen Verlag.

OBSESSIONS ET PHOBIES
Leur mécanisme psychique et leur étiologie

In französischer Sprache:

1895 „Revue Neurologique", III, Nr. 2.
1906 In „Sammlung kleiner Schriften zur Neurosenlehre aus den Jahren 1893-1906", Verlag Franz Deuticke, Leipzig und Wien.
1911 Zweite unveränderte Auflage, im gleichen Verlag.
1920 Dritte unveränderte Auflage, im gleichen Verlag.
1922 Vierte unveränderte Auflage, im gleichen Verlag.
1925 In „Gesammelte Schriften", Band I, Internationaler Psychoanalytischer Verlag, Leipzig, Wien, Zürich.

In englischer Sprache:
1924 Übersetzt von M. Meyer, in „Collected Papers", Vol. I, The International Psycho-Analytical Library, No. 7, The Hogarth Press, London.

In spanischer Sprache:
1923 Übersetzt von Luis Lopez-Ballesteros y de Torres in „Obras Completas", Band XI, Biblioteca Nueva, Madrid.
1948 In „Obras Completas", Band I der Dünndruckausgabe in 2 Bänden, im gleichen Verlag.

ZUR KRITIK DER „ANGSTNEUROSE"

In deutscher Sprache:
1895 „Wiener Klinische Rundschau".
1906 In „Sammlung kleiner Schriften zur Neurosenlehre aus den Jahren 1893–1906", Verlag Franz Deuticke, Leipzig und Wien.
1911 Zweite unveränderte Auflage, im gleichen Verlag.
1920 Dritte unveränderte Auflage, im gleichen Verlag.
1922 Vierte unveränderte Auflage, im gleichen Verlag.
1925 In „Gesammelte Schriften", Band I, Internationaler Psychoanalytischer Verlag, Leipzig, Wien, Zürich.

In englischer Sprache:
1924 Übersetzt von John Rickman, in „Collected Papers", Vol. I, The International Psycho-Analytical Library, No. 7, The Hogarth Press, London.

In spanischer Sprache:
1923 Übersetzt von Luis Lopez-Ballesteros y de Torres, in „Obras Completas", Band XI, Biblioteca Nueva, Madrid.
1948 In „Obras Completas", Band I der Dünndruckausgabe in 2 Bänden, im gleichen Verlag.

WEITERE BEMERKUNGEN ÜBER DIE ABWEHR-NEUROPSYCHOSEN

In deutscher Sprache:
1896 „Neurologisches Zentralblatt", Nr. 10.
1906 In „Sammlung kleiner Schriften zur Neurosenlehre aus den Jahren 1893-1906", Verlag Franz Deuticke, Leipzig und Wien.
1911 Zweite unveränderte Auflage, im gleichen Verlag.
1920 Dritte unveränderte Auflage, im gleichen Verlag.
1922 Vierte unveränderte Auflage, im gleichen Verlag.
1925 In „Gesammelte Schriften", Band I, Internationaler Psychoanalytischer Verlag, Leipzig, Wien, Zürich.

In englischer Sprache:

1909 Übersetzt von A. A. Brill, veröffentlicht unter dem Titel „Selected Papers on Hysteria and other Psycho-Neuroses", Nervous and Mental Disease Monograph Series, No. 4, New York.
1912 Zweite Auflage.
1920 Dritte erweiterte Auflage.
1924 Übersetzt von John Rickman, in „Collected Papers", Vol. I, The International Psycho-Analytical Library, No. 7, The Hogarth Press, London.

In spanischer Sprache:

1923 Übersetzt von Luis Lopez-Ballesteros y de Torres in „Obras Completas", Band XI, Biblioteca Nueva, Madrid.
1948 In „Obras Completas", Band I der Dünndruckausgabe in 2 Bänden, im gleichen Verlag.

L'Hérédité et L'Étiologie des Névroses

In französischer Sprache:

1896 „Revue Neurologique", IV, Nr. 6.
1906 In „Sammlung kleiner Schriften zur Neurosenlehre aus den Jahren 1893–1906", Verlag Franz Deuticke, Leipzig und Wien.
1911 Zweite unveränderte Auflage, im gleichen Verlag.
1920 Dritte unveränderte Auflage, im gleichen Verlag.
1922 Vierte unveränderte Auflage, im gleichen Verlag.
1925 In „Gesammelte Schriften", Band I, Internationaler Psychoanalytischer Verlag, Leipzig, Wien, Zürich.

In englischer Sprache:

1924 Übersetzt von M. Meyer, in „Collected Papers", Vol. I, The International Psycho-Analytical Library, No. 7, The Hogarth Press, London.

In spanischer Sprache:

1923 Übersetzt von Luis Lopez-Ballesteros y de Torres, in „Obras Completas", Band XI, Biblioteca Nueva, Madrid.
1948 In „Obras Completas", Band I der Dünndruckausgabe in 2 Bänden, im gleichen Verlag.

Zur Ätiologie der Hysterie

In deutscher Sprache:

1896 Veröffentlicht in der „Wiener Klinischen Rundschau", Nr. 22–26, nach einem Vortrag im Verein für Psychiatrie und Neurologie in Wien am 2. Mai 1896.
1906 In „Sammlung kleiner Schriften zur Neurosenlehre aus den Jahren 1893–1906", Verlag Franz Deuticke, Leipzig und Wien.
1911 Zweite unveränderte Auflage, im gleichen Verlag.
1920 Dritte unveränderte Auflage, im gleichen Verlag.
1922 Vierte unveränderte Auflage, im gleichen Verlag.
1925 In „Gesammelte Schriften", Band I, Internationaler Psychoanalytischer Verlag, Leipzig, Wien, Zürich.

In englischer Sprache:

1924 Übersetzt von Cecil M. Baines, in „Collected Papers", Vol. I, The International Psycho-Analytical Library, No. 7, The Hogarth Press, London.

In spanischer Sprache:

1928 Übersetzt von Luis Lopez-Ballesteros y de Torres, in „Obras Completas", Band XII, Biblioteca Nueva, Madrid.
1948 In „Obras Completas", Band I der Dünndruckausgabe in 2 Bänden, im gleichen Verlag.

Inhaltsangabe der wissenschaftlichen Arbeiten des Privatdocenten Dr. Sigm. Freud (1877-1897)

In deutscher Sprache:

1897 Als Manuskript gedruckt, Verlag Franz Deuticke, Wien.
1940 Internationale Zeitschrift für Psychoanalyse und Imago, Band XXV, Heft 1.

Die Sexualität in der Ätiologie der Neurosen

In deutscher Sprache:

1898 „Wiener Klinische Rundschau", Nr. 2, 4, 5, 7.
1906 In „Sammlung kleiner Schriften zur Neurosenlehre aus den Jahren 1893–1906", Verlag Franz Deuticke, Leipzig und Wien.
1911 Zweite unveränderte Auflage, im gleichen Verlag.
1920 Dritte unveränderte Auflage, im gleichen Verlag.
1922 Vierte unveränderte Auflage, im gleichen Verlag.
1925 In „Gesammelte Schriften", Band I, Internationaler Psychoanalytischer Verlag, Leipzig, Wien, Zürich.

In englischer Sprache:

1924 Übersetzt von J. Bernays, in „Collected Papers", Vol. I, The International Psycho-Analytical Library, No. 7, The Hogarth Press, London.

In spanischer Sprache:

1928 Übersetzt von Luis Lopez-Ballesteros y de Torres in „Obras Completas", Band XII, Biblioteca Nueva, Madrid.
1948 In „Obras Completas", Band I der Dünndruckausgabe in 2 Bänden, im gleichen Verlag.

Zum psychischen Mechanismus der Vergesslichkeit

In deutscher Sprache:

1898 „Monatsschrift für Psychiatrie und Neurologie", Band IV.

ÜBER DECKERINNERUNGEN

In deutscher Sprache:

1899 „Monatsschrift für Psychiatrie und Neurologie".
1925 In „Gesammelte Schriften", Band I, Internationaler Psychoanalytischer Verlag, Leipzig, Wien, Zürich.

In englischer Sprache:

1950 Übersetzt von James Strachey, in „Collected Papers", Vol. V, The International Psycho-Analytical Library, No.37, The Hogarth Press, London.

In spanischer Sprache:

1928 Übersetzt von Luis Lopez-Ballesteros y de Torres, in „Obras Completas", Band XII, Biblioteca Nueva, Madrid.
1948 In „Obras Completas", Band I der Dünndruckausgabe in 2 Bänden, im gleichen Verlag.

Zusatz zum VII. Bande:

VORWORT ZUR ERSTEN AUFLAGE DER „SAMMLUNG KLEINER SCHRIFTEN ZUR NEUROSENLEHRE AUS DEN JAHREN 1893–1906"

In deutscher Sprache:

1906 Verlag Franz Deuticke, Wien.
1911 Im gleichen Verlag.
1920 Im gleichen Verlag.
1922 Im gleichen Verlag.

Zusatz zum XIV. Bande:

EINIGE NACHTRÄGE ZUM GANZEN DER TRAUMDEUTUNG

In deutscher Sprache:

1925 In „Gesammelte Schriften", Band III, als Zusatzkapitel C zur „Traumdeutung", Internationaler Psychoanalytischer Verlag, Leipzig, Wien, Zürich.

In englischer Sprache:

1943 Übersetzt von James Strachey in „International Journal of Psycho-Analysis", Vol. XXIV.
1950 In „Collected Papers", Vol. V, The International Psycho-Analytical Library, No. 37, The Hogarth Press, London.

INDEX[1]

Abasie 44
Aberglauben 391
Abfuhr v. Quantitäten 74
Abreagieren 61
  d. Gesunden 87
  i. Alltag 87
  nach Unfall 88
  nachholendes 230
  Theorie d. 74
Abstinenz 327, 337, 416, 498
  sexuelle—u. Angstneigung 144
Abstinenzkuren 506
Abstossung—Abwehr 269
Abulie 144
Abwehr 350
  Abstossung 269
  Formen d. 74
  Ich- 262
  keine 284
  m. Substitution 341
  Prozess d. 282
  sekundäre 389
  Trauma, Sexualität 77
  unbewusste 379
  u. Angst 327
  u. Ich 68
  u. Konversion 210, 269
  u. Widerstand 269
Abwehrhysterie 61, 288
Abwehrlustiges Ich 280
Abwehrneuropsychosen 269, 379
Abwehrneurosen 57, 420, 457

Abwehrsymptom, primäres 387
Affekt, eingeklemmter 97
  Erwartungs- 8
  i.d. Erinnerung 87
  schmerzlicher 83
  Schreck- 84, 360
  Transposition 68
  u. Neurose 338
  u. Schmerz 244
  u. Vorstellung 67, 282
Affektbetrag 74
Affektentladung 87
Affektloses Erinnern 85
Affektspannung, Organisierung d. 242
Aggression, sexuelle 382, 457, 547
  u. Gewissen 457
  u. Zwangsneurose 386
Aggressionsvorsätze 547
Agoraphobie 71, 322
Aktualneurosen 509
Aktual-infantil 497
Akzidentelles Element 82
Alexie 49
Alkoholismus 391
Alter u. Therapie 513
Amnesie i. Hypnose 91
Anaesthesie, hysterische 46
Analyse, Arzt u. Patient 307
  Fortgang d. 283
  Gleichnis Tür, Klinke 286
  komplizierte 272
  m.d. Breuerschen Methode 266

---

[1] Der Index zum Zusatz zum XIV. Bande (Einige Nachträge zum Ganzen der Traumdeutung) findet sich am Ende dieses Index zu den Arbeiten aus den Jahren 1893-1899.

Analyse, psychische 273
s.a. Psychoanalyse
Technik d. 108, 165, 276, 427
therapeutische Wirkung 418
wundersame Welt d. 285
Analytiker, Funktionen d. 285
Analytisch, psycho- 512
Angst d. Witwen 326
   Gewissens- 318
   i.d. Angstneurose 497
   i.d. Phobien 346, 369
   religiöse 389
   soziale 389
   u. Abwehr 327
   u. Coitus interruptus 338
   u. Gefahr 338
   u. Halluzinationen 324
   u. Neurose 338
   Versuchungs- 389
   virginale 258, 325, 342, 384
   v. Versuchung 389
Angstanfall 319, 341
Angstneigung d. Masturbanten 337
   u. sexuelle Abstinenz 144
Angstneurose 255, 315, 352, 357, 411, 497
   spezifische Ursache d. 362
   Symptomatologie 317
   Theorie 333
   u. Frigidität 328
   u. Hysterie 118, 339
   u. Neurasthenie 339
   u. Sexualität 357
   u. somat. Krankheit 337
Angsttheorie 338
Anna O... 77, 292, 432
Anorexie 144
   u. Trauma 82
Aphasie 41, 44, 45, 51
Apoplexie 362
Apparat, psychischer 512
Arbeit, psychische u. Therapie 268

Arzt bleibt ein Fremder 265
   Haus- 506
   i.d. Analyse 307
   Rolle in Therapie 286
   u. Patient 265, 492
Assoziation, Zwang z. 122
Assoziationen, pathologische 92
   u. Trauma 88
Assoziationswiderstand 269
Astasie 44
Atembeschleunigung i. Coitus 338
Ätiologie d. Angstneurose 352
   d. Hysterie 380, 425
   d. Neurosen 491
   nicht-sexuelle d. Neurose 338
   psychische, somatische 118
   traumatische 82
   u. Morphologie 496
Ätiologien, Vermengung d. 339
Ätiologische Formel 373
Ätiologisches Schema d. Neurose 373
Atmung, Störungen 320
Attaque de sommeil 93
Attitudes passionnelles 93
Auerhahn, Balzen—Schnalzen 100
Aufklärer—Lehrer—Beichthörer 285
Aufrichtigkeit, sexuelle 495
Aura, hyst. 250
Auraartige Paraesthesien 320, 341
Autohypnose 86, 90
Autosuggestion—Konversion 249

Banale Ursachen 411, 413
Beachtungswahn 389
Beard 413
Behandlung, Hindernisse 307, 535
Beichte 87
Beichthörer—Lehrer—Aufklärer 285
Benedikt 86
Bernheim 121, 157, 165, 267
Bewusstsein, Dissoziation d. 10
Enge d. 295

Bewusstsein, Spaltung d. 60, 91
Bewusstseinsspaltung 60, 91
Bewusstseinszustand u. Trauma 90
Bewusstwerden u. Widerstand 268
Bildung u. Therapie 513
Binet 85
Blume—deflorieren 547
Breuer, Dr. Josef 5, 54, 60, 78, 247, 251, 253, 263, 288, 351, 379, 392, 416, 427, 458, 512
Emmy v. N. 106
Lehrer u. Freund 265
Sexualität 435
Brotstudium 545
Bussmassregeln 391

Cajal, Ramón y 40
Caput Nili 439
Cerebrasthenie 363
Charakterperversion 14
Charcot 39, 54, 95, 97, 257, 407, 420, 557
Heredität 426
hyst. Anfall 93
hystérique d'occasion 4, 11
Leçons du Mardi 14
Nachruf 21
offizielles Bw 129
Sexualität 435
Tic convulsif 15
Chimney sweeping 263
Chorea 362
Coitus interruptus 326, 416, 498, 502
interruptus u. Angst 338
s.a. Geschlechtsverkehr, Koitus
u. Schwindelanfall 329
Condition seconde 95
Cuvier 23

Darwin, Charles 147, 251
Deckerinnerungen 531, 546
Deflorieren 547

Degeneration, psychische 345
Delboeuf 85, 157
Delirien, hysterische 14, 89
Denkfehler 538
Depression s. Verstimmung
Determinierung d. Symptoms 242
Deutung d. Widerstandes 281
e. Erinnerung 542
Deutungswahn 402
Diarrhöe 320
Dipsomanie 391
Disposition d. Hysterie 449
neuropathische 510
u. Neurose 366
Dissoziation d. Bw 10
Double conscience 91
Druck a.d. Stirn 270
Duchenne 24
Dynamisch-genetisch 97
Dynamische Störung 49, 50, 51
Dyspepsie 497
Dyspnoe i. Koitus 338

Ejaculatio praecox 326
Elektrische Ladung, Gleichnis 74
Elisabeth v. R..., Fräulein 196
Emmy v. N...., Frau 99, 287, 292
Entfremdung i. Ablauf d. Sexualerregung 337
Epilepsie 369
u. Trauma 82
Erb 390
Erbrechen u. Trauma 82
Erinnern, affektloses 85
u. Widerstand 268
Erinnerung, Deck- 531, 546
gefälschte 553
i.d. Hypnose 91
i.d. Paranoia 402
Intaktheit d. 88
Kindheits- 418, 531, 554
pathogene 267, 282

Erinnerung, periodische 542
s.a. Gedächtnis (Reminiszenz)
Trutz- 551
ubw - 419
u. Phantasie 546
u. Trauma 89, 381
Verblassen 87
v. Affekt 87
Wiederkehr d. Verdrängten 387
Wirkung d. 419
Erinnerungsschwäche 403
Erinnerungsspur 549, 552
Erregung, frustrane 327, 416, 498
Konversion d. 288
menstruale 369
Quantität d. 337
Erregungsquelle, innere 339
Erregungssumme 74
Esstörung, Entstehung 83

Flechsig (Neurologe) 25
Fliess, Wilhelm 483, 511
Folie de doute 10, 15, 349
Fournier 409
Frauen—potent 328
Freud, 1894, Hausball 226
Psychotherapeut 227
Frigidität, keine Angstneurose 328
Frustrane Erregung 327, 416, 498
Funktion, psychische 74
Furcht vor Verrat 391

Gambetta 27
Geburtenkontrolle 506, 507
Gedächtnis 531
Auswahl d. 534
Reichweite d. 533
s.a. Erinnerung
u. Phantasie 546
Zuverlässigkeit d. 546
Gedächtnisaufwand 541
Gedächtniserweiterung 167

Gedächtnisfähigkeit 551
Gedächtnisreste 551
Gedächtnisspur 63
Gefahr u. Angst 338
Gefühl 346
Gegenwille, hysterischer 3, 10, 83, 149
Objektivierung d. 17
Gélineau 345
Genetisch-dynamisch 97
Geschlechtsverkehr 507
s.a. Coitus, Koitus
Geständnisse d. Kranken 495
Gewissen u. Aggression 457
Gewissenhaftigkeit 391
Gewissensangst 318
Gilles de la Tourette 407
Golgi 40
Gouvernanten 382
Grübelsucht 349
Guinon (tic convulsif) 15, 407

Hack Tuke 345
Halluzination, negative 167
i.d. Paranoia 402
u. Trauma 82
Halluzinationen u. Angst 324
Halluzinatorische Verworrenheit 72
Harndrang 324
Hecker, E. 255, 316, 357
Heilender Einfluss d. Hysterie 262
Heilung, hypnotische 3
Henri, V. und C. 533
Heredität 375, 426, 501
Pseudo- 382, 445
s.a. Vererbung
u. Neurose 366, 375
Herzanfall 341
Herzklopfen i. Coitus 338
Herztätigkeit, Störungen 320
Hitzig-Fritsch 25
Hochzeitsnacht 506
Hunger, Heiss- 320

Hyperaesthesien 341
Hypnoid 91f
Hypnoide Zustände 60
Hypnoidhysterie 61, 91, 235, 288
Hypnose, Amnesie i. 91
   artifizielle Hysterie 91
   Auto- 86, 90
   Laktation u. - 5
   momentan verstärkte 271
   rätselhaft 271
   Somnambulismus i. 91
Hypnotische Heilung 3
   Suggestion 3
Hypnotischer Dämmerzustand 89
Hypnotisierbarkeit 267
Hypochondrie 256, 318
Hysterie, Abwehr- 61, 288
   akute 262
   akzidentelles Element i.d. 82
   artifizielle—Hypnose 91
   Ätiologie 380, 425
   Charakterperversion 14
   dämonischer Zug d. 14
   d. Kinder 14
   Disposition d. 449
   Dissoziation i.d. 10
   dreifache Schichtung 291
   heilender Einfluss d. 262
   Hypnoid- 61, 91, 235, 288
   ist e. Psychose 92
   Körper i.d. 15
   monosymptomatische 213
   Prognose d. 515
   psychisch akquirierte 92
   Retentions- 61, 288
   schützt v. Psychose 262
   sexuelle 342
   traumatische 82
   u. Angstneurose 118, 339
   u. Gegenwille 3, 10, 83, 149
   u. Passivität 380
   u. Reminiszenz 86

Hysterie, u. Sexualität 257
   u. Status nervosus 9
   u. Tic 13
   u. Traum 512
   u. traumatische Neurose 84
   u. Willensperversion 11
   u. Zwang 392
   u. Zwangsneurose 386
   Widerstand, Erinnern 268
Hystérique d'occasion 4, 11
Hysterische Anaesthesie 46
   Aura 250
   Delirien 14, 89
   Paralyse 39
   Psychose 123, 262
   Symptome, Mitsprechen d. 303
   visuelle 282
   Zwangsdichtungen d. -n 381
Hysterischer Anfall 93
   Gegenwille 3, 10, 83, 149
Hysterisches Elend 312
Hysterogene Zone 96

Ich, abwehrlustiges 280
   handelndes 552
   normales 13
   u. Abwehr 68, 262
   u. Verdrängung 388
   u. Vorstellung 269
Ichbewusstsein u. Körper 15
Ich-Veränderung 402
Infantil-aktual 497
   s.a. kindliche
Infantile Sexualität 380, 386, 438
   Verhältnisse 417
Innere Erregungsquelle 339
Intellekt u. Therapie 513
Intellektuelles Interesse d. Pat. 285
Intelligenz d. Pat. 264
   unbewusste 272, 276
   zweite 272

Janet, P. 51, 60, 86, 144, 161, 407, 420
Jugendliche Neurasthenie 4, 508
Juvenile Schüchternheit 547
Kaan, H. 10
Kamel—Nadelöhr 295
Kataleptische Starre 93
Katharina 184
Katharsis u. Liegekur 266
Kathartische Methode 64, 265
   Technik 77
   Wirkung i. Alltag 87
Kind u. Therapie 513
Kinder, Hysterie d. 14
Kinderanalyse 514
Kindertrauma 380f
Kindesalter, Koitus im 444
Kindheit, frühe u. Neurose 497
   u. Neurose 510
   u. Paranoia 402
   u. Trauma 82
Kindheitserinnerungen 418, 531, 554
Kindheitsszene 548
Kindlich s. infantil
Kindliche Sexualerlebnisse 418
   Sexualität 380, 386
   Traumen 380
Klimakterium 327, 337
Klinik, psychoanalytische 514
Kneipp, Pfarrer 330, 502
Koitus im Kindesalter 444
   Lust, u. 507
   normaler 338
   s.a. Coitus, Geschlechtsverkehr
Koitusähnliche Vorgänge 380
Kokain u. Sucht 506
Kölliker 40
Kompromissbildung 537
Konflikt 537
   psychischer 447
Kongestionen 320
Kontrakturen u. Trauma 82

Kontrastvorstellung 8, 13
Kontrastvorstellungen, Objektivierung d. 148
Konversion 63, 142, 324, 392
   d. Erregung 288
   Symbolisierung 249
   u. Abwehr 210, 269
   u. Autosuggestion 249
Konversionstheorie 242
Konzeption 506, 507
Kopfdrücken, Technik 217
Koprolalie 15, 17
Körper i.d. Hysterie 15
Mitsprechen d. 212, 301
   u. Ichbewusstsein 15
Kritiker Freuds 513
Kultur u. Pubertät 511

Laktation u. Hypnose 5
Langweile d. Mastkur 266
Latenz d. Symptome 242
Lehrer—Aufklärer—Beichthörer 285
Lehrhafte Suggestionen 113
Libido, Sinken d. 338
Liébault 34, 165
Liegekur u. Katharsis 266
Lott, Dr., Wiener Arzt 5
Löwenfeld, L. 359, 557
Lucy R., Miss 163
Ludwig, O. 537
Lust u. Koitus 507
Lustmotiv 547

Mädchen, Masturbation b. 505
Malthusianismus 506
Manie u. Psychoanalyse 513
Mastkur u. Katharsis 266
Masturbanten, Angstneigung d. 337
Masturbation 328, 498
   u. Hysterie 382
Mechanismus—Ätiologie 97

Melancholie, periodische 389
 u. Psychoanalyse 513
 u. Verstimmung 9
Melancholische Erschöpfung 391
Menopause 337
Menschenscheu 391
Menstruale Erregung 369
Migräne 369
Misstrauen 401
 berechtigtes 389
 gegen Selbst 10
Mitsprechen d. Körpers 212, 301
 d. hyst. Symptome 303
Möbius 86, 316, 323
Monoplegie 44f, 47
Morphium, Sucht u. 506
Morphologie u. Ätiologie 496
Motive d. Widerstandes 281
 ubw 298

Nacktheitstraum 550
Nase, Nebenhöhlen 499
Naturzwang 507
Nervenschwäche 491
Nervensystem u. Neurose 339, 375
Neuralgien u. Trauma 82
Neurasthenie 315
 Jugend- 4, 508
 Monotonie d. 255
 u. Angstneurose 339
 u. Psychoneurose 496
 u. Syphilis 499
 u. Willensschwäche 11
Neurone 40
Neuropathische Disposition 510
Neurose, Angst- 255, 315, 352, 357, 411, 497
 Disposition z. 366
 Quantität i.d. 375
 sexueller Mechanismus 338
 traumatische—Hysterie 84
 u. Abwehr 379

Neurose u. Affekt 338
 u. frühe Kindheit 497
 u. Heredität 366, 375
 u. Kindheit 510
 u. Kontrastvorstellung 9
 u. Nervensystem 339
 u. Schreck 360
 u. Sexualität 491
 u. Trauma 360
 Zwangs- 255, 411, 420, 513
Neurosen, Abwehr- 57, 420, 457
 Aktual- 509
 Ätiologie d. 338, 373, 491
 gemischte 74, 256, 339
 Grosse 10
 jugendliche 258
 Prognose 515
 Selbstbewusstsein i.d. 9
Neurosentherapie 266, 366
Nonnen, Delirien d. 14

Objektivierung d. Gegenwillens 17
 d. Kontrastvorstellungen 148
 i. Symptom 10
Okkulte Gedankengänge 280
Onanie 347, 415, 505, 550
 s.a. Masturbation
Oppenheim 65
Organisation—Affektspannung 242

Paraesthesien 320, 341
Paralyse, hysterische 39
 progressive 499
Paranoia, Fall v. 392
 u. Erinnerung 402
 u. Kindheit 402
Pascal 346
Passivität, sexuelle 380, 420
Patient u. Arzt 265, 307, 492
 intellektuelles Interesse d. 285
 Intelligenz d. 264
 Verantwortlichkeit d. 223

Pavor nocturnus 320
Pedanterie 391
Pendant, Breuer—Freud 251
Periodizität d. Angstzustände 369
Perversion, Charakter- 14
  Willens- 11
Peyer 323
Phantasie 543
  Geringschätzung 440
  u. Erinnerung 546
Phantasien, Pubertäts- 547
Phobie 340, 357, 513
  Agora- 71, 322
  Menschen- 143
  Tier- 142
  u. Erwartung 9
  u. Zwangsneurose 345
Phobien, Angst d. 346, 369
Phosphene 280
Pinel 30
Pitres 246
Poliklinik, psychoanalytische 514
Poliomyelitis 40
Pollutionen 336, 369, 415, 497
Potent—Frauen 328
Potenz, männliche 508
Prognosis d. Neurosen 515
Projektion d. Erregung 338
  i. Paranoia 401
Projizieren v. Phantasien 546
Prophylaxis 508
Psychasthenische Symptome 71
Psychische Arbeit u. Therapie 268
  Degeneration 411
  Quantität 74
  u. somatische Quelle 118
Psychischer Apparat 512
  Konflikt 447
Psychisches i.d. Sexualerregung 337
Psychoanalyse 379, 383
  s.a. Analyse
  u. Psychose 513

Psychoanalyse u. Unbewusstes 381
Psychoanalytisch 512
Psychoanalytische Behandlung 307, 535
  Klinik 514
  Methode 416
Psychoneurose u. Neurasthenie 496
Psychose, Abwehr durch Hysterie 262
  Hysterie ist e. - 92
  hysterische 123, 262
  Traum- 92
  Überwältigungs- 69
  u. Psychoanalyse 513
Psychotherapeutische Radikal-
  behandlung 516
Pubertät u. Kultur 511
Pubertätsneurasthenie 4
Pubertätsphantasien 547

Quantität d. Erregung 337
  i.d. Neurose 375
  i.d. Therapie 366
  psychische 74
Quantitativer Gesichtspunkt 412
Quantitatives Moment 242

Racheakt 87
Realität, Überschätzung d. 440
Reden—adäquater Reflex 87
Reizbarkeit 317
Religiöse Angst 389
Reminiszenz s. Erinnerung
  u. Hysterie 86
Resistenzfähigkeit d. Nervensystems 375
Retentionshysterie 61, 288
Ruhe, seelische i.d. Behandlung 284
Ruhekur, Weir-Mitchell 266

Sammeln v. Papier 391
Scham 389
Schanker 365
Schlaflosigkeit 317
Schlucken 251

Schmerz u. Affekt 244
Schnalzen m.d. Zunge 83, 100
Schreck als Trauma 89
  im Stehen 214
Schreckaffekt 84, 360
Schuldgefühl, sexuelles 420
Schutzhandlung 353
Schwachsinnige u. Therapie 513
Schweissausbrüche 320, 338
Schwindel, lokomotorischer 320
Schwindelanfall u. Coitus 329
Selbstbewusstsein i.d. Neurosen 9
Selbstmisstrauen 348
Senium 328
Sexualerlebnis, kindliches 419
Sexualerregung, Entfremdung 337
  weibliche 337
Sexualität d. Geschlechter 337
  kindliche 380, 386, 438
  Trauma, Abwehr 77
  u. Angstneurose 357
  u. Hysterie 257
  u. Neurose 491
  weibl. 328, 337
Sexualitätskrüppel 504
Sexualleben d. Kinder 511
  Probleme d. -s. 508
  s.a. vita sexualis
Sexuelle Aggression 382, 457, 547
  Passivität 380, 420
  Reifung 384
Sexueller Ursprung d. Angstneurose 352
  s.a. Ätiologie
Somatische Krankheit u. Angstneurose 337
  u. psychische Quelle 118
Somatisches i.d. Sexualerregung 337
Somnambulismus i. Hypnose 91
Soziale Angst 389
Spaltung d. Bewusstseins 60, 91
Spezifische Ursache d. Angstneurose 362

Sprache in Bildern u. Sensationen 251
Sprechen 87
Status nervosus u. Hysterie 9
Stehen, Schreck im 214
Stekel, W. 444
Stirn, Druck a.d. 270
Stottern u. Tic 100, 110
Strümpell 65, 86
Stuhlverstopfung 497
Substitution als Abwehr 341
  einer Idee 347
  u. Konversion 392
Suggestion, hypnotische 3
  lehrhafte 113
  u. Therapie 86
Symbol, Blume 547
  Kröte 107
Symbolische Beziehung 83, 546
Symbolisierung 84, 249
Sympathie f.d. Kranken 285
Symptom—Abstossung 269
  Determinierung d. 242
  primäres Abwehr- 387
  u. Trauma 242
Syphilidologe 365
Syphilis 409
  u. Neurasthenie 499

Tagträume 92
Technik d. Analyse 108, 165, 276, 427
  d. kathartischen Methode 77
  Drücken a.d. Kopf 217
  Erlernen d. 513
Therapeut s. Arzt
Therapie d. Kinder 513
  d. Neurosen 266, 366
  Grenzen d. 513
  psychoanalytische 513
  Quantität i.d. 366
  Rolle des Arztes 286
  u. Alter 513
  u. Bildung 513

Therapie, u. psychische Arbeit 268
u. Schwachsinnige 513
u. Suggestion 86
Ziele d. 259
Thyreoidea, Jodbehandlung 274
Tic convulsif 15
koprolalischer 17
u. Hysterie 13
u. Stottern 100, 110
Traum u. Hysterie 512
u. Wahn 512
Trauma 54
Abwehr, Sexualität 77
kindliches 82, 380f
psychisches 17, 84
u. Anorexie 82
u. Assoziationen 88
u. Bewusstseinszustand 90
u. Epilepsie 82
u. Erbrechen 82
u. Erinnerung 89, 381
u. Halluzination 82
u. Hysterie 82
u. Neurose 360
u. Schreck 89
u. Symptom 242
Traumatische Hysterie 82
Neurose—Hysterie 84
Zwänge 346
Traumatisches Moment 64
Traumdeutung, Buch ü. 512
Träume, Tag- u. Hypnoid- 92
Traumen, Partial- 84, 291
Träumen, schädliches 266
Wach- 89
Traumlehre, Rekapitulation d. 562
Traumpsychosen 92
Trutzerinnerungen 551
Türck 25
Tussis nervosa, Fall v. 273

Übertragung 307

Übertragung u. Vertrauen 265
Zwang u. Täuschung 310
Unbewusste Abwehr 379
Erinnerung 419
Intelligenz 272, 276
Unbewusstes 381
Unfall, Abreagieren nach 88
Unglück, gemeines 312
Usur, normale 90

Verantwortlichkeit d. Pat. 223
Verdauung, Störung 323
Verdrängte Erinnerung, Wiederkehr 387
Verdrängung 89, 234, 384, 537, 553
i.d. Paranoia 403
macht Zwang 388
u. Ich 388
Vererbung 408
s.a. Heredität
Verfolgungsideen, somatische Ätiologie 118
Verführung 417
Vergessen 517
Vergesslichkeit 517
Verleugnung 282
Verrat, Furcht v. 391
Verschiebung 536
Verstimmung, primäre Tendenz 9
u. Selbstbewusstsein 9
Versuchungen 348
Versuchungsangst 389
Virginale Angst 258, 325, 342, 384
Visuelle Hysterische 282
Vita sexualis 498
"Vorläufige Mitteilung" 77
Vorstellung, Kontrast- 13, 148
peinliche Kontrast- 8
u. Affekt 67, 282
u. Ich 269
Zwangs- 385

Wahn, Beachtungs- 389
  Deutungs- 402
  u. Ichveränderung 402
  u. Traum 512
Waschzwang 350
Wasserheilanstalt 496
Weibliche Sexualität 328, 337
Weinen 87
Weir-Mitchellsche Mastkur 266,
  Ruhekur 266
Werten, ent- d. Motive 285
Widerstand, Anna O. 289
  Auflösung d. 285
  g. Assoziation 269
  g. Bewusstwerden 268
  Motive d. 281
  Schmelzen d. 295
  Übertragungs- 309
  u. Abwehr 269
  u. erinnern 268
  u. psychische Arbeit 268
Widerstandsdeutung 281
Willensperversion d. Hysterie 11
Willensschwäche d. Neurasthenie 11
Wirkung, nachträgliche 511
Witwen, Angst d. 326
Witwenschaft 337

Young-Helmholtz Theorie 24

Zahlenbeobachtung 391
Zählzwang 349
Zehenunruhe 150
Zensur 269
Zeremoniell e. 11 j. Knaben 390
Zittern 320
Zone, hysterogene 96
Zwang, Denk- 390
  Prüfungs- 390
  u. Hysterie 392
  u. Verdrängung 388
  Wasch- 350
  Zähl- 349
  zur Assoziation 122
Zwänge, traumatische 346
Zwangsdichtungen d. Hysterischen 381
Zwangsneurose 255, 411, 420, 513
  Mechanismus 385
  u. Aggression 386
  u. Hysterie 386
  u. Phobie 345
Zwangsvorstellung 66, 385
Zweifel 346
Zweifelsucht 318, 390
  s.a. Folie de doute

INDEX ZUM "ZUSATZ ZUM XIV. BANDE"

Abstraktes i. Trauminhalt 564
Angstträume 568
Archaisches Denken 569

Deutbarkeit, Grenzen d. 561
Deutung u. Vieldeutigkeit 553

Es u. Gewissen 568
u. Ich 568

Gewissen u. Es 568

Ich, metapsychologisches 568
u. Es 568

Jokaste 566

Narzissmus, ethischer 568
Nützlich—lustvoll 561

Ödipus, König 566
Okkultes i. Traum 569

Phantasieren 561
Prophetische Träume 569

Schreber 569
Sittlichkeit u. Zensur 565
Spielen 561
Strafträume 567
Symbole i. Traum 569

Telepathische Träume 569
Träume, Angst- 568
  okkulte 569
  prophetische 569
  Straf- 567
  telepathische 569
  vieldeutig 564
Träumen 561
Trauminhalt, Abstraktes i. 564
  Verantwortung für 565
Traumsymbole 569

Verantwortung f. Trauminhalt 565

Zensur u. Sittlichkeit 565

INHALT DES ERSTEN BANDES
Werke aus den Jahren 1892-1899

Vorwort der Herausgeber v

Ein Fall von hypnotischer Heilung, nebst Bemerkungen über die Entstehung hysterischer Symptome durch den „Gegenwillen" 1

Charcot 19

Quelques Considérations pour une Étude Comparative des Paralysies Motrices Organiques et Hystériques 37

Die Abwehr-Neuropsychosen. Versuch einer psychologischen Theorie der akquirierten Hysterie, vieler Phobien und Zwangsvorstellungen und gewisser halluzinatorischer Psychosen 57

Studien über Hysterie 75

    Über den psychischen Mechanismus hysterischer Phänomene (Vorläufige Mitteilung) 81

    Krankengeschichten 99

        (a) Frau Emmy v. N., vierzig Jahre, aus Livland 99

        (b) Miss Lucy R., dreissig Jahre 163

        (c) Katharina 184

        (d) Fräulein Elisabeth v. R. 196

    Zur Psychotherapie der Hysterie 252

Über die Berechtigung von der Neurasthenie einen bestimmten Symptomenkomplex als „Angstneurose" abzutrennen 313

    Klinische Symptomatologie der Angstneurose 317

    Vorkommen und Ätiologie der Angstneurose 325

    Ansätze zu einer Theorie der Angstneurose 333

    Beziehungen zu anderen Neurosen 339

Obsessions et Phobies. Leur Mécanisme Psychique et leur Etiologie . . . 343

Zur Kritik der „Angstneurose" 355

Weitere Bemerkungen über die Abwehr-Neuropsychosen 377
    Die „spezifische" Ätiologie der Hysterie 380
    Wesen und Mechanismus der Zwangsneurose 385
    Analyse eines Falles von chronischer Paranoia 392
L'Hérédité et l'Étiologie des Névroses 405
Zur Ätiologie der Hysterie 423
Inhaltsangaben der wissenschaftlichen Arbeiten des Privatdocenten Dr.
    Sigm. Freud. (1877-1897) 461
    (a) Vor Erlangung der Docentur 463
    (b) Seit Erlangung der Docentur 469
Die Sexualität in der Ätiologie der Neurosen 489
Zum psychischen Mechanismus der Vergesslichkeit 517
Über Deckerinnerungen 529

ZUSATZ ZUM VII. BANDE

Vorwort zur ersten Auflage der „Sammlung kleiner Schriften zur Neurosenlehre aus den Jahren 1893-1906" 555

ZUSATZ ZUM XIV. BANDE

Einige Nachträge zum Ganzen der Traumdeutung 559
    Die Grenzen der Deutbarkeit 561
    Die sittliche Verantwortung für den Inhalt der Träume 565
    Die okkulte Bedeutung des Traumes 569
Bibliographische Anmerkung 575
Index 583

Kunstbeilage

Sigm. Freud (1891)   *am Anfang des Bandes*